中国研究生教育史

余子侠／主编　　余子侠　郑　刚　刘振宇　冉　春／著

海峡出版发行集团
THE STRAITS PUBLISHING & DISTRIBUTING GROUP
福建人民出版社

图书在版编目（CIP）数据

中国研究生教育史/余子侠主编．--福州：福建人民出版社，2021.3

ISBN 978-7-211-08627-6

Ⅰ.①中…　Ⅱ.①余…　Ⅲ.①研究生教育－教育史－中国－现代　Ⅳ.①G649.29

中国版本图书馆CIP数据核字（2021）第040092号

中国研究生教育史

ZHONGGUO YANJIUSHENG JIAOYUSHI

主　　编：余子侠

责任编辑：赵　玮　郑艺芳

出版发行：福建人民出版社　　**电　　话**：0591-87533169（发行部）

网　　址：http://www.fjpph.com　　**电子邮箱**：fjpph7211@126.com

地　　址：福州市东水路76号　　**邮政编码**：350001

经　　销：福建新华发行（集团）有限责任公司

印　　刷：福建东南彩色印务有限公司

地　　址：福州市金山浦上工业区冠浦路144号

开　　本：700毫米×1000毫米　1/16

印　　张：36.75

字　　数：595千字

版　　次：2021年3月第1版

印　　次：2021年3月第1次印刷

书　　号：ISBN 978-7-211-08627-6

定　　价：150.00元

本书如有印装质量问题，影响阅读，请直接向承印厂调换。

目　　录

引　论

一

研究生教育是高等教育重要的组成部分，亦是高等教育阶段的最高层级。接受研究生教育的学子，与一般的大学生不同。研究生在求取和积累知识的同时，更为重要的任务是在不断构建和完善自身知识体系的过程中去创新知识，掌握专业研究的方法，打好从事学术研究的功底，借以走上独立从事科学研究的道路。诚如《学记》所言，“知类通达，强立而不反”，以显“大成”。质是之故，探究“研究生”教育，就其教育内容、任务及目标的实质，流长而源远。

古史难征，然则就前人留下的文献看，早在西周时期，“国之南郊”设置大学有五，各有其名且各行其教，于其教育的层级和人才的培养而言，即可见浅淡而模糊的“研究生”教育之影。其如天子“承师问道”于“太学”后，“则德智长而理道得矣”（《大戴礼记·保傅》）。至于春秋时期孔丘授徒，以文、行、忠、信“四教”教学育人，显然依据弟子的学业兴趣、专业所长、事业取向以及既有的知识基础来因材施教而造就人才。是故在其身后，弟子们传经授教，皆能传扬光大儒家学术，其如居西河教授之子夏（卜商）对《诗》《易》《礼》与《春秋》的传衍即为显例[①]。及至稷下学宫之设，其中的

---

① 关于居西河教授之子夏一脉对孔门之学的传衍，其如传《诗》：“子夏授高行子，高行子授薛仓子，薛仓子授帛妙子，帛妙子授河间人大毛公。毛公为《诗故训传》于家，以授赵人小毛公。小毛公为河间献王博士。”（陆德明：《经典释文·序录》）这里所说的大毛公和小毛公，即指西汉时期河间人毛亨和赵人毛苌。再如其传衍《春秋》三传之一的《公羊传》：“子夏传与公羊高，高传与其子平，平传与其子地，地传与其子敢，敢传与其子寿。至汉景帝时，寿乃其弟子齐人胡母子都著于竹帛。”（徐彦：《公羊传疏》）胡母子都者，汉时与董仲舒同业的胡母生也，齐人，景帝时为博士，“年老，归教于齐，齐之言《春秋》者宗事之”（参见《汉书·儒林传》）。

师生关系，学无常师，师无常徒，师生互动自由；学术论辩为其常态，而定期举行的“期会”更显其学术自由、学养融深之特色：仅此两点，即显示这家战国后期的“最高学府”的教育活动，蕴含着后世研究生教育的基因。

降及两汉，有太学之设。初，武帝以董仲舒之建策而兴太学、置明师，以“兼综载籍，穷微阐奥”（《后汉书·朱浮传》注引《汉官仪》）之儒者为五经博士以教学子。其学问传承严守“师法”与“家法”，且在重视自学兼重指导下孜孜矻矻以穷一经，显露出今日研究生教育的某些特质。即使其时以精舍或精庐为教育场所的私家讲学，颇具盛名的经师们对那些研求群经具有相当基础的入门弟子，其培养方式和方法以及教育成效或成果，亦显示出研究生教育的诸多因子。如西汉之董仲舒、东汉之马融，这些“才高博洽”之“通儒”，皆重点培养高足“传以久次相授业”（《汉书·董仲舒传》《后汉书·马融传》）。此种教育教学模式和人才培养方略，屡为后世传研儒经之大家所鉴采或承取。

更显研究生教育之实质者，当推两宋已成制度的书院教育。书院之兴，顾名思义当有“书”有“院”。其于“书”而言，不仅重视藏书、讲书，更重在研书、修书。书院名称在唐时初现，虽非学人授徒之所和士子肄业之地，但其时已带有培养研究型人才的功能：那些为备“顾问应对”而“承旨撰集文章、校理经籍”（《唐六典》）的饱学之士们，对于年轻助手们的指导和培养，其方法实为“教学做合一”。延及书院成为教书育人之所，则志在讲求修身治人之法者，多乐趋于书院。是时书院教育，特重高深学理的传授与研习，不仅师生聚散自由、生活民主，而且十分注重读书有心得、求知重研究。学子进入山门后，在自有的学术素养和文化底蕴的基础上，其于听“讲”和“读书”，更重视在“讲会”时展示辨明学理的能力和在完成课业时养成研书修书之功底。即或书院变质为官方之学府，也多有课业重自学研讨、著述为传承学术的特征。其如晚清时期阮元之学海堂的办理、万木草堂时康有为于梁启超辈的教养，均带有今日培养研究生的特征。

当然，若就教育层次与受教者学养而言，明清两代入翰林院深造的庶吉士更可比拟今日之研究生。如果从明成祖登基第二年通过考选来择取庶吉士入翰林院算起，庶吉士培养在中国历史上经历了近五百年的发展；即使从清初通过“朝考”建立庶吉士的选拔和培养制度而下，考选和教习庶吉士在中国历史上也运作了二百余年。明清时期，自隋唐以来的科举取士制度已进入最后的途程，同时也是最为完备的历史阶段。在这五百余年间，学子由学校逐步考升，通过三级科举考试，正式取得做官的资格。或因粥少僧多，或因认为新取进士历阅不足，明太祖于洪武十八年（1385 年）命新取进士进入朝廷各衙门以“观政进士”身份实习政务；其中在翰林院承敕监——掌给授诰敕之事的进士称“庶吉士”，既实习政务，又于学养上进一步提高。至英宗朝，翰林院内专设有“庶常馆”用作施教机构，派选其时资深的学者型官员承担这些庶吉士的教育或培养之责。由是，凡入翰林院者，有其特定的称谓、专门的教习、正常的课业和严格的考试，入馆和出馆也有规定的时间；在馆期间，除实习政务外，他们主要的任务是参与修史和撰写实录等研究性工作；最后通过考试——“散馆”，有如今日研究生之毕业。不过，严格地讲，就这些庶吉士的学养程度、培养方式和入馆背景来看，由于他们进入翰林院这个官僚队伍的“蓄水池”，颇似今日博士毕业后一时找不到合适而理想的工作而进入博士后流动站，所以更类属于博士后培养。

由上可见，在中国的历史长河中，通过学校教育来培养或造就学养高深且具有一定研究能力的知识人才，可谓根深脉远。自两汉以降，这些由学校所出的知识人才所习所研，又主要以传承和播衍儒学为主体内容的传统文化为己任。有此历史基础，故而进入近代社会后，俟新式教育制度确立，在高等教育中开启研究生教育的初始阶段，一个耐人寻味的现象产生了：在国人自办的高等学府中，最先从事研究生培养的学科，即是今日人们所说的“国学”。

二

从历史的角度来研究和分析研究生教育，就必须涉及和探讨学位及其制度问题。

所谓学位，一般认为是“根据专业学术水平由高等院校、科研机构等授予的称号，如博士、硕士、学士等”（《现代汉语词典》第 7 版）。今日人们知道，学位是对求学者知识水平和学养程度分级的一种表现。学位制度的构建，又往往是按照专门人才所具有的学养逐级递进地赋予不同称号，以显示人们获取的学科知识和蓄积的学研能力的不同层级或等次。学位的授予，则是通过一定的程序、借助一定的称号，给予那些具有某种程度的专业知识、技能素养和科学研究能力者的一种官方而正式的确认。探究其起源，学位的出现及其制度的确立又往往与学校教育尤其是高等教育联系在一起，不同层级的学位又通常是借助考试或考核来区分并用不同称号予以标明。这种称号的出现、确定及其制度的建立，固然起源于欧洲中世纪大学，然而认真比照分析，与今日世界通行的学位及其制度于性质上类属或表征上近似的“称号”，在中国历史上同样有案可查、有迹可循。

早在“三代”时期，学校人才的培养就是通过考试或考核而逐级迁升。其如西周，据何休《春秋公羊经传解诂》所云，其时学校升学选士的程序为：“八岁者学小学，十五者学大学，其有秀者，移于乡学；乡学之秀者，移于庠；庠之秀者，移于国学，学于小学。诸侯岁贡小学之秀者于天子，学于大学。其有秀者，命曰造士。”后人对这种逐级选士的进学程序多有怀疑，认为其时学校制度未必已有如此严密的迁升系统。何休的解释或许带有臆想或溢美的成分，然则其中的“造士”称号，显然表示就学于大学之“秀者”的学养程度和学术水平。《礼记·王制》的记载可见其详：

> 命乡论秀士，升之司徒，曰选士。司徒论选士之秀者而升之学，曰俊士。升于司徒者不征于乡，升于学者不征于司徒，曰造士。……凡入学以齿。将出学……大乐正论造士之秀者以告于王，而升诸司马，曰进士。司马辨论官材，论进士之贤者以告于王，而定其论。论定，然后官之；任官，然后爵之；位定，然后禄之。

上段文字透露出的历史实情是：负责教化和选士职任的司徒，于每年正月初一授教法于乡大夫后，使乡大夫退而颁之于乡吏，“使各以教其所治”，然后于三年大比之时，由乡（大夫）“考其德行道艺，而兴贤者能者”。这些“贤者能者”即乡之“秀士”。将他们升之司徒，即为“选士”。司徒对这些选士再“论”之，即进行考核评等，其中秀者升于国之大学，即为“俊士”。升于司徒者可免除乡里的徭役，升于大学者则可免除国家的徭役。由乡里举选而进入大学深造的俊士，即为“造士”。这些“国之俊选”，同那些依据世卿世禄制而享受免试入学资格即无须考选而进入大学学习的“王大子、王子、群后之大子、卿大夫元士之适子”等贵胄子弟一道进大学深造后，大家相论“以齿”而不以尊卑。这些人于国家来说都是栋梁，故而学校于他们“皆造焉”。这两种出身的大学学子出学时的程序也一样——负责大学教务的乐官之长“大乐正”，评定“造士之秀者以告于王”，并将这些秀者升送负责人事安排的“司马”；司马对这些秀者再进行考核，将其中的贤者报告给天子定论；

然后再根据这些贤者的材质试之以官，试用合格者即正式任命之，定爵位、发官禄。这里不仅可见产生和形成后世科举取士制度的历史陈迹，而且显示了类似后世不同学位的“称号”系统：秀士—俊士—进士。其中“秀士”“俊士”“进士”等称号的递升排序，从其各自表明的学养深浅之程度以及后者均由前者群体中“秀”出之程序，其运作形式与今日三级学位制度高度类似。

两汉以后，历朝历代的学校教育中首重最高学府的创办。这种绵续两千年的高等教育，于学子之管理，同样是通过一定程序的考试或考核，予以一定的称号辨别其材质优劣、学养浅深以及学术高下。其如“五经课试法”的产生和运用，最见依称号定升进而辨识学养之特征。两汉时的最高学府——太学，在开办之初即重视对太学生的考核。据《文献通考·学校考》载：“自武帝立五经博士，开弟子员，设科射策，劝以官禄。”可见太学最初的考试方法主要采用射策，并依此“擢用”学子。及至元朔五年（124年），公孙弘为“学官”，着手规定太学生擢用之制度：“……一岁皆辄试，能通一艺以上，补文学掌故缺；其高第可以为郎中者，太常籍奏（即造册列名而奏上）。即有秀才异等，辄以名闻。其不事学若下材及不能通一艺，辄罢之，而请诸不称者罚。”这里所谓的“艺”指儒家经典。太学生每年考试一次，通一艺以上（考试过关）者可补为地方郡国的文学掌故，成绩优异者可留在皇帝身边为郎中，成绩低次不能通一艺者以及惰于学业之人则令其退学，其空缺则“请诸能称者”补上。可见这种擢汰学子的考选方式已取用相应的称号——“文学掌故”“郎中”来区别人才之优劣了。越两汉而至三国，这种考试和擢用制度在近百年间几经变革，至曹魏黄初年间，即演变并确定为后世通晓并袭用的“五经课试法”。郑樵所撰《通志·选举略》对其法的运作及其称号记载如下：

> 魏文帝黄初五年立太学于洛阳。时慕学者始诣太学为门人；满二岁试通一经者，称弟子，不通者罢遣。弟子满二岁试通二经者，补文学掌故；不通者听随后辈试，试通二经亦得补掌故。满三岁（应为二岁，杜佑《通典》亦作二岁）试通三经者，擢高第为太子舍人；不第者随后辈复试，试通亦为太子舍人。舍人满二岁试通四经者，擢其高第为郎中；不通者随后辈复试，试通亦为郎中。郎中满二岁能通五经者，擢高第，随才叙用；不通者随后辈复试，试通亦叙用。

这里所列太学学生的递次升级与系列称号，明显表示通过“试”而给予相应的称号，代表其儒学学术或学养之深浅：刚入太学的学生为“门人”，满两年试通一经之人，才称之为“弟子”，不通者遣归。即是说学子入太学，头两年只是“试读”而已，有类后世的大学预科生，及通一经之后，才转为正式生——太学的博士弟子。自弟子而后，每两年加试一经，考测其求取和掌握儒术的程度，由是直到“擢高第随才叙用”，即进入官场，其间“文学掌故—太子舍人—郎中”的递次升级，颇有后世三级学位的意蕴及功用。

这种以系列的称号递进式地分级指代读书人学养之深浅和学术之优劣的方式，俟科举制度产生后，更为确定而有序。据《隋书·高祖纪》，隋文帝开国不久即废止九品中正制，开皇七年（587 年）正月，“乙未，制诸州岁贡三人”，以恢复荐举之制。开皇十八年（598 年）“秋七月”，诏“以志行修谨、清平干济二科举人”，开始由察举转向设科取士。及至隋炀帝时期，又先后于大业三年（607 年）和大业五年（609 年）分别以“十科”“四科”取士，由是“始置进士科”（《旧唐书·杨绾传》）。进士科之设，亦标志着科举制度的正式创立。这种取士制度历经隋、唐、五代、两宋，名目繁多，且有常科、特科之分，然及元、明、清三代，则为“进士”一科独秀，是故后世所言科举取士，也主要以进士科的运作为其讨论的对象。自宋代三级考试即乡试、会试、殿试（亦称廷试）定制后，每阶级通过者均有相应的称号，分别为举人、贡士、进士。这种逐级定名的多级称号系统，颇与今日设置多级学位的制度类同。宋代范仲淹主政“庆历兴学”时规定：“士须在学三百日，乃听预秋赋。”（《宋史·选举志一》）自是而后，学校教育与科举取士联系日益紧密，降及明清，则两者连为一体，更加强化了“科举必由学校”：明时即在“乡试”之前增设了学校就读者的一系列考试——县试、府试、院试、岁试、科试。在取得参加科考的资格后才正式走上三级选士的程序。尤其到了清代，在科举取士程序后，又增添了“朝考”，即前文提及的取得进士出身后，二、三甲进士入翰林院进修者，必须经过的一场考试。现据《清史稿·选举三》将科场三级递次考选及中式者所获称号录示如下：

> 有清科目取士，承明制用八股文……三年大比，试诸生于直省，曰乡试，中式者为举人。次年试举人于京师，曰会试，中式者为贡士。天子亲策于廷，曰殿试，名第分一、二、三甲。一甲三人，曰状元、榜眼、探花，赐进士及第。二甲若干人，赐进士出身。三甲若干人，赐同进士出身。乡试第一曰解元，会试第一曰会元，二甲第一曰传胪。悉仍明旧称也。

这里通过递进式考试而分级获得的“举人”“贡士”“进士”等称号，显然表明获取者的学养程度和学术水平由浅而深之不同。称号所示，既非职官之名，亦非爵位之等，只是一种学养差别和学术优劣的证明。

正因为科举取士依次递进设置名号以表明中式者不同的学养程度和学术水平的做法有类于西方多级学位制度的设置，所以随着新式教育的兴起，当近代西方学位制度传入国内并为国人所悉后，在革废科举以利新式学堂养士取材之际，作为一种变通，清政府在清末数年间改行“给出身制”：通儒院毕业，奖以翰林升阶；大学堂毕业，奖给进士出身；高等学堂及相当程度之学堂毕业，奖给举人；中学堂及与其程度相当之学堂毕业，奖给贡生（优贡、拔贡、岁贡）。对这种比附西方学位而定新式学堂所出人才的不同学养水平的给出身制，既往的研究几乎一边倒地从消极的层面或角度给以恶评，认为是清王朝在苟延残喘之际的一种逆潮流而动的守旧之举，殊不知这种过渡时期的举措，实则是一种依存中国养士取士既有的历史基础的变通，其本意乃在于用西方之名以称中国之实，欲借西方学位之称号以定中国知识人才之分等。

三

从理论上讲，学位之设置，既助研究生教育之兴，亦依研究生教育而行。探讨和研究中国研究生教育的创办与发展，必须对学位制度的创建、变迁及其体系结构的沿革加以分析和说明。缘此，既往的学界成果几无例外地均以“学位与研究生教育”为一专有名词或特定名称，来进行研究生教育的历史探析和现实讨论。然而这种混搭用法，不仅有悖逻辑，更不切于中国研究生教育的历史实情。

就今日中国学位制度之惯常表示，无非为“学士—硕士—博士”三级。学士实为中国学位制度之初阶，即为最初一级的学位，大学毕业时即授予。这个称号主要标示大学毕业生的学养和学术水平。根据国家教育法令和政策规定，一般来说，只有取得学士学位才可进入研究生教育这一层级，但它与研究生教育只是一种应然关系，而非为必然关系，取得学士学位称号后读不读研究生并没有任何法律的硬性规定或道义的强制要求。接受两级研究生——硕士生和博士生教育的毕业者所获得的学位，分别是硕士和博士学位，虽说其学业是建立在本科生教育的基础之上，但研究生教育这一概念既不涵括更不等同于本科生教育。如果用“学位”混搭“研究生教育”进行一种笼统的表述，并由此来探讨和研究中国研究生教育的发生和发展，显然于逻辑不合。一句话，研究生教育与学位有着紧密的联系，但不包括学位中的“学士”这一名称所指！所以，从事研究生教育的研究，在行文表述过程中不可笼统地连接上“学位”或“学位制度”，否则，就必须对整个高等教育即连同本科在内的教育进行全程研究。

遑论这种混搭用法于逻辑上不合，即就中国研究生教育的历史变迁而论，更见研究生教育与学位或学位制度之间存在着一定的事实不对称。西方学位制度早在清末就传入中国，而且在清末民初的学制变革过程中，屡屡有所说明和设定。如在 1906 年前后，清廷学部曾设想制定学士、博士两级学位；1910 年时又有博士、俊士、学士、得业士诸学位的设计；民国成立后，1915 年的《大总统特定教育纲要》也有过“学士、硕士、技士”的学位奖励规定，1919 年 4 月教育部提交的《高等学会及博士学位案》又对博士之授予有过说明……但是直到国人自办的高等学府于研究生教育不仅已经产生而且有所发展地走过一段行程后，中国的学位制度不仅没有构建成形，而且于现实中并未有过任何“硕士”“博士”或其他学位称号的正式而规范的实授之举。即使 1935 年《学位授予法》及《学位分级细则》连续订立和正式公布后，中国各有关高校自己培养出来的研究生，仍然未得到实际的学位授予。从 1917 年北京大学着手培养研究生起始，中国研究生教育事业历经 20 年之久，方在抗日战争全面爆发前夕举行中国第一届硕士学位考试，而 1937 年通过硕士学位考试的研究生，一直到 1939 年才得领硕士学位证书。即是说，在研究生教育经过了长达 22 年的发展后，中国学位制度中的硕士学位才有了正式的授予。至于近代以来即予积极讨论并努力制订的三级学位制度，延至抗战胜利后因博士学位的授予尚未尘埃落定，则终至 1949 年也未能真正做到最后定型。①

1949 年中华人民共和国成立后，中国的研究生教育又以新的形式重新创办并得到发展，但之前于学位制度及学位授予方面留下的历史难题并未及时得解。共和国成立之后，随着研究生教育的开办和发展，在研究生教育规章制度陆续制定和颁行之时，学位制度也进入讨论和设计的日程，甚至在 1955

---

① 参见余子侠、王海凤：《南京国民政府时期三级学位制度形成考实》，《高等教育研究》2020 年第 1 期。

年 8 月，《中国科学院研究生暂行条例》才得到国务院会议的通过和颁行。该条例明确规定，研究生在学位论文通过后，即由其所在的研究所提请审查并报中国科学院批准其毕业，授予“科学副博士”学位。当然，直到“文化大革命”（以下简称“文革”）爆发，共和国初期的学位及学位制度建设最有成效的表征，应是 1956 年 6 月出台的《中华人民共和国学位条例（草案）》及其对硕士、博士两级学位的设定。但遗憾的是，这种后来在“文革”中遭受全面批判而被彻底否定的学位制度，早在 1957 年因反右运动的开展就没有也无法在实践中付诸实施。一直到 1980 年《中华人民共和国学位授予条例》出台，中国才有了真正完型的学位制度及在实践中实施的学位授予。其时，距有研究生教育之始已过了六十余年之久。

基于上述所及，我们舍弃了人们惯用的“学位与研究生教育”的提法，定本书之名为“中国研究生教育史”，尽管其中于每一历史时期的学位及其制度的讨论、设计和变革，都予以相应的文字说明，但只是将这种说明性的文字作为阐释研究生教育变迁发展的一个组成部分，将其归类于研究生教育的相关制度之变革和演进。由于此等原因，本书在谋篇布局之际，于材料的取舍、史实的钩沉、事件的叙述、制度的考析以及各个历史阶段研究生教育实践推进的梳理等，在节、目的安排和文字的运作上颇显得前松后紧，即对“文革”之前各个历史时期的研究生教育予以较为细致深入的阐析，而于“文革”之后近 40 年间的研究生教育则多为总括式说明。此外，考虑到本书定名为“中国研究生教育史”，则台湾、香港、澳门等地区有关的教育事业及其历史进程，均需占据一定的地位。只缘人力与时间所囿，作者只好留待日后修订时再予以补充。

第一章　制度初订（清末—1917）

近代以来，西方殖民者一次次的侵略，清政府被迫签订的一个又一个卖国条约，强烈地震撼着国人的心灵，激发了国人救国图强的激情。以龚自珍、魏源为代表的地主阶级改革派，以李鸿章、张之洞为代表的洋务派，以康有为、梁启超为代表的民族资产阶级改良派，纷纷开始探索救国救民的道路。尽管具体的观点有所差异，但他们都意识到中国的落后源于教育，要强国必先强教育。因此，他们都主张向西方学习、寻求教育救国的道路，并在实践中创建了新式学堂，力图培养救国人才，以挽救处在水深火热中的中华民族。在创办新式教育的实践中，研究生教育逐步被纳入制度规划中，并成为我国近代培养高层次知识人才的重要组成部分。

第一节　研究生教育的引介

论及高层次人才培养，我国古代教育即有此传统。无论是汉代创设的太学，还是后来历代发展的书院，都是高层次人才培养的机构。这些教育机构重视学生自学，提倡独立研究。学生在学期间亦能积极参加学术研讨活动。特别是一些著名的书院，往往既是教育机关又是学术研究机构，还是某个学派的学术研究与传播基地。然而，近代中国高层次人才的培养，则是在学习西方先进教育的过程中，模仿日本、欧美的研究院制度，逐步在大学中设立研究机构，实施研究生教育实现的。其中，留学生群体和先进的知识分子对西方研究生教育的引介、倡导，为中国研究生教育的逐步建立奠定了基础。

一、对西方研究生教育的介绍

鸦片战争之后，中国的大门被迫向世界打开，由此中国的政治、经济、文化和教育都不同程度地受到西方的影响，中国的研究生教育就在这样的社会土壤里萌芽、生长。对西方研究生教育的引介和宣传，是探索本国研究生教育的第一步。清末民初中国研究生教育的起步，一方面应归功于传教士、西方来华人物的引介与鼓吹，另一方面更受益于留学生群体、出国考察人士和先进中国知识分子的宣传与推进。

（一）清末对研究生教育的引介

鸦片战争爆发以前，作为封建专制主义大国的中国基本处于闭关锁国、与世隔绝的状态。在鸦片战争爆发、国门被西方枪炮打开后的半个世纪中，跨出国门、走向世界的中国人仍为数甚少。正是在这种特定的历史条件下，外国来华传教士成为中外文化教育交流的主角，其导入西方近代教育的活动对中国模仿西方教育制度、推动教育近代化发展产生了重要影响。

伴随着中国教育改革运动的兴起，外国来华传教士在创办教会学校及投身洋务学堂教学和管理工作的同时，致力于创办近代报纸杂志，以此作为输入西方近代教育的渠道。传教士还著书撰文，比较系统地导入西方近代教育的制度和理念。德国传教士花之安（E. Faber）撰写的《德国学校论略》、美国传教士丁韪良（W. A. P. Martin）撰写的《西学考略》、英国传教士李提摩太（T. Richard）撰写的《七国新学备要》、美国传教士林乐知（Y. J. Allen）翻译的《文学兴国策》，都是鸦片战争后来华传教士介绍西方近代教育的有代表性的著作，并在当时中国知识阶层中广为传阅。郑观应、康有为和梁启超等，无不从这些书籍中获取信息和汲取营养，进而提出自己的教育思想和主张，勾画出教育的蓝图，极大地影响了中国教育的发展。

花之安的《德国学校论略》，既是晚清传教士撰写的第一部研究西方近代教育的专著，也是《万国公报》的前身《教会新报》刊登的第一篇介绍西方近代教育的专题论文。[①] 他在该书的“小引”中，首先对西方近代学校教育的概貌作了扼要的描述：

> 泰西诸国，大书院固多，而小书院亦复不少，有为皇家所立，有为民间自设。今学术繁兴，民间自设之家塾较前渐少，因需多置各种书籍器具，非有力之家不能。每院分列数班，每年考察勤怠，入彀者可迁实学、仕学，或技艺、格物等院，视人之所能而学其所学，由此以定其学。太学院集诸院之大成，国之俊秀者萃于此，每年春秋二季考课，需留院

① 田正平主编：《中外教育交流史》，广东教育出版社2004年版，第267页。

三载，方能入考……见售者，则书院给以文折，可以任职行事。此为学梗概，欧洲诸国，大同小异。①

根据他的介绍，我们可以知道：德国近代初等教育可分为两个阶段，即相当于初等小学的“乡塾”和相当于高级小学的“郡学院”；中等教育机构主要有所谓“实学院”和“仕学院”两类，其中“实学院”又分为下院和上院两级，相当于初级中学和高级中学，而“仕学院”与“实学院”中的上院则属于同一层次的学校；高等教育被称为“太学院”，它与“实学院”和“仕学院”是上下衔接的，且包括“经学”“法学”“智学”和“医学”四大专业。可见，《德国学校论略》比较清晰地描绘出一幅西方近代学制的蓝图，全面描述了初等教育、中等教育和高等教育相互衔接的三级学校教育制度，让国人更加直观地了解德国教育的基本轮廓。

丁韪良任京师同文馆总教习期间，曾受清政府委托前往日本、美国、法国、德国、英国、瑞士、意大利考察教育，在此基础上撰写了《西学考略》一书。对西方各国学校教育体制以及课程设置状况，丁韪良进行了详细的考察：“诸国皆有学校，而立名不同，其要分为五等：曰孺馆，曰蒙馆，曰经馆，曰书院，曰太学。”② 依据他的描述，“孺馆”相当于学前教育机构；“蒙馆”相当于小学，“经馆”相当于中学，小学和中学的课程包括古希腊语、罗马语、各国外语、地理、历史及数学、物理；“书院”相当于接受高等教育的大学预科，其课程广涉数学、天文学、物理学、化学、生物学及法律学、经济学、哲学等；书院毕业后再入相当于大学本科的“太学”，分途研究神学、法学、医学三大专业。总之，西方各国的学校教育体制完备、前后相接，课程设置也相当丰富。可以说，《西学考略》所提供的信息对于当时沉闷的中国传统教育而言，不能不说是清新而生动、新颖而完善，其中相互衔接的学校体系的轮廓已清晰可见。

1888 年 6 月，李提摩太撰写出《新学》一文，并于次年 3 月发表在《万国公报》上，后改名为《七国新学备要》，出版单行本。《七国新学备要》在介绍英国、法国、德国、俄国、美国以及日本、印度的学校教育时，始终围

① ［德］花之安：《德国学校论略》，［日］东京求志楼 1874 年（明治七年）翻刊，第 4 页。

② ［美］丁韪良：《西学考略》，岳麓书社 2016 年版，第 61 页。

绕着三级学校教育体制这一中心，分别论述了“初学”（小学）、“中学”、“上学”（大学）的学级编制、课程设置、培养目标等问题。其中，初学以七岁至十五岁的少年为对象，以粗通本国语言文字和数学以及地理、历史等为目标，个别聪颖的学生可选学外国语言文字，学习期满经考试合格者升入中学；中学以十五岁至二十一岁的青少年为对象，主修课程包括道书（修身）、史书、志书（地理）、富国学（经济）、交涉学（逻辑）、算学（数学）、格物学（物理）、化学、电学、重学（力学）、制造学（工艺）、全体功用书（生理）、动植学、地学（地质）、金石学（矿物）、画学（绘画）、音乐学、农学、商学、体操学、外国语言文字学等，中学期满经考试合格者升入大学；大学以二十一岁至二十六岁的青年为对象，所学课程内容与中学相同，但较之更深，精益求精，并以培养学生的研究创新能力为目标。① 李提摩太还介绍了七国学校的数量、教师人数、学生人数等内容，概述外国学校教育发展的现状。这些丰富的内容使国人更直观地了解到当时世界先进国家三级学校教育体制的梗概与规模。

如前所述，《德国学校论略》《西学考略》《七国新学备要》均论及西方近代三级学校教育，使晚清国人对西方近代教育制度有了较为全面的了解。加之传教士在华开办教会学校和在新式学堂任教等活动，既开阔了国人的视野，又加深了国人对西式教育的理解，极大地推动了中国教育近代化的进程。与此同时，一批“开眼看世界”的中国人开始跨出国门、走向世界，通过亲自观察西方教育文明，进行了大量的译述活动。由此，引介和宣传包括研究生教育在内的西方先进教育的任务，开始由国外人士转移至中国人手中。

近代中国社会中最早提出建立学校教育制度主张的人物是容闳。他于1860年11月19日至天京（南京）会见太平天国干王洪仁玕，提出的“七条建议”中就有四条属于学校教育，其中之一即要求“颁定各级学校教育制度”，即在中国建立完整的学校教育体系。继容闳之后，鼓吹和介绍新型学校制度的文字陆续问世。例如，第一位出访欧洲的中国政府官员斌椿，在其《职方外记》中就介绍了欧洲各国的学校和学制。再如，郑观应也分别在其所著的《盛世危言》“考试篇（下）”和“学校篇”中，介绍了泰西各国的学校制度，并提出中国应“仿照泰西程式”，分州县、省府和京师三级设学。此

① 参见田正平主编：《中外教育交流史》，广东教育出版社2004年版，第287—288页。

外，作为第一代驻日外交官的黄遵宪，于其 1879 年所著的《日本杂事诗广注》中，对日本学校教育制度也作了全面的介绍。

当历史的车轮驶入 20 世纪，饱受欺凌的中国依然没有走出困境。甲午战争以后，越来越多的有识之士意识到日本之所以取胜中国，“非其将相兵士能胜我也，其国遍设各学，才艺足用，实能胜我也”①。由此，国人开始“负笈东游”，取法日本，以期探寻救国图强的路径。清廷也调整了政策，重视教育发展，实施“增其兴学之力，而坚其改良教育之志”② 的政策，鼓励青年学子赴日本学习和考察。因此，清末赴日本留学的学生和考察教育事业的政府官员如“过江之鲫”，逐步形成了历史上规模罕见的东渡热潮。

留日学生在 19 世纪末尚为涓涓细流，到 20 世纪初即迅速汇成留学大潮，官费、自费留学生人数从 1899 年的 200 名左右，激增至 1903 年的 1300 余人，1906 年达到高潮时，人数更在 8000 名上下，成为世界留学史上蔚为壮观的一幕。留学生们抓住这样一个开阔视野的契机，从教育理念到教育制度，从教学内容到教学方法，开启全面学习西方的大幕，成为当时的开风气者和时代的弄潮儿。他们归国后往往将自己所见所闻整理成册，或直接翻译国外相关著作以及学校制度、章程，陆续出版了一些全面介绍西方教育的书籍，其中有相当一部分涉及西方学位制度和研究生教育，例如《日本学校章程三种》《日本东京大学规则考略》《日本新学制》和《日本学制大纲》等。正是通过这些留学生，教育界逐渐形成了一种效法日本、改革教育、建立新学制的社会舆论，为“壬寅学制”和“癸卯学制”的出台奠定了基础，也使国人对研究生教育有了更直接的认识和了解。

此外，一些赴日本参观考察的人士也留心并收集了不少教育制度的一手资料。他们归国后将日本学校制度包括学位和研究生教育的状况反映给当权者，对近代中国教育的制度设计产生了很大的影响。1901 年，受张之洞与刘坤一的委托，罗振玉启程东渡考察教育。在日本考察的两个月期间，罗振玉参观了从幼儿园到大学的各级各类学校，会见了嘉纳治五郎等日本著名教育家，搜集了有关日本学校教育制度的各种章程和管理举措。归国后，他撰写

① 康有为：《请开学校折》，载汤志钧编：《康有为政论集》，中华书局 1981 年版，第 306 页。

② 郭秉文：《中国教育制度沿革史》，商务印书馆 1922 年版，第 53 页。

了《日本教育大旨》，发表在《教育世界》杂志上。在《日本教育大旨》中，罗振玉就日本教育方针、经费、制度、教师、教科书等进行了非常详细的介绍。他明确指出，日本的学制系统“必有次第”：

> 日本之制，定儿童六岁起至十四岁八年间为学龄。然由三岁至六岁当入幼稚园，受小学教育之预备。学龄期必卒寻常小学业，以后由寻常小学入高等小学，由高等小学分二支，或入寻常中学，或入寻常师范学校。卒中学者入高等学校及高等师范学校；卒寻常师范者充小学校教师。卒高等学校者入分科大学。卒分科大学者入大学院。卒高等师范者为中学校及寻常师范教师。此系统之概略也。[①]

清末新政时期，吴汝纶在赴任京师大学堂总教习之前赴日考察学制。在日本，他参观了学制系统内的各级各类学校，听文部省讲座、与日本教育家笔谈，对日本的学校制度有了更全面的了解。在日期间，他还坚持与时任学部大臣的张百熙通信联系，及时汇报考察情况，“别后曾寄一书上管学，计可寓目。顷又作一书，详述至日本形况”[②]；“谨将文部所讲，及阅视各学日记，抄呈台览”[③]。虽然吴汝纶没有直接参与“壬寅学制”的制定，但是他及时地向正在草拟该学制的张百熙等介绍日本教育的最新动态及教育界人士的相关建议，直接推动了清末学制的制定。

维新变法失败后，梁启超逃亡日本。在此期间，他对日本的教育制度进行了考察与研究。1902 年，他通过列“教育期区分表”和“教育制度表”两张表格，向国人比较全面地介绍了日本当时实行的教育制度情况。在“教育期区分表”中，他介绍了日本按年龄阶段接受教育的实情。五岁以下为幼儿期，进幼稚园；六岁至十三岁为儿童期，进小学；十四岁至二十一岁为少年期，进中学；二十二岁至二十五岁为成人期，进大学。同时他还指出，日本教育根据人类身心发展的特点，划定各个年龄阶段所接受相应教育的时间。例如，幼儿园为二年；小学为八年；中学包括寻常师范也是八年；大学的文科和实科，包括高等师范学校和师范大学，是三年或四年；大学毕业以后进

---

① 罗振玉：《日本教育大旨》，载璩鑫圭、唐良炎编：《中国近代教育史资料汇编·学制演变》，上海教育出版社 2007 年版，第 233 页。

② 徐寿凯、施培毅校点：《吴汝纶尺牍》，黄山书社 1990 年版，第 270 页。

③ 徐寿凯、施培毅校点：《吴汝纶尺牍》，黄山书社 1990 年版，第 297 页。

入大学院，是自由研究，不拘年限。这里所列的各类学校，在时间上互相衔接、循序渐进。同时，他肯定了日本实行的小学八年义务教育，认为通过政府的干涉，强制实行义务教育值得借鉴。在“教育制度表”中，梁启超明确列出了比大学本科教育更高层次的大学院，指出研究生教育在学制体系中的地位。这具有重大意义。

姚锡光也曾受张之洞的委派前往日本考察学务，在1898年给张之洞的《查看日本学校大概情形手折》中，较全面地介绍了日本的学位制度：日本大学校设有文、理、法、工、农、医六科，“凡此六科，皆在学三年，历次考试而得毕业凭证者，是曰学士（有文学士、法学士、理学士、工学士、农学士、医学士之分）”①，对大学毕业获得学位者，“举国荣之”；大学校里还设有大学院，大学院没有专署，仍然设在大学校之中，“凡六科中已得学士者，仍得入学，三年俾之优游厌饫其中，以求深理，其能得毕业凭证者，名曰博士。为其国人学校出身之至荣”②。姚锡光的报告使张之洞进一步了解了日本的学位与研究生教育制度，对清末学制改革中研究生教育制度的确立产生了直接影响。

可见，清末留学生和出国考察教育的官绅做了大量介绍西方学校制度的工作，尤其是对日本学制和研究生教育的引介，为近代中国的学制改革中增设研究生教育作出了非凡的贡献。

除上述留学生和出洋考察人士将国外教育文明的进步之处著书出版，以及将西方学位制度直接翻译外，国内教育类报刊也是其时先进知识分子宣传和介绍国外教育最新动态的又一窗口。鉴于报刊具有周期短、篇幅小、主题多元等特点，先进知识分子根据当时中国的实际需要来选择、介绍教育制度的各种信息及相关内容，及时而有效地为中国研究生教育制度发展提供急需的知识和经验。总之，学制的介绍和讨论是当时教育类报刊登载的热点主题。

1901年5月，罗振玉、王国维等在上海创办《教育世界》。这是我国近代刊行最早的专业教育杂志，其内容主要是翻译介绍外国教育制度、教育理论和报道国内教育改革等，其中重点介绍日本新教育的章程、法令、规章制度等，对中国制定近代学制有重要参考价值。据统计，从1901至1903年，该

①② 朱有瓛主编：《中国近代学制史料》第二辑（上册），华东师范大学出版社1987年版，第30页。

杂志全面译刊了日本各种学校的章程、法令和规章制度，其内容包括大学、中学、小学以及女子教育、师范教育、职业教育等，累计达97篇之多，提供了大量而重要的制定学制的参考资料，在思想和理论上起了导向作用。这些外国学校教育制度的介绍，开阔了人们的眼界，使人们对本国学制的讨论有了全新的参考坐标和国际视野。

著名学者王国维任该刊物主编。1900年冬，王国维在罗振玉的资助下赴日留学。归国后，即投身教育事业，在史学、文学、教育学、哲学等领域成就卓著，为中国近代学术文化作出了多方面的贡献。王国维致力于中外教育理论的融合与会通，翻译了大量有关西方教育理论和教育制度的著作，试图建立一套教育科学理论。由于当时介绍东西方教育的媒介还非常少，所以《教育世界》在引入西方教育制度和教育思想、倡导改革传统教育方面具有开路先锋的作用，影响至大，十分引人注目。其对近代中国研究生教育制度发展所起的作用，则主要体现在通过刊载文章介绍西方国家特别是日本的研究生教育制度，加深国人对此的了解和认识，从而推动中国研究生教育制度的发展。据初步统计，《教育世界》在清末短短几年时间里就先后刊登了10余篇涉及西方学校制度的文章。例如，1901年12月，《教育世界》第15期刊载了日本的《帝国大学令》，其对研究生教育的定位、研究生入学及相应的学位层次、学位授予条件等作了明确的规定：

> 第二条　帝国大学以大学院及分科大学构成。大学院所以考究学术、技艺之蕴奥，分科大学所以教授学术、技艺之理论及应用。
>
> …………
>
> 第四条　分科大学之卒业生及有与之同等之学力者，入大学院考究学术、技艺之蕴奥，经定规之试验者，授予学位。①

此外，由商务印书馆于1909年在上海创刊的《教育杂志》也不甘落后，发展为近代中国最著名的教育刊物之一。它曾开辟“世界教育新潮”专栏，较系统地介绍西方各国教育制度的最新发展状况，使国人对国外研究生教育制度发展的最新动态有了更准确的把握，也为政府官员制定研究生教育制度的法规搭建了信息平台。

---

①《帝国大学令》，载璩鑫圭、唐良炎编：《中国近代教育史资料汇编·学制演变》，上海教育出版社2007年版，第230页。

内忧外患的清朝末年，在教育改革的洪流中，先进的中国知识分子力排万难，通过各种渠道，引介西方研究生教育制度，重视和追求中国高层次人才的培养，确立其在教育制度顶层设计中的地位，为教育近代化奠定了坚实基础。

（二）民初对研究生教育的宣传

1911 年，革命党人发动武昌起义，轰轰烈烈的辛亥革命爆发。辛亥革命推翻了腐朽的清政府，结束了中国两千多年的封建帝制，中国的历史由此而翻开了新的一页。1912 年元旦，孙中山宣誓就职临时大总统，中华民国诞生。中国的教育也开始摆脱陈旧腐朽的封建阴影，迈向近代化的新阶段。1 月 3 日，南京临时政府成立，任命当时在教育界声望甚高的蔡元培为首任教育总长。在蔡元培的领导下，南京临时政府于 1 月 9 日成立了被誉为“学术化”“平民化”的教育部。此后，针对清末封建主义的教育宗旨、学制体系、课程内容等，教育部进行了大刀阔斧的改革，对高层次人才培养的重视程度也渐次提高，研究生教育制度建设迎来新契机。

民国初期，西方的教育制度和教育思想在中国进一步传播。新文化运动前后，新旧文化撞击交融，中外教育交流呈现蓬勃发展态势，留学教育、出国考察、国外来华讲学等形式，进一步扩大了国人的视野，丰富了国人对教育的认识，促进了新式教育的发展。以留学教育为例，此时留学潮流呈现多元发展、多途并举的格局，留学欧美尤其是留学美国的势头强劲，大有后来居上的态势。民国建国伊始，政府高度重视留学教育，教育部官派留学生，加上各省的官派学生和清华学校的留美生成为留学教育的重要形式。随着留学教育的兴盛，新一代留学生群体逐步成型。“表 1.1.1”是 1913—1917 年官费留学生的人数统计表。

表 1.1.1　1913—1917 年官费留学生人数统计表*

年别 国别	1913	1914	1915	1916	1917
日本	1824	1107	1200	1084	1250
欧洲	242	218	184	182	173
美国	不详	510	130	131	176
总计	2066	1835	1514	1397	1599

* 资料来源于刘真主编，王焕琛编著：《留学教育——中国留学教育史料》第五册，（台北）“国立”编译馆 1980 年版，第 2626 页。

其时除了官费留学外，自费出国“镀金”也成为时尚，各大学和实业团体也不甘示弱，热衷于遣送学生出国。可以说，在民国初期，受“教育救国”思想的影响，在国内发展缓慢、水平较低的大学不能承担某些领域高层次人才培养重任的情况下，国人选择出国留学无疑是明智之举。无论是东游日本，还是远赴欧美，这些走出国门的青年学子多能潜心学习，顺利完成学业，甚至获取研究生教育阶段的硕士、博士高级学位。作为系统接受了欧美高等教育熏陶的新型知识分子，他们中的一大批进入高等教育界，引领和推动着近代中国高等教育的改革与发展。他们或是著书立说，或是直接译介西书，积极将西方的高等教育制度引入中国，其中不乏对学位与研究生教育的介绍和宣传。

从民国成立开始，教育界对美国教育的关注就渐次“升温”。一方面，来华交流的美国学者越来越多。仅 1912 至 1917 年间，来华的美国教育专家和教育专业人员有孟禄（P. Monroe）、克雷顿（Creigton）、巴士第夫人（Mrs. Basty）等。他们有针对性地对中国教育改革提出了意见。另一方面，美国退还的部分“庚款”为国人留美发挥了重要作用，赴美留学的国人也越来越多。1912 至 1914 年清华学校每年可获得美金 54 万余元；1915 至 1917 年获得的美金增至近 80 万元。随着美国教育对中国影响的加深，中国对美国教育模式的移植和借鉴，经历了从纯粹介绍其具体做法、在实践中模仿学习到思考分析其内在理念的过程。①

如果说在清末，除传教士的著作之外，有关美国教育的介绍大多由日本转译；那么到民国时期，对于美国教育的介绍不仅数量更多，而且大多是实地考察美国教育的结果，比如 1913 年载于《中华教育界》的文章《调查：本薛文大学》、1914 年《教育公报》刊登的文章《论近今美国高等学校之改良编制》和 1916 年载于《中华教育界》的《美国高等学校军事教育问题》等。汪涛在介绍美国学制时指出：“大学院为研究之地，卒业者称硕士或译为博士。再研究一二年者称博士，或译为大博士。”在详细介绍法国和美国学制后，他总结道：“审度吾国情势兼采二国之长，实今日最急之务。惟是现行制度与夫语文风俗最近吾国之日本，亦皆有可采之处，不可妄存意见而屏弃之也。”②

① 参见田正平主编：《中外教育交流史》，广东教育出版社 2004 年版，第 604 页。

② 汪涛：《二大共和国之学制》，《中华教育界》第一卷（1912 年）第一号。

可见，时人对美国大学的研究生教育进行介绍之余，也号召国内大学去学习借鉴。

虽然美国的教育体制已经受到国人的重视，但民国初年中国教育体制的制定仍以德国和日本为蓝本。真正将西方大学理念引入中国，并仿照德国模式创建大学制度者，当为民国初年蔡元培等人。1907年蔡元培留学德国，入莱比锡大学学习。随后，蔡元培两次赴德，前后相加共计五年有余。留学生活使蔡元培深受德国高等教育的影响，尤其是柏林大学学术研究与人才培养并重的办学宗旨，深刻地影响着他的教育理念。同时，蔡元培敏锐地认识到日本的教育体制及内隐的教育观主要以德国为蓝本，二者之间有很多的共通性。1912年，蔡元培起草的《大学令》对中国近代大学的功能、性质、使命、组织等作出新的构建，初步形成了中国现代大学体制的框架，开创了我国现代教育的新局面。

清季移植之大学体制，“一方面采自东邻日本，一方面又沿袭我国‘国有学’的古制，全国只有一个大学，便是京师大学堂。其余各省省会，只设高等学堂，等于大学的豫科”①。及至民国初年，蔡元培又将大学分为两类：一是以理论学科为主之大学，一是以应用性学科为主之专业学院。大学分为本科与预科，取消了各省高等学堂，实际上取消了各省创办地方大学。他对大学学科设置作了规定：

> 一、大学设法、商等科的，必设文科；设医、农、工等科的，必设理科。二、大学应设大学院（即今研究院），为教授、留校的毕业生与高级学生研究的机关。三、暂定国立大学五所，于北京大学外，再筹办大学各一所于南京、汉口、四川、广州等处。（尔时想不到后来各省均有办大学的能力。）四、因各省的高等学堂，本仿日本制，为大学预备科，但程度不齐，于入大学时发生困难，乃废止高等学堂，于大学中设预科。②

在辞去教育总长一职后，蔡元培以北京大学为实施抱负之地，效仿德国大学办学理念和模式，进行了著名的改革，使北京大学转变为现代研究型大学，成长为中国研究生教育的先行者和领头羊。

---

① 任鸿隽：《国立大学的合理化问题》，载樊洪业、张久春选编：《科学救国之梦——任鸿隽文存》，上海科技教育出版社、上海科学技术出版社2002年版，第532页。

② 蔡元培：《蔡元培经典》，当代世界出版社2016年版，第70页。

二、对国内研究生教育的倡导

随着对西方三级学制的了解逐渐加深，先进知识分子改革传统学制的呼声越发高涨，建立三级设学的近代教育制度被越来越多的知识分子和进步官员所认可。在国内高等教育阶段创造性地产生了“大学院”名称，大学院逐渐发展为实施研究生教育的机构，而且也出现了对本科层次以上的毕业生应授予高级学位的设想，研究生教育开始在学制建设中占据一席之地。

（一）“三级设学”思想萌芽

作为中国近代新教育肇端的京师同文馆，是由奕䜣等洋务派大员在洋务运动中领衔奏办的。该校为学习外语的专门学校，旨在培养译员和外交人才。其后船政学堂、水陆师学堂、机器学堂、路矿学堂、蚕桑学堂、农务学堂、电报学堂乃至西医学堂相继开办，但是这类“洋务学堂”犹如河滩上的建筑，既缺乏牢固的基础，又没有顶层的构划。随着洋务运动的失败，这类学堂的发展面临着困境。

有鉴于此，早期维新思想家郑观应首次提出仿照西方“三级设学”的主张。1884 年，郑观应在《考试》一文中建议“仿照泰西程式”，分学校为大、中、小三等，“文武各分大、中、小三等。设于各州县者为小学，设于各府省会者为中学，设于京师者为大学”①，小学和中学均习三年，经考试合格升入上一级学校。1892 年，他又在《学校》一文中，进一步将“泰西各国教育人才之道”归结为：

> 而学校又有三等：一初学，以七岁至十五岁为度，求粗通文算，浅略地球、史志为准，聪颖者可兼学他国语言文字。中学以十五岁至二十一岁为度，穷究各学，分门别类，无一不赅。上学以二十一岁二十六岁上下为度，至此则精益求精，每有由故得新，自创一事，为绝无仅有者。②

可见，他明确将学校教育分为初学、中学和上学三阶段，“三级设学”的思想已非常明晰，其中提及的“上学”包含有研究生教育的意味。

---

① 璩鑫圭、童富勇编：《中国近代教育史资料汇编·教育思想》，上海教育出版社 2007 年版，第 83 页。

② 璩鑫圭、童富勇编：《中国近代教育史资料汇编·教育思想》，上海教育出版社 2007 年版，第 86 页。

要培养“新国之才”，维新派认为首要的是在中国建立一整套新型的教育制度，让教育之成效不仅普及于士，而且下逮于民；学校不仅应立于国，而且应遍及于乡。此后，康有为、梁启超、谭嗣同、严复、王韬、张謇等，无不主张仿“三级设学”的西制，构建相互衔接的学校教育系统，以改变中国传统的两级设学格局。一些朝廷高官如李端棻、孙家鼐、张百熙、张之洞等，亦莫不赞同“三级设学”的构想。

1898 年康有为在《请开学校折》中建议政府“远法德国，近采日本，以定学制”，分别设立小学、中学、专门高等学和大学。他主张：

> 遍令省府县乡兴学，乡立小学，令民七岁以上皆入学，县立中学，其省府能立专门高等学大学，各量其力皆立图书仪器馆，京师议立大学数年矣，宜督促早成之，以建首善而观万国。①

按康有为的设想，小学和中学的目标是教所以为国民，专门高等学则是教人民之应用，大学则精之深之，以为长为师为士大夫。只有这样，才能使全国四万万之民皆出于学。

梁启超也认为，“亡而存之，废而举之，愚而智之，弱而强之，条理万端，皆归本于学校”，因此应“采西人之意，行中国之法，采西人之法，行中国之意”②，即要按资本主义教育模式大力发展中国教育。他在 1902 年所设计的《教育制度表》中，较为翔实地勾画了“三级三类”的学制蓝图：幼稚园（二年）—小学校（八年义务教育）—中学校（八年，文、实分科）—各科大学（三或四年）—大学院（自由研究，不拘年限）。与中学校平列者，有“简易实业学校”和“寻常师范学校”③。这是中国近代第一个根据学生身心特点而制定的教育制度，其中的“大学院”，显然属于研究生教育的专门机构。

虽然同康、梁相比，严复关于学制方面的论述相对薄弱，但他也提倡三级教育制度，主张通过小学、中学、大学培养社会需要的人才。他认为中国必须实行的是完全西方式的学制，这一学制从实施范围来说是全国性的，分

---

① 汤志钧、陈祖恩、汤仁泽编：《中国近代教育史资料汇编·戊戌时期教育》，上海教育出版社 2007 年版，第 112 页。

② 梁启超：《学校总论》，载陈学恂主编：《中国近代教育文选》，人民教育出版社 1983 年版，第 130—131 页。

③ 梁启超：《教育政策私议》，载陈学恂主编：《中国近代教育文选》，人民教育出版社 1983 年版，第 162 页。

为初、中、高三级，即表现为从低到高的小学堂、中学堂和高等学堂及其上的“专门”之学。小学阶段的年限在十六岁以前，他说小学阶段要“俟十年以往，阅历稍深，定论渐出，厘而定之，当未为晚”，显然入学年龄是在六岁。进而，他又指出：“取进中学堂，年格当以十六至二十为率”，“如此四五年，便可升入高等学堂”，可知中学阶段的入学年龄的下限在十六岁，学制四至五年；高等学堂是预备科，学制为三至四年，升入“专门”之学后，学习年限并没有提及。① 虽然严复关于近代学制的论述不多，但值得注意的是，由于对近代学位制度有相当的认识，所以他所主张的三级设学并未与科举的三级功名相挂钩，更准确地把握了现代学校教育的本质。他认为：“学成必予以名位，不如是不足以劝。而名位必分二途：有学问之名位，有政治之名位。学问之名位，所以予学成之人；政治之名位，所以予入仕之人。若有全才，可以兼及；若其否也，任取一途。”② 这里的“名位”即相当于西方学位制度中授予的学位。严复的三级设学思想和实施学位制度的主张，与科举制度追求的官本位相悖，这是与时人最为不同之处。

1896 年 6 月 12 日，刑部左侍郎李端棻在《请推广学校折》中，主张在全国范围内开设三级学校，即府州县学、省学和京师大学堂，每级三年。他设计：“臣请推广此意，自京师以及各省府州县皆设学堂。府州县学，选民间俊秀子弟年十二至二十者入学，其诸生以上欲学者听之。学中课程，诵‘四书’、《通鉴》、《小学》等书，而辅之以各国语言文字，及算学天文地理之粗浅者，万国古史近事之简明者，格致理之平易者，以三年为期。省学选诸生年二十五以下者入学，其举人以上欲学者听之。学中课程，诵经史子及国朝掌故诸书，而辅之以天文、舆地、算学、格致、制造、农桑、兵、矿、时事、交涉等书，以三年为期。京师大学，选举、贡、监年三十以下者入学，其京官愿学者听之。学中课程，一如省学，惟益加专精，各执一门，不迁其业，以三年为期。”③ 至此，三级设学以及三级所学的课程已经有了一个较详细的

---

① 严复：《与〈外交报〉主人书》，载王栻主编：《严复集》第三册，中华书局 1986 年版，第 563—564 页。

② 严复：《论治学治事宜分二途》，载王栻主编：《严复集》第一册，中华书局 1986 年版，第 89 页。

③ 李端棻：《请推广学校折》，载汤志钧、陈祖恩、汤仁泽编：《中国近代教育史资料汇编·戊戌时期教育》，上海教育出版社 2007 年版，第 220—221 页。

规划。

在众多人士推动之下，“三级设学”的机时已悄然而至。1898 年 7 月 3 日，梁启超起草《筹议京师大学堂章程》，明确提出学校分大学堂、中学堂、小学堂三级。7 月 10 日，清政府颁布谕令：“至于学校阶级，自应以省会大书院为高等学，郡城之书院为中等学，州县之书院为小学。”[①] 百日维新期间，三级设学、书院改学堂正式被政府认可，并颁布法令实施，在中国教育近代化进程中具有重要意义。但是，由于“戊戌变法”的失败，慈禧废除新政法令，书院改学堂被迫中止。

总的来说，由传统的两级制演变为现代的三级制，形成近代学制的雏形已是大势所趋。这种构建三级相互衔接的学校教育制度的设想，最终于清末新政时期由政府付诸教育制度改革的实际行动之中。

（二）“大学院”的提出

尽管“戊戌变法”最后以失败告终，维新派的教育主张却让人耳目一新，当时他们的教育思想中就有发展研究生教育的主张。最早提及“大学院”这一教育术语的人，当属康有为。1902 年，康有为在流亡国外期间完成了他于 1884 年开始写作的反映其政治理想的《大同书》。在该书的第六章中，他全面论述了对大学院教育的设想，其中包含有为大学毕业生继续深造提供合适条件的主张：

> 大学卒业后，其尤高才者，或有精奇之思，博综之学，或著新书有成，或创新学独出者，由大师几人公同保荐，除就业一年外，公家特给学士荣衔，别给俸禄三年，以成其绝学。[②]

这实际上指出在大学教育之上，设立更高层次的教育，以满足人才的培养，相当于我们现在所实行的研究生教育。《大同书》是康有为政治理想的反映，他的主张在当时社会条件和国情下注定难以实现，但上述主张的确体现了他学制体系中研究生教育的萌芽。值得注意的是，虽然康有为书中提到的“大学院”仅相当于本科层次，但国人设计的学制体系中首次出现了“大学院”

① 朱有瓛主编：《中国近代学制史料》第一辑（下册），华东师范大学出版社 1986 年版，第 442 页。

② 璩鑫圭、童富勇编：《中国近代教育史资料汇编·教育思想》，上海教育出版社 2007 年版，第 168 页。

之名，仍具有开创性意义。康有为对研究生教育设计的修业年限为三年，虽然在“学士”学位之上，他并未谈及授予硕士或是博士，但理应获得国家更高级学位则无疑。

1902年，罗振玉从日本考察学务后回国，并向张之洞提交了《日本教育视察报告书》，草拟了一份学制报告呈递张之洞和刘坤一，并深得两人赞许。在湖北，张之洞曾先后五次接见罗振玉，听取他的考察成果，可见张之洞对此事的重视。这份学制报告的主要内容与1902年罗振玉刊登在《教育世界》上的《学制私议》一文大致相同。

> 一、由六岁至九岁受寻常小学（亦称蒙学）四年，十岁至十二岁受高等小学二年。（将来必立幼稚园，以三岁至五岁为保育年限。此刻女学未兴，无保姆，姑缓之。）
>
> 二、由十三岁至十六岁受中等学四年，或受寻常师范学四年。
>
> 三、由十七岁至十九岁受高等学三年，或受专门学三年，或受高等师范学四年。
>
> 四、由二十岁至二十二岁入分科大学三年。
>
> 五、由二十三岁至二十七岁入大学院凡五年。[①]

从上文可见，罗振玉所提出的大学院是建立在分科大学基础之上的培养高层次人才的机构，也分为法、医、工、文、理、农等科，培养形式以研究为主而非课程讲授。并且他还论及毕业生名位问题，“至大学校卒业者，始授学士。（农科称农学士，法科称法学士，其他工、理、医、文各科仿此。）卒大学院业者，或于学务有功者授博士，今宜仿行。”[②] 可见，这种设计开始考虑到学位制度，这对研究生教育的建立无疑起到奠基的作用。

第二节　制度体系的设计

中国近代学制经历了从无到有、从模仿日本到借鉴美国的过程。由于中

---

① 罗振玉：《学制私议》，载璩鑫圭、唐良炎编：《中国近代教育史资料汇编·学制演变》，上海教育出版社2007年版，第161页。

② 罗振玉：《学制私议》，载璩鑫圭、唐良炎编：《中国近代教育史资料汇编·学制演变》，上海教育出版社2007年版，第165页。

国古代只有学校而没有学制，而近代以来的新式教育机构又是在外力催逼下模仿西方学校产生出来的，故而在学制思想的形成、学制模式的借鉴以及学制的更改等有关学制方面的变化或变革，相当程度上代表着中国教育发展的主导方向，也标志着中国教育与国际教育的接轨程度。近代以来，随着西方教育制度在中国的深入传播，在中国近代第一个新型学制——“壬寅学制”出台前，人们对于学制的议论和设计，与变革科举一道成为其时社会要求教育变革的最重要的内容。特别是西方研究生教育被越来越多的人所接受，学制体系中包括研究生教育的观念得到了中国先进知识分子和开明官员的认可。于是，中国开始进行顺应世界潮流的学制设计。从清末“壬寅学制”到“癸卯学制”，再从“癸卯学制”到民初“壬子学制”，最后不断完善形成的“壬子-癸丑学制”，都体现了先进中国人在追求学制系统改革与发展中的不懈努力，在此过程中研究生教育的制度设计也逐步完善起来。

一、 清末学制中的研究生教育

1901 年，清政府开始实行“新政”，下令改书院为学堂后，各地的书院相继改办为新式学堂，极大拓展了新式高等教育的规模。随着新式教育力量的增强，制定统一的学校章程、建立规范的学校教育制度，成为其时教育的时代主题。正是在这一形势下，清政府相继拟订了“壬寅学制”和“癸卯学制”，在中国近代教育史上留下了浓墨重彩的一笔。尤为重要的是，在两个学制系统中，首次出现了建立在大学本科教育基础上、具有独立形态的教育层次——研究生教育，由此而拉开了我国学制意义上的研究生教育的历史序幕，开创了我国研究生教育的历史篇章。

（一）“壬寅学制”中的大学院

近代中国的新式学校是从 1862 年京师同文馆的设立开始，1876 年公布的《八年制课程表》标志着这所近代学校在办学方向和教育体制上取得了重大突破。此外，洋务派又相继创办了外国语学堂、军事学堂和科技学堂，到 1895 年约计有 26 所。这些新式学堂是近代高等专门学堂的雏形。1895 年，盛宣怀主持创办天津中西学堂的头等学堂是近代中国新式大学的萌芽，而 1898 年“戊戌变法”期间，近代中国第一所国立大学——京师大学堂得以创办。到 1902 年，全国共创办了 4 所大学堂。值得注意的是，这些新式高等学堂、大学堂不是建立在中等教育基础之上的高等教育，而基本上是游离于当时整个教育系统之外，相对独立、自成体系的学校门类。它们的出现，一方面对传统高等教育机构是一个潜在的威胁和冲击，另一方面也暴露出全国学校教育没有统一的学制系统的现实问题。

由于没有统一的学制系统，加之政府缺乏统一的管理规范，所以各洋务学堂既无上下衔接的递进秩序，亦无互相交叉的内在联系。这样，新式教育的发展就出现了一系列的问题：其一，这些学堂尽管多非基础教育，但从学业程度上难以断定它们的教育级别；其二，尽管均为“官办”教育机构，其人才所出却各自归属于不同的衙门和政治势力集团；其三，这些教育机构尽管有各自具体的学堂章程，但它们的课程设置、经费来源、入学对象及条件，乃至教学组织方式和授课方法，无不各行其是。随着学堂数量的增加和社会对新式人才的需求，结束教育管理上的混乱状态刻不容缓。因此，要发展新式教育事业，不得不有一个由政府统一规定的统领全国教育机构和维系各类学堂办理秩序的学校教育制度。由是，制定推行全国的统一学制便被改革者提上议程。

为有效管理不断涌现的新式学校、规范全国各级各类教育，1902 年 1 月 10 日，清政府任命吏部尚书张百熙为管学大臣，进行学制改革。同年 8 月 15 日，张百熙进呈《学堂章程折》，包括《京师大学堂章程》《考选入学章程》《高等学堂章程》《中学堂章程》《小学堂章程》《蒙学堂章程》六份文件。这些文件当时即获得光绪帝的“御批”，故称《钦定学堂章程》，因是年为农历壬寅年，史称“壬寅学制”。

该学制在纵向方面分为三段七级：第一阶段为初等教育，包括蒙学堂、寻常小学堂和高等小学堂三级；第二阶段为中等教育，仅有中学堂一级，包括与之并列的师范学堂、中等实业学堂；第三段是高等教育，包括高等学堂（大学预备科）、大学堂和建立在大学堂之上具有研究院性质的大学院。学制规划在大学堂之上设立大学院，这里的“大学院”是我国首次在制度上确立研究生教育机构。大学院不设学习年限，“不立课程”，“主研究不主讲授”，旨在谈论“学问极则”[①]，由此奠定了中国早期研究生教育的基调，即不设课程，重在自主研究。

① 璩鑫圭、唐良炎编：《中国近代教育史资料汇编·学制演变》，上海教育出版社 2007 年版，第 244 页。

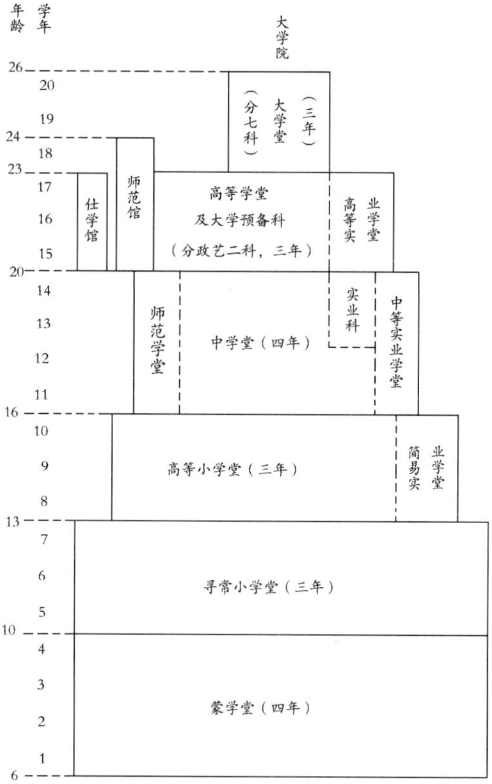

图 1.2.1 “壬寅学制”图（1902 年，光绪二十八年）①

“壬寅学制”是我国近代教育史上第一个系统的法定学制。学制中具有研究院性质的大学院的出现，标志着我国研究生教育及其教育组织形式首次在国家法制意义上正式得以确认，这无疑在我国研究生教育史上具有开创性意义。它从教育法律上确认了研究生教育这一高等教育阶段的教育，为以后各种研究生教育法规的制定提供了参考。但是，“壬寅学制”只对研究生教育作了一个笼统界定，并没有具体的实施细则和培养教学方案，并且由于该学制制定过于仓促，再加上学制本身存在若干问题和局限以及清廷内部的权力竞逐，故尚未颁行，清廷便派“当今第一通晓学务”的张之洞会同商办学务，另拟学制。

（二）“癸卯学制”中的通儒院

“壬寅学制”订立后，并没有达到预想中的作用。守旧派庆亲王奕劻、铁

① 孙培青主编：《中国教育史》，华东师范大学出版社 2000 年版，第 344 页。

良等坚决反对新学制的推行，不仅拒不执行该学制，还设法加派荣庆为管学大臣，要求全面修订学制。1903 年，张之洞入京并开始主持新学制的改订工作。由于各派的明争暗斗，加上工作量大、牵涉面宽，新学制几番易稿才制定出来：“之洞手定学章，凡七易稿始成。”① 1904 年 1 月 13 日，清政府公布了由张百熙、张之洞、荣庆三人重新拟定的学堂章程，即《奏定学堂章程》。因其制定于农历癸卯年，故又称“癸卯学制”。该学制是我国近代教育史上第一个公布并在全国施行的法定学制系统。

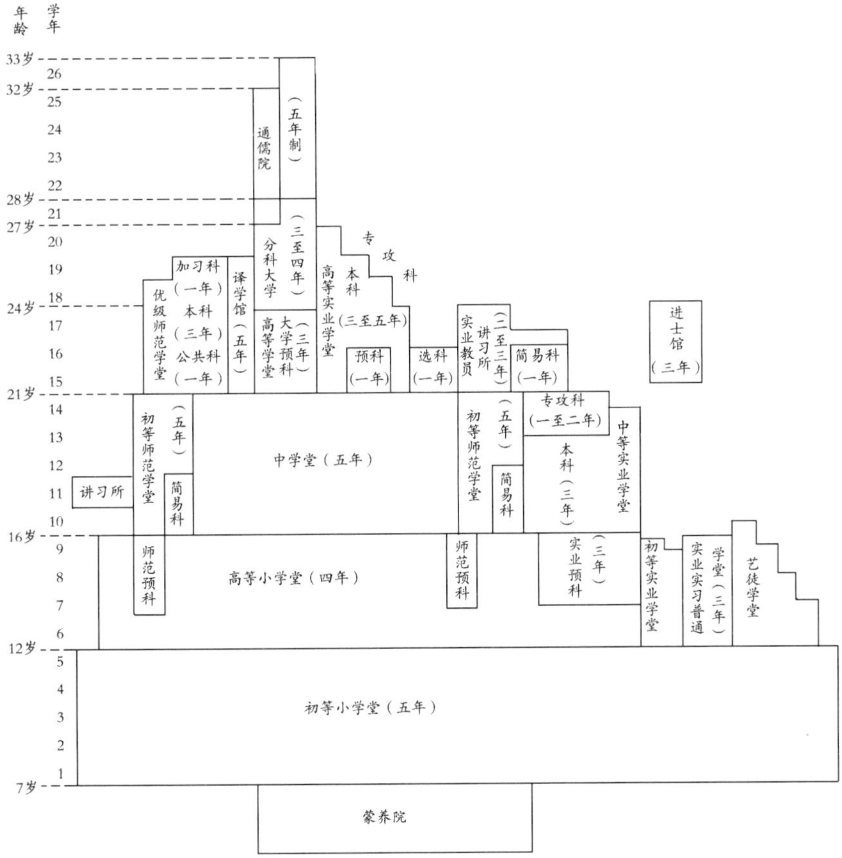

图 1.2.2　“癸卯学制”系统图（1904 年 1 月，光绪二十九年）②

---

① 罗惇曧：《京师大学堂成立记》，载朱有瓛主编：《中国近代学制史料》第二辑（上册），华东师范大学出版社 1987 年版，第 958 页。

② 孙培青主编：《中国教育史》，华东师范大学出版社 2000 年版，第 345 页。

与“壬寅学制”相同，“癸卯学制”亦将各类教育在纵向分为三段七级，两者之间的区别，则在于“癸卯学制”的规定更为系统、详细、具体和具有可操作性。就研究生教育而言，“癸卯学制”的改进体现在：

在名称上，将“壬寅学制”中的“大学院”改名为“通儒院”，且明确规定设在大学堂内。

在宗旨上，确定“通儒院以中国学术日有进步、能发明新理以著成书、能制造新器以利民用为成效”①。

在招生上，规定必须是分科大学之毕业生，或“经该分科大学教员会议所选定，复由总监督考验，视其实能合格者”②。在《奏定各学堂考试章程》中，又对通儒院的招生进行了规定：“大学堂毕业，则学近大成，各擅专长。（通儒院以待隽异之士笃志好学者，研究各专门学之精深意蕴而设，故愿否升入，听人自便，并非大学毕业后必应入通儒院也。）”③ 由此可见，通儒院在当时新式高等人才稀缺的条件下，其准入条件相对宽松，为纯粹研究中国古代传统高深学问之地。

在修学年限上，规定五年毕业。在培养方式上，规定“通儒院生不上堂，不计时刻”④，同时，还规定通儒院“为研究各科学精深义蕴，以备著书、制器之所。通儒院生但在斋舍研究，随时请业请益，无讲堂功课”⑤。这进一步突出了通儒院具备的研究的属性，表明研究生在导师指导下以自主研究为主，体现了一种学徒式的研究生培养模式，而且这一培养模式一直影响到中华民国成立之后的研究生教育。在日常管理上，规定每年年终由本科教员会议审查研究情形和成绩，如成绩不合格或品行不端则勒令退学。

最后，就毕业而言，规定“以能发明新理、著有成书、能制造新器、足资利用”，“由本分科大学监督交教员会议”“审察合格者”⑥，方可毕业。其要

---

① 璩鑫圭、唐良炎编：《中国近代教育史资料汇编·学制演变》，上海教育出版社2007年版，第348页。

② 璩鑫圭、唐良炎编：《中国近代教育史资料汇编·学制演变》，上海教育出版社2007年版，第394页。

③ 璩鑫圭、唐良炎编：《中国近代教育史资料汇编·学制演变》，上海教育出版社2007年版，第516页。

④⑤ 璩鑫圭、唐良炎编：《中国近代教育史资料汇编·学制演变》，上海教育出版社2007年版，第348页。

⑥ 璩鑫圭、唐良炎编：《中国近代教育史资料汇编·学制演变》，上海教育出版社2007年版，第395页。

求之严格，就是比之今日也毫不逊色，甚至有些规定目前仍难以达到。

针对这一全新的教育机构，《奏定大学堂章程》还单列“通儒院章程”。其内容具体如下：

《奏定大学堂章程·通儒院》①

（1904年1月13日颁布）

第一节　凡某分科大学之毕业生欲入通儒院研究学术者，当具呈所欲考究之学艺，经该分科大学教员会议，呈由总监督核定。

第二节　非分科大学毕业生而欲入通儒院研究某科之学术者，当经该分科大学教员会议所选定，复由总监督考验，视其实能合格者，方准令升入通儒院。

第三节　凡通儒院学员，视其研究之学术系属某分科大学之某学科，即归某分科大学监督管理，并由某学科教员指导之。所研究之学术，有与他分科大学之某学科实有关系、必应兼修者，可由本分科大学监督申请大学总监督，命分科大学之某学科教员指导之。

第四节　通儒院学员之研究学期，以五年为限，以能发明新理、著有成书、能制造新器、足资利用为毕业。

第五节　通儒院学员无须请人保结，并不征收学费。

第六节　通儒院学员，有为研究学术必欲亲至某地方实地考察者，经大学会议所议准，可酌量支给旅费。

第七节　通儒院学员每一年终，当将其研究情形及成绩，具呈本分科大学监督，复由本科大学监督交教员会议所审察。

第八节　通儒院学员如有研究成绩不能显著、或品性不端者，经各教员会议，可禀请总监督饬其退学。

第九节　通儒院学员在院研究二年后，如有欲兼理他事务，或迁居学堂所在都会以外之地者，经本分科大学监督察其于研究学术无所妨碍，亦可准行。

第十节　通儒院学员至第五年之末，可呈出论著，由本分科大学监

---

①　璩鑫圭、唐良炎编：《中国近代教育史资料汇编·学制演变》，上海教育出版社2007年版，第394—395页。

督交教员会议所审察，其审察合格者即作为毕业，报明总监督咨呈学务大臣会同奏明，将其论著之书籍图器进呈御览，请旨给以应得之奖励。

该章程对研究生培养机构的性质、入学条件、修业年限、毕业条件、管理模式等作了具体规定，对研究生教育发展首次作出较详细的顶层设计。这一章程，是我国教育史上最早的关于研究生教育的教育法规。《奏定大学堂章程》首次以专章论述通儒院，一方面凸显学制的规范与完整，另一方面则表明研究生教育在教育界已引起足够重视。

《奏定学堂章程》颁布之时，科举制度仍在施行，为顺利进行新旧制度的转换与过渡，清政府对学堂毕业生实行毕业奖励出身制度。随后，张百熙、张之洞和荣庆等人拟定了《奏定各学堂奖励章程》，作为《奏定学堂章程》的配套制度。他们试图参照西方的学位等级，给予新式学堂的毕业生以相应的科举出身奖励。该章程规定，“自高等小学堂以上，或由升学考试给奖，或由毕业考试给奖。各有限制，各有取义”①。学生经考试过后按其所学之深浅，分别奖以进士、举人、贡生、生员。通儒院学员因五年才能毕业且程度最高，所以特以规定：“惟通儒院毕业，计自小学堂起，共须二十五年，学业已深，必须格外优奖，立时任用，方足以济时艰。其间应如何分别等差，或比照翰林升阶，分用较优之京官外官，以便即时任用；抑或于奖以翰林升阶之后，并即破格任用之处，应俟届通儒院设立之时，再行体察情形，详核酌拟奏明请旨办理。”②这表明，清政府给予通儒院毕业生的奖励要优于给予大学堂及其以下级别学堂的毕业奖励。

1907 年，清政府学部在《奏遵改各学堂章程折（附章程）》中对 1904 年 1 月 13 日颁布的《奏定各学堂考试章程》提出了修改意见，但由于通儒院学生以学术研究为主要内容，因此考试的有关规定不涉及通儒院。那么，如何来评价通儒院毕业生的成绩呢？《奏遵改各学堂章程折（附章程）》规定：“通儒院毕业，以平日研究所得之各种著述，呈大学堂总监督，由总监督与分科教员公同评论，定其分数，咨呈学部，确加复核，分别等第，将其著述进

①② 潘懋元、刘海峰编：《中国近代教育史资料汇编·高等教育》，上海教育出版社 2007 年版，第 330 页。

呈御览，恭候钦定奖励录用。”[①]

关于清政府要对高等小学堂以上的毕业学生实行毕业奖励出身制度的原因，学部在1911年9月上奏宣统皇帝的奏折《会奏酌拟停止各学堂实官奖励并定毕业名称折》中道出了其中的原委：“中国兴学之初，科举未停，任官之制未备，自不得不沿用科举办法，学堂毕业者即予实官，以广登进而资任使。”[②] 但是，自清政府于1905年宣布废止科举制度后，学堂数量有所增加，给毕业奖励出身带来了压力。该奏折继而指出：“毕业人数逐渐增加，而官缺之增设有限，学生得官以后仍复置之闲散，且《文官考试任用章程》应于本年颁布施行，而实官奖励一节，按之将来新章，不免有所牴牾。”[③] 再加上其时“东西各国学堂毕业与入官考试无不判为二事”[④]，因此学部在奏折中建议，“拟自《文官考试任用章程》施行之日起，无论何项学堂考试毕业者，概不给奖实官”[⑤]。尽管在毕业名称上仍沿用进士、举人、贡生之名，但“其得进士、举人、贡生者，亦一律自《文官考试任用章程》施行之日起，不准截取就职，以示限制”[⑥]。学部上奏的这份奏折于宣统三年七月十七日（即1911年9月9日）得到了批准。据此，我们可以肯定，在法律形式上给毕业研究生以出身奖励的制度至此画上了一个句号。

学制中的种种变革文字和行动，向人们展现出总体的时代特色，就是在“以日为师”潮流影响下借鉴日本学校制度为其模式，而学校制度以日本学制为范，根本的原因就在于其时政治领域的变革正以日本君主立宪政体作为样板。由此不难看出，其时教育变革并非以教育自身发展规律，而是以政治制度的变化作为主要的理论依据。从“壬寅学制”到“癸卯学制”，它们都被深深打上了日本学制的烙印，并非中国教育实践与理论的产物，而是对日本学制的模仿和假借。只要对照一下“癸卯学制”和日本1900年学制就可知道，两者几乎一模一样。所不同者，对于最高教育阶段，日本称为“研究生院”，

---

① 潘懋元、刘海峰编：《中国近代教育史资料汇编·高等教育》，上海教育出版社2007年版，第319页。

②③④⑤ 潘懋元、刘海峰编：《中国近代教育史资料汇编·高等教育》，上海教育出版社2007年版，第340页。

⑥ 潘懋元、刘海峰编：《中国近代教育史资料汇编·高等教育》，上海教育出版社2007年版，第341页。

清政府却改名为“通儒院”而已。名称虽改，有两个观念清政府却颇为清楚：在整个国家学校制度中，大学本科之后，还有一个更高级的研究生教育阶段存在；从教育行政管理的角度来看，学生从不同等级的学阶毕业时，政府应分等授予相应的学术称号。这两个观念事实上已经构成了研究生教育的重要内容。

客观来讲，“癸卯学制”是晚清政府自救的产物，它的出现有助于中国社会向近代化转变，但新旧杂糅的特点非常明显，即便是培养治国人才的高等教育，也被打上了浓厚的封建性烙印。根据学制中《奏定各学堂奖励章程》的规定，清政府对从小学堂直至通儒院的毕业生，分等级奖励和科举制度类同的出身，并确定每一级相对应的可授官职。这种奖励制度，将新教育重新纳入科举制的旧轨道，损害了近代教育精神与求是倾向的发展。当然，或许正是因为存在这样或那样的问题，才不断推动国人在原有学制基础上进行改革，使学制最终逐渐符合社会发展的趋势和国家对人才培养的要求，研究生教育才能蜕变而生。

综上可见，“癸卯学制”的颁行在中国近代教育史上是一件里程碑的事件。它的颁行标志着几千年以来旧的学校系统的废止以及移植西方的近代学校教育制度的建立。尽管新学制中还夹杂着一些封建糟粕，但新学制毕竟以法定的方式，加速了旧教育的崩溃和新教育的成长。同时，“癸卯学制”中的通儒院可以视为我国在法制意义上公布并实施的第一个比较规范的施以研究生教育的组织机构，中国研究生教育也开始步入正轨。

从“壬寅学制”到“癸卯学制”，清末学制建设在教育发展史上具有开辟性意义。学制的制定和颁行，不仅在中国教育早期现代化进程中占有重要的历史地位，而且它对中国新式教育的进步发展也确实发挥过积极的推进作用。它的出现无疑表明中国教育的变革跨上了一个台阶。但就整个教育现代化事业来看，清末学制的弊端也是非常明显的：

第一，过多地迁就了中国社会的封建成分，留给后继变革者过多的封建负累。从教育宗旨和培养目标上来说，教育制度建立的指导思想是“中学为体，西学为用”。1904 年 1 月，张百熙、张之洞在《重订学堂章程折》中明确指出教育宗旨：“无论何等学堂，均以忠孝为本，以中国经史之学为基，俾学生心术壹归于纯正，而后以西学瀹其智识，练其艺能，务期他日成材，各适实用，以仰副国家造就通才、慎防流弊之意。”① 1906 年 4 月，清政府颁布上谕，明确教育宗旨为忠君、尊孔、尚公、尚武、尚实，同时作为清末大学教育的指导方针。这个教育宗旨带有很强的封建性，与近代大学的精神和研究生培养目标相去甚远。毕业生奖励出身制度，也意味着“读书做官”意识在世人思想中根深蒂固。

第二，学制结构及各级教育对受教育者年龄阶段的对应划分，也不太符合中国青少年的身心成长规律和教育的内在发展规律，过多地体现了制定者自身的主观性和适应现时政治要求的功利性。例如，学生就学年限过长问题就非常突出。顺利进入通儒院学习者已接近二十六岁，毕业后已超过“三十而立”的年龄了，这在任何时候都是难以想象的事情。

总体来说，清末研究生教育的探索为辛亥革命后近代研究生教育的发展奠定了基础，尤其在促进中西学的交流与融合、培育近代知识分子群体方面，清末研究生教育与近代研究生教育有难以割舍的历史继承性。清末研究生教育的探索是我国近代和现代高层次知识人才培养的起点，为其后研究生教育制度设计提供了可资借鉴的宝贵经验，这些无疑都值得肯定。同时还应注意到，虽然“壬寅·癸卯学制”的拟定与颁行，是中国研究生教育在制度设计上的开端，但是这种操作又仅仅局限于学制制定上，在实践层面仍是一片空白。因为，“癸卯学制”公布之时，“大学预备科及分科大学尚未举办”；即使在民国成立之时，京师大学堂内的分科大学开办也还不到一年。所以说，清末学制上的通儒院并没有合格的学生可以招收，研究生教育也就自然未能付诸实践。同时，清末新学制虽几经修订，均无涉及大学院具体实施之方法，学制规定完整学习年限为二十二年，直至清朝大厦覆倾，其实施不足十年，研究生教育的实践仍停留在论理层面，虽有呼吁，终难成行。

二、民初学制中的研究生教育

早在民国诞生前，不少教育界人士就对清末学制进行了反思和批判，为新学制完善出谋划策。伟大的革命先行者孙中山先生领导的辛亥革命推翻了

① 璩鑫圭、唐良炎编：《中国近代教育史资料汇编·学制演变》，上海教育出版社 2007 年版，第 298 页。

中国两千多年的封建帝制，中国历史由此开启了新纪元。中华民国建立，为制定反映资产阶级利益的新学制提供了良好的政治环境。随着社会的变迁，教育领域也发生了一系列深刻的变革。

民国既立，风气大开，旧制既废，教育部新设，改革学制刻不容缓。在这样一个革故鼎新的历史背景下，教育领域急需对清末学制进行一次改革，以适应共和国政体。与此同时，社会的长远发展要求学校教育为国家输送大量的高层次人才。所以，在蔡元培的领导下，教育界针对清末封建主义的教育宗旨、学制、课程等方面的内容进行了一系列大刀阔斧的改革，研究生教育也在改革中重获新生并逐步完善。

（一）“壬子-癸丑学制”中的大学院

清末学制的局限性，以及由此带来的弊端，在共和政体建立后显得更为突出。《教育杂志》的创办者、首任主编陆费逵自称好言教育，尤其好谈学制。在该期刊的创刊号上，他就针对晚清“癸卯学制”存在的问题发表了题为《缩短在学年限》的文章，大胆批评其时学制弊习，并提出了改革学制的意见。陆费逵开篇即谈道：“学所以致用也，而致用之期，必在壮年。过幼则稚，过老则衰。”① 学制年限过长，初小五年，高小四年，中学五年，高等学堂三年，大学堂三到四年。学生七岁入学，即使从不留级，也必须到二十七八才能毕业，而开始承担社会事务就已经三十岁了，其弊端显而易见。因此，他主张仿行欧美国家的学制，根据“我国社会之情状，人民之身体，及现今教育之成绩观之，有不能不缩短在学期限之事”。缩短在学年限，于人才教育而言，“成才较易，任事之期较长”；于国民教育而言，“则办学较易，普及之效易期”。于是，他提出：“今日学制，当改为初等小学三年，高等小学三年，中学五年，大学预科一年，本科三年或四年……如是则七岁入学，二十一二岁可卒业于大学，出以任事矣。”② 陆费逵的这些主张实在是切中时弊，振聋发聩，对当时的学制改革具有极大的指导意义，并成为民国初年新学制改革的先声。

此外，陆费逵还注意到中国学制尽仿日本，而日本学制本身就存在诸多问题，且有与我国国情不符之处，如果贸然效仿，必然反受其害。有鉴于此，

---

①② 陆费逵：《缩短在学年限》，《教育杂志》第1年（1909年）第1期。

《教育杂志》于1911年8月所出版的临时增刊——《世界教育状况》中，重点而详细介绍了世界各国的教育状况，以开阔国人视野。该刊五百余页，并配有插图两百余幅，可视作我国最早专述外国教育的著作。从陆费逵为该刊撰写的绪论，可清晰地知晓其编辑宗旨：

> 各国教育制度，各不相同。不惟吾国书籍，论述甚鲜。日人著作，亦不过英法德美四国之大略而已。若比、若荷、若奥、若义、若瑞士瑞典，皆有特长之制度，为汉、和图籍所未详。吾人日日言取人之长，补己之短，而不求知人之长，又安能取以益我哉！甚至所谓外国，皆指日本，一若外国仅一日本，日本即各外国。又若日本有者各国皆有之，日本无者各国皆无之。于是不究利害，不考国情，事事规仿日本。夫日制善者，吾采之可也。其不善者，吾可求欧美之善者而采之，方能取法乎上，不落人后也。①

可见，陆费逵对清末学制一味模仿日本深感担忧，而他提出的解决方案是吸取日本教育制度的长处的同时，也学习欧美教育。不得不说，陆费逵很好地抓住了清末两大学制的缺陷，且他的提议也颇有见地。因此，他有关学制改革的相关建议就受到蔡元培的重视。

1912年7月10日至8月10日，蔡元培主持召开了全国临时教育会议，根据会议讨论形成《学校系统》。9月3日，教育部公布了《学校系统令》。这是中华民国颁行的第一个学制，因当年为农历壬子年，故史称“壬子学制”。在“壬子学制”中，提及设立“大学院”，但并未对研究生教育作详细规定，只是重点对大学教育作了概述。在该学制中，大学教育属于全部学程的第三段，分本科及预科，本科肄业年限为三年或四年，预科为三年。大学之上，另设大学院，相当于清末时期的通儒院。在随后的一年时间里，教育部又陆续颁布了各级各类学校的专门法令，其中包括《小学校令》《中学校令》《大学令》《大学规程》和《私立大学规程》等。这些学校教育的法令使“壬子学制”系统更加充实和具体化，成为一个统一的学制系统，故史称为“壬子-癸丑学制”。此后，该学制一直推行到1922年新学制诞生为止。在这个学制体系中，研究生教育的制度设计更为清晰明朗。

---

① 陆费逵：《世界教育状况·绪论》，《教育杂志》第3年（1911年）临时增刊。

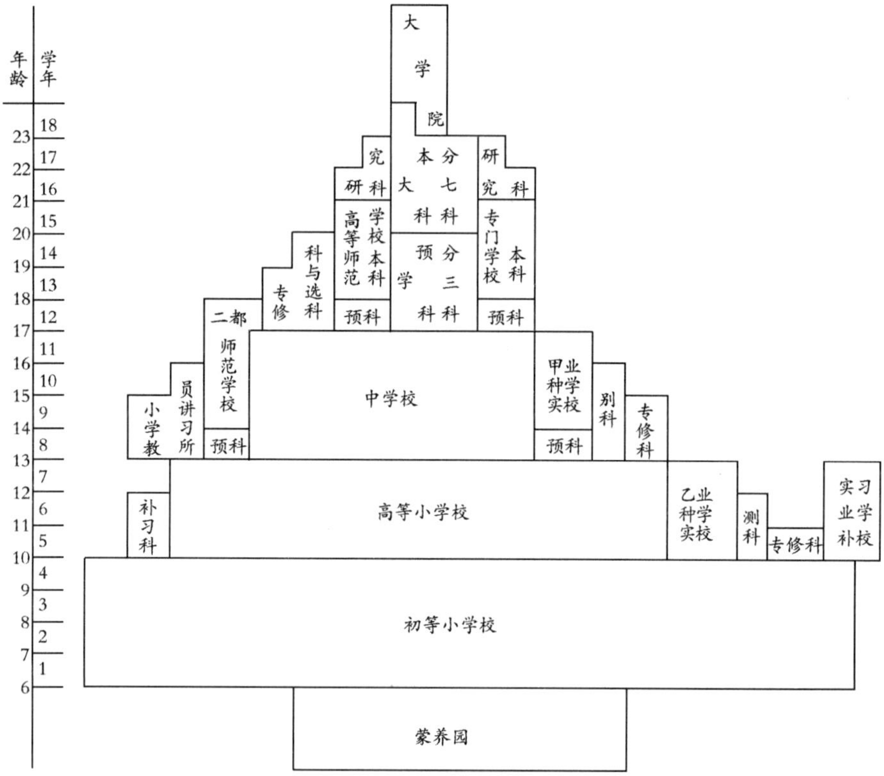

图 1.2.3 “壬子-癸丑学制”图（1912—1913 年）①

在研究生教育方面，“壬子-癸丑学制”删除了清末研究生教育的专门机构通儒院。关于删除通儒院的原因从教育部提交的《学校系统草案》中可以看到：

日本制：大学校以上有大学院，清制有所谓通儒院，欧洲各国学制多无之。盖大学校中本有各种专科之讲习院，为教员及生徒研究之所，大学生毕业以后尚欲极深研究者，仍可肄业其中。如有新发明之学理或重要之著述，即可由博士会承认而推为博士，初不必别设机关也。今仿其例。②

① 孙培青主编：《中国教育史》，华东师范大学出版社 2000 年版，第 362 页。

② 璩鑫圭、唐良炎编：《中国近代教育史资料汇编·学制演变》，上海教育出版社 2007 年版，第 644 页。

从上文中可知，这是极力摆脱自“壬寅学制”以来我国教育体制深受日本学制影响的重要举措，表现出我国研究生教育开始有了学习欧美国家学制的意向，尤其是借鉴德国办学经验。但此时的学制草案仍然不可避免地带有模仿日本的痕迹，比如其时所提倡的“博士”头衔实为效仿日本奖励研究的荣誉学位，毕竟在当时教育界中，留日学生的影响力仍然很大。

1912 年 10 月 24 日，教育部公布了《大学令》。该法令共二十二条，其中有四项条款的内容涉及研究生教育。这些条款对大学院实施研究生教育的宗旨、入学资格、学习时限、毕业条件等重要内容作了具体的规定，这些环节是实施研究生教育的关键，对实施研究生教育的规范化管理大有裨益。

《大学令》规定大学宗旨是“教授高深学术、养成硕学闳材、应国家需要”①，大学内设大学院，为研究学术之蕴奥，同时对大学院的入学资格也作了相关规定，要求“为各科毕业生或经试验有同等学力者”②。第八条规定了大学院生学习年限，即大学院不设立具体研究时间，并且在第十一条规定了大学院生的毕业条件：“大学院生在院研究，有新发明之学理或重要之著述，经大学评议会及该生所属某科之教授会认为合格者，得遵照学位令授以学位。”③ 可见，研究生教育有了初步的规划。特别需要指出的是，《大学令》也适用于私立大学，这为私立大学开展研究生教育提供了制度上的便利和保障。

1913 年 1 月 12 日，教育部又颁布了《大学规程》。该规程共四章二十八条，有关大学院的内容单列，其内容如下：

> 第二十一条　大学院为大学教授与学生极深研究之所。大学院之区分，为哲学院、史学院、植物学院等，各以其所研究之专门学名之。
>
> 第二十二条　大学院以本门主任教授为院长，由院长延其他教授或聘绩学之士为导师。
>
> 第二十三条　大学院不设讲座，由导师分任各类，于每学期之始提出条目，令学生分条研究，定期讲演讨论。

---

①② 璩鑫圭、唐良炎编：《中国近代教育史资料汇编·学制演变》，上海教育出版社 2007 年版，第 673 页。

③ 璩鑫圭、唐良炎编：《中国近代教育史资料汇编·学制演变》，上海教育出版社 2007 年版，第 674 页。

第二十四条　大学院之讲演讨论，应记录保存之。

第二十五条　大学院生经院长许可，得在大学内出席担任讲授或实验。

第二十六条　大学院生自认研究完毕、欲受学位者，得就其研究事项提出论文，请求院长及导师审定，由教授会议决，遵照学位令授以学位。

第二十七条　大学院生如有新发明之学理，或重要之著述，得由大学评议会议决，遵照学位令授以学位。①

上述内容，对研究生教育进行了相对完备的设计，对大学院宗旨、命名、师资力量、培养方法、授予学位条件等作了详细规定。大学院经由康有为到梁启超、张之洞、陆费逵等人的提倡，至此基本在学制中确立了地位，并于年限、课程、入学资格、毕业学位等俱有章可依，只待落地了。值得注意的是，在民国初年的学制中废除了出身奖励，同时相应地引入了现代学位制度，虽然还缺乏具体的规定，但标志着研究生教育开始与学位制度相衔接，对中国研究生教育现代化模式的建立，具有决定性意义。此外，大学院生的培养方式与通儒院的相关规定基本相同，即采用学徒式的方式，学生无须上课，在导师指导下进行独立、自由的研究，辅之以定期的学术讲演和讨论。这种研究生培养方式既是对古代书院精神的继承，也是对德国研究生培养模式的效仿，并且在 1917 年 3 月北京大学评议会成立以及研究所开始招收研究生教育的实践中得到具体体现。

由此可见，在"壬子-癸丑学制"中，关于研究生教育的规章愈加详细、规范。这也使得民国初期的研究生教育质量有了一定的保障，基本实现了对研究生教育的规范化管理，为以后继续扩大和发展研究生教育打下了基础。虽然民国政府在制度上给予研究生教育以很大的支持，但由于大学院始终只是虚悬一格，而《学位令》也始终并未出台，所以这份设计事实上仍被束之高阁。

（二）研究生教育制度的完善

中国的研究生教育从第一次在"壬寅学制"中出现，到民国"壬子-癸丑

① 璩鑫圭、唐良炎编：《中国近代教育史资料汇编·学制演变》，上海教育出版社 2007 年版，第 722—723 页。

学制”的具体规定，经历了一个从无到有、逐渐完型的过程。当然，由于各方面的原因导致研究生教育的制度设计还存在着许多缺陷，但这并不能否定它正处于一个不断探索、不断努力和不断完善的过程。此时，研究生教育及其组织形式主要是以设想或法规形式出现，具备了形式上的特征，尚未付诸实践。但是，由设想倡导到制度设计，仍然标志着中国研究生教育迈出了关键性的一步。无论是康有为的《大同书》中对大学毕业后“高才者”的培养，还是梁启超在学制系统中对“大学院”的设计，都是当时先进中国人对研究生教育的倡导。随后，“壬寅学制”中的“大学院”、“癸卯学制”中的“通儒院”，乃至“壬子-癸丑学制”中的“大学院”，终将这种设想演变为制度设计，表明了在国家学制系统的顶层设计中，研究生教育是其重要的组成部分，研究生教育机构始终占有重要的一席之地。虽然政府部门以学制或法令形式全面公布并予以实行，但由于受多方面条件的限制，研究生教育并未付诸实施，直到 1917 年底北京大学成立文、理、法三科研究所后，我国才开始了真正意义上的研究生教育实践。

研究生教育制度自清末制定以来就不断发展和完善，最具代表性的就是学位制度的引介，并逐渐开始与研究生教育结合起来。清末“癸卯学制”的配套制度《奏定各学堂奖励章程》，就有对通儒院毕业生予以科举出身的奖励规定，这显然表现出了封建性的一面。通儒院没有招过生，但在 1907 至 1910 年四年中，清政府曾赐予留学生章宗元等三十六人为进士、举人，1910 年赐詹天佑为工科进士、伍光建等为文科进士、张康仁为法科进士。[1] 可以肯定的是，这种变通的做法实质上是对西方学位制度的认可与接纳。

民国建立后，教育界通过对研究生教育制度的不断摸索，使学位制度开始引入中国的学制设计之中。民国初期的“壬子-癸丑学制”中的《大学令》第一次提出了授予学位的问题，随后的《大学规程》进一步将学位授予的规定细致化，规定大学院毕业生须就研究事项提交论文，由院长和导师审定，教授会决议，最后遵照《学位令》授予学位。研究生教育在理论层面上引入了学位制度，使研究生教育与学位制度相衔接，实现了在制度设计上与西方的接轨。1912 年，教育部拟定的《民国教育部官职令草案》将“关于博士院

① 参见游玉华：《近代我国研究生教育的发展轨迹》，《大学教育科学》2005 年第 2 期。

事项”和“关于授与学位事项”列为专门教育司所掌事务之一[①]，该法令在1914年7月得以发布。1915年1月22日，在《特定教育纲要》中，袁世凯规定大学应按毕业的科别分别授予学士、硕士、技士学位，另行组织博士会，作为审查学术及授予学位之机关，以发展高等学术。另外，“学位规定后，政府应颁布学位章服，以表彰其学迹”[②]。这个时期虽然出现了学位制度，开始将研究生教育同学位制度相联系，但始终没有对授予研究生学位作出具体说明。1917年9月教育部颁布的《修正大学令》第十条规定，“大学本科学生修业期满，试验及格，授以毕业证书，称某科学士”[③]，但还是缺少授予研究生学位的具体表述。

由上可知，民国初年的法规已经明确规定了大学拥有学士学位的授予权，而研究生阶段的教育要授予相应学位的理念也被政府认可。这样，在我国研究生教育未付诸实践之前就已经在法律意义上将研究生教育与现代意义上的学位制度结合起来，突出研究生教育的学术性，为我国进入实践阶段的研究生教育的发展提供了可资借鉴的制度基础。显然，民国政府在制度上给予研究生教育以很大的支持，从软件方面对我国的研究生教育进行了基本建设。无奈当时学校数量很少，为数不多的大学根本无法撑起中国研究生教育的需求。

第三节　国外模式的初移

西方教育对中国教育的影响，开启于基督教传教士来华办理教会学校。19世纪后期以来，随着西方列强的入侵，越来越多的传教士来到中国。为了在中国广泛地传播基督教义，发展信徒，一些相应的教会学校建立起来。随着学校规模的扩大和实力的增强，很多教会学校开始向教会大学转型。教会大学不仅成为中国近代开展新教育改革的蓝本和参照，更对我国研究生教育产生了深刻的影响。可以说，教会大学是中国近代高等教育的前驱和重要组

① 朱有瓛、戚名琇、钱曼倩等编：《中国近代教育史资料汇编·教育行政机构及教育团体》，上海教育出版社2007年版，第109页。

② 璩鑫圭、唐良炎编：《中国近代教育史资料汇编·学制演变》，上海教育出版社2007年版，第770页。

③ 璩鑫圭、唐良炎编：《中国近代教育史资料汇编·学制演变》，上海教育出版社2007年版，第829页。

成部分，它的存在和发展，客观上推进了中国高等教育近代化的历程，研究生教育的建设和发展便是其中一项重要内容。

一、 教会大学的兴起

近代以降，“南京条约”“望厦条约”“黄埔条约”等不平等条约的签订，为教会学校在中国的生存和发展攫取了前所未有的广阔空间，也正是受益于这些不平等条约的保护和庇荫，其办学层次也渐次提高。19 世纪 80 年代，教会学校普遍向高等教育过渡、转型。在中国近代高等教育的发展过程中，教会大学扮演了一种特殊的却极为重要的角色。教会大学非常注重在管理制度、系科设置、课程内容等方面的改革，以提高自己的办学水平，以期在中国高等教育事业的发展中占据领先地位，继而垄断中国的高等教育，实现其最终追求的政治目的和经济利益。

（一）办学实力的增强

传教士在中国传播教义的首要条件是掌握汉语，使用中国人所熟悉的语言文字。所以，近代以降，当西方各教会的传教士在殖民扩张的背景下再次东来之时，他们就进行了大量的准备工作，包括用汉语翻译《圣经》和编纂为西方人掌握汉语而用的字典。1813 至 1823 年之间，英国传教士马礼逊（R. Marrison）完整地将《圣经》译成了中文，又出版了收录四万余字的《华英字典》，为西方人学习汉语和传播教义提供了便利，在中外文化交流史上具有特殊意义。但是，传教士们要实现在中国的真正目的，仅凭一部字典和翻译《圣经》还远远不够，还需要开办专门的学校。

西方传教士开办汉语学校的历史可以追溯到英华书院的建立。英华书院于 1818 年 9 月 10 日创建于华人聚居的马六甲，创办者仍是上文提及的马礼逊。英华书院开设有汉语、英语、数学、历史、地理等课程，以满足传教士学习中文、了解中国文化的需要。这些课程对于只读“四书五经”的中国封建教育，显然具有划时代的进步意义。1836 年 9 月 28 日“马礼逊教育协会”正式成立，它不是教会团体，而是教育团体。《马礼逊教育协会章程》指出：“本会是以学校或其他方法促进或改善在中国之教育为目的。”① 在马礼逊教育

① 朱有瓛、高时良主编：《中国近代学制史料》第四辑，华东师范大学出版社 1993 年版，第 29 页。

协会的呼吁下，美国耶鲁大学毕业生塞缪尔·布朗（S. R. Brown）作为美国长老会的代表于1839年在澳门创办马礼逊学堂，这是中国本土第一所教会学校。1842年，英华书院及马礼逊学堂迁入香港，改用英文教学，成为第一所香港华人英文学校。

近代中国教会学校的出现是在1840年鸦片战争以后。西方列强依靠坚船利炮轰开了中国的大门，通过一系列不平等条约保护了传教士的在华传教特权。此后，基督教（新教）、天主教在中国广泛开办学校。19世纪中后期，教会在华创办的学校多以初等教育为主，后来逐步开办了一些中等学堂。为了扩展教会的势力，进一步控制中国社会，传教士们感到有必要培植一批中国籍的传教士。美国传教士林乐知对此提出："为什么我们教会在中国要不断地为乞丐开办义务学校呢？倘若让富有的和聪明的中国人先得到上帝之道，再由他们去广泛地宣传福音，我们岂不是可以少花人力物力，而在中国人当中无止境地发挥力量和影响吗？"① 但仅仅依靠普通教育，不可能培养出他们满意的合格人才。为此，在中国创办教会大学的呼声不断高涨。1890年基督教在华传教士举行了第二次大会，狄考文（Calvin W. Mateer）在大会上详细阐述了创办教会大学的必要性：

> 一个受高等教育的人是一支燃着的烛，别的人就要跟着他的光走。这就中国来说，比其他异教的国家更真实。作为儒学思想的支柱是受高等教育的士大夫阶级。如果我们要取儒学的地位而代之，我们就要准备好自己的人们，用基督教和科学来教育他们，使他们能胜过中国的旧士大夫，因为能取得旧士大夫阶级所占的统治地位。②

可见，教会大学开办的动机仍是以传教为目的，培养高级人才，进而影响整个中国。就在这次大会上，基督教传教士全国会议还作出决定，将1877年由在华各教派联合组成的学校教科书委员会改组为中华教育会，设定每三年召开一次大会。中华教育会的工作从单纯编辑出版教科书扩展为对整个在华基督教教育进行指导。由此，教会学校逐步开始将眼光移向高等教育。

近代中国最早的教会大学当数美国长老会在山东登州开办的登州文会馆。

① 顾长声：《传教士与近代中国》，上海人民出版社1981年版，第228页。

② ［美］狄考文：《如何使教育工作能以最有效地在中国推进基督教事工》，载朱有瓛、高时良主编：《中国近代学制史料》第四辑，华东师范大学出版社1993年版，第473页。

该校起初是一所小学，后升格为教会中学，于1882年正式升级为学院。19世纪末的教会大学还有：1888年美国卫理公会在北京开办的北京汇文书院，1889年美国公理会在通州建立的通州华北协和大学，1890年美国圣公会在上海的圣约翰学院设置大学课程。这是基督教传教士在华创办的最早的一批教会大学。在20世纪前二十年，教会大学得到了迅猛发展，在华传教士专门成立了中国基督教教会大学协会。据该协会1919年统计，已完全具备本科设置的基督教教会大学有十三所，它们是苏州东吴大学、上海圣约翰大学、杭州之江大学、武昌华中大学、成都华西协合大学、南京金陵大学、济南齐鲁大学、福州华南女子大学、南京金陵女子大学、上海沪江大学、北京燕京大学、福州协和大学以及由哈巴（A. P. Happer）牧师创办的广州岭南大学。

在此期间隶属于天主教的大学只有法国天主教耶稣会于1903年在上海开办的震旦大学。天主教此后又增设了两所大学：一所是1922年在天津开设的津沽大学，设有工、商学院，由天主教耶稣会创建，1933年改称为天津工商学院；另一所是1925年罗马天主教教会在北京开办的辅仁大学，其前身是著名天主教徒英敛之建立的辅仁社。罗马教皇曾以私人名义捐赠10万里拉作为开办费，由美国天主教本笃会负责，并从美国募集基金116万美元。①

近代中国真正具有现代意义的高等教育，即从19世纪传教士开办或者推动成立的教会大学开始。这些教会大学最先将西方的学位制度引入中国的高等教育层面，客观上给国内高等教育的发展提供了现实的参照。诚如费正清所说的那样："传教士作者们逐渐地变得欣赏起中国文化传统并被其所影响。他们试图在这种文化中扮演学者的角色，进而影响和改造这种文化。他们发现自己在双向通道上忙碌。他们把中国的形象传递给西方，同时又在帮助形成中国人对外部世界的观点。"② 教会大学在中外教育交流上占据特殊地位，它们在引进西方学位制度过程中不断对其加以改正，以切合中国实际需要，

① 北京师范大学校史编写组编：《北京师范大学校史（1902—1982）》，北京师范大学出版社1982年版，第222页；董鼐编：《学府纪闻·私立辅仁大学》，台北南京出版有限公司1982年版，第3页。

② Suzanne Wilson Barnett and John King Fairbank, *Christianity in China: Early Protestant Missionary Writings*，转引自吴梓明、陶飞亚：《晚清传教士对中国文化的研究》，《文史哲》1997年第2期。

不仅培养了一批新式知识人才，更为本土大学学习西方研究生教育提供直接的借鉴。

（二）学位制度的建立

近代中国对西方学位制度的认识，并非始于教会大学。早在清末，西方学位制度就已经通过多种途径和方式进入国人的视野了，只不过当时人们对于学位制度的认识和理解更多地局限于文字层面。教会大学从建立之初，就考虑了学位问题。比如福建协和大学在筹建之初，即提出设想“学校将开设学士、硕士和专业课程”，而获得了学位授予权之后，教会大学也因此提升到与国外大学同等的地位，“得享泰西凡大学所应享之权利”①。只不过教会大学学位制度的发展稍稍滞后于教会大学本身的发展，正如卜舫济后来在回忆圣约翰大学的发展历史时所说的那样，“嗣大学程度逐步提高，始议及学生学位问题”②。由于教会大学发展初期并未具备一所真正大学的实力，所以学位制度的建立只能暂时搁置。

教会大学开始享有学位授予权的时间相对集中在20世纪最初的二十年，是通过直接向国外著名学府或政府机构立案注册来获取的。之所以如此，一方面是教会大学试图借此来提高自己的学术标准及其在中国高等教育领域中的威望，另一方面则是受当时中国客观历史条件的影响。金陵大学的遭遇代表了彼时教会大学普遍的无奈：“当本校创始之际，中国教育行政机关尚未有大学授予学位的规定，而私立大学之立案尤无明文可遵。故当时本校董事会议决暂在美国纽约省立案，并由该省政府授予学位。本校毕业生今日所得之外国学位，实系过渡办法，一俟中国教育当局规定授予学位办法时，当即遵照办理。”③

最早获国外授权、具有学位授予资格的教会大学是北京汇文大学。该校于1890年在纽约创立董事会，并获纽约州政府特许状，开始享有学位授予权。此后，其他教会大学也陆续通过类似方式获取了特许的学位授予权，详见“表1.3.1”。

① 朱有瓛、高时良主编：《中国近代学制史料》第四辑，华东师范大学出版社1993年版，第587—588页。

② 朱有瓛、高时良主编：《中国近代学制史料》第四辑，华东师范大学出版社1993年版，第428页。

③ ［美］包文：《金陵大学之近况》，《中华基督教教育季刊》第1卷（1925年）第4期。

表 1.3.1 近代主要教会大学学位授予权获取情况概览*

学校名称	组建时间、地点	向国外立案注册及学位授予权获取情况	备注
北京汇文大学	1885 年，北京	1890 年在纽约成立董事会，获纽约州政府特许状，有授予学位权	1919 年，与通州华北协和大学合并为燕京大学
岭南大学	1904 年，广州	1893 年 3 月向美国纽约大学董事部立案，获特许状，有授予与美国大学同等的学位之权力	
东吴大学	1901 年，苏州	1900 年 5 月由美国卫理公会国外宣传部核准，随后向田纳西州州政府立案，获得颁发学位证明的许可证	
圣约翰大学	1890 年，上海	1906 年获美国董事会同意，依美国哥伦比亚州法律特许为大学，得授予与美国大学同等的学位权	
文华大学	1903 年，武昌	1907 年在美国纽约州立大学注册，获授予学位的证书	后更名为华中大学
金陵大学	1910 年，南京	1911 年向美国纽约州教育局和纽约州大学立案，获授予学位权	
震旦大学	1903 年，上海	1912 年以前，具体时间待考	
北京协和医学院	1906 年，北京	1916 年获纽约大学管理部许可，可授予毕业生与纽约大学同等的学位	
沪江大学	1908 年，上海	1917 年向美国文琴尼亚州（即弗吉尼亚州）立案，获授予学士学位的许可证	原名上海浸会大学
福建协和大学	1915 年，福州	1918 年 6 月得美国纽约州立大学临时特许状，获学士学位授予权	

续表

学校名称	组建时间、地点	向国外立案注册及学位授予权获取情况	备　注
金陵女子大学	1913 年，南京	1919 年向美国纽约州立案，获对本校学士学位的认可	
之江大学	1897 年，杭州	1920 年 11 月在华盛顿哥伦比亚特区立案，有授予毕业生学士学位之权力	
华南女子文理学院	1908 年，福州	1922 年获美国纽约州立大学奥伯利分校理事部准许，可授予本校毕业生文学士学位	
齐鲁大学	1917 年，济南	1924 年向加拿大政府立案，得特许状，有授予学位权	
华西协合大学	1910 年，成都	1922 年从纽约州立大学获得临时特许状，开始设有学士、医学博士、牙医学博士等学位，1934 年 6 月获正式特许状，毕业生得授该大学学位	

* 资料主要参见周谷平、应方淦：《近代中国教会大学的学位制度》，《浙江大学学报》（人文社会科学版）2004 年第 1 期。

学位的获得必须经过一套严格的审核、考试程序，学位授予也必须由专门的机构负责。对此，教会大学不仅在各自的学校规章中作了明确而又翔实的说明，而且实际践行着这些程序和规则。学生若想得到学校授予的学位，首先必须符合其参照国外著名大学标准执行的入学要求，此外，在求学期间，必须达到学校在学位授予上制定的规定和要求，一般需要完成所有大学课程的研读，通过严格的考试，且平时无经常或严重的违纪现象。在教会大学制定的学校章程中，几乎都专门辟有一章来阐述学校在学位授予上的要求。

上海的圣约翰大学作了如下规定：文科及理科高级毕业，给予学士学位。其中大学四年学业等第大半在超等、甲等或乙等者，凭照内特加名誉二字，以示优异。医科为五年制。其学生每年各课等第，必须符合医科专章中分纪及考试条之定章，才能给予文凭，作为医科博士。习道学者，其课绩等第有大半在超等、甲等或乙等，可得道学秀士学位。但此项学位须毕业时当众报告，俟该生受会长职后，方能实授。大学院生读毕大学院课程，可得文科或理科硕士学位。

与圣约翰大学的百分制不同，沪江大学采用的是五分制："凡读完大学课程而平均分数得三分的，均能获得文学士或理学士学位。凡要得硕士学位的，第一必须先获得学士学位，第二必须至少读完二十八个学分，且平均分数不得在二分以下，第三必须写一篇论文，五月一日以前送交教授会审定。"①

应该说，如果单纯从字面上来理解教会大学的学位规定的话，其要求是不高的。但事实上，各教会大学在制定学位办法条例时，都有维持高标准的愿望，其日常的课程标准和考试要求都是相当高的，同时还实行严格的淘汰制，升级考试不合格的学生随时会被淘汰。因此，及至毕业，学生人数往往缩减很大，如上海震旦大学只有40％的学生能够毕业，金陵大学每年录取的二百余名新生在经过四年学习后，能够顺利拿到学位的仅一百人左右。

总体来说，受教会大学发展阶段的影响，早期授予的学位层级不高，除了湖南湘雅医科大学曾经授予医学博士学位外，多数大学所授学位都是学士。所授学位的学科门类也比较单一，主要集中在文、理、医三科。② 随着教会大学的发展，办学实力进一步增强，学位制度也更加完整和规范化。从获得学位授予权到举行第一次学位授予仪式，从只授予学士学位到学士、硕士、博士三级学位的形成，从只有男子获得学位到女子享有同样权利，从学位门类只限于文、理、医等少数科目，发展到在多学科都设置学位授予点，学位制度在教会大学的不断努力下逐步走向成熟。"为便益本国学生，不必远涉重洋，留学欧美，而得欧美普通及高等程度之教育"③，是教会大学设立的宗旨之一。学位授予权的获取，使教会大学的学术标准得以提高，也意味着教会大学需要调整原有的课程设置，以适应这一变化。教会大学设置学位课程之初，除了少数几所医科大学外，普通教会大学的学位课程都局限于文、理两

---

① 朱有瓛、高时良主编：《中国近代学制史料》第四辑，华东师范大学出版社1993年版，第632页。

② 参见张陈：《我国当代学位制度的传统与变革》，重庆大学出版社2014年版，第49—50页。

③ 朱有瓛、高时良主编：《中国近代学制史料》第四辑，华东师范大学出版社1993年版，第408页。

科。此后，随着学校的发展，教会大学的学位课程逐渐拓展，学科门类在原有基础上，根据自身发展实际增设了法、商、农等，学位层次也由最初的学士向更高的硕士、博士攀升。比如，震旦大学1912年开始授予文学、理学硕士学位；1916年建立工程学专业，并开始授予工程学学位；1917年授予第一批医学博士学位，同年开始授予法学硕士学位；三年之后，法学专业学位达到博士层次。

在高等教育领域的竞争中占据优势地位，这是教会大学热衷于获取学位授予权的真正动力所在。事实上，这也成为教会大学用以自我夸耀的资本。当然，从中直接受益的还有教会大学的毕业生，他们不仅可以得到含金量较高的学位，而且有机会到国外去深造，这将是一笔难得的财富。教会大学实施的学位制度，为教会大学的学生提供了顺利进入西方大学进行更高一级学习的条件，在提高自身价值的同时，也促进了中国留学教育的发展，并保证了求学质量。教会大学大部分都在国外注册立案，学生毕业后可不经考试直接升入挂钩合作的大学，并可获得各挂钩大学认可的学位文凭。如耶鲁大学不要求考试就可接收在圣约翰大学获得学士学位的学生攻读研究生，哈佛大学、哥伦比亚大学、康奈尔大学、芝加哥大学、宾州大学等也愿意接收圣约翰大学的学生进入他们学校读本科高年级。1907至1908年，有三十多名圣约翰大学的毕业生到美国留学，十多名到英国留学。① 此外，东吴大学也有相似规定：学生毕业后授予法学学士学位，经学校介绍可赴美国留学，也可直接进美国法律学院研究部门，一年后获法学硕士学位，两年后获法学博士学位。因此，有许多东吴大学的学生毕业后赴美国留学，取得硕士或博士学位，其中不乏成为当时中国法律界的栋梁之材。通过实施学位制度，教会大学使近代中国高等教育至少在形式上能与西方高等教育接轨，为近代中国学生走出国门学习西方先进文化和科学创造了机会，也确实培养了一批学有所成的人，特别是中国大学自身缺乏的一些人才，如医学、新闻、农林等有用人才。

教会大学向西方国家注册获取学位授予权，一方面反映出以西方强大的政治、军事和文化势力为后盾的教会大学，从思想上没有遵从国际惯例、尊重学校所在国的教育主权，是对中国教育主权的蔑视；另一方面，教会大学通过向资方政府注册、获得程度较高的西方近代化大学认可的做法，客观上

---

① 参见王忠欣：《基督教与中国近现代教育》，湖北教育出版社2000年版，第55页。

促使在华教会大学大力提高学术水平。从这个角度来说，教会大学向西方政府注册、引进西方大学学位制度的做法，在国人面前预演了学位制度的建设和操作过程，为中国高等教育界提供了一个直接的样板，使国人对西方学位制度及其与人才培养的关系建立起一种更形象、更深入的认识。这显然比单纯介绍西方各国大学学位制度更具现实性和可操作性，使西方学位制度第一次实实在在地贴近了中国人的生活。[①]

向外国政府注册后，教会大学可以向完成学业的学生授予挂钩大学学位，在中国启动了西方学位制度。从 20 世纪初开始，在华的教会大学在中国本土授予了最早的硕士学位。如 1914 年震旦大学首次授予了博士学位，1917 年东吴大学授予了硕士学位。与此对照，直到 1917 年，北京大学才创办第一个实践意义上的研究生教育组织——研究所；直到 1929 年，才在清华大学成立第一个研究院；直到 1935 年，中国政府才正式颁布《学位授予法》，建立起中国自己的学位制度。

二、 教会大学研究生教育的实施

虽然新式教育的开展、清末民初的学制改革，已为中国研究生教育的产生奠定了基础，但中国早期研究生教育并非开始于中国人创办的大学里，而是出现在教会大学中。早期教会大学在中国所进行的研究生教育，具有鲜明的西方教育特色，所以它只是西方模式简单的翻版，并没有和中国实际国情相结合，所培育出来的学生也不多。但不容置疑的是，这是近代中国研究生教育的萌芽。它的开启，使中国研究生教育有了一个崭新的起点，中国的研究生教育从此走向了新的道路。

（一）圣保禄学院的初试

历史是一部客观实在的、囊括所有时间和空间的人类活动的剧本，所以不同时期、不同地域的人类社会都无时无刻地在历史这个大舞台上演绎着。追溯中国研究生教育的历史，我们自然就会聚焦于 20 世纪初的教会大学。然而，当我们将注意力稍微偏离这一历史大流，抑或是站在更加博大的全球视域和更加绵长的纵向历史脉络上来看中国的研究生教育之嚆矢，便不难发现

---

① 参见周谷平、应方淦：《近代中国教会大学的学位制度》，《浙江大学学报》（人文社会科学版）2004 年第 1 期。

中国历史上即有这么一株暗香涌动的奇葩——澳门圣保禄学院。圣保禄学院是中国最早授予过硕士、博士学位的教会学校，也是中国土地上第一所西式大学。

澳门圣保禄学院是在 1594 年由天主教耶稣会在早先创办的圣保禄公学（小学性质）的基础上，按照西方大学的管理模式扩充起来的一所大学。15 世纪末 16 世纪初，欧洲宗教改革的兴起和新航路的开辟打破了东西方传统关系模式，以西班牙和葡萄牙为首的多国纷纷东渐，扩大自己的殖民领地。1553 年，葡萄牙人的船只获准在澳门停泊并与来往商贾进行贸易，至 1557 年筑室久驻，在澳门的葡萄牙人越来越多。一方面，澳门的葡萄牙人开始形成行政组织自我管理；另一方面，罗马教廷和葡萄牙王室均关注耶稣会在澳门及远东的传教事业。1560 年第一批传教士抵澳，随后一批批耶稣会传教士陆续来澳定居并开展传教活动，到 1569 年，澳门已有五六千名基督教徒。耶稣会颇为重视教育，在其住所旁创建了澳门第一所小学——圣保禄公学。据学者黄启臣在《澳门第一所大学——圣保禄学院》中所言，受到罗明坚（Michele Ruggiere）、利玛窦（Mattheaus Ricci）用汉语从澳门入内地传教的成功经验的推动，1593 年耶稣会总会长批准在澳门成立一所欧洲式的学院，“专门培训进入中国内地以至日本等地东方国家传教的耶稣会士，以便进一步开展传教活动”[①]。因此，圣保禄学院于 1594 年 12 月 1 日正式成立。澳门圣保禄学院揭开了澳门高等教育史的第一页，是中国土地上的第一所西式大学，分别比日本东京大学和中国内地圣约翰大学的创立早两百余年和三百余年。1762 年，受政治因素影响，该校被澳葡当局查封，1835 年，圣保禄校舍又因雷击起火被毁。

澳门圣保禄学院是一所全盘仿照西方中世纪大学模式办学的大学，它与欧洲大学一样拥有严格的学位考试制度。欧洲具有悠久的高等教育发展历史，至 16 世纪，意大利的波隆亚大学，法国的巴黎大学，英国的牛津大学、剑桥大学，西班牙的萨拉曼卡大学和葡萄牙的科英布拉大学等已星布欧洲。那时欧洲的大学主要分为文、法、神、医四科，学生必须经过考试，分别取得学士、硕士学位之后，才能继续学习某一专门学科。大学毕业的博士学位不必经过考试，而只是一种认可。这种做法几经演变，最终形成了学位制度。圣

① 黄启臣：《澳门第一所大学——圣保禄学院》，《岭南文史》1995 年第 1 期。

保禄学院完全移植欧洲大学的规定，考试合格者即准予毕业并授予学位。据史料记载，该院很早就实行学士、硕士和博士学位制，但其考试制度既复杂又隆重。以艺术班的考试为例，首次考试称为“石头试”，出席考试的有圣保禄学院院长、学监、考官、各讲师和旁听者。由主考官在考场布置的石头边发问，学生回答问题，并宣布自己的论文题目。“首次公开考试在三名考官面前进行，由一名教师主持。每门课程考试历时一天，提问的内容广泛”①。“提问和答辩部分结束后，接下来进行的考试被称为‘桌边试’，由本专业任课老师主持。获得准学士的人要进行第二轮考试，通过后才可获艺术硕士学位或称号。”② 正是因为学位考试的规范和严格，澳门圣保禄学院培养了一大批高素质的人才，比如德国人汤若望、比利时人南怀仁、中国人吴渔山与陆希言等。同时，这种带有答辩性质的考试形式已经具备了当代研究生教育和学位授予的一些特征。

据 1632 年 8 月 31 日至 1636 年曾在圣保禄学院担任过四年院长职务的安东尼奥·嘉尔定神父在著作《耶稣会之奋斗》中记述，圣保禄学院确实颁授过硕士和博士学位。他描述道：“和欧洲大学惯常作法一样，在学院教堂里将艺术硕士称号授予那些当之无愧的人。所有候选者都在朋友和教父的陪伴下，骑着马，携带着风笛，从他们的家乡赶来。”③ 在他 1645 年写给教皇的报告《日本教省报告，罗马，1645 No. 8》中也有关于颁授博士学位的记载：“澳门的耶稣会学院建在一块高地上，一般有六十人，并具有大学职能。其中教授从文法到神学的所有科学课程，并且在适当时候颁授博士学位……”④ 费赖之在其著作《在华耶稣会士列传及书目》中也说：“嘉尔定（Cardim）神甫之《日本教省报告》（1645）法文译本九页记有云：‘澳门之本会学校建筑于一高处，平常足容六十人。已而改为大学，授诸学科，自文典以至神学皆备，毕业者授博士学位。’”⑤ 从这些文字可以看出，澳门圣保禄学院确实进行过博士考试并颁授过博士学位，但仅在“适当时候”，并非定期或有计划地颁授，一如当时巴黎大学、牛津大学，抑或科英布拉大学那样。这可能是澳门学院

① 李向玉：《澳门圣保禄学院研究》，澳门日报出版社 2001 年版，第 92 页。

② 李向玉：《澳门圣保禄学院研究》，澳门日报出版社 2001 年版，第 94 页。

③④ 李向玉：《澳门圣保禄学院研究》，澳门日报出版社 2001 年版，第 97 页。

⑤ ［法］费赖之：《在华耶稣会士列传及书目》（上册），冯承钧译，中华书局 1995 年版，第 16 页。

规模较小、学生人数不多的缘故。至于获得过学士、硕士、博士学位的毕业生数量，至今尚未见到有关这些数字的记录。

值得注意的是，澳门圣保禄学院既然全盘模仿欧洲中世纪大学的教学与管理制度，那么它所授予的硕士及博士学位的性质必然与之相仿。我们知道，欧洲中世纪的博士学位“最初只是加入教师行会，从事教学的一种资格证书，获得了博士学位也就获得了开门授徒的营业执照，博士学位本身不具有任何学术性含义”①；在相当长的时间里，博士与硕士都可等同于教授，三者并无实质性差异。具有现代意义的学位授予制度，始于19世纪的德国。1810年，时任教育部长的威廉·冯·洪堡创立了柏林洪堡大学，在“教学与科研相结合”和“学术自由”的原则下开创了现代研究生教育的先河。1762年，澳门圣保禄学院已经被查封，因此可以推测，该校授予的硕士和博士学位更多地相当于一种荣誉称号或是任教资格，与当代的硕士和博士学位还存在一定的区别。但是，作为中国第一所西式大学和实行了学位考试制度的学校，澳门圣保禄学院在中国教育史和研究生教育史上的地位仍然不可忽视。首先，圣保禄学院引进并实施了西方高等教育制度，授予了硕士及博士学位，开启了中国现代性大学的发展之路。其次，其严格的学位考试制度和师生辩论式的教学模式为当代研究生教育提供了很好的借鉴。最后，澳门圣保禄学院搭起了连接中西方的桥梁，促进了17世纪与18世纪中西方教育、文化和科技的交流。虽然澳门圣保禄学院已经被浩瀚的历史长河所湮灭，但它仍不失为中国研究生教育史园地里的一朵异花。

（二）研究生教育的展开

清朝末年至20世纪20年代以前创办的教会大学中，有研究生教育相关记载的有圣约翰大学、震旦大学、东吴大学、齐鲁大学和沪江大学。圣约翰大学关于成立大学院的时间记载是1913年。震旦大学于1914年即有关于博士的相关记载。东吴大学于1917年毕业八名硕士，其中文学硕士两名、理学硕士六名（包括两名被授予化学硕士学位的学生，被认为是“迄今为止能够确定的全中国最早的化学硕士”）；1919年授予的第一个生物学硕士学位，“也是全国第一个生物学硕士”②。齐鲁大学也于1917年招收研究生两名。沪

① 邓光平：《国外专业博士学位的历史发展及启示》，《比较教育研究》2004年第10期。

② 王国平编著：《博习天赐庄——东吴大学》，河北教育出版社2003年版，第52页。

江大学于 1917 年获得硕士学位授予权。尽管我们还不能够确定这些学位就是中国大学最早授予的学位，但教会大学授予了中国最早的硕士学位，则是一个不争的事实。虽然关于各教会大学开展研究生教育的先后顺序有不同观点，但不管怎样，圣约翰大学、震旦大学和东吴大学是中国早期研究生教育园地中早早绽放的奇葩，为近代中国研究生教育的建立和发展起到了积极的实践性示范作用。

1879 年，美国圣公会主教施约瑟将上海的两所教会学校培雅书院（1865 年建立）、度恩书院（1866 年建立）合并成为“圣约翰书院”，并于同年 9 月正式开学。卜舫济任院长后，开始着手将圣约翰升格为大学。1890 年，圣约翰增设了大学课程。1896 年，计划增设大学部，开设文理、医学和神学三科。1905 年对于圣约翰来说是非同寻常的一年。因为美国哥伦比亚特区颁发给圣约翰书院授予学位的许可证，圣约翰书院从这一年起正式改名为圣约翰大学，校长仍为卜舫济。1907 年，圣约翰大学产生了首批毕业生六名，其中四人获得学士学位。

在徐以骅、韩信昌的《海上梵王渡——圣约翰大学》中记载：“1913 年圣约翰开设大学院（即研究生院），开始时学生仅限于文科。1920 年魏良声、董志柔、赵以信三人首先获得文科硕士学位。”① 与此相对应的是熊月之、周武主编的《圣约翰大学史》，其中也明确了“成立于 1913 学年的大学院科，其学制为 1 年，入学资格为圣约翰大学毕业生得有学士学位者，或其他与圣约翰大学课程同等之学校之毕业生”②。大学院的成立为圣约翰大学研究生教育的诞生和发展提供了实在的机构。

圣约翰大学的研究生教育在办学宗旨、招生政策、培养方式等方面与后来的国人自办高校的研究生教育有诸多不同，体现出了教会大学的特点。

第一，办学宗旨。圣约翰大学设立大学院的目标很明确，就是“为造就人才，备为大学教授”③。这也反映出圣约翰大学对于学术及教学的重视。

第二，招生政策。欲进入圣约翰大学大学院学习，必须同时满足以下三

① 徐以骅、韩信昌：《海上梵王渡——圣约翰大学》，河北教育出版社 2003 年版，第 21 页。

② 熊月之、周武主编：《圣约翰大学史》，上海人民出版社 2007 年版，第 95 页。

③ ［美］卜舫济：《圣约翰大学四十年成绩志略》，第 27 页，上海档案馆馆藏档案：档案号 Q243-1-7。

项条件："第一，有圣约翰大学学士学位，或与圣约翰大学程度相等之大学毕业生，肄习专科，已有成绩者；第二，有相当英文程度者；第三，入学前，必须详细开列以前修业成绩，并由前所肄业之学校具文证明该生之学业与品性。"① 其中第一个条件和第三个条件要求学生必须在所学专业具有相当的学术水平，或是基本具备进入研究生阶段的科研基础，第二条则是由圣约翰的教会大学身份所决定。这里需要注意的是，这三方面条件必须同时满足，缺一不可，这就使大学院对于考生学历及学力的要求相对较高，其开设后第一年仅有四名学生入学。

第三，培养模式。圣约翰大学大学院采取的是以课程教育为基础，辅以科研活动的课程型研究生教育模式。对于文科研究生而言，入学后"必须学习完 4 项全年课程，其课业成绩全部在乙等或乙等以上"，同时，还须"撰写论文一篇（作 1 全年学程计）"，方能顺利毕业，取得学位。对于理科生而言，入学后"必须学习完 3 项全年课程，包括主要学程 1 项、附属学程 2 项；附属学程中，必须有 1 项与主要学程同系，另一项必须与主要学程有关"，在此基础上，"以实验所得为根据"② 撰写论文一篇，方能顺利毕业，取得学位。

第四，培养年限。据熊月之、周武主编的《圣约翰大学史》，我们可知"大学院科，其学制为 1 年"，对培养年限的要求非常明确。但是，这样的培养年限对于研究生教育而言并不科学，学生在一年之内很难完成学习和科研任务。据前文所知，文科生一年内须学习四门课程并完成论文一篇，理科生一年内须学习三门课程并在完成实验的基础上完成论文一篇，在这种情况下科研很难有重大突破，学生也很难达到毕业所需要求。

第五，毕业要求及学位授予。前文已述，研究生只要在规定时间内完成课程学习及论文撰写，并且课程"由担任主要学程之教授审定"③ 合格，即可顺利毕业，文科学生可获得文科硕士学位，理科学生可获得理科硕士学位。最早的文科硕士是 1920 年的赵以信，而大学院中的理科则开设较晚，最早的理科硕士是 1930 年的倪怀祖。④

---

① 熊月之、周武主编：《圣约翰大学史》，上海人民出版社 2007 年版，第 74 页。

②③ 熊月之、周武主编：《圣约翰大学史》，上海人民出版社 2007 年版，第 80 页。

④ 《圣约翰大学历届毕业生、肄业生名录》，载熊月之、周武主编：《圣约翰大学史》，上海人民出版社 2007 年版，第 454—471 页。

虽然学界对圣约翰大学的研究生教育开始的时间持有不同观点，但圣约翰大学对中国教育近代化的贡献实在不容忽视，其发展在教会大学中仍是佼佼者。

1903年，法国天主教耶稣会于上海创办震旦，初名为震旦学院，创始人为中国神父马相伯。1903年，震旦正式招生，首批学生共计二十四名。1904年，因人事更替上存在问题，马相伯辞职，学生亦相率离校，导致学校停办，直到1905年8月复校。1912年，孔明道神父任院长，按法国大学体制改称震旦大学院，并作为天主教大学，在罗马教廷立案登记。1928年，依照中华民国之政府章程，改称震旦大学。该校研究生教育发轫于民国初年。

据上海档案馆馆藏资料《震旦大学二十五年小史：学制沿革》载："千九百十二年夏，孔司铎为校长，遂行第一次毕业礼，文、理两科得硕士文凭者凡十二人。"① 可见，震旦大学确实于1912年给十二名毕业生颁发了"硕士学位"。但是这十二人并非我们所理解的硕士研究生，而是本科毕业生。仍据该文所载：

> 凡入预科三年而毕业者，得秀士学位，与法国秀士相当。入专科三年或二年而毕业者，得硕士学位；入特科二年或四年而毕业者，得博士学位。所授硕士、博士学位，法政府虽不能承认与法国各大学所授者相当，然以此往法国留学，法政府亦予以相当之尊崇也。

即经过专科学习两年或三年而毕业者即可获得硕士学位，而此"专科"仅为比"预科"高一层次的教育。据上海档案信息网载《震旦大学》：

> 1908年开始震旦采用了一套强化课程……提出一套包括三年制预科和三年制高级教程教学体制……完成了预科课程并考试合格后，可进入高级教程的学习，该教程分人文科学、法学、医学和理学四大类（后来震旦在此基础上形成文学院、理学院、医学院及法学院），完成高级教程后，震旦的学生可获得相当于法国硕士学位的证书。②

通过这两条资料，我们不难发现，震旦大学的"专科"（或称高级教程）仅相当于国内的本科教育，其颁发的"硕士学位"也就不是研究生教育阶段的硕

---

① 《震旦大学二十五年小史：学制沿革》，上海档案馆馆藏档案：档案号Y-1-181-21。

② 倪红：《震旦大学》，2012年3月13日，见 http：//www. archives. sh. cn/shjy/scbq/201203/t20120313_5991. html。

士学位，仅相当于传统意义上的学士学位。但是，1912 年，震旦大学开始颁发“硕士学位”证书的做法实践了法国的学位制度，为其研究生教育的开展奠定基础。虽然 1912 年并未正式开展研究生教育，但仅仅两年之后，震旦大学就有关于博士的记载，而这可以看作其研究生教育的发轫。

1901 年，美国基督教监理会将苏州的博习书院、宫巷书院以及上海的中西书院合并，在此基础上建立了东吴大学，校址设于苏州天赐庄。同年 6 月，东吴大学正式向美国田纳西州申请注册立案。东吴大学建立后，凭借其强大的师资和优越的条件，培养出一大批优秀毕业生，为中国高等教育的学科建设作出了重要贡献，在中国近代高等教育史上具有较高的历史地位。

东吴大学最早授予硕士学位的时间是 1917 年。1917 年 2 月出版的东吴大学学报《东吴》第三卷第一号中称：“硕士学位自本学期始，校务部议定给发硕士学位。刻下陈君调父、徐君景韩已择定理化科之专习。陈君专究钢铁及铜类合金。徐君研究水门汀之制造。异日当为我校理科之翘楚也。”[①] 该文明确提到硕士学位获得者的姓名及专业。另一份能直接证明东吴大学于 1917 年授予硕士学位的原始材料是东吴大学 1917 年的年度报告，其中有关研究生毕业学位授予的文字是：

> On Graduation Day, July 3, the graduates were as follows: Master of Arts, 2; Bachelor of Arts, 5; Master of Science, 6; Middle School, 27; total, 13. Grand total, 40.[②]

从中我们可以清楚地看到，1917 年，东吴大学毕业生中包括两名文学硕士及六名理学硕士。由于东吴大学的研究生学制为两年，所以该校研究生教育的开始时间是 1915 年，但首批获得硕士学位的毕业生之一陈调甫（即陈调父），“进入苏州东吴大学化学系学习……1916 年毕业……1917 年，获化学硕士学位”，可见其入学时间是 1916 年，所以东吴大学研究生教育的启动时间也可能是 1916 年。

自 1917 年颁发化学硕士学位以来，东吴大学的研究生教育一直以较快的

---

① 《东吴》第三卷第一号，转引自王国平：《中国最早的研究生教育》，《江海学刊》2007 年第 1 期。

② *Annual Report of the Board of Missions of the M. E. Church, South*，转引自王国平：《中国最早的研究生教育》，《江海学刊》2007 年第 1 期。

速度发展，不仅获得硕士学位的人数不断增多，学科门类也逐渐添增。1919年，研究生施季言获得了生物学硕士学位，这也是中国第一个生物学硕士。据不完全统计，在东吴大学的早期，理科专业获得硕士学位的学生有“分析化学：陈调甫、徐作和、潘履洁。生物学中植物学：施季言、王志稼、沈毓凤；昆虫学：胡经甫、陶心怡、季琮池、胡梦五；寄生虫学：吴光；脊椎动物学：郑思；细胞学：刘承剑”①。

除了理科以外，东吴大学法科的研究生教育也逐渐开展起来。1916年，东吴大学法科开始设立研究院课程，培养年限定为一年：“学生由法科毕业获得法学士学位后，可再进入研究院攻读一年，成绩合格者得授法学硕士学位。”② 这就使东吴大学研究生教育的学科门类更加丰富。

除了上述三所教会大学，20世纪20年代以前有研究生学位授予权的明确记载的教会学校还包括齐鲁大学和沪江大学。据郭查理著《齐鲁大学》中介绍，齐鲁大学1917年秋季大学招生情况为：文理学院预科24人、文理科60人、医前期24人、师范科16人、特别生8人、研究生2人，合计134人。另外，神学院51人、医学院118人。全校总计303人。③ 由上可见，其时齐鲁大学的研究生教育规模还很小，属于初始阶段。此外，《葛祖兰记上海沪江大学》记载：“一九一七年冬，美国弗吉尼亚州的教育部授权沪江大学颁发学位，承认沪大毕业生获得的学士学位。从此凡读完大学课程而平均分数得三分的，均能获得文学士或理学士学位。凡要得硕士学位的，第一必须先获得学士学位，第二必须至少读完二十八个学分，且平均分数不得在二分以下，第三必须写一篇论文，五月一日以前送交教授会审定。”④ 这里对攻读硕士研究生的要求进行了较为翔实的记载。

综上所述，在20世纪20年代以前，教会大学首先开启了我国的研究生教育，除了早期的澳门圣保禄学院，后来的圣约翰大学、震旦大学、东吴大学是主要的代表。虽然这一时期教会大学的研究生教育刚刚起步，办学实力严重不足，招生规模也较小，但不可否认，它在中国研究生教育史上占据着

---

① 王国平：《博习天赐庄——东吴大学》，河北教育出版社2003年版，第52页。

② 王国平：《博习天赐庄——东吴大学》，河北教育出版社2003年版，第72页。

③ [美] 郭查理：《齐鲁大学》，陶飞亚、鲁娜译，珠海出版社1999年版，第128页。

④ 朱有瓛、高时良主编：《中国近代学制史料》第四辑，华东师范大学出版社1993年版，第632页。

重要地位，为此后我国自办大学中的研究生教育提供了借鉴。

（三）博士研究生教育的尝试

从上文我们可以看到，由于研究生教育刚刚起步，教会大学在中国的早期研究生教育只能以培养硕士研究生为主，而且获得硕士学位的人仍然是凤毛麟角，所以民国初期的博士研究生教育尚在孕育之中。但是，不管是否是现代意义上的博士研究生教育，在清末民国初年个别学校也颁发了“博士”学位，博士研究生教育开始了有益的尝试。

毫无疑问，我国的研究生教育肇始于清末的教会大学。早期的教会大学为了提高自己的竞争力和影响力，纷纷在外国注册立案。比如，在美国注册的东吴大学、圣约翰大学和金陵大学等，学生甫一毕业，即可免试直升注册地的州立大学抑或挂钩大学。同时，它们还可以颁发各注册大学的相关学位，这间接提高了其声誉。注册地学校根据实际情况，也提高了对这些学校教育质量的要求，不少大学由此提高了入学条件，延长了学习年限。比如，圣约翰大学于1906年将大学课程从三年改为四年，后又模仿美国三级学位制度试行研究生教育，“大学毕业后，授予学士学位；在校继续攻读1～2年，通过论文答辩后，授予硕士学位；再攻读1～2年，通过更为严格的论文答辩后，则授予博士学位”①。可见，教会大学在清末已经提出培养博士研究生的设想。与此同时，随着教会大学的创设和发展，校长及外籍教师拥有硕士、博士等高级学位者日渐增多，这些学位涵盖了哲学、文学、法学、理学、医学等诸多领域，这是近代以来国人了解和接受西方学位制度的窗口。

教会大学在中国进行的博士研究生的探索始于“医学博士”“卫生学博士”称号的授予。通过与国外大学协商合作，部分国内教会大学代授了少量国外大学以“博士”命名的职业学位，如“医学博士”“卫生学博士”等。以圣约翰大学为例，按《圣约翰大学西学科先后卒业生（1895—1911）姓名职务全录》，毕业生谭以礼为“本校1908年医学博士”，刁信德为“本校1908年医学博士。笨西斐泥亚大学1913年卫生学博士”②，俞庆恩为“本校1908

① 周洪宇主编：《学位与研究生教育史》，高等教育出版社2004年版，第264页。

② 朱有瓛、高时良主编：《中国近代学制史料》第四辑，华东师范大学出版社1993年版，第448页。

年医科博士，笨西斐泥亚大学 1913 年卫生学博士”[①]。但与此史料相悖，另据《圣约翰大学历届毕业生、肄业生名录》记载，谭以礼、刁信德二人皆毕业于 1903 年，未获任何学位；俞庆恩毕业于 1905 年，未获任何学位。[②] 该《名录》中所载之最早医科博士为王福星，毕业于 1911 年。据当时遗留下来的《圣约翰大学 1901—1952 年毕业生名册及通讯录》，圣约翰大学的毕业生中包括“1903 谭以礼、刁信德、颜福庆、杨任林……1911 李清亮、王福生（即《名录》中所载之王福星——引者注）”[③]，但该名册没有学位的相关记载。由此可知，1908 年圣约翰大学是否授予谭、刁、俞三人博士学位尚不能确定。据上文所述，我们可以基本确定王福星于 1911 年已获得“医学博士”称号。此外，1914 年，圣约翰大学也有授予五名毕业生“医学博士”称号的记载，《圣约翰大学历届毕业生、肄业生名录》中记为“陈宗贤、谢源、高恩养、沈慈仁、吴庆元”[④]，《圣约翰大学 1901—1952 年毕业生名册及通讯录》中记为“谢源、高恩养、沈嗣仁、陈宗贤、吴庆元”。另有当时圣约翰大学教务处注册组的记录本中《圣约翰大学一九一四至一九三〇年毕业典礼、给奖、授予学位及毕业生名单》记载：

> St. John's University Eighteenth Aunual Commencement Day. June 27th. 1914. graduatury exercise. 5:00pm Doctor of Medicine: Wung qiong-yem、Sung su-yung、Kau en-yang、Sia hyoen、Ng lehung-nyoem. [⑤]

翻译出来为：“圣约翰大学第十八届毕业纪念日，1914 年 6 月 27 日，毕业典礼时间：下午五点。医学博士：吴庆元、沈嗣仁、高恩养、谢源、陈宗贤。”与前两处记载吻合。由此我们可以确定 1911 年、1914 年两年圣约翰大学共授予 6 名毕业生“医学博士”称号。

---

① 朱有瓛、高时良主编：《中国近代学制史料》第四辑，华东师范大学出版社 1993 年版，第 449 页。

② 《圣约翰大学历届毕业生、肄业生名录》，载熊月之、周武主编：《圣约翰大学史》，上海人民出版社 2007 年版，第 454—455 页。

③ 《圣约翰大学 1901—1952 年毕业生名册及通讯录》，上海档案馆馆藏档案：档案号 Q243-1-1033。

④ 《圣约翰大学历届毕业生、肄业生名录》，载熊月之、周武主编：《圣约翰大学史》，上海人民出版社 2007 年版，第 457 页。

⑤ 圣约翰大学教务处注册组：《圣约翰大学一九一四至一九三〇年毕业典礼、给奖、授予学位及毕业生名单》，上海档案馆馆藏档案：档案号 Q243-1-1018。

从西方引进的学位制度，必然带有引进国的特征，并不能完全等同于现今的学位制度。所以，“医学博士”并不是医学学科的博士研究生。当时圣约翰大学的医学较为特殊，其他本科教育为四年制，而医学为五年制。在清末，“医学科……其5年平均总分为75分者，给予医学科博士学位”；五四时期，“医科……其学生每年各课等第，必须符合医科专章中分纪及考试条之定章，才能给予文凭，作为医学博士”。但该医学博士并非大学院之下的研究生教育，“大学院生读毕大学院课程，可得文科或理科硕士学位”，而这之中并不包括医学。① 因此，我们可以得知，“医学博士”只是授予医学本科毕业生的称号，这些毕业生并没有经历过研究生阶段的学习和科研，“医学博士”也就无法等同于医学学科的博士学位。

与圣约翰大学相似，金陵大学于1911年向美国纽约州立案后，毕业生可同时接受纽约大学的学位文凭，并和美国康奈尔大学结为姊妹大学，由此，金陵大学正式获得了学位授予权。金陵大学毕业生的学位由美国纽约大学负责授予，从此为毕业生赴国外留学提供了便利。可以说，学位授予权的获得标志着金陵大学的办学水平得到了国际同行的认可，也为金陵大学后来的发展奠定了良好的基础。金陵大学非常重视医科教育。为了培养社会所需的医学人才，金陵大学在汇文书院时期就设有医科，后于1909年停办。1911年，教会深感医学教育对宗教事业和社会发展的重要性，遂决定在南京创办一所医科大学，取名“中国东方医科大学”。“1913年11月15日，中华基督教医学理事部取消了‘中国东方医科大学’的名义，改组董事部，将其交给金陵大学董事会管理，正式称金陵大学医科。史尔德任医科科长，预科2年，本科5年，授予医学博士学位，创中国7年制医学教育之先河。”②

应该说，“医学博士”与现今学位制度中的医学学科博士学位在本质上是有区别的。医学博士只是美国学位制度中存在的一级职业学位（first professional degree）。但不可否认，“医学博士”称号的授予对提高中国医生的执业水平仍具有很好的促进作用。

早期教会大学的研究生教育中，有史可稽的有关博士学位授予情况记载的教会学校是震旦大学。虽然1912年震旦大学授予十二名毕业生“硕士学

① 熊月之、周武主编：《圣约翰大学史》，上海人民出版社2007年版，第80页。
② 谭志云编著：《南京教育小史》，东南大学出版社2011年版，第46页。

位”不能算作真正意义上的研究生教育，但仅仅两年之后，震旦大学就有关于博士的记载。据《震旦大学二十五年小史：学制沿革》载，“千九百十四年”，即1914年，法政科的课程包括“法国文学、国文、英文、哲学、法学通论、法制源流、民法、宪法、刑法、商法、经济学、财政学、簿记学、经济学史、诉讼法、海商法、国际公法、国际私法、行政法、中国经济地理、中国法律史事批评、历史、地理、翻译”①，在三年之内完成这些课程的学习即可获得“硕士学位”（相当于通常的学士学位）；如果在此基础上继续学习两年，则可获得博士学位。这是目前已发现的最早的关于震旦大学博士的史料，可以视作其研究生教育的开始。博士生“既经高深学术之陶冶”，在两年内须对“中国新旧法律有精密之研究”，“平时尤当旁听于法会审公堂，以资实习而增经验”。在此基础上，博士生“以心得拟题”，经过主任教员的审核，“编著中法文对照之博士论文一卷”，方能毕业并获得博士学位。②由此我们至少可以看到以下四条信息：第一，震旦大学的研究生教育始于1914年，首先授予的是博士学位而非硕士学位，这也是中国早期研究生教育的一大特点。第二，震旦大学对于研究生教育的入学资格并无明确规定，只要完成前一层次的学习即可进入博士阶段的学习。第三，研究生的培养模式与其他学校大为不同，要求学生必须参加实践学习从而增加经验。第四，论文必须为中文和法文对照本，对学生的法语水平要求较高，而如何答辩则未说明。

此外，圣约翰大学关于博士学位授予情况的记载稍晚于震旦大学。按《圣约翰大学西学科先后卒业生（1895—1911）姓名职务全录》记载，吴任之为“英国鲜斐尔特大学1907年工科学士，1908年工科硕士，1916年本校理科博士”③，周诒春为“本校1907年文科学士，美国耶律大学1909年文科学士，美国伟斯根辛大学1910年文科硕士，1911年前清朝考进士，1915年本校文学博士”④。

综上所述，在1917年我国本土高校的研究生教育开始之前，教会大学已经进行了博士研究生教育的尝试。虽然博士研究生教育的规模甚小，而且制

①② 《震旦大学二十五年小史：学制沿革》，上海档案馆馆藏档案：档案号Y-1-181-21。

③ 朱有瓛、高时良主编：《中国近代学制史料》第四辑，华东师范大学出版社1993年版，第447页。

④ 朱有瓛、高时良主编：《中国近代学制史料》第四辑，华东师范大学出版社1993年版，第448页。

度设计上还颇显稚嫩，但是对我国本土大学研究生教育的起步和包括学士、硕士和博士三级高等教育的完整性建设具有重要意义。

教会大学是中国近代教育史上特殊的组成部分，虽然带有文化殖民和为列强政治、经济侵略服务的一面，但它对中国教育发展的推动应该不可忽视。教会大学完善了中国的教育体系，带来了先进的教育理念和教育管理方法，建立了一批教育基础设施，引进了许多国际知名的学者，培养了一大批具有现代化知识的人才，为中国教育的现代化作出了一定贡献。除此以外，教会大学的建立还为中国研究生教育的开展奠定了基础，并直接开创了中国最早的研究生教育。

第一，教会大学的建立进一步推动了新式教育思想的传播，推动了新式教育的开展。维新运动特别是京师大学堂建立以后，人们对新式教育开始关注，随着北洋大学堂等新式学堂的建立及清政府对科举制的改革，新式教育思想便开始广泛传播开来。教会大学的建立使人们得以近距离接触完全意义上的西式高等教育，并有一批有识之士为了挽救民族危亡而努力学习西方先进知识，教会大学无疑成为他们达成愿望的有利场所。

第二，教会大学的建立完善了中国的教育体系，为研究生教育的开展提供可能性。在20世纪初期，中国的教育体系很不完善，国立大学仅有北京大学一所，省立大学也仅限北洋大学和山西大学三两所。此外还有九所私立大学，但大多仅有大学之名而无大学之实，真正开设本科教育的仅有复旦大学和南开大学。与此同时，国内的教会大学已达八所，其中多数已可以颁发学士学位，在校生占全国大学生总数一大半，这无疑增强了中国高等教育方面的力量，为研究生教育的开展奠定了学科建设的基础。清末民初，圣约翰大学、震旦大学、东吴大学、齐鲁大学等更是直接实践了研究生教育，成为最早一批在中国开展研究生教育的大学，为本土大学研究生教育的实践提供借鉴。

第三，教会大学培养了大量人才，进一步促进了研究生教育的开展。与国内大学相比，教会大学拥有先进的教学设备和教育理念，并聘请了一批具有较高水平和拥有硕士、博士学位的教师，这就使得它们培养出了一批高水平人才，其中有些人后来成为国内知名学者，并在大学中从事教学、科研工作，成为国内大学研究生教育的推动者。

第二章　实践初探（1917—1927）

新文化运动前后，新旧思想的对立十分突出，社会转型夹杂着此起彼伏的政治斗争，各派军阀乘机扩张势力，教育处于风雨飘摇之中。从外部看，政治动荡、民族资本经济发展为研究生教育发展提供了社会基础；从内部看，高等教育实力的增强、学制改革的推进以及教育交流的频繁，加速了研究生教育制度规划和实施的推进。多种因素相互交织、相互促进，研究生教育从无到有，从制度到实践，迈出了关键的一步，成为我国研究生教育发展史上承上启下的关键一环。

第一节　学制体系的定型

中华民国的建立，结束了中国两千多年的封建专制政体。南京临时政府仅存在三个月就被北洋政府所取代，随后护国运动、护法运动接踵而起，形成南北对峙、军阀割据的混乱局面。政局变动、社会动荡，政府权威低下，促进了民间组织和社会力量的蓬勃兴起，为各级教育的实施提供了广阔的空间。同时，民主共和制的建立极大地激发了民族资产阶级的创业热情，爱国情绪空前高涨，促使民族工商业快速发展。第一次世界大战爆发前后，西方各国忙于战乱无暇东顾，削减了对中国的商品倾销和资本输出，这样为中国产品的出口提供了契机，推动了民族经济的发展，使这一时期成为近代民族资本主义发展史上的"短暂春天"。民族资本主义的发展，呼唤着新式人才的培养和新教育体制的建立。研究生教育凭借这股信风，加快建设，与国际接轨、与时代合拍，迈出了关键的步伐。

一、 对欧美研究生教育的推崇

经过新文化运动的洗礼，民主、科学的思想深入人心，随着大批欧美留学生的归国，他们在中国所发挥的作用也越来越大，而高等教育又成为他们实现报效祖国宏愿的重要领域，这使得欧美教育对中国的影响逐步加深。我国研究生教育学习和模仿的对象已悄然发生变化，欧美逐步取代日本。

（一）研究重心的转向

新文化运动前后，在接受了数年西方新知识教育和民主精神熏陶后，郭秉文、蒋梦麟、胡适、陶行知、廖世承、晏阳初、孟宪承、陈鹤琴、郑宗海、任鸿隽、陆志韦、张耀翔、刘廷芳等留美学生先后回国。在教育事业百废待兴中，他们被时代寄予厚望，成为革新中国教育的引领者。他们纷纷投身教育界，其中既有教育行政部门的官员，又有高校的各级领导人物，更多的是教师队伍的中坚力量，这为研究生教育在中国的实施和定型蓄积了丰富的智力资源和核心力量。他们的年龄大多在二十二岁至三十五岁之间，留学少则二三年，多则五七载，师从名家，学有专长，受过全面的西方教育熏陶和科学方法训练，分别取得了硕士、博士学位。他们血气方刚，视野开阔，承袭的负担少，思想敏锐，富有朝气。他们同气相求、此呼彼应，迅速成为推动教育改革、左右中国教育方向的主力军。

身处异域的留学生们亲身感受欧美国家高等教育的先进和发达，对研究生教育也有着实际的体会和切身的感受，从而突破了清末时期依靠日本间接了解西方教育的窒碍。在国内高等教育改革的刺激下，他们对研究生教育的介绍不仅仅局限于政策法规层面，而是更多着眼于研究生教育的实践建设，通过比较和鉴别，热情地呼吁建立适合中国实际的研究生教育制度，促进其本土化发展。此期出版的教育类书籍涉及介绍研究生教育内容的更多了。例如，袁观澜《袁观澜先生考察欧美教育讲演录》、吴家镇《世界各国学制考》、陶孟和《大学校之教育》和何炳松《美国教育制度》等。此外，以《中华教育界》《新教育》《教育丛刊》等刊物为平台发布的有关学位制度的文章，不仅在数量上有所增加，而且突破了以往单纯介绍的模式，尝试结合中国实际需要，讨论研究生教育制度建设。

早在1912年，胡适在《非留学篇》中就对美国毕业院（即研究生院）的组织作了详细介绍。他说："毕业院为高等学问之中心，以四年毕业之大学生，尚未足以语高深之学问。各国于学问，其有所成就者，多由毕业院出者也。"①

① 胡适：《胡适全集》第20卷，安徽教育出版社2003年版，第27—28页。

他主张，以大学各科正教授兼毕业院教授，并推一人主持其事：

院中学科以研究有心得为重。美国大学毕业院有两种学位：一为硕士，至少须一年始可得之；一为博士，须三年始可得之。院中学生须择定一正科一副科（欲得博士者须二副科）……又须于正科内择定一重要问题足资研究者，而旁搜博采以研究之。有所心得，乃作为论文，呈本科教师，谓之博士论文，或硕士论文。如所作论文果有价值，则由大学刊行于世。大学无毕业院，则不能造成高深之学者，然亦不必每校都有毕业院。鄙意国家大学必不可少此制，省立大学从缓可也。①

在胡适看来，美国学术发达的原因在于重视学术研究，而研究生院又是美国培养高层次人才的重镇，所以说成立研究生院既是建立完整高等教育体系的重要组成部分，又是凸显高校学术属性的必然要求。

何炳松是一位学贯中西的著名历史学家，在留美期间，先后就读于加利福尼亚大学、威斯康星大学和普林斯顿大学研究院。他不仅用其著作润泽一代代学人，而且还注重介绍国外教育发展的最新动态，以资借鉴，开阔国人视野。1919 年夏，他“将数年留美求学所得者，笔之于书”，著成《美国学制述略》，分别在《北京大学日刊》和《教育丛刊》上登载，后该书改名为《美国教育制度》，由商务印书馆印刷出版。他指出：

美国大学，则仿自英制，而兼采德制，盖合分科与毕业院而为一者也。例如纽约之 Columbia 大学，包有 Columbia 及 Barnard 二专门科，仅授学士学位。其余如哲学、政治、科学、法律、建筑、医学等科，则仅为大学学士研究高深学问而设，仅授硕士及博士两种学位。今日美国大学，颇有仅备专门毕业生研究高深学问之所之趋向。所谓大学者，将变为纯粹毕业院，其性质将与今日之大学异矣。②

美国大学之有毕业院，至今不过六十余年。Yale 大学设毕业院独早。凡大学本科毕业生，在毕业院研究高深学问一年而有著作者，可得硕士学位。研究三年而有著作者，可得博士学位。③

何氏所指的毕业院即为培养研究生的机构，并通过与本科教育比较，突出其

① 胡适：《胡适全集》第 20 卷，安徽教育出版社 2003 年版，第 28 页。

② 何炳松：《美国教育制度》，商务印书馆 1920 年版，第 15 页。

③ 何炳松：《美国教育制度》，商务印书馆 1920 年版，第 18 页。

培养高层次人才的职能。

1924年初，商务印书馆向在日本东京明治大学的陈国儒、法国果伦公学的熊卿云、德国基尔大学的王德宣、英国伦敦大学的戴禹文和美国的陈其昌等海外留学生约稿，重点探讨各国学制改革，并结集出版《各国教育谈》。这几位留学生在介绍留学国家学制改革时，都提及研究生教育制度。

陈国儒指出，日本“于分科大学附设研究科，使分科大学卒业者，得继续从事研究。又分科大学认为适当人，得被收入，使从事研究。入一分科大学研究生，同时得入他大学之研究科”。“综合分科大学之研究科，为大学院。以完成各研究科间之联络”①。熊卿云从学位制度的角度，介绍了法国的研究生教育：“至于博士学位（Docteur），则殊非易事，盖法国博士，非有一种发明，不能取得也，大学对于学者预备博士考试之设备，系在本系中设研究班，由本科主任教授与实验室长指导之。”② 戴禹文则对英国的研究院及学位制度进行了探讨：“英国大学，非 university，乃若干学院（college）之集合体也；不过普通于学院之上，更设一研究科，以研究学院所未讲之科学与夫授学位而已。”③ 陈其昌对美国的研究生教育制度进行了介绍：“其学制内容之组织，则仿英制而兼采德制，大学本部行英国之分科制，本部之上，设研究院，采德国制不分科，由本部毕业之学生，仅给以学士学位。至研究院专为研究高深学理而设，则仅授博士硕士两种学位。近来美国大学之趋向，将有变为专备专门毕业者研究高深学理之所。”④ “凡大学本科毕业生，在研究院研究高深学问一年而有著作者，得授以硕士学位，研究三年而有著作者，得授以博士学位。”⑤ 通过海外留学生对不同国家研究生教育制度的介绍，在对比和借鉴中，中国研究生教育制度的建设得到推动。

在“新学制”的改革中，高等教育领域作出了革新，研究生教育在学制体系中得到强化。更为重要的是，其时许多教育家从完善学位制度的角度，倡导加强研究生教育，这既符合对研究生教育的职能定位和价值取向，也顺应了国际教育发展的趋势和潮流。

---

① 陈其昌、王德宣、陈国儒等编：《各国教育谈》，商务印书馆1924年版，第14—15页。
② 陈其昌、王德宣、陈国儒等编：《各国教育谈》，商务印书馆1924年版，第52—53页。
③ 陈其昌、王德宣、陈国儒等编：《各国教育谈》，商务印书馆1924年版，第102页。
④ 陈其昌、王德宣、陈国儒等编：《各国教育谈》，商务印书馆1924年版，第145页。
⑤ 陈其昌、王德宣、陈国儒等编：《各国教育谈》，商务印书馆1924年版，第147页。

袁希涛在《新学制草案与各国学制之比较》一文中，针对1922年学制草案中未述及学位制度这一问题，选取美国、英国、法国、德国等十二国的学位与研究生教育制度进行了介绍、比较：

美国：研究院一年以上，得第二级学位（硕士）。二年以上得第三级最高学位（博士）。

英国：研究科二年或一年以上，得第二级学位（硕士）；再三年得第三级最高学位。（博士，但格兰大学学位，初级即为硕士，第二级为博士。）

法国：大学三年，（文科可二年以上，理科不限年期，法科三年以上），得第一级学士学位；各再加一年以上，得博士学位。（医科四年，须先入理科二年，只有博士学位一级。）

德国：大学四年至五年分神、哲、法、医四科。（哲学最少有三年者，法四年，医五年，其学位均只博士一级。）①

毕业于日本东京高等师范学校的吴家镇在《世界各国学制考》一书中，对法、德、英、美等国家的学位制度进行了介绍，其中对法国学位制度的介绍尤为详细：

大学学位，分为两种：（一）学士（医科无之）；（二）博士（药科但有药剂师名号，无学位），修业期满，无学位者，予以证书。修业期限各科不同。一、文科二年以上，得第一学位，再一年以上，得第二学位；二、理科无年限，但有三项学科及格之证书，即可换得给第一学位，但欲得第二学位，须加研究学科；三、法科三年以上，得第一学位，又一年以上，得第二学位；四、医科四年以上，（药科三年，牙科同，但医科须先入理科二年）……博士试验，则须提出论文，其论文题目，须先得教授之许可，至脱稿付印后，经口试手续，乃给予第二学位，然各科试验办法，亦多不同。②

介绍德国学位制度时，他指出德国对学位制度的规定是："大学学生毕业后，欲在大学任事者，必经博士学位试验。盖系经过他种之毕业试，只得为法官、医生、牧师、中学教员，此四项人，不必定有博士名号。惟工业化学

① 袁希涛：《新学制草案与各国学制之比较》，《新教育》第4卷（1922年）第2期。

② 吴家镇：《世界各国学制考》，商务印书馆1924年版，第27—28页。

家即得博士学位，为彼学力之证。此德国大学与法国及其他之欧洲各国大学独异者也。宗教学科有两种学位，一低级者为学士（Lizentiaten），一高级者为博士，其余各科，今只存博士学位。”至于学位的授予过程，“或按部令，或按各科定章，往时所行，殆与今异，得者恒以资财为主，或只有口试，或但凭呈稿，其学业多不充足。今则改良之，凡欲得博士学位者，著述、口试二者，缺一不可，且著述亦须刊行公布”。若想获得博士学位还须具备以下条件：“一、授予博士学位，须凭著述及面试，著述且须刊印，名誉博士不在其内；二、其著述须有学术上之发明，更须出自心裁；三、凡欲考博士学位者，须证明其曾在本国中学毕业，及有大学三年以上之资格。”①

最后在论及美国学位制度时，吴家镇指出：“美国大学之组织与英德大学不同，英之大学为专门学校之集合体，德之大学并不分科，实一大学之毕业院而已。美之大学则仿自英制，而兼采德制，盖合分科与毕业院而为一者也。例如纽约哥仑比亚大学 Columbia University 包有 Columbia 及 Harvard 而专门科，仅授学士学位，其余如哲学、政治、科学、法律、建筑、医学等科则仅为大学学士研究高深学问而设，仅授硕士及博士两种学位。总之称为 University 者，系联合数个 College 及 School，富有研究各种高深学术之设备，授予学位至博士，方克称为大学。”②

余家菊在 1925 年出版的《英国教育要览》专著中，也详细论及世界学位制度的发展历史及英国学位制度变化：

> 十九世纪以来世界学术中心本在德国。世界各处学生皆汇集柏林等处。大战以前，英人即有起而与德人竞争之概。一九一二年大学会议时，即议决各大学一律增设哲学博士学位，一面并于外国大学为相当的承认，以为招徕外国学生之计。此种政策，盖受德国大学之影响。德国大学毕业生，即取得博士头衔，惟其学业论文，必须具研究性质，其意在用学位奖励研究。结果学术界大呈活气。美国学生之自德国归者，亦采用德国制度之精神，各处皆设立哲学博士学位。学术界所受影响亦不在小。英人审察此中情况，乃不得不慓然从风。于是以哲学博士奖励研究，以法学博士推崇名人，以科学博士表彰学者，乃成为英国大学大体之政策。

---

① 吴家镇：《世界各国学制考》，商务印书馆 1924 年版，第 335—336 页。
② 吴家镇：《世界各国学制考》，商务印书馆 1924 年版，第 383 页。

大战而后，德国既倒，其学术界日为穷困所迫，欲图发展良非易事。英人乃乘此天予之机，励精图治，以求为世界学术中心。[①]

欧美研究生教育制度成为留学生介绍国际教育动态的重要内容。他们的大力宣传和引介，使国人对研究生教育有了更为系统全面的认知，对研究生教育有了极大的认同和需求，同时也为政府相关法令规章的制定及实施提供了借鉴和参考。

（二）倡导研究生教育

“新学制”颁布前后，无论是出于完善学制建设的需要，还是冲破传统束缚的考虑，设立研究机构，培养高层次知识人才都成为时代最强音。有感于西方学术的兴盛和强大，国内亦渐有仿效之心，在 1913 至 1914 年间，由马良携章太炎、梁启超、严复共同倡设的函夏考文苑，即是国人效仿西方成制建立一所新式研究机构的尝试。“实仿法国法兰西学院而立，意欲集合举国最优秀学者，在京师设立一‘上不属政府，下不属地方’的全国最高学术机构，以提振学风”[②]。遗憾的是，这项倡议因得不到政府和学界的支持而夭折。但其意义重大，这说明其时学术界已开始出现由倚重留学向学术自强的转变，也从侧面表明民国初期催生学术研究机构的土壤并未达到理想状况。

所幸的是，经过新文化运动的洗礼，国人对于研究生教育的创办在 20 世纪 20 年代逐渐成为共识，其中最具代表者即蔡元培。他曾指出：“大学应设大学院（即今研究院），为教授、留校的毕业生与高级学生研究的机关。”[③] 这自然与他此前留学德国的经历有关，两次在德国莱比锡大学求学使他直观感受国外研究所的运行概况，也加深了对大学设置研究院、培养高层次知识人才重要性的认识。蔡元培倡导研究生教育及在北京大学的实践将在后文详细分析，此处不赘述。

从人才培养的角度出发，胡适将“留学”定性为“吾国之大耻”。在他看来：“留学之目的，在于植才异国，输入文明，以为吾国造新文明之张本，所谓过渡者是也。以己所无有，故不得不求于人。吾今日之求之于人，正所以

① 余家菊：《英国教育要览》，中华书局 1925 年版，第 232—233 页。

② 陈以爱：《中国现代学术研究机构的兴起——以北大研究所国学门为中心的探讨》，江西教育出版社 2002 年版，第 71 页。

③ 蔡元培：《我在北京大学的经历》，载高平叔编：《蔡元培全集》第六卷，中华书局 1988 年版，第 349 页。

为他日吾自有之之预备也。”因此他认为，派遣学生出国留学之举只是“过渡之舟楫而非敲门之砖”，其事“废时伤财事倍而功半”，系“救急之计而非久远之图”。“留学者之目的在于使后来学子可不必留学，而可收留学之效。是故留学之政策，必以不留学为目的。此目的一日不达，则留学之政策一日不得而收效也”①。那么，不必留学而收人才培养之效的唯一良策，就是振兴我国自己的大学教育。在参考美国大学毕业院中有硕士和博士两种学位做法的基础上，胡适建议，中国大学中“宜设毕业院”：“大学无毕业院，则不能造成高深之学者。”② 为此他呼吁我国应仿效美国，在大学本科教育基础上，建立研究院所，以培养高层次人才。

从完善高等教育职能、加强学术研究的角度出发，许多教育家倡导实施研究生教育。在介绍西方研究院所制度后，任鸿隽对中国大学缺乏研究功能的状况进行了严厉批评。对比西方各国大学，他认为“在我们的大学里面，适得其反，差不多只有教课而没有研究”③。为此，他强调：

> 大学的职责，不专在于教授学科，而尤在于研究学术，把人类智识的最前线，再向前推进几步：这个话已经成了世界学者的公论。国内的大学，近来已如雨后春笋，遍地皆是。除了那些徒有其名的，姑且不论外，其余比较的有历史有成绩的少数学校，也渐渐感受了世界的潮流，大家觉得研究工作的必要。因此虽在学校经费的极端困难中间，也未尝没有对于研究的豫备。④

在任氏看来，这样的“预备”是远远不够的，只有创办大学研究院所，才能形成完整的现代大学制度，才是“造就人才的完全组织”，才能“使他成为一个独立的学者”。所以，

> 就大学本身说，除非有毕业院的组织与高深研究的设备，不能算是名副其实。严格说来，凡没有设立毕业院或研究所的都不能称为大学。这个定义，可以说是竖的定义。它是以程度的高深来定大学的标准的。⑤

1922年3月30日，上海《时事新报》上刊登了朱光潜撰写的《怎样改造

---

① 胡适：《胡适全集》第20卷，安徽教育出版社2003年版，第9—10页。

② 胡适：《胡适全集》第20卷，安徽教育出版社2003年版，第27—28页。

③④ 任鸿隽：《科学研究——如何才能使他实现》，《现代评论》第5卷（1927年）第129期。

⑤ 任鸿隽：《大学研究所与留学政策》，《大公报》1934年12月23日。

学术界?》一文。他明确指出，我国学术界缺乏爱真理、科学批判、忠实于真理、独立创造以及实验的精神，对“欧化主义”追捧过度，重国外学位名分而轻独立自办，只贩卖过时的西洋知识。由是，他认为，欲改革上述弊端，除了改进留学政策外，一个更彻底的办法，便是在中国大学里普遍设立研究所，培养高层次知识人才，以改造学术环境、培养学术领袖人才，“希望将来各大学都设有研究院，还希望个个学者都川流不息的做研究事业”①。

曾获得哥伦比亚大学博士学位的冯友兰回国后，即发表了《怎样办现在中国的大学?》一文，既强调学术发展对于中国的重要意义，又强调发展学术就必须办好大学。针对当时中国面临的情况，他指出，要办好大学，力求学术上的独立，就应该做到“以请中国人做教员为原则”，并且所请的教员“要有继续研究他所学之学问之兴趣与能力”，而且“大学要给他继续研究他所学之学问之机会”。反之，如果“请外国教员来教，与派留学生到外国去受教，事同一律，皆不能当作家常便饭吃”。因此他主张在大学中设研究部，以实现学术独立之愿望。他还进一步强调说：

> 现在研究学问，已成一种极费钱的事业，其设备多非私人所能办。想研究学问之人，没有相当的工具，焉能有进步？此稍为有点规模的大学中之所以必须有研究部也。今假定此稍有规模的大学之教员，皆能对于所学找问题，而又能自己独立的去研究它。此大学又有研究部。则此大学教员可兼研究部研究生。他们可以授课不多（假定一星期至多不过六点）而一面作他们自己的研究。②

他认为，这样就使教员既教学又研究，设编辑部使教员既教学又编译西洋学术著作，如能本科、研究部、编辑部三位一体，则“再假以时日，中国亦可有像样的学者，而中国学术亦可独立矣”。

其时留学生们不仅就设立研究院所、培养高层次人才提出了各自的见解，而且还主张传承中国古代书院的精神，吸收欧美大学研究制度，建设研究院所。1925年，陈衡哲、任鸿隽夫妇联名发表《一个改良大学教育的提议》一文指出：

> 我们以为当参合中国书院的精神和西方导师的制度，成一种新的学

---

① 朱光潜：《朱光潜全集》第八卷，安徽教育出版社1993年版，第38页。

② 冯友兰：《怎样办现在中国的大学?》，《现代评论》第1卷（1925年）第23期。

校组织。中国书院的组织，是以人为中心的。往往一个大师以讲学行谊相号召，就有四方学者翕然从风，不但学问上有相当的研究，就是风气上也有无形的转移，如朱文公的白鹿洞，胡安定的湖州，都是一例。但是书院的组织太单简了，现在的时代，不但没有一个人可以博通众学，满足几百千人的希望，而现在求学的方法，也没有一人而贯注几百千人的可能。要补救这个缺点，我们可兼采西方的导师制。就是一个书院以少数教者及少数学者为主体；这个书院的先生，都有旧时山长的资格，学问品行都为学生所敬服，而这些先生也对于学校的求学品行两方面，直接负其指导陶镕的责任。①

从构建与完善三级学位制度的需要来看，实施研究生教育制度显得更为必要了。早在1921年，云甫就倡议："凡属大学，无有不授其毕业生以学位之制，此乃世界各国之通例……吾以为今日中国欲推广大学教育，以铲除知识阶级之流弊，则凡高等专门学校皆应改为单科大学，废除二年预科，而本科四年卒业即授以学士学位，本科之上，再设科究科及大学院……卒业本科者授学士学位，卒业研究科者授硕士学位，在大学院研究而有得者，授博士学位。如此，则富有余力之学子，尽可由本科而入研究科或大学院，作长期或无限制之研究，以资深造。"② 这是近代最早在中国建立学士、硕士、博士三级学位体系的倡议。

由于"新学制"草案没有规定研究院年期，袁希涛建议："依我国现制，自当为英美式之研究院，但英国研究科年期最长，当以参仿美制为近。"此外，研究院制与学位有关系，"新学制"草案也没有述及学位制度，依据各国通例，学位制度可分为三类：（一）一级制。但有博士学位；如德国，意国，比国，荷兰，等是。（二）二级制。有学士博士两级；如法国，日本，西班牙，等是。（三）三级制。有学士，硕士，博士三级；如美国，英国（苏格兰除外），瑞典等是。详加比较之后，袁希涛认为："依我国大学组织之趋势，似以取三级制为宜。"③

---

① 任鸿隽、陈衡哲：《一个改良大学教育的提议》，《现代评论》第2卷（1925年）第39期。

② 云甫：《高等师范应改师范大学之理由及办法》，《教育丛刊》第2卷（1921年）第5期。

③ 袁希涛：《新学制草案与各国学制之比较》，《新教育》第4卷（1922年）第2期。

从以上分析可知，我国现代研究生教育制度得以不断探索与构建，其原因有二：

一是为在移植西方现代大学制度过程中完成学制最高阶段起见。只有实行研究生教育，才能形成完整的近代大学制度。陶孟和就认为："大学还应该是一个研究的机关，应该有些人——科学家们与他们的高级的学生们——殚心于纯粹的学问，专从事研究的工作。实际上，只有研究机关的大学才可以配称为大学。"①

二是缘于现代大学学术研究职能的需要。胡适就强调："大学无毕业院，则不能造成高深之学者。"② 蔡元培就任北京大学校长的演说中也明确指出："大学者，研究高深学问者也。"③ 他分析说："并世各国之富强，正与科学之发达以骈进；而科学之发达，又与研究所之众寡相比映。"④ 所以他提倡大学应设立各种研究所，甚至"凡大学各院中主要科目，以能完全成立为最善，庶不至使一部分之教员与学生失望"⑤。罗家伦接任清华大学校长后，亦将创办研究型大学定为学校的发展目标。他明确主张："研究是大学的灵魂。专教书而不研究，那所教的必定毫无进步。"⑥ 可以看出，他们均极力主张在大学设立研究院所作为培养高层次人才的机构，并以此来推进现代大学的学术研究事业。

二、高等教育学制体系的完善

民国建立以后，全国高等学堂被废除，政府准备在北京、南京、武昌、广州设四所大学，因财力不足，除北京大学继承京师大学堂外，1921 年前其他三所均未设立。至 1916 年，北京大学本科毕业生仅有 66 人，实际上在此

---

① 陶孟和：《再论科学研究》，《现代评论》第 4 卷（1927 年）第 119 期。

② 胡适：《胡适全集》第 20 卷，安徽教育出版社 2003 年版，第 28 页。

③ 蔡元培：《就任北京大学校长之演说》，载高平叔编：《蔡元培全集》第三卷，中华书局 1984 年版，第 5 页。

④ 蔡元培：《中国科学社生物研究所筹募基金启》，载高平叔编：《蔡元培全集》第六卷，中华书局 1988 年版，第 637 页。

⑤ 蔡元培：《论大学应设各科研究所之理由》，载高平叔编：《蔡元培全集》第六卷，中华书局 1988 年版，第 477 页。

⑥ 罗家伦：《文化教育与青年》，商务印书馆 1946 年版，第 97 页。

期获得学士学位的人寥寥可数。根据民国政府第五次教育统计，1917 年全国高等教育学校和学生数见“表 2.1.1”。

表 2.1.1　1917 年全国高等教育学校和学生数统计表*

学校类型	科目		学校数	学生数	毕业生数
大学	预科		8	2163	554
	本科	文科	—	260	64
		理科	—	74	10
		法科	—	638	210
		商科	—	—	—
		医科	—	—	—
		农科	—	—	—
		工科	—	376	60
专门学校	法政		32	8803	3634
	医学		9	950	172
	农业		6	985	329
	工业		11	1807	322
	商业		5	680	272
	外国语		2	283	—
高等师范			7	1998	598
其他			4	806	614
总计			84	19823	6839

*资料来源于周予同：《中国现代教育史》，良友图书印刷公司 1934 年版，第 151 页。

据统计，1917 年共有各类高等教育机构 84 所，在校学生 19823 人。根据 1909 年清政府各省统计结果，清末各类高等教育机构有 111 所，在校学生数为 20672 人。可见，民国前期的高等教育在规模上并没有明显扩大，研究生教育的规模基础还相当薄弱。新文化运动之前，高校数量少，本科生人数少，为数不多的大学根本无法撑起研究生教育的发展。在这种情况下，研究生教育仅停留在设计规划之中。不过，在民国前期的两次学制改革中，研究生教育还是都受到重视，成为学制体系中重要一环。

（一）《修正大学令》

1917 年 1 月，北洋政府教育部召开了“国立高等学校校务讨论会”。27 日，蔡元培在会上提出了改革大学学制的议案。他认为，“我国高等教育之制，规仿日本，既设法、医、农、工、商各科于大学，而又别设此诸科之高等专门学校，虽程度稍别浅深，而科目无多差别。同时并立，义近骈赘。且两种学校之毕业生，服务社会，恒有互相龃龉之点”。为此，他提议：“（一）大学专设文理二科，其法、医、农、工、商五科，别为独立之大学，其名为法科大学、医科大学等”；“（二）大学均分为三级：（一）预科一年；（二）本科三年；（三）研究科二年，凡六年”。[①]

议案得到参加会议的北京各高等学校校长的一致赞同。2 月 23 日，教育部开会讨论，对议案的第一条无异议，对议案的第二条则认为预科一年太短，研究科可以不必设立。教育部将这个意见再付校务讨论会复议。校务讨论会开会议决：大学均分为二级，预科二年、本科四年。这个议决案为北洋政府教育部所接受，并吸纳入《修正大学令》。

《修正大学令》颁布于 1917 年 9 月 27 日，是对 1912 年 10 月颁布的《大学令》的修正。《修正大学令》仍规定“大学以教授高深学术，养成硕学闳材，应国家需要为宗旨”，大学的学科设置仍分为文、理、法、商、医、农、工七科。其修正的主要之点为：（一）规定“设二科以上者得称为大学，其但设一科者称为某科大学”。这个规定修正了《大学令》中“大学以文理二科为主”，须“文理二科并设者”或“文科兼设法商二科者”，“理科兼医农工三科或二科一科者”的限制，而允许设一科者称某科大学即单科大学。这是我国近代规定允许设单科大学之始。（二）规定“大学本科之修业年限四年、预科二年”。这个规定修正了《大学令》中“大学各科之修业年限三年或四年、预科三年”的规定。自此以后，本科四年、预科二年成为通例；后来预科取消了，大多数学科的本科是四年。

从《修正大学令》的条文来看，涉及研究生教育的仅仅两条：“第六条，

---

① 蔡元培：《大学改制之事实及理由》，《新青年》第 3 卷（1917 年）第 6 号。

大学为研究学术之蕴奥，设大学院。第七条，大学院生入院之资格，为大学本科毕业生。”这些内容再次重申研究生教育的性质和入学资格，与《大学令》最大不同之处是提高研究生教育的入学条件，明确指出大学本科毕业是入研究院的重要条件。

相较1912年颁布的《大学令》而言，《修正大学令》中本科阶段的教育得到进一步加强，研究生教育反而被削弱了。这在某种程度上说明，当时教育界对研究生教育还存在一定的模糊认识，认为它在大学可有可无。即使是蔡元培大力倡导，也未能引起教育界的重视。诚然，从表面上看，好像是研究生教育未受到应有的重视，但实际上，《修正大学令》采取了一种务实态度和科学精神，重点发展本科阶段的教育，为将来研究生教育起步奠定基础。因为，只有本科阶段教育得到了充分的发展，才能为研究生教育提供充沛的资源和持久发展的动力，这样就更遵循了教育发展规律。

从上文分析中可知，中国研究生教育定制较早，由于缺乏坚实的本科教育作支撑，反而使得它的发展受到很大程度的限制，研究生教育始终停留在讨论和文件中，除在教会大学体系中有所实施外，其他高校还是一片空白。另一方面，正是教育部门在《修正大学令》中没给研究生教育太多的限定，反而为部分高校探索研究生教育提供了较大的空间。北京大学、东南大学、清华大学、厦门大学等高校，根据自身的师资力量和学科优势，探索研究生教育实施的多元化路径，构成了中国近代研究生教育早期发展的精彩图景。

1919年3月初，教育部颁发国家教育计划，决定“设立中央评定学术授与学位之机关”，并认为“此项机关亟宜筹设，用昭宏奖”。[①] 这一规定把学位授予之权从大学转向中央专门机关，是教育部门加强对研究生教育宏观管理的一种举措，这在当时是一种进步和完善。遗憾的是，这个举措依然停留在法规层面，最终也未能实行。

总体而言，近代中国研究生教育刚刚起步阶段，教育部门通过修改学制、完善法规，使研究生教育制度建设进一步完善，并逐步与世界发展趋势接轨。在当时社会动荡、兵荒马乱的北洋政府时期，研究生教育建设能有如此成绩实属不易。

---

① 《教育部全国教育计画书》，《教育杂志》第11卷（1919年）第3号。

（二）“新学制”改革中的研究生教育

在政府通过出台法案规范学校教育制度的同时，民间的教育团体也一直在探索教育制度的完善。1919 年 10 月，在山西太原举行的全国教育会联合会第五届年会开始讨论修改学制系统的问题，决定第六届大会应以“革新学制作为提案之一”。1920 年 10、11 月间，该会在上海举行的第六届年会上，专门成立了学制系统研究会，并要求各省区教育会提出具体的改革方案。1921 年 10 月，该会在广州召开了第七届年会。这次年会以学制为主要议题，有十一个省区教育会提出了各自的学制改革案。年会研究了各教育会提出的改革草案，择定以广东的方案为主进行增补、修订，于 10 月 30 日通过了《学制系统草案》。1922 年 9 月，教育部在北京召开专门的学制会议，邀请教育专家和各省行政负责人对草案进行审订。会议对《学制系统草案》稍作修改，又交同年 10 月在济南召开的全国教育会联合会第八届年会征询意见；最后，于 11 月 1 日，以大总统令公布了《学校系统改革案》。这个学制史称“新学制”。

“新学制”与民国初年的“壬子-癸丑学制”比较，在高等教育方面主要有以下这些改革：

一，基础教育以“6＋3＋3”制取代原先的“7＋4”制，高等教育体系则包括大学院、大学校、专门学校。在大学本科之上，沿用以往设计，依旧设置大学院。但是，对大学院的规定仅有一项：“大学院为大学毕业及具有同等程度者研究之所，年限无定。”

二，“大学校设数科或一科均可，其单设一科者，称某科大学校，如医科大学校、法科大学校之类”。这是重申《修正大学令》的规定。自《修正大学令》规定可以设立单科大学后，这一规定又得到“新学制”的重申，于是各地纷纷兴起改为大学和设立新大学的热潮。以北京为例，高等师范学校、法政专门学校、农业专门学校、女子高等师范学校、医学专门学校、工业专门学校等六所国立的学校，先后于“新学制”公布后改为国立北京师范大学、国立北京法政大学、国立北京农业大学、国立北京女子师范大学、国立北京医科大学、国立北京工业大学。高等教育整体规模的扩大，为研究生教育实施奠定了坚实的基础。

三，取消预科，明确本科修业年限。清末的“癸卯学制”把高等教育分为高等学堂或大学预科、大学堂、大学院（通儒院）三级。民国初年取消了高等学堂，但还保留了预科。“新学制”因中学的年限已由四年改为六年，故取消了大学预科。这使大学能集中精力进行专业教育和科学研究，有利于大学教育学术水平的提高。“新学制”规定“大学校修业年限四年至六年”，但各科可以根据性质的繁简，在这个限度内斟酌决定，如医科大学、法科大学的修业年限至少五年，师范大学修业年限四年。这比《修正大学令》规定的“大学本科之修业年限四年、预科二年”更符合实际。

四，提高了师范教育的程度，将旧制高等师范学校升格为四年制的师范大学。此令一出，高等师范学校纷纷改制易名。例如，南京高师改办为东南大学，武昌高师改办为武昌大学，沈阳高师改办为东北大学，成都高师改办为四川大学，广东高师改办为广东大学。高师改制强化了综合性大学办学的基础，促进了大学功能从教学向科学研究转变，为研究生教育的实施提供了更有利的条件。

虽然“新学制”对研究生教育的规定仅寥寥数语，但是对本科阶段的各项改革，无疑有利于大学教育质量的提升，这自然更符合教育发展规律，对研究生教育发展来说也自然更为有利。

1924 年 2 月 23 日，北洋政府教育部又颁布了《国立大学条例》二十条、附则三条，同时宣布废止民初颁布的《大学令》和《大学规程》，至此北洋政府时期的大学制度的探索告一段落。《国立大学条例》重新规定了大学教育的宗旨、大学的分科、大学内部的组织机构与管理制度等。国立大学“以教授高深学术，养成硕学闳材，应国家需要为宗旨”，“分科为文、理、法、医、农、工、商等科”，“国立大学得设数科或单设一科”，“各科分设各学系”。《国立大学条例》再次重申：“国立大学校设大学院，大学校毕业生及具有同等程度者入之。大学院生研究有成绩者，得依照学位规程，给予学位。学位规程另定之。”除了有设置学位规程的意向外，这些规定和 1917 年的《修正大学令》基本相同，也没有提出具体的做法和要求。

1922 年“新学制”的颁布，进一步刺激了高等教育的发展，高校数量激增，这强化了综合性大学办理的势头，有利于大学的学术化，从而为研究生教育的施行提供了可能。“从民国六年到民国十六年，短短的十年之间，大学的数目从公私合计的十所（公立三所，私立七所），激增至五十二所（公立三四所，私立一八所）。”① 现将北洋政府时期高等教育发展概况统计如“表2.1.2”。

表 2.1.2　北洋政府时期高等教育发展概况*

	1912	1913	1914	1915	1916	1917	1918	1919
公立大学	2	3	3	3	3	3	3	3
私立大学	2	2	4	7	7	7	6	7
合　　计	4	5	7	10	10	10	9	10
	1920	1921	1922	1923	1924	1925	1926	1927
公立大学	3	5	10	19	30	34	37	34
私立大学	7	8	9	10	11	13	14	18
合　　计	10	13	19	29	41	47	51	52

* 资料来源：《第一次中国教育年鉴》（丙编：教育概况），第 22—23 页。

从高等教育机构的创立、高等教育体制的发展，到高校学校数目、硬件设施、师资力量、课程建设、学科设制、学生素质等方面都已有相当规模，这为研究生教育制度的建立及实施提供了很好的载体。特别是几所具备条件的大学，已经在研究生教育方面开始了新的尝试和探索，为研究生教育的普遍实施积累了丰富的经验。

第二节　北京大学的探索

蔡元培出任北京大学校长后，身体力行，率先在北京大学创立了研究所，将学制系统中的条文付诸实践，成为中国国立大学实施研究生教育的滥觞。从大学“是研究学理的机关”的理念出发，蔡元培明确指出，大学不能只从事教学，还必须开展科学研究：“所谓大学者，非仅为多数学生按时授课，造成一毕业生之资格而已也，实以是为共同研究学术之机关。”② 大学教员不是灌输固定知识，而是对学问有浓厚的研究兴趣，并能引导学生的研究兴趣；

① 伍振鷟：《中国大学教育发展史》，（台北）“国立”教育资料馆 1985 年版，第 181 页。

② 《〈北京大学月刊〉发刊词》，《北京大学月刊》第 1 卷（1919 年）第 1 号。

大学生也不是死记硬背教员的讲义，而是在教员指导下自动地研究学问。大学要能承担起教学、科研双重任务，教师与学生要开展科学研究，需要各方面的条件和设施。因而，蔡元培大力倡导“凡大学必有各种科学的研究所”，积极组建研究生导师队伍，推进了北京大学各科研究生的培养，揭开了中国研究生教育的新篇章。

一、 蔡元培与研究生教育的初建

蔡元培是中国研究生教育的积极倡导者和先行者。他不仅在学术研究和人才培养的探索方面作出了突出贡献，而且在如何基于本国实际，借鉴欧美先进教育经验，开创国立高校培养高层次知识人才局面方面也作了有益探索，对近代中国研究生教育的发展产生了积极影响。

（一）发展研究生教育的构想

1907年6月，蔡元培赴德国留学，先在柏林学习德语，编译书籍，作入学前的准备。1908年秋至1911年10月间，他进入莱比锡大学听课和研究，选修了心理学、哲学、文学、美学、人类学、文明史等课程，尤其关注心理学和教育学领域的前沿理论，并接触了一批世界著名学者。他先后进入实验心理学创始人冯特创设的实验心理学研究所、兰普来西创设的文明史与世界史研究所学习研究，还参加由该校东方学院院长孔好古教授主持的中国文史研究所练习班。在学习研修期间，他对这几个研究所的教学、研究情况作了详细记载：由兰普来西教授创设的文明史与世界史研究所，除兰氏外，尚有史学教授六七人，学生在三四年级被允许入所研究者，那时约四百人。

> 我以外国学生，不拘年级，亦允入所并在兰氏所指导的一门中练习。他的练习法，是每一学期中，提出有系统的问题一组，每一问题，指定甲、乙二生为主任，每两星期集会一次，导师主席；甲为说明的，乙为反驳的或补充的，其他丙、丁等为乙以后的补充者。最后由导师作结论。进所诸生，除参加此类练习班外，或自由研究，或预备博士论文，都随便。

此外，由孔好古教授主持的中国文史研究所，“也有练习班，我也参加”。①

在德留学期间，蔡元培了解到，“外国大学，每一科学，必有一研究所；

① 沈善洪主编：《蔡元培选集》（下卷），浙江教育出版社1993年版，第1392页。

研究所里面，有实验的仪器，参考的图书，陈列的标本，指导的范围，练习的课程，发行的杂志”[1]。通过分析研究世界各国著名大学将教育和科研相结合而成为世界科技教育中心的事实，特别是德国柏林大学“研究与教育统一”的原则，他认识到高等教育不但要通过教学达到传授知识的目的，还要使学生了解并积极开展科学研究，通过研究进行教育。他积极关注西方近代大学设置研究所之举，深刻地认识到研究机构对于学术发展的重要意义，并试图加以效法，主张把西方式的研究机构移植到中国的大学中来，为高校师生创建一个能专门研习学问的研究所。

民国成立后，蔡元培出任教育总长，随即便开始了一系列的教育改革。在研究生教育方面，他主张“大学应设大学院（即今研究院），为教授、留校的毕业生与高级学生研究的机关”[2]。在相继颁行的《大学令》和《大学规程》中，就有涉及大学研究院所的相关制度设计。然而，由于蔡元培的离职，各大学研究所并未建立起来。“民国元年，教育部所定的大学规程，本有研究所一项，而各大学没有举行的”[3]。

综而观之，蔡元培关于大学院的设计虽夭折，但其研究生教育的构想已然成型。1917 年 1 月，蔡元培赴北京大学就职，其关于研究生教育的构思则在实践中进一步走向成熟。

（二）北京大学研究生教育的制度设计

蔡元培自欧洲归国初掌北京大学，以德国研究型大学为蓝本对北京大学进行改造，开始筹设北京大学研究院。他后来承认：“清季的学制，于大学上，有一通儒院，为大学毕业生研究之所。我于《大学令》中改名为大学院，即在大学中，分设各种研究所，并规定大学高级生必须入所研究，俟所研究的问题解决后，始能毕业（此仿德国大学制）。”[4] 故蔡氏改造北京大学之基本思路，开启了我国研究生教育的实际进程。随后，他亲自制定了《北京大学

① 蔡元培：《北京大学国学研究所一览序》，《北京大学日刊》1925 年 6 月 27 日。

② 蔡元培：《我在北京大学的经历》，载高平叔编：《蔡元培全集》第六卷，中华书局 1988 年版，第 349 页。

③ 蔡元培：《十五年来我国大学教育之进步》，载高平叔编：《蔡元培全集》第五卷，中华书局 1988 年版，第 90 页。

④ 蔡元培：《我在教育界的经验》，载高平叔编：《蔡元培全集》第七卷，中华书局 1989 年版，第 198 页。

研究所简章》，对研究所的性质、组织结构、入学资格、学习方式等进行了规定。

北京大学研究所简章[1]

第一条　各科之各专门学术，俱得设研究所。

第二条　研究所以各门各种之教员组织之。

第三条　各研究所教员中，由校长推一人为本所主任教员。

第四条　本校毕业生俱得以自由志愿入研究所。

第五条　本校高级学生，主任教员认为合格者，得入研究所。

第六条　本校毕业生以外，与本校毕业生有同等之程度，而志愿入研究所者，经校长之认可，亦得入研究所。

第七条　本国及外国学者，志愿共同研究而不能到所者，得为通信研究员。

第八条　研究所之条目，每学期开始时，由各教员草定，付研究员分任之，以提出于每星期之各研究会，共同讨论。

第九条　每次研究会，由各教员于研究员中指定一人，任记录之事。

第十条　研究会记录，经各教员鉴定后，录一副本，于每学期末，送图书馆保存。

第十一条　教育部移交之名词稿，依学科性质，分送各研究所，为研究之一部。

第十二条　各研究所得广购可资参考之图书、杂志、仪器，其管理规则别定之。

此外，学校还制定了《北京大学研究所通信研究员规则》《研究所通则》和各科《研究所办事细则》《研究所办法草案》等规章，为研究所的发展提供了规范和指导，形成了中国现代大学研究所的体制雏形。

研究所成立后，蔡元培一方面积极参加有关活动，支持和推动研究所的工作；另一方面，重视研究所的制度化建设，促进和规范其发展。1918 年 5 月 27 日，他主持召开研究所主任会议，讨论理科学长夏元瑮提出的意见，议决下列办法：（一）研究科之范围当以“本科所无”或“本科所有而未能详尽”者为限，研究人员以毕业生为主体，研究所教员或学生均须随时讲演讨

① 《国立北京大学廿周年纪念册·规程一览》，北京大学 1917 年，第 17 页。

论，研究所教员除特请者外均尽义务。（二）法科研究所改定科目：比较法律、刑法、国际法、银行货币、财政、经济学。（三）文科研究所研究科改定科目：（1）哲学门——中国古代哲学史料问题、逻辑学史、儿童心理学；（2）国文学门——清代考订学、文字孳乳之研究、文学史编纂法；（3）英文学门——诗、近代名剧。[①]

北京大学研究所在经过三年的发展后，取得了一定成绩，然而存在的问题也日渐凸显。理科研究所第一次报告中就坦陈："现理科一切设备极不完全，众意此时尚不能作新理之研究，所可为者不过使毕业学生更得一读书之机会而已。"[②] 相比经费及设备不足极大制约研究所发展，研究所在学校组织机构中的建制问题显得更为重要，因为这是事关研究机构定位及研究生教育性质的重大问题。这些问题若得不到及时且妥善地解决，将影响北京大学研究生教育的持久发展。蔡元培也客观地指出："本校所办的研究所，本为已毕业与将毕业诸生专精研究起见；但各系分设，觉得散漫一点，所以有几系竟一点没有成绩。"[③] 有鉴于此，蔡元培决议对研究所进行改组。1920 年 7 月，北京大学评议会通过了《北京大学研究所简章》。其内容如下：

北京大学研究所简章[④]

一、研究所仿德美两国大学之 Seminar 办法，为专攻一种专门知识之所。

二、研究所暂分四门：

1. 国学研究所。凡研究中国文学、历史、哲学之一种专门知识者属之。

2. 外国文学研究所。凡研究德法英俄及其他外国文学之一种专门知识者属之。

3. 社会科学研究所。凡研究法律、政治、经济、外国历史、哲学之一种专门知识者属之。

---

① 《研究所主任会议纪事》，《北京大学日刊》1918 年 5 月 29 日。

② 夏元瑮：《理科研究所第一次报告》，《北京大学日刊》1917 年 11 月 17 日。

③ 蔡元培：《北大第二十三年开学日演说词》，载高平叔编：《蔡元培全集》第三卷，中华书局 1984 年版，第 443 页。

④ 《北京大学研究所简章》，载中国蔡元培研究会编：《蔡元培全集》第十八卷，浙江教育出版社 1998 年版，第 344—345 页。

4. 自然科学研究所。凡研究物理、化学、数学、地质学之一种专门知识者属之。

三、研究所不另设主任。其研究课程均列入各系内。

四、研究所之阅览室，并入图书部。

五、各学系之学课，有专门研究之必要者，由教员指导学生研究之，名曰某课研究，并规定单位数。例如：康德哲学研究、王守仁哲学研究、溶液电解状研究、胶体研究、接触剂研究。

六、各种研究在图书馆或试验室内举行之。

七、指导员授课时间，与授他课同样计算。

八、三年级以上学生及毕业生，均得择习研究课。

由《简章》可知，蔡元培重新调整了北京大学研究所的学科布局，打破科系限制，将研究所分为国学、外国文学、社会科学和自然科学四大门类，并对事关研究所发展的具体事项作出详尽规范。为打破科系限制而采取的上述措施，是北京大学在办理研究所思路上的重大转变。它标志着校方在坚持以研究所形式开展研究生教育的同时，也在不断寻找更加适合本校研究所这一学术机构的组织和运行机制，并适时加以调整。

为寻求研究所改革经验，1920 年 11 月下旬至次年 9 月，蔡元培远赴欧美专门考察大学教育及学术研究机关状况。他先后参观了法国斯特拉斯堡大学的动物研究所、物理研究所、地质研究所，法国南锡大学的化学、电机、数理等研究所，比利时布鲁塞尔自由大学的解剖学研究所、巴斯德研究所，比利时列日大学电学及机械学研究所，法国巴黎大学地理、语言学研究所，德国法兰克福大学实验心理研究所，德国慕尼黑大学地质学研究所，美国哈佛大学心理学、物理学研究所等学术研究机构。他特别注意大学各研究所及学术研究机构之内部组织结构，力图加以效法。此次考察使他对研究机构有了更多的感性认识。1921 年 3 月 1 日，他在参观法兰西学院时了解到，该院专为研究高深学问而设，研究人员多为专职，兼大学教授者甚少。3 月 17 日，他又在德国向汉奈克（Hanack）询问有关威廉研究院的组织法，获知该院已设立二十二个研究所，其中从事纯科学研究的有物理、化学、生理等，属于应用科学研究的有微生物、血清、制钢、验煤、造革等，属于文化科学研究的有历史等。院长由委员会推出，每一研究所各有所长，亦由委员会选定，另设一干事。各所研究内容以及聘请研究员，均由所长主持。工商业家只能提出请求而不能强迫，教育部与委员会亦不能干涉。他总结道："德、法等国的大学，杂（虽）然于分班讲授的形式也颇注重；但每科学问，必有一种研究所。有许多教员，是终身在所研究的。"① 此次出国教育考察，进一步地坚定了蔡元培改革北京大学研究所的决心。

1921年底，根据考察欧美大学研究所的实际情况和本校研究所的进展情况，蔡元培向北京大学评议会提交新定的《国立北京大学研究所组织大纲》，经校评议会第三次会议讨论并通过，具体如下：

国立北京大学研究所组织大纲②

一、本校为预备将来设大学院起见，设立研究所，为毕业生继续研究专门学术之所。

二、本所分为自然科学、社会科学、国学、外国文学四门。由大学校长与各系教授会斟酌情形，提交评议会议决设立之。

三、本所设所长一人，由大学校长兼任。

四、本所各门设主任一人，经理本门事务，由校长于本校教授中指任之。任期两年。此外，设助教及书记若干人，由所长指任，受本门主任之指挥，助理一切事务。

五、本所各门所研究之问题与方法，由相关各系之教员共同商定之。

六、本所原为本校毕业生有专门研究之志愿及能力者而设，但未毕业之学生曾作特别研究已有成绩者，经所长及各系教授会之特许，亦得入所研究。

七、本所各门设奖学金额若干名，每名每年给予国币若干，充此项奖学金之金额及受奖者之名额及其给予之方法，另以详章规定，提出评议会议决施行。

八、本组织大纲得随时由所长提出评议会修正之。

《国立北京大学研究所组织大纲》的制定和颁布，更加完善了研究所的各项制度，推动了研究所的进一步发展。民国时期对研究院的定位有两种不同

① 蔡元培：《湖南自修大学介绍与说明》，载高平叔编：《蔡元培全集》第四卷，中华书局1984年版，第245—246页。

② 《国立北京大学研究所组织大纲》，载中国蔡元培研究会编：《蔡元培全集》第十八卷，浙江教育出版社1998年版，第373—374页。

的倾向：一是毕业院（大学院），二是研究院。《国立北京大学研究所组织大纲》中正式提出，“本校为预备将来设大学院起见，设立研究所，为毕业生继续研究专门学术之所”，同时强调“本所分为自然科学、社会科学、国学、外国文学四门。由大学校长与各系教授会斟酌情形，提交评议会议决设立之”。可见，北京大学研究所的定位是毕业院，为毕业学生及同等学力者继续研究与深造之所，进一步明确了其作为培养高层次人才的职能，为此 1922 年北京大学正式确定了预科、本科、研究所三级学制。

二、 北京大学研究生教育的早期实践

北京大学在制定研究院所规章制度时，已开始在实践层面探索研究生教育，从研究所的创建到各科师资的聘请，从研究生的招考到课程的设置，迈出了近代中国研究生教育发展史上关键的一步。经过多方考量，北京大学研究生教育集中在国学高层次人才培养，开创了我国研究生教育新路径。总之，北京大学的早期实践对近代中国研究生教育起到了引领和示范作用。

（一）文、理、法三科研究所的创建

1917 年底，北京大学文、理、法三科各学门分别成立了研究所，初步奠定了该校研究生培养机构的组织格局。同时，校长还在各所教授中推举一人为研究所主任，每科研究所下设独立的学门。当时，胡适曾致函母亲云：“儿现为哲学门研究所主任。研究所为本大学毕业生继续读书之所。因系初次创办，故事务甚繁。”① 此函证明彼时北京大学哲学门研究所正在创建之中。当时设立的研究所科别、学门以及各学门主任教员名单见“表 2.2.1”。

表 2.2.1 北京大学文、理、法三科研究所主任一览表*

科别	门类别	主任姓名	门类别	主任姓名	门类别	主任姓名
文科研究所	哲学门	胡适	国文门	沈尹默	英文门	黄振声
理科研究所	数学门	秦汾	物理门	张大椿	化学门	俞同奎
法科研究所	法律门	黄右昌	政治门	陈启修	经济门	马叙伦

*资料来源：《国立北京大学廿周年纪念册·一览表》，北京大学 1917 年印行，第 2 页。

① 耿云志、欧阳哲生编：《胡适书信集》（上），北京大学出版社 1996 年版，第 119 页。

从上表可知，“三所九门”的主任皆由留学生所担任：胡适、黄振声、秦汾、张大椿、马叙伦等五位从美国留学归来；沈尹默、黄右昌、陈启修等三人留学日本；俞同奎先在英国利物浦大学攻读化学，后赴德国、法国、意大利和瑞士深造。可见，留学生共同参与了北京大学研究生教育的创建。

研究生培养机构的建立，在当时教育界和社会上是一件新鲜事，自然引起媒体关注，有关消息频频见诸报端。《申报》于 1917 年 12 月 8 日具体报道了文科研究所第一次开展活动的情况：“北京大学设立各科研究所，顷已次第成立。文科研究所于昨日在校长室开第一次研究会。学生志愿研究者，约四五十人。蔡鹤卿校长，陈仲甫学长及章行严、胡适之、陶孟和、康心孚、陈伯弢诸教授均莅会。先由主任胡适之君述研究会之成立及报告研究者之科目、人数，并云今日为本研究会成立之第一次，特请蔡校长演说，其题目为《哲学与科学之关系》。”①

随后，各科研究所相继颁布规章制度和厘订教学科目，招生工作及研究工作也提到重要日程。1917 年 11 月，北京大学公布《文科研究所办法》，规定文科研究所的研究办法为：

> 一、研究科由教员指定所欲设之研究科目；每学年之始，各研究员须择定愿研究之科目，随时由教员指定书籍，自行参考；每项研究科每周或数周开会一次，会时由本科教员讲演，本科研究员亦得讨论质问。
>
> 二、特别研究方面，由研究员自择论题，经教员认可，或由各教员拟定若干题，听研究员选择之；择题既定，由各员自行研究，随时得请本科各教员指示参考书及商榷研究之方法，即以所得结果作论文一篇；论文成后，由本科研究所各教员公共阅看，其收受与否，由各教员开会定之；所收受之论文，由本研究所交付大学图书馆保存，或节要采登月刊；其未经收受者，由各教员指出应修改之处，付著作者自修正之。
>
> 三、主科与副科方面，凡研究员特别研究论题所在之科，为其主科；主科之外可择一副科，其副科之范围，或为本门之一种（如哲学之专治论理学者，可择中国哲学史为副科），或为与主科有关之他科（如治数学者，可择物理学或哲学为副科）；研究员于主科除特别研究论题之外，仍可习关于主科之研究科，于副科则惟选定关于副科之研究科，不为特别

① 《北京大学研究会开幕》，《申报》1917 年 12 月 8 日。

研究。

四、教员公同研究方面，本门教员皆得提出特别问题，邀集同志教员公同研究；本校毕业学生，经主任职员特别许可亦得加入公同研究；研究之结果，或随时由月刊发表，或另刊专书。

五、本科月会方面，本门教员及研究员每月开会一次；每会时由研究员一人或二人报告其特别研究之结果（即论文材料之一部分），报告毕各教员及各研究员可自由讨论，本科月会亦得延请所外名人为关于本科之讲演。①

11 月 16 日，文科研究所哲学门率先发布招生公告：“凡有志愿入本所为研究员者，望于本月二十日（星期二）下午四时至校长室会议一切进行事宜，及指定所愿研究之科目。其现在国文哲学门三年级诸君，按照规程亦可入所研究。”②

22 日，文科研究所国文门也发布了研究科目表，计有“音韵、形体、诂训、文字孳乳之研究、文、诗、词乐府、曲、小说、文学史、注音字母之研究”③ 等十一科。

12 月 1 日，哲学门发布课程安排表，详情见“表 2.2.2”。

表 2.2.2　文科哲学门研究所研究科时间表*

星期	时间	科目	教员	会期	第一次会期
星期一	三时半	社会哲学史	陶孟和	两周一次	十二月初十
星期二	同	逻辑学史	章士钊	一周一次	十二月初四
星期三	同	身心关系	韩述组	两周一次	十二月初五
星期四	同	二程学说	马叙伦	两周一次	十二月初六
星期五	同	心理学史	陈大齐	两周一次	十二月初七
星期六	二时半	儒家玄学	陈汉章	四周一次	十二月初八
	三时半	名学钩沉	胡　适	一周一次	十二月初八

*资料来源：《北京大学日刊》，1917 年 12 月 1 日。

① 《文科研究所办法》，《北京大学日刊》1917 年 11 月 30 日。

② 《有志研究国文哲学者注意》，《北京大学日刊》1917 年 11 月 16 日。

③ 《文科研究所国文学门研究员认定科目表》，《北京大学日刊》1917 年 11 月 22 日。

三天后，即12月4日，国文研究所也发布课程安排表，对研究生所习科目、授课教师、开课时间等都作出详细规定（见“表2.2.3”）。

表2.2.3　国文研究所研究科时间表*

科目	担任教员	会期次数及时间	第一次会期日期
音韵	钱玄同	每月一次第一星期（六）三时至四时	十二月八日
形体	钱玄同	每月一次第四星期（六）三时至四时	十二月二十九日
形体	马叙伦	每月二次第一、三星期（一）三时半至四时半	十二月三、十七日
诂训	陈汉章	每月一次第二星期（六）二时至三时	十二月十五日
诂训	田湖北	每月一次第一星期（五）三时至四时	十二月七日
文字孳乳	黄　侃	每月一次第三星期（六）三时至四时	十二月二十二日
文	黄　侃	每月一次第二星期（六）三时至四时	十二月十五日
文	刘师培	每月一次第四星期（四）三时至四时	十二月二十七日
文学史	朱希祖	每月一次第一星期（三）三时至四时	十二月五日
文学史	刘师培	每月一次第二星期（四）三时至四时	十二月十三日
文学史	吴　梅		
文学史	刘文典	每月一次第四星期（六）四时至五时	十二月二十九日
诗	伦　明	每月一次第一星期（三）四时至五时	十二月五日
诗	刘农伯	每月一次第二星期（三）四时至五时	十二月十二日
词	伦　明	每月一次第三星期（三）四时至五时	十二月十九日
词	刘农伯	每月一次第四星期（三）四时至五时	十二月二十六日
曲	吴　梅	每月二次第一、二星期（四）四时至五时	十二月六、二十日
小说	刘　复 周作人 胡　适	每月二次第二、四星期（五）四时半至五时半	十二月十四、二十八日

*资料来源：《北京大学日刊》，1917年12月4日。

12月21日，法科研究所对研究程序作出详细的规定，具体如下：

（一）由研究员自择论题，经研究所教员认可或由研究所教员拟定若干题，听研究员选择之；

（二）择题既定，由各研究员自行研究，随时得请研究所教员指示参考书及商榷研究之方法，即以所得作论文一篇，论文之脱稿不必以一年为限；

（三）论文成后印出，送研究所各教员公共阅看，其通过与否由各教员开会定之，所通过之论文由研究所交付图书馆保存，或采登月刊，其未经通过者，由各教员指出应修正之处，付著者自修正之；

（四）研究所教员及研究员每月开会若干次，每会时由担任研究教员之一人主席，由相关之研究员一人或二人报告其研究之结果（即论文材料之一部份），报告毕，各教员及研究员可自由讨论，会时由主席指定一研究员为临时书记，将开会之经过记录特备簿册之上，会后由主席备报告送学长交月刊登载。

主科与副科：

（一）凡研究员特别研究论题所在之科为其主科；

（二）主科之外可择一或两副科，其副科之范围或为本门之一种（如经济学之研究银行者可择国际金融为副科），或为与主科有关之他科（如研究公同管理者可择商法为副科），副科研究之范围与四年级略同，但不必作论文。①

12月22日，法科研究所又颁布办事细则：

一、法科研究所分法律、政治、经济三门；二、研究员以本校毕业生及与本校毕业生有相当程度者为限；三、每门设主任一人；四、各研究所办事及开会之报告由主任送学长交日刊登载；五、法科研究所设事务员一人专管研究所之书报及一切杂务；六、主任职员每周须有两次以上之规定时间在所办事；七、事务员须每日在所办事；八、研究所购到书报由事务员登记保存及阅后整齐装钉；九、研究所书报无论教员研究员不得借出。②

各研究所都紧锣密鼓地制定和颁行各自的规章制度，但这样容易导致各

① 《法科四年级及研究所之研究手续》，《北京大学日刊》1917年12月21日。

② 《法科研究所办事细则》，《北京大学日刊》1917年12月22日。

自为政的现象。为了避免这一现象的发生，1918 年 7 月，北京大学颁行《研究所总章》，以规范研究所的发展。其中与研究生教育关联较为紧密的是，扩大研究所招收研究生的资格。按照蔡元培最初的设想，北京大学研究所仅是“教授留校毕业生与高年级学生的研究机关”，所以在上述《北京大学研究所简章》中，并没有对各所研究生的资质作出明确限定。新颁行的《研究所总章》规定：本校毕业生俱得以自由志愿入研究所，本校高级学生得研究所主任之认可，亦得入研究所；本校毕业生以外，与本校毕业生有同等之程度而志愿入所研究者，经校长及本门研究所主任之认可，亦得入研究所；本国及外国学者凡有入研究所之资格，而以特别事故不能直接为通常研究员者，如得校长或学长或本门主任之特许，可为通信研究员。[①] 这样，通过招收通信研究员扩大高层次人才培养的范围，无疑有利于学术研究的开展。实际上，在《研究所总章》出台前，北京大学已开始大量招收通信研究员。如 1918 年年初，北京大学文、理、法三科研究所通信研究员就达到了 32 人，[②] 占同时期三科研究员总数（148 人）的五分之一强。

伴随各科研究所的筹建，北京大学也特别注重研究生指导教师队伍的建设，不仅高薪延聘国内已取得卓越成就的专家来所执教，而且积极吸纳海外学成归来的高层次人才充实到教育科研的第一线。这从其时北京大学各科研究所研究科目及指导教员一览表（见“表 2.2.4”）中即可窥见一斑。

表 2.2.4 北京大学各研究所研究科目及指导教员信息一览表*

科别	门类	研究科目	指导教员	研究科目	指导教员
文科研究所	哲学门	社会哲学史	陶孟和	逻辑学史	章士钊
		二程学说	马叙伦	近世心理学史	陈大齐
		老庄哲学	刘鼒和	佛教哲学	梁漱溟
		儒家玄学	陈汉章	佛学研究	张克诚
		易哲学	陈子存	中国名学	胡　适

① 《研究所总章（最近各研究所主任开会议决案）》，《北京大学日刊》1918 年 7 月 16 日。

② 参见左玉河：《移植与转化——中国现代学术机构的建立》，大象出版社 2008 年版，第 124 页。

续表

科别	门类	研究科目	指导教员	研究科目	指导教员
文科研究所	国文门	音韵	钱玄同	形体	钱玄同　马叙伦
		诂训	陈汉章	文字孳乳	黄　侃
		文	黄　侃 刘师培	文学史	朱希祖　刘师培 吴　梅　刘文典
		诗	伦　明 刘农伯	词	伦　明　刘农伯
		曲	吴　梅	小说	周作人　胡　适 刘　复
	英文门	诗	辜鸿铭	戏曲	威尔逊
		十九世纪散文	威尔逊	高等修词学	胡　适　陈长乐
理科研究所	数学门	近世代数	秦　汾	高等解析	冯祖荀
		近世几何	王仁辅 叶　志	数学教授法	胡濬济
		应用数学	罗惠侨 金　涛		
	物理门	热学	张大椿	电学理论	何育杰
		电学	张善扬	光学	李祖鸿
	化学门	物理化学 无机化学	俞同奎	分析化学 卫生化学	陈世璋
		无机化学	王兼善	应用化学	郭世绾
		理论化学	丁绪贤	有机化学	巴台尔
法科研究所	法律门	比较法律	王宠惠	刑法	罗文幹
		国际法	张君劢	行政法	周家彦
		中国法制史	康宝忠	保险法	左德敏
		美国宪法	陈长乐		
	政治门	政治学	张耀曾	中国国际关系及各种条约	王景岐

续表

科别	门类	研究科目	指导教员	研究科目	指导教员
法科研究所	经济门	银行货币学	马叙伦	财政学	胡 钧
		经济学	陈兆焜	农业政策	张 武
		最近发明之科学的商业及工厂管理法	徐崇钦	欧战后世界经济之变迁	张 武

* 资料来源：《国立北京大学廿周年纪念册·一览表》，北京大学1917年印行，第3—5页。

（二）国学门的创办

北京大学研究所历经改组，但限于经费和师资，其他组筹办计划均告夭折，最后仅开办了国学门。1922年1月成立的北京大学国学门，是在蔡元培总结先前研究所开办的经验教训，并结合自身对欧美大学研究所内部机构考察的基础上建立起来的，其组织形式和运作方式大抵反映在同时公布的《国立北京大学研究所组织大纲》中。3月，《国立北京大学研究所国学门研究规则》经北京大学评议会第七次会议讨论通过。该规则对国学门性质、目标、入门人员资质、研究生及教员的研究方式与方法等，作出了较为详细的规定。

（一）凡本校毕业生有专门研究之志愿及能力者，又未毕业生及校外学者曾作特别研究已有成绩者，皆可随时到本学门登录室报名，填写研究项目，有著作者并呈送著作，一并由本学门委员会审查；其审查结果合格者，得领研究证，到所研究。

（二）凡本校毕业生及校外学者不能到校而有研究之志愿者，得通信研究；其报名审查手续均照上条办理。

（三）研究生须将关于研究之经过及其成绩随时报告，以便在本学门所办之杂志中发表，或刊入丛书。

（四）研究生遇必要时，可要求本学门主任与有关系之各学系教授会代请本校教员及国内外专门学者指导研究。

（五）本校教员可以自由入所研究。

（六）本校教员可以提出问题，招集研究生入所指导，或共同研究，惟须先期通知，经委员会通过。

（七）本学门随时聘请国内外学者为专门讲演；其公开与否临时定之。①

北京大学国学门研究所正式成立后，随后便颁布了《国立北京大学研究所整理国学计划书》。计划书指出："欧美各国新发明之学术，率由其相传之学术阐扬而来，则阐扬吾国固有之学术，以期所有发明，正本校所应付之责任也。近来欧美学者已稍稍移其注意于吾国固有之学术，顾转虑吾国固有之学术无以给于欧美学者之前，何则？吾国固有学术率有浑沌紊乱之景象，使持是以供欧美学者之研究，必易招其误解而益启其轻视之念，故非国人自为阐扬，必无真相以供欧美学者之研究，故阐扬吾国固有之学术，本校尤引为今日重大之责任。"② 整理旧学的研究对象拓展到中国文学、史学、哲学、语言学、考古学等众多领域。

为规划国学门应进行之一切事宜，并审查研究生入所资格及其研究所得之论文，研究所国学门成立了研究所国学门委员会。蔡元培以校长身份兼任研究所所长，是委员会的委员长；作为教务长的顾孟余、作为图书馆主任的李大钊也是委员会委员；其余委员全是文科教授：沈兼士、马裕藻、胡适、朱希祖、钱玄同、周作人。③ 值得注意的是，以上这些身兼国学门委员的文科教授，除了胡适是留美学生外，其余全是留学日本的章太炎的门生。随着国学门学术工作的不断开展，其他北京大学教授也加入了委员会的行列。至1923年初，新加入的委员包括总务长蒋梦麟、图书部主任皮宗石、图书部中文图书主任单不庵、图书部古物美术品主任马衡以及周树人、徐炳昶、张黄等人。④ 其后又陆续增聘了刘复、陈垣、李宗侗、李四光、袁同礼、沈尹默等担任委员一职。⑤ 从这些成员来看，留学生仍居主导地位。这再次证明留学生群体在北京大学研究生教育创建发展过程中所发挥的重要作用。此外值得一提的是，新聘任的国学门委员中，有好几位都具有留法背景，他们是徐炳昶、刘复、李宗侗和张竞生。留学德、美的林语堂和江绍原，也是国学门的中坚

① 《国立北京大学研究所国学门研究规则》，《北京大学日刊》1922年3月4日。

② 《国立北京大学研究所整理国学计画书》，《北京大学日刊》1920年10月19日。

③ 《研究所国学门重要纪事》，《国学季刊》第1卷（1923年）第1号。

④ 《研究所国学门重要纪事》，《国学季刊》第1卷（1923年）第2号。

⑤ 北京大学编：《国立北京大学研究所国学门概略》，1927年印行，第2—3页。

分子。可以说，虽然国学门之创办，主要由留日的章太炎门生响应胡适“整理国故”的号召而成立，当它继续发展时却陆续吸纳了欧美留学生加入，共同为国学研究开创出新的局面。[1]

不仅如此，为了进一步网罗更多的国内外学者，国学门还设立了“导师”和“通信员”的名目，给予居住在北京的外籍学者或不在北京大学任教而学有专长的中国学者以“导师”的名称；又给予住在北京之外或国外学者以“通信员”的名义。导师须负责指导研究生写作论文；而通信员则主要是对国学门的发展提出建议，担任类似顾问的角色。1927 年印行的《国学门概略》收录了一份《研究所国学门主要职员录》，举凡 1922 至 1927 年间在国学门中担任过职务的学者，其姓名多列于其中。[2] 因前已罗列的国学门各位委员，其实也是国学门各个部门的专兼职人员，在此就不再列出。现只将导师和通信员名单添列于下：

> 导师：王国维、陈垣、钢和泰（俄国人）、伊凤阁（俄国人）、柯劭忞、夏曾佑、陈寅恪；
>
> 通信员：罗振玉、伯希和（法国人）、今西龙（日本人）、泽村专太郎（日本人）、吴克德（丹麦人）、阿脑尔特（法国人）、卫礼贤（德国人）、田边尚雄（日本人）。

从这些委员、导师和通信员名单看，国学门在开办后的短短五年间，不但已和法国、德国、俄国、日本等国学者建立了关系，进行文化学术的交流，而且也网罗了国内一批学有专长的学者。用顾颉刚的话来说，在这些人中间“有遗老，复辟党，国粹论者，帝国主义者”，国学门主事者秉持着“我们的机关是只认得学问，不认得政见与道德主张”[3] 之态度，先后与上述学者建立了联系，以期共同推动学术的发展。

作为一所设立在大学中的研究所，改组后的北京大学国学门承担着培养学术研究专门人才的目的，具备了现代大学研究所的特色，也成为一所更加规范的研究生教育机构。改组后的北京大学国学门，比原来筹设的北京大学

---

① 参见陈以爱：《中国现代学术研究机构的兴起——以北大研究所国学门为中心的探讨》，江西教育出版社 2002 年版，第 80—84 页。

② 参见北京大学编：《国立北京大学研究所国学门概略》，1927 年印行，第 1—5 页。

③ 顾颉刚：《一九二六年始刊词》，《国学门周刊》第 2 卷（1926 年）第 13 期。

研究所更趋正规化，更符合现代研究生教育的意蕴。

在师资力量日渐充盈的情况下，国学门培养的研究生数量也在稳步增长。1922年春，研究所国学门即招收了第一批研究生，郑天挺、容庚、冯淑兰（女）、罗庸、商承祚、张煦、魏建功等顺利入选。据统计，1922至1927年间，先后有北京大学、北京高等师范学校、北京女子高等师范学校、京师大同中学、福建协和大学、广东东莞县立中学、湖南高等师范学校、安徽省立第六师范学校、安徽省立第五中学、南开大学、厦门大学、南京公立国学专门学校、翊教女子中学、清华国学院、成都公学和之江大学附属中学等多校毕业生、肄业生、旁听生、助教与教员入所研究。在这些人中，经国学门审查合格的研究生至少有46人。① 此期研究生的选拔，学历要求有所提高，但依旧不设专门考试，通常由导师提出研究课题并公布，有志趣者直接与导师联系，只需导师同意即可入所研究。郑天挺晚年回忆道："北大研究所国学门（后改文科研究所）成立，我和张熙、罗庸都入所作研究生。我的研究题目是《中国文字音义起源考》，由钱玄同先生指导。当时研究所很自由，不必常来，也可以在外工作，在校也只是看书而已。每隔一段时间，研究生和导师集会一次，大家见见面，谈谈。"② 蔡尚思亦回忆道："假使不是蔡元培首先创办的研究所，尽量让研究生自由研究，就不可能有今天这样还不成才的一个我，我真要感谢蔡元培。……他创办的北大研究所对我治学起的作用，确实是很大的！"③

在人才培养上，北京大学研究生教育呈现如下特点：一是没有入学资格限制和入学考试，大学教员也可随时入所研究。二是实行导师制，自由研究。三是可以通信研究，不须住宿。四是研究期限由学生自定，可以随时延长。五是无专任教授。六是学生透过所主任请指导教授，而非直接与指导教授面谈后决定，可以说是绝对自由。可见，北京大学国学门的研究生培养形式也甚为宽松自由，对于研究生的管理主要是目标管理，师徒制培养模式明显。

研究生提出的研究题目广泛而多样，尤以文学戏曲、语言文字和历代名

---

① 参见陈以爱：《中国现代学术研究机构的兴起——以北大研究所国学门为中心的探讨》，江西教育出版社2002年版，第89页。

② 吴廷璆等编：《郑天挺纪念论文集》，中华书局1990年版，第687页。

③ 蔡尚思：《我的两个最高学府》，载蔡尚思：《蔡尚思文集》，上海人民出版社2001年版，第184页。

人研究为主，兼及甲骨文与金文研究、历史地理研究、边疆民族史研究、法律史研究、经济和风俗研究等。当时研究论文的评分，分为甚优、优良、合格、不合格四档。不合格者不发给证书。应当说，当时研究生的自觉性均很强，无须督责即能勤谨治学。该所研究生商承祚的《殷墟甲骨文字汇编》、容庚的《金文编》、张煦的《公孙龙子注》、罗庸的《尹文子校释》等论著均先后出版，并获得了广泛好评。除进行“师徒制”的个别培养外，研究所国学门还尝试了“研究班”的培养形式。1924 年秋，林语堂开设“中国比较发音学”研究班，采用自愿报名原则（主要是在校本科生），招收学员二十名，每周讲学或研究两小时，反响较好；后他又开设了“标音原则”研究班，同样对提高学生的研究兴趣有所助益。自 1926 年后，研究所国学门还专辟了“月讲”——每月 5 日定期举行学术讲演，由导师轮流报告研究所得，全校学生均可自由选听。

正是在蔡元培的积极倡导和支持下，北京大学研究所在创办的短短数年间，取得了非常突出的成绩。在总结国学门的办学成绩时，他说：“三年以来，赖主任沈兼士先生的主持与国学门委员会诸先生的尽力，搜集、整理、发表，均有可观的成绩，我们虽然自己不满意的点，还是很多，然而这种研究，决不是徒劳的事。我们已经可以自信，若能广筹经费，多延同志，来此共同研究，将来学术上的贡献，一定可以增进。”① 随后，蔡元培在《北京大学第二十三年开学日演说词》中，对北京大学各科研究所推动学术研究的作用再次给予赞扬：“一年以来，觉得学生方面近来很有觉悟：把从前硬记讲义、骗文凭的陋见渐渐儿打破了，知道专研学术是学生的天职。”他肯定了学校针对推动学生钻研学术而制定的几种办法，认为“以上各种设施，都是为便于学生研究学问起见”，“学生一年以来，不但有研究学术的兴趣，兼且有服务社会的热诚，这也是可喜的事”。②

无论是在先期研究生教育制度的设计，还是在北京大学研究所的初步探索，抑或是在倡导中国高校开展研究生教育的言论中，蔡元培都可谓致力于创建和发展中国研究生教育的领路人。对于蔡元培创办北京大学研究所的尝试，金耀基曾不吝溢美之词：“蔡先生重视研究的功能，重视研究所、研究院

① 蔡元培：《北京大学国学研究所一览序》，《北京大学日刊》1925 年 6 月 27 日。

② 黄绍谷记：《蔡校长演说》，《北京大学日刊》1920 年 9 月 17 日。

的发展，都是因为他要纠正大学'专己守残'的学风，要长远地为中国学术建立自主性、独立性。我以为蔡先生之改革北大较之艾略特、吉尔门之改革哈佛及约翰·霍布金斯大学的贡献是毫无逊色的，而他之创立中央研究院，与佛兰斯纳（Flexner）之创立普林斯顿高级研究所也是同样有远见与抱负的。"① 顾颉刚后来在论及北京大学研究所特色时，曾以高山仰止的口吻说道："那时国立大学只有一个，许多人眼光里已觉得这是最高学府，不能再高了；但蔡先生还要在大学之上办研究所，请了许多专家来作研究导师，劝毕业生再入所作研究生，三四年级学生有志深造的亦得入所，常常开会讨论学问上的问题。这么一来，又使大学生们感觉到在课本之外，还有需要自己研究的学问。"②

第三节　其他高校的跟进

北京大学研究所的创办，为各大学创办研究院所提供了示范性样本。20世纪20年代中期，大学设立研究院所成为一种发展趋势。除了北京大学国学门研究所外，清华大学国学研究院、厦门大学国学研究院先后创办，东南大学、中山大学亦开始筹设研究所。蔡元培在《十五年来我国大学教育之进步》中，对近代以来筹设大学研究所之历程作了回顾，并对当时设立之大学研究院所特别给予赞扬，看到了"现在大学渐共趋于设立研究所之一途"的趋势："原大学的责任，本不但在养成一种人才，能以现在已有的学术，来处理现在已有的事业，而在乎时时有新的发见与发明，指导事业界，促其进步。所以大学不但是教育传授学术于学生的机关，而实在是教员与学生共同研究的机关。"进而指出："最近两年来，清华大学已设立研究院，而厦门大学，也有国学研究所的组织，这尤是大学教育进步的明证。"③ 值得注意的是，除了大学设置研究院所这一形式外，北京师范大学在高师时期还开辟了另一种研究生培养方式——开办研究科，其中尤以教育研究科颇具特色。

---

① 参见金耀基：《大学之理念》，生活·读书·新知三联书店2001年版，第83页。

② 蔡尚思：《蔡元培学术思想传记》，棠棣出版社1950年版，第236页。

③ 蔡元培：《十五年来我国大学教育之进步》，《申报》（国庆纪念增刊）1926年10月10日第三十八版。

一、清华大学国学研究院

20 世纪 20 年代初，“国学”作为一种学术概念日益受到国人重视，随之而来的“整理国故运动”更是在全国范围内掀起一场学术层面的“国学热”。北京大学于 1922 年率先成立国学门，继而东南大学也规划成立国学研究院。为提升教育程度，实现学术独立，研究高深学术，造就专门人才，时任清华学校校长曹云祥拟筹设研究院，招收大学本科毕业生，从事专门研究。

曹云祥 1900 年毕业于圣约翰大学，七年后考取清政府官费留美，先后求学于耶鲁大学、哈佛大学，于 1914 年获得哈佛大学商业管理硕士学位，是中国乃至世界最早的工商管理硕士学位获得者之一。1922 年 4 月，他出任清华学校校长。他丰富的教育经历与工作历练，使其成为一位具有世界眼光的人物，分析问题时总能将中国问题放在世界全局中来考察，通过中西历史、国情的分析比较，找准中国问题的症结所在，从而寻求正确的解决之道。[①] 曹云祥对国学研究院给予高度重视，将其视为巩固新设立大学部的重要举措。他虚心听取梁启超、胡适等人的意见，于 1924 年 12 月函聘王国维为清华国学院院长，然遭王“以时变方亟婉拒”，后转请吴宓负责相关事宜。清华国学研究院形成了独特的教育模式，取得了举世瞩目的成就，为研究生教育的开展树立了典范，吴宓功不可没。

吴宓于 1916 年从清华学校毕业后赴美留学，初进弗吉尼亚大学，后转入哈佛大学，攻研哲学，并获得硕士学位。与吴宓同在哈佛大学留学的还有陈寅恪和汤用彤。他们三人因学业成绩优异，被誉为“哈佛三杰”。吴宓于 1921 年回国，任教东南大学，兼《学衡》杂志主编。1924 年，吴宓北上，至东北大学，致力于西方文学的教学与研究，在学界颇有影响。吴宓学识渊博、会通中西，成为清华国学研究院最佳人选之一。1925 年 2 月，他应聘到清华任教，出任研究院筹备主任。接到曹云祥的邀请时，他提出两个条件：“（一）名义为筹备主任。（二）须有全权办本部分之事，并负专责。否则，仍回奉。”[②] 随后，除兼任西洋文学系一门翻译课外，吴氏专心筹备研究院诸事，先后草

① 参见金富军：《曹云祥在清华的教育思想与实践》，《清华大学教育研究》2013 年第 3 期。

② 吴宓著、吴学昭整理：《吴宓日记》（第 3 册：1925—1927），生活·读书·新知三联书店 1998 年版，第 4 页。

拟研究院的“缘起”“章程”及招生办法，明确了研究院的规章制度。

吴宓在筹设清华国学研究院过程中的劳累与艰辛，我们从其1925年的日记中即可窥见一斑：

3月7日　晨访王国维（催《缘起》），未遇。

3月12日　王国维来，观房舍。

3月21日　晨入城，谒王国维（出题事）。

4月14日　催办王国维住宅事，就绪。

4月21日　上午，王静安来，陪导见各部要人。

4月25日　上午，作研究院下年教职员及薪金一览表，上校长。

5月5日　编《办事记录》（研究院筹备处）。又办审查考生事。

6月24日　上午赵元任君来，补购书收条。所出《普通语音学》考题，即由宓自行缮写油印。

7月7日　撰成致庶务处长函，详叙研究院房屋内容之布置，及应制作之木器件数、式样等。即日送交。又另缮一份，呈校长，候批准。

7月8日　宓及卫君监研究院考生（第六考场）。是日病尚未愈，以职务所在，勉往监考，步立终日，极为困惫也。

8月3日　晨，草拟研究院学生《入学志愿书》及《保证书》，即由招考处交印。上午，见李仲华（一）发赵元任致C.F.Palmer仪器改由法国船运来之电。（二）议定研究生需交衣袋费一元五角。（三）赵君研究室中用之工作器具，交其购办。又访徐志诚，谈研究生管理事。又草拟研究生取录通告及缴费表，即交招考处付印，并告会计处。

8月20日　宓前于七月初，力疾草定研究院室中设备装置。乃庶务处延宕久之。及今方始着手，致开学之日，未能齐备。哀哉！又庶务处遇事驳回，或延宕，殊感不便。

8月31日　晨，徐志诚来谈，草定《研究院学生管理规则》。

9月4日　晨作书，上校长。请购王国维先生所开研究甲骨文字及敦煌古物应用书目。均天津贻安堂发售，共价三百六十四元八角。宓面谒校长谈此事，允交图书馆购办。

9月8日　下午一时至五时，在宓室，开研究院第一次教务会议，议决各事，以第二、三号布告发表。

9月9日　八时至十时，赴主任室，督视卫君等布置一切，又办理杂事多件。十时，至大礼堂，行开学礼。宓以研究院主任资格演说。

9月14日　徐志诚来，为罗伦十二日不请假，强行出校事。宓下午招罗伦来谈，仍倔强。

9月15日　下午，与王、梁诸先生会谈。三时至五时，偕王、梁、赵三教授谒校长。提出研究院购书特别办法数条，得核准。

10月16日　开本院第二次教务会议。

11月12日　开研究院第三次教务会议。

11月13日　开研究院第四次教务会议。

11月17日　与王静安先生议明年招考选考科目。

11月19日　下午，学监徐志诚来，谈（一）罗伦又擅自出校。（二）研究生仍不服请假规则，欲纠众违抗事。即同往见校长，并与张仲述同集议。议决（一）由校长警戒罗伦，并行惩罚。（二）学校先事通融让步，改用门证，准学生（研究生）无课时自由出入。

11月23日　招罗伦来，告以记过一次，并晓喻百端。而罗态度倔强，无悔改意，且谓任凭学校开除。

12月5日　晨九时，偕王国维、赵万里乘人力车入城。至琉璃厂在文德堂、述古堂、文友堂，为校中检定书籍十余种（交图书馆购买）。

12月11日　连日撰编（一）研究院明年发展计划。（二）招考办法。（三）预算。提交校务会议。

可见，国学研究院从无到有、从规章制度的制定到图书仪器的购买、从招考试题的编制到违规学生的处理、从日常管理到经费筹措等方方面面，都渗透着吴宓的辛勤努力。在聘请导师、订立章程、招生考试这几项重要事宜之外，吴宓经常杂务缠身，有时在紧张忙碌中感到疲惫以及心理上的孤独与无助，特别是在生病时有诗云："登高未见众山应，螳臂当车只自矜。成事艰于蚁转石，向人终类炭投冰。时衰学敝真才少，国乱群癫戾气增。不宦已婚行独苦，相知惟有夜窗灯。"① 经过半年多紧锣密鼓的筹备之后，清华国学研究院已经粗具规模。

1925年10月，《清华周刊》刊载了校务会议通过的《清华学校研究院章

① 吴宓著、吴学昭整理：《吴宓日记》（第3册：1925—1927），生活·读书·新知三联书店1998年版，第42页。

程》，标志着清华国学研究院的正式运行。对于研究院的性质，《清华学校研究院缘起》表述：

学问者一无穷之事业也。其在人类，则与人类相终始；在国民，则与一国相终始；在个人，则与其一身相终始。今之施高等教育专门教育者，不过与以必要之预备，示以未来之途径，使之他日得以深造而已。故东西各国大学，于本科之上更设大学院，以为毕业生研究之地。①

简而言之，清华国学研究院以“研究高深学术、造成专门人才”为宗旨，培养“以著述为毕生事业者”“各种学校之国学教师”为目的。随后，吴宓在《清华开办研究院之旨趣及经过》中，再次对创办研究院的目的作了进一步阐述，“研究院所具之目的及效用，非可期之于寻常之普通专门教育者”。

此时，清华正处在由留美预备学校向大学改制的转轨中，要建立与大学本科相衔接的多科研究院，实属不易。限于经费及国内学术文化事业的现状，该校决定先设国学门一科：“原拟规模甚大，兼办各科，（如自然科学，社会科学等）嗣以经费所限，只能先办国学一科。”为什么在经费有限的情况下优先创办国学科研究院？对此，吴宓解释道：“惟兹所谓国学者，乃指中国学术文化之全体而言，而研究之道，尤注重正确精密之方法，（即时人所谓科学方法）并取材于欧美学者研究东方语言及中国文化之成绩，此又本校研究院之异于国内之研究国学者也。”② 同时，早期清华是一所留美预备学校，以美国大学及专门学堂为标准，学生接受的是美国化教育，对中国的国情知之甚少，这一情况受到当时社会的指责。有鉴于此，曹云祥提出了“中西并重”的方针和“保存国粹”“振兴国学”的口号。他特别坚持要“巩固新大学之根本”，认为“现在中国所谓新教育，大都抄袭欧美各国之教育，欲谋自动，必须本中国文化精神，悉心研究。所以本校同时组织研究院，研究中国高深之经史哲学”③。这就是清华国学研究院创办的指导思想。

在曹云祥看来，设立研究院当分三个层次：“（一）值兹新旧递嬗之际，国人对于西方文化，宜有精深之研究，然后可以采择适当，融化无碍；（二）

① 《清华学校研究院缘起》，《清华周刊》第 339 期，1925 年 3 月 13 日。

② 吴宓：《清华开办研究院之旨趣及经过（开学日演说辞）》，《清华周刊》第 351 期，1925 年 9 月 18 日。

③ 曹云祥：《开学词》，《清华周刊》第 350 期，1925 年 9 月 11 日。

中国固有文化之各方面，（如政治经济哲理学）须有通彻之了解，然后今日国计民生，种种重要问题，方可迎刃而解，措置咸宜；（三）为达上言之二目的，必须有高深学术机关，为大学毕业，及学问已有根抵者，进修之地，且不必远赴欧美，多耗资财，所学且与国情隔阂，此即本校设立研究院之初意。”① 基于这种认识，曹云祥曾邀请胡适帮助设计研究院的组织制度：“胡氏略仿昔日书院及英国大学制，为研究院绘一蓝图，其特点，如置导师数人(不称教授)，常川住院，主讲国学重要科目指导研究生专题研究，并共同治院；置特别讲师，讲授专门学科。后来研究院的规章，大致即本此蓝图。”② 清华国学研究院在教学研究体制方面，深受中国传统书院制度的影响。于此，梁启超也曾主张“兼学堂、书院二者之长，兼学西文者为内课，用学堂之法教之；专学中学不学西文者为外课，用书院之法行之”③。

为落实这种中西结合的自由讲学制度，研究院章程作了具体规定：（一）该院开学之日，各教授应将其所担任指导的学科范围公布，各学员应与各教授自由谈话，就一己志向、兴趣、学力之所近，择定研究之题目，限于开学后两星期内，呈报讲师，由其核定备案；核定后应即随时受教授指导，就此题切实研究。（二）教授所担任指导的学科范围，由各教授自定，可出其平生治学之心得，就所最专精之科目自由划分；同一科目，尽可有教授数位并任指导，各为主张；学员须自由择定一位教授专从请业，亦可同时兼受数位教授之指导，但既择定之后便不得更换。（三）教授于专从本人请业之学员，应订定时间，常与接谈，考询成绩，指示方法及应读书籍；其学员数人所研究之题目全部或一部相同者，教授可将该学员等同时接见，或在教室举行演讲，均由自定；所讲或为国学根底之经史小学，或治学方法，或本人专门研究之心得。（四）特别讲师可专就一定之学科范围演讲一次或多次，学员研究题目与此有关者均须到场听受。（五）学员研究成绩经教授认为确有价值者，亦得由该教授介绍，向本组学员或公众为一次或数次之演讲。（六）教授讲师之讲稿及著作，与学员研究之成绩，经教授认为确实有价值者可由研究院

① 吴宓：《清华开办研究院之旨趣及经过（开学日演说辞）》，《清华周刊》第351期，1925年9月18日。

② 蓝文徵：《清华大学国学研究院始末》，台湾《清华校友通讯》新32期。后收入俞大维等著《谈陈寅恪》，（台北）传记文学出版社1978年版，第140页。

③ 丁文江、赵丰田编：《梁启超年谱长编》，上海人民出版社1983年版，第86页。

出版。

在研究生导师的聘任方面，吴宓坚持敦请国内硕学重望者充任研究院导师，规定须具三种资格：“（一）通知中国学术文化之全体；（二）具正确精密之科学的治学方法；（三）稔悉欧美日本学者研究东方语言及中国文化之成绩，与学生以个人接触，亲近讲习之机会，期于短时间内，获益至多。”① 据此标准，清华国学研究院先后聘请了王国维、梁启超、赵元任、陈寅恪担任研究院教授，他们号称“四大导师”，另聘请李济为研究院讲师。研究院的学科范围包括中国历史、哲学、文学、语言、文字学等，以及所谓西文学者研究中国文化之成绩。其招生对象是大学毕业生和“经史小有根底”的学生，学制模仿中国书院和英国大学制度，主要是采用导师制，即强调学生自修，教师只担任指导。研究期限一般为一年，经指导教师批准可延长至两年或三年。清华国学研究院课程设定颇有特色：“略仿昔日书院，及英国大学制，注重个人自修，教授专任指导。故课程方面，分为普通演讲及专题研究二项。普通演讲，为本院学生之所必修，每人至少须选定四种，由教授择定题目，规定时间，每星期演讲一次，或二次，范围较广，注重于国学上之基本知识。专题研究，则于各教授所指定之学科范围内，就一己志向、兴趣、学力之所近，选定题目，以为本年内之专门研究。”② 现将清华国学研究院教员及教授指导学科范围列表如下（见“表 2.3.1”）。

表 2.3.1　清华国学研究院教员及各教授指导学科范围（1925 年秋）*

姓名	别号	职务	指导之学科范围
王国维	静安	教授	经学：（一）《书》；（二）《诗》；（三）《礼》 小学：（一）训诂；（二）古文字学；（三）古韵 上古史、中国文学
梁启超	任公	教授	诸子、中国佛学史、宋元明学术史、清代学术史、中国文学
赵元任	宣重	教授	现代方言学、中国音韵学、普通语言学

① 吴宓：《清华开办研究院之旨趣及经过（开学日演说辞）》，《清华周刊》第 351 期，1925 年 9 月 18 日。

② 《清华国学研究院纪事》，《国学论丛》第 1 卷（1927 年）第 1 号。

续表

姓名	别号	职务	指导之学科范围
陈寅恪	寅恪	教授	年历学（古代闰朔日月食之类）、古代碑志与外族有关系者之研究（如研究唐蕃会盟碑之藏文、阙特勒碑之突厥文部分，与中文比较之类）、摩尼教经典回纥译文之研究、佛教经典各种文字译本之比较研究（梵文、巴利文、藏文、回纥文及中央亚西亚诸文字译本，与中文译本比较研究）、蒙古满洲书籍及碑志与历史有关系者之研究
李　济	济之	讲师	中国人种考
梁廷灿		助教	
陆维钊	维钊	助教	
章明煌	芾亭	助教	
赵万里	斐云	助教	

* 资料来源：《研究院教职员表》，《清华周刊》第24卷第1期，第30—31页；《研究院学科范围》，《清华周刊》第24卷第2期，第102—103页。

从人才培养模式上看，清华国学研究院旨在培养国学研究人才，采用中国旧式书院与英美研究院培养模式相结合的导师制进行研究，即以自修读书为主，教师随时予以指导，辅以专题讲座。清华国学研究院注重个人自由，师生从经常接触中培育学术和感情，营造特殊学术气氛。师生常川住宿，关系密切。北京大学采取的是以德国大学讲座制为核心的研究所模式，清华大学国学院则采取了第一次世界大战后日益成熟的美国大学研究机构模式。

在学位授予上，1926年4月公布的《清华学校组织大纲》规定：在成立大学部后，该校增设研究院国学门，通称“国学研究院”，其招生对象为大学毕业生，考入研究院后，研究期限至少两年，两年中须修完二十四学分的课程，并在导师指导下，写出研究论文，经过毕业初试（口试）和毕业论文口试及格（以七十分为及格）后，才准予毕业，授予硕士学位。① 由于清华大学最初是留美预备学堂，大部分教师都有留美经历，因此该校也就成为力图建

① 参见清华大学校史编写组编著：《清华大学校史稿》，中华书局1981年版，第114页。

立美国式学位制度的先行者。随着留学生导师们对学位制度研究的深入以及近代高校在学位与研究生教育实践中的不懈探索，近代中国的学位制度在步履蹒跚中发展了起来。

由上可知，在吴宓、曹云祥、胡适等人的倡导和努力下，清华国学研究院是中国传统书院制度和英美大学制度有机结合的产物，是融合中西文化的教育机构。在培养研究生过程中，清华国学研究院注重一定课程的教学，即讲课与专题研究相统一。这既体现了吴宓等人的见解和主张，又是他们曾经留学美国、学习美国经验的结果。可见，清华大学研究生教育模式有别于北京大学的研究生教育模式，前者不仅重视科学研究在研究生培养过程中的重要作用，也强调相关学科的基本知识的教学；而后者仅仅重视学生的自由独立的研究活动，不重视课程的教学。这也说明了中国研究生教育模式从其产生以来就受到国外大学模式的影响，是多元的而不是一元的。清华国学研究院形成了独特的教育模式，取得了举世瞩目的成就，为研究生教育的开展树立了典范。

二、北京高等师范学校（北京师范大学）教育研究科

1915 年第一届全国教育会联合会上，湖南省教育会的提案《改革学校系统案》提出："遂取消高等师范学校，而设师范研究科于大学。"① 自此，中国教育界就爆发了一场高等师范的存废之争。在此背景下，以陈宝泉、邓萃英、李建勋等人为代表的北京高等师范学校师生极力反对高师合并于综合大学，主张保留师范系统，将高等师范学校升格为师范大学，以提高办学质量和办学层次。1920 年 1 月，北京高等师范学校开设的教育研究科，既是高等师范学校改大学的第一步，也拉开了我国师范院校培养研究生的序幕。

民国初期，在对高等师范教育的制度设计之中就已经涉及"研究科"。1913 年 2 月 24 日教育部颁发的《高等师范学校规程》规定："高等师范学校分预科、本科、研究科"，并设专修科、选科。在学习内容上，"研究科就本科各部择二、三科目研究之"；在学额上，"研究科及专修科无定额……由校长酌定呈请教育总长认可"；在修业年限上，"预科一年，本科三年，研究科

---

① 璩鑫圭、唐良炎编：《中国近代教育史资料汇编·学制演变》，上海教育出版社 2007 年版，第 853 页。

一年或二年，专修科二年或三年，选科二年以上、三年以下”；在入学资格上，“研究科公费生，由校长在本科及专修科毕业生中选取之”，“在本国或外国专门学校毕业及从事教育有相当之学识、经验者，经校长认可，得以自费入学”；在师范生服务期内有“愿入大学或高等师范学校研究科者，得呈请教育总长认可”，同时规定“研究科之在学时期，均不得算入义务年限”。[①] 为了适应女子高等师范学校业已出现的现实和女子高等师范教育发展的需要，1919年3月，教育部又专门公布了《女子高等师范学校章程》，进一步明确了女子高等师范学校中研究科的制度设计，其内容与男子高等师范学校大致相同。

由于政府对高等师范学校研究科的设计早已公布，伴随着高师办学实力的增强，研究科的开办已然成为高师进一步发展的题中之意。遑论北京高等师范学校作为全国高师之表率，仅仅其拥有最久远的历史就驱使着北京高等师范学校师生将设立研究科提上议程。可以说，政府对高等师范学校研究科的设计无疑为北京高等师范学校教育研究科的设置埋下了伏笔，并打下了制度基础。

教育研究科的设立真正走向实践，实乃由会议提案而开始。在1919年10月于山西召开的第五届全国教育会联合会上，陈宝泉联合邓萃英提出了《改革师范教育议案》。在议案中，他们建议将“高等师范学校改称第三学期师范学校，养成中等学校科任教员；师范学校改称第二期师范学校，养成小学（高等小学）教员；讲习所改称第一期师范学校，养成国民学校教员”，并明确提出：“第三期师范学校的办法，分预科、专修科、研究科，每省应设立一所，其经费由省税支给，国家税补助……研究科修业年限分为一年、二年两科。第三期师范专修科完了者，研究一年教育、伦理、哲学等，可以兼任第二期师范学校教育教员，及各中等学校修身教员。又第二期师范完了服务二年以上者，研究二年，亦得任第二期师范学校教育教员，及各中等学校修身教员。”[②] 同时，该议案还具体设计了师范大学的体系：“教育研究科专攻教育学术，二年毕业，授与教育学士之学位，师范大学本科毕业生，及其他专门

---

① 璩鑫圭、唐良炎编：《中国近代教育史资料汇编·学制演变》，上海教育出版社2007年版，第725—728页。

② 璩鑫圭、童富勇、张守智编：《中国近代教育史资料汇编·实业教育　师范教育》，上海教育出版社2007年版，第875—886页。

大学毕业生等，具同等资格考入之。甲种师范学校毕业生服务三年以上者，亦得入学，但不授学位。”[1] 1919年12月，陈宝泉也撰写文章，主张分区设置师范大学，以提升高师教育程度；分设教育研究科、本科、预科。其中，教育研究科专攻教育学术，二年毕业，授予教育学士学位，主要招收师范大学本科及其他专门大学毕业生。

北京高等师范学校于1919年正式开办教育研究科，《政府公报》还刊登了教育部关于北京高等师范学校设立教育研究科令：

教育部咨各省区检送北京高等师范学校教育研究科简章及招生名额表请查照办理文[2]

为咨行事，据北京高等师范学校呈称本校前次呈请增设教育研究科一班业蒙核准在案，现拟在九年一月间举行此项入学试验，特缮印该科简章及各省名额表，恳请咨行。各省区长官公署或令饬各教育厅务于九年一月八日前选送学生到京应试。每省人数应照表选送，宁缺无滥。再，是科学生按章均系自费，拟请由各本省从优给予津贴。兹经本校核实计算，每人每年至少需银元二百元以上，伏祈一并咨行。除附呈教育研究科简章三十份、名额表三十份外，理合呈请察核施行等情据此相应检同原件，咨请贵公署查照办理可也。

此咨。

教育次长代理部务傅岳棻

中华民国八年十一月八日

随着1920年1月教育研究科招生工作的实际展开，该科不断发展扩大，并且未像教育专修科那样中途夭折。自1920至1927年就招生7班，毕业学生达112人。1921年除开办教育研究科外，又增设数学、物理、化学三种研究科各一班。此外，从当时教育研究科的招生简章中，更可明晰其兴办状况：

教育研究科简章[3]

一宗旨　以教授高深教育学术，养成专门人才供给高等师资及教育行政人员为宗旨。

---

① 陈宝泉：《改革师范教育之意见》，《北京高师教育丛刊》1999年第1期。

② 《政府公报》第1353号，1919年11月13日。

③ 《训令第五百一十一号》，《福建教育行政月刊》第2卷（1921年）第8期。

二学科 教育原理 教育史 教育制度 教授法 心理学 哲学 社会学 生物学

三修业年限及学额 二年毕业以三十五名为足额。

四入学资格 以高等师范本科毕业生、各专门学校毕业生、大学本科毕业生，凡三年级以上肄业生，英文能直接听讲者为合格，女生有同等程度者亦得应试。

五入学试验 入学试验之科目如左：国文 英文 伦理 论理

六费用 不收学费，惟食宿、衣服、书籍、讲义、修学旅行等费用概归自备。

七学位 毕业及格得称教育学士。

由上可见，北京高等师范学校教育研究科的兴办在制度上已相当齐备，并且难能可贵的是也主张女性入学，男女平等。教育研究科的设立标志着教育学科在高等教育学科体系中地位进一步提升。

教育研究科之所以能顺利地创办，主要得益于校长陈宝泉广揽贤才，觅得多位拥有留学经历并获得硕士、博士学位的高级知识分子回校任教，例如王桐龄、邓萃英、许寿裳、马叙伦、张耀翔、经亨颐、陈映璜、马序伦、丁文江、翁文灏、何炳松、沈步洲、陶孟和、钱玄同、黎锦熙、毛邦伟等40余人。同时，陈宝泉注重派遣本校教师出国游学、考察，开阔眼界。

北京高等师范学校教育研究科起初几位负责人——陈宝泉、邓萃英、李建勋、范源濂和张贻惠等，都具有开阔的视野和开创的精神。陈宝泉青年时代留学日本师范科，任职北高师校长后又率团参观外国教育，可谓眼界宽阔。第二任校长邓萃英同样留学过日本和美国哥伦比亚大学师范学院，在1919年10月的全国教育会联合会上，他与陈宝泉共同提案《改革师范教育议案》，坚决维护师范的独立地位。在陈宝泉邀请之下，留美学子李建勋也回国择北高师这株良木而栖。第三任校长李建勋的留学经历比较复杂：民国初年留学日本，就读于广岛高师；1917年留学美国，在哥伦比亚大学获得了教育硕士学位；1923年再次赴美留学，于1925年获得哲学博士学位。基于此教育背景，他的办学思想融合了日本的“教员养成模式”和美国大学的“教育学院模式”。他主张高等师范学校应该升格为“师范大学”，这既保留了师范体系的独立系统，又提高了学校的学术研究风气。范源濂流亡日本期间曾入东京高等师范学校学习，后又多次考察美国教育，曾担任民国初年教育部教育总长，在教育界有很高的威望。1923 年 7 月范源濂就任北京师范大学首任校长。张贻惠曾考取安徽公费留日生，1922 年又到美国芝加哥大学研究院工作，是著名的物理学家和教育家，并于 1925 年担任北京师范大学校长。从以上介绍可以发现，北京高等师范学校的校长均有丰富的留学经历和开阔的眼界。

当时对研究生教育人才的培养尚无具体规程可依，所以北京高等师范学校教育研究科的教学研究方式基本是以自我探索为主。就招生来说，北京高等师范学校招收的教育研究科的学生必须经过严格的入学试验和层层筛选。"每省人数应照表选送，宁缺无滥"，所以教育研究科首期所招的学生不少就是从各地学校考来的优胜者。至于教学培养方式，北京高等师范学校不同于北京大学研究所。北京高等师范学校是导师集体传授，研究生以课程学习为主。当时教育研究科课程开设达二十几种之多，包括哲学、美学、心理学、心理测量、实用心理、生物学、社会学、社会问题、道德哲学及有关教育的分支学科。① 这样的教学培养方式有利于学生打下扎实的教育理论根底，而且充分发挥了北京高等师范学校的教师优势。但是，这种偏向德、日的教育研究方式，也在一定程度上束缚了学生和教师的创造力和研究能力。

北京高等师范学校设立教育研究科最直接的结果就在于培养了大批教育研究人才。北京高等师范学校教育研究科的办学质量相当可观，在当时吸引了很多优秀人士的注意。1920 年，舒新城曾函请胡适帮忙推荐入北京高等师范学校的教育研究科深造学习，但由于各种原因未能实行。曾任北京高等师范学校校长的邓萃英 1924 年在《北京师范大学教育研究科同学会会员录》序中提到："北京师大教育研究科，是民国九年春季始设立的，回想当日将设未设时候难产的情形，和产生后所受种种的挫折，谁也不敢预料，仅仅经过了四年零三个月的今日，有这样济济多士的效果。"可见，虽然教育研究科开办过程甚为艰巨，却也培养出"济济"人才。同时，邓萃英还对教育研究科的办学成绩和学生的教研热情赞不绝口，他接着说："近来教研最脍炙人口的，如毕业同学在当地服务的成绩，在校同学用功和发表的能力，诸教授勤勤恳恳的精神，在在都足使我们与闻开创之业的人，手舞足蹈的。"② 可见，当时

① 参见胡颂华：《我国研究生教育的起源》，《教育评论》1986 年第 6 期。

② 朱有瓛主编：《中国近代学制史料》第三辑（下册），华东师范大学出版社 1992 年版，第 620 页。

教育研究科学生的学术研究热情非常高涨。

北京高等师范学校教育研究科第一班学生于1922年4月毕业，在毕业典礼上，学校授予了常道直、王卓然和殷祖英等16人教育学士学位。一直到1927年，毕业的百余名学子中不乏今日耳熟能详之人。比如，常道直是我国著名教育理论家，以他为代表的教育理论工作者，为丰富我国的教育理论、提升我国师范教育的专业地位、加快我国师范教育的专业化进程、提高我国师范教育的学术水平，作出了不可磨灭的贡献。奉天高等师范学校英语科出身的王卓然，在中外文化交流上也作出了一定贡献。比如美国学者杜威夫妇访华期间，王卓然曾担任过他们的演讲翻译，并带领他们游泰山、谒孔庙。撰写学术大作《中国教育史》的陈青之，同样也是北京高等师范学校教育研究科的学生。1921年陈青之从北京高等师范学校历史地理科毕业后，赴日本考察教育。当时有日本人以“中国教育史将由日本人撰写”相讥，陈青之当即愤然回应：“中国有自己之教育史，吾回国后，当寄汝。”1923年，陈青之自感学力太浅，复入母校教育研究科进修两年，终于在1934年完成了洋洋54万字的《中国教育史》。[①] 不难相信，陈青之在教育研究科的学习期间定然获得了理论上的提升和研究能力的增强。余家菊是近代国家主义教育学派的著名教育思想家。他曾于1920年初肄业于北京高等师范学校的教育研究科，后来从事乡村教育理论研究、民主教育及国家主义教育研究。余家菊的教育研究能力必然得益于教育研究科的锻造。此外，还有共产党员李嘉仲、教育家鲁世英，从北京大学转至北京高等师范学校教育研究科学习的李锡恩等，这些人或从事教育理论研究，或参与中国教育改革，或投身教育实践一线，均在教育界施展才能。综上，教育研究科在人才培养，尤其是教育学科研究人才的培养上功不可没。

北京师范大学教育研究科兴办的另一重大历史意义，在于拉开了中国教育学科研究生教育的序幕。其一，北京高等师范学校教育研究科的入学条件是“高等师范本科毕业生、各专门学校毕业生、大学本科毕业生”；其二，其办学宗旨是“教授高深教育学术”。这两点即符合了研究生教育的标准。所以，从时间上来看，北京高等师范学校的教育研究科也应属于中国早期的研究生教育。就教育学科的发展历程来看，教育研究科以培养高层次教育理论

① 参见田文丰、贺军主编：《仙桃文化》，南京大学出版社2015年版，第141页。

研究人才为目的，这极大地提高了教育学科的地位，是在教育学科作为一门专业进入大学后的又一次具有历史意义的标志性事件。1915 年设立教育专修科，1920 年又开设教育研究科，1921 年扩充数学、物理和化学研究科，北京高等师范学校的学科体系日臻完善，学校的学术研究氛围也日渐浓厚。北京高等师范学校教育研究科是我国培养教育学研究生的开端，拉开了教育学科研究生教育的序幕。

三、 东南大学制度规划

“壬戌学制”颁布后，全国范围内兴起了高等师范学校“改大运动”。东南大学即在南京高等师范学校的基础上发展而来。在校长郭秉文的领导下，东南大学发展非常迅速。郭秉文 1908 年赴美留学，1914 年，他以题为“中国教育制度沿革史”（*The Chinese System of Public Education*）的论文获得哲学博士学位，成为中国最早的教育学博士，也是在美国最早获得博士学位的中国学者之一。他坚持“寓师范于大学”的办学思想，使一所师范院校在短短几年中发展成为拥有文、理、工、商、农、教育等学科的国内学科最齐全的综合大学。他实行训育、智育、体育三育并举的方针，注重通才与专才、人文与科学、师资与设备、国内与国外的平衡，提倡诚朴和“止于至善”的校风，坚持教育独立、学术自由、兼容并包，使“南高—东大”迅速崛起为蜚声国内外的高等学府。

除北京大学、清华大学外，东南大学也是较早筹备发展研究生教育的国立高校之一。早在 1921 年筹建东南大学的计划书中，就曾列有“各科硕士、博士之授予办法俟各科成立时再订”的条文，而在 1926 年 8 月通过的《修正国立东南大学组织大纲》中亦明确列出“本大学为研究高深学术起见，得增设研究院”① 的规定。同年 10 月，郭秉文、孙洪芬、陆志韦等二十二名各学科知名教授联名提交《创办大学研究院案》。该提案从大学目的、国外研究院发展趋势、国内研究院发展现状及本校实际状况出发，充分地论证了设置研究院的必要性和可能性，并初步设计了研究院组织体系和运行规则。

---

① 《南大百年实录》编辑组编：《南大百年实录》（上卷），南京大学出版社 2002 年版，第 164 页。

创办大学研究院案[①]

大学教育之目的，不仅为注入式之输灌学术于学生，要在指导作育学生，使能独立研求宇宙间真理，以增进人类之知识，与求其实际上之应用。以今日学科门类之纷繁，大学课程又须使学生得广博之基本学问与人文学科，在匆匆四年之短期间，所能成就者亦以仅矣！故说者有谓大学教育不过为高等普通教育，欲求作育专门人才，则尚有待于研究院焉。

尝考欧美各国大学莫不设有研究院。英国大学毕业后称学士，赓续研究一年至三年则称硕士，牛津大学硕士之声价，乃与德、法诸邦之博士相等，近年以适应外国学生之要求，亦设有博士学位。法国大学毕业称学士，入研究院研究，有心得作为论文，经博士试得隽，则为博士。在德国则无学士学位，仅有博士一阶级。美国大学毕业后，至少修业一年，研究有得则称硕士，更尽而有更重要之研究，经博士试及格，则称博士。凡著名公私大学，靡不设有研究院，稍次之大学亦必授硕士学位。惟小规模之大学但以授高等普通教育为目的者，则仅有大学四年之课程，而无研究院。此类大学毕业生，如欲研究高深学问，必须往其他著名大学入其他研究院。盖欧美各国学术进步，一日千里，不致故步自封者，其得力要在大学研究院也。

我国教部大学规程，本有大学得设研究院之条文。北京大学、北京师范大学、清华大学亦曾先后设立研究院。教会设立之大学，如燕京大学、东吴大学、金陵大学均已设立研究院有年。吾校学科大备，成绩素优，奈何于此独落人后乎！且吾校毕业生每有毕业后仍继续留校从事研究者，或在本校服务为助教，而以余力从事研究者，研究之结果，有问题甚大、费力甚多，在外国大学研究院可得博士学位者，而以本校无研究院不能授以较高之学位，以彰其功，虽在劬劳之士，未必便以学位之有无而吴其趋舍，然究非奖掖后进之道也。

或以为吾校经济素不充裕，图书仪器尚未大备，设有研究院恐力有未逮，实亦不然。盖可研究之问题至夥，以中国亟待研究之问题之多，

① 《南大百年实录》编辑组编：《南大百年实录》（上卷），南京大学出版社2002年版，第208—210页。

尤易于成功。苟善于择题，固不必需特殊之设备，耗巨量之金钱，方能从事研究，巴斯德之往迹，即其例也。研究过巨之问题，吾校之设备与学生之学力，或有未逮。如研究硕士学位所须解决之问题，则殊非难，而同时并不须增加学校经费上之负担，且研究问题之多寡难易，以学系而异。各系于仪器、设备、师资、学力四者，能设立研究科者则设之，不必强同，宁缺无滥。亦不必以一时未能设立研究科，便引以为羞，而草草将事，则于各科系行政，自无问题发生，而有志向学之士，亦知所劝矣。关于组织方法及研究章程，粗议其端于左，尚祈公决是幸。

（甲）研究院组织

（一）文、理、教育、农、商五科合立一研究院。

（二）研究院设主任一人，由全体教授会公举。其职务为总持研究院一切事务，每年汇报各系研究生之应得硕士学位者于校长，以便授与学位。

（三）各系组织一研究生考试会，会员二人，主任为研究生主系主任，其他一人为研究生副系主任或教授。

（乙）研究院规则

（一）研究院研究生如欲硕士学位，必先在本校大学本科毕业，或在其他大学毕业而经本系教授会认可。

（二）研究生必须能作通顺流畅之英文，与阅读参考德文或法文专科书籍。

（三）研究生必须在研究院从事二学期以上之研究。

（四）研究生每学期除研究学科外，必须修习 9 学分本系或辅系课程。

（五）研究生对于所研究之题目，必须作一优良之论文，表明其有独立研究之能力，而于人类学术上有确实之贡献。

（六）研究生除所选 18 学分课程，与研究论文外，必须经一度考试，或口试，或笔试，由该系研究生考试规定之。

（七）研究生考试或论文不及格，得继续研究一年，再经考试，倘仍不及格，则须退学。

（八）研究院学费为大学本科之半数，实验费由各系规定之。

（九）研究院毕业得称文科、理科或农科硕士（M.A.，M.S.，

M. S. A.）。

提议人：孙洪芬 胡先骕 王季梁 秉志 张子高 陈桢 卢晋侯 陈焕镛 邹秉文 张景钺 查啸仙 陆志韦 谢家声 陈鹤琴 唐启宇 戴芳澜 孙思麐 邹树文 陈清华 王善佺 郝象吾 廖世承

提案并附有研究院组织、研究院规则等详细条文。后经评议会、教授会讨论，修订通过了《国立东南大学研究院简章》，具体如下：

国立东南大学研究院简章①

（1926年11月18日）

（一）本大学根据本校组织大纲第五条设研究院。

（二）研究院设高等学位委员会，委员为七人，先由各科教授会各举二人为候选员，再由全体教授会于候选员中选出七人，每科至少须有一人。任期三年，每年改选三分之一，第一、二年，每年改选二人，第三年改选三人，七人中互选一人为主席，其职权如下：

（甲）总持研究院行政事务，每年汇报各系研究生之应得学位者于校长，以便授与学位。

（乙）聘定各系所推举之研究指导员。

（丙）聘定各科研究生之考试委员。

（丁）审查研究生入学及毕业之资格。

（三）本大学本科毕业生或其他大学毕业生，经本校系教授会推荐，及高等学位委员会认可者，方得为本院研究生。

（四）研究生除国文必须通畅外，兼须能以英、德、法或他国文字之一种，作通畅之论文，但英、德、法三国文字以外，须委员会认可。

（五）研究生必须在院继续从事二学期以上之研究。

（六）研究生每学期除研究学科外，必须修习九学分本系或副系课程。

（七）研究生须将其研究所得，作一优良之论文，表明其有独特研究之能力，而与学术上有确实之贡献。

（八）研究生除所选十八学分课程与所作论文外，必须经一度口试，

① 中国第二历史档案馆编：《中华民国史档案资料汇编》第三辑，江苏古籍出版社1991年版，第256—257页。

有必要时可再加笔试。各研究生之考试委员会，除该生之研究指导员外，再由高等学位委员会委定同数之教授组织之。

（九）研究生成绩不及格，得继续研究一学期或二学期，再经考试倘仍不及格，应令退学。

（十）研究院学费与本科同，实验考查等费由各系规定之。

（十一）研究生成绩及格者，得分别称为文科、理科、教育科、农科或商科硕士。

（十二）研究生须遵守本校一切普通规则。

（十三）关于博士学位之规程另定之。

从《国立东南大学研究院简章》来看，东南大学研究院设立高等学位委员会，其委员由教授会公推七位教授担任，每科至少须有一人，至多不得超过二人。七人中互选一人为主席，其职权是：主持研究院工作；委定各系所推举之研究生指导员（即导师）；委定各研究生之考试委员；审定研究生入学及毕业资格，合格者报请校长授予学位。

报考者须是大学毕业生，并经教授会推荐及高等学位委员会认可。研究生必须能以英、德、法文字之一种作流畅之行文，以另一种阅读其专门书籍。修业时间二学期以上，每学期修满本系或辅系九学分课程。论文应表明其有独立研究之能力而在学术上有确实之贡献。①

“研究生成绩及格者，得分别称为文科、理科、教育科、农科，或商科硕士”，“关于博士学位之规程另定之”②，等等。至此，国立高校方有较为明确和可操作的学位制度设计出现，其中关于硕士学位制度的设计更是国内首创。

22位提议人中除孙思麋信息暂无从考外，其他人均有留学经历，且多获硕士、博士学位。正是这批留学生的积极推动，东南大学才得以较早地将建立大学研究院所提上议事日程。自此，东南大学正式拉开创办大学研究院的序幕。从东南大学研究院的系列文件来看，其组织设置旨趣、架构、教学制度，特别是硕士学位的授予等，体现出模仿美国研究院制度的痕迹，既体现

① 《南大百年实录》编辑组编：《南大百年实录》（上卷），南京大学出版社2002年版，第210—211页。

② 中国第二历史档案馆编：《中华民国史档案资料汇编》第一辑，江苏人民出版社1979年版，第256—257页。

出与清末通儒院、民国初年大学院不同的特点，也区别于北京大学研究所和清华国学院。究其原因，这批文件的起草者基本上是留美学生，自然美国研究生教育机构设置更受青睐。东南大学研究院制度设计不仅丰富了我国的研究生教育实践，也适应着我们研究生教育新转向的趋势。

四、 厦门大学国学研究院

厦门大学于 1926 年成立国学研究院，开始招收研究生，开启了我国私立大学举办研究生教育的历史。

陈嘉庚先生抱着“教育救国”的理念捐资兴学，建立了从幼儿园到大学一套完整的教育体系。1919 年 7 月，陈嘉庚印发《筹办福建厦门大学附设高等师范学校通告》，说明自己“久客南洋，志怀祖国，希图报效”，因此“不揣冒昧”，倡办大学。① 该月 13 日，他在厦门浮屿陈氏宗祠召开厦门大学发起人会议，并发表长篇演讲，讲述他筹办大学的动机和经过。他说，“今日国势，危如累卵，所赖以维系者，惟此方兴之教育、未死之民心耳”。当时我国不识字者占人口总数的 90%，这同欧美日本“彼此相衡，奚啻霄壤，国民识字之程度如此，欲求免天演之淘汰，其可得乎”?!“吾人若不早自猛省，后悔何及！诚能抱定宗旨，毅力进行，彼野心家能剜我之肉，而不能伤我之生，能断我之臂，而不能得我之心，民心不死，国脉尚存，以四万万之民族，决无甘居人下之理。今日不达，尚有来日，及身不达，尚有子孙，如精卫之填海，愚公之移山，终有贯彻目的之一日。”② 陈嘉庚的爱国热情，溢于言表。会上，他当场承诺倾资创办厦门大学，“共认捐四百万元”。③ 这所唯一由华侨创办的大学，也是全国唯一私人独资创办的大学。1925 年前后，正值陈嘉庚事业的顶峰，他决定加大对厦门大学的投入，一方面兴建校舍、扩充图书与实验设备，增设新闻、工学、医药、法学等部，另一方面积极推动研究院的建立。

林文庆出任厦门大学校长时，曾询问陈嘉庚办学宗旨重国学或专重西文，

---

① 周日升编著：《集美学校八十年校史》，鹭江出版社 1993 年版，第 15 页。

② 陈嘉庚：《福建私立集美学校校主陈嘉庚倡办厦门大学演说词》，《教育杂志》第 11 卷（1919 年）第 11 号。

③ 《福建陈嘉庚君倡办厦门大学附设高等师范演说词》，《申报》1919 年 8 月 7 日。

他的回答是："两者不可偏废，而尤以整顿国学为最重要。"[①] 林文庆校长则强调可以改造旧式翰林院，综合德、法、英、美等国大学的不同经验，加强学术研究和培养高层次人才："旧日之翰林院，必重修之，以收各美学之士……一为大学堂学生以考试而入；一为凡有高才硕学著书立说者入之……此翰林不同于昔日之为官阶，而为大学进步之机关也。"[②] 可见，厦门大学的研究生教育同样起始于国学。

1925 年 12 月，林文庆校长发起国学研究院筹备总委员会，自任委员会主席，其成员包括毛常、王振先、秉志、孙贵定、徐声金、涂开舆、陈灿、黄开宗、陈定谟、刘树杞、缪子才、钟心煊、戴密微、龚愓庵。筹备委员会成员囊括了全校文、理、预三科的行政首长和学术骨干，可以说，是集全校之力筹建国学研究院。随后，林文庆组织制定了《厦门大学国学研究院组织大纲》[③]。其基本内容包括：

第一，明确研究院的目标。厦门大学国学研究院"以研究中国固有文化为必要，特设国学研究院"，"从实际上采集中国历史或有史以前之器物或图绘影拓之本，及属于自然科学之种种实物为整理之资料"，"从书本上搜求古今书籍或国外佚书秘籍，及金石骨甲木简文字为考证之资料，并将所得正确之成绩或新发见之事实，介绍于国内外学者"。

第二，确立研究院的组织结构。厦门大学国学研究院拟设立 14 个小组，即历史古物组、博物组（动植矿物）、社会调查组（礼俗方言等）、医药组、天算组、地学组（地文地质）、美术组（建筑、雕刻、瓷陶漆器、音乐、图绘、塑像、绣织、书法）、哲学组、文学组、经济组、法政组、教育组、神教组、闽南文化研究组。可见，厦门大学国学研究院的组织结构宏大，超越了文科的范围，涉及传统文化的方方面面。

第三，建立研究院的人事结构。国学研究院设院长一人，综理研究院一切事宜，由厦门大学校长兼任；设委员会，商同院长规划研究院一切事宜，其会员由院长聘任。每组设主任一人，由院长聘任，管理各组职务，各组所研究的问题及方法，由各组主任商同院长议定。每组设助教及书记若干人，

① 《国学研究院成立大会纪盛》，《厦大周刊》第 159 期，1926 年 10 月 16 日。

② 林文庆：《孔教大纲》，中华书局 1914 年版，第 131—132 页。

③ 《厦门大学国学研究院组织大纲》，《厦大周刊》第 134 期，1926 年 1 月 2 日。

由院长指任，受各组主任之指挥，助理一切事务。

第四，确定研究院的相关事宜，如招收与培养研究生等事项，包括招生、培养、毕业、经费、资料与图书管理、奖学金等，并强调国学研究院组织大纲由董事会议决施行，其有未尽事宜，由委员会随时议决，送交董事会通过。

正当厦门大学筹备国学研究院之时，奉系军阀占据北京，迫害进步知识分子，北京大学教师纷纷走避。随着北京学者逐渐南下，厦门大学获得了延聘名师的机会。1926 年林文庆聘请林语堂为文科主任、外国语言文学系正教授，兼国学研究院总秘书，并负责招揽北京著名学者加入厦门大学文科和国学研究院。经林语堂广为联络，引进沈兼士、周树人、罗常培等到国文系任教，张星烺、顾颉刚、陈万里、容肇祖、黄坚、孙伏园等入国学研究院，并由沈兼士主持。此时，厦门大学国学研究院大师云集，迅速成为全国国学研究重心。张星烺讲授“中外文化交通史”“中外地理沿革”，顾颉刚讲授“经学专书研究”，周树人兼国学院文学研究教授，陈万里讲授“曲选及曲史”，容肇祖讲授“目录学”“诸子百家研究”，潘家洵讲授“英汉对译”“英文戏剧”，等等。

1926 年 9 月，在原《厦门大学国学研究院组织大纲》基础上，厦门大学又制定了《国学研究院章程组织大纲》。《国学研究院章程组织大纲》明确将高层次人才培养作为其目标，扩充其职能：“本院以整理国故并养成研究国学之专门人才为宗旨”，“凡本大学学生及本校承认之各大学学生有研究国学之志愿者，经本院考验合格，得为本院研究生”。① 研究院院长由校长兼任，主任计划及办理本院一切关于学术之事项，总秘书管理本院一切行政事项。主任、总秘书办公室各设襄理一人。必要时得聘名誉顾问及通信顾问。下分研究、陈列、图书、编辑、造形、出版六部，并拟定六部《办事细则》。国学研究院研究范围大为压缩，取消原由理科、教育科、商科、法科承担的研究领域，基本上与调整后的文科相对应。之所以重点办理国学研究生教育，一方面是考虑到全面铺开研究生教育必然要调动更多的资源，而对于一所私立大学来说并非易事；另一方面则是大批国学大师“南飞”，极大地增强了厦门大学的国学师资力量。

组织章程确定后，厦门大学国学研究生教育逐步步入正轨。9 月 25 日，

① 《国学研究院章程组织大纲》，《厦大周刊》第 160 期，1926 年 10 月 23 日。

厦门大学公布《国学研究院研究生研究规则》，对研究生报名、审查、口试、录取、交费、成绩、奖励等事项作出了明确规定：

一、本大学及本大学承认之大学本科毕业生，或于国学方面具有特殊之学力及成绩者，可于每学期开始两星期中到院报名，填写已往之学业及现愿研究之题目与其研究之方法，有著作呈送著作，一并由主任交学术会议审查（必要时得用口试），合格者得领研究证入院研究。

二、本院教员可以提出题目，招集有相当学力之研究生入院指导或共同研究，惟须由主任提交学术会议审查通过。

三、凡本校毕业生及校外学者有研究之志愿而不能到校者，得为通信研究生，其报名及审查手续均照上条办理。

四、研究生每学期应纳学费六元，于学期开始一个月内缴纳于会计处。

五、研究生无规定之修业年限，凡对于所提出之题目，研究得有结果时，提出报告于主任，由主任提交学术会议审查，其及格者予以证书，其成绩最优者推为本院学侣，其著作如认为有发表之必要时得交编译部办理。

六、研究生于每学期终了时须将所得之成绩报告于主任。

七、研究生同时如在本校各科选修课程，应依其所选修绩点之数目应照本章程缴费。

八、本院研究部各组设奖学金额若干名，研究生之成绩优良者得承认受此项奖金，其办法另以详章规定之。①

厦门大学《国学研究院研究生研究规则》对规范研究生教育可起到重要作用，是近代中国较为完备的一份研究生学籍管理规章制度，也是中国早期探索研究生教育的重要成果之一。

随后厦门大学国学研究院在《申报》公布《厦门大学国学研究院招考研究生启事》，对报考资格、时间、手续、地点等进行专门说明，强调报考学生需要缴验大学本科毕业证书及国学成绩，如果没有大学毕业证书，则需要提交能够证明在国学上有特殊成绩的国学著作；报名应来函说明志愿研究之题目与方法，并将修业履历证书、四寸相片一张、报名费一元及研究成果，一

① 《国学研究院研究生研究规则》，《厦大周刊》第156期，1926年9月25日。

同寄校以资审查，审查合格后再行通知于厦门大学国学研究院面试，或作通信研究生亦可。

1926 年 10 月 18 日，国学院研究部召开第一次学术会议，审查研究生入学资格，通过合格者郑江涛和高兴僔二人均为教育系应届毕业生。截至 11 月 30 日，约有 50 人报考厦门大学国学研究院。1927 年 1 月，研究部再次召开学术会议，审查合格的研究生 14 人：郑江涛（《〈诗经〉描写下的社会现象》）、高兴僔（《太姥山》）、陈佩真（《诗学研究》）、黄觉民（《古代井田的研究》）、魏应麒（《王审知开闽史》）、伍远资（《明季的海外孤臣》）、孙家璧（《〈论语〉中的孔子及其和诸子的关系》）、陈家瑞（《中文小说编目》）、汪剑余（《〈牡丹亭〉传奇考》）、蒋锡昌（《〈老子〉校释》）、黄天爵（《经济观之中国南方交通史》）、陈祖宾（《中国语言文字略》）、蒋连城（《许书通谊》）和戚其芊（《朱子哲学》）。

正当厦门大学国学研究院研究生培养走向正轨之时，1926 年春橡胶价格暴跌，陈嘉庚在东南亚的橡胶企业受国际市场冲击而陷入困境，原定增拨经费难以兑现，各科经费分配协调困难，承诺给国学研究院的经费未能落实。厦门大学无奈宣布停办工科、医科、矿科和国学研究院。虽然厦门大学研究生教育的早期探索因各种原因不得不结束，但该校的努力并没有停止。1927 年在《厦大周刊》发表的《理科最近进行之概况》中即提出，“为力求科学发达，造就高深人材起见，近拟设立研究院”。①

厦门大学国学研究院只有招生，并无实质上的研究生培养，但通过其章程我们可以发现，厦门大学国学研究院对研究生的教育与培养继承了北京大学的优点，如没有考试，允许通信研究生。但厦门大学的人才培养也生发了自己的特色：（一）重视审查与考核，强调考生的学业成绩、研究题目、研究方法以及著作由学术会议审查，必要时加口试。（二）强调共同研究，教员可以提出题目召集有相当学力的研究生，经由学术会议审议通过后共同研究，注重学术活动的开展，并修习相关课程。依照研究部办事细则第八条，国学研究院每月举行专门讲演一次。第一次学术演讲为张星烺的《二十世纪之泉州》，第二次为林语堂的《闽粤方言之来源》，同时也允许学生自由选修课程。（三）形式灵活，虽无研究年限，但有严格的考核机制，研究生每学期结束时

① 《理科最近进行之概况》，《厦大周刊》第 170 期，1927 年 1 月 1 日。

须将取得的成绩报告，以此作为奖学金以及继续研究的基础。（四）收费与奖学金并重。

厦门大学国学研究院作为我国第一所由私立大学创设的研究院，在研究生教育发展史上具有重要的地位与意义。“与同时期的新国学各研究机构相比，为时不久的厦门大学国学院的学术成就固然赶不上北大和清华，却不逊色于齐鲁、燕京的国学研究所和东南大学国学院，在学术发展史上的地位甚至更为重要。”①

1927 年，由于资金问题，厦门大学国学研究院停办，至此民国早期以国学研究为基本取向的研究生教育制度基本以研究院（所）的停办而宣告结束。这个时期的研究生教育呈现的特点非常鲜明，即在探索中前进的研究生教育大多选择从国学人才培养入手，这有其历史必然性。在 20 世纪 20 年代前后，中国现代学科的创建过程中，国学与中国传统学术的“经史子集”有着天然的血缘关系，在这方面学科积累深厚、师资力量雄厚，为高层次知识人才培养奠定了坚实的基础。可以说，我国研究生教育在起步阶段充分考虑到我国社会和教育的实际，从最具基础的学科着手，积累办学经验。

然而，在这方面的探讨并非一帆风顺，而是面临着各种挑战。首先，研究生教育所耗甚巨。即使是经济实力雄厚的北京大学、清华大学都难免有停办国学研究院以节省经费的异议，更不用说依靠私人捐助的私立大学。在经费有限的情况下，学校内部不同学科的经费如何分配问题容易导致学科间的冲突与矛盾，而国学院收费低、培养学生少、花费大则是明显的劣势。其次，教师流动性成为影响研究生教育的重要因素。北京大学国学研究所因大批导师南下而受影响；清华大学国学研究院因“四大导师”的离开而戛然而止；厦门大学国学院的兴盛因吸收了大量北方高校师资，也因这些教师的离职而趋向停滞。再次，研究生教育制度尚不成熟。事实上，直到 1928 年制定的“戊辰学制”才明确由研究院正式取代大学院成为研究生教育的基本机构，而 1934 年教育部颁发的《大学研究院暂行组织规程》才对研究院的设置条件，组织运行，研究生的招生资格、培养以及学位授予等方面作出了系统的规定。

从北京大学研究所、清华大学国学研究院到厦门大学国学研究院和中山

① 桑兵：《厦门大学国学院风波——鲁迅与现代评论派冲突的余波》，《近代史研究》2000 年第 5 期。

大学的语言历史学研究所，它们虽然有一定的延续性与继承性，但也存在明显的不稳定性和简单性等特点。如何解决资源分配、不同学生群体间的权益冲突问题，如何定义研究生教育制度的基本功能与价值等，不仅是早期研究生教育的重要经验，也是值得反思的重要问题。早期的教育法规虽然涉及学位问题，但并没有实施。

第三章　制度定型（1927—1937）

南京国民政府成立至1937年抗日战争全面爆发，是近代中国高等教育发展的“黄金十年”，其时相对稳定的社会环境，为高等教育的发展提供了适当的条件。社会对高层次知识人才的需求增加，部分公立、私立高校纷纷提升办学层次，立足自身实际，着力发展研究生教育。历经十年发展，研究生教育制度体系逐步完善，研究机构规模逐渐拓增，研究生培养模式日趋规范，近代中国研究生教育进入一个重要的发展阶段。

第一节　制度体系的完善

1927年以前，北京大学、清华大学等高校不仅相继建立了研究院（所），而且还根据本校实际颁布了一系列有关研究生教育的规章条令，但是从全国范围来看，仍缺乏完善的法规制度和有效的宏观指导，导致研究生教育基本上处于功能失调、系统紊乱的状态。随着社会对研究生教育认识的深化，在总结前期探索经验的基础上，建立相对完善的研究生教育制度成为当务之急。

一、　思想认识的深化

近代知识分子痛感国家贫弱，极力主张教育救国，特别重视各类高层次知识人才的培养，以挽救民族危亡。适值其时，尤其是归国留学生群体结合自身的教育经历，通过撰文著书、建言献策，不仅深入地介绍了西方研究生教育制度，而且推动了符合国情的研究生教育体系的构建和确立。

（一）创办研究院所的讨论

走出国门的中国学人，目睹了西方大学的变革及完善的研究生教育制度体系后，接受了新理念和新教育，积极呼吁在中国建立大学研究院所，以聚集师资、培养人才、发展学术。由是，在20世纪二三十年代，中国形成了一个宣传和倡导大学研究院所的热潮。在他们的呼吁和推动下，近代中国大学研究院所规章相继制定出台，为研究生教育的实施提供了制度保障。

比较教育学者常道直，曾于1925至1928年间先后留学于美国哥伦比亚大学师范院、英国伦敦大学哲学系、德国柏林大学哲学系，回国后又相继担任中央大学、北京师范大学、安徽大学、四川大学等校教育学教授、教务长、教育系主任等职。他在专著《增订教育行政大纲》中，专列有“研究院”一章，视其“为大学构成之一部分，抑为大学以上之机关”，并对德国、英国和美国的研究院制度作了具体介绍：

德国：大学附设多数研究所（Institut），其中备有研究所需之图书、仪器等，为教授指导大学高级生研究讲习之所，并非立于大学本科以上。

英国：各大学近皆依“大英帝国大学会议”（Congress of the British Empire）之议决案，大学增收所谓研究生（Research Student），授予哲学博士（Ph. D.）或硕士（Master），研究期约二年。其中前者系为外国学生设；得硕士学位者，可更进而取得文科或理科博士（Dr. of Litt. or Science）。此等研究生通常并无规定之课程，可不必听讲，而专在教授指导下，从事独立研究功夫。

美国：其制高等学院四年毕业以后，有所谓研究科或毕业院（Graduate School）。研究科之课程内容，并不尽属高深研究性质；而成绩考核等，与普通大学并无重大差别。[①]

傅斯年留学归国后，出任中山大学文学院院长兼国文、历史两系主任。他结合自己的教学及学术研究，阐述了大学及大学研究院所的功能：“大学之构造，要以讲座为小细胞，研究室（或研究所）为大细胞，而不应请上些教员，一无附着，如散沙一般。大学中的讲课，如不副以图书之参用，或实验之训练，乃全无意义，而在教授一方面说，如他自己一个，孤伶仃的，无助手，无工作室，乃全无用武之地，虽有善者，无以显其长，致其用。故大学中现在实在尚多用不着高于大学本身一级之研究院，而每一系或性质上有关连若干系必须设一研究所。大学学生本身之训练，即在其中，大学教授之日进工程，即在其中。”[②]

① 常导之编著：《增订教育行政大纲》，中华书局1935年版，第186—187页。
② 孟真（傅斯年）：《改革高等教育中几个问题》，《独立评论》1932年第14号。

随后，傅斯年还撰写了《大学研究院设置之讨论》一文，从多个角度系统阐述他对大学设立研究院的看法：

其一，傅斯年阐述了大学研究院在欧洲的演变，强调大学讲座制是大学设立研究院的先决条件，研究院乃从讲座制度演化而来。他指出，欧洲各国大学要办研究院之前，有一先决条件，即大学本身先要充分地实行讲座制。在此制度之下，担任一科讲座的教授，便是一个研究员，应负对此一科之“教学相长”的责任；其对高级优越、肯去专研的学生，便是一个研究导师，如能奋斗出一个小组织来，有助手，有设备，便是一个小研究所，称某科研究所。因此，大学研究所是由讲座制度发展而来的，先有大学讲座制度，然后有大学研究院；大学中设研究院是大学自身之扩充，这种扩充是大学讲座制度充分实行和发展的结果。反观中国，在大学体制中增设研究院制度，似乎条件并不成熟。因为中国的大学本身不曾完成大学之意义者尚多，贸然进行一个普遍的大学增设研究院运动，是不正常的。所以，他以为在大学建置研究院之前，应该先使得大学成大学，即彻底地建设大学中之讲座制，而变更此日之高中教师服务状态，即所谓“排钟点”“拉钟点”“教钟点”“兼钟点”等。中国大学只有先充分实行了讲座制，然后才谈得上设立研究院。

其二，傅斯年比较了大学研究院与专业研究院的差异及各自的优长之处。傅斯年回国后先后创建了中山大学语言历史学研究所和中央研究院历史语言研究所，对两者性质及功能上的差异认识颇深。他指出，大学中之研究院与独设之研究院，就处境而论，各有其便与不便处。大学研究院有不及专门研究院机关之便当处甚多：一是凡一事之需要较大量的设备、大规模的组织者，在大学各科并立的状态之下，颇难得一部分过分发展，而在专业研究院所则较少此样的限制。二是需要长期在外从事研究工作者，不是大学中担任教职之教授所便于长久负荷的。尽管大学教师需要此等历练，但在大学教书任务之下，这事总不是可以为常的。但如果在专事研究的专业研究院所中，则毫不受此限制。大学研究院所优越于专业研究院所之处，也有不少：“科目多而得相互之帮助，讲习多而得陶冶之实在，皆其要点。其最重要者，在乎大学之有学生。惟其有学生，方可在若干工作上得大宗人之动手，在若干问题上得初步者之尝试。”通过比较分析，他认为“专所之研究可以精炼深入处见胜，大学之研究可以活泼笼罩处见长”。大学研究所是师生共同进行研究，体现了“教学相长”的精神原则，教授负有指导学生研究之责，学生在教授指导下可以步入学术研究殿堂，故而大学研究院是提升大学师生学术水平的平台。大学研究院比专业研究院之“便当”处，就在于“大学之有学生”。

其三，傅斯年主张效仿欧洲大学讲座制度和研究所制度，设立讲座制度基础上的研究院，以训练和培养大学高年级学生。傅斯年指出，大学之所以异于高中者，高中乃多方的自外训练，大学乃专门的自内启发。高中应是在社会上一般服务人之教育最高点，大学乃是为求专业者供给以基础的训练与启发。是故大学中一门功课者教得好，必有确切的讨论、充分的实习、运用思想的实习，而非养成机械习惯的实习。如是，则一个讲座便须附带研究讨论的工具与助手，形成一个研究所或研究部。这样设立的大学研究院所，才是大学本身所需要的研究机关，而不是专为在大学本科之上而设置的研究生院。在他看来，若大学研究院专为毕业后之大学本科学生而设，研究所只为招收大学毕业后之研究生，则大学本身难免更要高中化了。

其四，傅斯年剖析了大学设立高一层的研究生院可能出现的弊端。傅斯年指出，教育部颁布的《大学研究院暂行组织规程》，既可以限制各大学漫设研究院，但也可能引起各大学竞作设置研究院之恶事。手握大权的教育部为了避免大学设立研究院可能出现的弊端，应该允准各大学设置研究院之前，先组织一个大学教员资格审定委员会，专以著作定大学教员之资格，其尤有学术贡献者，方得许其为正教授，即执行研究院指导之任务者。“若此层办不到，或办得未尽妥当，或未尽严，我恐各大学之所谓研究院，将如春笋之群发、蘑菇之坚固，更为高等教育事件上加一紊乱而已。”①

蔡元培坚持一贯主张的“大学应设大学院，为教授、留校的毕业生与高级学生研究的机关”的理念。在研究生教育制度建设步入快车道之时，他撰写《论大学应设各科研究所之理由》一文，对我国大学设立研究所、培养高层次知识人才的重要性，进行了较充分的论证：

一是大学无研究所，则教师易陷入抄发讲义、不求进步之陋习。他认为，若大学不设研究所，不提倡研究并提供必要的研究条件，那么就会偏离大学

① 孟真（傅斯年）：《大学研究院设置之讨论》，《独立评论》1934 年第 106 号。注：引文中“蘑菇之坚固”，因傅氏发表于《独立评论》上的文字本就如此，但引者认为这里“坚固”二字显然有误，只是一时又难以判定究为何字，故只好在此注明。根据文意，这位“大炮”先生认为（如若处置不当），恐怕大学里的“研究院”有如雨后春笋或蘑菇般纷纷涌出，徒为中国高教事业添乱。

进行学术研究的本质。“则除一二杰出之教员外，其普通者，将专己守残，不复为进一步之探求，或在各校兼课，至每星期任三十余时之教课者亦有之，为学生模范之教员尚且如此，则学风可知矣。”①

二是设立研究所，可以为大学毕业生深造创造条件。蔡元培指出，尽管现在大学毕业生因社会需要或个人经济关系，急求职业以自赡者占多数，但也有少数“对于学术有特殊兴趣，不以在大学所已受之教育自封者”，依然希望继续求学深造。然而，国内大学未能提供这样的机会，于是他们被迫自费或公费留学外国，盖因为“欧美各国，除独立研究院外，各大学无不有相当之研究院”。然而，“留学至为縻费，而留学生之能利用机会成学而归者，亦不可多得；故亦非尽善之策”。

> 苟吾国大学，自立研究院，则凡毕业生之有志深造者，或留母校，或转他校，均可为初步之专攻。俟成绩卓著，而偶有一种问题，非至某国之某某大学研究院参证者，为一度短期之留学；其成效易睹，经费较省，而且以四千年文化自命之古国，亦稍减倚赖之耻也。

三是研究所能使大学高年级学生在导师指导下，得到从事科学研究的机会。他指出，近些年来中国小学、中学一直努力探讨教学改革，“尚有设计教育与道尔顿制等为学生自动之试验”；反观大学，“何以全为注入式之讲义，课程繁重，使学生无自修之余暇，又安有自动之机会”？这种现象与欧美国家的大学注重培养学生的研究能力极不合辙。“惟大学既设研究院以后，高年级生之富于学问兴趣而并不以学位有无为意者，可采德制精神，由研究所导师以严格的试验，定允许其入所与否，此亦奖进学者之一法。”况且“吾国未立研究院之大学，已有采用毕业论文法者；研究院成立以后，更易施行矣”。

最后，他分析大学研究院与独立研究院的相异之处，进一步明确大学研究院培养高层次知识人才的职能。

> 大学研究院，既须兼顾教员、毕业生、高级生三方面之方便，故其所设研究所之门类，愈多愈善，凡大学各院中主要科目，以能完全成立为最善，庶不至使一部分之教员与学生失望。
>
> 独立研究院，以研究员为主体，故外国间有以研究员之姓名为一个研究所之标志者。其科目不求备，视有特殊之研究员与社会有特别之需

① 蔡元培：《论大学应设各科研究所之理由》，《东方杂志》第32卷（1935年）第1号。

要而设之，除研究员所需要之助理外，是否有兼收研究生之需要与可能，完全由研究员决定之。

前者稍偏于博大，而后者稍偏于精深，不必强求其一致也。[①]

上述关于创办大学研究院的讨论与呼吁，无疑有力地推动了政府规划大学研究院所制度，并着手付诸实施。适值其时，1931 年秋，受国际文化合作委员会的委派，国际联盟考察团来华考察教育。通过调研，他们撰写出《中国教育之改进》，经国立编译馆译成中文，于 1932 年 12 月出版。在该部调研报告中，国际联盟考察团同样强调中国大学设置研究院的迫切性，并认为创设大学研究院"实为居教育中心之大学所不可少者"。报告强调指出："一教授对于其所教之科目，若不与时俱进，则其授给学生之知识，必不免陈旧而机械。研究可使教学有生气，而教学又使研究增加兴味，二者有相互助长之妙。"故其诫谕中国"应于现有大学中择出数校，作为研究院之用"。[②] 因于国际联盟的地位以及教育考察团在华调研所产生的影响，中国大学设立研究院所并借以推进研究生教育，其制度设计并最后形成，已是如箭在弦而蓄势待发。

（二）高级学位制度的倡导

随着高等教育实力的增强，学位制度建设被提到重要议事日程。北京大学、清华大学、中央大学、交通大学、中山大学、燕京大学、金陵大学、辅仁大学、东吴大学等高校，在学位制度建设方面也都作了多方探索。这些实践和探索，无疑成为政府制定学位授予法的参考依据，并客观上推动了《学位授予法》的及早出台。另一方面，大批留学生特别是留美学生归国后，他们利用各类公共媒介宣传学位制度，并呼吁建立适合中国国情的学位制度体系。同时，还有部分留学生直接参与学制改革，将自己在海外的亲身经历及学界最新成果融入学位制度体系的建设。

常道直曾指出："我国大学教育尚在幼稚时代，关于学位制度尚无明白规定。国立及私立大学毕业生，由各该学校给予'学士学位'，国家似乎并不过问，教部承认及未承认之学校均同样给予学位"，"我国（尤其是数年前）独重视外国学位，视同科举制度下之功名"。由于外国学位名称各异，且随着获取外国学位归国者日众，国人对不同学位的理解产生混乱。因此，常道直认

① 蔡元培：《论大学应设各科研究所之理由》，《东方杂志》第 32 卷（1935 年）第 1 号。

② 国联教育考察团：《中国教育之改进》，国立编译馆 1932 年版，第 190 页。

为我国必须“斟酌各国成例，自行规定学位制度”，即仿国外学位制度建立中国的学位制度，并建议采用两级学位制：

毕业大学者称“业士”，大学毕业后仍继续研究，而于学术上有特殊贡献者，给予“学士”……对于后者，不必以在学校以内研究为限，对于自己研究卓著成绩者，亦许其一体应国家学位考试。①

1928 年 2 月，黎养源在《教育杂志》上发表《德国柏林大学之概况》，对德国的学位及获取学位的条件加以说明，指出德国柏林大学博士名目有：（一）法学博士；（二）医学博士；（三）牙医博士；（四）哲学博士；（五）政治经济学博士；（六）神学博士。“在报考博士试时，须缴验德国高级学校之毕业证书（或同等之外国学校毕业证书）及在德国大学修业满期之证明书。最重要者为自作之论文一篇，并经过数场口试。与考者须先与该科学长接洽，并呈验在研究院所得之证书或实习证书。纳费二百马克。”②

1928 年 5 月 15 日，大学院在南京举行了全国教育会议（后称第一次全国教育会议），出席会议人员有各省、区、特别市的代表和大学院当然委员及专家共 78 人，其中留美学生就有 27 人，占三分之一强。③ 全国教育界之硕彦汇聚一堂，为学位制度的建设积极建言，并最终发布了有关学位制度的条文：

大学教育应该严定标准，提高程度。我们议决请大学院颁布《大学毕业考试及学位授予条例》，以后各大学办理毕业时，应举行学生历年课程的总考试，合格的给予证书，不得授予学位。凡学士、博士两级的学位，均须另经大学院考试或审查合格后，由大学院授予。严定公费留学的资格。对于大学师资设备上有特长者，由大学院给予岁费，设立特种研究所，以奖励高深学术的研究。④

该议案详细规定了学位名称、学位授予资格及处置获得国外学位者的办法，是民国时期发展至此最为系统的学位提案。此后，留学生群体开始借助报刊载文、书籍译介等途径对西方学位制度进行集中论述。

---

① 《海外通讯》，《教育杂志》第 19 卷（1927 年）第 5 号。

② 黎养源：《德国柏林大学之概况》，《教育杂志》第 20 卷（1928 年）第 2 号。

③ 参见谢长法：《借鉴与融合——留美学生抗战前教育活动研究》，河北教育出版社 2001 年版，第 125 页。

④ 《教育界消息：国民政府下之第一次全国教育会议》，《教育杂志》第 20 卷（1928 年）第 6 号。

吴泽霖曾在美国接受过完整的高等教育，先后获得威斯康星大学学士学位、密苏里大学硕士学位和俄亥俄州立大学博士学位，并在英、法、德、意等国进行过教育考察。1931 年，他在《教育杂志》上发表《中国大学教育的改革》一文，其中也谈到在中国如何发展学位制度。在他看来，“凡不进职业专门而欲涉足高深学问者，得入普通大学。普通大学又可分为初级及高级二种”；“凡在初级大学毕业者给予一种学位，如称为俊士”；“凡俊士愿继续求学者，得进高级大学……这种毕业考试，最好由政府聘请专家会同校内教授每年在各校举行一次，凡及格者，由政府给予学士学位”。① 曾获得柏林大学地质学博士学位、时任教育部部长朱家骅，于 1932 年 11 月在《九个月来教育部整理全国教育之说明》中强调：

大学，系研究学术之所，情形不同，但除对学生自习、实验、实习及实地考察等事，应随时加以考查外，严格考试亦须推行……学位授予，在学术未经昌明、国内大学未臻完善时，应授权于国家，即留学生回国，已在国外大学得有学位者，亦应由国家甄别考选，授予国家学位，以重教育上之荣典……②

除报刊相关栏目的系列文章外，此期间还陆续出版了一批留学生论及外国学位制度的著作或译著，现择其要者列示如下（见“表 3.1.1”）。

表 3.1.1　留学生涉及外国学位制度的部分论作*

书　名	作　者	留学经历	出版机构、时间
《明日之大学教育》	郑若谷	华盛顿州立大学	上海南华图书局 1929 年
《各国教育比较论》	庄泽宣	哥伦比亚大学、普林斯顿大学	商务印书馆 1929 年
《德法英美四国教育概观》	常道直	哥伦比亚大学、伦敦大学、柏林大学	商务印书馆 1930 年
《各国学制概要》	庄泽宣	哥伦比亚大学、普林斯顿大学	商务印书馆 1931 年

① 吴泽霖：《中国大学教育的改革》，《教育杂志》第 23 卷（1931 年）第 2 号。

② 朱家骅：《九个月来教育部整理全国教育之说明》，《教育部公报》第 4 卷（1932 年）第 49—50 期。

续表

书名	作者	留学经历	出版机构、时间
《学制》	邱椿	华盛顿州立大学、哥伦比亚大学	商务印书馆 1933 年
《大学教育论丛》	董任坚	克拉克大学	上海新月书店 1932 年
《法国教育制度》	常道直	哥伦比亚大学、伦敦大学、柏林大学	北平文化学社 1933 年
《大学教育》	孟宪承	华盛顿州立大学	商务书局 1934 年
《各国教育制度及概况》	孙百刚	日本高等师范学校	上海新中国建设学会 1934 年
《各国教育新趋势》	庄泽宣	哥伦比亚大学、普林斯顿大学	中华书局 1936 年
《六十七国教育制度一览》	赵演	哥伦比亚大学	商务印书馆 1937 年
《意大利教育》	曾作忠	华盛顿州立大学	商务印书馆 1937 年
《德国教育》	钟鲁斋	斯坦福大学	商务印书馆 1937 年
《各国教育制度》	常道直	哥伦比亚大学、伦敦大学、柏林大学	中华书局 1937 年

* 资料来源于北京图书馆编：《民国时期总书目：教育·体育》（1911—1949），书目文献出版社 1995 年版。

总之，这些学理性探讨，为学位制度的建立创造了良好的舆论氛围，加深了国人对学位制度及研究生教育的理解，最终推动了《学位授予法》的出台。

二、 系列法规的颁行

1927 年，南京国民政府将大学院定为全国最高学术研究及最高教育行政机关。1928 年 5 月召开的第一次全国教育会议，通过了《整理学校系统案》，对 1922 年所颁布的学制进行了修正，将原“大学院”改称“研究院”，并明确规定“研究院为大学毕业生及具有同等程度者而设，年限无定”①。随后，教育部加快了研究生教育制度建设步伐，相继出台了《大学组织法》《大学研

① 李友芝等编：《中国近现代教育史参考资料》第二册，1983 年铅印本，第 654 页。

究院暂行组织规程》《学位授予法》等系列法规。这些教育法律和制度建设，使得研究生教育有法可依、有章可循，起到了规范教育、严格管理的作用，有利于研究生教育事业的有序发展和教育质量的逐步提高。

（一）《大学组织法》的相关规定

1928年，蒋梦麟出任教育部部长之际，贩卖文凭的“野鸡大学”充斥各大都市。出于提高教育质量的考虑，国民政府严格限制私立大学的存在，于1929年7月26日颁布了《大学组织法》，规定大学分文、理、法、教育、农、工、商、医各学院，凡具备三个以上学院者，始得称大学，否则为独立学院。同时就主办者而言，大学又可分为：由教育部设立者为国立大学，由省政府设立者为省立大学，由市政府设立者为市立大学，由私人或私法人设立者为私立大学。比较既往有关法规，《大学组织法》进一步明确了“研究高深学术，养成专门人才”的办学宗旨及施教方针，并于第八条规定“大学得设研究院”。[①] 此外，《大学组织法》对大学的成立资格、大学教员的等级、学生入学资格、修业年限等事项，均作了详尽规定，为提升高校办学水平、发展研究生教育打下了基础。

1930年4月，第二次全国教育会议召开。此次会议通过了《改进高等教育计划》，对国立大学设置研究院所的条件作出更为明确的规定：（一）每年经常费在一百万元以上者；（二）图书、仪器、标本等设备比较充实者；（三）校内教授对于某种学术有特殊贡献者；（四）校内学生程度向已提高者。可见，教育部主要将学校的办学经费、图书设备、师资队伍、学生素质等四大核心要素作为设立研究院所的重要条件。

《改进高等教育计划》对研究院所的组织及研究资格、期限等也作出详细规定：（一）研究机构设研究讲座三个以上时，称研究所；设研究所两个以上时，称研究院。（二）研究院应以校名冠首，例如国立某某大学研究院；研究所应以学系名冠首；研究讲座以学程名冠首。（三）国立大学研究院院长由校长自兼；研究所所长，由院长或系主任兼任；研究讲座导师得由教授兼任。（四）研究生资格以国立、省立及已立案的私立大学毕业生经试验及格者为限，研究期限暂定为至少三年，研究期满，得应国家博士学位试验。（五）除在校担任助教或助理而兼作研究生者外，每名应月给奖学金约五十元。每学

① 阮华国编：《教育法规》，大东书局1947年版，第151—153页。

期末，须将研究所得报告一次，成绩不良或竟无报告者，停给奖学金。①

通过《大学组织法》及《改进高等教育计划》的颁布，大学研究院所的名称、内部设置、组织结构、招生资格等得以明确规定，一改以往各校各自为政的混乱状况。至此，中国大学研究院所的制度已基本成型。但是，这些规定仅仅是以规划或设计的形式出现，相较法规制度以及实践操作还有一段距离。

（二）《大学研究院暂行组织规程》的出台

为了进一步规范各大学研究院所的设置以及完善研究生教育制度，1934年5月，教育部颁布了《大学研究院暂行组织规程》（以下简称《研究院规程》）。这是近代中国第一部专门针对研究生教育而制定的法规，其重要性不言而喻，具体内容如下：

大学研究院暂行组织规程②

（1934年5月19日教育部颁发）

第一条　大学为招收大学本科毕业生，研究高深学术，并供给教员研究便利起见，得依《大学组织法》第八条之规定，设研究院。

第二条　研究院分文、理、法、教育、农、工、商、医各研究所，称文科研究所、理科研究所、法科研究所、教育研究所、农科研究所、工科研究所、商科研究所、医科研究所。凡具备三研究所以上者，始得称研究院，在未成立三研究所以前，各大学所设各科研究所，不冠用研究院名称。

第三条　各研究所依其本科所设各系分若干部，称某研究所某部（例如理科研究所物理部）。

各研究所依各大学经费、师资与设备情形得陆续设立各部，或仅设置一部或数部。

第四条　研究院研究所暨研究所所属各部之设置，须经教育部之核准。

第五条　设置研究院研究所之大学，须具备左列各条件：

① 参见《改进高等教育计划》，《教育部公报》第2卷（1930年）第13期。

② 中华民国教育部编：《教育法令汇编》第一辑，商务印书馆1936年版，第127—128页。

一　除大学本科经费外有确定充足之经费专供研究之用；

二　图书、仪器、建筑等设备堪供研究工作之需；

三　师资优越。

第六条　大学研究院设院长一人，得由校长兼任。各研究所及所属各部各设主任一人。

第七条　招收研究生时，以国立、省立及立案之私立大学与独立学院毕业生经公开考试及格者为限。并不得限于本校毕业生。

在外国大学本科毕业者亦得应前项考试。

研究院各研究所或部于必要时得停止招收研究生。

各大学依本规程所招收之研究生，应于取录后一个月内连同资格证件报部审核备案。

第八条　在学位法未颁布以前，各研究生研究期限暂定为至少二年。期满考核成绩及格由大学发给研究期满考试及格之证书。

前项考试机关应有经部核准之校外人员参加，其详细规则另定之。

第九条　研究生应习之课程及论文工作由各校详细拟订，呈经教育部核定。

第十条　研究生不得兼任校内职务。

第十一条　研究生成绩优异者得给予奖学金，其名额及金额由各校自定之。

第十二条　独立学院得准照本规程各条之规定设置研究所。

第十三条　各大学或独立学院，在本规程公布前，已设置研究所者，应依本规程第四条及第五条之规定，呈部审核，经审核认可者，方得继续设立。

第十四条　本规程自公布之日施行。

从上述内容可见，《研究院规程》对大学研究院所的性质、组织机构、研究生资格及考试、肄业年限等，都作出了统一规定。于是，各校成立研究院所，开始有章可循、有法可依。

相较于《大学组织法》等，《研究院规程》的最大变化之处，是提高了研究院设置标准：设立研究院需有三个以上研究所，而不是之前所规定的两个研究所；研究所名称依学科名而称，结束了此前以学院或学系名称命名的混乱做法；研究期限为两年以上，代替了以前不定期限或三年以上的规定。同时，该《研究院规程》还特别规定：设置研究院研究所之大学，须具备下列三条件：（一）除大学本科经费外，有确定充足之经费专供研究之用；（二）图书、仪器、建筑等设备堪供研究工作之需；（三）师资优越。《研究院规程》的颁布与实施，使得研究生学习课程第一次出现在法规中，这表明我国研究生的培养模式得以明确。

《大学组织法》与《研究院规程》的颁布和实施，为我国研究生教育逐步规范化奠定了基础。至此，我国实施研究生教育的主要机构——研究院所建制已基本成型。蔡元培曾对我国高校研究机构的历史演变进行了系统的梳理。

> 我国新式学校系统之编制，始于前清光绪二十八年。是年所定之学制，于大学堂以上有大学院，其说明谓“大学院为学问极则之研究，不主讲授，不主课程”。及二十九年易大学院之名为通儒院，限以五年。民国元年之大学令，仍改通儒院为大学院，谓“为大学教授与学生极深研究之所，不立年限”。十七年又改大学院为研究院，谓“为大学毕业生而设，年限不定”。本年教育部所颁布之大学研究院暂行组织规程，则又称“大学为招收大学本科毕业生研究高深学术并供给教员便利起见，得设研究院”。综上各条观之，其名称虽有大学院、通儒院、研究院三种之别，而其任务为高深学术之研究，则前后一致。①

《研究院规程》颁布后，社会各界反响热烈，均对科学研究及高层次知识人才培养充满期待。时任教育部部长的王世杰说：

> 在民国二十年《约法》公布以前，吾国大学尚无正式经政府承认的大学研究所；实际上各大学之已设研究所亦极少。以是之故，教职员既鲜有研究之便利，大学本科毕业学生亦无深造之机会。且因大学研究所之不存在，各校均不能授予高级学位；一般学子继续深造之兴趣亦殊不易提高。基于这种原因，教育部乃于民国二十三年首先颁布《大学研究院暂行规程》，对于成绩优良之大学及独立学院，准各就其设备较为充实的科系，陆续设置研究院所，招收大学本科毕业生为研究院生……②

在王世杰看来，研究院所的设置一是给教职员提供研究便利，二是为提高学位教育的层次，此外也有利于大学培养师资。同时，他针对中国高等教

① 蔡元培：《论大学应设各科研究所之理由》，《东方杂志》第32卷（1935年）第1号。

② 王世杰：《训政时期约法与最近教育工作》，《教育杂志》第26卷（1936年）第10号。

育事业的现状，还强调指出："现在多数的大学，均感优良师资的不足，而现时国内大学因研究所的缺乏，复尚难自植大学师资，故目前尚应一面继续留学政策，一面择适当之大学，筹设研究所。"①

时任教育部高等教育司司长的黄建中也明确声称："年来大学毕业生日见增多，国内颇乏高深研究学术之所。教育部为养成高深学术人才及完成最高阶段之学制计，特制定《大学研究院暂行组织规程》，以为各大学设立研究所之准则。"②

任鸿隽说："我们教育当局现在积极的提倡大学研究所的设立，不能不说是教育政策的一个转变与进步。因为我国办了几十年的大学，毕业的学生虽然一年比一年的多，但造就的人才却不能与大学的毕业生作正比例。"③ 由此，他认为人才缺乏是导致我国大学研究所数量欠足的主要原因。

其时的《教育杂志》刊载评论："盖研究所之设立，在国内各大学均属草创，而我国物质及人材，又极有限，故颇费斟酌。良以研究所之设立，一方面须顾及各学校人材设备之含量，一方面须考察各科学术需要之缓急，统筹全局，因地制宜，应由教部斟酌指定，借收分工合作之效，而免偏枯重复之弊。"④

傅斯年肯定地指出："在现在各大学每已设立了所谓研究院的时候，有这样一个规定，自然是一件很切要的事情。"但是，他还保持了一份学者应有的冷静。在对西方大学研究院的创设背景及发展过程进行了一番梳理的基础上，他认为大学办研究院应与大学本身的各种条件相符，而且是一个渐进的过程。"回看中国要想一下子成就颇觉可疑，其故因为大学的本身不曾完成大学之意义者多。"因此，他建议："在大学建置其研究院之前，应该先使得大学成大学，即彻底的建设大学中之讲座制……若大学本身的品质不具，而更设研究院，虽以至诚之志赴之，亦必为低能的大学本身所劣化无疑也。"⑤

---

① 王世杰：《中国教育的现状》，载黄季陆编：《革命文献》第 55 辑，（台北）"中央"文物供应社 1971 年版，第 71—72 页。

② 黄建中《三年来之中国高等教育》，载黄季陆编：《革命文献》第 55 辑，（台北）"中央"文物供应社 1971 年版，第 88 页。

③ 任鸿隽：《大学研究所与留学政策》，《大公报》1934 年 12 月 23 日。

④ 《本国教育文化史的新页：中央大学筹办研究所与试验天才教育》，《教育杂志》第 25 卷（1935 年）第 4 号。

⑤ 孟真（傅斯年）：《大学研究院设置之讨论》，《独立评论》1934 年第 106 期。

（三）《学位授予法》的颁行

在高校探索研究生教育实践之时，与之相适应的学位制度却迟迟未能建立起来。我国学位制度的实践，由教会大学发其端。为谋取学位授予权，各教会大学纷纷向国外大学注册立案，开设学位课程，使自己的课程与国外大学相联系，从而谋求享有与之同等的权利。为保证教学质量，各教会大学均参照国外著名大学的标准制定学校规章。例如，圣约翰大学明确规定："文科及理科高级毕业，给予学士学位，如该生在正馆四年之总分数均在八十分以上，凭照内特加荣誉二字，以示优异……俟该生受会长职后，方能实授院生，读毕大学院课程，可得文科或理科硕士学位。"① 近代中国的教会大学，多属美国差会创办，故而在学位制度的创建上大多借鉴了美国的三级学位制。以东吴大学法科为例，学生"毕业后授予法学士学位，经学校介绍可赴美国留学，也可直接进美国法律学院研究部门，一年后获法学硕士学位，二年后获法学博士学位"。② 教会大学在实施学位制度的过程中，通过对西方学位制度的引进、消化、融合和调整，努力实现其本土化、中国化，为我国研究生教育的发展提供了可以参考的直接样板，加速了学位制度化建设的进程。

1918 年，北京大学创设文、理、法三科研究所，开我国自办研究生教育的先河。此后清华大学等国立高校也纷纷开始了研究生教育的筹办工作。受北洋政府政策及时局影响，彼时的学位制度未能与研究生教育同步发展。只是在 1922 年春，设于上海的交通大学在其发展计划中明确提出"设立研究院"时，对学位制度有过较为完整的设计：

> （一）设立研究院　……俾学者得以研究高深新颖之学术，供诸社会，以图发展文明。
>
> …………
>
> （三）颁给硕士博士学位　该校本科学生毕业后，得授学士学位，早经规定颁给。兹为作育人才、发扬校誉起见，决设研究院，使本科毕业生，再从事研究精深学术，而给以硕士博士学位。③

---

① 圣约翰大学编：《圣约翰大学章程汇录》，上海美华书馆 1941 年版，第 75 页。

② 陈学恂主编：《中国近代教育史教学参考资料》（下册），人民教育出版社 1987 年版，第 135 页。

③ 《交通大学沪校之新计划》，《新教育》第 4 卷（1922 年）第 5 期。

可见，在交通大学的发展计划中，已经设计了大学本科生以上研究生的培养，并且明确提出了学士、硕士、博士的学位问题。及至1926年11月《国立东南大学研究院简章》出台，国立高校有了更为明确和可供操作的学位制度设计。此后，国立高校在学位制度建设上更是日见新进，纷纷出台研究院所章程，对研究生学位授予工作提供详尽指导。这些实践和探索，无疑成为政府制定学位授予法的参考依据，并客观上推动了《学位授予法》的及早出台。

1928年5月中下旬，第一次全国教育会议在南京举行。会议期间，高等教育组就提交了“请大学院订定大学毕业考试及学位授予条例案”。该案主要内容为：

（一）凡大学得给予学生毕业证书，不得授予学位。

（二）学位分学士、博士二级，由大学院授予之。

（三）凡大学学生修毕规定课程，经大学举行之各学年课程总考试及格者，由大学给予毕业证书，称某大学毕业生。

（四）凡国内外大学毕业生或具有相当学力者，经大学院举行之学位考试及格，由大学院授予学士学位。

（五）凡已得学士学位，继续研究三年以上，有学术上之发明或著作，经大学院依学位授予条例审查及格者，由大学院授予博士学位。

（六）凡在学位授予条例公布以前，在国内公私立大学得有学士称号者，应称某大学学士，得应大学院举行之学士学位考试，及格者由大学院授予学士学位。

（七）凡在国外大学得各种学位者，应称某国某大学各种学位，凡有学术上之发明或著作，经大学院依学位授予条例审查及格者，由大学院授予博士学位。①

由上可知，南京国民政府时期于学位制度设计上，最初仅有“学士”和“博士”两级，而且其学位只能“由大学院授予之”，至于各大学“不得授予学位”，只能给予学生毕业证书。欲取得学士学位的大学毕业生，还必须“经大学院举行之学位考试及格”方得以授予；同理，欲取得博士学位且“已得学

---

① 《教育界消息：国民政府下之第一次全国教育会议》，《教育杂志》第20卷（1928年）第6号。

士学位”的学生，必须“继续研究三年以上，有学术上之发明或著作”，然后由大学院依《学位授予条例》审查及格者，才由大学院“授予博士学位”。

上述设计所作的种种“规定”，随着人们讨论的深入、教育事业的发展以及对外国相关制度理解的加深，在随后的历次研讨过程中，不断地得到修正、补充和调整，同时这种全国教育会议上的“提案”，也渐渐上升到法令、法规的层面来讨论和制定。具体说来，在国民政府的中央法规正式出台之前，大致经历了这样的变化历程：1929 年 5 月 18 日，国民政府立法院召开第 25 次会议，审议《大学条例》《专科学校条例》和《学位条例》三草案。当经议决将这些草案交付戴修骏等委员“会同审查”。戴修骏召集众人经过三次集会审查，认为《大学条例》和《学位条例》“尚属妥善”，“应修正通过，并以法律规定改名为法”。及至 6 月 22 日立法院第 29 次会议召开时，戴氏等人向大会提交了《学位授予法草案》，即“第一次审查修正案”。《学位授予法草案》规定学位“分修业士、学士、博士三级”：“凡省立、市立、县立或已立案之私立高级中学学生，修业期满，学分足额，经考试院组织之修业士学位试验委员会试验及格者，授予修业士学位”；“凡国立、省立、市立或已立案之私立大学学生，修业期满，学分足额，提出论文（或译书），经考试院组织之学士学位试验委员会审查合格并试验及格者，授予学士学位”；“博士应试人提出论文，经考试院组织之博士学位试验委员会审查，认为有创造或发明，并试验及格者，授予博士学位”。[①]《学位授予法草案》中，不仅将“学位”定为三级，而且将授予权划归考试院职权范围中。

但上述《学位授予法草案》一度搁浅，因为在立法院第 29 次大会上复议时，考虑到应在《考试法》审定后“再行讨论”，故而当即议决“缓议”。在立法院第 34 次院会时，立法委员卫挺生认为，《考试法》业经决定，所以“缓议”的《学位授予法草案》“应再付审查”，于是再付戴修骏等人“审查”。是故戴氏诸委员在 1930 年 6 月 26 日、6 月 28 日、7 月 4 日、7 月 8 日，前后会集“详加讨论修正”，并一致认为“有制定施行法之必要”，复共同拟定《学位授予法施行法草案》（十五条），在当年 7 月 12 日召开的国民政府立法院第 100 次会议上，一并提交讨论。这次提交的《学位授予法草案》（即“第二次审查修正案”）规定学位分为秀士、学士、博士三级，其中学士、博士

① 《立法院各委员会审查报告·法制委员会审查报告》，《立法院公报》1929 年第 7 期。

学位均分为文、理、法、教育、农、工、商、医八大学科；同时规定，这三级学位均“依《考试法》之规定”，“由考试院呈请国民政府授予”，但具体实施时，在《学位授予法施行草案》中规定，秀士学位“由国民政府转令各省教育厅举行之”，学士学位“由国民政府转令教育部举行之”，而博士学位则“经博士考试及格或经博士会依法推定呈准后，由国民政府举行之”。①

到1930年10月26日立法院再“奉令重行审查”时，又经过讨论并议决，将《学位授予法》（草案）改为《博士学位授予法》，即仅就“博士学位”一级进行讨论并立法，并随之在当年12月4日由学位授予法起草委员会将这个修改后的《博士学位授予法》（草案）提交立法院开会审查，其结果是“仍经议决‘缓议’”。

及至1933年5月24日，国民政府迫于社会舆论之压力及教育变革之亟需，函催立法院“从速制定学位条例”，“因又改交法制委员会审查”。不久，国民政府发交学位授予法原则及学位授予法草案到立法院，交予法制委员会“并案审查”。是时，参与此法制定者们已深深认识到：“现在各校设立研究院、研究所者甚多，若不制定《学位授予法》公布施行，则各校授予学位势必无所遵循，趋于纷杂，故《学位授予法》之订定，实为目前迫切需要。”值得注意的是，此次审查的《学位授予法》文稿，于第二条规定“学位分学士、硕士、博士”三级，并强调“特种学科得仅设二级或一级”。② 但在审查过程中，对有些条目的讨论，“各委争辩较烈”。加之其时一些配套文件并未形成，于是表决通过后的《学位授予法》并未及时公布实施。

直到1935年2月28日，国民党中央政治会议决定拟订学位授予法原则后，国民政府于3月6日以第187号训令要求立法院对《学位授予法》草案再行审定，于是在4月12日立法院召开的第四届第12次会议上，立法院法制委员会将第10次及第11次会议先后提出讨论并“修正通过”③ 的结果提交大会议决，并得以通过。紧随其后，国民政府于4月22日以第332号训令正式公布《学位授予法》。该法的具体内容为：

---

① 《〈“学位授予法草案”并“学位授予法施行法草案”案〉审查报告》，《立法院公报》1930年第20期。

② 《国内要闻·立法院通过学位授予法》，《中华法学杂志》第6卷（1935年）第4、5期。

③ 《立法院各委员会审查报告·法制委员会审查报告》，《立法院公报》1935年第69期。

第一条　学位之授予依本法之规定。

第二条　学位分学士、硕士、博士三级。但特种学科得仅设二级或一级。前项分级细则，由教育部定之。

第三条　凡曾在公立或立案私立之大学或独立学院修业期满，考试合格，并经教育部复核无异者，由大学或独立学院授予学士学位。

第四条　依本法受有学士学位，曾在公立或立案私立之大学或独立学院之研究院或研究所继续研究两年以上，经该院所考核成绩合格者，得由该院所提出为硕士学位候选人。硕士学位候选人考试合格，并经教育部复核无异者，由大学或独立学院授予硕士学位。

硕士学位考试细则，由教育部定之。

第五条　依本法受有硕士学位，在前条所定研究院或研究所继续研究两年以上，经该院所考核成绩合格，提出于教育部审查许可者，得为博士学位候选人。

第六条　具有左列资格之一，经教育部审查合格者，亦得为博士学位候选人。

一、在学术上有特殊之著作或发明者。

二、曾任公立或立案私立之大学或独立学院教授三年以上者。

第七条　博士学位候选人，经博士学位评定会考试合格者，由国家授予博士学位。

博士学位评定会之组织及博士学位考试细则，由行政院会同考试院定之。

第八条　硕士学位及博士学位之候选人，均须提出研究论文。

第九条　本法施行前在公立或立案私立之大学或独立学院之本科毕业生，与依第三条受有学士学位者有同一之资格。

第十条　在经教育部认可之国外学校或其他学术机关得有学位者，得称某国或某国某学校某学位。

第十一条　名誉博士学位之授予，另以法律定之。

第十二条　本法施行日期，以命令定之。①

自此，经过三十多年的努力探索，国人终于在形式上完成了对西方学位

① 《法规·学位授予法》，《法令周报》1935年第18期。

制度的移植，中国研究生教育的学位问题也因此得以合法解决。[①] 在5月23日，依照《学位授予法》的基本精神，教育部又颁布了《学位分级细则》十二条，对各科学位的分级及名称加以具体规定。其中，文科、理科、法科、教育科、农科、工科和医科均为三级，即学士、硕士和博士，而商科仅有商学士和商学硕士两级。此外，该细则于第四条中明示："大学法学院或独立学院法科设有商学系及法科研究所设有商学部者，其学位之级数及名称，应与商科同。"[②] 为便于学位法的施行，教育部于5月28日明确公示经行政院第212次会议决议通过的学位法实施时间："凡依本法有权授予学士学位之学校，得自民国二十四年七月一日起，依本法开始授予各种学士学位"；"硕士学位开始授予时期，应于硕士学位考试细则中另定之"；"博士学位开始授予时期，应于博士学位考试细则中另定之"。[③] 6月12日，教育部又"依《学位授予法》第四条第三项之规定"，颁布了《硕士学位考试细则》，对硕士学位考试的组织进行了详细规定，使得学位与研究生教育更趋完善。现将《硕士学位考试细则》的内容要点列示如下：

第二条　硕士学位候选人……须具有左列各项资格：

（一）依学位授予法受有学士学位，或于学位法施行前曾在本国公立或立案私立之大学或独立学院本科毕业，或曾在经教育部认可之国外大学得有相当于学士之学位者；

（二）曾在学位授予法第四条所定研究院或研究所继续研究两年以上者；

（三）修毕规定课程，完成研究论文，经所属院所以平时考试稽核方式证明成绩合格者。

第三条　硕士学位考试分左列二种：

（一）学科考试；

（二）论文考试。

---

① 关于南京国民政府于三级学位制度的建设，有兴趣的读者可参见余子侠、王海凤所撰《南京国民政府时期三级学位制度形成考实》（《高等教育研究》2020年第1期）。

② 《法规章则·学位分级细则》，《中华教育界》第23卷（1935年）第1期。

③ 中国第二历史档案馆编：《中华民国史档案资料汇编》第五辑第一编"教育"（二），江苏古籍出版社1994年版，第1411页；《大学教育之推进》，《中国国民党指导下之政治成绩统计》1935年第5期。

学科考试，由考试委员就候选人所修学科中指定与论文有关系之科目二种以上，以笔试行之；必要时并得在实验室举行实验考试。

论文考试，由考试委员就候选人所交论文中提出问题以口试行之；必要时并得举行笔试。

学科考试及论文考试，均于每学年第二学期末举行；其日期及时间，由硕士学位考试委员会定之。

第四条　候选人须于考试期前一个月缮正研究论文及论文提要各两份，呈送所属院所，由院所提出于考试委员会。

论文及提要，均须用本国文字撰作；但得同时提出用外国文字撰作之副本。前经取得他种学位之论文，不得再度提出。

第五条　考试成绩之核算，论文成绩占百分之六十，学科成绩占百分之四十，两种成绩各在六十分以上，始认为及格。成绩不及格者，须再在所属院所继续研究满一年后，始得重行提出论文，并受全部考试。

第六条　候选人研究满两年，愿仍在院所继续研究者，得请求延期一年，于下届提出论文受试。

第七条　硕士学位考试委员会……由校延聘经部核准之校内外委员各若干人（各占半数）组织之，由部指定一人为委员会主席。遇必要时，此项委员并得由部指定。研究所主任暨负责指导候选人研究工作之教授一人为当然委员。

第八条　每一候选人论文之审查，由校外委员二人任之，其口试或笔试，至少须有校外委员一人参加主持。学科考试，至少须有校外委员一人参加主持。

第九条　候选人考试成绩，经主试各委员分别评定后，须提送委员会。由全体委员为最后之决定。

第十条　候选人考试合格之论文（附提要一份）试卷及各项成绩，应于考试完竣后一月内，由校呈部复核。

第十一条　凡依照《大学研究院暂行组织规程》经部核准设立之研究所，其民国二十三年度及以后年度所招收研究生，于研究期满依本细则考试及格，并经部复核无异者，由大学或独立学院授予硕士学位。①

① 《法规章则·硕士学位考试细则》，《中华教育界》第23卷（1935年）第2期。

为配合硕士学位考试的实施，1936 年 4 月 7 日，教育部又颁布了《硕士学位考试办法》，规定："（一）参加硕士学位考试之研究生，应以各该大学研究院或研究所曾依《大学研究院暂行组织规程》第七条之规定，将该生之资格、证件报部核准有案者为限"；"（二）举行硕士学位之考试之大学研究院或研究所，如尚未依照《大学研究院暂行组织规程》第九条之规定，将研究生应习之课程及论文工作呈经本部核定，应于举行考试前补报备核"；"（三）举行硕士学位考试之大学研究院或研究所，应依照《硕士学位考试细则》第七条之规定，先期拟具校内外委员名单呈部核准"；"（四）关于考试一切事宜，应由各该大学研究院或研究所与考试委员会，依照《硕士学位考试细则》各规定分别办理"。[①]《硕士学位考试办法》的出台，为高校硕士学位考试的具体实施提供了指导。于是，与研究生教育相关的学位问题亦获得合法解决。国家从法制层面，将学位制度与研究生教育有机地结合起来，改变了各校各自为政的状况，对统一学科标准、严格学术要求起到了积极的作用，也更加符合世界高等教育发展趋势。诚如时人所论：《学位授予法》的出台，"使学位制更有法律上之根据"；大学教育之目的为"研究高深学术，养成专门人才"，今更为鼓励各大学造成研究学术风气，并奖励大学生研究学术，"而有《学位授予法》之制定，其直接影响于我国学术之研究，整个文化之发展，当非浅鲜"。[②]

综观之，为解决包括研究生教育在内的高等教育运行模式问题，南京国民政府在上台后的十年间，相继出台了多部有关高等教育的法律、法规，在中国高等教育制度文本现代化方面取得了实属不易的进步，对推动中国研究生教育的正常发展大有裨益。

第二节　培养机构的改设

进入 20 世纪 30 年代，特别是 1934 年《大学研究院暂行组织规程》颁行之后，高等教育界掀起了在大学创办研究院所的热潮：已设有研究院所的高校纷纷调整现行结构，扩充既有规模；未开办研究院所的高校则纷纷创造条

① 《法规章则·硕士学位考试办法》，《中华教育界》第 24 卷（1936 年）第 1 期。

② 高右书：《学位授予法与教育制度》，《半月评论》第 1 卷（1935 年）第 8 期。

件，迅速加入研究生教育的行列中。

一、 研究院所的增加

《大学研究院暂行组织规程》对研究院所的设置和建设作了较为详尽的规定，为各个高校设立研究院所提供了政策指导。部分公、私立大学及独立院校纷纷在原有的基础上广设研究院所，研究院所的数量迅速增长，招生人数也继续扩大，研究生教育规模逐年扩增。

（一）培养机构创设概况

针对研究生教育，国民政府除了制定《学位授予法》以确立学位制度的一系列变革外，于研究生教育机构的设置，亦多次发表了规范性指令，以保证和提高人才的培养质量。

1929 年 12 月 4 日，针对其时研究生教育存在的一些问题，国民政府教育部对国立各高校发出第 1889 号“训令”，要求已设立研究院或研究所的国立各大学，“务将该院所成立及进行状况，详细呈报，以凭查核”。[①] 国民政府对各有关高校擅自授予名誉学位的举措，亦加以督察并予以制止。如在 1930 年 11 月时，国民政府第 1944 号令准行政院就教育部所呈，明令《学位授予法》未制定之前，“不得擅授名誉学位”：

> 查学位之设，所以崇奖学术，激励后进。欧美日本诸国之授予，异常隆重，诚以名器不可假人，稍或滥施，便损尊严。我国学位授予法，正在立法院慎重拟订。在尚未制定公布以前，拟令公私立大学，均不得擅授名誉学位，以重名器，而杜冒滥。[②]

由是可知，其时于研究生的教育，无论是其培养机构的开设，抑或与其相关的学位授予，国民政府都有所注重，而且随着对其时学校教育的全面整顿，于政策上大有“收紧”之势。

然而，就当时全国学校教育而言，正如时人所批评，存在着严重的“六

---

① 《训令·令国立各大学》（1929 年 12 月 4 日），《教育部公报》第 1 卷（1929 年）第 12 期。

② 《教育消息·〈学位授予法〉未制定前不得擅授名誉学位》，《湖北教育厅公报》第 1 卷（1930 年）第 14 期；《训令：第三八六五号（十九年十一月三日）：令教育部》，《行政院公报》1930 年第 201 期。

滥”现象：学校滥、办学人滥、师资滥、教材滥、招生滥、升学滥。[①] 所以在随后的讨论和制定学位授予法以及建立学位制度的过程中，国民政府及其教育部，仍然对培养研究生教育机构的设置持慎重而严格的态度。1935 年 4 月《学位授予法》正式出台，国民政府教育部随之于 6 月 5 日发出“高国壹 15 第七零九八号训令”，借以整顿和规范研究生教育机构的设置或开办。其令曰：

查《大学研究院暂行组织规程》及《学位授予法》，业经先后令饬施行。此两种法规，关系至为密切，均应严格实施，以杜流弊。依照《大学研究院暂行组织规程》之规定，研究院、研究所暨研究所所属各部之设置，须经本部核准；又各大学或独立学院在前已设之研究院研究所，应依本规程第四条及第五条之规定，呈部审核，经审核认可者，方得继续设立。嗣后各大学研究院或研究所如欲适用《学位授予法》之规定，其招收研究生时，应以业经本部核准之研究所及所属各部为限。仰各遵照。

再查大学研究院研究所招收研究生应公开考试，不得限于本校毕业生。合将已经本部核准之大学研究院研究所及所属各部名称，开单令发，以后遇有新经核准者并随时陆续饬知，仰即布告学生知照，以便各该校毕业生之有志深造者，分别投考。[②]

伴随着国家对研究生教育机构设置政策的变化，国民政府上台头十年间，研究院所的设置呈波浪式的变化发展态势。具体说来，1927 年 4 月国民政府定都南京后，于中央一级设立“大学院”，以之作为全国最高的学术研究和教育行政机关。由于这个“大学院”与 1922 年学制出台后各有关大学所设置的用以从事研究生教育的“大学院”，两者同名相混，于是在 1928 年 5 月间第一次全国教育会议通过的《整理学校系统案》中，将 1922 年“壬戌学制”规定的于大学内设置的“大学院”改称为“研究院”，且明确说明“研究院为大学毕业生及具有同等程度者而设，年限无定”[③]。虽说此前清华大学、厦门大

① 参见毛礼锐编：《中国教育史简编》，教育科学出版社 1984 年版，第 523 页。

② 《布告·国立山东大学布告（第七四号）》，《国立山东大学周刊》第 119 期，1935 年 6 月 10 日。

③ 李友芝等编：《中国近现代师范教育史资料》第二册，1983 年铅印本，第 654 页。

学等校已有国学研究院之设，但“研究院”之名的出现且定为培养研究生的教育机构，在国家制度层面上尚为首次。在随后的两年间，1929 年 7 月国民政府公布了《大学组织法》，再次规定“大学得设研究院”；1930 年 4 月第二次全国教育会议通过的《改进高等教育计划》，又进一步规定了各国立大学设置研究院所的条件，并对“研究生”的资格进行了具体的规定和说明。至此，我国现代大学研究院所制度才趋于成型，而研究生教育也由是定性。

遗憾的是，截至《大学研究院暂行组织规程》颁行时，中国研究生教育及其实施机构的设置，仍然相当混乱。其中最突出的问题有两点。

一是既设的各高校“研究所”，其具体职能并未统一。且不论其仿设的体制模式不同（或仿德、美，或效英、日），仅就其所设目的和功用而言，也不一致：研究机构在兼及教师从事学术研究的便利时，主要用以从事研究生的教育或培养，如南京国民政府上台前北京大学、清华学校、厦门大学等校设置的从事“国学”研究的研究机构，以及南京国民政府上台后才陆续开办的清华大学物理研究所、中山大学语言历史学研究所（1931 年时改名文史研究所）等即是；但也有一些研究机构只从事科学研究，并不招收研究生或承担研究生的培养任务，如 1930 年成立的金陵大学中国文化研究所、交通大学研究所（由该校原工业研究所改组而成）等即是。正因如此，其时研究院所的隶属关系亦相当混乱：既有与学院同级而直属于学校的研究院所，也有在学院之下与学系平行而属于学院的研究所，还有附设于学系的研究所。此种情状，正如教育部在《十年来之高等教育》中所指出：“大学研究所在教育部未颁布组织规程以前，各校亦有设立者，如清华、北京、中山、交通、北平师大、北洋工学院、南开、辅仁、燕京、东吴等校，惟办法殊不齐一。”①

二是那些从事研究生教育的大学研究机构，均是各行其是。遑论国民政府上台前的研究生教育，各校的招生标准、名额和培养模式各不相同，即使国民政府上台后于研究生教育多次下令整顿，各有关高校研究生教育的发展规模、招生人数和学科专业设置等仍然由各该校依据自身既有条件去“灵活”操作。与此相应，在研究生的培养年限上，各校也无统一规定，至于研究生在校学习期满，有无考核、如何考核，更无统一要求和标准。因为政府对于

① 《十年来之高等教育》，载杜元载主编：《革命文献》第 56 辑，（台北）中国国民党中央委员会党史史料编纂委员会 1971 年版，第 200 页。

各高校的研究生教育并未能直接干涉，也未予国家承认的学位，所以各校均采取无入学考试的招生方式。

针对上述乱象，国民政府自《改进高等教育计划》出台后，开始结合国家现时人才需求和高校自身既有条件，有意识地指令有关大学设立相应的研究生培养机构。如在1934年，国民政府教育部决定“自下年度起，令中央、浙江、武汉三大学，各设研究所一所”，并且指定中央大学设立“工业研究所”，浙江大学设立“农业研究所”，武汉大学设立“社会科学研究所”。同时“函请文化基金及中英庚款两董事会，确认每年拨助经费十万元，三年为期，共六十万元”。[①] 然而，这三所大学并未于次年即1935年建立起相应的研究所。历史的实情是，1935年6月教育部发“高国壹15第七零九八号训令”后，各大学均将自身开设的研究生培养机构的相关资料上报教育部，再由教育部依据《大学研究院暂行组织规程》的规定进行审查核准，各校方能按照“院—所—部”的三级结构继续办理机构和招生培养。据其时相关报道，在1935年间，先期通过教育部审查并核准的高校，计有国立清华大学、中央大学、武汉大学、北洋工学院以及私立南开大学。紧随其后“续经核准者”，计有国立中山大学、北京大学以及私立燕京大学和东吴大学等校[②]。至是年年底，经过教育部审查核准培养研究生的各高校研究院、所及其下属各部，计有10校22所35部。为了节省文字的叙述，现据有关史料列表示下（见“表3.2.1”）。

表3.2.1　1935年时各大学设立研究所情形*

校名	所数	所设各部
国立中央大学	2	理科研究所算学部；农科研究所农艺部
国立北京大学	3	文科研究所中国文学、史学2部；理科研究所数学、物理、化学3部；法科研究所（暂缓招生）
国立清华大学	3	文科研究所中国文学、外国文学、哲学、历史4部；理科研究所物理、化学、算学、生物4部；法科研究所政治、经济2部

① 《教部令国立三大学设研究所》，《浙江教育行政周刊》第5卷（1934年）第41号。
② 《大学教育之推进》，《中国国民党指导下之政治成绩统计》1935年第5期。

续表

校名	所数	所设各部
国立武汉大学	2	工科研究所土木部；法科研究所经济部
国立中山大学	3	文科研究所中国语言文学、历史学 2 部；教育研究所教育学、教育心理学 2 部；农科研究所农林植物学、土壤学 2 部
国立北洋工学院	1	工科研究所采矿冶金部
私立南开大学	1	商科研究所经济部
私立东吴大学	1	法科研究所法律学部
私立燕京大学	3	理科研究所化学、生物学 2 部；法科研究所政治学部；文科研究所历史部
私立金陵大学①	3	文科研究所史学部；理科研究所化学部；农科研究所农业经济部
共计	22	35（部）

*资料来源：《全国各大学设立研究所概计》，《浙江教育》第 1 卷第 3 期，1935 年 12 月；《教育部核准之大学研究院研究所》，《中华图书馆协会会报》第 10 卷（1935 年）第 5 期；《全国各大学研究所》，《科学》第 19 卷（1935 年）第 12 期。

自是，无论是研究生教育机构的设置，抑或研究生人才培养的运作，都走上了正常化和规范化的发展道路。到抗日战争全面爆发前夕，据相关资料反映，截至 1936 年底，全国有 11 所大学设立有研究生培养机构共计 24 个研究所 39 个学部，其中清华大学、北京大学和中山大学均因开设有 3 个研究所而成立了研究院（见“表 3.2.2”）。

表 3.2.2　1936 年全国大学研究所统计表*

学校	研究院所		学校	研究院所	
清华大学	研究院	文科研究所	北京大学	研究院	文科研究所
		理科研究所			理科研究所
		法科研究所			法科研究所

① 私立金陵大学已得“教育部准设，正在筹备中”。

续表

<table>
<tr><th>学校</th><th colspan="2">研究院所</th><th>学校</th><th>研究院所</th></tr>
<tr><td rowspan="3">中山大学</td><td rowspan="3">研究院</td><td>文科研究所</td><td rowspan="2">中央大学</td><td>理科研究所</td></tr>
<tr><td>教育研究所</td><td>农科研究所</td></tr>
<tr><td>农科研究所</td><td>北洋工学院</td><td>工科研究所</td></tr>
<tr><td rowspan="2">武汉大学</td><td colspan="2">工科研究所</td><td rowspan="2">南开大学</td><td>商科研究所</td></tr>
<tr><td colspan="2">法科研究所</td><td>理科研究所</td></tr>
<tr><td rowspan="3">燕京大学</td><td colspan="2">文科研究所</td><td rowspan="3">金陵大学</td><td>文科研究所</td></tr>
<tr><td colspan="2">理科研究所</td><td>理科研究所</td></tr>
<tr><td colspan="2">法科研究所</td><td>农科研究所</td></tr>
<tr><td>东吴大学</td><td colspan="2">法科研究所</td><td>岭南大学</td><td>理科研究所</td></tr>
</table>

* 资料来源于中国第二历史档案馆编：《中华民国史档案资料汇编》第五辑第一编“教育”（二），江苏古籍出版社 1994 年版，第 1385—1386 页。

这一历史时期的中国研究生教育，基本上完成了从讨论规划、文本设计到探索实践的重大转变。虽然这一过程步履维艰，并且多以国外高校研究生教育为蓝本，具有典型的后发外生性，但毋庸置疑的是，此期的努力为中国研究生教育的进一步发展奠定了坚实的历史基础。

（二）公立高校扩增举概

南京国民政府成立之前，已开设研究院所的公立高校仅有北京大学和清华学校两所。在经历了数年发展后，北京大学及清华大学研究院所的发展规模扩大，中山大学、中央大学、武汉大学等高校则在前两者的引领示范下，也先后创设了自己的研究院所，开始了相关学科研究生的培养。

1. 北京大学

国立北京大学的研究生教育自 1917 年起步，在南京国民政府上台之前的十年间，以 1922 年国学门的开办为界，大致可分为两个阶段。应该说，自开办国学门后，根据 1922 年 3 月北京大学评议会第七次会议通过的《国立北京大学研究所国学门研究规则》①，北京大学的研究生才真正跨入正常培养的道

① 《国立北京大学研究所国学门研究规则》，《北京大学日刊》1922 年 3 月 4 日。

路，是故蔡元培于1926年撰文作出这样的评说："五年以来，其中编辑室、考古学研究室、明清史料整理会、风俗调查会、歌谣研究室、方言调查会等，已著有不少的成绩，所著录研究生三十二人，也已有十二人贡献心得的著作。"① 显然，其时国学门已兼备今日大学研究生培养和学术研究之双重机构性质。遗憾的是，南京国民政府上台后，北京大学研究生教育的正常推进因政局变化而被迫中断。1927年7月，北京军政府决定取消北京大学，将北京的九所国立高校合并改组为"国立京师大学校"，并于9月20日在各校师生的反对声中在教育部礼堂举行了所谓的"总开学"典礼。随即，北京大学研究所国学门被迫分出，改为京师大学校国学研究馆，研究生培养受到了极大影响。1928年6月，南京国民政府控制北方并在北京推行"大学区制"后，又依据经亨颐等人的主张，将京师大学校改组为"中华大学"。此举同样遭到北京大学师生的强烈反对，于是1928年8月又改中华大学为"北平大学"，隶属北平大学区。这次改革，依旧没有恢复北京大学的独立地位，仍然遭到北京大学师生的坚决抵制，并且他们组织恢复北京大学委员会领导复校工作。就这样，几次接连而至的大变动，致使北京大学遭受重创，经费支绌、师资流失、人心浮动，研究生教育几乎陷于停顿状态。

1929年6月，南京国民政府决定废止大学区制。7月5日，教育部指令北平和浙江大学区于当年暑假内停止运行；8月6日，决定恢复北京大学。12月，在蔡元培的推荐下，蒋梦麟出任北京大学校长。根据蔡元培的"与其求诸量，毋宁求诸质；与其普及，毋宁提高"② 的办学方针，蒋梦麟上任伊始便提出"教授治学、学生求学、职员治事、校长治校"的管理理念，使北京大学的研究生教育很快得到恢复并逐步走上正常的发展轨道。据曾在后来成立的北京大学研究院担任过助教的李夏云所言：

> 及蒋梦麟回长北大，乃力意经营，多方活动，始得中美文化基金委员会慨然捐助北大一百万元，分五年给与，作为创设研究院及添制仪器之用，北大研究院乃于民国二十一年秋成立，招大学毕业生入院研究，

① 蔡元培：《十五年来我国大学教育之进步》，载高平叔编：《蔡元培全集》第五卷，中华书局1988年版，第90页。

② 参见郝公玉：《关于北大研究院敬向北大当局进一辞》，《北平晨报》1934年5月21日。

并延聘研究讲座十余，以大学校长蒋梦麟兼任院长，刘复任副院长。[①]

其实，复校后北京大学于研究生教育机构——研究院的设立与建制，切实进行了一番颇费周折的努力，除了在经费方面寻求支持的来源，最主要的工作在于规章制度的重新制定和全面整理。一经复校，北京大学就按照国民政府《大学组织法》的规定，致力于研究院的设置，复校不及一个月，就于9月1日出台了《国立北京大学研究院章程》。《章程》第一条就明言“本校依《大学组织法》第八条设研究院”，并于第二十一条声明：“自本章程施行之日起，十八年（1929年）六月六日公布之《研究所通则》应即废止。”[②] 同时对研究生的入院条件及相关要求进行了规定：（一）在国内外大学本科毕业者，但国内大学以公立及教育部立案之私立者为限；（二）未在前项学校毕业，志愿研究国学，曾有专门著作，经本院审查合格者。符合这两条资格之一者，“经过规定之入学试验合格者，得入本院为研究生”。研究生“研究年限至少二年，至多五年”，但“最初二年必须在院研究”。[③]

蒋梦麟出任北京大学校长后，在1932年6月16日，由其亲自主持起草的《国立北京大学组织大纲》出台。根据“（一）研究高深学术（二）养成专门人才（三）陶融健全品格”的办学目标，《国立北京大学组织大纲》再次明确表明“本大学设研究院”。[④] 在胡适、傅斯年等人的协助下，他对北京大学进行了全面改革。其中于研究生教育方面，正式将北京大学研究所升格为北京大学研究院，并于当年7月8日召开校务会议，议决通过了新订的《国立北京大学研究院规程》，揭明设立研究院“为北京大学及国内外大学毕业生继续研究高深学术之所”。其内部组织结构是院下“分设自然科学、文史、社会科学三部”[⑤]。于是，原研究所国学门为研究院文史部所代替，原中文系所设置语音乐律实验室也归入文史部。至此，北京大学初步奠定了研究生教育机构的基本框架。

---

① 李夏云：《各学院概况·研究院概况》，《北京大学四川同乡会会刊》创刊号，1934年2月10日。

②③ 《本校布告·国立北京大学研究院章程》，《北大日刊》第2454号，1930年8月2日。

④ 《国立北京大学布告·国立北京大学组织大纲》，《北京大学日刊》第2863号，1932年6月20日。

⑤ 《国立北京大学研究院规程》，《北京大学日刊》第2875号，1932年7月16日。

比较此前出台的《国立北京大学研究院章程》，1932 年 7 月议决的《国立北京大学研究院规程》，尽管仅以十五章取替前者的二十一条，但在制度说明和规条陈叙方面明确、详尽得多。其要者除明确院内分设“三部”外，尤其在研究生教育的三大环节上，表述更为明确而清晰：一是“研究生入院考试”，明确规定考试内容分为两项，即“所专习学科之基本知识”和“外国语”；而前者是“研究生入学试验之规则另定之”。二是研究生培养期间，加入了每学期之末的“初试”要求，而且请求应初试者必须完成两个条件，即“经指导委员证明已在本院研究一个整学年以上”和“作过八个读书报告，或实习报告，经指导委员审查及格”；而前者并无此项规定。三是研究生读研完毕，明示“本院所授予之学位，分博士、硕士两种”，并说明在政府颁布《学位法》之前，暂给予甲种或乙种证书，“俟《学位法》颁布后，分别补授相当学位”；而前者只是笼统地讲，研究完毕，合格者给予毕业证书，否则不给任何证明书，“至学位之授予依照部章办理”。至于何谓“初试”及格及“初试及格后”又如何获得乙种证书或甲种证书，《国立北京大学研究院规程》也都列出了具体的规定。

伴随着《国立北京大学研究院规程》的拟订和颁行，北京大学的研究生教育经历了一次全面性的梳理和整顿。如在 1933 年 8 月 24 日，校长蒋梦麟鉴于研究院“上年度办理无甚成绩可言”，故而决定“为切实整顿起见，本年度暂不招生”①。到当年秋季学期开学，北京大学研究院研究生注册时，又有 28 人因到 10 月 21 日截止日期尚未来校注册，且“未来函请求休学”，而“以消失学籍论”②。自是北京大学的研究生教育，不仅在入学环节使招生工作更加透明化、制度化，而且在培养环节也更加规范和严格。

1934 年 6 月间，北京大学通过校务会议相商，拟于当年下年度即秋季学期，将研究院的文史、自然科学、社会科学三部，依照教育部颁布的《大学研究院暂行组织规程》的有关规定，即“凡具备三个研究所以上者，始得称研究院”，改设为三所，即文学研究所、理学研究所和法学研究所③。与之同

① 《北大研究院本年度暂停招生》，《北平晨报》1933 年 8 月 25 日。

② 《北大未注册研究生取消学籍者廿八名》，《北平晨报》1933 年 11 月 9 日。

③ 参见《北大今日开校务会议商讨研究院问题》，《北平晨报》1934 年 6 月 14 日；《北大研究院改三科研究所》，《京报》1934 年 6 月 14 日。

时，校务会议还结合教育部的《大学研究院暂行组织规程》，对《国立北京大学研究院组织规程》进行商讨，并议决“修正通过”。同时还拟定了《国立北京大学研究院助学金暂行规程》（八条）。此次修订并通过的《国立北京大学研究院暂行规程》（二十二条）明确规定，“本校已有之三学院”，“设立文科研究所、理科研究所及法科研究所”，各所主任由各院院长“分别兼任”，“各研究所于必要时得停止招收研究生”；同时规定“各教授所担任指导之研究生人数由各教授自定之，但同时不得逾五人”。这个《国立北京大学研究院暂行规程》，再次强调了研究生完成前述两个条件者，“得于每学期之末请求应初试”，只是将前此的“指导委员”换作“指导教授”而已。“初试及格者，得于继续研究一年后，以其所作研究之成绩，作为论文，经审查并口试合格后，由本院给予乙种证书”；“初试及格者，经指导教授证明在本院研究三个整学年以上者，得以其所作研究之成绩，作正、副论文各一篇（正论文须用本国文字著作，其经指导教授认为必须用外国文字者仍须有国文提要），经审查并口试合格后，由本院给予甲种证书（已得乙种证书者，得免作副论文）”。至于“研究生最后之成绩，论文占百分之七十，口试占百分之三十”①。

然而1935年5至6月间，随着国民政府教育部一系列有关法规的出台，尤其是《学位授予法》《学位分级细则》以及《硕士学位考试细则》的先后出台，北京大学对1934年6月修订的《国立北京大学研究院暂行规程》再行“修订”。此次修订后的《国立北京大学研究院暂行规程》，最大的不同之处有二。一是在组织方面加设了“委员会”：“本院各所设委员会，由院长于各所已设研究科目之各部分中选聘五人至九人组织之，即称为‘文科研究所委员会’、‘理科研究所委员会’、‘法科研究所委员会’”，“各所委员会担负各所学术上计划及管理之责任”。二是将“学位问题”直接“嵌入”文件之中，并加以明确说明：

> 第十五章 ……研究生之欲为硕士学位候选人者，其第一年应修习之研究课程须在十二学分（第［每］学期六学分）以上；其第二年著作论文期中，得由指导教授酌减其修习课程至六学分以上。
>
> …………

---

① 《国立北京大学布告·国立北京大学研究院暂行规程》，《北京大学周刊》第99号，1934年6月16日。

第十六章　研究生已在本院研究一个整学年以上，其所习课程均审查及格者，得请求应初试。

第十七章　初试及格者，得于继续研究一年后，以其所作专题研究之成绩，作成论文。研究生论文完成后，经指导教授与各所委员会审查合格，得由所主任提出院务会议，作为硕士学位候选人，由本院延聘硕士学位考试委员会，举行考试。考试合格者，经教育部复核后，由本院授予硕士学位。

第十八章　凡已得硕士学位后，在本院继续研究两年以上，经本院考核成绩合格，又经教育部审查许可者，得为博士学位候选人。

第十九章　研究生成绩之审查及考试，其办法如左：

（一）初试之项目，由各研究所主任及各所委员会及指导教授，视各生所选择之研究科目，临时定之。每项试卷由各所主任聘请应试生所在系教授一人共同评定之。所试各项均合格者，作为初试及格。初试不及格者，得于一学期后请求补试；其只有一项不及格者，得单独补试该项；其有二项以上不及格者，须全部补试。补试以二次为限。

（二）硕士学位候选人之学位考试，依《硕士学位考试细则》举行之。

（三）博士学位候选人之学位考试，依《博士学位考试细则》（尚未颁布）由国家举行之。其博士学位候选人在院研究之成绩考查方法，由本院另定之。①

由此可见，其时的北京大学，不仅已明确规划两级学位（即硕士和博士）研究生培养，各自在学年限为两年或“两年以上”，而且按照其时国家有关法规的要求，严格执行“学科考试”和“论文考试”，只有考试合格者，才有获得相应学位的资格和条件。显然，这种规章制度的出台，使研究生教育向正规化和学位制度规范化迈出了最为关键的一步。也正因如此，修订后的《国立北京大学研究院暂行规程》另有“附则”二项：

（一）凡二十四年度以前考入本院之研究生，得按照旧章请求应初试

---

① 《国立北京大学研究院暂行规程》（民国二十四年六月修订），载王学珍、郭建荣主编：《北京大学史料（1912—1937）》第二卷（中），北京大学出版社2000年版，第1344—1345页。

及应乙种或甲种证书考试。

（二）二十四年度秋季始业以后，本院新、旧研究生所应习之研究课程及其成绩之考查，均依照此修正之规程办理。

随着培养机构的改革、整顿和完善，北京大学的研究生教育也逐渐有了正常的发展，由过去仅有研究所国学门的"一枝独秀"，扩大到一院三所六部均可招生的学科范围。为了进一步了解这一时期北京大学研究生教育的发展情况，现根据相关史料对其时北京大学研究生教育的变化进行大致的梳理。

首先，就指导教师的情况来看。据 1929 年 11 月《研究所国学门招研究生通告》，其时的研究生导师及指导科目的情况是：朱希祖（明清史）、叶瀚（雕刻瓷器之研究）、黄节（汉魏六朝诗）、马裕藻（古声韵学）、马衡（金石学）、沈兼士（文字学）、刘复（语音学）。[①] 及至蒋梦麟接掌北京大学后，虽说其时用以招收和培养研究生的机构仍然只有研究所国学门，但是导师人数已添加一倍，计有朱希祖、叶瀚、黄节、马裕藻、马衡、沈兼士、刘半农、陈垣、钢和泰、徐炳昶、周作人、钱玄同、沈尹默、许元衡等。到 1935 年 7 月，即北京大学的三所六部已被教育部核准用以招收和培养研究生，其时各部导师已增至 35 人：算学部有 W. F. O Sgood、冯祖荀、江泽涵、申又枨，物理部有饶毓泰、朱物华、周同庆、张宗蠡、吴大猷，化学部有曾昭抡、钱思亮、孙承谔、刘云浦，中国文学部有罗常培、沈兼士、马裕藻、魏建功、钱玄同、唐兰、胡适、周作人、傅斯年、罗庸，史学部有傅斯年、钱穆、姚从吾、孟森、陈受颐、张忠绂、汤用彤、胡适、邱椿、陶希圣、周炳琳、董康、刘志敭、程树德。[②] 即是说，自北京大学复校以来，研究生指导教师在数年间已由最初的 7 人增添到 35 人。

其次，就招收学生的情况来看。1929 年 8 月恢复国立北京大学后，在随后的两年间，北京大学仍以研究所国学门作为招收和培养研究生的机构。其中 1931 年 6 月 3 日的一次招考，"经考试及格者共二十一人"，即文字学 4 人、史学 6 人、哲学 3 人、文学 8 人。[③] 这是北京大学以国学门的名义招收的最后一批研究生。1932 年 6 月研究所升格为研究院后，当年 10 月第一次以研究院

---

① 《研究所国学门招研究生通告》，《北大日刊》第 2277 号，1929 年 11 月 9 日。

② 《北大研究院招考章程昨经修正公布》，《北平晨报》1935 年 7 月 6 日。

③ 《公告·研究所国学门通告》，《北大日刊》第 2645 号，1931 年 6 月 5 日。

的名义招考研究生。其时报考人数达 200 多人，同年 10 月录取 25 名新生。其中文史部共取 12 名，计中国语言文学类 8 人、历史类 4 人；自然科学部共取 3 名，计物理学类、生物学类、心理学类各 1 人；社会科学部共取 10 名，计法律学类 1 人、政治学类 3 人、经济学类 6 人。① 到 1934 年春，在校研究生计有 55 人，其中男生 52 人、女生 3 人。这些研究生之学科归类，计为文史部两学类共有 27 人、自然科学部五学类共有 15 人、社会科学部三学类共有 13 人。② 1935 年国家的《学位授予法》出台及《国立北京大学研究院暂行规程》（二十四年六月修订）公布后，北京大学研究院于当年招考研究生时录取 12 人，计为理科研究所物理学部、文科研究所中国文学部和史学部各录取 4 人。③ 到是年 11 月时，据北京大学当年年度全校学生统计，在校研究生计有 32 人，其中男生 31 人、女生 1 人。就学科分类来看，文科研究所 28 人，即中国文学研究部 13 人、史学研究部 15 人，理科研究所仅物理研究部 4 人。④ 1936 年 8 月，北京大学又取录研究生 10 人，其中理科研究所物理学部 2 名、化学部 3 名，文科研究所中国文学部 1 名、史学部 4 名。⑤ 到 1937 年 6 月全面抗战爆发前夕，北京大学依据《国立北京大学研究院招考章程》，进行了西迁之前亦即与清华大学、南开大学合组战时联合大学之前的最后一次研究生招考。

再次，就培养管理的情况来看。由上述学生变动情况可见，自恢复国立北京大学以降，北京大学研究生无论是每年招收新生人数还是在校就读人数均极不稳定，这种情况并非仅仅说明北京大学研究生人数起落甚大，而是北京大学对研究生教育的要求更为严格的表现。除了前述因全面整理于 1933 年停招外，研究生教育于管理上更规范、质量上更高的评说，尤其在两方面得到显现。

一是在招生环节上“入学”更加规范。在 1929 年时，研究所国学门招收研究生不仅不严格，而且随意性很大。其时研究生招生只需举行“口试”，而且因道远不能来所者，“准其通信研究”，待研究生毕业发给证书之前再举行

---

① 《国立北京大学研究院布告》，《北京大学周刊》第 8 号，1932 年 10 月 22 日。

② 《北大二十二年度教员学生总统计》，《北平晨报》1934 年 4 月 22 日。

③ 《国立北京大学布告》，《北京大学周刊》第 164 号，1935 年 8 月 22 日。

④ 《北大本年度全校学生统计完竣》，《北平晨报》1935 年 11 月 11 日。

⑤ 《国立北京大学布告》，《北京大学周刊》第 217 号，1936 年 8 月 22 日。

“口试”。[①] 也就是说，对于不能驻校的通信研究生，可以将其口试推迟至毕业前。与之同时，北京大学还在读研招收环节采用“认可”制：凡本校高年级学生可以自由志愿入研究所，只需经过研究所主任之“认可”；非本校学生，如果想入研究所学习，必须与本校毕业生有同等之程度即具有相同学力，并须经校长及本门研究所主任之“认可”。到1930年12月招考研究生时，情况就有所改变，即在“口试”的同时要求“举行笔试”。据既有资料反映，仍然保留有“免考入本校研究院”者。这种免试读研者，既包括“其各学年成绩及外国语成绩均在80分以上”的“校内毕业生”，也包括本校各系助教人员，后者“由各系主任推荐免试入院研究”。[②] 此种情形持续数年，直到1932年成立研究院后还作如是处理。如1932年10月以研究院名义第一次招考研究生时，仍然有郝公玉等数名学生“是完全免试入本校研究院”[③]。到1935年招考研究生时，北京大学遵照教育部训令，不仅取消了所有的“免试”，而且严格规定“学生入所一律须受入所试验”[④]。越年之后，在全面抗战爆发前夕的1937年7月3日，北京大学研究院于新生招考之际更提出了“体检要求”：“研究生在报名时须先亲到指定处检查体格”。[⑤] 可见在此期内，北京大学研究生教育完成了“考试”入学的“三级跳”，使招生环节更加规范和透明，入读研究生的质量无疑也有所提高。

二是在培养过程中管理更为严格。这种严格，前文提及的“初试”即是表现之一。1929年9月出台的《国立北京大学研究院章程》中，对于研究生的学业要求和管理主要表述为：“研究生于入院后最初二年必须在院研究”；“每半年须将研究情况及已得结果报告一次，如继续两次未提出报告者，得取消其研究生资格”；研究生只有“研究完毕，其论文及毕业实验均及格者”，才能获得“毕业证书”。[⑥] 然而到1932年7月由校务会议议决公布的《国立北京大学研究院规程》时，则于此环节增加了“初试”要求，即“经指导委员

---

① 《研究所国学门招研究生通告》，《北大日刊》第2277号，1929年11月9日。

② 李夏云：《各学院概况·研究院概况》，《北京大学四川同乡会会刊》创刊号，1934年2月10日。

③ 郝公玉：《关于北大研究院敬向北大当局进一辞》，《北平晨报》1934年5月21日。

④ 《北大法科研究所本年暂停招生》，《北平晨报》1935年6月15日。

⑤ 《北大研究院招考办法公布》，《京报》1937年7月4日。

⑥ 《本校布告·国立北京大学研究院章程》，《北大日刊》第2454号，1930年8月2日。

证明已在本院研究一个整学年以上”，并且“作过八个读书报告，或实习报告，经指导委员审查及格者”，“得于每学期之末请求应初试”。只有“初试及格者”才能作论文；只有论文“经审查并口试合格后”，才能给予“相应的（乙种）证书”。[①] 此项规定，到1934年6月修订《国立北京大学研究院暂行规程》时，再次得以申述，只是将“指导委员”换成“指导教授”。及至1935年6月修订并公布《国立北京大学研究院暂行规程》，此项规定的“流程”表示如次：研究生入院后“应于最短期内与担任指导之教授商定所应修习之学科及研究计划”；接着研究一个整学年以上，“其所习课程均审查及格者”可请求应“初试”；初试及格者“继续研究一年后”，“以其所作专题研究之成绩，作成论文”；再经指导教授与各所委员会“审查合格”后，由所主任提出院务会议；然后才能参加硕士学位考试；考试合格者“经教育部复核后”才可得本院授予的“硕士学位”。可见“初试”及格与否，直接关系着后来硕士学位的获得。不仅如此，它还关系着读研期间能否得到奖学金和助学金。如前引郝公玉在“向北大当局进一辞”中即透露，1934年春，北京大学承认的研究生有“四五十人”，但自1932年《研究生规程》公布以来，过去的一学年，这些研究生“按章做齐（八个）报告者无一人”，自然也就无一人取得应“初试”的条件，无一人能得“奖学金”，所以“学校虽设有五千四百元奖学金，但研究生一元未得”。[②] 再如1934年秋季学期，北京大学研究院文、法二研究所研究生二十余名中有十余人请求参加初试，但按院章规定，“参加初试者，必须在本院有二学年以上，未经间断之研究，研究报告已缴进八个以上，而经教授会议审定认为合格者，始能核准”，所以最后符合资格参加考试者仅有七人。此七人有六人及格，而“成绩优良，平均分数皆在七十五分以上”又只有四人，即黄谷仙、李光信、王维诚（城）和张鸿翔。“根据研究院助学金暂行章程之规定”，此四人获得了“请求该项助学金之资格”。这四人中，“计王维诚（城）、张鸿翔、李光信三名，各给予二十三年度全额助学金，国币三百二十元”，另一人（应是黄谷仙）仅“给予半额”即国币一百六十元。[③]

① 《国立北京大学研究院规程》，《北京大学日刊》第2875号，1932年7月16日。

② 郝公玉：《关于北大研究院敬向北大当局进一辞》，《北平晨报》1934年5月21日。

③ 《北大研究院院务会本周举行》，《北平晨报》1935年2月25日；《北大研究院助学金王维城等三生获得》，《北平晨报》1935年4月5日。

由此可见，北京大学研究生教育愈加规范和严格。

在蒋梦麟长校以后，北京大学研究生教育一步步走向正轨，日渐成为近代中国研究生教育发展的标杆院校，为全国研究生教育规范化发展积累了宝贵的经验。

2. 清华大学

1928 年 8 月 17 日，清华学校改称为“国立清华大学”，至 1929 年 6 月 21 日学校举行毕业典礼时，时任校长罗家伦在典礼上致辞揭明：这次毕业共有三班，大学部有 84 人毕业，这是第一次；留美预备部有 37 人毕业，恰巧又是最末一次；国学研究院的同学，“这也算是最后的一班”。① 这无异于宣布自 1925 年 9 月改制后设立的国学研究院（研究院国学门）正式结束其历史。

清华国学研究院停办，主要原因之一是校内资源分配冲突。1925 年清华改制后，校务一分为三，即旧制的留美预备学校、大学部和研究院。这三部分并存，互不隶属。随后国文、历史、哲学、英文等系建立起来。由是，学校并存两个机构，一为中文、历史、哲学这种现代学科体制，一为相对传统的国学。这两部分的办学理念有所不同，在注定以大学为改进方向的清华学校，研究院只能成为一个过渡机构，于是大学部与研究院的资源分配冲突很快就显现出来。1926 年 1 月校务会议上，吴宓提出扩大研究院的规模——这是创办研究院之初就已经明确的事情，即遭到清华学校教务长张彭春的反对。张彭春认为，国学院是让清华从没有学问的留美预备学校，向有学问的真正大学过渡的一个中间环节，研究院要改变性质、明定宗旨，不仅不能扩大，还得尽量缩小，最终完成向大学的过渡。这种主张也得到清华学校许多教授的支持。同时，研究院内部也存在意见分歧，梁启超、王国维、陈寅恪倾向于吴宓的建议，坚持扩张计划；赵元任、李济赞成学校的规划，同意逐渐停办国学院。此事导致了吴宓和张彭春双双辞职。以后研究院的院务会议，就由新任的教务长梅贻琦主持。研究院最终不但没有扩张，反而逐步缩小。1928 年，在一些教师的支持与帮助下，清华学生会校务改进委员会提出“停办国学研究院，从速筹备大学毕业院”的主张，被校长采纳。研究院停办的另一主要原因是研究院重要人员的离去：1926 年吴宓辞职；1927 年 6 月 2 日，王国维感于“世变”而自沉于昆明湖；1928 年梁启超也离开了研究院，

① 《毕业典礼校长训词》，《国立清华大学校刊》1929 年 7 月 4—5 日。

从而使研究院学生数量急剧减少；赵元任、李济本就支持研究院合并到大学部。是故研究院越来越难以维持了。1929 年 6 月最后一班（9 位同学）毕业后，清华学校时期的研究院事业就此中止。

但清华大学的研究生教育并未因研究院（国学门）的停办而就此停歇。就在罗家伦校长借毕业典礼宣布国学研究院毕业生已是“最后的一班”的当月，清华大学即呈准设立“研究院”作为研究生人才的培养机构，并定于翌年夏招收新生，继续该校的研究生教育事业。

先是在 1928 年 8 月，罗家伦接任清华大学校长后，即将创办研究型大学定为该校的发展目标。他在当年 9 月 18 日就职典礼时明确主张：

> 研究是大学的灵魂。专教书而不研究，那所教的必定毫无进步。不但没进步，而且有退步。清华以前的国学研究院，经过几位大师的启迪，已经很有成绩。但是我以为单是国学还不够，应该把他扩大起来，先后成立各科研究院，让各系毕业生都有在国内深造的机会。尤其在科学研究方面，应当积极的提倡。这种研究院，是外国大学里毕业院的性质。①

怀此办学理念，罗家伦在多个场合都强调创设研究院，“清华大学的宗旨既在谋中国学术的独立，研究院之应当设置，自不成问题。明年本科即有毕业学生，为使他们继续作高深的研究计划，宜积极筹备。不过各系研究院并不能同时成立。究竟何系应设，须视该系教授、学生、书籍、仪器等而决定；但总有几系可以成立”。并且，他计划将“现在的国学研究院”“并入将来的研究院中”，以此“提倡研究的风气，使清华大学真正的学术化”。②

明确清华大学学术化目标后，罗家伦即着手延揽一批青年才俊来校执教。他有一个坚定的原则：“决不请有虚名，而停止了上进的时下所称的名教授；我所着眼的，是比较年轻的一辈学者，在学术上打得有很好的基础，有真正从事学术的兴趣，而愿意继续做研究工作的人。”③ 请他们来清华，努力创造一个安定的生活环境，提供良好的设备，让他们专心致志地去研究、去育才，

---

① 罗家伦：《学术独立与新清华》，载罗家伦：《文化教育与青年》，商务印书馆 1947 年版，第 97 页。

② 罗家伦：《整理校务之经过及计划（上董事会之报告）》，载清华大学校史研究室编：《清华大学史料选编》第二卷（上），清华大学出版社 1991 年版，第 20—21 页。

③ 罗家伦：《我和清华大学》，载罗家伦先生文存编辑委员会编：《罗家伦先生文存》第八册，（台北）“国史馆”、中国国民党中央委员会党史委员会 1989 年印行，第 402—403 页。

早则三五年，迟则十来年，这批年轻人多能脱颖而出。自然科学方面的萨本栋、萨本铁、周培源、李继侗等，社会科学方面的蒋廷黻、叶公超、浦薛凤、萧迈等，中国文学方面的杨树达、朱自清、俞平伯等，均由罗家伦一一延聘到清华，他们成为清华大学研究生教育的重要师资力量。

遗憾的是，罗家伦不久便离开了清华大学。继任校长梅贻琦仍然积极致力于研究院所的建设和研究生教育的推进，并取得了重大成绩，开创了该校研究生教育的新篇章。从梅贻琦在1936年6月间的一篇总结性文字，后人可以窥见其时清华大学研究院的办理及研究生的培养之大概情形：

> 本校于民国十八年六月呈准政府设研究院，照本科各院系分别筹设研究所、部，十九年夏开始招生。现设文理法三科研究所，文科研究所设中国文学、外国语文、哲学、历史学及社会学五部；理科研究所设物理、化学、算学、地学、生物、心理六部；（内社会、地学、心理学三部全于二十三年度暂停招生）；法律研究所设政治、经济二部。研究院院长及各所各部主任现均暂由本校校长、各学院院长、各系主任分别兼任。各部研究生人数，计二十年度为四十一人，以后渐有增加，本年则为四十三人，各系助教等之参与研究工作者尚不与焉。研究生之录取，悉以入院科试成绩为准。本校本科毕业生，自二十三年夏起，亦须经此考试，方得入院。研究院设有奖学金额若干，每年成绩优良之研究生得领受，奖金每年为三百二十元，分期付给。研究生之学程初定为三年，近遵部令改为二年。其已毕业者计二十二年为六人，二十三年为四人，二十四年为七人。研究生毕业以后，多半出国留学，再图深造，或在国内大学担任教职。①

梅贻琦的上述总结，文字简略但条理清晰，将全面抗战爆发前数年间清华大学研究院及其研究生情况向世人作了简明的介绍。现借助既有的史料进行适当的补充说明，以利人们对此际清华大学研究生教育有更为明晰的了解。

关于所、部设置情况。据清华大学有关史料显示，1929年6月，即值清华学校时期国学研究院“最后的一班”研究生毕业之际，清华大学呈准设立研究院。随之在7月间，遵照清华大学规程第二章第四条的规定，经学校评议会议决“自十八年度起，开办研究院”。于是校方根据学校设备和学科条

① 梅贻琦：《五年来清华发展之概况》，《清华周刊》（向导专号）1936年6月27日。

件，“先行成立外国语研究院及物理研究所，并制定研究院规程，公布行施”。① 随后的数年间，清华大学研究生教育机构的设置及研究生培养，多随着国家政策法令的布施和高等教育事业的变革而不断地发生变动。现据有关史料，将该校在全面抗战爆发前抑或西迁组建国立西南联合大学前，历年研究生教育机构的变动情况列表以示（见“表 3.2.3”）。

表 3.2.3　国立清华大学研究院所、部成立情况表*

机构名称		成立年度	主要教师	备注
文科研究所	中国文学部	1930 年度	王力、俞平伯、陈寅恪、闻一多、杨树达、刘文典等	
	外国语文学部	1930 年度	王文显、毕莲、温德、吴宓、陈福田、陈铨、吴可读、钱稻孙、杨业治、翟孟生、吴达元、华兰德等	当年“免考”招进三名学生
	哲学部	1930 年度	冯友兰、金岳霖、邓以蛰、沈有鼎等	
	历史学部	1930 年度	雷海宗、陈寅恪、张荫麟、谭其骧、吴晗、噶邦福、孔繁霱、邵循正等	国学研究院“中辍”后，该部“因之成立”
	社会学部	1933 年度		1934 年起暂停招生
法科研究所	政治学部	1930 年度	萧公权、王化成、沈乃正、陈之迈、张奚若、浦薛凤等	
	经济学部	1930 年度	陈岱孙、肖蘧、余肇池、蔡可选、赵人俊、麦健曾、张玮等	
理科研究所	物理学部	1930 年度	叶企孙、萨本栋、周培源、任之恭、赵忠尧、吴有训、霍秉权等	
	化学部	1931 年度	高崇熙、萨本铁、黄子卿、张大煜等	
	算学部	1930 年度	熊庆来、郑之蕃、杨武之、赵访熊、曾远荣等	

① 《研究院成立经过述略》，载清华大学校史研究室编：《清华大学史料选编》第二卷（下），清华大学出版社 1991 年版，第 561 页。

续表

机构名称		成立年度	主要教师	备注
理科研究所	生物学部	1931 年度	陈桢、李继侗、吴韫珍、彭光钦、赵以炳等	1931 年秋开始招生
	地学部	1933 年度		1934 年度暂停招生
	心理学部	1932 年度		1934 年度暂停招生

* 资料来源于清华大学校史研究室编：《清华大学史料选编》第二卷（下），清华大学出版社 1991 年版，第 570—638 页。

关于组织、管理情况。由于清华大学前身是一所留美预备学校，所以该校研究生教育同留美学生联系十分紧密，从研究院院长到各研究所所长，从各学部主任至各科研究生导师，绝大多数有着留美经历。这些教师是清华大学研究生教育的中坚力量。正因于此，清华大学的研究生教育呈现出不同于北京大学的特点，在培养模式上更侧向于借鉴和模仿美国，体现出专业式的培养，即课程学习和科学研究并重。现以 1935 年为例，即国民政府制定的一系列有关研究生教育法令尤其是《大学研究院暂行组织规程》和《学位授予法》颁行后，清华大学研究院下各所、部负责人情况列表示下（见“表 3.2.4”）。

表 3.2.4　1935 年清华大学研究院下设各所、学部负责人情况一览表*

所别	学部	主任	留学经历
文科	中国文学	朱自清	游学英国
	哲学	冯友兰	哥伦比亚大学
	外国语文学	王文显	伦敦大学
	历史学	蒋廷黻	哥伦比亚大学
理科	算学部	熊庆来	法国格伦诺布尔大学、蒙彼利埃大学、巴黎大学
	物理学	叶企孙	哈佛大学
	化学	张子高	麻省理工学院
	生物学	陈　桢	康奈尔大学、哥伦比亚大学

续表

所别	学部	主任	留学经历
法科	政治学	浦薛凤	哈佛大学
	经济学	陈岱孙	威斯康星大学、哈佛大学

* 资料来源于方惠坚、张思敬主编：《清华大学志》（上册），清华大学出版社 2001 年版，第 248 页。

按照 1934 年 5 月出台的《国立清华大学研究院章程》的相关条文规定，研究院院长、所主任、部主任均分别由校长、各学院院长和各学系主任兼任（第二条）。研究生入学后的培养，“由所主任及部主任指定导师若干人，各担任指导研究之一范围。学生入校后，即商同部主任，选择导师，在校所习课程由部主任及导师审定，所研究论文由导师监督指导”（第五条）。“毕业论文须先经研究导师认可，再由论文考试委员会举行口试，决定去取”，论文成绩“以满七十分为及格”（第十条）。如果在院读研时间届满，其历年学分平均成绩、毕业论文及毕业初试（为口试）“皆及格者”，“给予研究院研究期满考试及格之证书，并依照教育部定章，授予硕士学位”（第十一条）。①

至于研究生在校修业年限，1931 年 3 月校评议会通过的《国立清华大学研究院章程》规定为三年，后于 1934 年 5 月第 77 次校评议会修正通过新的《国立清华大学研究院章程》，遵照教育部教字第 10898 号指令改为“至少二年”。到 1936 年 7 月 18 日，研究院又作出如下决定：

一、从二十五年度起，凡肄业已满三年，而未能应初试或应而不及格者，取消学籍；

二、从二十五年度起，凡肄业已满二年，犹未应初试或虽应未能及格，而仍继续在院研究者，须经所属部主任之推荐与研究院会议之核准；

三、从二十五年度起，凡肄业满三年，初试已经及格，而论文尚未完成者，如欲继续在院研究，须经所属部主任之推荐与研究院会议之核准；

四、研究院肄业年限最多不得过四年。②

① 《国立清华大学研究院章程》，载清华大学校史研究室编：《清华大学史料选编》第二卷（下），清华大学出版社 1991 年版，第 564—566 页。

② 清华大学校史研究室编：《清华大学史料选编》第二卷（下），清华大学出版社 1991 年版，第 566 页。

关于招生、毕业情况。遵照1929年6月12日通过的《国立清华大学规程》，学校设立研究院用作研究生人才的培养机构，“训练大学毕业生继续研究高深学术之能力，并协助国内研究事业之进展”①。是故1930年研究院成立后，清华大学即于当年夏季正式招收研究生。其时外国语（文）研究院招得研究生3人，均由该大学外国语文系毕业生“免考入院”；同时成立的物理研究所，此次亦有2人应试，但因“招生结果均不及格”而“均未录取”。是为国立清华大学第一次招收研究生，开启了清华大学研究生教育事业的新程。在随后的数年间，即直到全面抗战时期西迁之前，清华大学每年均招收若干数量的研究生，且自1934年秋季招生始，废止了本校优秀毕业生“免试入部研究”的规定。与之相应，按照其时研究生在校修业年限的规定，自1933年准予六名合格研究生毕业起，每年亦有一定数量的研究生毕业。现将历年招录及毕业研究生人数列表示下（见“表3.2.5”）。

表3.2.5 国立清华大学西迁前历年研究生招录、毕业情况表*

年度	1930	1931	1932	1933	1934	1935	1936	1937	合计
新招人数	17	8	9	29②	15	20	27		125
毕业人数				6	4	7	5	5	27

*资料来源于清华大学校史研究室编：《清华大学史料选编》第二卷（下），清华大学出版社1991年版，第570—667页；《清华校史通讯》第78期，1982年1月20日，第30页。

上表所列有关研究生人数，依据现有史料查考核实，在历年新招人数中，

① 《国立清华大学规程》，载清华大学校史研究室编：《清华大学史料选编》第二卷（上），清华大学出版社1991年版，第142页。

② 1933年度研究生招录情况，据《国立清华大学校刊》第514号（1933年8月31日），当年研究生招录26人，但当年度成立的社会学及人类学部（后改称社会学部）招录有研究生费孝通1人，当年度成立的地学部招录有研究生王植1人，王虽“因故休学”但“仍录研究学籍”，此外1932年度成立的心理学部亦于当年度录有研究生沈迺璋1人，此3名研究生均未被计入26人之数。再是1933年度另有“转系生”6人，在此一并说明。此外需要说明的是，文科研究所社会学部、理科研究所地学部和心理学部，较其他各部而言成立稍晚（分别为1933年度、1933年度、1932年度成立），但均于1934年度就“暂停招生”。[参见清华大学校史研究室编：《清华大学史料选编》第二卷（下），清华大学出版社1991年版，第595页、第637页、第638页。]

此期应不止 125 名之数：除表后所注言明 1933 年度另有“转系生”6 人未被计入外，查历年外国语文学部所招录研究生，统计七年之和仅有 25 人之数，即 1932 年度 1 人、1934 年度 7 人、1935 年度 5 人、1936 年度 12 人，但 1937 年印行的《清华大学一览》明言 1930 年秋该部成立后，“计前后招生七次，入所研究者共三十人”。据此可知该部在西迁之前招录研究生应在 30 人之数。但在《清华大学一览》所列各部研究生名单中，又仅在 1935 年度毕业生中列有田德望 1 人，在“现在研究生及其研究范围”中列有蔡文显等 22 人，故而外国语文学部研究生人数有待进一步考证。总而言之，此期清华大学入校在读研究生人数，累计当不少于 130 人。

尽管在这七年间约 130 名研究生中仅有 27 人正常毕业，但这并非说其时清华大学研究生教育的质量不好，反倒证明其时清华大学教育质量之高，要求之严格。其时清华大学的毕业条件可谓四“及格”：一是第二外语及格，二是历年平均学分及格，三是毕业学科口试及格，四是毕业论文及格。符合四条件者，始给予毕业证书，授予学位。在此基础上，还有两大激励学子用心向学的“机制”，这就是前引梅贻琦所言的奖学金及出国留学：

> 本大学研究院学生奖学金……每名每年三百二十元。凡入学试验成绩特优者，得给予此项奖金，以一学年为限。凡入学后一年所选学科之成绩至七十五分，及获有所在部之推荐者，得于下学年给予以上奖学金。此项奖学金，每学年分期发给，每人所得总额，以二年为限，但遇有特别需要时，得延长一年。
>
> …………
>
> 本大学研究院毕业生，其学分成绩、毕业初试成绩及论文成绩，均在八十分以上，及获有所在部之推荐者，由评议会特组审查委员会按照下列计算法，计算其总成绩，择优派遣留学。……每部每年至多不得过二名。①

配合上述规定，清华大学还对学年成绩平均不及 0.95 者（即下等和劣等之人）“得令退学”，即学生在读期间，严格实行奖优汰劣，这种奖励机制，正如有关研究者所言，自然对于好学上进尤其成绩优良者是“一项极大的鼓

① 清华大学校史研究室编：《清华大学史料选编》第二卷（下），清华大学出版社 1991 年版，第 564—565 页。

励"，"对提高清华学术研究风气也有帮助"。①

3. 中山大学

地处华南的中山大学也是我国较早实施研究生教育的重要高校之一。早在 1928 年，该校就先后设立了文科研究所、教育研究所和农科研究所。1935 年 6 月 1 日，国民政府教育部依据《大学研究院暂行组织规程》对各高校研究生教育机构进行核准时，中山大学和北京大学、清华大学被批准成立研究院，于是中山大学成为中国最早设立研究院的三所国立大学之一。其时，该校设有文科研究所（中国语言文学部、历史学部）、教育研究所（教育学部、教育心理学部）和农科研究所（农林植物学部、土壤学部）。校长邹鲁兼任院长。中山大学颁布的《研究院章程》规定："本大学为招收大学本科毕业生研究高深学术，并供给教员研究便利起见，依教育部颁布之《大学研究院暂行组织规程》，设立研究院，名曰国立中山大学研究院。"② 同时，该校还建立了相当完备的组织机构。研究院设总办事处，办理一切院务；又设院务会议，筹划各种院务工作。总办事处设秘书一人，助理、事务员及文书若干人，负责日常院务工作、起草章程规则、执行院务会议议决事项以及办理国内外学术联络事宜。院务会议由院长、教务长、事务长、秘书及各所主任和各部主任组成，每学期开会两次以上，其他有关学院院长、系主任可列席。院务会议是研究院最高权力议事机构，其职权为："拟订全院进行计划；审订本院预算及决算；审议本院各项章程及规则；审核研究生之入学及毕业；审议研究生之研究工作及奖学金之给予；审议其他重要事项。"③

1935 年 6 月 6 日，校长邹鲁在旧校大礼堂举行兼研究院院长宣誓就职典礼。在誓词中，他表示要做到"忠心及努力于本职，并节省经费"，"决不雇用无用人员，不营私舞弊，及接受贿赂"等。④ 前来监誓的西南政务委员会委员杨熙绩在讲话中指出："教育部最近核准国立中山大学、北京大学、清华大

---

① 苏云峰：《从清华学堂到清华大学（1928—1937）：近代中国高等教育研究》，生活·读书·新知三联书店 2001 年版，第 69 页。

② 《研究院章程》，载总办公厅编印：《国立中山大学法规集》1937 年印行，第 156 页。

③ 《大学研究院院务会议细则》，载总办公厅编印：《国立中山大学法规集》1937 年印行，第 163 页。

④ 黄义祥编著：《中山大学史稿（1924—1949）》，中山大学出版社 1999 年版，第 260 页。

学设立研究院，但中山大学比北大清大所处地位，与所负使命为独重。”文学院院长兼文科研究所主任吴康教授代表各研究所在会上发言称：“此次教育部批准全国各大学设立研究院者只有三校，一为清华大学，二为北京大学，三为中山大学。其他大学如中央大学等，只准设立一、二研究所，尚未准其设立研究院”，“本大学为教育部第一次批准设立研究院三校之一，则不能不谓本校莫大之光荣”，“大学为最高学府，有发扬文化、振兴学术之重大责任。如只有普通讲堂讲授，而无高深之专门研究，则实不能副其名”。由是之故，文科研究所全体同仁将与其他研究所共同努力，“使本大学成为中国最完备之高深学术研究机关之一”。①

早在1928年1月，中山大学语言历史学研究所即正式成立，以研究学术、发展文化为宗旨，分考古、语言、历史、民俗四学会。1931年1月改名为文史研究所，1932年夏开始招收研究生。研究院成立后，该所改称文科研究所，设中国语言文学部和历史学部，继续研究生培养工作，所主任为吴康。中国语言文学部主任为龙沐勋（其后由曾运乾接任），历史学部主任为朱谦之。吴康曾于1925年赴法国巴黎大学留学，获得博士学位。朱谦之亦于1929年获中央研究院资助赴日本进修两年，潜心于历史哲学的研究。历史学部的指导教授也大多是学成归国的留学生，他们指导的课程如下：留学日本的朱谦之开设历史哲学专题、中国文化史专题、中国社会经济史专题，留学法国的杨成志开设人类学、考古学，同样留学日本的萧鸣籁开设中国史学史专题、两汉史、隋唐史，获得法国巴黎大学博士学位的黎东方开设殷周史。文科研究所还采用聘请国内外著名学者担任名誉导师的方法来促进研究工作的开展。中国语言文学部名誉导师有章太炎、叶恭绰、张孟劬、马叙伦、陈衍、唐文治、赵元任、罗常培、高本汉、夏敬观、吴梅、易大厂、温丹铭、谢英伯，历史学部名誉导师有陈垣、陈受颐、温丹铭、谢英伯、朱希祖、张星烺、张孟劬、邓之诚、顾颉刚、傅斯年、岑仲勉、陶希圣、刘节、马衡、黄文山等。这些兼职导师中大部分人也曾留学海外。

中山大学还于1928年建立起近代中国第一个专门的教育科学研究机构，以培养高层次知识人才。由于当时国内教育社团难以承担起系统而深入的教

① 李尚德主编：《凝聚中大精神——“中大精神与校园文化建设”大讨论文集》，中山大学出版社2001年版，第400页。

育科学研究任务，“国内的教育太外国化而不合于国情”[①]，时在中山大学任教的留美哲学博士、著名教育家庄泽宣认为：“应当选一个全国适中的地方设一个教育研究所专做这件事。”[②] 这也是“谋求新教育中国化”的重要途径之一。正是基于这一想法，1927 年他建议在中山大学首先创设一个专门的教育研究机关。他的提议获得了校方批准，经过一段时间的认真筹备，我国近代第一个专门的教育科学研究机构——国立中山大学教育学研究所于 1928 年正式宣告成立。“我国有此种教育专门研究机关，实以此为嚆矢”[③]。其时所主任由庄泽宣担任，1933 年 8 月庄泽宣辞职后改由崔载阳接任。据 1937 年统计，先后在该所担任研究及指导工作的导师中，大多数有留学经历，且以留学美国为主，具体情形见“表 3.2.6”。

表 3.2.6　中山大学教育研究所导师及研究人员名单（1928—1937 年）*

姓名	留学经历	最高学位	备注
庄泽宣	美国哥伦比亚大学	博士	研究所主任
崔载阳	法国里昂大学	博士	研究所主任兼教育学部主任
陈礼江	美国普尔度大学、芝加哥大学	硕士	
范　锜	美国哥伦比亚大学	博士	
黄敬思	美国斯坦福大学、哥伦比亚大学师范学院	博士	
雷通群	美国斯坦福大学	硕士	
林砺儒	日本东京高等师范学校		
邰爽秋	美国哥伦比亚大学	博士	
许逢熙	美国底特律大学	硕士	教授兼心理学部主任
钟鲁斋	美国斯坦福大学	博士	

① 庄泽宣：《中大教育研究所一览·引言》，国立中山大学教育研究所 1930 年编印。

② 庄泽宣：《如何使新教育中国化》，中华书局 1938 年版，第 36 页。

③ 国立中山大学研究院教育研究所编：《本所研究事业十年》，国立中山大学研究院教育研究所 1937 年编印，第 1 页。

续表

姓名	留学经历	最高学位	备注
周葆儒	英国爱丁堡大学		
胡　毅	美国芝加哥大学	博士	
尚仲衣	美国哥伦比亚大学	博士	研究所代主任
邹　谦	日本东京高等师范学校		
高觉敷	香港大学	硕士	心理学部主任（1933）
王　越			
古　楳			

* 资料来源：根据国立中山大学研究院教育研究所编《本所研究事业十年》（国立中山大学研究院教育研究所 1937 年）相关内容整理。

教育研究所成立后即着手招收研究生，起初是 6 名，1937 年增至 10 名。现借助其时有关史料，以 1935 年秋季学期为例，将该所研究生培养情况列示如下（见“表 3.2.7”）。

表 3.2.7　中山大学教育研究所 1935 年秋季学期研究生培养情况表*

学部	指导教授	研究生	研究问题
教育学部	范　锜	梁瓯第	大学课程之改进的研究
	黄仲诚	伍慕英	我国中学女生之特殊训练问题
	黄仲诚	林珠光	南洋华侨教育改进问题
	王　越	马鸿述	中学课程之改进
	林　本	邹鸿操	我国乡村青年训练问题
教育心理部	许逢熙	谭允恩	我国学校顽童的心理及其教育
	许逢熙	陈臣辅	小学教科书形式问题之研究
	杨敏祺	李　智	成人学习心理的研究
	杨敏祺	钱　蘋	儿童心理卫生之研究
	王　越	富　济	中小学教学时间问题之研究

续表

学部	指导教授	研究生	研究问题
共计	7（师）①	10（生）	10（题）

*资料来源：《校闻·教育研究所近讯》，《国立中山大学日报》1935年10月18日。

中山大学还在1928年秋设立了植物研究室，聘陈焕镛教授兼主任。该室最初拟对广东省植物进行全面研究，为改良和发展广东农林事业提供理论和资料依据。1929年，该室被扩充为农林植物研究所，既对植物分布作科学调查，也对经济植物进行研究。研究院成立后，农林植物研究所改称为农科研究所，下设农林植物学部及土壤学部，所主任为黄枯桐，农林植物学部主任为陈焕镛，邓植仪兼任土壤学部主任，指导教授有蒋英、彭家元、黄菩荃等。这些教师也都是留学归来的青年才俊。

4. 武汉大学

武汉大学也是较早创设研究所的一所公立高校。该校早在20世纪20年代中期就有过开办研究生教育的打算，其时该校正值国立武昌师范大学改设国立武昌大学之际。到1927年，改武昌大学为"国立武昌中山大学"，又有过创设研究生教育机构的规划。借助有关研究者的成果，可作如是线性勾勒：在20世纪20年代中后期，学校就曾有过两次开创研究生教育的尝试。1925年，时任国立武昌大学校长石瑛曾委托李四光教授等人筹组研究院，1927年2月，国立武昌中山大学颁布的学校组织大纲，明确规定设置大学院（相当于研究院），在没有毕业生（指武昌中山大学本科毕业生——引者注）前暂不设立。由于校政或时局动荡的关系，这两次试图开创研究生教育的努力均没有成功。②

基于上述两次"规划"，在1928年改建"国立武汉大学"后，尽管在最初的数年间，学校忙于基础工程的兴建和基础事业的夯基而无力顾及研究院的筹设，但其时学校的领导人物并未忘却国立大学应为全国"高深学术之总枢"（蔡元培语）的历史使命。1929年3月11日举行第12次"总理纪念周"

① 其时教育学部指导教授除上表所列外，尚有崔载阳教授1人。

② 参见吴骁、程斯辉：《功盖珞嘉 "一代完人"——武汉大学校长王星拱》，山东教育出版社2011年版，第257页。

时，刚刚接任武汉大学代理校长之职的王星拱即言："我们要秉承学术独立的精神，以满足我们共同求知的欲望，使武汉大学，不愧为全国知识的中心，这是我们大家对于武汉大学所抱持的极热烈的希望。"① 是故，武汉大学经过数年的努力，在各有关学科逐步而稳定发展的基础上，再次向研究生教育机构设置和研究生人才培养的路径上抬步前进。1929 年 7 月 26 日国民政府《大学组织法》颁行后，其中"大学得设研究院"的规定进一步推动了武汉大学的相关行动。

1929 年 11 月 9 日，经教育部指令核准的《国立武汉大学组织规程》出台，其中第七条就叙明创设研究院的规定。1931 年 6 月 10 日，该校第 123 次校务会议更明确决定该年度内开始筹设研究院。当月，学校第 124 次校务会议通过了《筹设本大学研究院办法》审查报告。该办法规定学校研究院由各学院研究所组成，各学院研究所有三所筹备完成时，"本大学研究院即宣告成立"。其具体步骤为："自民国二十年度起，本大学应斟酌财政状况及各学院设备情形，择定本大学各学院中之一院或数院，尽先成立该学院研究所筹备部，其他未设此项筹备部之学院，于以后年度斟酌情形陆续设立"；"每一学院研究所筹备完成时，该所即收纳研究生"。② 与之同时，该办法还强调，学院成立研究所，准备期不得少于一年；准备成立研究所期间，学校应有专门的设备和经费，供成立研究所之用；在研究所筹备期间，应设置 1～2 个讲座，进行研究讲座。

经过数年的努力，到 1934 年 7 月 2 日学校第 230 次校务会议召开时，武汉大学即决定，"自下年度起筹设研究院"。在 9 月 19 日新学期开学典礼上，校长王星拱即向全校师生宣告：

> 大学的任务，不仅仅在贯输已有的知识，还要在知识的世界增加未曾发见的材料，所以教学和研究并重。武大的历史，已经有了几年，现在应当采取二者并重的政策了。近来又奉到教育部颁来设置研究院的训令，所以在本年度内，我们要增设研究院。用节省切实的方法，渐渐地

① 《本大学第十二次总理纪念周记录》（十八年三月十一日），《国立武汉大学周刊》第 13 期，1929 年 3 月 18 日。

② 《筹设本大学研究院办法》，《国立武汉大学一览》（中华民国二十年度），第 176—177 页，转引自吴骁、程斯辉：《功盖珞嘉 "一代完人"——武汉大学校长王星拱》，山东教育出版社 2011 年版，第 258 页。

把研究院的规模树立起来。①

当年10月18日召开的第238次校务会议上，议决于该年度先行成立学科基础较好和社会应用性较强的法科研究所经济学部和工科研究所土木工程部筹备处。接着，当月召开的第239次校务会议通过了《本大学法科、工科研究所组织章程》，其中规定：

（1）法科、工科研究所是依据教育部《大学研究院暂行组织规程》第1条、第2条的规定设立的，定名为国立武汉大学法科研究所和工科研究所；（2）两研究所以招收大学本科毕业生，研究社会科学、自然科学（工程管理及技术），并给教师提供研究的便利，提高学术知名度和解决实际问题为目的；（3）法科研究所预备设立法律学部、政治学部，工科研究所预备设立土木工程学部、机械工程学部、电器工程学部、化学工程学部；（4）两研究所得先设立1～2个学部，视经费和设备情况，方可增设其他各部；（5）研究所设主任1人，主持所务工作，学部设主任1人，规划并指导研究工作；（6）研究所主任及各部的主任由学校校长从学校教授中聘任；（7）研究所各部的授课及指导研究工作由学校教授担任；（8）研究所设所务会议，由所主任及各部主任组成，所主任为主席；（9）研究所所务会议行使如下职权：审批本所工作计划及设备事项、审查研究工作及论文、审定研究生成绩、拟定本所预算、审议其他由学校校长交办的其他事项；（10）研究所负责制定招考规则，通过公开考试招收国内外大学毕业生为研究生；（11）研究生在研究过程中，应按规定完成学习课程、依据教授的指导写出论文或报告；（12）研究生的研究期限为2年，期满考试成绩及格者由学校发给研究期满成绩及格证书。研究生研究期满，尚未完成指定工作或经考试成绩不及格者，经过所务会议讨论，认为情况特殊，可以延长研究期限1年；（13）研究生在校的生活、操行及纪律等事务，按学校本科学生管理规则进行管理；（14）研究生不允许担任校内外任何职务；（15）研究生在研究期间，学校根据具体情况，可以发给一定补贴，研究生学习成绩优异者学校发给奖学金；

---

① 《开学典礼校长报告》，《国立武汉大学周刊》第209期，1934年9月24日，转引自吴骁、程斯辉：《功盖珞嘉　“一代完人”——武汉大学校长王星拱》，山东教育出版社2011年版，第261页。

（16）研究所在人才和设备允许的情况下，可以接受校外公共机关或私人企业的委托，担任特殊研究工作。[①]

确定组织章程后，武汉大学于1935年成立了法科研究所经济学部及工科研究所土木工程学部。校长王星拱聘用周鲠生为法科研究所主任、任凯南为经济学部主任；聘用邵逸周为工科研究所主任、俞忽为土木工程学部主任。研究所成立后，各学部即于当年暑期开始研究生的招收及培养工作。是年10月11日，学校举行第260次校务会议，审定了投考工科研究所土木工程学部的学生成绩，录取了成绩合格的考生方宗岱一人，是为武汉大学历史上的第一位研究生。武汉大学研究生教育事业也即由此正式起步。

与工科研究所机构设置和研究生招生工作同时起步的法科研究所，自成立后至全面抗战期间西迁前的数年间，也曾多次招考研究生，然而均因考生成绩不合格而未曾录取一人。由此可见该校研究生教育事业在初始阶段的质量要求。于是在1936年秋间，该所特设研究助理两名，"专司搜集资料及管理图书等职务"。[②]

有了上述事业基础，武汉大学为着早日实现设立研究院，加强和推进研究生教育的事业目标，自1936年开始，积极筹设文、理两科研究所，并加大生物、化学等学科的研究力度。此等努力还得到1937年3月间来校视察的教育部要员的积极肯定。遗憾的是，时隔数月后，日寇全面侵华战争爆发，使得包括武汉大学在内的中国高校研究生培养机构的增设活动和研究生教育事业的发展受到摧残。

5. 中央大学

继上述诸校创设研究生培养机构之后，国立中央大学亦于1934年10月奉部令筹设研究所。

1926年11月18日，国立中央大学的前身之一东南大学，这所被美国著名教育史家孟禄赞誉为"中国政府设立的第一个有希望的学校"[③]，就修正通

---

① 周叶中、涂上飙：《武汉大学研究生教育发展史》，武汉大学出版社2006年版，第15页。

② 参见吴骁、程斯辉：《功盖珞嘉　"一代完人"——武汉大学校长王星拱》，山东教育出版社2011年1版，第262页注释①。

③ 《陶行知访罗钧任后致郭秉文函》，载《南大百年实录》编辑组编：《南大百年实录》（上卷），南京大学出版社2002年版，第232—233页。

过了该校的《研究院简章》。对此，前文已揭。然而随后的数年间，这所“有希望”的大学却是动荡不宁、累经坎坷。仅就其校名而言，先后与其他八校合组改名为国立第四中山大学、国立江苏大学、国立中央大学；该校的管理人在郭秉文后更如走马灯般频频易人，仅被正式任命为校长者先后就有秦汾、张乃燕、朱家骅、任鸿隽、罗家伦等。如此时局和校政，致使该校的研究生教育迟迟未见实践层面的行动，原已通过的《研究院简章》早已成为一纸空文。

1932 年 8 月 26 日，曾为清华大学校长的罗家伦出任中央大学校长。上任伊始，罗家伦就特别提出“创造有机体的民族文化为本大学的使命”，企望率领全校师生努力将这所高等学府创办成“有机体的民族文化”之“中心”①。由是他效法当年“使德国复兴”的柏林大学之“精神”②，积极推动中央大学在学术研究和人才培养方面奋勇行进。经过两年多的准备，1934 年 10 月国立中央大学即得到教育部的指令，开始筹设培养研究生人才的研究机构。当年 11 月，中央大学正式创设理科研究所算学部和农科研究所农艺部，并且设立规划特别研究班。1935 年 1 月，学校设研究院筹备委员会，以罗家伦、邹树文、陈剑翛、艾伟等为筹备委员。1936 年 8 月，理科研究所算学部及农科研究所农艺部率先各招收一名研究生，标志着国立中央大学研究生教育正式起步。③ 需要补充说明的是，该校用作研究生教育机构的“研究院”，迟至抗战时期西迁后于 1938 年 12 月间才正式成立。

（三）私立大学推进情形

私立大学是近代中国高等教育阵营中的重要组成部分。自 1927 年后，由于外人在华办学纷纷转向中国政府注册立案，故而此后的“私立大学”体系由民办私立大学和教会大学组成。其中教会大学是中国近代高等教育的特殊组成部分，对中国高等教育现代化的推动和高层知识人才的培养自有其不可忽视的贡献。抗战全面爆发前，已创办研究院所的私立高校，除前表（见“表 3.2.2”）所列的南开大学、燕京大学、金陵大学、东吴大学、岭南大学

---

① 罗家伦：《中央大学之使命》，《国立中央大学日刊》第 820 号，1932 年 10 月 20 日。

② 罗家伦：《提高学术创立有机体的民族文化》，载罗家伦先生文存编辑委员会编：《罗家伦先生文存》第五册，（台北）“国史馆”、中国国民党中央委员会党史委员会 1988 年印行，第 231—235 页。

③ 参见南京大学高教研究所编：《南京大学大事记（1902—1988）》，南京大学出版社 1989 年版，第 55—57 页。

等外，尚有辅仁大学等高等学府，现摘其要者加以分述。

1. 南开大学

用以研究生人才培养的南开大学研究所，始于1931年正式成立的经济研究所和1932年成立的化学研究所。

提及南开大学经济研究所，必先谈及何廉。何廉（1895—1975），字淬廉，湖南宝庆人。1919年赴美国留学，先后在加州波姆那学院和耶鲁大学研究生院学习，1926年取得经济学博士学位。在美留学期间，何廉曾为著名经济学教授埃文·费暄（Irving Fisher）所设指数研究所的得力研究人员。1926年秋何廉学成回国，应天津南开大学校长张伯苓之聘，到校任经济学教授。在张氏的大力支持下，何廉创设了南开大学社会经济研究委员会，在此基础上逐步扩展为南开大学经济学院，并于1931年创办南开大学经济研究所。研究所非常重视师资队伍建设，到1937年，研究所教职员一共扩增到56人，其中教员和研究员为30人（见“表3.2.8”）。

表3.2.8 1937年南开经济研究所教员及研究员简况

（以姓氏笔画多少为序）*

姓名	留学简历	职务	研究或教授范围
丁　佶	哈佛大学硕士	商学院教授兼本所研究导师	会计及工业经济
丁洪范	菲律宾大学学士	商学院讲师兼本所研究员	会计
方显廷	耶鲁大学博士	商学院教授兼本所研究导师	经济史及农业经济
王文钧	南开大学学士	商学院教员兼本所研究员	会计及财政
王海波	加利福尼亚大学硕士	商学院教授兼本所研究导师	财政
王药雨		研究员	农业经济
王维显	清华大学学士	研究员	地方行政
何　廉	耶鲁大学博士	商学院教授兼本所研究导师	财政（在假）
谷源田	南开大学学士	商学院教员兼本所研究员	工业经济
谷霁光	清华大学硕士	商学院讲师兼本所副研究导师	经济史

续表

姓名	留学简历	职务	研究或教授范围
李卓敏	加利福尼亚大学博士	商学院教授兼本所研究员	国际贸易
吴大业	南开大学学士，哈佛大学研究	商学院讲师兼本所研究员	经济统计
吴华宝	康奈尔大学硕士	商学院讲师兼本所副研究导师	农业经济
李　锐	南开大学学士，伦敦政治经济学院研究	商学院讲师兼本所副研究导师	财政
李贤堃	金陵大学学士	研究员	农业经济
林同济	加利福尼亚大学博士	文学院教授兼本所研究导师	边疆经济史
陈序经	伊利诺伊大学博士	商学院教授兼本所研究导师	社会学
符致逵	华盛顿大学硕士	商学院教授兼本所研究导师	农业经济
袁贤能	纽约大学博士	商学院教授兼本所研究导师	经济理论
梁锡辉	岭南大学学士	研究员	社会组织
张金鉴	斯坦福大学硕士	商学院教授兼本所研究导师	行政学
张孟令	哈佛大学博士	商学院教授兼本所研究员	货币银行
张伟弢	哈佛大学硕士	商学院讲师兼本所研究员	会计（在假）
张纯明	耶鲁大学博士	文学院教授兼本所研究导师	地方行政
冯华德	南开大学学士	商学院教员兼本所助理研究导师	财政
杨学通	南开大学学士	商学院教员兼本所研究员	货币银行
葛磊士	哈尔滨法政大学学士	编译员	经济
刘朗泉	东吴大学法学士	商学院讲师兼本所研究员	商事法
乐永庆	南开大学学士	商学院教员兼本所研究员	地方行政
鲍觉民	中央大学学士	商学院讲师兼本所研究员	经济地理

* 资料来源于南开大学经济研究所编：《十年来之南开大学经济研究所》，1937 年印行，第 57—60 页。注：1937 年经济研究所的教职员一览表中，还有所内各部门行政人员 7 名，其中有 3 名重复列在教员名单中；另有事务员 22 人，在此不一一列出。

1937 年是南开经济研究所最辉煌的时期，其时师资和经费充足，一大批留学生充实到研究所里，为研究事业的发展注入了新鲜血液。30 名教员和研究员当中，有留学经历者 17 名，约占 57%，其中留美学者 15 人，正好是研究所教员的一半，并且都是博士或硕士等高学历人员及教授级职称人员。在 30 名教员中，只有 4 名专职研究员和 1 名专职编译员，其余 25 名都是兼职人员，约占 83%。其中兼职教员中，除林同济和张纯明来自本校文学院外，其余 23 名兼职教员均来自本校商学院。从中可以看出：一是研究所的兼职人员占有重大比例，二是研究所与商学院师资之间有密切联系。据经济研究所首届研究生杨敬年回忆，当时经济研究所的教师不但包括经济系的全体老师（教学与科研统一），而且也包括政治系的一些教师如张纯明、王赣愚、林同济、张金鉴等，此外还有社会学家陈序经、法律学家刘朗泉等，仿佛和伦敦政治经济学院相似，是兼容并包的，这是经济研究所的第二个特色。①

南开大学经济研究所自 1935 年开始培养研究生，第一届招收 10 人，分为土地问题、乡村合作以及地方政府与财政三个培养方向。入所后，他们课堂学习一年，以便从理论上和技术上受到专业的训练，然后到“华北农村建设协进会”选定的山东济宁实习半年。研究生通过积极参加与其专业方向有关的社会实践而获取实际经验与知识，并设计出实习地区的工作方案，形成论文后，经研究所鉴定通过，即算完成学业。

南开大学化学研究所由张克忠主持而建立起来。张克忠（1903—1954），字子丹，1923 年考取中华教育文化基金会的助学金赴美留学，入麻省理工学院攻读化学，1928 年获博士学位，其研究课题为化工中精馏过程机理，将其导师路易斯（W. K. Lewis）所建立的针对化工过程的基本扩散公式用于探讨影响塔板效率的各种因素，并进行了定量的分析和讨论。② 1928 年，张克忠回国受聘于南开大学，成为该校最年轻的教授，因陋就简地创建了南开大学应用化学研究所并任所长，而化工系两年后才成立。研究所初创之时，只有教授 1 人及研究助理 1 人，到 1934 年，教授增至 2 人，专任研究助理 3 人，学生助理 2 人。③ 应用化学研究所人员一直非常精简，全所人员最多时不过

① 参见杨敬年：《期颐述怀》，南开大学出版社 2007 年版，第 250—251 页。

② 参见赵匡华主编：《中国化学史》（近现代卷），广西教育出版社 2003 年版，第 289 页。

③ 参见《南开大学应用化学研究所报告书》第二卷，“绪言”，南开大学 1934 年印行。

15人，其中包括化学系留学回国的邱宗岳、杨石先等教授加盟的兼职研究人员。张克忠当时最得力的助手，是他在麻省理工学院时的学弟张洪沅。张洪沅1932年被聘为南开大学教授，任应用化学研究所副所长。据后来曾任天津市半导体研究所所长的伉铁俊回忆：

> 一九三二年（南开大学）应用化学研究所初办时期，由于人力少，子丹（张克忠——引者注）教授就从化学系学生当中，选择了几个人，参加研究所的工作，我就是其中之一。……研究所的科研工作人员的队伍，一直保持着短小精悍的特色。全所人员最多的时候，包括所长在内不过十五人。而著名的化学家、理学院院长邱宗岳教授和著名的化学家杨石先教授也在十五人之中，他们的工作重点是指导科研，所以全所实际工作人员只有十三人。留美的著名化工学家张洪沅教授担任副所长兼研究部主任，高长庚（少白）教授为导师，研究员、助理研究员六人，练习生三人，还有助理员一人，主要担负后勤管理工作。人员不多，而严格要求择优使用，避免滥竽充数。研究员、助理研究员均为国内大学高材毕业生，练习生也要求高中毕业的文化水平。大学毕业生入所为助理研究员，工作三年而有成绩者，晋升为研究员。……研究所上自所长，下至研究员、助理研究员，都肩负教学与科研任务，这是大学所设研究机构与独立的科研单位的不同之点。①

从以上叙述可知，化学研究所的人员组成保持短小精干的特色。研究所的一般工作，还由化学系几名学生兼任，如在应用化学研究所成立时尚在大学二年级的伉铁俊，也加入了所里的分析研究工作。该所具体的人员情况可见下表（“表3.2.9”）。

表3.2.9 南开大学应用化学研究所1928—1937年研究人员情况表*

姓名	工作时间	职务	留学情况	备注
张克忠	1929—1937 1947—1952	教授	美国麻省理工学院博士	所长兼工学院院长
邱宗岳	1929—1937	兼职教授	美国克拉克大学博士	化学系主任、理学院院长

① 伉铁俊（或儁）：《抗战前的南开大学应用化学研究所》，载王文俊等选编：《南开大学校史资料选（1919—1949）》，南开大学出版社1989年版，第407—408页。

续表

姓名	工作时间	职务	留学情况	备注
杨石先	1931—1937	兼职教授	美国耶鲁大学博士	理学院院长
高少白	1931—1937	教授	美国麻省理工学院博士	化工系教授
蒋子瞻	1931—1937	研究员		兼化工系教授、利中硫酸厂总技师
张洪沅	1932—1937	教授	美国麻省理工学院博士	副所长兼研究部主任
苏元复	1933—1935	助理研究员	英国曼彻斯特大学硕士	
卢焕章	1935—1937	助理研究员、副研究员	英国伦敦大学帝国学院博士	
伉铁俊	1936—1937 1946—1952	助理研究员、讲师、副教授、教授	美国西格兰工业酒精厂、派勃斯物发酵厂工程师	副所长

* 资料来源于张培富：《海归学子演绎化学之路——中国近代化学体制化史考》，科学出版社2009年版，第175页。

从上表可以看出，一直以来，南开大学应用化学研究所的研究人员大多兼任化工系教师，他们同时兼顾科研和教学双重职责。应用化学研究所与化工系本来就是相得益彰，化工系学生在这里找到了实践场所，而一些优秀的学生也成为这里的技术力量。9位研究人员中，除1位研究人员留学情况不明外，其他8位人员都有出国经历（其中6名留学美国、2名留学英国），美国留学生中又以美国麻省理工学院的博士居多。这些留学生在研究所里充分发挥他们的聪明才智，工厂所用各种设备，基本上由他们自行设计和加工制造。

2. 燕京大学

地处北京的燕京大学是较早发展研究生教育的教会大学之一，其研究所的创立亦走在前列。燕京大学成立之初，便将成立研究生教育的专门机构纳入学校议事日程。早期虽有部分系科开始了研究生的培养，但其组织机构尚未成型，招生人数很少，研究生的课程设置、培养及考核方式也没有统一完善的标准。1926年6月燕京大学移居城郊新址，是年11月向教育部呈文立案。立案后的燕京大学得到哈佛—燕京学社的助力，研究生教育事业有了更快和较好的发展。

1920年，位处华北地区的教会高等教育机构汇文大学、华北协和大学和女子协和大学三校合组成燕京大学。其时汇文等校已试办过研究生教育，对此，前文已有所述。燕京大学成立后，即开设了本科以上的研究生课程。在此基础上，到1922年，成立不久的燕京大学即“颁发过一个文学硕士学位”[①]：“授予瞿世英文（学）硕士学位。”[②] 自后，燕京大学一直依循美国研究生教育的路径在逐步推进，到1925年时就在这方面制定出相当完备的规定，其主体一直实行到1934年国民政府教育部制定的《大学研究院暂行组织规程》颁行。

南京国民政府上台后，燕京大学已成为教育部统管下的私立大学之一，自是该校的研究生教育事业根据政府的高教政策和举措的变化而发展、变迁。是时燕京大学用以研究“东方文化”的哈佛燕京学社已正式成立，得其支持与协助，该校研究生教育事业迅即走在各教会大学的前列。

哈佛燕京学社的事业经费，来自美国著名发明家查理·霍尔（Charles Martin Hall）的遗产基金。为利用“霍尔基金”发展“东方学”研究，美国哈佛大学根据霍尔基金董事会的意向，于1928年同燕京大学正式合作建立起哈佛燕京学社。学社的首要目的“不是为了提高那些西方学生因临时性目的而学习中国语言”，而在于“保证为在哈佛大学的西方学者和燕京大学的研究者”开展学术研究，“传播与保存中国文化”提供便利。[③] 虽说哈佛燕京学社的设立主要是用以研究“东方文化”，而非作为专门的研究生教育机构，但它所提供的经费资助和学研支撑，有力地促进了燕京大学研究生人才的培养：“至于该学社大部分用款，是在普通账目中用来支持研究生的教育和研究计划，出版学术性刊物以及发给奖学金……将燕大成立为研究生攻读学位和研究的中心，其他为该学社所支持的基督教大学的毕业生均可前来深造。”[④]

---

① ［美］芳卫廉：《基督教高等教育在变革中的中国（1880—1950）》，刘家峰译，珠海出版社2005年版，第72页。

② ［美］艾德敷：《燕京大学》，刘天路译，珠海出版社2005年版，第210—211页。

③ 燕大文史资料编委会编：《燕大文史资料》第六辑，北京大学出版社1992年版，第41页。

④ 陈观胜：《哈佛燕京学社与燕京大学之关系》，熊大绛译，载燕大文史资料编委会编：《燕大文史资料》第三辑，北京大学出版社1990年版，第19页。

哈佛燕京学社成立当年便开始招收研究生，要求学生在校修业两年，撰写毕业论文，并需参加由“面试委员会”组织的面试，通过者为“硕士待位生”，于毕业时方授予学位。此外，彼时尚有出国留学者，后为缩短留学生在美修业年限，学社规定资遣哈佛留学者必须先在国内获得硕士学位。[①] 与此同时，燕京大学利用学社资助，成立了国学研究所，并发布了《燕京大学国学研究所所章》，在“名称”“宗旨”“组织”“职员”“研究员”等七大方面作出详尽规定。其中明确指出“本所招研究生若干名”，由导师及研究员“负责指导研究生研究工作”。[②] 同年12月，经北平管理委员会及校务会议审查，一致通过了《国学研究所学则》，规定了国学的范围为“中国历史、中国文学、中国哲学、中国文字学、中国考古学、中国宗教、中国美术”七类，而研究生的类别及资格有二：一是“大学毕业有相当著作者，得为本所正式研究生”；二是“非大学毕业而有专门著作者，得报名为本所特别研究生”。

由于有了哈佛燕京学社的经费与教师的助力，在1927至1928年间，即南京国民政府上台后，燕京大学就在历史学、生物学、化学、物理学、经济学、政治学和社会学七个领域开展了研究生教育工作。在1929年及其后，又有心理、国文、物理、教育和新闻等学科取得了培养研究生的资格，累计此期具有培养研究生资格的学系增至十二个[③]。与之同时，燕京大学还加强了组织机构及相应的规章制度建设。如在1928年，燕京大学成立了研究生院，其研究生的培养工作仍由隶属于各学系的研究部负责，而对于研究生的管理，“每年均由校务会议推选教授若干人，组织研究院委员会，专事处理关于研究院学科之事务”。[④] 在此之前，燕京大学“为研究中国学术，养成专门人才起见”[⑤]，即已开始招收国学研究生，并于1926年发布了《燕京大学招收国学研

---

① 参见庞朴主编：《20世纪儒学通志·纪事卷》，浙江大学出版社2012年版，第122页。

② 《燕京大学国学研究所所章》（1929.10），北京大学档案馆馆藏档案：“燕京大学档案”第30025号。

③ 参见［美］芳卫廉：《基督教高等教育在变革中的中国（1880—1950）》，刘家峰译，珠海出版社2005年版，第135页；［美］艾德敷：《燕京大学》，刘天路译，珠海出版社2005年版，第210—211页。

④ 《燕京大学研究院之沿革》，《私立燕京大学研究院概况》，1936年印行，第4页。

⑤ 《燕京大学招收国学研究生专修生简章》（1926—1927年），北京大学档案馆馆藏档案：“燕京大学档案”第24006号。

究生专修生简章》（1926—1927 年），对其报考资格、修业年限、考核方式及毕业论文的审核等都作出了规范和指导。1928 年，哈佛燕京学社在燕京大学的中心成立了国学研究所，以陈垣为所长，并选出五位教授招收五名研究生来培养。

经过一段时期的发展，燕京大学研究生教育办学规模进一步扩大，师资力量进一步增强，教学水平进一步提升，各项规章制度进一步完善。正如胡适所言："燕京大学成立虽然很晚，但他的地位无疑的是教会学校的新领袖的地位。约翰、东吴领袖的时期已过去了。"① 燕京大学研究生教育此期的发展概况，从 1934 年《燕大友声》中的一段记述即可窥见一斑：

本大学于本科之上设研究院课程，于民国十年即有之。当初仅哲学、教育、经济诸门，其后逐渐添设，迄至现时，设研究课程者计有十二学系。凡关于研究课程之事务，向系由研究院委员会管理，因我国学位制度尚未颁布，故暂依照美国学制于研究生修业期满，考核成绩及格时，授予硕士学位。②

不过，也就在 1934 年，燕京大学研究生教育发生了一些变化或改进。因 1934 年时国民政府及教育部就有关研究生教育出台了一系列政策、法令，并开始对研究生教育进行整顿和改革，燕京大学由于其历史背景及在研究生教育方面美国教育模式的事业基础，故而研究生教育的学科范围等受到很大的影响，能够培养研究生的学系也从原来的十二个缩减为四个，原来的"研究生院"也被更名为"研究院"，并分文、理、法三科研究所四个学部，学生的招收和培养规模也有了很大的压缩。经过政策调适和机构调整，此后的数年间，该校的研究生教育情况大致如此：

研究生院改为研究院，并且被划分成与 3 个本科学院相一致的 3 个研究所。文学研究所只设历史学部，理科研究所只设生物学部和化学部，法科研究所只设政治学部。录取学生主要依据入学考试的成绩，学习年限被延年为至少两年。学生在学习一年后必须通过一次综合性考试，全部学习结束后必须通过口试方式的研究论文考试。在研究期间，学生可以自愿参加课程学习。研究院院长由大学校长兼任，各系有资格指导研

① 胡适：《从私立学校谈到燕京大学》，《独立评论》1934 年第 108 号。

② 《校务纪要：研究院正式改组校长兼任院长》，《燕大友声》1934 年第 1 期。

究生的教授需经指定，研究生教育的具体领域也都需要一一备案。①

通过整顿与调适，燕京大学的研究生人数，也从1930至1931年的94人增长到1932至1933年的119人，而自1934年开始转为落势，到1936至1937年时仅有48人了。但是，获得硕士学位的人数实际上有所增长，从1931年的24人上升到1935年的32人。这表明在人才培养方面，其质量反倒有所提升。

为进一步规范和指导研究生教育的各项工作，燕京大学于1936年制定并颁行了《燕京大学研究院规程》和《燕京大学研究院学则》。这两份规章对研究生的入学资格、修业年限、修习课程、基本考试、日常管理、学位论文撰写及学位考试等都作出了详尽规定。特别值得说明的是，由于教育部于1935年正式颁行了《学位授予法》，故这两份规章对研究生的学位考试都给予了论述。此外，燕京大学还出台了《燕京大学研究院奖学金制度》，以鼓励和支持更多的学子参与学术研究。总之，燕京大学在此期出台的系列规章制度使其研究生教育工作进一步走向成熟，也为其后期的持续健康发展提供了制度保障。有此基础，所以抗日战争全面爆发后，在敌占区坚持办学的燕京大学，能够保证其研究生教育工作继续开展，并因时应势进一步调整和完善。

3. 金陵大学

出身于教会组织创立的高等教育机构，金陵大学为“外资创设大学在中国政府之最先立案者”②。早在1921年秋，北京国民政府教育部即派员前往该校调查，准其农科立案。1925年冬，在收回教育权运动的影响下，“复正式认可”。1927年3月，北伐军抵定南京后，对外人在华所办学校教育权实行收回，于是金陵大学美籍校长退职，另组由中国人为正、副主席的校务委员会。是年11月，学校推定中国人陈裕光为校长。翌年8月，经南京国民政府大学院首先核准立案，金陵大学自是成为中国特殊的私立高校之一。自后，该校在人才包括研究生人才的培养方面，亦遵循中国的政策法令而依次推进。

早在1926年秋，金陵大学即开设化学研究科，但1927年春因故而停办。理学院成立后，因化学系设备较完善、师资较好，故恢复设立化学研究科，

---

① ［美］艾德敷：《燕京大学》，刘天路译，珠海出版社2005年版，第211—212页。

② 《私立金陵大学一览》，载朱有瓛、高时良主编：《中国近代学制史料》第四辑，华东师范大学出版社1993年版，第582页。

并于1932年秋设立理学院化学研究所，开始招收研究生，后于1935年遵教育部令改设为理科研究所化学部。这是金陵大学最早设立的招收研究生的机构。理学院原拟继续设立其他各学科部门，例如物理、天算、生物等，后因受多种因素影响，未能如愿。

同在1935年，文学院在国学研究班的基础上，筹备成立文科研究所史学部及中国文学部。文学院为此专门成立委员会，由文学院院长刘国钧、中国文化研究所主任徐养秋、史学系主任贝德士三人组成。委员会拟定规章、课程及招生简章等，送教育部审核。1936年，教育部核准成立文科研究所史学部。

同时，金陵大学还成立农科研究所农业经济学部，由孙文郁任主任。1936年9月，农科研究所农业经济学部开始招收研究生，首届研究生四名，具体情况见下表（“表3.2.10”）。

表3.2.10 金陵大学农科研究所农业经济学部首届研究生基本情况表*

研究生姓名	主修	辅修	指导教授
陈彩章	农村社会学	农业经济、农场管理	乔启明
李惠谦	农村金融、农业合作	农村社会学	赫德兰
邵德馨	农业经济、农场管理	农村社会学	卜　凯
徐壮怀	农业经济、农场管理	农村金融、农业合作	雷伯安

*资料来源于校史编委会编：《南京农业大学史（1902—2004）》，中国农业科学技术出版社2004年版，第140页。

至此，金陵大学的研究生培养机构，计有三个研究所：文科研究所设有史学部、理科研究所设有化学部、农科研究所设有农业经济学部。按照其时教育部颁行的《大学研究院暂行组织规程》，金陵大学已具备成立研究院的条件，但金陵大学并没有这样做，而是将各研究所设置在各学院之内，借以充分利用师资条件，将本科教学和研究生教学有机地结合在一起。这是金陵大学研究生教育与其他高校的最大不同之处。

4. 辅仁大学

1927年6月16日，辅仁大学向国民政府教育部呈递了第一份正式登记立案的申请。7月29日，该校“在登记立案以及得到中国政府承认问题上所取得的成功，其影响巨大”[①]。9 月 26 日，该校举行了开学庆典。自其时起，师生员工均通称学校为“辅仁大学”。[②] 1929 年，该校因不具有三个“学院”而接到教育部的通知，要降级为“学院”。直到 1931 年 8 月 22 日，国民政府重新承认了“辅仁”的大学地位。自此而后，辅仁大学才得以正式的私立大学地位和身份来发展自己的事业。

1933 年时，“为予毕业学生有志深造者做各种高深学术之研究起见”，辅仁大学校董会决定提升学校办学层次，设立研究院，开展研究生教育，以养成“各项专门人才”。[③] 是年 7 月，校务会议通过了《北平辅仁大学研究院入学简章》，拟先设立中国语言文学研究所（组）、史学研究所（组）、哲学研究所（组）、社会学及人种（类）学研究所（组）、教育学研究所（组）等五个研究所，经过考察，计划招收本校毕业生陈祥春、牛秉宗、叶德禄、王际宪、许烺光、许作新等六人为研究生。[④] 遗憾的是，由于其时该校师资、设备、办学经费等尚不具备设立研究院的充分条件，所以学校的申请并未通过教育部的审核。经过校长陈垣等人的一再努力，1934 年 3 月 19 日，国民政府教育部指令辅仁大学补报“各组规章、课程及师资、设备情形”材料，并在计划设立的五个研究所（组）中酌取一二组“先行试办”。到 7 月时，教育部又要求辅仁大学“研究院应缩小范围”。接着在 8 月，教育部指令该校立即停止招收研究生，“俟经费充裕后，再行呈报核办”。[⑤]

尽管经过如此三番的折腾，校长陈垣等人并未因此而放弃进行研究生教育的努力。经过三年左右的发展，到 1937 年，辅仁大学已经基本具备设立培养研究生教育机构的条件，加上学校培养的本科毕业生中，不少人怀有进一步深造的强烈愿望，于是，根据学校现有师资和设备情况，该校于 1937 年 5 月教务会议上决定先成立文、理两科研究所，并拟具《文理两科研究所组织规程》和担任研究科目的教授名单，呈报教育部核准。6 月，教育部正式批准辅仁大学设立文、理科研究所，唯指令将文科研究所语言历史部改为史学部。学校当即成立文科研究所史学部、理科研究所物理学部，并于 1938 年秋季开

① 参见［美］吴小新：《北京辅仁大学》，张晓明译，珠海出版社 2005 年版，第 65 页。

② 参见［美］吴小新：《北京辅仁大学》，张晓明译，珠海出版社 2005 年版，第 69 页。

③④⑤ 《关于研究所成立的来往函电·组织章程·导师名单》，北京师范大学档案馆馆藏档案：“辅仁大学档案”，案卷号 84。

始正式招收研究生。[①] 其时，日寇已经陷我北平，辅仁大学已是“当时国民政府承认的在沦陷区唯一一所大学”[②]。

根据《私立北平辅仁大学文理科研究所暂行规程》，文科研究所主任由文学院院长兼任，部主任由院长或系主任兼任。文科研究所史学部主任由校长陈垣兼任，人类学部主任由社会学系主任雷冕兼任。“研究生工作之指导与管理，由本校专任教授担任之，必要时得加聘导师”，“研究科目及担任指导之教授名单由所主任和部主任于每年暑假前商定公布，研究生所选习之科目，其范围以此为限”[③]，实际上，文科研究所指导教授基本上都是本校专任教授及少量副教授。随后，在文科研究所史学部研究生指导教师的遴选上，辅仁大学作了灵活变通，除史学方面导师外，既有语言文字学、文学、目录学导师，更有教育学、人类学、哲学（宗教史）等方面导师，基本囊括该校文史领域专任教授中的名师，特别是沈兼士、余嘉锡等著名学者被遴选为史学部导师，为优秀毕业生进一步深造提供了难得的机会。理科研究所物理学部既有物理学方面的专家，也有从事化学研究的导师，这样聚合相关方面的教师，以壮大研究生教育的师资力量。总之，该校形成了一支以本国籍教师为主、外籍教师为辅的导师团队。

二、 学科专业的扩增

随着人们对研究生教育的认识的不断加强，研究生教育实践经验的不断积累和政策法规的不断完善，研究生教育的规模也得到逐步扩展，其培养机构的数量亦随之不断增加。同时，社会经济发展对高级专门人才在规格上、科类上和质量上的新要求，客观上对研究生教育的学科专业扩增和改进，起到了巨大的促进作用。

（一）学科选择的扩展

我国研究生教育从文科开始，特别注重传统国学人才的培养，呈现出一

① 参见孙邦华：《身等国宝　志存辅仁——辅仁大学校长陈垣》，山东教育出版社2004年版，第194—196页。

② 北京师范大学校史编写组编：《北京师范大学校史（1902—1982）》，北京师范大学出版社1982年版，第240页。

③《关于研究所成立的来往函电·组织章程·导师名单》，北京师范大学档案馆馆藏档案：“辅仁大学档案”，案卷号84。

枝独秀的特点。例如，北京大学研究所国学门和清华大学国学研究院，不仅是这两所著名大学研究生教育的起点，更是中国研究生教育的源头。注重文科研究生人才的培养，既继承了我国学术研究中重视传统文化人才的培养，也与当时我国社会发展和教育水平的实际状况相一致。动荡的政局、短缺的经费，导致各大学只能在基础较好的又能省钱的文科研究生教育上下功夫，而对于那些需要重新购置教学设备、配备学科结构齐全师资的理工科往往没有能力。另一方面，“官本位”传统思想也影响着莘莘学子对成材的定位。学习文科往往成为通往仕途的捷径，而理工科则大受冷遇。至此，人们不难理解传统学科一直成为研究生教育发展的重点，而理工学科研究生教育则发展缓慢的原因所在。

随着现代学科特别是自然学科和应用学科在各大学的逐步建立，研究生教育的学科开始突破文科的范畴，逐步扩展到理科、工科和农科等学科领域，而且日渐呈现出齐头并进的趋势。这对完善我国研究生教育的学科布局和专业设置大有裨益，其具体情况可见下表（见“表 3.2.11”）。

表 3.2.11 《学位授予法》（1935 年） 颁行前先后面世的培养研究生的大学研究院所一览表*

年度	学校及研究院所名称	备注
1917	北京大学文科研究所、理科研究所、法科研究所	
1920	北京高等师范学校教育研究科	
1922	北京大学研究所国学门	
1925	清华学校国学研究院	
1926	厦门大学国学研究院	
1927	中山大学语言历史学研究所	该所后改为文科研究所
1928	燕京大学研究生院；中山大学教育学研究所	
1929	中山大学农林植物研究所；清华大学物理研究所、外国语文研究所	中山大学农林植物研究所后改为农科研究所

续表

年度	学校及研究院所名称	备注
1930	金陵大学中国文化研究所；清华大学中国文学研究所、哲学研究所、历史研究所、算学研究所、政治学研究所、经济学研究所	
1931	北平师范大学研究院；南开大学经济研究所；清华大学化学研究所、生物研究所	
1932	金陵大学化学研究所；南开大学应用化学研究所；北京大学研究院（自然科学、文史、社会科学）；清华大学心理研究所	清华大学心理研究所 1934 年暂停招生
1933	清华大学社会学研究所、地理学研究所；北洋工学院矿冶工程研究所	清华大学两研究所 1934 年暂停招生
1934	武汉大学法科研究所、工科研究所；中央大学理科研究所、农科研究所；燕京大学理科研究所、法科研究所；东吴大学法科研究所	
1935	金陵大学文科研究所、理科研究所、农科研究所；岭南大学理科研究所	

* 资料来源：根据相关大学校史、民国时期报刊资料等整理而成。注：表中只列举有研究院所新增的年份，且各研究院所仅用当时名称。

总体而言，1934 年以前各高校研究生教育的学科设所仍以文科类居多，培养的研究生自然也是以传统的国学人才为最，文科研究所成为早期从事研究生教育高校的“标配”，语言文学、历史、哲学等学科占其主导地位。其时，最高教育行政并未对研究生教育学科布点作出统一规定，各校开展研究生教育均为各校根据自身的学科发展和既有的教学条件而作出的自发行为。研究生教育的发展规模、招生人数、学科专业设置等，完全由学校自行灵活操作，导致研究生教育在学科布局上存在不少问题。其中最主要的问题就是：文科和法科比重偏大，理科和工科等较为薄弱，农科、经济科、教育科、商科刚刚起步，医科尚处于空白。这种不合理的学科结构，必然导致高层次知识人才培养结构失衡。

1934 年颁行的《大学研究院暂行组织规程》和 1935 年实施的《学位授予法》及其相关细则，使研究生教育有了统一的设置标准和制度保障。研究院依据学科分类，下设文、理、法、教育、农、工、商、医各科研究所，分别称为文科研究所、理科研究所、法科研究所、教育研究所、农科研究所、工科研究所、商科研究所、医科研究所。各研究所可分设若干学部，称其为研究所某部（如理科研究所物理部）。教育部确定以学科名为研究所名称、以专业名为学部名称的统一做法，改变了过去各学校各自为政、名称混乱的状况。由此，各大学的研究院所由原先自主设置，转变为须经教育部统一核准方得办理，这表明我国研究生教育迈出了制度化发展的关键一步。现将 1937 年全面抗战爆发前，全国各相关大学研究所情况及学科名称统计如下（见“表 3.2.12”）。

表 3.2.12　1937 年全国大学研究所统计表*

序号	学校名称	研究所名称	学部名称
1	国立清华大学	文科研究所	中国文学、外国文学、哲学、史学
		理科研究所	物理、化学、算学、生物学
		法科研究所	政治、经济（暂停招生）
2	国立北京大学	文科研究所	中国文学、史学
		理科研究所	数学、物理、化学
		法科研究所	（暂停招生）
3	国立中山大学	文科研究所	中国语言文学、历史
		教育研究所	教育学、教育心理学
		农科研究所	农林植物、土壤
4	国立中央大学	理科研究所	算学
		农科研究所	农艺
5	国立武汉大学	工科研究所	土木工程
		法科研究所	经济
6	国立北洋工学院	工科研究所	采矿冶金
7	私立南开大学	商科研究所	经济
		理科研究所	化学工程

续表

序号	学校名称	研究所名称	学部名称
8	私立燕京大学	文科研究所	历史
		理科研究所	化学、生物
		法科研究所	政治
9	私立东吴大学	法科研究所	法律
10	私立金陵大学	文科研究所	史学（准予1937年招生）
		理科研究所	化学
		农科研究所	农业经济
11	私立岭南大学	理科研究所	生物、化学
12	私立辅仁大学	文科研究所	史学
		理科研究所	物理学

*资料来源于中国第二历史档案馆编：《中华民国史档案资料汇编》第五辑第一编"教育"（二），古籍出版社1994年版，第1385—1386页；北京师范大学校史编写组编：《北京师范大学校史（1902—1982年）》，北京师范大学出版社1984年版，第236—238页。

大学研究院所的学科布点和专业设置较之以前更加丰富，为青年学子求学深造提供了更加多样的选择。特别是一批新加入研究生教育的高校，突破北京大学、清华大学从文、理基础学科开始研究生培养的传统，选择在一些实用学科领域培养高层次人才，例如中山大学、中央大学、金陵大学等高校在首批成立的研究所中设有农科研究所，武汉大学设立了工科研究所，南开大学则重点发展商科。其时研究生教育的学科选择呈现如下特点：

第一，自然学科受到重视，研究所数量大增，促使学科结构趋向合理。以1937年为例，经教育部核准的12所高校共设26个研究所，其中理科研究所已达到8个，超过文科研究所（6个）数量，占研究所总数的30%强。理科研究所的快速发展，一方面表明数、理、化等基础学科受到了高度重视，高层次知识人才培养有了更好的平台；另一方面表明随着留学生的大批归国，数、理、化等学科的师资力量有了明显的增强，办学条件也得到了一定的改善。

第二，法科研究所也获得了较大的发展，与文科研究所数量相近。文、理、法“三雄并立”的状况改变了早期研究生教育中文科“独霸天下”的格局，形成了较为稳定的研究生教育局面。

第三，农科和工科研究所的数量呈现增长势头，可见其时的研究生教育在文、理基础学科受到重视的同时，应用学科也日渐受到注意乃至重视。例如，中山大学、中央大学和金陵大学的农科实力强劲，南开大学经济学研究生教育成绩显著。

第四，在26个研究所中，文科类研究所占12个、实科类研究所占14个，文、实学科的布局大体平衡。这说明当时教育部门所采取的“抑制文科、发展实科”的措施，在研究生教育层次上也取得了实效。

第五，研究生教育的学科专业布局仍存在不平衡的特点。文、理、法三科研究所共19个，占研究所总数的73%强。教育科、农科、工科和商科等加起来仅有7个，占研究所总数的27%弱。可见，全国主要进行的研究生教育还是文、理、法三科。相比以上三科，其他应用性科目的研究生教育开展得比较少。主要原因还是因为社会发展缓慢，教育结构受经济结构的制约，一些学科很难开展起来。

总体而论，自1934年出台《大学研究院所暂行组织规程》以降，中国的研究生教育不仅在学科开设方面有了很大的进步，而且其学科大类在高校的布局也基本上取得了“全覆盖”的效果。

研究生教育是判断一所高校办学水平和整体实力的重要指标，而学科设置多少在一定程度上体现研究生教育水平的高低。民国时期，高校数量虽然不多，但各类型高校之间的竞争非常激烈。例如同处北平城内的国立北京大学、国立清华大学和私立燕京大学之间就一直存在着或明或暗的竞争，南京城内的国立中央大学和私立金陵大学也一直暗暗较劲。扩大学科范围是提升高校核心竞争力的重要指标，导致这些综合实力较接近的高校不甘示弱地扩大研究生教育的学科布局。

南京国民政府建立后，相对稳定的政局促使社会发展和经济建设呈现新局面。社会对应用学科和实用学科人才的需求加剧，也促使研究生教育学科突破传统的文、理基础学科，开始更多地面向工、农、商等领域。为了促进文、实学科的协调发展，国民政府教育部在大学设置标准中明确规定：大学设置必须具备三个学院，同时强调注重实用学科的布局，三个学院中必须包含理学院或农、工、医各学院之一。这种平衡文、实学科之举，使得理、工、农、医等实用学科在大学本科层面得以扩张，夯实了学科基础和人才力量，从而为实科高层次人才培养奠定了良好的基础，研究生教育在实科领域扩张就有了可能和现实条件。

（二）专业设置的添增

专业是研究生培养的载体。在研究生教育起步阶段，文科“独霸天下”，导致在专业设置上大多集中在中国语言文学、历史、哲学等领域。尤其是历史学，只要设置文科研究所的高校均设有该专业。所幸的是，受蔡元培“学为基本、术为枝干”思想的影响，在新文化运动科学精神的感召下，研究生教育也开始重视数学、物理、化学等基础学科专业。随着社会发展和教育事业的进步，研究生教育的专业设置开始扩展至政治、法律、经济、教育、农林等领域，这得益于社会发展对各类专业人才的需求，特别是对实用学科人才的需求。南京国民政府成立后至全面抗战爆发前，国民经济发展呈马鞍形态势。1928 年起经济逐渐发展，1930 年出现了一个高峰。随后受世界经济危机的影响，1931 至 1934 年处于低迷时期。1935 年后经济恢复发展，随后又出现一个高峰。据统计，1927 至 1937 年间，工业产值持续增长，农业除大灾年外也不断增产，资本主义统一市场在迅速发育与成长。这一切都刺激了社会对工、商、农业等技术的需求，对社会各类专业人才的需求更是与日俱增。其时从事研究生教育的高校，当仁不让地承担起为国家和社会建设培养各类高层次专业人才的重任，这反映到研究生教育的专业设置上，就体现出从人文领域扩展到自然科学领域的特点。

专业的添增是学科内涵式发展的必要要求。从事研究生教育的各高校在研究所成立后非常重视专业建设，努力扩大专业布点，以完善学科结构。例如，在理科中，数学、物理、化学三个专业在早期研究生教育中优势明显。随着学科建设的深入，清华大学、燕京大学增设生物专业，南开大学增设化学工程专业，由此丰富了学科内涵，使学科平台有了更多的专业支撑点。再如，中央大学、中山大学和金陵大学都设有农科，但它们的专业设置又体现出各自的特色：中山大学设置农林植物专业和土壤专业，中央大学偏重农艺专业，金陵大学则开设农业经济专业，这从前表（表 3.2.12）可见。不同专业设置，使同一学科人才培养更具多样性，能较好地满足社会对各类专业人才的需求，从而使学科发展更具活力。更重要的是，到 20 世纪 30 年代，一批学科交叉专业兴起，预示着学科发展的新趋向，例如农业经济、化学工程、教育心理等。总体而言，专业的多样化为学科内涵式发展奠定了坚实的基础，也为研究生教育的发展积累了宝贵的经验。

专业的增添是学校人才培养实力增强的重要标志之一。北京大学从 1917 年起设立文、理、法三科研究所，开创了国立大学从事研究生教育的先河。清华大学则在 1925 年成立国学研究院，从事传统国学人才的研究生培养。可见，北京大学不论是在学科布局，还是在专业布点方面都领先于清华大学。随后，清华大学结合自身的特长在专业设置方面进步迅速。1929 年，清华大学成立物理研究所和外国语文研究所，着手培养物理专业和外语专业高层次人才。该校在这两个专业领域的办学优势，其他高校无法比拟。清华大学有着较充裕的办学经费来购买仪器设备等，为培养物理学研究生创造了条件。同时清华大学还与美国有着千丝万缕的联系，使得该校在外语专业方面也抢占先机。1930 年，清华大学还设置中国文学、哲学、历史、政治、经济、化学、数学、生物等专业。专业扩增使得清华大学办学实力显著增强，在研究生教育方面已经占有较明显的优势。再如，中山大学之所以能够成为最早设立研究院的三所高校之一，就在于该校研究生教育专业点较多，形成了“三大学科（文科、教育、农林）、六大专业（中国语言文学、历史、教育学、教育心理学、农林植物、土壤）”的研究生教育格局。由是可见，其时各校研究生教育的专业设置水平，与该学校的学科实力成正比。

第三节　培养模式的定型

研究生人才培养模式指的是培养研究生的方式方法。目前，世界各国的研究生人才培养模式主要有两种形式：一种是入学后在导师的指导下自学和进行研究工作，不学习任何课程，这种模式称为“学徒式”；第二种则为研究生开设课程，通过课程学习和科学研究，实现培养目标，这种模式称为“专业式”。中国的研究生教育，在民国前期主要仿照德国和日本，采取“学徒式”的培养模式；民国中后期又开始学习美国和英国，采用“专业式”的培养模式，最终形成了以美英“专业式”培养为主导的中国培养模式。

一、 培养环节的规范

研究生培养环节，是指根据培养目标制定的研究生培养工作的全部过程及各个节点，主要包括招生考试制度、学科课程设置、毕业考核、论文答辩及学位授予等。把握好培养的各个环节，是提高研究生培养质量的关键。需要说明的是，因为毕业考核、论文答辩和学位授予等环节是学位制度建设的重要内容，所以本书对与学位制度建设相关的内容，将另立目次加以论述。

（一）招生考试

招生考试是研究生培养的最初阶段，也是第一道工序或第一个环节。把好入口关，才能为提升研究生培养质量提供基本保障，因此各高校对研究生的招考工作都给予了高度重视。历经十余年的探索和发展，我国近代研究生的培养及相关制度章程的制定日趋成熟、完善，招生考试也渐趋明确、规范。现举数校为例以示一斑。

1932年7月8日，北京大学校务会议议决通过了《国立北京大学研究院规程》，并随之正式颁行。其中规定：

> 第四章　凡本校毕业生，国立各大学毕业生，国内外经本院承认之各大学毕业生，皆得应本院研究生入院考试。
>
> 第五章　校外毕业生报名时，须缴大学毕业文凭，在校各学年详细成绩证书，及四寸半身相片两张，并须填明愿入何部，愿选治何种专科，及曾习何种外国语。如有曾研究之专题论著，无论已否印行，皆可附缴。
>
> 第六章　研究生入院考试之内容分两项：
>
> （1）所专习学科之基本知识：以至少能了解所治学科的基本知识及其沿革、历史，为及格。
>
> （2）外国语：以至少能用一种外国语读书、对译，为及格。①

由此可见，北京大学已经改变了早期研究生入学无考试的做法，对研究生入学资格及考试科目都作出明确规定，这种培养更具有“专业式”模式的特征。以当年招考为例，该校各科所考科目具体如下（见“表3.3.1”）。

① 《国立北京大学研究院规程》，《北京大学日刊》第2875号，1932年7月16日。

表 3.3.1　1932 年国立北京大学研究院各科研究所入学考试科目表*

学部	学科	考试科目
自然科学	数学	高等解析、近世代数、近世几何
	物理学	力学、电磁学、光学
	化学	定性分析、高等无机、高等有机
	生物学	生理学、动物学、植物学
	地质学	地质学及地史学、古生物学及层序学、矿物学及岩石学
	心理学	心理学、生理学、普通物理
文史	中国语言文学	中国文学史、文字学、校勘学及目录学或文学概论
	历史学	中国史、世界史、中国学术思想史
社会科学	法律学	私法、诉讼法、公法
	政治学	政治制度、政治思想史、国际公法
	经济学	经济理论、经济史、实际问题
		统计学、货币及银行、财政学

*资料来源：根据萧超然等编著《北京大学校史（1898—1949）》（北京大学出版社 1988 年版）一书中相关内容整理而成。

早期北京大学研究所国学门招生环节并不设专门考试，通常由导师提出研究课题并公布，有志趣者直接与导师联系，导师同意后，学生即可进所研究。20 世纪 30 年代以后，北京大学研究院入学考试严格了很多：一方面注重对学科基础知识的考核，要求报考学生对所学专业要有一定基础；另一方面要求学生掌握一门外语，便于查阅外文资料，以掌握国际学术最新动态。1932 年，北京大学研究院成立后第一次录取新生 25 名，其中文史部 12 名、自然科学部 3 名、社会科学部 10 名。①

1931 年，清华大学也通过新颁布的研究院章程，对研究生入学作出更加明确的规定：

① 参见北京高等教育志编纂委员会编：《北京高等教育志》（上），北京华艺出版社 2004 年版，第 184 页。

第三条　研究院学生资格以国立、省立或经教育部立案之私立大学毕业生为限；

第四条　研究院学生入学必须经过本大学规定之入学试验；至本大学毕业生其成绩优异者（按本大学成绩计算法在校成绩总平均在一·〇五以上者）得免入学试验；

第五条　研究院学生入学试验为国文、外国文及各学系所规定之专门学科；

第六条　研究院学生报考报名时，须呈缴文凭及其在原校所习科目及学分成绩之证明书。[①]

为了方便操作，随后该校又通过了《国立清华大学研究院招生简章》，对报考资格、报名期限及手续、报名时应交纳证件、考试日期及地点、入学须知、通信须知等作了详细的说明。相较北京大学而言，清华大学研究生招考不仅详细规定了各学科的专业科目（见“表 3.3.2”），而且还将党义、国文和英文（作文及翻译）列入公共科目之中进行考核。

表 3.3.2　1931 年国立清华大学研究院各科研究所入学考试科目表[*]

研究所	应考科目
中国文学研究所	中国文学史
	西洋文学史
	中国哲学史
	中国文字学
	周秦文学、汉魏六朝文学、唐宋文学、中国戏曲史、中国小说史，任选二门
外国语文研究所	英文
	法文、德文、拉丁文、希腊文，任选二门，二年程度
	西洋文学史
	古代、中世纪及文艺复兴期文学

① 《国立清华大学研究院章程》，《清华周刊》第 35 卷第 11—12 期，1931 年 6 月 1 日。

续表

研究所	应考科目
外国语文研究所	十八世纪、十九世纪及现代文学
	戏剧及莎士比亚
	小说、诗及文学批评
	中国文学史
哲学研究所	法文或德文择一（读书能力）
	论理学
	中国哲学史
	西洋哲学史
	论理学、美学、知识论、形上学、心理学、算学（几何、三角、大代数、解析几何及微积分）、自然科学（物理学或生物学或化学），任选三门
历史学研究所	法文、德文或日文择一（读书能力）
	近代政治制度
	经济概论
	中国哲学史、西洋哲学史、中国文学史、西洋文学史，任选一门
	中国通史
	西洋通史
	中国上古史（秦以前）、中国近代史（清），任选一门
政治学研究所	法文、德文或日文择一（读书能力）
	近代政治制度
	国际公法
	西洋政治思想史
	中国近代史（清）

续表

研究所	应考科目
经济学研究所	法文或德文择一（读书能力）
	经济理论及其历史
	会计学
	统计学
	货币银行
	财政学
	欧洲经济发达史
算学研究所	法文或德文择一（读书能力）
	微积分及微分方程
	高等代数
	高等几何
	高等分析
	大学普通物理学、理论力学，任选一门
物理学研究所	法文或德文择一（读书能力）
	微积分及微分方程
	高等分析
	力学
	热力学
	电磁学
	光学
化学研究所	法文或德文择一（读书能力）
	大学普通物理学
	微积分

续表

研究所	应考科目
化学研究所	无机化学
	分析化学（定性及定量）
	有机化学及有机分析
	物理化学
生物学研究所（植物学组）	法文或德文择一（读书能力）
	大学普通化学
	遗传学
	普通动物学
	植物形体学
	植物生理学
	植物分类学
生物学研究所（动物学组）	法文或德文择一（读书能力）
	大学普通化学
	遗传学
	普通植物学
	无脊椎动物学
	比较解剖学
	组织学及胚胎学

* 资料来源：《国立清华大学研究院招考简章（民国二十年）》，《清华周刊》第35卷第11—12期，1931年6月1日。

由上可见，时至此期，北京大学和清华大学对招收对象的学历要求、专业背景和考试科目等都作出了明确规定，并突出对专业基础和外语能力的考核，考试已经成为选拔研究生入学的一种基本途径和重要举措。通过考试选拔，强调专业基础知识，这是与早期研究生招考的最大区别之一。在这两所高校的示范和影响下，其他高校在招收研究生时也都相应地作出了明确要求。

例如中山大学即明确规定：国立、省立、立案私立之大学或独立学院毕业生以及国外大学相当学系的毕业生，均可报考。报考时需要提供大学期间所修习全部功课的成绩和研究生阶段的研究计划等材料。考试科目由普通科目和专门科目组成。前者包括国文、外国文（英、法、德文任选一种）、党义和口试，后者则根据不同专业而定。例如，中国语言文学部两分为“语言组”和“文学组”，其中“语言组”考国学概要、语言学、文字学和声韵学史，“文学组”考国学概要、诗歌学、词曲学、文学史；历史学部考中国通史、西洋通史、史学史与本国发展变革概况地理（选考一种）、史学方法；教育学部专业科目，包括教育学、社会学、教育心理学、教育研究法；土壤学部专业科目，有理论化学、生物化学、土壤学和肥料学等。①

又如中央大学要求：“凡报考研究生者，必须取得公立或私立立案大学、独立学院毕业文凭或外国大学本科毕业文凭，经各研究所考试合格，方可录取。”② 武汉大学则规定：凡本校相关专业的大学毕业生以及国立、省立和经过立案的私立大学的独立学院的毕业生，均可报考相关研究所的研究生。该校研究生入学考试分笔试和口试两种，其中笔试科目包括与研究的专业有关的基本知识、国文、外国语（法科所第一外语为英语，第二外语为德、法、日语；工科所只考英语）。③ 例如，土木工程学部普通科目有国文、英文、材料力学、高等数学、结构学，水利工程门还需要加试水利工程和水力学，结构工程门还有结构设计和钢骨混凝土。

除国立大学外，教会大学在研究生招考方面也走向规范化。例如金陵大学规定：研究生入学考试者，必须是国立、省立大学及经教育部备案的私立大学或独立学院的毕业生，且其毕业成绩在中等以上。此外，各研究所对报考者的入学资格、专业背景也提出明确要求，这对选拔高质量的生源具有导向作用。例如，文科研究所史学部要求，报考者的学业条件是，“以史学与中国文学为主辅系者或其他各系毕业生，愿研究史学”；入学考试科目有国文、

---

① 参见吴定宇主编：《中山大学校史（1924—2004）》，中山大学出版社2006年版，第119页。

② 王德滋主编：《南京大学百年史》，南京大学出版社2002年版，第209页。

③ 参见涂上飙主编：《乐山时期的武汉大学（1938—1946）》，长江文艺出版社2009年版，第229页。

中国史（通史及断代史）、西洋史、第一外国语（限用英文）。① 理科研究所化学部要求，报考者是大学或独立学院理科毕业生，毕业成绩在中等以上；入学考试科目有国文、英文、无机化学、分析化学、有机化学和物理化学。② 农科研究所农业经济学部要求报考者为农科或者经济学系、社会学系毕业生，毕业成绩在中等以上，入学考试科目为国文、英文、经济学、社会学、农业经济学、农村社会和农村问题。③ 此外，报考农科研究所各学部的考生必须具有一年以上的服务经验，文科研究所社会福利行政学部也要求报考者必须具有两年以上社会工作经验。

各高校在招考研究生时“严”字当关，导致很多学校的招生计划难以完成。在实际操作中，各高校也采取了灵活变通的方式来处理。例如，中山大学研究生考生朱杰勤，报考时并无大学本科学历，但他以《中国史学研究》一文获得投考资格。从他的自述中可见其时各校研究生招考灵活变通的情状：

> 一九三三年夏，我在报上看到中山大学研究院招收史学研究生的广告，声明投考研究生的条件：凡是大学本科毕业生可以报名，或者有专门著作，经送上审查合格者，亦可投考。我既没有学士文凭，更没有专门著作，但我还跃跃欲试。因为研究生每月有八十元的助学金，如果得逞，不仅可以解决我个人的问题，而且可以解决我家庭生活的部分问题。于是把所藏史部书籍，日夜披读，我基本上明了中国史学的大本大源，就费了半个月的时间，写成《中国史学研究》一稿，约八万字（此稿后在广东省图书馆《书林》半月刊第五卷三至八期发表了一部分，其余散佚），送上中山大学研究院。审评后，认为可以投考。我得入中山大学史学研究所是十分侥幸的。④

---

① 参见南京大学高教研究所校史编写组编：《金陵大学史料集》，南京大学出版社1989年版，第174页。

② 参见南京大学高教研究所校史编写组编：《金陵大学史料集》，南京大学出版社1989年版，第183页。

③ 参见南京大学高教研究所校史编写组编：《金陵大学史料集》，南京大学出版社1989年版，第203页。

④ 朱杰勤：《自述》，载北京图书馆《文献》丛刊编辑部、吉林省图书馆学会会刊编辑部编：《中国当代社会科学家》第三辑，书目文献出版社1983年版，第46—47页。

总之，中国研究生教育的招生考试制度，在民国时期是从无到有并逐步向专业化与严格化发展的。民国前期，研究生招生仅对学生学历提出明确要求，只需大学毕业即可，但考试十分宽松，缺乏对学生基础知识的系统考核，学生只要经过教师考察并集中讨论通过，即可入学读研。民国中期以后，从事研究生教育的高校日渐增多，严把入口关、提升教育质量成为研究生人才培养者们的共识。研究生招考，不仅于学历有明确的要求和对考生的专业背景加以参考，而且还设置严格的选拔考试，呈现招生环节日益规范化的特点。

（二）课程教学

课程学习是“专业式”研究生培养模式的基本环节，也是与“学徒式”研究生培养模式最重要的区别之处。新文化运动前后，一大批留学生特别是留美学生，在国外攻读研究生学位时接受了系统的课程学习，为他们从事科学研究奠定了坚实的知识体系和专业理论基础。回国后，他们在培养研究生时，极力主张通过系统的课程教学，使学生掌握学科知识体系，夯实学科理论基础，从而为研究生的毕业考核、论文撰写提供知识储备，更为日后从事学术研究提供持久动力。因此，他们根据自己的研究专长，开设了一定数量的必修课和选修课，供研究生修习。同时各高校大多实行学分制，将课程学习与学分积累结合起来，研究生按照培养方案选课学习，以获得相应的学分，从而完成课程培养环节。

现按部分大学研究所的课程设置情况加以论析。

1933 年 9 月 28 日，在北平师范大学教育研究所的开学典礼上，主任导师李建勋强调，研究所是为训练教育之专门人才及研究教育问题而开设，其课程“除一二科目外，乃多偏重研究的方法，其所以然者，乃在培养学生研究之能力”。[①] 基于培养目标，该所开设教育行政研究法、学务调查、教育测验法、教育实验法、高等教育心理、高等教育统计、农村教育及其研究法、教育哲学及其研究法等课程。各课程的学分计算，“凡每周授课二小时，半年给三学分”，且必修 30 学分，方可进入撰写毕业论文阶段。

与北平师范大学有所不同，中山大学采用的是年级学分混合制，规定研

① 李建勋：《师大研究所开学典礼讲演·主任导师李建勋报告》，《师大月刊》1933 年第 8 期。

究生修业至少 2 年，须修习 27～36 学分。[①] 各研究所导师根据自身研究专长，开设大量专业课程供学生研修。例如，文科研究所历史学部中，朱谦之开设历史哲学专题、中国文化史专题、中国社会经济史专题，杨成志开设人类学、考古学，萧鸣籁开设中国史学史专题、两汉史、隋唐史，黎东方开设殷周史，吴宗慈开设清史，姚宝猷开设中国基督教史、鸦片战争前外交史等。农林植物学部陈焕镛开设植物形态学、高等植物分类学、植物分类学法则；土壤学部黄菩荃开设土壤化学、植物营养，邓植仪开设土壤分类，彭家元开设土壤管理。可见，该校研究生课程设置已经十分规范，各门课程讲授已由固定教师承担，而且这些课程领域均为各位导师研究之所长，通过课程讲授，能较好地引导研究生进入专业领域学习和从事学术研究。

教会大学的研究生教育，同样重视课程教学。如辅仁大学研究所设置之初，其研究生培养方案规定，文科必须修满 28 学分（其中第一学年须有 14 学分），理科必须修满 32 学分（其中第一学年须有 16 学分），著作论文 6 学分。[②] 其课程设置情况是，一方面为研究生开设相关课程作为必修课，另一方面又规定研究生应在本科各系选修所需课程。

早在国学院时期，清华大学就依据各导师的学术专长开设了一系列课程。其时，王国维担任的课程，有古史新证、《说文》练习，指导研究生的研究范围是经学、小学、上古史、中国文学等。梁启超讲授的课程，有中国文化史、儒家哲学、历史研究法等。陈寅恪担任的课程，是西人之东方学之目录学、梵文文法等，指导学生研究范围是古代碑志与外族有关系者之比较研究、摩尼教经典与回纥文译本之比较研究、蒙古满洲之书籍及碑志与历史有关系者之研究等。[③] 赵元任讲授方音学、普通语言学、音韵练习，指导研究范围包括中国音韵学、中国乐谱乐调、中国现代方言等。李济讲授人类学、普通人类学等课程。1929 年，清华大学成立研究院后，扩大了研究生教育规模，课程设置进一步规范，明确了课程教学对研究生培养的重要作用。同时，为了方

---

① 参见吴定宇主编：《中山大学校史（1924—2004）》，中山大学出版社 2006 年版，第 117 页。

② 王学珍、张万仓编：《北京高等教育文献资料选编（1861—1948）》，首都师范大学出版社 2004 年版，第 760 页。

③ 方惠坚、张思敬主编：《清华大学志》（下册），清华大学出版社 2001 年版，第 268 页。

便研究生选习课程，该校还制订了非常详细的课程说明，确定授课教师、学时学分、内容大纲、学习要求及教科书、参考书等内容。现以清华大学文科研究所课程计划为例（见“表 3.3.3”）加以说明。

表 3.3.3　1936—1937 年度清华大学研究院文科研究所学程一览表*

学部	课程	教师	课程说明	备注
中国文学部	《说文》研究	杨树达	许氏《说文》为中国最完备最精实之字书。读此则字之所以受形受音受义之理，皆可洞见；而古籍用字之假借讹误，亦不难据以立辨。	全学年，四学分
	古音研究		本学程对于古音之韵纽分部，作详细之研究。参考清儒之古音学说，加以整理、批评。	上学期，三学分；须预修“中国音韵学概要”
	方音研究	王力	研究现代方音，偏重中国。除于近人所已研究之方音略为举例之外，注重诸生各就其方音实习。	下学期，三学分；须预修“语音学”
	韵书研究	王力	本学程对于清儒古韵学书及唐宋元明清韵书作个别研究。	上学期，三学分；须预修“中国音韵学概要”
	等韵研究		音韵之道有三：曰古韵，曰今韵，曰等韵。本学程对于中国原有之等韵学加以叙述与说明，尤注重名词之诠释。	下学期，三学分；须预修“中国音韵学概要”或“语音学”
	中国语音史研究		本学程目的在乎考求历代的语音系统，并对其音值作近理的假定。	全学年，四学分；须预修“中国音韵学概要”
	西人中国音韵学（高本汉）		本学程目的在介绍西人对于中国音韵学之研究。西人研究中国语音，最详而又最多者，首推瑞典之中国音韵学家高本汉，故拟暂时专介绍高氏之学。	全学年，四学分；须预修“中国音韵学概要”或“语音学”

续表

学部	课程	教师	课程说明	备注
中国文学部	词汇研究	王力	本学程有二目的：(一) 研究词义之来源及其变迁之历史，着重在每一涵义之产生时期。(二) 研究各地词汇之异同，与每词涵义之广狭。	全学年，四学分
	国文法研究		文法研究，今尚在极初步时期，极详密之剖析，自当待吾辈之努力。此学程之设，其鹄的端在于此。	全学年，四学分
	诗律		诗律有二义：一法律，二音律。法律即文法。诗之文法，与文不同，谓诗不可以文法分析者，实似是而非之论。音律则如近体之正格偏格等。本学程即从此二方面研究。	全学年，四学分
	乐府研究	闻一多	汉魏乐府，晋时犹被之管弦，与六朝后以五言诗为乐府者不同。顾汉魏乐府有本事、有声音，晋宋时合乐，往往改易字句以就管弦，故本事有因而失解，声音有因而舛乱者。本学程重在钩求史事，证据古音，以资研究。	上学期，三学分
	中国古代神话研究	闻一多	本学程目的在研究我国古代神话之起源及其演变。	全学年，四学分
	《世说新语》及魏晋哲理文学	陈寅恪	本课程主旨在解释清谈之涵义，及研究其与魏晋时代政治社会之关系。《世说新语》之外，凡同时诗文之具有玄哲旨趣者，亦讨论及之，以资参证。	全学年，四学分
	佛教翻译文学之研究		取佛教文学名著如《大庄严经论》《涕利伽陀》《佛所行赞》等译本，依据原文及印度人注疏解释，并讨论其在中国文学上之影响及关于佛教翻译史诸问题。	均全学年，四学分；须预“修佛教翻译文学”

续表

学部	课程	教师	课程说明	备注
中国文学部	中国文学中佛教故事之研究		本学程专就佛教故事在印度及中国文学上之演变，加以比较研究。	全学年，四学分；须预修“佛教翻译文学”
	禅宗文学		本学程讨论禅宗故事之演变，语录之词句，及其他关于中国文学之问题。	全学年，四学分
	西人汉学论文选读	浦江清	本学程为讨论及研究功课。选读欧美关于中国学术之论著，随时讨论，并作翻译工作。	全学年，四学分
	日人汉学论文选读		本学程性质同前一学程。略述日本汉学发展之情形，选读其研究著作，随时讨论，并指导翻译工作。	全学年，四学分
外国语文学部	高等文字学（两学年）	毕莲（Miss A. M. Bille）	作文字学上更进一步之研究，注重安格鲁撒克逊之文法与习读，尤重该项文字与其他 Indo-European 文字之关系。	
	比较文学专题研究	翟孟生（R. D. Jameson）	此课内容极广，实为作西洋文学高深研究者必须经过之学程。盖所授均为作论文及研究之种种方法及必要也。（可参考英文学程说明）	
	莎士比亚研读	王文显	本课采取莎士比亚戏剧难易各一，使学生轮流试讲，教师再加以改正及补充。盖使学生熟悉何谓精细研读，并使学生将来亦能教授莎士比亚也。	
	法国文学专题（一）	温德（R. Winter）	第一学期先涉 Malherbe 与 Boileau 之批评主张，后读 Racine 以为引入法国古典文学之阶。第二学期先读 Beaudelaire 之散文，继以诗人之大著《恶之花》以示法国诗技术之变动。	

续表

学部	课程	教师	课程说明	备注
外国语文学部	法国文学专题（二）	温德（R. Winter）	第一学期读 Stendhal，先阐明 Beylism 之意义，继以“Chartreuse de Parme”之研究，第二学期研究 Andre Gide，细读“Symphonie Pastorale”“Faux-Monnayeurs”及“Oedipe”。	
	但丁（1936至1937年度不开班）	吴可读（A. L. Pollard）	主要读物为但丁之《神曲》，一年内读完 Inferno、Purgatorio 及 Paradiso 三部，教师逐字逐节读过并加注释批评，学生每人每周与教授单独讨论一次。	
	《源氏物语》（1936至1937年度不开班）	钱稻孙	借《源氏物语》之研读使学生接近日本中世纪之小说作品。	
	翻译术	吴宓	本学程特为各级中英文兼优之学生而设，目的在视翻译为一种文学上之艺术，由练习而得方法；专取英文之诗文名篇杰作以及报章公文等译为中文，而合于信达雅之标准。先讲授翻译之原理，略述前人之学说，继以练习。注重下列三事，为翻译所必经之步骤：（一）完全了解原文；（二）以译文表达之，而不失原意；（三）润色译文，使成为精美流畅之文字。练习分短篇长篇二种。短篇一学期中多次，题目由教师发给，专取各种困难繁复之句法，译卷由教师批改；长篇一学期一次，学生各择专书翻译，而由教师随时指导之。	

续表

学部	课程	教师	课程说明	备注
外国语文学部	近代文学专题研究（1936至1937年度不开班）	叶崇智	此课为阐明现代文学数大问题而设。讲求：文学中之浪漫心理，现代文艺心理之起源，现代批评中之价值问题与传达问题，由美学与字义学（Semosiology）出发之评论，文学之社会性，渥兹华斯以来之诗的理论，等等。	
	近代中国文学之西洋背景（1936至1937年度不开班）	叶崇智	讲求民十七改革运动以来，中国语文所受之西洋影响。注重借字、西洋主意与中国旧有者之冲突与符合问题，及白话诗之所以为文化之脱节（cultural dislocation）等问题。阅读中西并重。	
	乔叟（Chaucer）	陈福田	为有志专门研究乔叟者而设。由教师指导学生自己研读。	
	海贝尔	陈铨	专门研究德国大戏剧家Fredrick Hebbel之戏剧及戏剧理论以及其影响。教师指导学生研读，为专修德文者而设。	
	吴而夫与乔埃斯（1936至1937年度不开班）	吴可读（A. L. Pollard）	专门研究近代大小说家Virginia Woolf与James Joyce。教师指导学生研读。	
	密尔顿（1936至1937年度不开班）	陈福田	专门研究英国大诗人Milton之作品。教师指导学生自己研读。	
	歌德	杨业治	为有志专门研究哥德者而设。由教师指导学生自己研读。	
	近代德国戏剧	华兰德（Miss L. Holland）	专门研究德国十九世纪末年及二十世纪以来之新戏剧，为专修德文者而设。	

续表

学部	课程	教师	课程说明	备注
外国语文学部	拉丁作家研究	吴达元	专门研究拉丁作家之作品，教师指导学生研读，为专修拉丁文者而设。	
	英语教授法	翟孟生（R. D. Jameson）	本学程专讲授英语教学方法。	
	文学与人生	吴宓	本学程研究人生与文学之精义，及二者间之关系。以诗与哲理二方面为主，然亦讨论政治、道德、艺术、宗教中之重要问题。	凡选修本学程之学生，皆应参加课堂中之争论。而须先读教授指定之中西文学名著若干篇，以为讨论之根据。其中有文有诗，或为哲理及文艺批评，要之，每篇皆须精细研读。此外，凡拟就本学程撰作研究论文之学生，每人皆应读教授为该生特开之书籍，俾汇积个人文学研究及生活经验之所得，而于一年中，撰成论文一篇。
哲学部	中国哲学史研究	冯友兰	本学程由选习学生各提出其兴趣所近之有关于中国哲学史之问题，分别研究。于每次上课时，将其研究所得，或与研究时所发现之困难，报告讨论。每学期作书面报告一次。	每周二小时，全学年四学分

续表

学部	课程	教师	课程说明	备注
哲学部	《周易》研究	沈有鼎	儒家之基本思想，实散见于《论语》《孟子》《礼记》诸篇，而以《周易》一书为其总汇。其书包含整个的宇宙论及人生哲学；虽内容驳杂，演绎之条理不明显，要为我国古代哲学之一大系统，亦为后世宋明理学之总源泉。本课程之工作，即取原书分析而整理之。	每周二小时，全学年四学分
	老庄	冯友兰	本课程取老子、庄子之书，加以精读，并阐明其中义理。	每周二小时，上学期二学分
	朱子	冯友兰	本课程取朱子之主要著作，加以精读，并阐明其中义理。	每周二小时，下学期二学分
	哲学问题	金岳霖	本学程之目的，在提出种种哲学问题，从各方面详加讨论，以认识论与批评哲学为主，偏重实在主义。每两学年，开班一次。	每周二小时，全学年四学分
	数理逻辑	沈有鼎	本学程对数理逻辑（Mathematical Logic 或 Logistic）作总括研究，以使学者能循读 Principia Mathematica，进而解决其未解决之问题，并应用本学以求一般哲学的问题的解决为归。主要节目：史的发展，命题算法，命题函数，摹状—不全记号—逻辑构作，类，关系，系统，次序，结构，推断与含蕴，逻辑诡论与类型论，数学之逻辑化，公理法，数理逻辑对于哲学及科学之应用。选习本课者，必须学过普通逻辑，但数学程度可无需乎极高。	每周二小时，全学年四学分
	逻辑研究	沈有鼎	本学程用意，在开发自动之逻辑研究，以最近数理逻辑为出发点，其目的尤在返本探源，纠正数理逻辑诸家之失，以期建立真科学。	每周二小时，全学年四学分

续表

学部	课程	教师	课程说明	备注
哲学部	逻辑体系	沈有鼎	逻辑者，思辨之律型；言思辨则体系尚焉。本学程融贯古今逻辑学说，成一家言，故以体系目之。	每周二小时，全学年四学分
	洛克(Locke)	金岳霖	讲授洛克哲学。	每周二小时，全学年四学分
	休谟(Hume)	金岳霖	讲授休谟哲学。	每周二小时，全学年四学分
	康德(Kant)	沈有鼎	泰西近世哲学，其壁垒森严，成一家言，历数百年而不失其中心位置者，惟康德氏之评准三论。凡从事于哲学者，有研攻康德之训练，则其思想邃密，内省功深。是以本学程之目的，在专读康德之重要原著，通其文义，识其旨趣，撷其精华，以备为开发吾民族新哲学新生命之资助。	每周二小时，全学年四学分
	布来得雷(Bradley)	金岳霖	讲授布来得雷哲学。	每周二小时，全学年四学分
	胡塞(Husserl)论著选读	沈有鼎	选读胡塞重要著作。	每周三小时，上学期三学分
	怀惕海德(Whitehead)	沈有鼎	讲授怀惕海德哲学。	每周三小时，下学期三学分
	中国美术史	邓以蛰	本学程讲授：(1) 三代：金（钟鼎彝器）；(2) 秦汉：石（刻石、碑、雕刻），绘画（附漆绘）；(3) 魏晋；(4) 南北朝，隋唐：墓道雕刻，云冈、龙门佛像雕刻；(5) 唐、宋、元、明、清：书，画。	每周三小时，全学年六学分
	中国美学史	邓以蛰	关于中国文学、艺术之理论；作一历史的系统的研究。	每周四小时，下学期四学分

续表

学部	课程	教师	课程说明	备注
哲学部	西洋美术史	邓以蛰	本学程讲授：(1) 原始艺术；(2) 埃及艺术；(3) 希腊艺术：史前时代，建筑与雕刻；(4) 罗马艺术；(5) 中世纪艺术；(6) 文艺复兴时代；(7) 近代艺术。	每周三小时，全学年六学分
	西洋美学史	邓以蛰	讲授内容：(1) 希腊时代关于美之理论：柏拉图，亚里斯多德；新柏拉图派一柏洛提拉斯；(2) 中世纪对于美之观念；(3) 近代美学：康德以前之美学，德国艺术批评，德国美学，最近美学之倾向。	每周四小时，上学期四学分

*资料来源：《国立清华大学研究院学程一览》，国立清华大学 1936 年版。注：文科研究所除上述各部外，历史学部也开设了丰富的课程，如：雷海宗的“中国上古史专题研究”“史学方法”和“中国上古代史”，谭其骧的“中国地理沿革史”，陈寅恪的“中国中古史专题研究”“隋唐史”和“晋南北朝隋唐史研究”，吴晗的“明史”，邵循正的“中国近代外交史专题研究”和“蒙古史”，噶邦福的《罗马史》，等等。

由上表可见，清华大学研究生培养已建立相对完善的课程体系，各专业课程是各位导师研究的主攻方向，这既有利于扩展研究生的学术视野、丰富研究生的知识体系，也有利于进一步夯实研究生的知识结构，为他们从事科学研究奠定坚实的基础。清华大学制定的一系列研究生课程学习文件，成为近代我国研究生教育培养在课程设计和讲授方面的典范，标志着我国研究生教育培养模式逐步趋向成熟。

总体而论，近代以来我国的研究生教育发展趋向，呈现出由学习德国、日本的“学徒式”科研型培养模式，向美国、英国的“专业式”教学科研型培养模式的转变。早在清末颁行的学制中，就有对研究生培养模式的规定：“通儒院生不上堂，不计时刻……但在斋舍研究，随时请业请益，无讲堂功课。”① 可见，彼时要求研究生以自行研究为主，不进行课堂讲授，研究生的

① 舒新城编：《中国近代教育史资料》（中册），人民教育出版社 1981 年版，第 572 页。

培养主要在独立的科学研究中进行。民国建立后的第一部学制体系“壬子-癸丑学制”中，研究生培养方式仍深受日本影响。1913年，北洋政府教育部颁布的《大学规程》明确强调：大学院“由院长延其他教授或聘绩学之士为导师……不设讲座，由导师分任各类，于每学期之始提出条目，令学生分条研究，定期讲演讨论”①。可见，从制度层面上看，研究生培养方式基本上还是以学生本人的独立、自由研究为主，以讲演、讨论为辅。

1918年国立北京大学研究所的成立，标志着中国研究生教育正式付诸实践。北京大学的研究生教育，在价值取向上着重强调研究性；在培养目标上，以培养纯理论研究者为己任；在培养方式上，研究题目、方向和范围完全由教授和学生自由选定，导师指导上无严格的责任制，研究生培养以学生自由、独立的研究为主；在组织管理上，研究所负责研究生入学和毕业等行政事务，研究生培养由导师负责管理。其时北京大学的研究生教育，无疑是学习和借鉴德国研究生培养模式的结果，明显带有“学徒式”培养模式的特点，没有严格的入学资格或筛选程序的规定，其研究生的培养以学生读书、自学、独立自由地开展研究为主。诚如郑天挺所言：“当时研究所很自由，不必常来，也可以在外工作，在校也只是看书而已。每隔一段时间，研究生和导师集会一次，大家见见面，谈谈。”② 从这种自由、散漫的培养方式，可以断定当时研究生培养模式尚处在探索中，这种局面直到20世纪20年代中后期大批欧美留学生归国走上高校讲坛后，随着一系列研究院所条例的订定才有所改变。

新文化运动前后，随着留美人数的增多，美国教育在中国的影响日益突出。20世纪的美国在科技、教育及经济上取得的成就，取代了德国在世界科学技术史上的统治地位。美国教育模式成为其他国家竞相模仿的对象。留美学生归国后大多进入高等院校从事教学活动或者担任教育行政工作，非常自然地将美国教育方式带入了实际的教学和管理中。例如，东南大学校长郭秉文就是按美国的方式来推进教育改革的。同时杜威、孟禄等美国知名教育家先后来华讲学，以及其时教育刊物刊载大量介绍美国教育的文字，使得我国高等教育逐步转向借鉴美国，研究生培养也开始向美国的教学科研型培养模式转轨。

---

① 《法令·教育部公布大学规程令》，《教育杂志》第5卷（1913年）第1号。

② 吴廷璆等编：《郑天挺纪念论文集》，中华书局1990年版，第687页。

以借鉴和仿效美国而建立起来的清华大学国学研究院的研究生教育体制，成为与早期北京大学研究生教育相区别的另一种具有代表性意义的主要模式。当时清华学校校长曹云祥是留美归来者，其欲依照美国大学研究院的办法创办国学研究院的意图非常明显。他还与胡适商讨如何建立研究院制度，胡适认为美国研究院制度不尽适应于中国，中国古代的书院却有值得借鉴的精华，因此建议在略仿昔日书院及英国大学制的基础上，拟定研究院规程。研究院建立后，进一步强化了课程教学在研究生培养中的作用，并且建立了较为完善的课程体系，这样使得高层次人才能获得较系统的学科知识体系。同时，课程教学还加强了教师与学生的联系，有益于学生广泛吸取各个教师的长处，拓宽学术视野和学研思路，使得“科研方法增多了，范围扩大了，深度加深了”[①]，为科研积累坚实的知识基础。清华大学研究院的学生曾这样评价导师们的课程教学：“他们不仅给学生以广博的知识、高深的学问，而且教会学生做学问的方法，根据不同学生特点指明研究的方向，最后让你自己独立研究。”[②]

二、学位制度的实施

学位是评价学术水平的一种尺度。学位的授予建立在严格的科学训练和考核的基础之上。获得学位不仅是国家给予获得者的一种荣誉和鼓励，而且是获得者学习成绩和学术水平的客观标志。学位制度的实施，不仅弥补了我国早期研究生教育的不足，客观上也促进了研究生教育现代化的发展进程。然而在动荡的时局中，发展研究生教育对各大学来说实属不易：“盖研究所之设立，在国内各大学均属草创，而我国物质及人材，又极有限，故颇费斟酌。良以研究所之设立，一方面须顾及各学校人材设备之含量，一方面须考察各科学术需要之缓急，统筹全局，因地制宜，应由教部斟酌指定，借收分工合作之效，而免偏枯重复之弊。”[③] 因此，截至抗日战争全面爆发前，中国大学

① 姜亮夫：《忆清华国学研究院（选录）》，载陈平原、王枫编：《追忆王国维》，中国广播电视出版社1997年版，第326页。

② 姜亮夫：《忆清华国学研究院（选录）》，载陈平原、王枫编：《追忆王国维》，中国广播电视出版社1997年版，第327页。

③ 《本国教育文化史新页：中央大学筹办研究所与试验天才教育》，《教育杂志》第25卷（1935年）第4号。

的研究所寥寥可数，入学研究生的数量也极其有限，导致硕士学位授予工作无法正常进行。1935年和1936年两年硕士学位考试就出现空白，直到1937年才举行第一届硕士学位考试。所以，这个历史时期的学位制度的实施主要集中在学科考试和论文考试两个方面，现结合部分高校的实践对这两大环节的实施情形加以论述。

（一）学科考试的规范

在教育行政部门从宏观层面探索《学位授予法》规划的同时，各高校在实践层面从学科考试和学位论文等方面推进学位制度建设，并为法案体系的最终颁布与实施积累了丰富的实践经验。

为了保证研究生的培养质量，各高校除在招生资格和入学考试时严把质量关外，在毕业环节也严格要求，实施“严出严进”的方略。研究生除平时努力学习和修满规定学分外，还必须参加硕士学位考试，成绩合格者方可顺利毕业。硕士生的学位考试，通常由学位考试（学科考试）和论文考试（论文答辩）组成。学科考试是对所研究方向相关知识的综合考核，是检验研究生专业学习的重要手段。学科考试合格，才能进入硕士论文考试阶段。

1931年，清华大学规定：研究生的毕业总成绩由平时学业成绩、学科考试成绩和硕士论文考试成绩三部分组成，其中平时学业成绩和学科考试成绩各占25%，硕士论文成绩占50%。1934年，清华大学第77次评议会修正通过《国立清华大学研究院章程》和《清华大学研究院考试细则》，对研究生毕业考试程序和组织，作了更加详细的规定：研究生在第一学年内得随时申请外国文字考试。外国文字考试成绩及格后，方得请求应毕业初试。毕业初试成绩及格后，方得请求应论文考试。“研究生欲应毕业初试者，须于考试前一月，根据各部所定学科范围，呈报教务处，由教务长商同各该部主任订定考试日期与地点，并于考试日期二星期前，通知应试者。毕业初试成绩不及格而在六十分以上者，得于六个月后请求补考，但补考以两次为限，并不得在同学年内举行。”“毕业初试及论文考试时间以三小时为度”①。清华大学还组织了毕业考试委员会和论文考试委员会，“由应试生所在之研究所之全体教授，及其他系教授二人组成之，均由校长聘请”。考试委员会成员就考生所学

① 《研究院考试细则》，载清华大学校史研究室编：《清华大学史料选编》第二卷（下），清华大学出版社1991年版，第567页。

习研究的内容，提出相应的问题，考生必须作出回答，成绩及格与否，须经考试委员会全体委员一致表决决定。现将清华大学研究院第一届毕业研究生的学科考试科目、考试委员会组成成员及评分标准，列表于下（见“表3.3.4”），以示其详。

表 3.3.4　清华大学研究院第一届毕业研究生学科考试成绩一览表*

研究生	学部	课目	考试委员	评定成绩	按 25% 计
邵循正	历史	清史	蒋廷黻、刘崇鋐、陈寅恪、孔繁霱、钱稻孙、雷海宗、冯友兰、萧公权、燕树棠、噶邦福	上，1.1	0.275
朱延丰	历史	晋南北朝隋唐史	蒋廷黻、刘崇鋐、陈寅恪、孔繁霱、噶邦福、雷海宗、钱稻孙、冯友兰、朱自清、张奚若	上，1.1	0.275
邵循恪	政治	一、国际公法与国际关系 二、宪法与行政法 三、政府	浦薛凤、钱端升、王化成、萧公权、张奚若、燕树棠、蒋廷黻、萧　蘧	上，1.1	0.275
陆学善	物理	一、Electrodynamics 二、Optics 三、Quantum Theory 四、X-rays	叶企孙、吴正之、萨本栋、周培源、赵忠尧、顾毓琇、黄子卿、孙光远	上，1.1	0.275
萧涤非	中国文学	一、中古史（音乐、政治、民俗、文化） 二、中古文学史 三、《诗经》《楚辞》 四、文字学 五、目录学	朱自清、陈寅恪、杨树达、刘文典、俞平伯、闻一多、吴　宓、叶　麐、叶公超、黄晦闻	中，1.0	0.250

续表

研究生	学部	课目	考试委员	评定成绩	按25%计
梁方仲	经济	一、财政学 二、经济理论 三、货币银行	萧　蘧、陈岱孙、蔡可选、余肇池、赵守愚、黄宪儒、浦薛凤、杨武之、吴景超	中，1.0	0.250

＊资料来源于《二十一年度研究院毕业生成绩一览表》，载清华大学校史研究室编：《清华大学史料选编》第二卷（下），清华大学出版社1991年版，第644—649页。

由上表可见，清华大学研究生毕业学科考试组织非常严密。从考试内容上看，研究生的学科考试不仅仅是一门课程，而是将该专业领域内基础知识都纳入考试内容中，综合性非常强，这无疑又是一次对研究生课程学习的全方位“体检”。这种学科考试，与其说是对研究生专业知识学习的考察，倒不如说是对研究生学科综合能力的考核。从考试委员会的组成来看，考试委员都是由该学科领域的校内外知名学者组成，每场考试少则8名委员，多则10名委员。组织如此实力强大的考试委员会，不仅说明学科考试的含金量，而且也证明学校对研究生毕业考核方面的严格程度。

1935年10月，中山大学颁布了《国立中山大学研究院学则》。该学则第三章规定了研究院成绩考核办法：本院各课目皆举行考核，考核分临时、学期及学位考试。必修科目学期考核由各所所务会议推定教授三人主持，会同评定成绩。凡全年成绩有三分之一不及格者，经院务会议通过后，令其退学。① 1937年5月15日，中山大学举办了研究院第八次院务会议，讨论第一届硕士学位考试事项，22日又召开了研究院硕士学位考试委员会第一次会议，修正通过了《硕士学位考试备览》，其中规定：学科及论文考试题目“由校内委员会同校外委员拟定考试题目，由校内外委员共同评定考试成绩”，“每种科目考试以三小时为限，考试时间上午由九时至十二时，下午由二时至五时”。② 1937年5月31日，中山大学第一届研究生学科考试举行，12名研究生参加

① 参见《国立中山大学研究院学则》，《国立中山大学日报》，1935年10月10日。

② 《研究院硕士学位考试委员会第一次会议录》，《国立中山大学日报》，1937年5月27日。

考试，20 余名考试委员会委员轮流巡视，考场秩序严肃。现将 1937 年度中山大学研究生学科考试基本情况统计如下表（见“表 3.3.5”）。

表 3.3.5　1937 年度中山大学研究生学科考试基本情况表*

时间	研究所、学部	课目	考试委员		考生
			校外	校内	
上午九时至十二时	文科研究所中国语言文学部	语言学实习	冒广生	岑麟祥	李从云
		诗史专题	杨寿昌	曾运乾	黄系秀
	文科研究所历史学部	中国社会经济史	陈定谟	朱谦之	陈国治
		中国基督教史	郑师许	姚宝猷	潘　莳
	教育研究所	中国教育问题研究	谭卓垣	崔载阳	梁瓯第、邹鸿操
		学科心理问题	沈亦珍	王　越	谭允恩、陈臣辅、李　智
		中学各科教学法	曾昭森	钟鲁斋	马鸿述
		高等教育心理学	沈亦珍	高觉敷	富　济
	农科研究所	土壤细菌学	陈显国	彭家元	节浩然
下午二时至五时	中国语言文学部	音韵学专书研究	冒广生	曾运乾	李从云
		中国文学专书	杨寿昌	李　笠	黄系秀
	历史学部	中国文化史专题	郑师许	朱谦之	潘　莳
		断代史研究	温廷敬	萧鸣籁	陈国治
	教育研究所	教育专史研究	林仲达	雷通群	梁瓯第
		课程研究	林砺儒	王　越	马鸿述
		变态心理学	林仲达	陈节坚	谭允恩、陈臣辅
		民众教育	黄华表	林　本	邹鸿操
	农科研究所	土壤化学	陈显国	黄菩荃	节浩然

*资料来源：《研究院硕士学位考试委员会第一次会议录》，《国立中山大学日报》1937 年 5 月 27 日。

从上可见，中山大学对学科考试同样颇为重视。学校组织校内外专家组成考试委员会，对考生进行全面考核。每名研究生要参加一至两门专业课程的综合考试，即使是同一学部的不同考生，因其研究方向不一样，他们的学科考试科目也不一样。例如，同在历史学部的陈国治、潘莳两位研究生，陈国治的研究方向是中国古代经济史领域，其学科考试的课程分别是“中国社会经济史”和“断代史研究”；潘莳的研究主题则是两汉西域史，其学科考试课程分别是“中国基督教史”和“中国文化史专题”。学校针对每位研究生的研究方向，对其相关知识进行系统考核，全面考察研究生的专业知识和学科能力，这也是对培养质量严格要求的重要体现。

（二）学位论文的考核

学位论文是研究生培养成果的集中展示，最能反映研究生的培养质量。《学位授予法》颁布以前，硕士研究生候选人所提交的学位论文，是由所在研究院所的院长及其导师审定，然后由教授会议决通过。《学位授予法》颁布后，教育部对研究生学位论文的审查更加严格，要求各校必须聘请校内外教授组成考试委员会，对学位论文进行审核，审核通过后方可组织论文考试或论文答辩会。

清华大学 1934 年出台的《研究院考试细则》规定：欲应论文考试者，须于考试前两个星期，呈报教务处，同时交入誊正之论文两份，然后由其导师为主席组成考试委员会。① 清华大学研究院学位论文考试十分严格，答辩委员会委员不仅应指出学位论文的不足之处，而且必须就学位论文的内容提出问题，让考生答辩。清华大学严格组织考试委员会，即使研究生属于同一个研究所，只要研究的方向不一样，就会组织不同的考试委员会。例如，同属经济研究所的两位研究生，一位研究方向是财政学，另一位则以会计为主攻方向，或者同属历史研究所的两位毕业生，一位专攻清史，一位研究明史，由于考试内容迥异，清华大学必会分组进行。可见，该校对研究生学位论文考试相当重视。现将清华大学研究院第一届毕业生学位论文考试基本情况统计如下表（见“表 3.3.6”）。

---

① 参见《研究院考试细则》，载清华大学校史研究室编：《清华大学史料选编》第二卷（下），清华大学出版社 1991 年版，第 567 页。

表 3.3.6　清华大学研究院第一届毕业研究生学位论文考试一览表*

研究生	学部	论文题目	考试委员	评定成绩	按 50% 计
邵循正	历史	中法越南关系始末	蒋廷黻、刘崇鋐、陈寅恪、孔繁霱、钱稻孙、噶邦福、雷海宗、王化成、张奚若	上，1.1	0.550
朱延丰	历史	突厥事迹考	蒋廷黻、陈寅恪、袁复礼、雷海宗、钱稻孙、杨树达	上⁻，1.075	0.538
邵循恪	政治	The Doctrino of Rebus Sic Stantibus	浦薛凤、钱端升、王化成、萧公权、张奚若、燕树棠、蒋廷黻、沈乃正	上，1.1	0.550
陆学善	物理	多原子气体所散射 X 线之强度	叶企孙、吴正之、萨本栋、周培源、赵忠尧、顾一樵、黄子卿	上⁻，1.075	0.538
萧涤非	中国文学	乐府之变迁史	黄晦闻、朱自清、陈寅恪、杨树达、刘文典、俞平伯、闻一多、吴　宓、钱稻孙	超，1.20	0.600
梁方仲	经济	明代田赋考略	陈岱孙、萧　蘧、蔡可选、余肇池、赵守愚、黄宪儒、雷海宗、萧公权	上⁻，1.075	0.538

*资料来源于《二十一年度研究院毕业生成绩一览表》，载清华大学校史研究室编：《清华大学史料选编》第二卷（下），清华大学出版社 1991 年版，第 644—649 页。

严要求、高质量，也是其时学位论文考试的主要特征。由于清华大学对研究生要求甚严，虽然招生人数较多，但达到条件的合格毕业生为数甚少。

《清华大学校史稿》的统计表明，从1928到1937年，该校历届毕业研究生总数才27人。[①] 以法科研究所为例，1930至1937年，政治学部累计招收研究生30余人，但仅有1人毕业；经济学部累计招收研究生24人，毕业者也只有2人。如此低的毕业率，其原因是多方面的，比如中途考取了官费或自费留学，或因生计困难被迫中途退学等，但未能达到毕业要求肯定是主要原因之一。这种状况或结果，再次体现了这一时期研究生培养严要求、高质量的特征。

中山大学参加论文考试的硕士候选人，须准备硕士学位研究论文及论文大纲各两份，在答辩前由各所送至研究院总办事处。在论文考试之前，研究院会组织各研究所教授开展院务会议，决定论文考试委员会的成员，组织院长对校外考试委员的聘请工作以及论文考试的相关事项安排，如论文考试时间、地点、候选人名单等。中山大学的论文考试，多以口试或笔试进行，时间为三小时，考试非常严格。现将中山大学研究院第一届论文考试相关情况统计如下表（见“表3.3.7”）。

表3.3.7 中山大学研究院第一届论文考试基本情况统计表*

时间	研究所、学部	论文	审查论文校外委员	论文考试委员		候选人姓名
				校外	校内	
上午九时至十二时	文科研究所中国语言文学部	广州方言	冒广生 罗翙云	岑麟祥	冒广生	李丛云
		清代广东文学概论	杨寿昌 罗献修	杨寿昌	曾运乾	黄系秀
	文科研究所历史学部	中国中古经济史研究	温廷敬 陈定谟	陈定谟	朱谦之	陈国治
		两汉西域志	郑师许 温廷敬	郑师许	萧鸣籁	潘　莳
	教育研究所	书院教育之研究	林仲达	林仲达	范　锜	梁瓯第
		中学课程之改造	林砺儒 曾昭森	林砺儒	王　越	马鸿述

① 参见清华大学校史编写组编著：《清华大学校史稿》，中华书局1981年版，第114页。

续表

时间	研究所、学部	论文	审查论文校外委员	论文考试委员		候选人姓名
				校外	校内	
上午九时至十二时	教育研究所	中国乡村青年训练问题	钟荣光 黄华表	钟荣光	林　本	邹鸿操
		我国学校顽童的几种心理特征研究	林砺儒 沈亦珍	林砺儒	杨敏祺	谭允恩
		小学用书问题的研究	许崇清 林砺儒	许崇清	高觉敷	陈臣辅
		编纂民众字典之理论与实际	谭卓垣 黄华表	黄华表	林　本	李　智
		中小学学生学习与气候之关系	沈亦珍 林仲达	沈亦珍	王　越	富　济
	农科研究所	根瘤细菌之研究	王志鹄 陈显国	王志鹄	彭家元	节浩然

*资料来源：《研究院硕士学位考试委员会第一次会议录》，《国立中山大学日报》1937年5月27日。

在1935年和1936年，国家虽然连续出台了《学位授予法》《学位分级细则》《硕士学位考试细则》等多个关于研究生学位授予的管理规定，但这些规定在实践中并未得到很好的实施。正当各高校准备按规定操作与执行时，时逢抗日战争全面爆发，身处前线的华北、华东地区高校深受其影响，学科考试和论文考试大多未能按计划举行，唯独身处南国的中山大学因远离战事，而能赶在侵华日军南下前组织了较完整的学科考试和论文考试。遗憾的是，随着战乱逼近，中山大学研究生学位授予工作亦受到影响而未能进行，导致在抗日战争全面爆发前，中国研究生学位授予工作仍未取得实际性的突破。

至于研究生教育中最后一环——学位授予，更是因战事而根本无法实施。不过，纵观这一历史时期，教育部从宏观上对研究生学科考试和论文考试给予了高度重视且进行了科学的规划，各高校也根据自身的实际情况及学科特点制定出相应的规章制度、规范管理，使得研究生教育得到较有力的保障，培养质量也较高，这也是民国时期研究生教育能够在较短时间内取得相当成就的重要原因之一。

第四章　逆势推进（1937—1949）

1937年“七七”事变爆发，日本发动的全面侵华战争打乱了我国教育现代化的进程，阻碍了研究生教育的发展。在战乱特殊环境中，我国研究生教育该何去何从？经过多方权衡，国民政府确立了“战时须作平时看”的教育方针。为保存中华文脉、延续华夏文明，地处战争前线的高校进行了规模空前的大迁移运动。西部各省区暂时的安宁，为我国研究生教育的恢复提供了基本条件，也为战后的短暂发展打下了历史基础。战时各高校艰苦卓绝的努力和调整，加之政府在经费、管理等多方面实施支持政策和积极措施，鼓励更多的青年学子继续求学深造，使研究生教育在战争初期受到短暂阻滞后很快就得到恢复。随后各高校根据自身的实际，通过相应的举措，从招生、培养及学位授予等多方面保障研究生教育的正常进行。抗战胜利后，研究生教育事业在短暂的平静期中有过一定程度的发展，然而内战的旋即爆发，让近代兴起的研究生教育画出了自身发展的休止符。

第一节　教育方针的转向

20世纪30年代初期，日本帝国主义悍然挑起“九一八”事变，借机侵占我东北三省，中国进入了长达十四年的抗日战争时期。卢沟桥畔一声枪响，华北、华东等地首当其冲，铁蹄所至，庐舍为墟，学校尤其沦陷区的各高校被日寇视为“抗日思想之巢穴”而遭到摧残、毁坏或解散。“我国教育文化，曾受敌人之重大摧残。日人认为各级学校均为反日集团，所有智识青年，均系危险分子。为欲达到其长期统制中国之目的，故极力奴化我青年之思想，摧毁我教育及文化机关，欲以消灭我固有之文化。”[①] 面对突如其来的空前浩

① 《一九三七年以来之中国教育》，《教育通讯》（汉口·复刊）第2卷（1947年）第9期。

劫，国民政府调整了教育方针，在教育领域作出了保存和发展的应变。

一、研究生教育方针的订定

在中华民族面临生死存亡的危急关头，抗日御侮已然成为全国人民的首要任务。由于“攘外必先安内”政策与“忍让和戎”心理的影响，在战事初起之际，国民政府最高层没有及时地采取准备长期应对的措施，各级各类教育陷入被动的局面。其时包括研究生教育在内的学校教育究竟何去何从，成为国民政府当局亟待解决的问题，也在教育界引起了广泛的争议。

（一）战时教育方针的争论

1937年8月27日，国民政府教育部出台了《总动员时督导教育工作办法纲领》，可算是全面抗战时期关于学校教育整体调整的第一步。具体内容如下：

> 一、战事发生时，全国各地各级学校暨其他文化机关，务力持镇静，以就地维持课务为原则。二、比较安全区域内之学校，尽可能范围内，设法扩充容量，收容战区学生。三、各级学校之训练，应力求切合国防需要，但课程之变更，仍须遵照部定范围。四、各级学校之教职员暨中等以上学校之学生，得就其本地设立战时后方服务团体，但须严格遵照部定办法，不得以任何名义妨害学校之秩序。五、为安定全国教育工作起见，中央及各省市教育经费在战时仍应照常发给，倘至极万不得已有量予紧缩之必要时，在中央应由财教两部协商呈准行政院核定后办理，在地方应由主管财教厅局会商，呈准省市政府核定后办理。六、中央及各地方主管教育行政机关，对于战区内学校之经费得为财政紧急处分，酌量变更其用途，必要时并得对于其全部主管教育经费为权宜之处置，以适应实际需要。①

可见，面对骤变的形势，国民政府已经开始谋求教育适应战时需要的转变。然而，这些办法的战时色彩和应急意味甚浓。以高等教育为例，虽然华北、华东等地的一些学校在1937年夏秋之际就开始向内地转移，但淞沪会战打响后，上海高校多数避入租界，尽管暂时避免了日伪的骚扰破坏，但也因为身处“孤岛”，为日后埋下了隐患，以致后来太平洋战争爆发，英美等国对

① 《总动员时督导教育工作办法纲领》，载《中央战时法规汇编》（下），江西省政府秘书处法制室1939年编印，第4页。

日宣战，这些国家在中国的租界旋即被日军占领，租界内的高校也因失去保护而惨遭破坏，一些学校就此停办。这种“力持镇静，以就地维持课务”的原则，无疑是全面抗战初期处置学校教育的指导方针的一大败笔：“我国的教育……从彷徨到坚定，这中间，差不多经过了一年。在这彷徨和混乱的一年中，我国教育所蒙受的损失，极其严重，在此时间，大多数学校都无法维持原状，以致学生人数顿减……至于教育机关的财产损失，其数额的庞大，那更是无法统计了！”① 总体而论，当时国民政府的整体政策还是尽量维持学校教学的正常秩序，应该说这个思路比较切合长期抗战及战后建设的长远需要，但是，究竟采用何等应急措施和如何处置或安排各地学校及师生，教育当不当变以及怎样应变，其时并没有一颗“定盘星”，由是引发社会上尤其是教育界的一场大争论。

受到抗战初期“速胜论”及“焦土抗战”等思想的影响，当时教育界部分人士极力主张全面变更学校教育制度，要求与战事没有直接关系的高中以上学校全部改组或停办，师生悉数应征入伍。例如，时任西北联合大学常委之一的李蒸认为，“教育的目的固在建国，但一旦国亡，又从何建起，真求建国须从救国做起”，“一个国家而不知用学校去备战作战，是国家的大不幸”。是故他极力建议：“在抗战期间，大学教育应以修业二年为一阶段，使各大学学生轮流上课，及轮流在前线或后方服务，满一年或二年后再返回原校完成毕业。各大学教授亦应分别规定留校任教及调在政府服务两部分。”② 客观地讲，这种主张集中反映了国难危机下知识分子的救国心态，但这种心态已经偏离了学术本位的正常逻辑。从表面上看，这些言论是集中力量支持抗战的表现，但实质上其危害甚大。若依此方法，中华民族尚存的教育精英必将遭到更大的损失，长期抗战和战后重建所需的种种人才也会夭折于战火之中，学校教育的现代化进程定会受到极大影响甚而中断。

与此相反的是，有人主张在战时状态下，应该维持“平时教育”。时任教育部高等教育司司长吴俊升认为：“教育为百年大计，只应对于战时需要，作临时适应的措施，不应全盘改弦更张，使有关百年大计的正规教育中断。”③

---

① 汪家正：《抗战期间教育设施的总清算》，《东方杂志》第42卷（1946年）第17号。

② 李蒸：《抗战期间大学教育之方式》，《教育杂志》第28卷（1938年）第9号。

③ 吴俊升：《战时中国教育》，载薛光前：《八年对日抗战中之国民政府》，（台北）商务印书馆1978年版，第110页。

胡适在庐山谈话会上也曾向蒋介石提出："国防教育不是非常时期教育，是常态的教育。"[①] 武汉大学校长王星拱强调："在抗战时期，各种国家及社会事业，都要经受相当的变迁，教育自然不是例外。然而教育有教育的本身任务，尤其是大学教育，其任务为专门人才之养成，专门人才之养成，也是抗战中之不可缺乏的工作。"[②] 他甚至坚决地表态："苟有一个学生能留校上课，本人当绝不离校……至于学生最近要求变更课程，乃绝不可能之事，此实有事实上之困难，即如学生求所谓抗战教育之课程，院长亦无法办到，各教授亦无此种学识，无法授课。"[③] 除学界外，还有部分政界人士也提出教育应维持原状的主张。陈诚指出，学界中有许多人以为人人都应该亲赴前线作实际杀敌的工作，高喊"离开学校""抛开书本"的口号，这种论调不能算错，但此论实乃"一叶障目，不见泰山"，"要知道教育是千年万年的国家大计，所谓'百年树人'，一个国家，要建国，要强盛，就要培植无数的人才，以为领导，以为中坚"。能否培养出"无量数的人才"，是抗战建国的关键所在，从这个角度讲，"教育是立国的根本，尤其当国家临到存亡绝续的关头，成为绝对的需要，这是一个国家最强韧、最可靠的生存力量"。由是他告诫学生要用心向学："做学生的也就要安心求学，方使前方后方，井然有序。倘使做军人的反到后方读书，做学生的反到前方作战，这还成什么样子！"[④]

相对于上述彻底改弦与维持原状两种对立的观点而言，还有调和折中的主张。陈礼江在《论战时教育》一文中指出："战时教育应包括治标治本两方面，既不以维持原状为然，也不以短期训练为足，而须以远大的目光，作标本兼治的筹划。"所谓"治标教育"，"是指应目前迫切的需要，而设施各种暂时的办法，谋补救因抗战而发生的种种事实上的困难，并以增加抗战力量"；所谓"治本教育"，"是指对于整个教育事业，加以整理、充实、调整、改进、扩充，为根本远大之谋，以期应付长期抗战，适应建国需要"。[⑤]

关于战时教育究竟何去何从的争议，一直持续到1939年春，直到国民政府最高当局的相关政策出台后，争论方才渐渐平复。这场争论，使教育界对

① 《胡适简要年表》，载朱正编选：《胡适文集》第4卷，花城出版社2013年版，第327页。

② 王星拱：《抗战与教育》，《国立武汉大学周刊》第292期。

③ 《武大停课问题：王校长谈并无其事》，《大公报》（汉口）1937年12月5日。

④ 陈诚：《抗战建国与青年责任》，军事委员会政治部1938年印，第120—122页。

⑤ 陈礼江：《论战时教育》，《教育通讯》第7期，1938年5月7日。

战时教育的形势和性质有了较为明晰的认识，让人们更清楚地认识到战争环境中教育发展的困难和复杂，既为制定正确而有效的教育政策提供了充分的讨论和酝酿的时机，也为“战时须作平时看”方针的出台夯实了充分的学理基础。这些又均为逆境中的研究生教育的恢复和发展清除了思想认识方面的障碍。

（二）研究生教育方针的确立

1938 年 3 月 7 日，陈立夫在陪都重庆宣誓就任国民政府教育部部长。上任伊始，他即对战时教育的走向及今后的教育实施方针作了清晰的阐释：

> 今后教育之根本方针，须德智兼顾，文武合一，农工并重，教育与政治设施、经济计划及社会生活实况尤须贯通，并与其他主管机关取得密切联系，庶能学以致用，人尽其才，同时并应注重乡土教育，认识本国国情，适应国防生产之需要。男女教育，尤应有别，俾发挥母性优美之特质，建立家庭良好之基础。大学教育，应根据国家各种需要，作有计划之设施，对于政治、法律、教育、经济各科，尤宜注重质量之提高，与本国教材之充实，俾能具备管理之技能与经验，而适应我国由农业而入工业化之阶段之需要；专科学校，应以养成各种生产技术人才以应地方经济实况之需要为主要目的；中等教育，应注重养成地方自治及各种职业之中级干部人员；小学教育，以养成良好公民为主要目的；社会教育，应充分利用社会现有之各种组织以施教，务使目标明显而单纯，用各种方法，以达德智体三育之普及，尤宜注重沟通家庭与社会之关系，以发挥社教之效能……①

简而言之，陈立夫关于战时教育总体方向及各级教育目标的主张，可以用“战时须作平时看”七字来加以概括。至此，国民政府已明确将教育工作的重心放到了维持稳定正常教学秩序上面，从而为稍后正式出台的战时教育方针定下了基调。

1938 年 4 月，国民党召开临时全国代表大会，会上通过了《中国国民党抗战建国纲领》，其中对教育方针列有四点说明：（一）改订教育制度及教材，推行战时教程，注重于国民道德之修养，提高科学的研究与扩充其设备；（二）训练各种专门技术人员与以适当之分配，以应抗战需要；（三）训练青

① 《陈部长谈今后教育方针》，《教育通讯》创刊号，1938 年 3 月 26 日。

年，俾能服务于战区及农村；（四）训练妇女，俾能服务于社会事业，以增加抗战力量。[①] 这四点说明都强调了教育应服务于抗战的实际需要，显示出教育在战时应具有的一些非常特征。应该说此“四点说明”符合当时特定的历史环境与现实形势，特别是其中所提出的“提高科学之研究与扩充其设备”，为战时研究生教育的发展指明了方向和创造了条件。

同时，此次代表大会还通过了《战时各级教育实施方案纲要》，确立了战时教育的“九大方针”和“十七项要求”，也是对“四点说明”的具体化阐释，成为指导战时全国教育发展的总纲领和行动指南。

在“九大方针”中，与研究生教育相关的内容有下列各条：

（六）对于吾国固有文化精粹所寄之文史哲艺，以科学方法加以整理发扬，以立民族之自信；

（七）对于自然科学，依据需要，迎头赶上，以应国防与生产之急需；

（八）对于社会科学，取人之长，补己之短，对其原则之整理，对于制度应谋创造，以求一切适合于国情。[②]

可见，针对人文学科、自然科学和社会科学的性质和特点，结合抗战的实际需要，国民政府调整相应的发展原则、方法及目标，使科学研究和人才培养能更好地契合社会的需求，突出时代的特点，这就确立了抗战期间研究生教育的基本方向和总体原则。

在“十七项要求”中，涉及研究生教育的内容有下述两个方面：

（二）对于全国各地各级学校之迁移与设置，应有通盘之计划，务与政治经济实施方针相呼应，每一学校之设立及每一科系之设置，均应规定其明确目标与研究对象，务求学以致用，人尽其才，庶几地尽其利，物尽其用，货畅其流之效可见。

……

---

① 《教育部制定的教育计划与国防计划之联系方案大纲》，载中国第二历史档案馆编：《中华民国史档案资料汇编》第五辑第二编“教育”（一），江苏古籍出版社1997年版，第124页。

② 《国民党临时全国代表大会通过之战时各级教育实施方案纲要》，载中国第二历史档案馆编：《中华民国史档案资料汇编》第五辑第二编“教育”（一），江苏古籍出版社1997年版，第13—14页。

（十二）全国最高学术审议机关应即设立，以提高学术标准。①

随后，教育部在制定的《战时各级教育实施方案》中，对大学研究院所的组织及功能进行了初步规划："一、各大学研究院、研究所应由各大学有相当导师、优良成绩及设备之院系研究室发育而成，并与之联络为一体；二、各大学研究院之研究科目及研究计划，应由教育部统计并筹划之。"同时建议教育部应设立全国最高学术审议机关，其职务之一就是"统筹全国各大学研究院所之研究科目专题及研究计划"。②

以上内容，一是涉及内迁院校的学科设置及研究生教育专业设置；二是要求设立学术审议机构，提高学术标准，以规划研究所科学项目及整齐研究生培养质量。至此，《战时各级教育实施方案纲要》所体现的"战时须作平时看"的精神，作为全面抗战时期教育的最高指导方针被确定下来，也平息了全面抗战初期关于学校教育何去何从的争议。这些关于教育的方针、方案和实施要点，一方面使研究生教育目标更为清晰，既要满足抗战时期的人才需要，又要顾及教育的长远持久发展；另一方面使教育方针更为全面具体，尤其是其中所涉及的针对研究生教育过去存在的弊病作出的合乎国情和现实需要的变革，实施操作方式也比较合理可行。

（三）战后研究生教育政策的变化

1945 年 8 月 15 日，日本帝国主义宣布无条件投降，中国长达十四年之久的抗日战争终于结束。9 月，国民政府教育部召开"全国教育善后复员会议"，要求专科以上学校根据需要作合理的迁移和分布。1946 年后，抗战时期迁入西部地区的各高校，通过各种途径分期分批返回原地办学。

在抗日战争全面爆发期间，综合实力较强的高校纷纷设立研究院所，研究生教育事业取得了巨大成绩，但也面临着一些新问题亟待解决，尤其是各高校承担研究生培养重任的研究院所，由于十多年来人员和经费的独立运行，与学校相关单位缺乏联系，以致出现了资源不能共享、教学与科研分离的弊

---

① 《国民党临时全国代表大会通过之战时各级教育实施方案纲要》，载中国第二历史档案馆编：《中华民国史档案资料汇编》第五辑第二编"教育"（一），江苏古籍出版社 1997 年版，第 14—15 页。

② 《教育部订定之战时各级教育实施方案》，载中国第二历史档案馆编：《中华民国史档案资料汇编》第五辑第二编"教育"（一），江苏古籍出版社 1997 年版，第 33—34 页。

端。抗战胜利后，利用各高校回迁之际，教育部对研究生培养机构进行了一次重大改革。经过此次变革，研究生教育进入战后的短暂发展期。

在动荡的战争环境中，办学经费不足、师资难求成为制约高校发展的重要因素，高校研究院所逐渐演变成一种单纯培养研究生的独立机构。这种体制弊病日益暴露出来：从学校来说，学校经费减少了，不易聘请到名流学者；现任教师不能承担研究院所的研究任务，研究水平得不到提高，从而影响教学质量。从研究院所来讲，只顾招收研究生，师资却得不到学校的支援，尤其是研究生的基础课程和专业课程的开设困难更多，研究成果又不能及时交流，其结果自然导致研究生教育质量下滑。这种体制对研究院所及大学的发展均颇为不利，故而引发教育界部分人士的非议，认为研究院不必独立设置。其如傅斯年早就评论过："在大学中设研究院，当以训练大学本身之高级学生为重事，不当以'招收研究生'为专务，若为几个东来西去的所谓研究生，校内不得兼职，而校外似未尝不可兼职之研究生，建设一个庞大组织，似乎不值得……若研究但为毕业后之学生而设，研究所但为招收之研究生而用，则大学本身难免更要高中化了。"① 姚薇元也曾提醒："大学研究所不当以招收研究生为专务……教授应注重引导大学中的高材生作独立研究，养成其研究能力及兴趣，然后于毕业后推荐到研究所来继续研究。"② 1946 年 2 月 18 日，周鲠生在总理纪念周上的演讲也批评道："现今各大学之研究所依照教育部颁的规程而设立，按大学所属学院、系以分研究所、部，是最不合于研究工作之组织。"③ 总之，由于其时各高校的本科教学与研究生培养的矛盾日益显露，战后研究生培养体制改革受到社会关注而列入教育部重要议事日程。

1946 年 7 月，为谋战后高等教育的改进，教育部召集部分大学校长和国内教育专家在南京举行高等教育讨论会，凡有关高等教育存在的问题均在会议中进行了充分讨论，其中关于研究生教育形成如下共识：（一）各大学研究院及研究学部名称废除；（二）学系与研究所完全打通，研究所长须以系主任兼任；（三）设有研究所之学系得招收研究生；（四）各大学原有研究生仍继

---

① 傅斯年：《大学研究院设置之讨论》，《独立评论》1934 年第 106 号。

② 姚薇元：《大学研究院与学术独立》，《独立评论》1935 年第 136 号。

③ 周鲠生：《大学与研究》，《国立武汉大学周刊》第 357 期。

续办理，唯此后则须经核准设置研究所后，始得招收。①

根据以上决议，同年 12 月，教育部废止了 1934 年颁行的《大学研究院暂行组织规程》，另行公布《大学研究所暂行组织规程》，并要求各校原有研究院自 1946 年度第二学期起遵照新规定改级办理。由于《大学研究所暂行组织规程》是指导战后研究生教育事业发展的最主要政策文件，现将其内容详列如下：

大学研究所暂行组织规程②

(1946 年 12 月 31 日教育部颁发)

第一条　大学为提高学术研究得依《大学组织法》第八条之规定设各研究所。

第二条　各研究所应与各学系打成一片，并依学系名称称为某某研究所（例如物理系得设物理研究所）。

第三条　研究所之设置须经教育部之核准。

第四条　设置研究所之大学须具备左列各条件：

一、除大学本学系一般经费外，有确定充足之经费专供研究之用；

二、系内图书仪器等设备堪供研究工作之需；

三、师资齐备。

第五条　大学各研究所设所主任一人，由有关学系系主任兼任之。系内之教授、副教授、讲师、助教等均为研究所之工作人员，不得另支薪津，亦不得因此减少教课钟点。

第六条　各研究所之研究生，以公立及已立案之私立大学或独立学院毕业生经公开考试录取者为限，并不得限于本校毕业生。

国外大学本系毕业生亦得应前项考试。

研究所于必要时得停止招收研究生，各大学依本规程所录取之研究生应于入校后一个月内，将名册连同资格证件报部审核备案。

第七条　研究生学位之授予依《学位授予法》之规定办理之。

第八条　研究生成绩优异者得给予奖学金，其名额及金额由各校订

① 参见《高等教育讨论会纪要》，《教育通讯》（复刊）第 1 卷（1946 年）第 30 期。

② 李友芝等编：《中国近现代师范教育史资料》第二册，北京师范学院 1983 年印行，第 552—553 页。

定报部备案。

第九条 独立学院得准照本规程之规定设置各研究所，医学院得依主要科目分别设所（如解剖学研究所、病理学研究所等等）。

第十条 本规程自公布之日起施行。

《大学研究所暂行组织规程》的颁布，废除了“研究院”和“学部”提法，一律改称为研究所，使大学中的研究所与有关学系紧密结合起来。研究所主任由相关学系主任兼任，系内的教员也都成为研究所的研究人员，科研与教学再度结合，加强了本科教育与研究生教育的联系，有利于探索形成“本硕一体”的人才培养机制。可以说，“改院设所”的政策，既是战后对高层次知识人才培养机制的改革，也是对有限教育资源进行合理运用、整合学校力量发展研究生教育的一次尝试。

除取消原来的研究院名称、加强系所联系外，《大学研究所暂行组织规程》对研究生的学习年限并没有明文规定，但第七条亦表明研究生的学位授予仍依照《学位授予法》的规定办理，即仍沿用“两年以上”之规定。另外，关于“研究生不得兼任校内职务”的条文亦已取消。可见，战后研究生教育主要对培养机构进行改革，其他方面仍依照全面抗战时期形成的规章制度办理。

二、 战时研究生教育的应变

“战时须作平时看”教育方针的确立，为研究生教育的发展提供了政策支撑和制度保障。从研究院所随校内迁到管理制度因时改革，研究生教育得以最大限度地减少战争带来的负面影响，很快从战争阴影中摆脱出来，不仅得到逐步恢复，而且逐渐发展壮大，体现出显著的时代特征。

（一）大学研究院所内迁

据史料统计，在抗战全面爆发前夕，全国从事研究生教育的高校计有 14 所。这些高校既是当时中国高等教育的精华所在，也是日寇摧残毁坏的首要目标，它们能否安全地转移到战时后方省区，事关我国教育生存和发展的大局。在教育部的统一指令和西部省区的大力支持下，各高校研究院所积极准备，投入内迁队列，不仅在战火中保存中国研究生教育根脉和精华，而且还将研究生教育扩展到更广的区域，使从事研究生教育的高校逐步增加，培养研究生的规模也逐步扩大。现将从事研究生教育的高校内迁的基本情况列表如下（见“表 4.1.1”）。

表 4.1.1　抗战期间从事研究生教育的高校内迁情况简表*

校名	原址	新址	迁徙过程
国立北京大学	北平	云南昆明	三校于 1937 年 8 月迁长沙成立长沙临时大学，1938 年 4 月转迁昆明成立国立西南联合大学。
国立清华大学	北平	云南昆明	
私立南开大学	天津	云南昆明	
国立中央大学	南京	四川重庆	1937 年 9 月迁至重庆，医学院、农学院畜牧兽医系迁至成都。
国立东北大学	沈阳	四川三台	“九一八”后迁北平；1937 年初迁河南开封，5 月改国立；6 月迁陕西西安；1938 年 3 月迁四川三台。
国立北平大学	北平	陕西南郑	三校于 1937 年 8 月首迁西安，联合组成西安临时大学；1938 年 4 月二迁陕西汉中，改名国立西北联合大学；三迁陕南南郑。1938 年 7 月后，教育部决定将西北联大各学院先后分设为国立西北工学院、西北农学院、西北医学院、西北师范学院及西北大学。
国立北平师范大学	北平	陕西南郑	
国立北洋工学院	天津	陕西南郑	
国立浙江大学	杭州	贵州湄潭	1937 年 11 月迁浙西建德，年底迁至江西吉安，三迁江西泰和，1938 年 7 月四迁广西宜山，1940 年 2 月五迁贵州遵义，六迁湄潭。
国立武汉大学	武汉	四川乐山	1937 年 11 月迁四川乐山，其农艺系并入中央大学。
国立中山大学	广州	云南澄江	1938 年 10 月迁至粤西罗定，后迁至云南澄江，1940 年 4 月迁回粤北坪石镇，1944 年秋迁粤北连县，后五迁粤北仁化，六迁粤东兴宁，七迁粤东梅县。
国立四川大学	成都	四川峨眉	1939 年迁峨眉，1943 年迁回成都。
私立燕京大学	北平	四川成都	1942 年迁成都。

续表

校名	原址	新址	迁徙过程
私立东吴大学	苏州	四川重庆	1941年冬后一度停办；1942年2月迁重庆复校，与沪江大学、之江大学联合组办法商工学院。
私立金陵大学	南京	四川成都	1937年11月迁成都。
私立齐鲁大学	济南	四川成都	战初一度停办；1938年秋大部分师生迁成都复校。
私立岭南大学	广州	广东曲江	1938年10月迁至香港，1942年迁至粤北曲江。

* 资料来源于余子侠：《抗战时期高校内迁及其历史意义》，《近代史研究》1995年第6期。注：此表中高校未包括其时尚未被教育部认定的实际开展研究生教育的高校，另有私立辅仁大学留守北平而未作迁转。

“九一八”事变后，平津高校师生意识到中日之间战争不可避免。其时高校的一些教授主张从速准备，“以应付可能发生的战争”，“为了使学生准备作战，许多教授也改变了他们的授课内容”。① 其中如清华大学，该校在1932年度开学时，身为校长的梅贻琦就甚为担忧：“至于本学年未来之一年中，能否仍照这样安安静静地读书，此时自不可知。”② 1936年度开学典礼上，清华大学秘书长沈履即明确指出，“清华是在北平，北平现在已经是国防的最前线，这是不可否认的事实”③，于是，清华大学预先在心理上和组织上作了准备，并采取了极有战略意义的明智举措。如在1935年，清华大学决定停止在校内修建一所规模颇大的教学大楼，把40万元基建款项转投长沙岳麓山，筹建新校舍，以作为华北战事爆发的退步。1936年冬，清华大学更将一批图书、仪器秘密运送到汉口。

“卢沟桥事变”后，蒋介石分别邀请各界知名人士在庐山举行关于国是问题的谈话会。当时北大、清华和南开三校的负责人蒋梦麟、梅贻琦、张伯苓以及三校的教授陈岱孙、浦薛凤、顾毓琇、庄前鼎等以社会名流身份应邀参

---

① 蒋廷黻：《蒋廷黻回忆录》，岳麓书社2003年版，第144页。

② 梅贻琦：《教授的责任》，载徐迅雷编：《现代大学校长文丛：梅贻琦卷》，安徽教育出版社2015年版，第30页。

③ 《二十五年度开学典礼纪事》，《清华校友通讯》第三卷（1936年）第8—9期。

加。平津战事吃紧后，北方各校纷纷去电告急，要求几位校长返校应变。7月10日，清华教务长潘光旦、秘书长沈履联名致电教育部："连日市民、学校均镇静。各方安，乞释念。"① 至14日，局面日益恶化，清华校方亟盼校长设法绕道返校，以应时变，急电梅贻琦："和平望绝，战机已迫。"② 同时，北大教授密电胡适、蒋梦麟等人，希望他们能劝导国民党政府高层："务请一致主张贯彻守土抗敌之决心，在日军未退出以前绝对停止折冲，以维国权。"③

7月28日，日军对天津发动全面进攻，南开大学首当其冲。日军以猛烈炮火轮番攻击教学楼和师生宿舍。7月29日下午2时左右，日机先在南开大学上空飞翔甚久，投一红旗于秀山堂的楼顶，然后以此为目标连续炮击，同时飞机也施以猛烈轰炸，于是校方的秀山堂（办公室及文、商学院课室）、芝琴楼女生宿舍、木斋图书馆等先后起火，化为灰烬。为全部毁灭计，日方乃于30日下午3时许，派骑兵百余名、汽车数辆，满载煤油，到处放火，秀山堂、思源堂（以上为二大厦，均系该校之课堂）、图书馆、教授宿舍及邻近民房，尽在烟火之中，烟头十余处，红黑相接，黑白相间，烟云蔽天。④ 这场劫难使南开大学损失惨重。为了保护和保存国家的人才，积蓄民族未来的希望，张伯苓决定学校南迁，"北方南开学校被毁，而南方之南开又展开其更伟大之生命"⑤。他在南京设立"南开大学办事处"，又在天津法租界设置南开留守处，接待流亡师生，组织在津师生内迁。

8月中旬，教育部明令：以北京大学、清华大学、南开大学和中央研究院的师资及设备为基干，成立长沙临时大学。28日，教育部给梅贻琦等人的一封公函说："奉部长密谕：指定张委员伯苓、梅委员贻琦、蒋委员梦麟为长沙

---

① 《潘光旦、沈履急电梅校长（1937年7月10日）》，载清华大学校史研究室编：《清华大学史料选编》第三卷（上），清华大学出版社1994年版，第1页。

② 《潘光旦、沈履急电梅校长（1937年7月14日）》，载清华大学校史研究室编：《清华大学史料选编》第三卷（上），清华大学出版社1994年版，第2页。

③ 《北平各大学负责人密电蒋梦麟、胡适、梅贻琦》《李书华等21教授密电庐山谈话会》，载清华大学校史研究室编：《清华大学史料选编》第三卷（上），清华大学出版社1994年版，第2—3页。

④ 参见《敌摧毁文化机关！南大已悉被焚毁》，《中央日报》1937年7月31日；《抗战开始后被敌摧毁之学府》，《教育杂志》第27卷（1937年）第9—10期。

⑤ 《张伯苓昨晚赴湘，行前招待武汉南开校友，说明今后学校进行方针》，《大公报》（汉口）1937年9月27日。

临时大学筹备委员会常务委员。杨委员振声为长沙临时大学筹备委员会秘书主任。”[①] 梅贻琦接信后，立即赴长沙进行筹备工作。9 月 10 日，教育部以第 16696 号令正式宣布在长沙设立临时大学，指派张伯苓、蒋梦麟、梅贻琦、杨振声（教育部代表）、胡适（北大文学院院长）、何廉（南开大学教授）、周炳琳（教育部次长）、傅斯年（北大教授）、朱经农（湖南省教育厅厅长）、皮宗石（湖南大学校长）、顾毓琇（清华大学教授）为筹备委员，筹备委员会主席由教育部部长王世杰兼任。9 月 13 日，在长沙举行第一次筹委会。10 月 25 日，长沙临时大学举行开学典礼。但长沙亦非久留之地。1937 年底，南京沦陷、武汉危急，战火逼近长沙，长沙临时大学被迫再度迁校至昆明。一则昆明地处西南，距前线较远；再则有滇越铁路可通海外，采购图书设备比较方便。1938 年 2 月，长沙临时大学第一学期结束后，师生便启程奔赴云南昆明。4 月，改长沙临时大学为国立西南联合大学。西南联合大学最高行政领导机构是常务委员会，常委仍是三校校长，但日常校务实际由梅贻琦常驻昆明主持。这种强强联合，为已陷绝境的三校研究生教育带来了新契机。

与国立西南联合大学遥相呼应的是在陕西成立的国立西北联合大学。它是由北平大学、北平师范大学、北洋工学院等几所高校合并组建而成。1937 年 9 月 10 日，教育部第 16696 号令同时要求：“以北平大学、北平师范大学、北洋工学院和北平研究院等院校为基干，设立西安临时大学。”10 月 11 日，《西安临时大学筹备委员会组织规程》出台，以教育部、北平研究院、北平大学、北平师范大学、北洋工学院、东北大学、西北农林专科学校、陕西省教育厅等代表组成筹备委员会。王世杰兼任主席，聘任李书华、徐诵明、李蒸、李书田、童冠贤、陈剑翛、周伯敏、臧启芳、辛树帜等九人为委员，随后又指定徐诵明、李蒸、李书田、陈剑翛四人为常委，商决校务。

1938 年 3 月，山西临汾失陷，日寇窜抵风陵渡，关中门户潼关告急。同时，西安也屡遭日机侵扰轰炸。于是教育部发来第一道电令：命令西安临时大学迁至陕西汉中。师生们用了半个多月的时间，胜利到达了位于陕南的目的地。4 月，行政院第 350 次会议通过的《平津沪战区专科以上学校整理方案》提出：“国立北平大学、国立北平师范大学及国立北洋工学院，原联合组

---

① 西南联大北京校友会编：《国立西南联合大学校史——1937 至 1946 年的北大、清华、南开》，北京大学出版社 1996 年版，第 18 页。

成西安临时大学，现为发展西北高等教育，提高边省文化起见，拟令该校各院逐渐向西北陕甘一带移布，并改称国立西北联合大学。”① 根据教育部发布的第二道电令精神，西安临时大学随之改名为国立西北联合大学。5 月 2 日，国立西北联合大学在城固县举行了隆重的开学典礼。

7 月 7 日，教育部发布了第三道电令：西北联合大学工学院与国立东北大学工学院及私立焦作工学院合并改为国立西北工学院，西北联合大学农学院与国立西北农林专科学校合并为国立西北农学院。随后，西北工学院、西北农学院相继成立。1939 年 8 月 8 日，国民政府教育部再令：国立西北联合大学改为国立西北大学，将原有之师范学院和医学院分出，独立设置为国立西北师范学院和国立西北医学院。于是，西北联合大学在行政指令下拆分为五个由教育部直接领导的独立国立高校。这些院校学科基础较好，为研究生教育的产生和发展提供了合适的师资和物质条件。

当日本在华北制造危机之时，中央大学校长罗家伦已判断出：“我们的国家已经到了大战的前夕。无论是自动或被动，这个战争是避免不了的，万一今年不至爆发，但是在最近的将来，是必定要爆发的。”② 基于这种认识，罗家伦早在战事全面爆发前就开始酝酿中央大学如何在战时转移。1937 年 5 月，他因公前往成都，途经重庆，观察到重庆山势起伏，层峦叠嶂，易于防空，“是一个可守的地点”。返回南京后，罗家伦要求师生抓紧进行迁校的准备工作。“八一三”淞沪会战爆发后，南京直接暴露在敌人的炮火之下。8 月 14 日，日机空袭南京，中央大学图书馆和实验室被炸，内迁工作迫在眉睫。

与此同时，罗家伦积极与四川和重庆方面联络，协商迁校事宜。后经多次协调，四川省主席刘湘慨然应允，大力支持中央大学迁驻重庆。9 月 20 日，教育部正式指令中央大学西迁，罗家伦当即派人迅速动工，开始建造简易校舍，并亲自上门商请民生公司总经理卢作孚先生，请其协助中大迁川。到 9 月底，中央大学凡是可以搬得动的东西都搬往重庆，甚至畜牧场用作试验的禽畜等动物也都从南京赶运到重庆，可以说是“尽室而行”。该校西迁一次成功，且损失最小、复校最快，成为战时的一大奇迹。对此，罗家伦有过这样

① 《教育部拟定之平津沪战区专科以上学校整理方案》，载中国第二历史档案馆编：《中华民国史档案资料汇编》第五辑第二编“教育”(一)，江苏古籍出版社 1998 年版，第 11 页。

② 罗家伦：《文化教育与青年》，商务印书馆 1947 年版，第 128 页。

自豪的回忆：

> 虽然正当猛烈的战事，经过长途的跋涉，我们的功课，开得还是很整齐的。我们的图书仪器，都已搬出，而且展开使用。不但重庆本部开学，并且医学院和牙医专科已先本校在成都开学了。我们教学的标准，从那时候起到现在止，还没有比在南京时降低。我们这次搬家，或者可以算是较有计划有组织的，几千个人，几千大箱东西，浩浩荡荡的西上，于不知不觉之中，竟做了国府为主持长期抗战而奠定陪都的前驱。①

这种成功的搬迁，尤其是图书、仪器等教学必需品毫无损失，自然为该校在重庆开学能及时恢复和发展研究生教育保存了实力。

武汉大学是抗战初期华中地区唯一一所从事研究生培养的高校。1937 年 11 月，在南京沦陷前夕，国民政府以武汉为全国的政治和军事指挥中心，继续坚持抗战，武汉成为中国的战时首都。上海沦陷、南京危急，长江下游门户已然洞开，武汉的形势也日趋紧张。此时，校长王星拱着手迁校的各种准备。他派人秘密购置了大量木料，定做了大批木箱，用以装运重要图书、仪器。是年年底，王星拱委派杨端六前往四川，为迁校考察选址。1938 年 2 月 3 日，王星拱致函四川省政府，请求拨嘉定文庙等处供武汉大学迁川开学上课之用。21 日，王星拱主持召开了第 322 次校务会议，议决通过了“迁校问题案”②。22 日，学校在给教育部的呈文中陈述迁校事由。随后，教育部核准武汉大学迁校方案。

2 月 26 日，王星拱主持召开 323 次校务会议，通过了“成立迁校委员会案”，决定由杨端六、方壮猷、郭霖等组织成立迁校委员会，并“请杨端六先生为委员长”。学校还成立了运输委员会，在武昌、宜昌和重庆等地设立办事处，处理图书、仪器、机械的运输及教职员与学生赴乐山的购票、换船等事宜。王星拱则继续坐镇珞珈山，负责维持各项校务工作的正常进行。从 3 月中旬起，师生员工分批乘船出发，前往四川乐山。4 月底，大部分师生陆续抵达乐山，29 日正式开学上课。6 月 30 日，受王星拱委托，杨端六在乐山主持了第 329 次校务会议，决定“自即日起，武昌校本部各院、部、处、馆、会

---

① 罗家伦：《文化教育与青年》，商务印书馆 1947 年版，第 191—192 页。

② 《国立武汉大学校务会议记录》第七册，武汉大学档案馆馆藏档案：“国立武汉大学档案”，案卷编号 L7-1938-114。

应在嘉定分部继续执行职务，迁校委员会除未了事项仍继续办理外，其余一切事务概移交学校照常处理”①。至此，武汉大学迁校工作正式结束。曾在武大就读研究生的刘涤源曾总结道：“武汉大学这次大搬迁，部署是周密的，工作是高效率的，图书设备的装运是彻底的，确实把损失降到了最小限度，这对保存学术元气，以利日后发展，关系至为重大。”②

随着华南局势的恶化，中山大学也加入内迁行列。从1937年8月起，日军开始轰炸广州，中山大学未能幸免，部分校舍被炸毁，死伤近20人，图书设备也损失惨重。10月5日，校长邹鲁发表谈话：“倭寇对我国侵略，不但欲占领我全中国，且欲侵凌世界，及毁灭世界文化，故开战以来，对于我国文化机关特别加以摧残，肆意轰炸……员生素受总理主义之特别熏陶，故抗敌精神亦最发扬，敌人早有以中山大学为抗日之大本营之名词，所以抗战以来数次轰炸本校。”③ 10月中旬，广东当局纷纷撤离广州，中山大学奉命迁校。

中山大学早已开始筹划迁校事宜，但是迁往何处，事前并未作好计划。该校首先迁到广东西部的罗定，一个月之后又拟改迁广西南部的龙州，后又决定迁往云南澄江。大部分师生经过广西镇南关到达越南河内，乘滇越铁路到达昆明，然后再转澄江。另有一部分师生则从广西柳州到贵阳再转昆明，之后再到澄江。还有的师生则从百色、香港方向到昆明再转澄江。1940年8月，广东局势稍有好转，当局认为中山大学远迁至云南，使本省及邻省湖南、江西等地区学生入大学读书十分困难，若中山大学迁回粤省，可以解决这个问题。于是，在代理校长许崇清主持下，中山大学又返迁广东北部山区坪石办学。1945年1月上旬，日军侵犯粤北，警报频传，坪石陷入了日军的包围之中，于是中山大学又选定梅县为校本部驻地，研究院、文学院、理学院陆续迁至其地。日本帝国主义宣布无条件投降后，该校才迁回广州石牌校址。即便辗转迁徙，中山大学的研究生教育在战争时期仍然得到一定的发展。

在日寇的恶意摧残下，地处前线的教会大学也未能幸免，亦先后纷纷加入迁移的队伍。最先受战争影响的是地处山东的齐鲁大学。1937年10月间，

① 《国立武汉大学校务会议记录》第七册，武汉大学档案馆馆藏档案：“国立武汉大学档案”，案卷编号L7-1938-114。

② 刘涤源：《喜读〈珞珈〉，欣忆“乐嘉”》，台北市国立武汉大学校友会编印：《珞珈》第118期，1994年1月。

③ 《本校附中昨遭敌机轰炸》，《国立中山大学日报》1938年6月6日。

日军已进犯到山东北境，教育部建议齐鲁大学迁至陕西省西安附近继续办学。此时齐鲁大学接到了位于成都的华西协合大学的邀请，决定先将医学院迁往成都。11 月中旬，文学院和理学院也随之迁到成都，太平洋战争爆发后，原留济的外籍教员亦联袂入川。

“八一三”事变后，日军开始对南京狂轰滥炸。出于对师生安全的考虑，教育部命令宁沪、沪杭铁路线附近的学校一律延期开学，于是位于南京的金陵大学放弃了于 1937 年 8 月 20 日实行秋季开学的计划，认真谋划迁校事宜。当校长陈裕光致电华西协合大学探询与其合作的可能性时，当即得到对方热情而肯定的回答。由于随后南京局势一度稍有好转，故而该校直到 10 月形势又开始危急后才正式决定内迁。先是计划迁到四川万县，但因当地无其他高校，不利于教学和研究的开展，最终决定还是迁往成都，借助华西协合大学的支持继续办学。11 月 15 日，金陵大学将人员分三批逆江而上，先到汉口，再从汉口转迁重庆，后从重庆沿公路前往成都。1938 年 1 月 7 日，金陵大学入川落户于华西协合校园，3 月 1 日正式开学。

东吴大学是抗战时期迁校次数较多的学校之一。上海失守后，日军飞机由海上两次飞抵苏州，狂轰滥炸。校长杨永清立即召集校务会议，决定将设在苏州的大学部迁到浙江湖州，将设在上海的法学院迁到位于公共租界的慕尔堂。随后，该校又于 11 月底紧急迁至安徽的屯溪。屯溪局势恶化后，学校又决定第三次迁移。这次面临着“向西”还是“迁沪”的抉择。该校觉得上海租界内较安全，教学条件较好，当得知杭州仍未沦陷，可以走海路从宁波返回上海，进入法租界可以逃避日本检查，更坚定了迁回上海的想法。随后，东吴大学与圣约翰大学、沪江大学以及流亡到上海的之江大学、金陵女子文理学院联合办学。太平洋战争爆发后，日本人接管上海的法租界，东吴大学准备内迁福建邵武，与同为教会高校的福建协和大学以及之江大学联办，终因受到日军的侵扰只能继续前行，到达广东的曲江，与迁到该地的岭南大学合作。这已经是该校的第四次迁移。

“七七”事变后，当北平许多院校相继西迁时，燕京大学因系美国基督教会募捐创办，得以在北平继续开办，但困境重重，形如孤岛。太平洋战争爆发后，日军包围学校，宣布封闭燕京大学，并逮捕校负责人司徒雷登及陆志韦、赵紫宸、张东荪等教授及学生 11 人。1942 年 2 月 8 日，孔祥熙在重庆召开燕京大学校董会，聘请文学院院长梅贻宝任复校筹备处主任。复校筹备工作最主要的问题是校址和经费来源。经多方权衡，燕京大学最终选在成都华西坝，主要理由是这里的四所基督教大学（华西协合大学、齐鲁大学、金陵大学、金陵女子大学）的热情邀请，同时四川地方政府也愿意为燕京大学提供诸多帮助。在经费方面，纽约的燕京托事部拨付一定数量的经费作为启动费，哈佛燕京学社、洛克菲勒基金会等继续提供经费。10月，燕京大学在成都正式复办。

总体来看，抗战期间已有研究生教育的教会高校，除由天主教办理的辅仁大学继续留守北平外，其余教会大学（主要是基督教办理的高校）依据其迁校先后情形，可以大致分为两个时段：1937年7月至1938年底，可以看作教会大学迁移的第一阶段。其时有燕京大学和辅仁大学继续在原址办学。在日本偷袭珍珠港后的第二阶段，位于北平的燕京大学也被迫西迁；上海由华东地区数所教会高校临时组成的联合大学也不得不解散：或转移地下，或迁往西南。对教会大学来讲，国民政府并没有像对待国立大学那样直接参与他们的决策，而是提供一些建议和必要的帮助，各校何时搬迁、迁往何处，一切留给学校当局决定。所以说，教会大学的迁徙面临着更多的困难。他们设法利用各种条件和人际资源，既保住了自身的办学传统，不为日本人所利用，也保住了各校办理研究生教育的条件，继续为中华民族高教事业的发展作出培养高知人才的贡献。

可以说，高校研究院所内迁，不仅使我国研究生教育事业的发展进程未因日寇猖狂破坏和蓄意摧残而中断，亦且为西部地区教育事业的发展提供了重要契机，推动我国的研究生教育发展趋向一定的平衡。对这些办理研究生教育的院校自身来讲，也是一个面对新地区、新环境、新研究领域与课题的重要发展机遇。换句话说，全面抗战时期大后方经济开发对于人才与科技的急需，辽阔的西部地区富饶的矿产、水利等自然资源，千姿百态的动植物物种，绚丽多彩又极富地方与民族特色的人文历史，无一不使内迁院校大有用武之地。从这个意义上讲，正是抗战时期的内迁活动，扩大了各内迁高校的办学空间，拓展了中国研究生教育的办学视野，也增强了它们在战争环境下艰苦奋斗、不懈进取的生存活力。

（二）管理举措的调整

权衡利弊下，国民政府认识到，抗战既属长久，各种直接和间接的知识人才都不可缺少，特别是抗战后的建国事业，更需要大批的各类人才，这无疑需要研究生教育的恢复和发展。各高校在大规模内迁基本稳定后，逐步恢复了正常的本科教学及科研秩序，研究生教育亦被提到议事日程。尽管仍然面临着恶劣的战争环境，以及仪器设备、图书资料和经费的缺乏等多重困难，教育部及相关高校已开始积极谋划研究院所的恢复与重建，着手规划研究生的复学与招新工作。

抗战开始后，受国际环境影响和外汇匮乏制约，国民政府在留学教育方面采取的态度更为审慎。1938 年 6 月，教育部会同财政部制定了《限制留学暂行办法》，明确严格审批出国留学。例如，专科学校毕业者须继续研究或服务四年以上并著有成绩者方能出国，而且其研究科目一律以“军、工、理、医各科有关军事、国防为目前急切需要者为限”[①]。在如此严苛条件限制下，留学生数量急剧减少，1938 年出国者仅有 92 人。次年 4 月，行政院直接出台《修正限制留学暂行办法》，再次提高留学的门槛。该文件重申，公费生除军、工、理、医中急需各科外，“一律暂缓选派”，而“自费留学生，除得有国外奖学金或其他外汇补助费，足供留学期间全部费用无须请购外汇者外，一律暂缓出国”。[②] 由是 1939 年、1940 年和 1941 年留学生人数，分别降至 65 人、86 人和 57 人。对出国留学的限制，是根据战时形势和抗战需要而制定的一种不得已的政策，在一定程度上导致具有研究潜能的大学生出国深造的机会减少。出国的途径受阻后，越来越多的大学生将求学深造的目光转向国内大学研究所：“大学毕业生不能不以研究院为进学之阶，政府亦以研究院为培养专门人才之所。”[③] 因此，国民政府不得不采取措施，鼓励各大学积极发展研究院所，以满足青年学子继续求学深造的需求，这为研究生教育发展提供了新的历史契机。教育部要求设备较充裕、师资及学科实力较强的国立大学，率先“酌量增设各种研究所”，同时，对战前已办有研究院所的高校给予一定的经费支持，并“协助原有研究所恢复招生”。[④] 于是，随着研究院所的新建和

---

① 刘真主编，王焕琛编著：《留学教育——中国留学教育史料》第四册，（台北）“国立”编译馆 1980 年版，第 1991 页。

② 《修正限制留学暂行办法》，载中国第二历史档案馆编：《中华民国史档案资料汇编》第五辑第二编“教育”（一），江苏古籍出版社 1997 年版，第 865 页。

③ 欧元怀：《抗战十年来中国的大学教育》，《中华教育界》（复刊）第 1 卷（1947 年）第 1 期。

④ 余子侠、冉春：《抗日战争时期中国教育研究》，团结出版社 2015 年版，第 182 页。

恢复，全面抗战时期我国的研究生教育拉开了帷幕。

因受战争的冲击，生源匮乏成为研究生教育发展的主要障碍。1934 年颁行的《大学研究院暂行组织规程》第十条规定“研究生不得兼任校内职务”，也就是说，研究生在读期间必须专心学习，不得从事兼职。制定这条政策的初衷是为了保障研究生教育质量，但是，这条政策的出台又将一大批刚刚本科毕业并留校任教的新教师排除在研究生教育之外，这个群体又是其时继续求学深造的主力军。为了解决研究所生源问题，在 1939 年召开的第三次全国教育会议上，陈剑翛等九名代表提议“废止大学研究院暂行章程第十条，并准许各大学助教在职研究”：

> 本国各大学研究院所，虽间有设立，而研究员生为数甚少，虽有种种原因，而大学毕业以后，亟需担负家庭经济，些微奖学金，殊不足以资挹注。而在另一方面，各大学在职助教，虽有心研究以图上进，惟因功令所限，不能受学位之褒。如研究院章程第十条明白规定“研究生不得兼任校内职务”，揆其实际，助教职务，处处与研究有关，兼营并进，尤多便利，似宜明令废止，以宏造就，而促进高深学术之贡献。①

这项议案真实地反映了当时研究生教育发展所面临的尴尬境地，引起了教育当局的重视。1939 年 6 月，教育部通过了《修正大学研究院暂行组织规程》，旨在解决助教攻读研究生的问题。该规程将原《大学研究院暂行组织规程》“研究生不得兼任校内职务”的规定，修正为“研究生不得兼任校内职务，但助教不在此限”②。助教研究生因职务关系不能以全部时间从事研究，为确保这类研究生的培养质量，9 月教育部又颁订《助教兼作研究生办法》，对助教研究生学习考试、修业年限及毕业论文等都作出明确要求：

> （1）须经研究院所入学考试及格及各种学年学期考试；
>
> （2）研究年限须在三年以上；
>
> （3）应读学分及论文研究须与普通研究生同。③

---

① 王学珍等主编：《国立西南联合大学史料》（一）“总览卷”，云南教育出版社 1998 年版，第 159 页。

② 中国第二历史档案馆编：《中华民国史档案资料汇编》第五辑第二编“教育”（一），江苏古籍出版社 1997 年版，第 706 页。

③ 《南大百年实录》编辑组编：《南大百年实录》（中卷），南京大学出版社 2002 年版，第 174 页。

这几条举措，既较好地解决了研究生教育的生源问题，也妥善地处理了助教研究生的“工学矛盾”。

经费问题是制约战时研究生教育发展的最重要因素。教育部多方筹措资金，加大对研究生教育的投入，以确保研究院所的正常运行。1939 年，教育部要求各大学除进一步充实原设有的研究院所外，师资及设备较优的高校须得增设研究所，“由部酌给各校补助费用”，并且对于国立各校院研究院所以学部为单位分别予以补助，以为添置设备之用。电机、机械、土木、矿冶、农林植物、土壤、化学、物理等学部，每部补助 3000 元；中国文学、史学、数学、教育学、教育心理学、史地、经济、农艺等学部，每部补助 2000 元。以上补助，前一类计 16 单位，后一类计 14 单位，共拨发补助费 76000 元。[①] 1940 年以后，鉴于大后方物价不断上涨，教育部提高了对研究院所的补助标准。按学科性质，每学部补助标准提高到 3 万元至 4 万元，并指定此款项作为充实设备及研究材料之用。到 1941 年，又追加 124 万元为国立研究院所之经费，以研究所为单位，重定补助标准，其详情可见下表（见“表 4.1.2”）。

表 4.1.2　1941—1942 年国立大学研究所经费补助标准*

（单位：万元）

研究所类别	设 1 学部者	设 2 学部者	设 3 学部者	设 4 学部者	设 5 学部者
理、工、医科研究所	4	5	6	7	8
文、法、农、师范研究所	3	4	5	6	7

*资料来源于叶佩华：《我国大学研究院所设施情形之检讨》，《高等教育季刊》第 2 卷（1942 年）第 4 期。注：由于当时仅有私立南开大学设有商科研究所，但因补助之对象为国立大学研究所，故表中研究所类别中不包括商科研究所。

从对各学部的拨款金额看，政府更倾向于对实科研究所的资助，这与实科研究所所需实验材料等费用较多有关。当时接受补助之研究所计 26 单位 48

① 参见叶佩华：《我国大学研究院所设施情形之检讨》，《高等教育季刊》第 2 卷（1942 年）第 4 期。

学部，共得补助107万元，作为专款专用以充实设备及研究材料。1942年，国立研究院所补助经费又增加至150万元。①

除加大对研究院所的经费投入外，教育部还逐步提高研究生的补助标准：1940年，每名研究生每年补助生活费600元，每学部限受助学生10名；1941年8月，不仅每名每年补助提高到1200元，而且取消了名额限制；1942年1月，补助标准提高到1416元；1942年8月起，补助费再次提高至1960元。②到1943年，教育部决定实行公费制度，同时制定了《非常时期国立中等以上学校及省立私立专科以上学校规定公费生办法》，规定享受公费的学生分两类：甲种公费生免交学费和伙食费，并补助其他生活费用；乙种公费生只免交学费和伙食费。国立大学和独立学院的新旧研究生一律定为甲种公费生。③这些举措，无疑为青年学子安心学研提供了经济支撑。

为支持大学研究院所出版刊物，1942年，教育部又颁布了《公私立大学及独立学院研究院所研究刊物补助办法》，明确规定"经审核合于规定之研究刊物，酌予一次补助三千元至五千元"④。需要说明的是，此规定不限于公私立大学研究院所，这在一定程度上促进了各类学术刊物的发展。因物价上涨，这点补助日渐显得捉襟见肘。此外，为资助全国各研究院教授的研究工作，教育部曾推行过"研究院所特种研究补助"计划。1945年1月16日，教育部为了扶助大学研究院所对特殊项目的研究，颁发了《大学研究院所特种研究补助办法》，以补助研究经费之不足。

在政府的激励下，研究生教育全面展开，但各培养单位所招收的学生为数有限，扣除未能报到或中途退学者，各高校研究生队伍规模不大，与纷纷赴国外攻读研究生的热情相比，国内研究生教育逊色许多。为了促进全社会对国内研究生教育的重视，教育部设法提升研究院所的地位，提高我国硕士学位的含金量："通令昭示大学研究院所之重要，申明本国大学研究所之硕士学位资格，与国外大学学位相等；硕士论文由部统筹印刷，以提高本国硕士

①② 参见叶佩华：《我国大学研究院所设施情形之检讨》，《高等教育季刊》第2卷（1942年）第4期。

③ 参见王学珍主编：《北京高等教育纪事（1861—1949）》，中国广播电视出版社2006年版，第263页。

④ 《公私立大学及独立学院研究院所研究刊物补助办法》，《教育部公报》第14卷（1942年）第21—22期。

学位之地位。”[①] 同时，根据国民参政会及国民党八中全会扩充研究院所的决议，教育部确立各大学研究院所统筹设置的原则：（一）充实已设学部的力量：“督令原有研究所各学部切实办理，并增加补助费，俾充实其设备及研究需要”；（二）增设社会所必需的学部：“甚有需要之学科而国内尚无该项学部，或虽有该项学部而数量不敷者，就对于该科系有成绩之若干学校设置之”；（三）扶植优良学校：“成绩优良之学校，准其增设学部，俾其研究所与大学本部互相配合，而收相得益彰之效。”[②] 可见，经过几年的探索，研究生教育发展政策与举措更加具体。在充实、增设、扶植三策并举下，研究院所获得了较大的发展。截至 1941 年，全国已计有 36 个研究所 64 学部；在校研究生人数已达 333 人。就抗战时期的艰苦环境而论，研究生教育能取得如此发展，速度可谓惊人，成就的获得实属不易。

此时，教育部审时度势，改变研究院所发展策略，由前期重视量的扩张转而谋求质的提升。1942 年以后，教育部于研究院所的增设方面实施了“紧缩”发展政策，重新确定研究院所发展原则：（一）集中人力物力，积极充实原有各研究院所；（二）已设置有相当数量之研究学部，不再增设；（三）有特殊需要而为现时所向未设置之研究学部，得由教部斟酌实际情形，指定设备及师资优良之大学设置之。至此，有关大学研究院所的制度愈加完善，培养研究生的院所数量相对稳定，研究生教育规模趋于平稳。抗战后期，“设立研究院所之学校已达二十五校，凡八十六学部”[③]。

三、 战后研究生教育的运作

1946 年 12 月，教育部废止了《大学研究院暂行组织规程》，颁布了《大学研究所暂行组织规程》。这次改革加强了研究生教育与本科教育的联系，促使有限资源得到较充分的使用，紧密了教学和科研的联系，得到时人的肯定：“此一改革，加重大学教员参加研究之成分，较之二年修业考取硕士之晋级制度实多见地。”[④]

---

①② 叶佩华：《我国大学研究院所设施情形之检讨》，《高等教育季刊》第 2 卷（1942 年）第 4 期。

③ 《一九三七年以来之中国教育》，《教育通讯》（汉口·复刊）第 2 卷（1947 年）第 9 期。

④ 欧元怀：《抗战十年来中国的大学教育》，《中华教育界》（复刊）第 1 卷（1947 年）第 1 期。

战后国统区教育经费不仅占总预算的比例偏低，更是受到当时通货急剧膨胀局面的严重影响，研究生教育办学经费捉襟见肘。为此行政院于1947年下半年起追加仪器设备费，以充实大学研究所，具体分配标准是：（一）文学院、法学院各研究所，理学院数学研究所，农学院农业经济研究所，师范学院教育研究所，商学院经济研究所，每所各补助600万元；（二）农、工、医学院各研究所，理学院生物、物理、化学等研究所，每所各补助1400万元；（三）理学院地理、心理等研究所，每所各补助800万元；（四）各所于当年八月起新设立者，折半补助。[①] 随着物价的上涨，这些经费对于研究所来说不过杯水车薪。1948年上半年，国立各大学研究所经费共为47.25亿元，不久，行政院准予追加一倍补助经费，为此教育部又重新制定分配标准：（一）文、法、教育及数学、农业经济等研究所，每所1500万元；（二）心理、地理及教育之包括心理等研究所，每所2000万元；（三）其余理、工、农、医等研究所，每所3000万元。[②] 7月，再次追加所有高校研究所经费计近3亿元。[③]同时国立专科以上学校教员的学术研究补助费也增加了3倍，其中教授月支200万元、副教授160万元、讲师120万元、助教80万元。[④] 研究生生活补助费由每人每月40万元增至60万元[⑤]。尽管有此等追加，但远远赶不上物价增长的速度。

同时，为提高研究生水准并鼓励他们安心从事学术研究，教育部还拟定《国立大学及独立学院研究生生活补助费核给办法》。其要点如下：（一）自1948年1月份起，国立各大学及独立学院研究所在校研究生每人每月生活补助费定为20元，依核定各区生活指数计算发给；（二）研究生不得再享受公费或奖学金待遇；（三）研究生不得兼任校内或校外任何职务，如违反是项规定，应即追缴其已领生活补助费，并注销其学籍；（四）研究生研究期满呈准延长一年成绩优良者，其生活补助费仍继续核发，已满三年请准再延长研究

① 参见《政院追加设备费充实大学研究所》，《外交部周报》1947年11月26日。

② 参见《国立大学研究所经费追加》，《教育通讯》（汉口·复刊）第5卷（1948年）第6期。

③ 参见《研究所经费再追加》，《教育通讯》（汉口·复刊）第5卷（1948年）第9期。

④ 参见《学术研究补助费增加三倍》，《教育通讯》（汉口·复刊）第5卷（1948年）第6期。

⑤ 参见《研究生补助费增加》，《教育通讯》（汉口·复刊）第5卷（1948年）第6期。

期间者，不再发给；（五）自1948学年度起，各校院研究所统限于秋季招生一次，每所招生名额不得超过3名，招生前应先呈部核准。[①] 1948年下半年币制改革后，教育部规定研究生除一律公费外，7月份和8月份生活费仍按每人每月法币140万元标准发放，自9月份起调整为每人每月25金元。

但是，随着国内政治形势的急骤变化，教育部及各高校推行的一系列教育变革举措都难以实施，研究生教育也在风雨飘摇中停滞不前而黯然落幕。

第二节 学位制度的完善

学位制度与研究生教育相辅相成，学位制度的实施有利于释放研究生教育的活力。这一时期是我国学位制度发展的重要阶段，硕士学位制度基本定型，博士学位制度取得较大的探索与推进，从而构建起具有中国特色的学位制度体系，为推进研究生教育发展提供了重要的制度保障和激励机制。

一、硕士学位制度的定型

1939年前后，研究生教育在尽力克服战争的影响中逐步走向正轨，加强学位制度建设，成为推进研究生教育事业发展的重要一环。此时，国民政府从战时教育的全局出发，试图加强对研究生学位制度的控制和管理。如果说抗战全面爆发前学位制度建设的重心在制度设计，那么自后学位制度建设的重心则在实践与完善。

（一）学术审议委员会的建立

学位制度建设与此时成立的学术审议委员会有着紧密的联系。1938年4月，中国国民党临时全国代表大会提出："全国最高学术审议机关应即设立，以提高学术标准。"[②] 7月，《战时各级教育实施方案》中，再次明确提出建立学术审议制度及相应的机构，并且就其基本任务进行了具体阐述。在此方案基础上，1939年7月，教育部拟订了《学术审议委员会章程》草案，由行政

① 蒋致远主编：《第三次中华民国教育年鉴》第一册，（台中）宗青图书公司1991年版，第81—84页。

② 《国民党临时全国代表大会通过之战时各级教育实施方案纲要》，载中国第二历史档案馆编：《中华民国史档案资料汇编》第五辑第二编"教育"（一），江苏古籍出版社1997年版，第15页。

院于1940年3月公布。1940年5月11日，学术审议委员会在重庆举行首次会议，正式宣告该组织机构的成立。

学术审议委员会在其酝酿期间就非常重视组织条例的制定，首先需确立的就是学术审议委员会的职责范围。根据“统筹全国各大学之学术研究”的精神，确定了以下几项任务：（一）审议全国各大学之学术研究事项；（二）建议学术研究之促进与奖励事项；（三）审核各研究院所研究生之硕士学位授予，暨博士学位候选人之资格事项；（四）审议专科以上学校之重要改进事项；（五）专科以上学校教员资格之审查事项；（六）审议留学政策之改进事项；（七）审议国际文化之合作事项；（八）审议教育部部长交议事项。① 可见，学位制度建设是该组织的一项重要职能，研究生学位制度更是其关注的重点。

确立审议范围后，就必须组建其运作机构。学术审议会委员由当然委员和聘任委员组成，教育部部长、次长及高等教育司司长为当然委员；聘任委员25人，其中由教育部直接任命者12人，其余13人从各国立专科以上学校校（院）长中选举产生，再由教育部根据选举结果聘任。聘任委员任期三年，可连选连任。聘任委员须具备下列条件之一：（一）现任或曾任公立或已立案之私立大学校长或独立学院院长者；（二）现任或曾任公立研究院院长或研究所所长者；（三）曾任公立或已立案私立大学教授七年以上著有成绩者；（四）对于所专习之学术有特殊之著作或发明者。同时，学术审议委员会还成立由5至7人组成的常务委员会处理日常会务。常务委员由教育部部长在全体委员中聘任。此外，还设有专门委员、兼任秘书、干事等若干职位，处理日常行政事务等。

选举产生委员是学术审议委员会存在并发挥作用的关键。聘任委员由国立专科以上学校校（院）长采用记名投票、分学科选举产生。其中文、理、法三科，每科选举2人；农、工、商、医、教育、艺术、军事及体育七科，每科选举1人。各科依得票最多者当选，由教育部聘为委员，得票相同时，抽签决定。经选举，1940年4月，学术审议委员会第一届委员产生，共29人。1943年4月，第一届委员到期任满。经该组织第四次大会改选，5月第二届学术审议委员会委员产生，亦计29人。1945年4月第二届委员任期届满，奉准延至1946年12月第三届委员产生时为止。第三届委员共29人。学

① 参见《教育部学术审议委员会章程》，《教育通讯》第3卷（1940年）第5期。

术审议委员会历届委员人数总规模控制在30人以内，且多数委员为连任，这在保证学术审议委员会运作的稳定性和政策制定的连续性等方面显然非常有必要。关于历届学术审议委员会委员基本情况，现借助下表（见“表4.2.1”）以示其详。

表4.2.1　历届学术审议委员会委员基本情况一览表*

姓名	留学经历	最高学位	主要职务	任职届次
陈立夫	1923年留学美国匹兹堡大学	硕士	教育部部长	一、二、三
顾毓琇	1923年留学麻省理工学院	博士	教育部次长	一、二
余井塘	1923年留学美国西北大学，后入爱荷华大学	硕士	教育部常务次长	一、二
吴俊升	1928年留学法国巴黎大学	博士	教育部高等教育司司长	一、二
吴稚晖	曾留学日本、英、法等国			一、二、三
张君劢	1906年留学日本早稻田大学；1913年留学德国柏林大学	博士	北京大学教授	一、二、三
朱家骅	1914年留学德国柏林矿科大学；后留学瑞士伯尔尼大学、德国柏林大学	博士	教育部部长、中央大学校长、中山大学校长	一、二、三
陈大齐	1904年留学日本东京第一高等学校，后入东京帝国大学；1921年留学德国柏林大学	学士	北京大学教授、代理北京大学校长、国民政府考试院秘书长	一、二、三
郭任远	1918年留学美国加利福尼亚大学柏克莱分校	博士	浙江大学校长	一
陈布雷				一、二
胡庶华	1913年留学德国柏林工科大学	博士	湖南大学校长、重庆大学校长、西北大学校长	一、二

续表

姓名	留学经历	最高学位	主要职务	任职届次
程天放	1920年留学美国芝加哥大学，后入美国伊利诺伊大学、加拿大多伦多大学	博士	浙江大学校长、四川大学校长	一、二
罗家伦	1920年留学美国普林斯顿大学，后入美国哥伦比亚大学；后赴英国伦敦大学、德国柏林大学、法国巴黎大学深造	博士	清华大学校长、中央大学校长	一
张道藩	1919年留学英国克力佛穆学院，1921年入英国伦敦大学，1923年入法国巴黎最高美术学院		教育部常务次长	一、二、三
曾养甫	1923年留学美国匹兹堡大学	学士	交通部部长兼军事工程委员会主任	一、二
赵兰坪	曾留学日本庆应大学	学士	中央大学教授	一
周鲠生	1906年留学日本早稻田大学；1913年留学英国爱丁堡大学；后赴法国巴黎大学	博士	武汉大学校长	一、二、三
颜福庆	1906年留学美国耶鲁大学	博士	长沙湘雅医学院院长	一
竺可桢	1910年留学美国伊利诺伊大学；后入哈佛大学	博士	浙江大学校长	一、二、三
王世杰	1913年留学英国伦敦大学；后赴法国巴黎大学	博士	武汉大学校长	一、二
蒋梦麟	1908年留学美国加州大学；后入美国哥伦比亚大学研究院	博士	教育部部长，北京大学校长	一、二、三

续表

姓名	留学经历	最高学位	主要职务	任职届次
茅以升	先后留学美国康奈尔大学、美国卡内基梅隆大学	博士	北洋工学院院长	一、二、三
傅斯年	1920年赴英国爱丁堡大学、伦敦大学；后转赴德国柏林大学		北京大学代理校长	一、二、三
冯友兰	1919年留学美国哥伦比亚大学研究院	博士	清华大学文学院院长	一、二
马叙伦	1907年先后留学美国耶鲁大学、哥伦比亚大学	博士	北京大学教授	一、三
邹树文	1908年留学美国康奈尔大学，后转入伊利诺伊大学	硕士	中央大学农学院院长	一、二
吴有训	1921年留学美国芝加哥大学	博士	中央大学校长	一、二、三
马约翰	两次留学美国	硕士	清华大学教授	一
滕固	1921年留学日本东洋大学，1930年留学德国柏林大学	博士	沅陵艺术专科学校校长	一
柳诒徵				二
廖世承	1915年留学美国布朗大学，后入美国哥伦比亚大学	博士	国立师范学院院长	二
徐悲鸿	1917年留学日本学习美术；1920年入法国国立巴黎最高美术学校		中央大学教授	二、三
徐诵明	1908年留学日本，入冈山第六高等学校和日本九州大学		北平大学校长	二
钱端升	1919留学美国北达科他州立大学，后入哈佛大学研究院	博士	西南联合大学教授	二

续表

姓名	留学经历	最高学位	主要职务	任职届次
刘大钧	1911 年留学美国密执安大学	学士	北京大学教授	二
郝更生	1911 年留学美国哥伦比亚大学，后入美国春田大学	名誉博士	清华大学教授	二
田培林	1935 年留学德国柏林大学	博士	河南大学校长	三
周鸿经	1934 年留学英国伦敦大学	硕士	教育部高等教育司司长	三
胡　适	1910 年留学美国康奈尔大学；后入哥伦比亚大学	博士	北京大学校长	三
杭立武	曾留学英国伦敦大学	博士	教育部常务次长	三
邹秉文	1910 年留学美国康奈尔大学	学士	中央大学农学院院长	三
叶企孙	1918 年留学美国芝加哥大学；后入哈佛大学研究生院	博士	清华大学理学院院长	三
罗宗洛	曾留学日本东京第一高等学校、北海道帝国大学	博士	中山大学、暨南大学教授；台湾大学代理校长	三
周炳琳	先后留学美国哥伦比亚大学、法国巴黎大学、英国伦敦大学	硕士	西南联合大学教授	三
汪敬熙	1923 年留学美国约翰·霍布金斯大学	博士	中山大学、北京大学教授	三
李四光	1904 年先后留学日本东京弘文书院、大阪高等工业学校；1912 年留学英国伯明翰大学	博士	中央大学代理校长	三
艾　伟	1921 年留学美国哥伦比亚大学、华盛顿大学	博士	中山大学教授	三

续表

姓名	留学经历	最高学位	主要职务	任职届次
王星拱	曾留学英国伦敦理工大学	硕士	武汉大学、中山大学校长	三
戚寿南	1916 留学美国约翰·霍布金斯医学院	博士	中央大学教授	三
袁敦礼	先后留学美国芝加哥大学、约翰·霍布金斯大学、哥伦比亚大学	硕士	北京师范大学、浙江大学教授	三

＊资料来源于教育部教育年鉴编纂委员会编：《第二次中国教育年鉴》第六编，商务印书馆 1948 年版，第 72 页；周棉主编：《中国留学生大辞典》，南京大学出版社 1999 年版。

学术审议委员会聚集了当时高等教育界的精英，他们中既有著名高校领导，又有教育行政部门负责人，更多的是各学科中的领军人物。在三届学术审议委员会委员中，除陈布雷、柳诒徵无留学经历外，其余 48 名委员均有着海外留学经历。他们在哈佛大学、哥伦比亚大学、麻省理工学院、芝加哥大学、约翰·霍布金斯大学、康奈尔大学、柏林大学、伦敦大学、巴黎大学、早稻田大学等世界著名大学学习，少则三五年，多则十余年，其中有 30 名委员获得了博士学位，占委员总数的 60%。这些人物在学术界的地位及学术上的成就，既进一步强化了国人对学位制度的认可，又为欧美式学位制度在中国的发展奠定了基础。同时，顾毓琇、周鲠生、罗家伦、竺可桢、王世杰、蒋梦麟、王星拱等人曾分别担任过中央大学、清华大学、北京大学、浙江大学和武汉大学等知名高校研究院院长；而赵兰坪、傅斯年、冯友兰、吴有训、叶企孙、胡适、罗宗洛、周炳琳、汪敬熙、艾伟、戚寿南等人是硕士研究生导师。委员们的学习及工作经历，为研究生学位制度在抗战时期的建设提供了最直接的经验，创造了各有关学科提升和发展的学术条件。在某种程度上讲，学术审议委员会委员的构成特点正是全面抗战时期研究生学位制度建设的最好注脚。

学术审议委员会每半年开大会一次，必要时或经委员三分之一以上请求，可召开临时大会；常务委员会则每两月开会一次。大会及常务委员会均由教育部部长主持。学术审议委员会历次会议都围绕着促进学术发展、培养抗战建国人才的宗旨，充分发挥学术审议、指导的职能。据统计，学术审议委员会第一届委员会成立后的近三年内，审议通过的决议案就达 114 件，其中“关于研究院所及学位授予者一〇件”①。1943 年 5 月，第二届委员会成立以后，先后举行全体委员会议 4 次，常务委员会议 15 次，审议议案 130 余件，其中“关于研究院所及硕士博士学位授予者十五件”②。由此可见学术审议委员会对学位制度建设的重视。

（二）硕士学位制度的实施

在既往基础上，硕士学位制度建设在此期得到强化，主要表现在两个方面：一是完善硕士学位考试制度，二是强化学位论文的审核。这两方面对确保硕士学位授予质量起到了非常重要的作用，成为此期学位制度建设的亮点。同时，教育部将硕士学位授予权集中到中央层面，一改战前各校各自为政的状态，对统一人才培养质量、加强战时学术控制起到了积极作用。

在硕士学位考试制度方面，1935 年，国民政府颁布和实施了《学位授予法》《硕士学位考试细则》等相关法规，但是直到 1937 年才举行第一届硕士学位考试。为指导各高校组织好这次考试，教育部就具体的操作提出了明确的意见：

> （一）参加硕士学位考试之研究生，应以各该大学研究院或研究所，曾依《大学研究院暂行组织规程》第七条之规定，将该生资格证件，报部核准有案者为限。
>
> （二）举行硕士学位考试之大学研究院或研究所，如尚未依照《大学研究院暂行组织规程》第九条之规定，将研究生应习之课程及论文工作，呈经本部核定，应于举行考试前，补报备核。
>
> （三）举行硕士学位考试之大学研究院或研究所，应依照《硕士学位考试细则》第七条之规定，先期拟具校内外委员名单，呈部核准。
>
> （四）关于考试一切事宜应由各该大学研究院或研究所与考试委员会，依照《硕士学位考试细则》各规定，分别办理。③

---

① 教育部学术审议委员会：《三年来学术审议工作概况》，《高等教育季刊》第 2 卷（1942 年）第 3 期。

② 《教育部七年来学术审议工作》，《中华教育界》（复刊）第 1 卷（1947 年）第 1 期。

③ 《本院与教部来往文件·规定硕士学位考试办法令仰遵照》，载《国立中山大学研究院年刊》，国立中山大学 1937 年版，第 28—29 页。

然而，由于抗日战争全面爆发，正常教学秩序被迫中断，通过硕士学位考试的学生直到1939年才拿到硕士学位证书。这也是我国教育史上第一次由教育部颁发的硕士学位证书。其中，金陵大学理学院化学部沈彬康的学位证书，获得教育部印行授予的“硕字第壹号”。

举行硕士学位考试，成为当时研究生学位制度建设的关键一环，但是，硕士学位考试前后还有一系列的程序。

根据《学位授予法》及《硕士学位考试细则》，各高校须成立硕士学位考试委员会，并报教育部核批。经教育部核准后，考试委员会方能工作。考试委员会中校内外专家各占一半，且研究所主任及导师为当然委员。例如，中山大学通常指派各研究所所长为各学科主席委员：“本校研究院关于本年度即该院第一届硕士学位考试事宜，经积极进行筹备，根据第七次院务会议议决，经由各所先将校内校外委员人选拟定，并呈部审核；现经奉教部核准，并指定吴康、崔载阳、彭家元为硕士学位考试委员会主席委员。”[①] 随后，文科研究所成立第一届硕士学位考试委员会，校内外委员各占一半。其中校内委员有吴康、曾运乾、朱谦之、岑麟祥、萧鸣籁、李笠、姚宝猷；校外委员为罗献修、罗翙云、杨寿昌、温廷敬、冒广生、陈定谟、郑师许等七人。再如岭南大学1939年度理科研究所硕士学位考试委员包括：陈心陶（理科研究所主任）、莫古黎（生物学部指导教授）、林树模（医学院代院长、生理学教授）、陈焕镛（国立中山大学农林植物研究所主任）、许骧（浙江大学生物系主任）、R. C. Rodertson（香港大学医学院病理学教授）、G. A. C. Herklots（香港大学生物学系教授），其中陈心陶为考试委员会主席。[②] 中央大学1945年度硕士学位考试委员会成员中，校内委员为唐培经、楼光来、孙光远、卢锡荣、邹钟琳、艾伟，校外委员有朱经农、周鸿经、张洪源等人。

考试委员会经教育部核准成立后，首先须对参加学位考试的研究生的学籍、成绩等进行初审。通过后，呈交教育部复审；复审通过，研究生可称为学位候选人，准备硕士学位考试。例如，1943年6月17日，武汉大学将准备参加硕士学位考试的学生的材料向教育部作了汇报：“本校法科研究所研究生

① 《教育部核准研究院硕士学位考试委员会》，《国立中山大学日报》1937年5月24日。

② 参见《本校组织硕士学位考试委员会》，《私立岭南大学校报》1940年第68期。

刘伯玲等三名及工科研究所研究生杨恩泽等二名均应于本年（1943年）7月中旬举行硕士学位考试。依照规定延聘校内校外委员组成了硕士学位考试委员会，定期将举行考试，故上报名单，以备核查备案。”收到武汉大学的报告后，教育部对其提交的材料进行审核，7月9日给予答复：研究生刘伯玲等5名准予参加硕士学位考试。①

此外，研究生在进行硕士学位考试之前，必须在导师的指导下完成论文的撰写工作。硕士论文除外国语文学科必须用外国文字撰写外，其他学科必须用本国文字撰写，文言文、白话文均可。论文须用正楷缮写，装订成册，可附送外国文副本。硕士论文须研究生本人独立撰写，不得与他人合著。硕士论文须参考本学科领域已有的研究成果，其引用他人的研究成果必须备注。对于毕业论文的撰写规范和书写格式也有规定，如清华大学即于1937年公布了《清华大学学生毕业论文细则》（含本科毕业生），除规定用什么笔、什么纸、什么颜色的墨水等项外，还要求论文中的引文须注明著者、书名、版本、出版社及页数，注释须在本文中夹写“注一”等字样；如有附表，亦应于本文注明；论文须有题目、作者姓名、系别、日期等；论文最后须列出所用参考书及其作者、书名、版本、出版社等，共20多条详细规定。

论文撰写完毕后，须送给校内外专家审阅。论文上交后，由所主任提交给所务会议组织审查委员会，对论文进行审查，指导教授为审查委员会当然委员。同时，还会聘请校外专家对研究生提交的论文进行评定。校外专家评定完毕后，提供一份“硕士论文评定报告书”，详列评审意见及评定分数，经专家署名或盖章后有效。这是教育部审核硕士学位授予的重要材料之一。例如，1945年北京大学文科研究所汤用彤先生对中央大学硕士研究生论文进行了评定，其评定报告书如次：

国立中央大学研究院硕士学位论文评定报告书②

硕士学位候选人：朱本源

论文题目：柏拉图为何假设事物之相

① 参见涂上飙主编：《乐山时期的武汉大学（1938—1946）》，长江文艺出版社2009年版，第226页。

② 转引自张晞初编著：《中国研究生教育史略》，湖南师范大学出版社1994年版，第89页。

论文审查人：汤用彤

审查意见：以取材见读书听讲之用心，以陈述中颇见思想之能思密，或有小疵，无伤大体

评定分数：85 分

论文审查人：汤用彤（盖章）

民国三十四年十一月一日

除上述主要以文字表述的评定形式外，教育部还制定了“硕士候选人论文审查报告表”（见“表 4.2.2”）以规范对论文的评审。其主要内容包括两个方面：一为分析方面，包括材料、论断、组织及文字技术四部分；二为综合方面，由专家对论文的优点和不足逐条评析，并给出具体的修改意见。

表 4.2.2　硕士候选人论文审查报告表*

<table>
<tr><td colspan="2">姓名</td><td></td><td>毕业学校</td><td></td><td>研究科别及学部别</td><td></td></tr>
<tr><td colspan="2">论文名称</td><td colspan="5"></td></tr>
<tr><td rowspan="4">审查意见</td><td rowspan="3">分析方面</td><td>材料</td><td colspan="2"></td><td>论断</td><td></td></tr>
<tr><td>组织</td><td colspan="2"></td><td>文字技术</td><td></td></tr>
<tr><td>合计</td><td colspan="4"></td></tr>
<tr><td>综合方面</td><td colspan="5"></td></tr>
</table>

中华民国　　　年　　月　　日　　　　　　　　　审查人　　（签名盖章）

说明：1. 分析方面意见，请用百分法填写：材料 20 分，组织 20 分，论断 30 分，文字技术 30 分。2. 综合方面意见，请用文字逐条填写本文优点及劣点。3. 如空格不够请另纸粘附。

*资料来源于叶佩华：《我国大学研究院所设施情形之检讨》，《高等教育季刊》第 2 卷（1942 年）第 4 期。

论文审核通过后，还须审查候选人各种考试成绩，经各委员分别评定后，再提送考试委员会，经全体委员共同审查及格时，方可通过。考试委员会拟具“硕士学位考试委员会报告书”，各委员签名盖章，备呈教育部。现借取

“国立中央大学研究院硕士学位考试委员会报告书”为例，以见其详。

国立中央大学研究院硕士学位考试委员会报告书[①]

研究生：朱本源，湖北省武昌人

年龄：29 岁

主修学部：哲学部

导师：方东美

论文题目：柏拉图为何假设事物之相

考试委员会委员：

主修学部代表：方东美

研究所代表：楼光来

校外委员：汤用彤

校内委员：宗之祖　陈康

委员会主席：楼光来

考试委员会主席：楼光来（盖章）

委员：汤用彤（盖章）　宗之祖（盖章）　方东美（盖章）　陈康（盖章）

中华民国三十四年七月二十八日

以上程序完成之后，就进入学位考试的关键环节——学科考试和论文考试。学科考试由考试委员会就学位候选人所学内容，指定与论文有关的科目两门以上进行笔试，理工科可在实验室进行实验考试；论文考试由考试委员会就候选人所提交的论文提出问题，进行口试，必要时进行笔试。各高校对学位考试非常重视，往往由导师先向研究所所长或研究院院长提出报告，经所长或院长批准后，方可进入实施环节。下面以清华大学为例，以显其时学位考试的具体情状。

1944 年 4 月 18 日，理科研究所物理学部负责人赵忠尧向教务长潘光旦呈交关于张守廉、杨振宁两位研究生参加毕业初试的报告。

① 转引张晞初编著：《中国研究生教育史略》，湖南师范大学出版社 1994 年版，第 90 页。

赵忠尧呈函潘教务长关于张守廉、杨振宁等毕业初试事①

（1944年4月18日）

敬启者：物理系研究生张守廉、杨振宁二君业已经过德文考试，成绩及格。兹定于五月十二日（星期五）下午二至五时在西仓坡四号举行第一次考试，考试委员拟聘请严慕光先生（玉龙堆十六号）、郑华炽先生、杨武之先生、叶企孙先生、吴正之先生、王竹溪先生及忠尧担任。张守廉君考试科目为量子力学、相对论及流体力学，杨振宁君为量子力学、统计力学及电力学。特此奉请贵处函邀各考试委员，并转办事处预备地点并届时略备茶点，为盼。专此即请

潘教务长大鉴

赵忠尧敬启

四月十八日

张守廉和杨振宁通过学科考试后，6月23日，赵忠尧再次向潘光旦呈交报告，申请论文考试事宜。报告中详列了两位研究生的初试成绩、毕业论文题目、考试时间和地点，以及准备聘请的校内外考试委员会委员，希望以学校名义聘请委员，并做好考试的相关后勤保障工作。

赵忠尧呈函潘教务长关于张守廉、杨振宁等论文考试事②

（1944年6月23日）

敬启者：本校理科研究院（所）物理学部本届毕业生杨振宁、张守廉二君之毕业初试，已于五月十九日举行，杨振宁君之成绩为89分，张守廉君之成绩为85分，特此奉告。兹定于七月十四日下午一时半至三时半在西仓坡四号举行杨振宁君之论文考试，考试委员拟聘请吴正之、叶企孙、王竹溪、马仕俊、（北平研究院物理研究所）钱临照、黄子卿诸先生及忠尧担任；又同日同地点下午三时半至五时半举行张守廉君之论文考试，考试委员拟聘请吴正之、叶企孙、王竹溪、马仕俊、钱临照、冯桂连诸先生及忠尧担任。以上各考试委员，均请贵处函邀。又杨振宁君

① 清华大学校史研究室编：《清华大学史料选编》第三卷（上），清华大学出版社1994年版，第109页。

② 清华大学校史研究室编：《清华大学史料选编》第三卷（上），清华大学出版社1994年版，第109—110页。

之论文题目为：（一）The Dependence of Lattice Constants and Interaction Energy on the Degree of Order；（二）A Generalization of Quasi-Chemical Method in the Statistical Theory of Superlattice。张守廉君之论文题目为：（一）The Turbulent Flow through a Circular Pipe；（二）Turbulent Flow in Boundary Layers。亦请附带通知。又考试地点，请转告办事处准备，并届时略备茶点为盼。专此即请

潘教务长大鉴

赵忠尧敬上

六月二十三日

硕士学位考试完毕后，就进入教育部复核环节。教育部对成绩合格的候选人进行复核，无异议者方可授予硕士学位。1939 年 7 月，国民政府发出第 16119 号训令强调："各高校务须遵照《硕士学位考试细则》第九条规定，硕士学位候选人考试成绩，须由主持委员拟具考试及格报告书，经各委员盖章，并遵照第十条规定，于考试完毕后一个月内，将合格论文（附提要）、试卷及研究期满成绩表，一并送教育部复核。"[①] 各高校上报硕士学位候选人的材料包括学习期间各科目成绩、硕士论文考试试卷、论文提要及论文原件。教育部聘请专家对这些材料进行复核；复核通过后，由部令知各该校分别授予某科硕士学位，其经复核认为须加修改者，由教育部根据专家复核意见，令知各校整饬各该生修正呈核。[②] 凡学位论文特别优异者，得由教育部刊印。

为保证授予的研究生学位质量，教育部制定了硕士学位论文复审办法，然而当时教育部对于攻读硕士学位研究生的学位论文审查并无专管机构。学术审议委员会成立之初的第一次大会就通过《充实大学研究院所并严格考核研究生成绩》一案，提出对硕士学位候选人的成绩，由教育部交学术审议委员会严加复核，"研究生研究期满，各院所应严格考核其成绩，其成绩欠佳者，不得提出为硕士学位候选人"，"硕士学位候选人之成绩，由本部交学术

① 转引张晞初编著：《中国研究生教育史略》，湖南师范大学出版社 1994 年版，第 46—47 页。

② 参见行政院教育部编：《专科以上学校行政人员手册》，青年书店 1941 年版，第 237 页。

审议委员会严加复核，其成绩欠佳者，不给学位”。① 同时，在《规定各审查程序要点》一案中将硕士论文的审查程序确定下来。

自 1943 年第六届硕士学位考试起，硕士论文的审查划归学术审议委员会办理：“各大学研究院所硕士学位候选人之论文，均呈部复核，除先请专家一人审阅外，均经提本会常会审查……审查合格后，始由部核定授予学位。”② 为了规范审查论文的程序、统一学术标准，学术审议委员会又通过《硕士论文撰拟时应行注意事项及审查标准案》，不仅从形式上规范了硕士论文应备条件，而且在内容上强化了论文学术质量。硕士论文的审核权由学校集中到教育部，进一步强化对培养质量的监督。

总之，在完善硕士学位授予法规及实际操作方面，学术审议委员会成立后所进行的审议工作更富有成效。1937 年是学位的有关规定颁布后开始执行的第一年，但此时正是抗日战争全面爆发的一年，学位授予无法按管理规定统一进行，而由各大学按照规定执行。1943 年以前各大学授予的硕士学位，国家没有统一审核。因此，国家层面的学位授予工作实际上从 1943 年以后正式开始，并由学术审议委员会具体操作。那么，《学位授予法》颁行后，各大学授予了多少硕士学位呢？从以下几段材料中，我们可以作出大致的推断。

“第一届硕士学位考试，于民国二十六年举行，迄今共举行九届，授予硕士学位者达二百余人。”③

自 1943 年 5 月起，到抗战结束后，经学术审议委员会审查通过硕士论文并授予学位者共 110 人，其中文科 15 人，理科 20 人，法科 10 人，师范科 12 人，农科 29 人，工科 5 人，商科 14 人，医科 5 人。这份材料统计同样截止于 1946 年。④

同时，《第二次中国教育年鉴》也有这样的记载：从 1943 年 5 月起到 1948 年 4 月，五年间经学术审议委员会审议通过并授予硕士学位者，共计

① 《教育部学术审议委员会第一次会议记录》，《高等教育季刊》第 1 卷（1941 年）第 1 期。

② 《教育部七年来学术审议工作》，《中华教育界》（复刊）第 1 卷（1947 年）第 1 期。

③ 欧元怀：《抗战十年来中国的大学教育》，《中华教育界》（复刊）第 1 卷（1947 年）第 1 期。

④ 参见《教育部七年来学术审议工作·审查硕士学位候选人论文事项》，《中华教育界》（复刊）第 1 卷（1947 年）第 1 期。注：该期《中华教育界》出版日期为“中华民国三十六年一月十五日”。

232人。其中文科43人，理科40人，法科22人，师范科26人，农科64人，工科17人，商科14人，医科6人。① 现依据各校各学科硕士学位论文授予情况，列表如下（见“表4.2.3”）以示其详。

表4.2.3 1943—1948年学术审议委员会审查硕士学位论文基本情况表*

序号	学校	文科	理科	法科	师范科	农科	工科	商科	医科	合计
1	中央大学	2	9	10	8	18	—	3	1	51
2	金陵大学	4	9	—	—	34	—	—	—	47
3	中山大学	11	—	—	11	7	4	—	—	33
4	浙江大学	6	16	—	—	4	—	—	—	26
5	武汉大学	4	1	7	—	—	2	4	—	18
6	东北大学	11	2	—	—	—	—	—	—	13
7	交通大学	—	—	—	—	—	11	—	—	11
8	南开大学	—	—	2	—	—	—	7	—	9
9	北京大学	5	—	—	—	—	—	—	—	5
10	西北师院	—	—	—	6	—	—	—	—	6
11	政治大学	—	—	3	1	—	—	—	—	4
12	齐鲁大学	—	—	—	—	—	—	—	3	3
13	四川大学	—	2	—	—	—	—	—	—	2
14	江苏医学院	—	—	—	—	—	—	—	2	2
15	清华大学	—	1	—	—	—	—	—	—	1
16	西北农院	—	—	—	—	1	—	—	—	1
合计		43	40	22	26	64	17	14	6	232

*资料来源：根据教育部年鉴编纂委员会编《第二次中国教育年鉴》（商务印书馆1948年版）第六编第80—83页提供的数据统计。

① 参见教育部年鉴编纂委员会编：《第二次中国教育年鉴》第六编，商务印书馆1948年版，第80—83页。

由此可见，战时及战后（到1948年春）各高校共计授予硕士学位应不少于300人。[①] 这些获得硕士学位的高层次知识人才，是战时及战后中国的建设和社会发展的宝贵人力资源。若从在校研究生的培养规模来看，1940至1945年，研究生在校人数分别为284、333、288、410、420和464人。可见，在抗战后期研究生教育培养人数达到了一定的规模。但是，真正能够顺利毕业并获得硕士学位的人数并不多。其中的原因是多方面的，但可以肯定的是，严格的学位授予制度导致能顺利获取硕士学位的研究生可谓“十里挑一”，这也再次证明了其时高层次知识人才培养的质量。

二、博士学位制度的探索

硕士学位制度基本定型后，博士学位成为完善学位制度体系建设的重要内容和关键环节。博士学位制度的探索，丰富了近代中国研究生教育的实践，使高层次知识人才培养有了制度保障和法律依据，符合现代世界关于学位制度系统立法的趋势，有利于提高国家学术人才的培养档次及相应学科学术水平，改变国人的传统观念和促进研究生教育事业发展。

（一）博士学位制度的尝试

学位意义上的博士称号来源于西方。根据《简明不列颠百科全书》，学位指学院和大学为了表示学术成就的水平所授予的头衔。[②] 作为学位意义的硕士和博士头衔，最早出现于12世纪，伴随着大学的产生而面世。1158年，意大利的波伦亚大学获得罗马教皇颁发的“世界上第一张有权授予博士学位的许可证”[③]。之后，该校授予了第一批法学博士和医学博士，这是博士学位制度的开始。

中国古代也有“博士”的称呼，但仅是一种职官的称谓，其主要职能，是侍奉朝廷以备咨询、编纂著述和传授学术等。这是因为在古代中国，往往官师不分、政教合一。相应地，中国古代博士实质是官学体系中一种教师职

① 若上引各有关史料属实，则截至1946年底计“200余人”，其中1943年5月之前（计5届）至少有90人，而《第二次中国教育年鉴》所记为1943年5月起至1948年4月间，共计“232人”，因此可以推算出不少于“300人”。

② 参见《简明不列颠百科全书》第8卷，中国大百科全书出版社1986年版，第728页。

③ 郭玉贵：《美国和苏联学位制度比较研究——兼论中国学位制度》，复旦大学出版社1991年版，第4页。

务，既是官，亦是师，是官师一体的混合物，这也是“以吏为师”政治教育理念的现实反映。官师一体的博士制度自秦汉开始，一直延续到晚清时期新学制从西方引入中国后才告结束。

以学位为特征的西方近代教育制度在清末传入中国，但清末官方的教育法令均无博士教育的内容及博士头衔的阐释，颁布的学制体系中也未提及博士教育和博士学位。随着中外交流的深入，博士学位逐渐进入大众视野，“博士”称谓也开始被写入官方文件之中。

1902 年，罗振玉发表《学制私议》一文，建议模仿外国授予博士学位。1903 年，张之洞《奏请约束鼓励出洋游学办法章程折》所附《鼓励毕业生章程》提出：“在日本国家大学院五年毕业，得有博士文凭者（在学前后通计十六年），除给以翰林出身外，并予以翰林升阶。”① 1905 年，《学部议博士学士名目》称，中学堂毕业为秀才，各省高等学堂毕业为举人，京城大学堂毕业为进士，博士相当于庶吉士。

1912 年 6 月，《教育杂志》刊登教育部《拟议学校系统草案》，提及博士学位及其获得的学术标准：

> 盖大学校中本有各种专科之讲习院，为教员及生徒研究之所。大学生毕业以后尚欲极深研几（究）者，仍可肄业其中。如有新发明之学理或重要之著述，即可由博士会承认而推为博士。初不必别设机关也，今仿其例。②

1912 年 10 月 24 日，教育部公布了《大学令》，其第十一条规定：“大学院生在院研究，有新发明之学理或重要之著述，经大学评议会及该生所属某科之教授会认为合格者，得遵照学位令授以学位。”③ 该条未明确规定大学院毕业生的学位是硕士学位还是博士学位。《大学令》在对一些组织职能进行界定时，亦提及学位制度，如“大学评议会”的职责之一是“审查大学院生成绩及请授学位者之合格与否”，而“教授会”的职责之一是“审查提出论文请授学位者之合格与否”。也就是说，学位课程考试成绩由“大学评议会”审

---

① 陈学恂主编：《中国近代教育史教学参考资料》（上册），人民教育出版社 1986 年版，第 705 页。

② 朱有瓛主编：《中国近代学制史料》第三辑（上册），华东师范大学出版社 1990 年版，第 24 页。

③ 《教育部公布大学令》，《教育杂志》第 4 卷（1913 年）第 10 号。

查，而学位毕业论文则由“教授会”审查。这一严格的双重审查制，构成中国近代学位制度的最初模式，为后面更加严格的博士学位制度定下了基调。[①]

1914 年 7 月，北洋政府以总统令形式规定教育部官制，其中专门教育司的职务之一是“授予学位事项”和组织“博士会”并实施其职能。学位意义上的“博士”一词正式进入中国教育立法。

1915 年 1 月，北洋政府又颁布了《特定教育纲要》，除规定“博士会”作为审授博士学位的机关，还提出“仿照东西各国成法，制定博士会章程，并组织博士会（此与学术评定会办法不同），作为审查学术及授与学位之机关，以期奖进高等之学术”[②]。更重要的是，北洋政府已经认识到博士学位的学术本质，并将其与官位区别开来，“学位所以证明学问之成就，与科举出身视为授官之阶梯者，性质微有不同”[③]，这显然比晚清政府前进了一大步。

除政府在探索博士学位制度建设外，一些高校和教育团体也在呼吁建立博士学位制度。1918 年 10 月，在全国专门以上学校校长会议上，北京大学提交《高等学会及博士学位案》，大会主席交付特别审查会审查，审查报告建议由教育总长授予博士学位：

> 凡国内外专门以上学校毕业生，将研究所得，提出论文，经博士会认为有益于学术者，由教育总长授与博士学位。但论文必用本国文字。在博士会未经成立以前，由高等学会代行审查论文之职务……[④]

1919 年 4 月，全国教育调查会第一次会议上，教育部交议在北京大学提案基础上制作的《高等学会及博士学位案》，大会审查报告建议由大学授予博士学位，“足以维持学术独立之精神”：

> 凡国立大学设有大学院，经教育部认为有授与博士之权者，得授与博士。
>
> 凡大学院学生，研究二年以上，以研究所得，提出论文（但论文必用本国文字），经教授会认为于学术上有价值者，公开口试，及格者，并

---

① 参见王伟：《中国近代博士教育史：以震旦大学法学博士教育为中心》，复旦大学出版社 2015 年版，第 30 页。

②③ 《大总统特定教育纲要》，《中华教育界》第 4 卷（1915 年）第 4 期。

④ 《高等学会及博士学位案（国立北京大学建议）》，载邰爽秋等编选：《历届教育会议议决案汇编》，教育编译馆 1936 年印行。

自印论文二百本以上，由大学公布。经过六个月，由大学授与博士。

博士之种类凡四，曰文学，曰理学，曰医学，曰法学。其他国内外著名学者，亦得由大学于举行毕业式时，赠与名誉博士，称哲学博士。[①]

遗憾的是，上述有关博士学位及其授予的提案，虽然得到两次大会的基本认可，但是并未得到北洋政府的最终确认，中国问世最早的博士提案就此在实际推进中夭折。

尽管在政府层面，有关博士及其学位授予的理念受到冷落，但民间尤其是有关高校对于学位制度中最高层次——博士学位的设置及其授予的热情，并未因时而冷却。如在1922年时，位于上海的交通大学即在《交通大学沪校之新计划》中，不仅计划了博士学位的设置，而且在中华教育界最早构建出三级学位的制度体系。该校的“新计划”作如是之表述：

（一）设立研究院……鉴于世界科学昌明，皆归功于研究院。故此次提出设立研究院，俾学者得以研究高深新颖之学术，供诸社会，以图发展文明。

…………

（三）颁给硕士博士学位　该校本科学生毕业后，得授学士学位，早经规定颁给。兹为作育人才、发扬校誉起见，决设研究院，使本科毕业生，再从事研究精深学术，而给以硕士博士学位。[②]

有此历史基础，故而南京国民政府成立不久，在1928年5月召开的全国教育会议上，该会议组织下设“高等教育组”的第一项提案，就与博士学位有关——《请大学院订定大学毕业考试及学位授予条例案》。全国教育会议高等教育组形成的草案办法是：将大学毕业证书与学位证书区分开来；由大学颁发毕业证书，而由大学院颁发学位证书；学位分学士、博士二级。凡已得学士学位，继续研究二年以上，有学术上之发明或著作，经大学院依学位授予条例审查合格者，由大学院授予博士学位。[③] 不过以上意见只是全国教育会议的意见，并未上升到教育法律制度层面。

---

① 《教育调查会第一次会议报告》，载朱有瓛、戚名琇、钱曼倩等编：《中国近代教育史资料汇编·教育行政机构及教育团体》，上海教育出版社2007年版，第406—407页。

② 《交通大学沪校之新计划》，《新教育》第4卷（1922年）第5期。

③ 参见《请大学院订定大学毕业考试及学位授予条例案》，载中华民国大学院编：《全国教育会议报告》，商务印书馆1928年版，435—436页。

1929年6月，在国民政府立法院第29次会议上，立法院法制委员会提交《〈大学条例专科学校条例暨学位条例草案〉案审查报告》。该报告附有《学位授予法草案》，此为《学位授予法》第一次审查修正案。“学位分修业士、学士、博士三级”，“凡具有下列资格之一者，得为博士应试人”：

一、曾得国立省立市立或已立案之私立大学学士学位或大学毕业者，继续在中央研究院或大学研究院研究三年以上者；

二、曾得国外大学学士或硕士学位，继续在中央研究院或大学研究院研究三年以上者；

三、曾得国外大学博士学位或在国外大学研究院肄业三年以上者；

四、曾在国立省立市立或已立案之私立大学取得教授资格，继续任课三年以上者①。

该草案同时规定博士论文标准是“有创造或发明并试验及格”，至于博士考试，“博士学位试验每年举行一次”，“每届博士学位试验后，博士会得推荐有创造或发明之学者一二人，由国家授予博士学位”。② 此次草案所订虽未生效，但有两点值得注意：第一次提出博士论文的标准——创造性；第一次提出博士学位应由国家授予——权威性。

1930年7月12日，在立法院第100次会议上，王世杰、戴修骏等9位审查委员向立法院提出《〈学位授予法草案并学位授予法施行草案〉案审查报告》。这份报告所附的《学位授予法草案》，为《学位授予法》第二次审查修正案，将学位分为秀士、学士、博士三级，博士包括“应博士考试及格者”和“由博士会依法推举者”两种。其中，博士考试定为“每三年举行一次”，考试分两场举行，“第一场为学科考试，用笔试；第二场为论文考试，用口试，提出论文以确有发明有益学术者为合格”③。这份《学位授予法草案》的最大变化，是明确了博士考试内容及程序。

同年12月4日，在立法院第121次会议上，学位授予法起草委员会再次提出《学位授予法草案起草报告》。这份报告的最大变化，是将原定的《学位

①② 《立法院各委员会审查报告·法制委员会审查报告》，《立法院公报》1929年第7期。

③ 中国第二历史档案馆编：《国民政府立法院会议录》（四），广西师范大学出版社2004年版，第125页。

授予法》改为《博士学位授予法草案》。其中第一条规定，博士学位分为八种：文学博士、理学博士、法学博士、教育学博士、农学博士、工学博士、商学博士、医学博士。第二条仍将博士分为“应博士考试及格者”和“由博士会依法推举者”两种，均由国民政府授予博士学位。对考试制博士候选人的条件及考试组织，以及推荐制博士的组织方式及操作标准，《博士学位授予法草案》均作了详细规定。《博士学位授予法草案》还提出主持考试及审查博士论文的机构是由国民政府考试院组织的“博士考试委员会”，考试院院长担任博士考试委员会主席，各学科考试委员人数为5～15人，由考试院院长遴选“国内外各该学科之名宿”[①]，由国民政府聘任。同时，《博士学位授予法草案》还对“博士考试委员会”的构成资格、操作程序等也都作了说明。可见，我国博士学位制度的建设思路越来越清晰，特别是在法律层面已开始启动博士学位制度立法工作，极大地促进了我国学位制度的发展，博士学位的设置和实行已是呼之欲出。

在进行博士学位制度建设的同时，我国也开始了博士学位教育的探索。中国博士教育萌芽于教会大学的医学博士教育，最早以博士命名的学位也是教会大学颁发的职业性医学博士学位（M. D.）。1906年，上海圣约翰大学在美国注册，定医科学制5年，毕业授予医学博士学位。1908年，该校授予俞庆思等医学博士学位（M. D.）。这是中国教育史上第一次授予医学博士学位。北京协和医学院1916年在美国纽约州立大学立案，可以直接授予医学博士学位。此外，四川华西协合大学、山东齐鲁大学等，也都授予过医学博士学位。必须说明的是，此类医学博士的教育及学位水平，实质上相当于本科层次的教育。更重要的是，中国近代教会大学颁发医学博士学位，多数挂靠外国大学或者外国政府而非独立授予。1920年6月29日，震旦大学法学博士科举行第一届毕业考试，胡文柄、顾守熙取得震旦大学法学博士学位，成为中国第一批法学博士。所以，以圣约翰大学为代表的教会大学所颁发的医学博士学位只能视为中国近代博士教育的萌芽，而不能代表中国近代博士教育的正式实施。

除了进行医学博士实践外，名誉博士学位的有关实践活动也逐步展开，

---

① 中国第二历史档案馆编：《国民政府立法院会议录》（四），广西师范大学出版社2004年版，第461—463页。

这包括两方面：一是中国人在国外获得名誉博士学位。中国最早获得名誉博士学位的人是容闳。容氏 1854 年毕业于耶鲁大学，并获文学士学位。回国后，他极力促成幼童留美，并出任驻美国副公使，在美国负责该项事务。1876 年，他被母校授予名誉法学博士学位（LL. D）。二是国内高校给中外知名人士授予名誉博士学位。上海圣约翰大学应是中国教育史上最早授予名誉博士学位的高校。据有关研究者统计，从 1915 至 1934 年，该校总共授予 32 人名誉博士学位，其中包括 2 名外籍人士。[①] 1929 年 12 月 14 日，该校还授予陶行知、吴贻芳、晏阳初、诚静怡、陈良恩、郑和甫、汤忠谟、陈光甫、钟荣光、刘鸿生、宋子文、薛敏老等 12 人以名誉博士学位。这是中国教育史上授予名誉博士学位规模最大的一次。

除教会大学外，国立大学也在民国前期开始了授予名誉博士学位的实践。开创国立大学授予名誉博士学位之先河的高校，应是北京大学。1920 年 8 月 31 日，北京大学在第二院（理学院）举行第一次授予名誉博士学位典礼。此次授予法国前总理班乐卫、法国里昂大学校长儒班以理学博士学位。同年 10 月 17 日，该校又举行第二次授予名誉博士学位典礼，授予美国学者杜威以哲学博士学位、前美国驻华公使芮恩施以法学博士学位。其他如 1930 年 10 月 12 日，中央大学授予比利时人樊迪文、美国人林克百名誉博士学位；东吴大学、复旦大学等高校，也都曾先后授予有关社会知名人士名誉博士学位。

对于当时一些大学授予名誉博士学位的行为，南京国民政府曾两次颁令予以约束。第一次是在 1930 年 11 月 11 日，教育部通令全国，公私立大学在学位授予法未制定公布前不得擅授名誉学位。[②] 1935 年 10 月 11 日，教育部再次通令各公私立大学，在名誉学位授予法未公布以前，各校不得擅授任何名誉学位。[③] 不可否认的是，名誉博士学位本身并非学术性博士学位，不能代表实际攻读博士学位的经历。严格地说，名誉博士并非博士教育的产物，他

---

① 参见王伟：《中国近代博士教育史：以震旦大学法学博士教育为中心》，复旦大学出版社 2015 年版，第 20—21 页。

② 中央教育科学研究所编：《中国现代教育大事记（1919—1949）》，教育科学出版社 1988 年版，第 212 页。

③ 中央教育科学研究所编：《中国现代教育大事记（1919—1949）》，教育科学出版社 1988 年版，第 330 页。

们只有博士学位之名，而无博士教育之实。但是，名誉博士学位的授予活动推动了博士学位概念在中国的流行，在博士教育早期实践中起到了启蒙作用，于博士学位的相关法规出台及其制度的建立，发挥过宣传、鼓动、激励和推进的作用。

（二）博士学位制度的订立

1935 年《学位授予法》的颁布，为国内培养高级人才解决了学位问题。“学位分学士、硕士、博士三级”，其中学士学位和硕士学位的授予，已先后于 1935 年和 1937 年开始着手办理，唯独博士学位的授予一直未能实施。硕士学位制度在全面抗战时期的完善，奠定了研究生学位制度建设的基础，同时也为博士学位建设和相关程序的确定做好了准备。

国家层面的博士学位相关条例一直未能公布于众，但是很多高校已经开始了博士学位制度的探索，至少在制订政策时已将其纳入制度层面。例如，北京大学于 1935 年 6 月制定和颁行《北京大学研究院暂行规程》，对包括博士生在内的研究生招考、培养、学籍、学位及其管理办法等，都作出了全面而具体的规定。其中第十八章和第十九章第三款分别列出如下规定：

> 第十八章　凡已得硕士学位后，在本院继续研究两年以上，经本院考核成绩合格者，又经教育部审查许可者，得为博士学位候选人。
>
> 第十九章　研究生成绩之审查及考试，其办法如左：博士学位候选人无学位考试，依《博士学位考试细则》（尚未颁布），由国家举行之。其博士学位候选人在院研究之成绩考查方法，由本院另定之。①

然而，时局的急促变化使得博士学位制度的探索受到阻滞。

全面抗战以来，科学人才极度缺乏，严峻的形势让国民政府当局深感“此后建国大计，经纬万端，人才之造就，断不能完全仰给于留学”，因此“目前实有制定博士学位法规以备施行之必要”②。于是，在已经出台的《学位授予法》等有关研究生培养及学位制度方面的政策、法规的基础上，博士学位制度建设提上了国家层面的议事日程。

---

① 《国立北京大学研究院暂行规程》（1935 年 6 月修订），北京大学档案馆馆藏档案：全宗号二，案卷号 310。

② 教育部学术审议委员会：《三年来学术审议工作概况》，《高等教育季刊》第 2 卷（1942 年）第 3 期。

1940年5月11日至13日，学术审议委员会召开第一次会议，重要议题之一就是商议博士学位事宜。吴稚晖、朱家骅、王世杰、曾养甫、郭任远、颜福庆、陈大齐、冯友兰、傅斯年、罗家伦等29名委员与会。会议通过了《请政府实施博士学位授予案》，并决议交常务委员会与考试院洽商办理。该案主要内容如下：

自国民政府于二十四年四月公布《学位授予法》以来，迄已五载。本部依照该法规定，已于二十六年开始有硕士学位之给予。惟博士学位授予，尚付缺如。抗战以来，政治、经济、教育、军事各方面，均感人材之急迫需要，此后建国大计，经纬万端，人材之造就断不能仍完全仰给于留学。蓄艾需时，目前实有请政府实施所定博士学位授予法之必要。兹拟办法如次：

（一）由本部呈请行政院会商考试院，依照《学位授予法》第七条之规定组织博士学位评定会，由国家授予博士学位。

（二）由本部制定博士学位候选人审查办法公布施行。①

学术审议委员会第二次大会又审议通过《博士学位评定会组织法》及《博士学位考试细则》两草案。会后，由教育部修正并呈请行政院，转咨考试院会商办理。当考试院对原案提出修正原则后，教育部再次将此案送请学术审议委员会复议。针对考试院提出的修改意见，学术审议委员会"特将考试院原则连同原草案，送请各委员发表意见，俾收集思广益之效"②。王世杰、冯友兰、赵兰坪等4位委员，对两草案提出意见，"特加整理、编制对照表"，提议常委会讨论。1941年11月20日，学术审议委员会第五次常务委员会议召开，陈立夫、邹树文、张道藩、余井塘、吴俊升等5位常务委员与会。会议重点讨论了关于博士学位评定会组织法及考试细则两项草案修订事项。与之相应，考试院对教育部提出的《博士学位考试细则》草案也进行了修正。

首先，在授予博士学位的学科设置上，"博士学位拟分：文、理、法、农、工、医六类，删去教育学博士"一条，学术审议委员会讨论认为："原草案第十三条，博士学位分为文、理、法、教育、农、工、医七科，似不

①② 《教育部学术审议委员会第一次会议记录》，《高等教育季刊》第1卷（1941年）第1期。

必更动”；“况硕士学位设有教育学一科，如不设教育学博士，恐易滋生教育学术之遗诣以硕士阶段为止之歧议。故拟保留教育学博士，而不更动原条文”。

其次，在博士学位授予方式上，考试院认为应该完全采取“遴选办法”，“经审查及格，即授予学位”。针对这一点，学术审议委员会指出：“查此办法，与各国名誉博士学位之授予相似，惟关于名誉博士学位之授予，可不经过此种程序。如系对于社会一切有学术地位者作普遍之鉴定，亦非设此学位之原意。故候选人仍以自行申请者为主，有特殊人才不愿自行申请者，自亦可以推荐或遴选。”

此外，学术审议委员会结合考试院所提出的修改意见，对博士候选人、论文评定、考试程序等内容都进行了修正。例如，草案中有关博士学位候选人的论文，是“以正式发表之著作为限”，考试院则提出：“候选人之论文，如不以未经发表之著作为限，恐多浮滥，亦易滋生流弊。故自行申请者之论文，仍以未经发表之著作为限；对于遴选之论文，则可依此限制，以资拔优。”学术审议委员会经讨论后，接受了考试院的意见。再如，学术审议委员会同意考试院修正原则：“考试以论文审查为主，而就论文内容及与论文有密切关系之问题，辅以口试。”①

1942 年 5 月，教育部将该修正草案呈送行政院，请转商考试院同意后，交付立法程序颁行。新审议的《博士学位办法》草案，主要从以下几点完善了以往的法规：

第一，规定了考察博士学位的机构为博士学位评定委员会。该会设当然委员 7 人，由行政院院长、考试院院长、教育部部长、中央研究院院长、考选委员会委员长以及两位国立大学校长代表担任，另外 16 至 22 位委员必须是各学术机构的各学科专家。可见，博士学位评定委员会由各领域的学术权威所组成，这对保障博士学位的“含金量”起着至关重要的作用。

第二，规定了博士学位的学科种类，计有文学、理学、法学、教育学、农学、工学、医学 7 学科种类；商科则不设置博士学位。

第三，规定了博士学位的考试及授予程度。博士学位考试分为论文审查、

① 《教育部学术审议委员会第一次会议记录》，《高等教育季刊》第 1 卷（1941 年）第 1 期。

笔试、口试三种；经博士学位评定委员会指定之专家三人以上审查论文批可后，始得参加笔试。笔试科目为与论文有关的三种科目，及格后准参加口试。口试公开举行，先由本人口述论文大意，再由襄试委员各问一题，主试委员各问三题，来宾在经主试委员许可情况下亦可自由发问三题。口试结果由主试委员、襄试委员 7 人中以无记名投票决定：5 人以上投许可票为及格，投票结果当场宣布。笔试、口试及格后，即可给予中华民国博士学位证书。①

在学术审议委员会的推动下，博士学位制度的建设在全面抗战时期已取得较大进展。从议案内容上看，涉及博士学位制度的议案就有“请政府实施博士学位授予案”“审议博士学位评定会组织法草案”及“博士学位考试细则草案”等数件，从草案的审议到修正案的复议，再到决案的成形，无不凝聚着学术审议委员会全体成员的心血。以博士学位草案的审议事项为例，《博士学位评定会组织法》与《博士学位考试细则》两项草案，经学术审议委员会第一届第二次大会起草通过后，转交考试院进行修正，随后交由教育部复议。教育部又将考试院的修正原则连同原草案送交给学术审议委员会，由学术审议委员会各委员发表意见，并先后提交由第一届第五次常务委员会及第三次大会进行讨论，最终才订成修正草案。虽然受多方因素影响，博士研究生教育及学位授予工作未能在实践层面正式开展，但学术审议委员会在学位制度的建立和完善上着实作出了不可抹杀的贡献。可以说，通过学术审议委员会的努力和推动，博士学位的相关制度从无到有、从零星到系统，日趋完善，这为日后实施该学位制度奠定了坚实的基础。

然而，1943 年 5 月 12 日，行政院在延时一年后竟作出这样的指示：“抗战以前各校因设备及师资之限制，学术研究窒碍良多，致使博士学位之授予迄未实施；近来各校困难加增，培植尤艰，该项博士学位之授予，应缓办。”②

时隔近两年后，博士学位授予事宜再次启动。1945 年 2 月，考试院召集中央研究院和学术审议委员会的相关专家，再次审议博士学位授予法案的草案。这次审查结果，“除将原修正草案复加修正外，并建议博士学位除由国家

① 参见《〈博士学位评定会组织法〉草案》《〈博士学位考试细则修正〉草案》，中国第二历史档案馆馆藏档案：“国民政府教育部档案”，全宗号五，案卷号 1349（2）。

② 《请审议博士学位评定会组织法及考试细则两项修正草案》，中国第二历史档案馆馆藏档案：“国民政府教育部档案”，全宗号五，案卷号 1349（2）。

授予外，并得由各大学依照规定授予”[1]。紧接着，学术审议委员会第二届常委会第三次会议对修正后的草案再次进行议决，议决通过后提交教育部。会后，教育部又将修正案呈交行政院。当年8月初，行政院秘书处通知教育部对此草案再次复议，“由本会提交本届第十三次常会讨论修正后，再行呈院”[2]。其时已临近抗战胜利。

抗战胜利后，此项工作仍在进行，且有了一定程度的新进展。如在1946年6月29日，博士学位授予问题终于有了最后的“确定”：“已由政院召集有关机关修正通过。”[3]但颇为遗憾的是，征诸历史实际，1949年以前国民政府，未见博士学位授予的实际举措或行动。究其原因，自然与随之而来的国家政局动荡有关，而且这种政策出台后要产生实效，还得经过获得硕士学位者经过考试入校后的数年“攻读博士学位”的努力，更何况其时究竟哪所高校、哪个专业能够培养博士生都是“未知数”。

在全面抗战时期及抗战胜利以后，博士学位授予始终未能如愿实现，很大程度上影响我国学位制度建设的整体进程。胡适曾批评道：

> 博士学位的规定最足以阻碍大学研究所的发展。这部分的法令公布了十六年，至今不能实行，政府应该早日接受去年（指1946年——引者注）中央研究院评议会的建议：“博士候选人之平时研究工作及博士论文，均应由政府核准设立研究所五年以上并经特许收受博士候选人之大学或独立学院自行审查考试，审查考试合格者，由该校院授予博士学位。”今日为了要提倡独立的科学研究，为了要提高各大学研究所的尊严，为了要减少出洋镀金的社会心理，都不可不修正学位授予法，让国内有资格的大学自己担负授予博士学位的责任。[4]

胡适所言，无疑揭示了中国近代研究生教育的一大缺憾的真实情况，也代表了其时教育界和学术界对此缺憾的形成表示出的不满。但是，此际社会政局的变幻，使得教育行政部门既无力也无心更无时间让博士学位制度在教育实践层面得到实施。

---

①②③ 《教育部七年来学术审议工作·博士学位草案之审议事项》，《中华教育界》（复刊）第1卷（1947年）第1期。

④ 胡颂平编著：《胡适之先生年谱长编初稿》第六册，联经出版事业公司1984年版，第1994页。

第三节　研教事业的发展

全面抗战爆发后，由于战乱的破坏，众多高校纷纷内迁，研究院所基本上处于停滞状态，在读研究生也纷纷中断学业。例如，1937 年 9 月 27 日，清华大学召开校务会议，商讨应对时局变化的措施，其中一项重要决定就是“本校研究院暂停办一年”①。随着内迁工作的结束，相关院系调整完成后，教学秩序逐步恢复正常，研究生教育也被提到重要日程。除了战前既有高校研究院所的恢复和发展，战时还有一些高校加入了研究生培养的队伍，由是在战争期间及抗战胜利以后数年间，中国的研究生教育事业有了一定的进步和发展。

一、培养机构的变化

要发展研究生教育，首先必须恢复研究生的培养机构。为此，在全面抗战时期教育经费极度困顿的情况下，教育部克服困难拨出经费，扶助原有研究院所恢复招生，并要求人才和设备较好的大学适量增设各种研究所和学部。在此等政策的激励下，原有大学研究院所得以逐步恢复，一批新的研究院所也相继建立。

（一）研究院所的恢复

从 1939 年 6 月开始，国立西南联合大学的研究机构逐渐开展活动。7 月，西南联大第 111 次常务委员会议议决：“本校暂不举办研究院，由三校就现有教师设备并依分工合作原则酌行恢复研究所、部。其研究生奖金等费亦由各校自筹拨发。”② 在此后的研究生教育中，三所风格迥异的高校根据各自的学科特点，依据分工合作的原则，保持了各自的学术特色。尽管三校分开招收研究生，但是相互尊重，形成了“济济多士，萃集一堂，研究学术，砥砺德业”的局面。

① 清华大学校史研究室编：《清华大学史料选编》第三卷（上），清华大学出版社 1994 年版，第 74 页。

② 清华大学校史研究室编：《清华大学史料选编》第三卷（下），清华大学出版社 1994 年版，第 150 页。

北京大学率先恢复研究院。1939年6月，北京大学发布《国立北京大学研究院暂行办法》，决定继续办理研究院，下设理科、文科和法科研究所，院长由校长蒋梦麟兼任，各学院院长兼任各所主任，学部主任则由各专业教授担任。

《国立北京大学研究院暂行办法》是抗战期间高校研究院所颁布的第一个指导性文件，对其他高校研究院所的恢复有着较强的示范性作用。基于《国立北京大学研究院暂行办法》的特殊意义，现将其全文摘录如下：

国立北京大学研究院暂行办法①

（一）本大学于民国二十八年度起继续办理研究院，通知旧生复学，并酌收新生。

（二）本院与国立西南联合大学、清华大学研究院及南开大学研究院合作，其办法另订之。

（三）凡本院理、法科研究所研究生考试成绩及格者得请求津贴。此项津贴每年每名壹仟贰佰元，分月发给。津贴名额以十人为限。

（四）研究生成绩优异者，于年终给予甲种或乙种奖金。甲种叁佰元，乙种壹佰伍拾元。领受甲种奖金者其成绩总平均至少须满八十分；领受乙种奖金者其成绩总平均至少须满七十五分。领受奖金人数以五人为限，其已得津贴者亦得照领。

（五）研究生除得任本校半时助教外，不得兼任他项职务。

（六）研究生担任半时助教者，给予半时助教待遇，不另给津贴；成绩优异者，仍得领受奖金。其在院研究年限至少三年。

（七）研究生学费暂免。

（八）研究院其他事宜，一律照原章则办理。

附注：（一）国立北京大学文科研究所本年招生办法已另定公布。（二）国立北京大学研究院算学部尚有范静生先生奖学金。本年度此项奖学金名额定为二人，每人每年国币伍百元。凡愿领受此项奖学金者，应于入学后向算学部请求。

在北京大学研究院中，率先开展工作的是理科研究所。该所制定并颁布

① 张思敬等主编：《国立西南联合大学史料》（三）“教学、科研卷”，云南教育出版社1998年版，第453—454页。

了《国立北京大学理科研究所暂行办法》，用以指导研究所具体工作。随后，文科研究所也宣告恢复，其研究生培养工作，通过招收研究生、设立工作室、成立编辑委员会等途径逐步开展。根据当时研究所的学科特点及导师研究特长，该所分为史学、语言学、中国文学、考古学、人类学、哲学等六个学部，成为战时力量最为强大的文科研究生培养机构。北京大学文科研究所的恢复及招生，是当时全国教育界、学术界十分关注的大事，其时在上海开办的《申报》还连续对北京大学文科研究所恢复招收研究生工作进行了详细的报导。该研究所组织机构建立后，对研究范围也加以确定："（一）史学部分，通史中各段，及哲学宗教史、经济史属之；（二）语学部分，汉语学各科、边地语言、英吉利语言学属之；（三）中国文学部分，中国文学史及文籍考订属之；（四）考古学部分，考古学及金石学属之；（五）人类学部分，物质及文化人类学属之。"[①] 确定研究范围也就大致确定了研究生的培养方向。随着学校教育步入正轨，研究生教育的规模也逐步扩大，1942 年后，北京大学在校研究生已稳定在 20 人以上。其详情如下（见"表 4.3.1"）。

表 4.3.1　1942 年度第一学期北京大学研究所概况报告简表*

所名	部名	学部主任	教师数	研究生数														
				共计			第一年			第二年			第三年			第四年		
				计	男	女	计	男	女	计	男	女	计	男	女	计	男	女
文科	中国文学	罗常培	4	7	7	—	1	1	—	4	4	—	1	1	—	1	1	—
	外国语文	罗常培	3	2	2	—	—	—	—	1	1	—	1	1	—	—	—	—
	史学	姚从吾	5	6	6	—	1	1	—	2	2	—	2	2	—	1	1	—
	人类学	姚从吾	1	1	1	—	1	1	—	—	—	—	—	—	—	—	—	—
理科	物理	饶毓泰	5	1	1	—	1	1	—	—	—	—	—	—	—	—	—	—
	化学	曾昭抡	4	1	1	—	1	1	—	—	—	—	—	—	—	—	—	—
	地质	孙云铸	4	2	2	—	—	—	—	1	1	—	1	1	—	—	—	—
	生物	张景钺	4	1	—	1	1	—	1	—	—	—	—	—	—	—	—	—

① 《国立北京大学文科研究所成立》，《图书季刊》第 2 期，1939 年 7 月。

续表

所名	部名	学部主任	教师数	研究生数														
				共计			第一年			第二年			第三年			第四年		
				计	男	女	计	男	女	计	男	女	计	男	女	计	男	女
法科	法律	燕树棠	7	2	2	—	1	1	—	1	1	—	—	—	—	—	—	—
合计			37	23	22	1	7	6	1	9	9	—	5	5	—	2	2	—

*资料来源于王学珍等主编：《国立西南联合大学史料》（一）“总览卷”，云南教育出版社 1998 年版，第 160 页。

与此同时，清华大学也恢复了研究院的工作。抗战前，清华大学的文科整体实力也非常强大，与北京大学文科不分伯仲。北京大学文科研究所率先恢复，使清华大学文科教授大为震惊。时任清华大学文学院院长的冯友兰曾为北大文科研究所问题与蒋梦麟、傅斯年发生过争执。1939 年 6 月 24 日，朱自清在《日记》中写道：“他之所以反对北大文学研究所，是因为该所堵塞了联大文学研究所的道路。他打算重开清华研究院。”① 7 月 10 日，清华大学第 24 次校务会议的主要议题就是恢复研究院所。会议通过了“关于续办研究院的决议”，决定由时任教务长潘光旦草拟有关研究生入学待遇、津贴及奖励等相关文件，并提请评议会核议。该决议的内容主要有四：

第一，续办研究院各研究所、部的计划。文科研究所中国文学部、历史学部准旧生复学，不另招新生；外国语文学部、哲学部准旧生复学兼招新生。理科研究所物理学部准旧生复学，不招新生；生物学部、算学部准旧生复学兼招新生。

第二，研究生津贴的发放。“研究生成绩合格者给予之津贴，每年每名国币四百元，分四次发给。全校研究生领受津贴之名额以二十名为限，但每部至多不得超过四名。”

第三，研究生奖学金的发放。“于学年终得照研究生之研究成绩发给奖金”，“得奖人数不得超过十名”。奖金分甲、乙两种：甲种每名国币三百元，乙种每名一百五十元。

① 朱乔森编：《朱自清全集》第 10 卷“日记编”，江苏教育出版社 1998 年版，第 33 页。

第四，“研究生兼任助教者给予半时助教待遇，不另给研究生津贴。惟得照其成绩给予奖金。”①

时隔两日，梅贻琦又主持召开清华评议会，就续办研究院的问题进行核议。评议会经过充分讨论，决定“通过清华校务会议拟订续办清华研究院各研究所之计划”，“修正通过清华校务会议拟订《国立清华大学研究院暂行办法》”。《国立清华大学研究院暂行办法》的具体内容如下：

一、本大学于民国二十八年度起继续办理研究院，通知旧生复学，并酌收新生。

二、本大学研究院与国立西南联合大学及国立北京大学研究院合作，其办法另订之。

三、凡成绩及格之研究院学生得请求津贴。此项津贴每年每名四百元，分四次发给。津贴名额以二十人为限，每部最多以四人为限。

四、研究院学生成绩优异者，于年终给予甲种或乙种奖金。甲种三百元，乙种一百五十元。领受甲种奖金者，其成绩总平均至少须满八十分；领受乙种奖金者，其成绩总平均至少须满七十五分。领受奖金人数以十人为限，其已得津贴者亦得照领。

五、研究生除得任本校半时助教外不得兼任他项职务。

六、研究院学生担任半时助教者，给予半时助教待遇，不另给津贴；其成绩优异者仍得领受奖金。其在院研究年限至少三年。

七、研究院学生学费暂免。

八、研究院章程第十二条所定毕业生出国研究办法暂不适用。

九、研究院其他事宜，一律照原有章则办理。②

为了更好地规范并促进研究所研究生培养和科研工作的开展，清华大学还颁布了《清华研究所办法大纲》，就研究所工作程序、人员聘任及经费分配等问题作出了具有较强操作性的规定。

7 月 24 日下午 4 点，清华研究院在联大总办公处会议室召开了第一次会

---

① 清华大学校史研究室编：《清华大学史料选编》第三卷（上），清华大学出版社 1994 年版，第 74—75 页。

② 清华大学校史研究室编：《清华大学史料选编》第三卷（上），清华大学出版社 1994 年版，第 76 页。

议。会议由时任教务长潘光旦主持，李继侗、冯友兰、雷海宗、吴宓、潘光旦、吴有训、杨武之、朱自清等各研究所、学部主任出席了会议。此次会议议决事项主要包括：（一）修正并通过研究院暂行办法；（二）确定本届研究院考试日期及地点，“九月一日起，地点昆明一处”；（三）确定研究生招生考试科目及时间，“（1）公共科目两门，各考试贰小时。（2）专门科目叁门，各考试叁小时。考试时间上午自七点起，下午自三点起”；（四）确定研究院考试成绩计算办法，“照下列百分数折算：（1）公共科目，各作百分之十五。（2）专门科目，各作百分之二十三”，同时，“考生如呈交论文，经审查准给分数者，其分数计入专门科目项下”；[①]（五）加大对首次研究院招考的宣传，决定在重庆、昆明、贵阳、香港等地有关新闻媒体刊载招生广告。至此，清华大学研究院进入正式运行阶段。

8月15日，西南联合大学第116次常委会议决：“教育部训令本大学自1939—1940年度起招收研究生，并核给补助费用。本校遵部令办理。”[②] 23日，清华大学恢复文科研究所（设中国文学、外国文学、历史、哲学四部）、理科研究所（设物理、算学、生物三部），并增设工科研究所（设土木工程、机械工程、电机工程三部），后者成为全面抗战期间新建的第一个工科研究所。

9月4日下午4点，清华研究院召开第二次会议。此次会议主要商讨工科研究所招考相关事宜，参加会议者有赵友民、冯桂连、蔡方荫、李辑祥、施嘉炀等工科研究所各部主任及教授，潘光旦主持会议。会议决定了工科研究所研究生报考资格、考试时间、考试科目及成绩计算方法等事项。

随着第一届研究生入学考试工作的结束，如何确定录取办法是必须解决的问题。9月18日下午4点，清华研究院召开第三次会议。会议由校长梅贻琦主持，出席会议者有冯友兰、吴宓、李继侗、吴有训、杨武之、雷海宗等人。这次会议主要商讨清华研究院1939年度研究生录取标准、津贴发放标准等。同时，会议还决定对研究生津贴发放进行动态管理，以利更加充分地调动学生学习积极性，“如每年第一学期成绩太劣，得由该部主任提出停止津贴”[③]。

---

① 清华大学校史研究室编：《清华大学史料选编》第三卷（上），清华大学出版社1994年版，第78—79页。

② 清华大学校史研究室编：《清华大学九十年》，清华大学出版社2001年版，第106页。

③ 清华大学校史研究室编：《清华大学史料选编》第三卷（上），清华大学出版社1994年版，第80页。

10 月 30 日，清华研究院召开第四次会议，商讨工科研究所新生录取事宜。

清华研究院恢复后召开的四次会议，主要商讨的是研究生招生、考试及录取相关工作。这些会议使得清华大学研究生培养工作逐步步入正轨，为扩大规模奠定了坚实基础。

1940 年 5 月 3 日，清华大学第 29 次校务会议召开，重点讨论研究院相关事宜。会议商讨决定：（一）增加研究生津贴，“本年五月至七月每月加给十元，下学年之办法另定之”；（二）规定研究生住宿办法，“下学年起，研究院学生如得有相当住所，应试采用师生集合居住制”；（三）恢复法科各研究部。①

6 月 8 日，第 30 次校务会议又有关于研究院的议决事项：从 1940 年度起，恢复文科研究所中国文学部，理科研究所化学部及法科研究所政治、经济两部；文科研究所的社会学部，呈请教育部于 1941 年度恢复。会议还确定了 1940 年度研究生入学考试时间为 8 月 18 日，地点设在昆明、重庆、香港。各所、部考试科目于 6 月 15 日以前确定，考试题目 6 月 30 日以前交齐。同时，自该年度起，清华大学研究生招生广告与北京大学、南开大学以西南联合大学之名联合刊登，考生应在填写志愿时注明报考何校。会议还决定提高研究生津贴，“研究院学生津贴改定为每年六百元”②，奖金标准不变。至此，清华大学研究院基本框架已定型，整体规模位居全国高校前列。现以 1942 年基本情况为例以见其实（见“表 4.3.2”）。

表 4.3.2 1942 年度第一学期清华大学研究所概况报告简表*

所名	部名	学部主任	教师数	研究生数											
				共计			第一年			第二年			第三年		
				计	男	女	计	男	女	计	男	女	计	男	女
文科	外国语文	陈福田	9	1	1	—	1	1	—	—	—	—	—	—	—
	中国文学	闻一多	3	4	4	—	2	2	—	2	2	—	—	—	—
	哲学	冯友兰	5	5	5	—	3	3	—	1	1	—	1	1	—
	历史	雷海宗	7	3	3	—	1	1	—	—	—	—	2	2	—

①② 清华大学校史研究室编：《清华大学史料选编》第三卷（上），清华大学出版社 1994 年版，第 82 页。

续表

所名	部名	学部主任	教师数	研究生数											
				共计			第一年			第二年			第三年		
				计	男	女	计	男	女	计	男	女	计	男	女
理科	物理	吴有训	5	5	5	—	3	3	—	2	2	—	—	—	—
	地学	冯景兰	6	1	1	—	1	1	—	1	1	—	—	—	—
	算学	杨武之	2	2	2	—	1	1	—	1	1	—	—	—	—
	生物	李继侗	11	8	4	4	2	1	1	—	—	—	5	2	3
法科	政治	张奚若	2	2	2	—	2	2	—	—	—	—	—	—	—
	经济	陈岱孙	5	4	4	—	1	1	—	—	—	—	3	3	—
	社会	潘光旦	3	2	2	—	1	1	—	1	1	—	—	—	—
合计			58	37	33	4	18	17	1	8	8	—	11	8	3

* 资料来源于王学珍等主编：《国立西南联合大学史料》（一）“总览卷”，云南教育出版社 1998 年版，第 161 页。

除北京大学、清华大学研究院相继恢复，南开大学经济研究所也得到恢复。全面抗战前，教育部以南开大学“经济学院”的名称不符合《大学组织法》的规定而令其改组。在这种情况下，时任南开大学经济学院院长的何廉对相关学科机构作了调整，经济学系并入商学院，社会经济研究委员会改称商科研究所经济学部，简称“经济研究所”。这是中国近代第一个招收经济专业研究生的机构，何廉以商学院院长身份兼任研究所所长。1935 年秋，该所开始招收研究中国经济问题的研究生。

抗战全面爆发后，南开大学经济研究所的工作停顿了近两年时间，直至 1939 年 6 月，该所才得以重新组建。此时何廉任国民政府经济部常务次长，为了方便他指导所内工作，学校将经济研究所设在重庆沙坪坝南开中学内，成为西南联合大学中为数不多的在昆明以外的办学机构之一。同时为了方便同西南联合大学联系，该研究所还在昆明设立办事处。由于上述这些主客观原因，经济研究所的工作重点集中于研究生的培养和学术研究方面。其时，张伯苓聘任方显廷为代理所长、陈序经为研究主任。虽然条件艰苦，但研究所的成员积极乐观，使所务工作开展得有声有色，保持了良好的发展势头。1940年时，所里共有11位教员及研究员，其中留美人数10人，在全员中占比高达90.9%。[①] 到1941年，研究所教员及研究员增加到16人，留美人数依然是10人，[②] 研究人员中还扩充了来自英、德等国及所里自己培养的高级人才。到1945年抗战胜利前夕，所里共有教员及研究员10人，其中留美人数8名，其余两人为留英学生。[③] 此时，研究所调整了研究方向，更加重视对战时中国经济的研究。在研究生培养方针上，"则学理与实用两项兼重，务期学生于毕业后对于经济学之基本与专科，皆有相当造诣，而能作独立之研究工作"[④]。研究所专业领域扩充，由原来的3组变为经济理论、经济史、统计、国际经济、货币银行、农业经济及工业经济7门。战时南开大学经济研究所共招收研究生计7届35名，这些研究生日后大都成为经济学专业发展的骨干人物。他们对战时中国经济状况作了广泛而深入的研究，不仅在当时有着重要的现实意义，而且也为后来研究抗战时的经济留下了一大批珍贵史料。其如对战时通货膨胀的研究，包括战时家庭收支、零售物价、生产数量、工资与薪给、外汇汇价及黄金价格等，还有对中国农业经济的研究、社会经济史的研究等，都取得显著成绩。

尽管经过努力，高校研究院所得以恢复，但战时北京大学、清华大学和南开大学研究生的规模并不大。1939年刚恢复时，三所学校的新旧研究生加在一起不过32人。其中，北京大学17人——理科研究所复学1人，文科研究所招收新生13人，理科研究所招收新生3人；清华大学15人——文、理科研究所分别复学5人和3人，招收新生4人和3人；南开大学直到1940年才招收新生。抗战后期，三所高校在校研究生也不过50人左右。多数研究生因经济困难、赴美留学等原因中途退学。因此，战时毕业的研究生人数更少。据统计，西南联合大学时期三校毕业的研究生共计只有83人，具体情形可见下表（"表4.3.3"）。

---

① 依据《南开大学经济研究所一览（1940年6月）》（南开大学经济研究所印行）第13页内容统计而成。

② 依据《南开大学经济研究所一览（1941年6月）》（南开大学经济研究所印行）第12—13页内容统计而成。

③ 依据《南开大学经济研究所一览（1945年5月）》（南开大学经济研究所印行）第10—11页内容统计而成。

④ 《训练工作概况》，载《南开大学经济研究所一览（1941年6月）》，南开大学经济研究所印行，第8页。

表 4.3.3　西南联大研究生培养规模统计表*

研究所及学部	研究生类别	北京大学 研究生 复学旧生	北京大学 研究生 新生	北京大学 毕业生	清华大学 研究生 复学旧生	清华大学 研究生 新生	清华大学 毕业生	南开大学 研究生 复学旧生	南开大学 研究生 新生	南开大学 毕业生	合计 研究生 复学旧生	合计 研究生 新生	合计 毕业生
文科	中国文学	—	10	8	—	7	2	—	—	—	—	17	10
	外国语文	—	—	—	2	18	3	—	—	—	2	18	3
	哲学	—	2	1	1	11	2	—	—	—	1	13	3
	语言学	—	9	6	—	—	—	—	—	—	—	9	6
	史学	—	13	6	2	7	4	—	—	—	2	20	10
	人类学	—	1	1	—	—	—	—	—	—	—	1	1
理科	算学	—	2	2	—	4	3	—	—	—	—	6	5
	物理学	1	3	1	2	8	6	—	—	—	3	11	7
	化学	—	2	—	—	5	—	—	1	—	—	8	—
	生物学	—	2	—	1	15	7	—	—	—	1	17	7
	地质学	—	5	1	—	7	2	—	—	—	—	12	3
	心理学	—	—	—	—	6	—	—	—	—	—	6	—
法科	政治学	—	—	—	—	7	1	—	—	—	—	7	1
	经济学	—	2	—	—	12	—	—	—	—	—	14	—
	社会学	—	—	—	—	8	2	—	—	—	—	8	2
	法律学	—	4	—	—	—	—	—	—	—	—	4	—
工科	土木工程	—	—	—	—	2	—	—	—	—	—	2	—
	机械及航空工程	—	—	—	—	1	—	—	—	—	—	1	—
	电机工程	—	—	—	—	1	—	—	—	—	—	1	—
商科	经济学	—	—	—	—	—	—	—	36	25	—	36	25

续表

<table>
<tr><td rowspan="3">研究生类别
研究所及学部</td><td colspan="3">北京大学</td><td colspan="3">清华大学</td><td colspan="3">南开大学</td><td colspan="3">合计</td></tr>
<tr><td colspan="2">研究生</td><td rowspan="2">毕业生</td><td colspan="2">研究生</td><td rowspan="2">毕业生</td><td colspan="2">研究生</td><td rowspan="2">毕业生</td><td colspan="2">研究生</td><td rowspan="2">毕业生</td></tr>
<tr><td>复学旧生</td><td>新生</td><td>复学旧生</td><td>新生</td><td>复学旧生</td><td>新生</td><td>复学旧生</td><td>新生</td></tr>
<tr><td rowspan="2">合计</td><td rowspan="2">1</td><td rowspan="2">55</td><td rowspan="2">26</td><td rowspan="2">8</td><td rowspan="2">119</td><td rowspan="2">32</td><td rowspan="2">—</td><td rowspan="2">37</td><td rowspan="2">25</td><td>9</td><td>211</td><td rowspan="2">83</td></tr>
<tr><td colspan="2">220</td></tr>
</table>

＊资料来源：根据徐心坦主编《国立西南联合大学史料》（五）“学生卷”（云南教育出版社 1998 年版）第 520—535 页数据统计而成。

由于位处华南，抗战全面爆发之初，中山大学受到的影响有限，但该校研究院师生抗战热情十分高涨。1936 年 11 月 24 日，研究院同学会就通电全国，号召大家一起对日作战：“同人等虽鲁钝，亦愿放弃研究室生活，肩枪荷弹，饮马‘云中’，为我父老兄弟诸姑姊妹作前驱也。”① 同时，研究生教育工作仍然正常进行。在 1937 年 4 月时，研究院组织了第一届硕士学位考试委员会。到 7 月时，文科研究所师生赴云南、广西考察瑶族等生活与文化。是月还举行了首届 12 名毕业研究生的硕士学位授予仪式。9 月 1 日至 3 日，中山大学在广州本校以及上海交通大学和北京大学三处举行了 1937 年度的招生考试。成绩揭晓后，共录取 12 名研究生。

随着战事的蔓延，中山大学亦未能幸免。1938 年秋，随着学校的迁转，研究院迁设澄江城内玉皇阁、建设局及城西北的五灵庙，坚持办学。1939 年 5 月，中山大学成立师范学院，同时将教育研究所改称师范研究所，设教育学与教育心理学两个学部，并将该所招生名额增至 7 人。该所的改办，使之成为全面抗战时期培养教育学科专业人才的重要基地。同时，文科研究所与国民政府军事委员会西昌行辕合作，用半年时间，开展对大凉山少数民族的调查。8 月 21 日，全校师生员工举行到澄江后的第一次联合纪念周暨毕业典礼大会，共有 5 名研究生毕业。至 1939 年夏，中山大学已毕业三届研究生，共计 23 人；其中，文科研究所 6 人，师范研究所 11 人，农科研究所 6 人。

① 《本校研究院同学会促全国人民共起抗日电》，《国立中山大学日报》1936 年 11 月 24 日。

中央大学整体一次性西迁巴蜀的壮举，既为研究生教育的恢复赢得了宝贵的时间，也为高层次知识人才培养创造了条件。尽管环境、设备、经费等困难重重，学校仍积极谋划研究院的成立。依照规定，需要具备三个研究所方能成立研究院。其时中央大学仅理科和农科两个研究所，离研究院设立还有一步之遥。针对当时中央大学的发展状况，罗家伦选择从创立师范科和法科研究所着手。经过多方努力，教育部于 1938 年 8 月向中央大学发布《关于中大系科（院）设置调整办法》的训令：

> 又查中等学校师资，全国高等专门训练之所健全师资极感缺乏。本部兹遵照全国临时代表大会决议，并根据实验需要参酌目前情形，拟定调整国立专科以上学校办法。自下年度起，该校教育学院应即改为师范学院，并筹设师范科研究所教育心理部。原有理科研究所算学部、农科研究所农艺部，并准继续办理。①

至此，中央大学已具有理科、农科和师范科三个研究所，符合设置研究院的基本条件。1938 年 12 月，中央大学筹办研究院。这是全面抗战时期新建的第一个高校研究院。随后，罗家伦向蒋介石递呈一份谋求学校发展的报告，其中第一事就是成立研究院。尽管战时物力、人力、财力困难，但中央大学还是创造条件，积极推动着研究生教育的发展。

在教育部的支持下，中央大学研究所发展迅速。1939 年 8 月 11 日，中央大学又向教育部递呈关于增设法科研究所政治经济学部的报告，以期社会科学平均发展。该报告随即得到教育部同意及批示。随后，教育部又批准该校添设理科研究所物理部、化学部，工科研究所土木部、机械部、电机部。至 1939 年底，中央大学已有五个研究所，“亦分九个研究部”，根据部章“凡有三个以上研究所者，即可成立研究院，故自本年度起，正式成立研究院”。②研究院院长由罗家伦兼任，各有关学院院长兼任研究所主任。1939 年秋，中央大学首次以研究院名义正式招生，当年在校研究生达 13 人。

武汉大学是华中地区最早招收研究生的高校。西迁乐山后，按照教育部

---

① 《南大百年实录》编辑组编：《南大百年实录》（上卷），南京大学出版社 2002 年版，第 398 页。

② 《南大百年实录》编辑组编：《南大百年实录》（上卷），南京大学出版社 2002 年版，第 415 页。

统一部署，武汉大学农艺系并入中央大学，同时在工科研究所增设土木工程学部。随后，该校聘刘秉麟为法科研究所主任、杨端六为经济学部主任、邵逸周为工科研究所主任、俞忽为土木工程学部主任。1939 年 9 月法科研究所在乐山、重庆两地招考研究生，招生专业为经济政策与经济史、会计、财政金融、行政，当年共录取李谋盛、刘涤源、刘恃诗 3 人。至 1940 年，武汉大学由于没有增设研究所，一直保持在 2 个研究所 4 个学部的规模，位居全国高校第七。

1934 年底，北洋工学院设立工科研究所，这既是近代中国最早从事工科研究生培养的机构，也是后来战时国立西北联合大学及国立西北工学院开展研究生教育的基础。在西迁及组建西北联合大学过程中，该工科研究所处于停滞状态。国立西北工学院成立后，1939 年，矿冶学部分设采矿、冶金、应用地质三组，并开设外国语（德、法、俄）、高等数学、高等金属矿床开掘法、采矿术、物理冶金学、高等冶铁学等四十余门必修课和选修课程。①

全面抗战期间，身为教会教育机构的金陵大学西迁至成都。尽管物资匮乏，生活困苦，但师生员工上下一心，使各项工作较快得到恢复，并逐步走上正轨。在《学位授予法》正式实施之后，金陵大学的首届研究生共计 4 人于 1938 年毕业，并由教育部授予硕士学位。因受战争影响，学位证书至 1939 年下半年才补发，这是我国教育史上第一次颁发硕士学位证书。该校成为经教育部核准授予硕士学位的第一所大学，且“硕字第壹号”学位证书持有者就是该校化学部的沈彬康。同年，陈彩章、李惠谦、徐壮怀三位研究生获农学硕士学位，成为我国自己培养的第一批农学硕士。随后，各研究所和各学部均针对自己的学科特点和发展现状，相继颁布《金陵大学文科研究所史学部暂行简章》《金陵大学文科研究所社会福利行政学部暂行简章》《金陵大学理科研究所化学部暂行简章》《金陵大学农科研究所农业经济学部暂行简章》。这些规章成为指导抗战时期金陵大学研究所发展的重要纲领性文件。1940 年，农科研究所增设农艺学部，该学部分作物改良、植物病理、经济昆虫三组。同年，文学院还创立了社会福利行政特别研究部。

另一所重要的教会大学——地处北京的燕京大学，其研究所的创立也走

① 参见北洋大学—天津大学校史编辑室编：《北洋大学—天津大学校史》第一卷，天津大学出版社 1990 年版，第 280 页。

在前列。抗战全面爆发初期，燕京大学仍留在北平办学。尽管时局艰难，但该校依旧坚持研究生的培养工作。1940年9月，该校共录取了25名新生入学。[①] 这既是该校在内迁到四川前招收研究生规模最大的一次，也是该校开展研究生教育招生人数最多的一次。在沦陷区能以如此规模发展研究生教育，实属来之不易，在某种程度上也证明该校学科发展的整体实力。

身处沦陷区，但仍然坚持办学的还有另一所教会大学——辅仁大学。该校在抗战全面爆发之前两个月，曾议决成立文、理两科研究所，并拟具《辅仁大学文理两科研究所组织规程》及担任研究科目的教授名单。这是抗战全面爆发前夕全国高校成立的最后一个研究所。1937年6月8日，校务会议议决并颁布《私立辅仁大学文理两科研究所暂行规程》。由于该校是当时在沦陷区为国民政府承认的唯一一所大学，故抗战全面爆发后，原在各大学任教的不少知名教授纷纷转入该校任职，一时间人才荟萃、群星璀璨。1938年秋季，文科研究所史学部、理科研究所物理学部开始招收第一届研究生。研究所课程由各部名教授亲自授课，如史学部的陈垣、张星烺、余嘉锡、沈兼士，物理学部的严池、李嘉士、欧思德等。1940年文理两科首届毕业研究生共8人。辅仁大学坚持在沦陷区办学并继续发展研究生教育，成为屹立于沦陷区的最后的文化堡垒。诚如该校学生所忆："40年代之初，辅仁大学在沦陷的北平城里，是一所令人称羡的学府。"[②]

除上述几所教会大学外，战时恢复办理研究生教育的还有东吴大学法科研究所、岭南大学理科研究所。他们同样在极度困难的战争条件下，为着高级知识人才的培养砥砺前行。

（二）研究院所的增设

战时，不少高校为应对时代需求，遵从政府指令，积极克服困难，发展教学和研究事业，争取多层次、高水平地培养人才。因此，除上述高校在原有基础上恢复战前所设研究院所、扩大研究生培养规模外，还有一些高校积极创造条件，在战时新设了一批研究所，加入研究生教育的阵营。

医科研究所的设立是中山大学扩大研究生教育的标志性事件。该所是抗战时期成立的第一个医科研究生培养机构，对中国医科高级人才培养和学术

---

① 参见《燕京新闻》1940年9月7日（星期六）第1版。

② 北京辅仁大学校友会：《辅仁校友通讯》1991年第13期。

研究起到了示范性作用。1942 年 12 月，经教育部批准，中山大学研究院医科研究所开设病理学部，从事地方病症的研究，培养病理学师资和专门人才。研究所主任梁伯强兼病理学部主任。医科研究所成立时声明：

病理学部以从事有计划之研究工作并培养专门人才，此乃本校研究院研究单位之一。而原有病理研究所则仍为本校医学院教学单位之一，分道扬镳，互相辅助，其目的盖为推动我国医学之进步。[①]

至此，中山大学研究院共有 4 个研究所，计 7 个学部，这个基本框架一直维持到抗战胜利后，其详情见下表（“表 4.3.4”）。

表 4.3.4 1943 年度中山大学研究院研究所、学部负责人名单*

职务	姓名	职务	姓名
院长	崔载阳	办公室主任	吴江霖
文科研究所主任	杨成志	中国语言文学部主任	李笠
		历史学部主任	朱谦之
师范研究所主任	崔载阳	教育学部代主任	崔载阳
		教育心理学部主任	郭一岑
农科研究所主任	邓植仪	土壤学部主任	谢申
		农林植物学部主任	陈焕镛
医科研究所主任	梁伯强	病理学部主任	梁伯强

*资料来源于吴定宇主编：《中山大学校史（1924—2004）》，中山大学出版社 2006 年版，第 183—184 页。

1941 年初，国立中央大学已拥有 5 个研究所、11 个学部，研究生教育规模优势逐步体现出来。从学科发展来看，理工科研究所设置较为全面，而文史研究所则相对薄弱。对当时学科齐全、规模宏大的国立中央大学而言，未能设立文科研究所培养文科研究生，可以说是莫大的遗憾。1941 年，该校积极筹备设立文科研究所，并向教育部递呈《设置文科研究所理由书》：

① 李尚德主编：《凝聚中大精神——“中大精神与校园文化建设”大讨论文集》，中山大学出版社 2001 版，第 402 页。

查大学研究所设置之目的有二：一、因大学各系所习必修课程仅为三年，时间颇感不足，若拟毕业后继入研究，庶可前后衔接达到研究高深学术之目的，二、因抗战以来国外留学之机会极少，提高学术研究，舍入国内之学术研究机关，别无他途，于是大学研究所之设置，更为切用而必要。本校理农工各学院均于27年秋季设置研究所，颇能完成上述二种目的。惟文学院现有中国文学、外国语文、历史、哲学四系，经过之历史甚长，毕业生之人数甚多，地处中枢冠冕各校、以言设置研究所必备之三条件，如经费、图书、师资，均不甚感困难，而文科研究所尚付阙如，殊不足以应学子要求，而系社会观听。兹为应付时势需要起见，拟少数之经费，发挥最大之效用，于本年秋季成立文科研究所，另拟简章，以为办理之依据。现查各国立大学成立文科研究所者，仅有北京大学及浙江大学二属，而大学文学院各系毕业生日见增加，亦应多予以深造机会，应可供求相剂，基此理由，提出本案，即请呈部核定，提前筹备，是所企盼。①

不久，教育部批准中央大学设立文科研究所，下设历史学部和哲学部。所长为楼光来，学部主任分别是金毓黻和方东美。随后，该校又向教育部申请成立医科研究所，设生理学部。至当年年底，中央大学已有7个研究所、14个学部（见“表4.3.5”），研究生教育格局至此定型，办学规模在全国研究生培养机构中遥遥领先。

表4.3.5 1941年度第一学期国立中央大学研究所概况*

所名	部名	所长及学部主任	教师数	研究生数											
				共计			第一年			第二年			第三年		
				计	男	女	计	男	女	计	男	女	计	男	女
文科	历史	楼光来 金毓黻	2	2	1	1	2	1	1	—	—	—	—	—	—
	哲学	方东美	5	1	1	—	1	1	—	—	—	—	—	—	—

① 《南大百年实录》编辑组编：《南大百年实录》（上卷），南京大学出版社2002年版，第406页。

续表

所名	部名	所长及学部主任	教师数	研究生数											
				共计			第一年			第二年			第三年		
				计	男	女	计	男	女	计	男	女	计	男	女
理科	数学	张光远 胡旭之	5	—	—	—	—	—	—	—	—	—	—	—	—
	物理	周同庆	5	3	3	—	1	1	—	1	1	—	1	1	—
	化学	高恩波	5	2	1	1	1	—	1	1	1	—	—	—	—
	地理	胡肖堂	4	3	3	—	3	3	—	—	—	—	—	—	—
法科	政治经济	马洗繁 张汇文	4	6	6	—	3	3	—	2	2	—	1	1	—
师范	教育心理	孙本文 艾　伟	4	8	6	2	3	2	1	5	4	1	—	—	—
医科	生理	戚寿南 蔡　翘	3	2	2	—	2	2	—	—	—	—	—	—	—
工科	土木	杨家榆 刘树勉	3	3	3	—	2	2	—	1	1	—	—	—	—
	机械	陈大燮	4	2	2	—	1	1	—	1	1	—	—	—	—
	电机	陈　章	3	3	1	2	3	1	2	—	—	—	—	—	—
农科	农林	蔡培元 周承轮	3	12	12	—	5	5	—	6	6	—	1	1	—
	森林	梁　希	1	1	1	—	1	1	—	—	—	—	—	—	—
总计	—	—	51	48	42	6	28	23	5	17	16	1	3	3	—

* 资料来源于《南大百年实录》编辑组编：《南大百年实录》（上卷），南京大学出版社 2002 年版，第 432 页。

随后，中央大学着力扩展学部门类。1942 年，理科研究所增设地理学部，医科研究所增设公共卫生学部。虽然受到教育部对研究所设置实施紧缩政策的影响，但是该校研究所格局基本能够维持现状。1944 年 5 月 17 日、5 月 24 日、6 月 1 日，中央大学分别向教育部呈送《准予增设文科研究所中国文学部》《准予增设法科研究所法律学部》《准予增设师范科研究所教育学部》的请示。8月2日，教育部在《准增设中国文学法律教育三研究学部》的批复中，批准该校增设中国文学、法律、教育三个学部，分别隶属文科研究所、法科研究所、师范科研究所。同年10月，中央大学又获准设立农科研究所畜牧兽医学部、化学研究所农业化学组。可见，中央大学研究院所的增长颇为迅猛。根据教育部对1946年全国各大学和独立学院研究所设置情况所做的统计，中央大学设有7个研究所，计25个学部，位列全国高校榜首。

武汉大学的研究所数量也得到扩增。1942年6月，武汉大学向教育部提出申请，请求增设文史研究所和理科研究所，并从当年起分别拨给文史部三万元和理化学部四万元补助，以资助研究所筹建工作。在申请报告中，武汉大学分别陈述了增设文史研究所和理科研究所的理由：

> 在抗战的局势下，团结国人抗战，有必要激发国人的爱国热情。激发国人爱国热情，在于倡导发扬我国固有的文化精神。我国固有文化精神的弘扬在于文史。因此，研究文史可以使国人知道我国文化的本源所在，知道我国文化的具体表现以及深刻影响国家民族生存的因素之所在，然后因时而变，进而发扬光大。在今日的形势下，大学尤其应该负起此项责任。同时，增设文史研究所也是为了满足全国求学深造之士的需要。现行大学制度，大学四年学生所学的是一些基本知识，不少学生对于专门学科多有未尽之感，想进一步深造，却又没有相应的设施。虽然现在的国立大学多设有研究所，但招收研究生名额不多，且涉及的领域有限，因此为完成造就高深文史人才的责任，实有增设文史研究所的必要。最后，研究文史有利于激励学人知耻也。目前，日本人掠我文物，抢我资料。他们研究中国历史已超过国人，而国人少有研习者，耻莫大焉！据于上述三条理由，故请求设立文史研究所。
>
> …………
>
> 本校理学院不但设备完善，而且师资力量也很强大；理学院下属各学科（数、理、化、生）是自然科学的基础，有必要设立研究所加以发扬光大；在过去的几年中，由中英庚款委员会和中华文化基金社派来学习的学生，也要求进一步开展所学科目的研究。据于上述三条理由，特要求增设理科研究所。①

---

① 周叶中、涂上飙：《武汉大学研究生教育发展史》，武汉大学出版社2006年版，第29页。

1942年底，武汉大学成立了文科研究所和理科研究所。随后，该校顺势又成立了研究院，至此，武汉大学研究生培养机构基本定型（见“图4.3.1”），且这种架构一直保持至抗战胜利。

- 研究院
  - 法科研究所
    - 经济学部——→经济政策和经济史、会计、财政金融
    - 政治学部——→行政、行政理论、行政法
  - 工科研究所
    - 土木工程学部——→结构工程、水利工程、水力机械
    - 电机工程学部——→电力工程、电信工程
  - 文科研究所——→文史学部——→史学、文学
  - 理科研究所——→理化学部——→化学、物理

图4.3.1 武汉大学研究院所组织架构图

研究院成立后，校长王星拱任命刘秉麟为法科研究所主任，周鲠生为法科研究所政治学部主任（周鲠生出国期间由李浩培代理主任），杨端六为经济学部主任；谭声乙为工科研究所主任，俞忽为土木工程学部主任，叶允竞为电机工程学部主任；刘永济为文科研究所主任；桂质廷为理科研究所主任（桂质廷出国期间由邬保良代理主任），江仁寿为理化学部主任。武汉大学研究生教育迎来新的发展时期，招生数量增长迅速。现将战时武汉大学历年招生人数按专业分类列表示下（见“表4.3.6”）。

表4.3.6 武汉大学1939—1945年研究生分专业招生统计表*

所别	学部	1939	1940	1941	1942	1943	1944	1945	合计
文科	文史	—	—	—	8	6	—	1	15
理科	理化	—	—	—	6	6	4	4	20
法科	经济	1	3	—	2	3	4	4	17
	政治	2	1	1	2	4	—	—	10
工科	土木	—	—	—	—	2	—	1	3
	电机	—	—	2	—	2	1	—	5
合计		3	4	3	18	23	9	10	70

*资料来源于周叶中、涂上飙：《武汉大学研究生教育发展史》，武汉大学出版社2006年版，第32—35页。

1937年前后，在竺可桢校长“求是”办学方针的指导下，浙江大学已具

有相当办学规模，聚集了一支高水平的人才队伍，学校发展处在一个全新、强劲的上升阶段，为开展研究生教育打下了良好基础。1939 年，浙江大学迁至广西宜山，克服教育经费不足和设施条件差等困难，开始了培养研究生的工作。7 月 24 日，教育部给浙江大学下文："应即成立文科研究所史地学部、理科研究所数学部。"① 8 月，文科研究所史地学部和理科研究所数学部正式成立，作为创办研究院的先导。史地学部下设史学组、地形组、气象组、人文地理组，部主任为张其昀；数学部下设解析组和分析组，分别由陈建功和苏步青负责。9 月，这两个学部开始招收研究生，计录取史地学部研究生 4 人、数学部研究生 3 人。由于浙江大学化工系基础好，毕业生质量高，在全国颇有名气，1941 年 8 月，教育部指令浙江大学化工系成立工科研究所化学工程学部。该所是国内高校中最早成立的化工类研究所，部主任为李寿恒，下设油脂工业组、燃料工业组、纤维工业组。该研究所还颁布《国立浙江大学工程研究所化学工程部规程草案》，确立以研究生培养和科学研究为工作重点。

截至其时，浙江大学已经达到教育部规定设置研究院的标准。1941 年 11 月，校长竺可桢主持召开行政谈话会，其中一项重要议题为"本大学应即成立研究院案"。会后，他即致函教育部："查本大学文科研究所与理科研究所成立已久，本年度奉令成立工科研究所业经呈报在案。自本年度起三研究所同时并进，以期平均发展，按《大学研究院暂行组织规程》第二条'凡具备三个研究所以上者，始得称研究院'，今本大学实已具备三研究所，亟应成立研究院以符定章。惟事关组织学术高深机关，是否可行？"② 遗憾的是，教育部并没有立即同意该校的请求。

1942 年 4 月，浙江大学再次扩大研究机构规模，成立农科研究所农业经济学部，由是浙江大学研究所增至 4 个。同年 7 月，浙江大学 8 名首届研究生毕业。这表明了浙江大学具有培养高级知识人才的能力，完全有条件成立研究院。

7 月 12 日，浙江大学召开第 39 次校务会议，讨论商定："本大学成立研

---

① 《浙江省教育志》编纂委员会编：《浙江省教育志》，浙江大学出版社 2004 年版，第 544 页。

② 《本校呈请设立研究院》，浙江大学档案馆馆藏档案："国立浙江大学档案"，案卷编号 L053-001-1545。

究院呈部备案，并推请校长、文理工农四院院长，史地、数学、化工、农经四研究学部主任组织研究院章则委员会。”在校内成立研究院之际，该校再次呈文教育部请求核准：

> 查本大学原有文科研究所史地学部，理科研究所数学学部，工科研究所化学工程学部；卅一年度后奉令增设农业经济学部，业经筹备组织成立；计本校本学年度起已有文理工农四研究所。依《大学研究院暂行组织规程》第二条之规定，“凡具备三研究所以上者得称研究院”。是则三十一年度第一学期起，国立浙江大学研究院自应宣告成立，理合呈报，敬祈鉴核备案，并请核聘该院院长，以昭郑重。又本校各科研究院所研究生奖学金规则，业经呈奉部令施行。兹将该规则略加修正。理合将修正条文一并附呈，并祈核备，实为公便。①

鉴于浙江大学已经设有“文理工农四研究所”，教育部发布训令“准予自三十一年度起成立研究院”，同意了该校的请求。1942 年 8 月，浙江大学研究院正式成立，同时增设理科研究所生物学部。竺可桢担任研究院院长。为平衡发展各学科，进一步扩大研究院规模，竺可桢于 1942 年底再次致函教育部：

> 查本校文科研究所史地学部、理科研究所数学学部、工科研究所化学工程学部、农科研究所农业经济学部已先后成立。各生从事研究，当属各有心得。兹查理学院化学系、工学院电机系、农学院农艺学系、农业化学系等师资与设备当属充实，拟即成立各研究学部，并于师范学院特设一教育心理学部，使之与已成立之学部同时平均发展，以副钧部奖进高深学术之期望。②

但是，教育部认为，全国各大学研究院所规模已经较大，有“研究学部七十五单位，且重要学部均已具备”，表示“在最近期内各大学或独立学院，除经核准筹设有案者外，不得增设任何研究学部，并通令各校知照在案”。③即便如此，竺可桢及其同事们仍然继续努力，不断扩大各学部研究生招生规模。1943 年，招生人数达到 20 人，1944 年在校研究生数增至 50 人（见“表

---

① 《本校呈请设立研究院》，浙江大学档案馆馆藏档案：“国立浙江大学档案”，案卷编号 L053-001-1545。

②③ 《关于本校增设各科研究学部》，浙江大学档案馆馆藏档案：“国立浙江大学档案”，案卷编号 L053-001-1550。

4.3.7”）。若按专业统计，则史地学部在校生人数最多（见“表4.3.8”）。

表4.3.7 浙江大学1941—1946年研究生人数统计表*

年份	招生人数	在校生数	毕业生人数
1941	17	17	8
1942	13	28	6
1943	20	44	10
1944	3	50	8
1945	2	22	3
1946	—	14	6

*资料来源于浙江省研究生教育学会：《浙江研究生教育》，杭州大学出版社1992年版，第84页。

表4.3.8 浙江大学1941—1946年在校研究生学科专业统计表*

学部＼年份	1941	1942	1943	1944	1945	1946	合计
史地	13	12	10	11	9	6	61
数学	3	2	5	5	—	—	15
生物	—	3	11	12	4	3	33
化学工程	1	7	7	10	6	2	33
农业经济	—	4	11	12	3	3	33
合计	17	28	44	50	22	14	175

*资料来源于浙江省研究生教育学会：《浙江研究生教育》，杭州大学出版社1992年版，第88页。

1938年6月，教育部令国立西北联合大学筹设师范科及医科研究所。12月，西北联合大学师范学院师范研究所筹备完成并开始工作，这是西北联合大学组建后创建的第一个研究所。该所聘请李建勋兼任主任。其时史料有此表述："本大学师范学院师范研究所业于二十七年（1938）十二月一日筹备完竣，并已开始工作，经本大学常务委员第五十七次会议，决议聘请教育系主任兼师范研究所主任。”① 随后，该校颁布了《西北联合大学师范学院师范研究所章程》，研究所以“研究高深教育学术，训练教育学术专才，及协助师范学院所划区内教育行政机关研究教育问题，并辅导改进其教育设施”② 为目的，所内分设教育原理、教育心理、教育行政及教材教法四部。此外，该章程还对师范研究所的组织结构及研究生入学资格、培养方式、奖学金及津贴制度都作了较为详细的规定。西北联合大学一分为五后，研究生教育也进一步得到发展。1941 年，西北农学院增设农科研究所农田水利学部。该所以造就高级农业水利人才为宗旨，重视结合西北实际，为农、林、园艺等事业服务，包括农作物栽培育种、家畜品种改良、兽医预防、造林、护林、森林利用等，注重水利工程与农业科学技术的配合及应用。至抗战结束，该所已培养研究生 13 名，为西北农业高层次知识人才的培养奠定了坚实的事业基础。

1941 年，经教育部批准，四川大学相继成立了文、理科研究所。文科研究所分史学、中国文学、语言文字三组，专任指导教授有向楚、庞石帚、彭云生等。理科研究所由杨秀夫教授主持，下设有无机组、有机组、理论组、药学组，研究方向是理论的发展和实际的需要，多数项目与军事工业、医药有关。1944 年四川大学在校研究生已达 17 人。

战时的湖南大学也成立了自己的工科研究所：“本校自去年（1941 年——引者注）十一月奉部令筹设工科研究所矿冶学部以后，即着手筹备，扩充设备，接洽指导教授等，并拟定章则，正呈部核示中，暂先设采矿、冶金两组分别研究，业经教育部核准后，即日招收研究生，并建筑冶金实验室。”③ 不过，该校正式招收研究生实始自 1943 年。当年有黄筱三、熊传助、刘潜章、魏瑞生等，成为湖南大学工科研究所首届研究生。④ 他们结合工矿生产实际，通过攻读研究生以求解决技术上的难题。

1942 年 3 月，教育部批准东北大学将东北史地经济研究室改为文科研究

① 西北大学西北联大研究所编：《西北联大史料汇编》，西北大学出版社 2012 年版，第 49 页。

② 西北大学西北联大研究所编：《西北联大史料汇编》，西北大学出版社 2012 年版，第 73 页。

③ 《工科研究所消息》，《湖大通讯》1942 年第 2 期。

④ 参见湖南省档案馆馆藏档案：全宗号 60，目录号 1，卷号 137。

所，暂设史地学部。8月，文科研究所史地学部正式成立，聘金毓黻为研究所主任，并招收研究生。1944年7月，史地学部分设历史、地理、经济史地等组，历史组由丁山、金毓黻两教授指导，地理组由杨曾威教授指导，经济史地组由吴希庸教授指导。当年在校研究生7人。截至1945年3月，文科研究所已毕业两届学生，第三届毕业生有4名。他们的研究题目分别是：史亚民“补《魏书》职官志”、金铄“近世东北国际关系研究”、满颖之“东北农业地理”、杨锡福“东北收复后交通建设研究”。同时，在校就读的研究生也都确立了自己的研究方向，例如，赵霁光致力于明史，陈健着重于气象，侯国宏则努力于史学理论研讨。

1943年7月20日，交通大学工科研究所电信学部正式成立，张钟俊为学部主任。该研究所系交通大学与交通部电信总局、中央广播事业管理局、中央电工器材厂及中央无线电器材厂等合作创办，同年秋季正式招收大学电机及物理系毕业生。首届招收研究生4名，1944、1945年各招收10名。该所日常经费由各合作单位各补助研究部1000元。该研究所加强与社会相关机构的合作，也开创了近代研究生教育的新模式。

金陵大学在1935年成立的首批研究所中就包括农科研究所的农业经济学部。由于社会发展对农业科技人才的亟需，1940年，金陵大学农科研究所增设农艺学部，分作物改良、植物病理及经济昆虫等三组。1941年，又增设园艺学部，章文才任部主任。从研究所学科设置来看，发展农科是金陵大学研究生教育的重中之重，这也同该校在近代农业教育上的重要地位相一致。1943年元月21日是该校农学院创立30周年纪念日，教育部发令称赞该校农学院“在国内高等农业教育机关中历史最为悠久，历来培养农业人才，倡导农业改进，增加农业生产，裨益民生，功效昭著”①。

除农科人才培养外，1944年，金陵大学文科研究所在社会福利行政特别研究部的基础上，增设了社会学部。这是私立大学中的第一个社会学部。在增设学部之际，金陵大学还完善了学部的内部结构，在学部下设组或门。如史学部分设国史组、中国思想史及文化史组、考古学及东洋古物研究组、东

---

① 《南大百年实录》编辑组编：《南大百年实录》（中卷），南京大学出版社2002年版，第279页。

洋史组、西洋史组；农业经济学部下设农场管理学门、农业金融农业合作学门、农业社会学门。至抗战胜利之时，金陵大学研究生教育形成了“三科六部”的格局（见“表 4.3.9”），研究生培养专业趋向多样，整体规模位居教会大学前列。

表 4.3.9　1945 学年度第二学期金陵大学研究所概况*

所名	部名	所长及学部主任	教师数					研究生数								
			共计	专任		兼任	女性	共计			第一年			第二年		
				一	二			计	男	女	计	男	女	计	男	女
文科	史学	李小缘	4	1	1	2	—	1	—	1	—	—	—	1	—	1
	社会学	周信铭	11	—	8	3	5	9	7	2	9	7	2	—	—	—
理科	化学	戴安邦	9	—	6	3	1	7	7	—	2	2	—	5	5	—
农科	农业经济	孙文郁	9	1	4	4	—	5	5	—	3	3	—	2	2	—
	园艺学	程世杭	7	1	1	5	—	2	2	—	2	2	—	—	—	—
	农艺学	吴绍骙	9	1	4	4	—	6	6	—	5	5	—	1	1	—

*资料来源于《南大百年实录》编辑组编：《南大百年实录》（中卷），南京大学出版社 2002 年版，第 290 页。

辅仁大学根据师资和设备发展情况，在战时陆续增设化学研究部（1941 年秋）、生物学研究部（1941 年秋）、人类学研究部（1944 年）和经济学研究部（1945 年）。随着研究生培养规模不断壮大，该校遂将研究所扩大为研究院，其招生人数也随之逐年增加，1940 至 1946 年间每年招生人数分别为 2、4、5、9、10、8、14 名。① 1945 年在校研究生人数达到 35 名。随着招生规模的扩大，毕业人数也相应增加。1940 年首届毕业研究生 8 人。1941 至 1944 年间毕业的研究生中，累计史学部 11 名、物理学部 11 名、化学部 2 名、人类学部 1 名。

在艰苦卓绝的抗日战争中，全国教育工作者发扬了高度的爱国主义精神。

① 北京师范大学校史编写组编：《北京师范大学校史（1902—1982）》，北京师范大学出版社 1982 年版，第 271 页。

按照“抗战建国”的基本国策，国民政府也制定了一系列比较合理可行的教育指导方针、具体政策和实施细则。在全国人民同仇敌忾的悲壮气氛中，在烽火连天极端困难的战争条件下，研究生教育不仅维持了基本正常的运转，而且在高层次知识人才培养和科学研究方面取得了丰硕的成就，为中华民族争取抗战胜利和战后重建尽了教育界的一份责任，作出了高教工作者的救亡纾难的卓越贡献。

（三）战后研究院所的发展

1945 年 8 月 15 日，日本宣布无条件投降，中国人民取得抗日战争的胜利。内迁到西部等省区的高校开始复员，搬返至原址办学。考虑到研究生教育的连续性，特别是 1944、1945 年招收的研究生还在继续学习，教育部对研究生教育采取维持现状的政策。随着高校研究所的发展和成熟，毕业研究生“出任大学讲师、副教授、教授者渐众”，对缓解抗战时期师资不足之困难起到了一定的积极作用。然而，此际主要用作培养研究生人才的研究院所，在其机构建制、经费使用和人员安排等方面也受到时人的批评：

> 研究院所由于地位及任务之提高，渐渐有脱离母体，自成一格之趋势，经费独立，师资独立。但因大学经费枯竭，高级师资难求，研究院与大学分家，反驱前者于独立无援状态，徒有其表而无其实，研究院逐渐忽略其“供给教员研究便利”之任务，而成为培养“硕士”的所在，量愈多，质愈差，颇为有识者所诟病。①

即是说，其时人们对高校研究院所已演变成一种单纯培养硕士人才的机构大为不满，认为这样的变化对研究院所及大学的发展均为不利，故而“有识者”认为大学研究院所“不必独立设置”。

基于上述社会认识，1946 年 12 月，教育部颁布《大学研究所暂行组织规程》，对研究生培养机构进行改革：各校原设之研究院、所、学部悉照新定规程改组，废止了大学研究院和研究学部，一律改为研究所。按此规定，原来的学部演变为研究所，致使大学研究所数量急剧增加。至 1947 年，33 所高校设置的研究所已达 156 个之多（见“表 4.3.10”）。

---

① 欧元怀：《抗战十年来中国的大学教育》，《中华教育界》（复刊）第 1 卷（1947 年）第 1 期。

表 4.3.10　1947 年全国大学研究所统计表*

序号	学校名称	院别	研究所名称
1	中央大学	文	中国文学、外国文学、史学、哲学
		理	数学、地理学、心理学、生物学、物理学、化学
		法	法律学、政治学、经济学、社会学
		农	农业经济、农艺学、森林学、畜牧兽医学
		工	土木工程、机械工程、电机工程
		医	生物化学、生理学、公共卫生、法医学
		师范	教育学
2	中山大学	文	中国文学、史学
		理	植物学
		农	土壤学
		师范	教育学
		医	病理学、生理学、细菌学、解剖学、药理学
3	武汉大学	文	中国文学、史学
		理	物理学、化学
		法	经济学、政治学
		工	土木工程、电机工程
4	浙江大学	文	教育学、史地
		理	数学、物理学、化学、生物学
		工	化学工程
		农	农业经济
5	四川大学	文	中国文学
		理	化学

续表

序号	学校名称	院别	研究所名称
6	同济大学	理	土地测量
		医	细菌学
7	厦门大学	理	中国海洋、水产
8	复旦大学	法	经济学
9	交通大学	工	电信学
10	湖南大学	工	矿冶学
11	贵州大学	文	中国文学
12	东北大学	文	史学
		理	地理学
13	南开大学	商	经济学
		工	化学工程
14	清华大学	文	中国文学、外国文学、史学、哲学
		法	社会学、经济学、政治学
		理	数学、心理学、地学、物理学、气象学、化学、生物学
		工	电机工程、土木工程、化学工程、机械工程、建筑工程、航空工程
		农	植物病理、植物生理、昆虫
15	北京大学	文	中国文学、东方语文、西方语文、史学、哲学、教育学
		法	法律学、政治学、经济学
		理	数学、化学、物理学、动物学、植物学、地质
16	重庆大学		数学
			化学工程、电机工程

续表

序号	学校名称	院别	研究所名称
17	山东大学	（理）	海洋
18	台湾大学	医	热带医学、生理学、病理学、结核病、植物学
		农	农业化学、农业生物学
		工	电机工程
19	政治大学		研究部
20	北平师范学院	（师范）	教育学
21	上海医学院	医	药理学、病理学、生物化学
22	江苏医学院	医	寄生虫学
23	西北农学院	农	农业水利
24	西北工学院	工	矿冶工程
25	西北师范学院	师范	教育学
26	沈阳医学院	医	生理学、病理学、药理学、细菌学、解剖学、内科学、外科学、放射线科学
27	金陵大学	文	历史学、社会学
		理	化学
		农	农艺学、园艺学、农业经济学
28	燕京大学	文	史学、政治学
		理	化学、生物
29	岭南大学	理	生物学、物理学、化学
30	辅仁大学	文	人类学、史学、经济学
		理	物理学、化学、生物学
31	齐鲁大学	医	寄生虫学
32	东吴大学	法	法律学

续表

序号	学校名称	院别	研究所名称
33	朝阳学院	法	法律学

*资料来源于教育部年鉴编纂委员会编：《第二次中国教育年鉴》第五编，商务印书馆1948年版，第87—88页。

1946年10月，北京大学迁回北平复校，胡适就任北京大学校长。胡适决心在十年内将其办成“像样的大学”，并明确了发展研究生教育的意向。为此，文科研究所中增设了教育学部，中国文学部与语言学部改设为中国语文学部和西方语文学部；理科研究所生物学部改设为动物学部和植物学部。1947年秋，一次录取研究生58人（内含助教研究生19人），其中理科29人，文科20人，法科9人。1948年春，该校录取研究生45人（内含助教研究生16人），其中理科24人，文科13人，法科8人。① 北京大学研究生教育重新走上正轨。

清华大学迁回北平复校后，校长梅贻琦对学校研究事业相对滞后的状况深为不满，于是急起直追，致力于恢复或新创各科研究所。仅1947年秋，清华大学便改组并新设了文科的中国文学、外国文学、史学、哲学4个研究所，法科的社会学、经济学、政治学3个研究所，理科的数学、心理学、地学、物理学、气象学、化学、生物学7个研究所，工科的电机工程、土木工程、化学工程、机械工程、建筑工程、航空工程6个研究所，研究所的总数迅速达到20个，且几乎涵盖了当时所有的学科领域。以今天的学科分类观点来看，这20个研究所已覆盖了哲学、经济学、法学、教育学、文学、历史学、理学及工学等8个学科门类。这是当时设置研究所最多、学科覆盖面最广的学校之一，仅次于国立中央大学。由此可见，清华大学研究生教育的基础相当厚实。从1946至1948年，清华大学共招收研究生62名，但毕业研究生仅有5名。②

---

① 萧超然等编著：《北京大学校史（1898—1949）》（增订本），北京大学出版社1988年版，第411页。

② 参见北京高等教育志编纂委员会编：《北京高等教育志》（上），华艺出版社2004年版，第189页。

抗战胜利后，中央大学迁回南京复校，1946年11月1日复员就绪，正式开学上课；随即研究院制取消，原设学部升格为研究所，改行研究所制。此时中央大学设有中国文学、外国语文、历史、哲学、数学、物理、生物、化学、地理、心理、法律、政治经济、教育、农艺、森林、农业经济、畜牧兽医、土木工程、电机工程、机械工程、生理、公共卫生、生物化学共23个研究所。是年，共招收研究生68名，其中女生2名。尽管中央大学的研究生教育起步相对较晚，然而发展势头十分强劲。自1943年起，教育部要求各校硕士论文均须送教育部学术审议委员会审查通过。据《第二次中国教育年鉴》统计，从1943至1948年间，全国各大学通过硕士论文审查并获得硕士学位者共计232人，其中中央大学截至1948年的五年中获得硕士学位的就有51人，占全国总数的近22%。中央大学开展的研究生教育所获得的成就，由此可见其情。

抗战胜利后，各大学的回迁、复员使西南和西北地区的教育发展受到一定影响。国民政府教育部为减少这种影响，除保留了四川大学、西北工学院、西北农学院和西北师范学院原设研究所外，还批准增设了贵州大学中国文学研究所，重庆大学数学研究所、化学工程研究所、电机工程研究所，以及保留下东北大学地理学研究所。

此外，抗战胜利后，日伪统治地区的研究生教育设施也得以利用。台湾大学在抗战胜利前，称为台北帝国大学，分设文政、理、农、医、工5个学部。1945年11月中国政府接办该校后，改称台湾大学，分设文、理、农、工、医5个学院，并陆续增设热带医学、生理学、病理学、结核病、植物学、农业化学、农业生物学、电机工程8个研究所，既利用了原有的资源优势，又有利于巩固地方最高学府的地位。再如中国政府接办伪满时期设置的沈阳医学院后，先后创设生理学、病理学、药理学、细菌学、解剖学、内科学、外科学、放射线科学8个研究所。

在教会大学方面，据1948年的统计，齐鲁大学创设了寄生虫研究所，金陵大学增设了社会学、农艺学2个研究所，燕京大学裁撤了物理研究所，辅仁大学增设了人类学、经济学、化学、生物学4个研究所，岭南大学增设物理学研究所。统计此期教会大学用以培养研究生的机构，共6校21个研究所。

在国人自办私立大学方面，抗日战争爆发前，由国人自办的私立大学中仅南开大学创设了经济研究所。后南开大学改为国立高校，又有私立广州大学有经济学研究所，私立朝阳学院有法律学研究所。

截至1948年，设有研究所的高校计有34校院，共166个研究所。全国大学及独立学院之研究机构，在国民政府败逃台湾前的最后两年，较之于抗战胜利之初，增加了70多个。值得注意的是，此种现象只是一种泡沫式的发展，一些校所的研究生教育已是徒有其名而无其实。因为从1948年起，全国研究生人数由上一年的420多人急剧减少到不足10人，绝大多数高校的研究所无在读研究生，如清华大学和北洋大学分别设有6个和5个研究所，但都没有招收研究生。其主要原因是大规模内战导致经济崩溃、时局混乱，使高等学校陷入危机，研究生连基本生活都难以维持，更无法读书做研究，因而大学毕业生无人报考研究生，在读研究生也纷纷被迫弃学谋生，高校研究所在内战的炮火硝烟中变成了一个个空架子。1949年4月23日，解放军攻占南京，在中国历史上存在了38年的中华民国政府退出了历史舞台，而近代的研究生教育，也随之完成了它的历史使命。

二、 培养环节的规范

经过三十余年的探索，我国研究生教育日趋规范，从新生招考到课程教学，从科学研究到学位授予，逐渐形成了一套完善的培养制度，积累了相当丰富的教育经验，使得我国近代研究生教育达到较高水准。

（一）严格招生考试

在西南联合大学稳定下来后，北京大学文科研究所恢复后即开始了研究生的招考与培养工作。1939年，北京大学颁布了《国立北京大学文科研究所招考研究生办法》，这是全面抗战期间全国高校发布的第一个研究生招考办法，全文如下：

国立北京大学文科研究所招考研究生办法①

一、名额　本所暂设研究生名额十人，每人之科目，应不出下列范围：

（1）史学部分　通史中各段，哲学宗教史、经济史属之。

① 《国立北京大学文科研究所招考研究生办法》，北京大学档案馆馆藏档案：全宗号二，案卷号10。

（2）语学部分 汉语学各科，边地语言、英吉利语言学属之。

（3）中国文学部分 中国文学史及文籍校订属之。

（4）考古部分 考古学及金石学属之。

（5）人类学部分 物质及文化人类学属之。

二、资格 应考人之资格，须具备下列各条件：

（1）公私立大学文学院毕业者，但其他学院毕业有适当之论文者，亦得应考。

（2）著有论文者。

（3）年龄在三十岁以下，身体强健者。

三、考试 考试之程序如下：

（1）应考人须于报名时缴付：（一）毕业证明文件；（二）论文；（三）其他关于学业之证件（此项如无，可缺）；（四）二寸半身相片三张。

（2）本所收到后即付审查，初审合格者，通知其在昆明或重庆应试。

（3）考试科目如下：（一）口试；（二）外国语试（英法德之一）；（三）笔试，就其论文性质作成试题以测其学力。

（4）注意点 初审及录取均以论文为主要，此项论文以确具工力并颇有心得者为限。

四、修业及待遇

（1）研究生修业期限为两年，但成绩优良而工作未能结束者得延长一年。

（2）在第一年修业期中，每人每月给予生活费五十元，并由本校供给住宿。

（3）在修业期中应遵守本校各项规则，并服从导师之指导。

（4）在第一年修业期满后，考核成绩，其成绩及格者继续给予生活费，其成绩特优者得外加奖金，成绩不及格者停止修业。

（5）全部修业满期后，考试及格由本校依照部章给予证书，并择成绩尤佳者留校服务，或介绍工作。

五、考期

为适合投考者之方便，将入学考试分作两期举行。

（1）第一次考试 接收论文于本年七月十五日截止，八月五日考试。

（2）第二次考试　接收论文于本年八月三十日截止，九月十五日考试。

（3）论文随到随付审查，以早缴为宜。但第一次考试中如录取名额已满，即将第二次考试取消。

从上可知，该研究生招考办法对报考资格、招考范围、考试程序、考试内容、考试时间、修业年限及相关待遇都作了详细的规定。从内容上看，该招考办法非常类似现今的研究生招考简章。对于北京大学研究所的恢复及招生，1939 年 6 月 13 日，上海《申报》特地作了这样的报导：

（昆明十二日电）北京大学文科研究所，自七七事变后，即行停顿，现定下年度起恢复工作，并开始招考研究生十名，科目分史学、语学、中国文学、考古、人类学五部，分（修业）期限两年，待遇月给生活费五十元。考试分两次举行，第一次考试接收论文于七月十五日截止，八月五日考试；第二次考试接收论文八月三十日截止，九月十五日考试。应试者于证件论文初审合格后，即分别通知，在昆明或重庆应试。报名地点为昆明才盛巷二号。①

成绩揭晓后，8 月 15 日的《申报》再次对文科研究所招考结果予以报道：

（昆明十二日电）北京大学文科研究所第一届招生考试，业经举行，计录取史学部分三名，语言学部分三名，中文部分一名。该所第二次招生定八月三十日截止接收论文，九月十五日考试。②

第一次考试共录取七名研究生，仅有杨志玖、汪篯、阎文儒、马学良、逯钦立等五人来校报到，这与当初的招生计划有较大的差距。之所以会出现这种情况，除了战时交通阻滞等外部因素，还与当时文科研究所采取严格的考选标准有关。从郑天挺为汪篯所出的试题即可看出：

一、述李唐族姓之所自；

二、沈东甫《唐书宰相世系表订讹》，其体例若何，其得失若何，试详论之；

三、《新唐书·世系表》名位显著之人，往往下无子姓，即有亦不过一、二传。或谓五季散乱之后，人多假托华胄，欧公意在谨严，故存其

① 《北大文科研究所招研究生七八月两次举行》，《申报》1939 年 6 月 13 日。

② 《北大文科研究所招生考试揭晓》，《申报》1939 年 8 月 15 日。

父祖，删其子孙，其说果足据乎？试举例以明之。（原注：此李莼客说，见光绪十年九月十九日日记）

四、有唐氏族长孙、窦、武、裴、萧、崔、卢诸家，先后显晦之故，能略述之欤。[①]

于是，北大文科研究所举行了第二次招生考试。此次招考又录取了王明、任继愈、周法高、刘念和、阴法鲁等五人。经两次考试选拔后，战时北大第一批文科研究生共十人。因日寇飞机对昆明城区进行轰炸，北大文科研究所迁到昆明城西北龙头村（龙泉镇）宝台山上临时盖的土房中。因此，这批研究生号称“宝台山十翰林”，闻名于当时及后世。

由于北大文科研究所在全面抗战时期最先恢复招收研究生，所以当事人对当时招考的情形记忆犹新。任继愈曾回忆，时任史学组导师的陈寅恪先生在昆明主持口试，时间应在 6 月 21 日前。口试时，陈先生对文学、哲学、语言、文字、历史各专业考生耳提面命，环连线索、启发点拨，为甄选最优作用极大。获选者自然喜不自胜，落选者亦受益匪浅。[②] 据杨志玖回忆：“1939 年夏天，北大文科研究所恢复招生，傅斯年兼任所长，他劝我们报名。他对此次招生非常认真，亲自主持了一些口试，并检阅了每个人的英文试卷，文科研究所开学之日，傅先生又招集全体同学讲话。文科所在云南大学脚下的青云街靛花巷三号，这本是中央研究院历史语言研究所的所址，文科研究所成立后，史语所搬到乡下，但傅先生还经常到靛花巷三号来了解同学们学习的情况。”[③] “入学考试前须先交论文，论文不合格不得应考，这就保证了应考者的基本质量。”[④]

战时清华大学恢复研究生的培养工作，是从招收新生开始的。1939 年 7 月 24 日，清华研究院召开第一次会议，教务长潘光旦任会议主席。会议修正并通过了研究院暂行办法，并对该届研究院考试日期、科目、分数折算、招考广告等细节作出规定。随后，清华研究院公布了《国立清华大学研究院招

---

① 转引自胡守为主编：《陈寅恪与二十世纪中国学术》，浙江人民出版社 2000 年版，第 747 页。

② 参见逯钦立：《逯钦立文存》，中华书局 2010 年版，第 851 页。

③ 陈立言：《靛花巷与北大文科研究所》，载夏本戎主编：《五华教育史话》，云南大学出版社 2004 年版，第 260 页。

④ 杨志玖：《杨志玖自传》，《文献》1992 年第 4 期。

考广告》(1939 年)：“本年度本大学研究院招考第一年学生，男女兼收。”考试科目由公共科目和专门科目组成，其中公共科目包括国文和英文（作文及翻译)；专门科目则根据学部而不同。报名者需提供履历志愿书、体格证书、考试费、登记照片、毕业证书及成绩证书等相关材料。① 紧接着，清华研究院还公布了《二十八年度文理研究所招生考试科目、命题人及考试时间表》，确定考试科目、命题教师和考试时间；最后，确定研究生录取事宜。9 月 18 日，清华研究院召开第 3 次会议，议决研究院新生录取标准、津贴标准等事项。22 日，清华大学以校长梅贻琦的名义公布了《国立清华大学文、理科研究所招考录取榜》，“为榜示事：查本校研究院文、理两科研究所此次招考研究生所有试卷业经分别阅订完竣。计共录取李赋宁等七名……”②

1940 年 6 月，浙江大学文科研究所也颁布了招考研究生简章，其具体内容如下：

国立浙江大学文科研究所史地部招考研究生简章③

一、组别。本部研究范围暂分下列四组：

(1) 史学组：由张荫麟、顾谷宜先生指导。

(2) 人文地理学组：由张其昀先生指导。

(3) 地形学组：由叶良辅、任美锷先生指导。

(4) 气象学组：由涂长望先生指导。

二、名额：十名。

三、应试资格。应试人须具下列资格：

1. 国立、省立或已立案之私立大学或独立学院史学系、地学系或史地学系毕业者，其他学系毕业，经原校教授特别介绍者；

2. 年龄在三十岁以下者。

四、报名手续。应试人须缴验下列各件：

(1) 报名单一纸；

---

① 参见张思敬等主编：《国立西南联合大学史料》（三）“教学、科研卷”，云南教育出版社 1998 年版，第 434—435 页。

② 张思敬等主编：《国立西南联合大学史料》（三）“教学、科研卷”，云南教育出版社 1998 年版，第 437 页。

③ 《国立浙江大学文科研究所史地部招考研究生简章》，浙江大学档案馆馆藏档案：“国立浙江大学档案”，案卷编号 L053-001-3756。

（2）毕业证明文件；

（3）最近二寸半身相片三张；

（4）论文（审查及录取均注重论文）；

（5）原校系主任或教授之介绍信（如无可缺）；

（6）体格检查证明书；

本部于收齐上列各件后即付审查，合格者方准应试。

五、报名。

（1）日期：自七月一日起至八月十五日止。

（2）地点：贵州遵义本大学注册组。

六、考试。就应试人所欲研究之范围与所著论文之性质命题笔试，通讯方法举行之。

七、修业年限及待遇：

（1）研究生修业期限至少二年；

（2）研究生学费杂费暂免，在修业期中每人每月给予生活费五十元，并由校供给住宿，修业满一年成绩特优者得另给奖学金，成绩不及格者停止修业；

（3）全部修业期满经考试及格者，依照部章给予证书。

在研究生的录取标准上，浙江大学史地学部有着非常严格的规定。1945年8月，竺可桢主持召开研究院院务会议，对研究生录取标准提出明确要求："一、入学考试科目全考，平均成绩在五十分以上者。二、凡本校毕业学生，其四年平均成绩，必须在同系同级学生成绩名次中之上半段者。三、研究论文，必经主管系别认为合格者。以上三项，全须具备，不可缺一。"①

全面抗战时期，社会动荡、交通受阻、信息闭塞，这些状况给研究生的招考带来了一些不利的影响。各高校克服重重困难，制订较规范的招生简章，对报考资格、招生专业及研究方向、录取人数、考试程序、考试科目、考试时间、修业年限及相关待遇等都作了详细介绍，并通过新闻媒体广泛宣传，以引起考生及社会的关注。各研究院所也能根据战时的实际状况，灵活地组织考试。受多种因素的影响，战时各专业的报考人数有限，但各培养单位坚持宁缺毋滥的原则，选拔优秀学生进入研究生阶段的学习。总之，高质量的

① 《研究院举行第三次院务会议》，《国立浙江大学校刊》（复刊）1945年第130期。

生源是确保研究生教育水准的重要基础。

（二）规范课程教学

课程学习是研究生培养的基本环节也是主要环节。中国近代研究生教育大多实行学分制，将课程学习与学分积累结合起来，不同的研究所（学部）课程和学分安排各不相同。除助教研究生外，通常学习年限为两学年。第一学年的主要任务是课程学习。对不同的课程规定不同的学分数，只有取得一定数量的研究生课程学分，才能进入毕业环节。研究生围绕必修课、选修课和基础实习课进行学习，以获得相应的学分。

以浙江大学为例，据《国立浙江大学研究院一览》中规定：（一）研究生至少应修习研究生课程 24 学分，在必要时可以适当增减课程学分。（二）研究生必须进修一门外国语，并达到通晓的程度，如果在入学考试时没有通过所在研究所（学部）与外国语言文学系联合组织的外语考试，那么应在入学一年内补习合格。（三）研究生课程考试没有通过时，即使该课程经过补考合格也不予学分。（四）各门修习课程考试成绩必须满 70 分，否则不予学分。（五）所有修习课程都必须在每学期规定日期内注册，按照选课程序选课；修习非规定的研究生课程也可以取得学分，但是同样必须事先经过注册。有此严格规定，所以浙江大学各专业皆开设了一系列课程。现以数学研究所为例（见“表 4.3.11”）以示其详。

表 4.3.11　浙江大学数学研究所课程一览*

课程名称	每学年学分	学习年限	指导教师
三角级数论	4	二年	苏步青
高等微分几何学	4	二年	苏步青
数学研究（甲）	4	二年	苏步青
数学研究（乙）	4	二年	陈建功
解析数论	4	二年	王福春
射影微分几何学	4	二年	苏步青
微分方程式论	6	一年	蒋硕良

*资料来源于浙江省研究生教育学会编：《浙江研究生教育》，杭州大学出版社 1992 年版，第 89 页。

西南联合大学为研究生开设了系列必修课和选修课。从《国立西南联合大学各院系必修选修学程表》中可见，在1940至1941年度，理科研究所算学部的华罗庚、陈省身分别为研究生开设了“数论”“射影微分几何”等课程。在以后各学年度的学程表中，华罗庚讲授的课程有“代数数论”“解析数论”“素数分布及黎曼C函数”“连续群论”等，陈省身讲授的课程包括“黎曼几何”“射影微分几何”“高等微分几何”“投影几何”“罗纲几何学”等，杨武之主讲“数论”和“群论”，程毓淮主讲“群论和形势几何”，刘晋年主讲“近世代数”，申又枨讲授“复变函数”，许宝騄讲授“佛里哀级数与积分”，江泽涵主讲“形势几何”。这些教授们在讲授原有课程的基础上，增加了反映20世纪学术成就的新内容。①

物理学部也为研究生开设大量课程。通过整理杨振宁在读研究生时的课程表（见“表4.3.12”），能更清楚地了解其时西南联合大学研究生教育的授课情形。

表4.3.12　西南联合大学研究生杨振宁所学课程情况表*

<table>
<tr><th>学年</th><th>学程</th><th>必选修</th><th>学期</th><th>学分</th><th>教师</th></tr>
<tr><td rowspan="6">第一学年（1942—1943年度）</td><td>量子力学</td><td>研</td><td>全年</td><td>6</td><td>王竹溪、马仕俊</td></tr>
<tr><td>普通相对论</td><td>研</td><td>下</td><td>3</td><td>周培源</td></tr>
<tr><td>光之电磁论</td><td>研</td><td>上</td><td>3</td><td>饶毓泰</td></tr>
<tr><td>量子化学</td><td>研</td><td>上</td><td>3</td><td>吴大猷</td></tr>
<tr><td>放射性及原子核物理</td><td>研</td><td>全年</td><td>6</td><td>张文裕、霍秉权</td></tr>
<tr><td>X射线及电子</td><td>研</td><td>全年</td><td>6</td><td>吴有训</td></tr>
<tr><td rowspan="2">第二学年（1943—1944学年）</td><td>高等力学</td><td>研</td><td>上</td><td>3</td><td>吴大猷</td></tr>
<tr><td>电动力学</td><td>研、选</td><td>下</td><td>3</td><td>王竹溪</td></tr>
</table>

*资料来源于苏国有：《杨振宁在昆明的读书生活》，云南人民出版社2009年版，第221页。

辅仁大学在研究生课程设置方面也有严格要求。该校一方面为研究生开

① 参见华存才等编著：《数学应用工程研究》，科学出版社2010年版，第273页。

设研究性课程作为必修课，另一方面又规定研究生应在本科各系选修所需课程。各学部导师根据各自的研究专长，为研究生讲授了大量的课程。现以1941年度物理学部为例。严池开设的课程有“初等量子论”“波动力学”“高等波动力学”“量子力学”“原子光谱学”“分子光谱”“统计力学”“量子统计学”等，李嘉士讲授课程有“张量研究”“分子光学”“相对论”“各向异性介质之光性质”等，欧思德主讲“X射线”“气体内电传导”“X射线实验”等。除此之外，还有全体导师集体讲授的“物理研究”，以及准备外聘教师讲授的“核子物理”和“电子物理”。① 生物学部同样制订了较系统的课程计划表（如“表4.3.13”）。

表4.3.13　1941年度辅仁大学生物学专业培养计划表＊

课程名称	主要内容	完成形式	学分
生物学讨论课	最新动物学、植物学前沿课题	研究生必须参加的讨论会	不计
中国脊椎动物学问题	研究中国脊椎动物分类及解剖	讲课2时/周、实验2次/周	4
动物育种学	动物育种方法	以家畜动物做实验	4
应用昆虫学	中国益虫之利用、害虫之驱除	讲课	3
比较动物生理学	动物界新陈代谢、神经作用、发育情况之比较研究	讲课	4
寄生虫学	中国寄生动物与传染病关系	讲课2时/周，实验1次/周	3
药物学	有机与无机药物之生理功能及机理	讲课2时/周、实验2次/周	4
植物育种学	植物育种的方法	以中国经济植物作实地实验	4
古植物学	以中国北部植物为研究对象	讲课2时/周、实验1次/周	3

① 参见孙邦华：《身等国宝　志存辅仁——辅仁大学校长陈垣》，山东教育出版社2004年版，第201页。

续表

课程名称	主要内容	完成形式	学分
植物病理学	讲解植物病理、植物非寄生性病和寄生性病，以及植物科学保护法	讲课	2
微生物学	病菌致病机理、免疫学原理，以及农业上有益之病菌	讲课 1 时/周、实验 2 次/周	3
生态学	研究北京地区植物种群之源与发展	讲课	1
藻类学	研究中国藻类形态分类	讲课、实地考察	3
植物学问题讨论	植物形态显微分析，化学显微分析	讲课 2 时/周、实验 2 次/周	4
生药学	研究中国、欧洲植物药材显微化学生理作用	讲课 2 时/周、实验 2 次/周	4
生物化学		讲课 2 时/周、实验 2 次/周	4
水产生物学		讲课 2 时/周、实验 1 次/周	3
科学的哲学	讲授科学理论哲学基础	讲课 1 时/周	2

*资料来源：根据北京辅仁大学校友会编《北京辅仁大学校史》（中国社会出版社2005年版）第207—208页等相关内容整理。

从上述培养计划来看，生物学部设置的课程较为全面，既涉及学科基本理论，也有大量与中国动植物相关的实际问题，体现出学以致用的原则，并特别注意结合中国地区特点进行教学和科研，有针对性地解决公众与社会亟待解决的问题。在教学形式上，生物学部以实验、实地考察、讨论等多种形式辅助课堂讲授，突出理论联系实际的特点。1943年，生物学部的培养计划还增加了“农业概论”和“自然哲学”等课程，彰显其重视生物学相关学科的发展动向，注重学科间的沟通与联系，有利于拓展学生的学术视野，提升其涉足交叉学科的研究能力。

除了课程教学外，各培养单位还辅以学术讲座、专题讨论等多种方式进行研究生培养。讨论班主要是在导师带领下，定期或不定期作有关专题的学术讲演和探讨。师生共同参加、互相切磋、共同研究，有利于扩大学生视野，培养其研究兴趣，锻炼其分析、探索问题的能力。例如，西南联合大学算学部的教授们非常重视这项教学活动，先后开设了大量的主题讨论班（见“表 4.3.14”）。除此之外，不拘形式、自由结合的小型讨论班更是经常举行。

表 4.3.14　西南联合大学算学部讨论班*

名称	开设时间	主持教师
代数讨论班	1939—1940 年	华罗庚、蒋硕民、曾远荣、陈省身、王湘浩
形势几何讨论班	1939—1941 年	陈省身、程毓淮、刘晋年、江泽涵
李群讨论班	1940 年度	陈省身、华罗庚、王竹溪
分析讨论班	1940—1941 年	蒋硕民、陈省身、许宝騄、王湘浩、庄圻泰
群论讨论班	1940—1941 年	程毓淮、刘晋年
解析数论讨论班	1941—1942 年	华罗庚
拓扑群讨论班	1943—1944 年	江泽涵

*资料来源于徐利治口述，袁向东、郭金海整理：《徐利治访谈录》，湖南教育出版社 2009 年版，第 55 页。

浙江大学数学研究所也非常重视讨论班的作用。“数学研究”学术讨论班不但未受战争影响而停止，反而更活跃，每星期六下午如期举行，所长苏步青风雨无阻，每次必到。“数学研究”分甲乙两班：甲班是函数与微分几何两专业合在一起讨论，每个报告人要读懂一篇外文杂志上指定的最新数学论文，然后向大家宣讲，介绍相关研究的最新内容；乙班则分专业进行，要求报告人报告事先选定的文献，一般是最新出版的外文数学专著。[①] 讨论班要求极其

① 参见张彬：《倡言求是　培育英才——浙江大学校长竺可桢》，山东教育出版社 2004 年版，第 296—297 页。

严格，报告前必须认真阅读文献，仔细验算，提出问题和表达自己的见解，进行讨论。如果只停留在表面理解上，师生当场提问，“打破砂锅问到底”，往往会被“吊”在黑板上，弄得下不了台。[①] 这种严格的训练，使学生打下坚实的基础，又得到研究能力的训练。这种把教学和研究密切结合的方法，不停留在教书、兼课、写教材的教学层面，终于把浙江大学数学研究所建设成全国第一流的数学基地，造就了大批的高层次研究人才。[②]

燕京大学在研究生的培养方面更是不乏创举。以化学专业为例，一是结合抗战及现实生活需求，为研究生新开设了“胶体化学”“化学热力学”“光化学”“蛋白质化学”和“营养化学”等课程，丰富了学科知识和课程内容，并高度重视实验课及学生的动手实践能力；二是开展学术活动，活跃学习气氛。经常性的学术活动有两类：一类是燕京化学俱乐部经常邀请著名学者如北京大学曾昭伦、清华大学黄子卿等来校作报告；一类是化学研究座谈会，首先由研究生报告本人科研成果或读书报告文献总结等，然后进行提问和讨论。这些学术活动在培养学生自学能力、表达能力、学术交流能力和扩大知识面等方面效果均佳。[③]

总体而论，在全面抗战时期，各有关高校的研究生教育课程设置更加规范、体系更加完备，既重视学科基础课程的开设，也强调学科方向课程的讲授，使得人才培养的知识体系更加完善。同时，一批留学生因战事而归国，在“教育救国”精神的感召下，他们非常重视高层次知识人才的培养，纷纷加入研究生教育事业。这些“海归”不仅壮大了研究生导师的力量，而且根据自己的专长，因地制宜地开设了一系列高质量的课程，将学术研究的最新成果转化为授课内容，推动了近代中国研究生教育培养模式更趋成熟。

（三）加强科学研究

提高科学研究能力，是培养高层次知识人才的重要标志之一，也是研究生培养的重要职能和主要目的。各高校非常重视研究生科学研究能力的培养，引导学生通过专题研究、资料查阅、读书笔记或者社会调查、实验操作等，

---

① 参见程民德主编：《中国现代数学家传》第一卷，江苏教育出版社1994年版，第103页。

② 参见张奠宙：《中国近现代数学的发展》，河北科学技术出版社2000年版，第82页。

③ 参见张玮瑛、王百强、钱辛波主编，燕京大学校友校史编写委员会编：《燕京大学史稿》，人民中国出版社1999年版，第215—217页。

切实提升研究能力。

查阅资料、进行专题研究既是从事学术研究的基础，更是培养科研能力的基础。各高校都非常重视培养研究生从事专题研究的能力，以奠定研究生进行学术研究的扎实功底。例如，武汉大学研究生除了必要的课程学习外，主要是围绕课题研究进行自习，以查阅资料为主。课题研究需在指导教师的指导下，围绕一些专题进行。例如，1942 年文学专业的研究生主要围绕如下课题进行研究：（一）文学思想，以儒道二家典籍为主，名法释氏次之；（二）历代各大家专书；（三）各类文学流派，即各体文学之专史；（四）历史文学与政治之关系。史学专业的研究生进行研究的课题有：（一）断代史；（二）历代史学方法及史学史；（三）专史，如典章制度、民俗等个别专史等；（四）方志，以该校所藏方志为主要材料加以整理。①

除通过查阅资料获取研究信息外，从事社会调查也是获取科研信息的重要途径，因此，各高校采取与地方政府、相关机构合作的形式，经常组织研究生进行社会调查，以提高他们了解社会、发现问题和解决问题的能力。研究生也以调查研究所获取的资料，作为自己硕士论文写作的主题和主要素材。例如，中山大学为了能让研究生获得第一手资料，提高研究能力，积极联系相关部门或团体，安排文科研究所研究生前往实地进行田野调查，搜集学校所处区域以及相关地区彝族和苗族的语言、民间歌谣、风俗习惯等资料，借以更好地充实和丰富研究工作。其中文科研究所与岭南大学西南社会调查所合作组织“海南岛黎苗考察团”，派出研究生王兴瑞前往海南岛深入大旗苗村进行长达五个多月的调查。王兴瑞据此写成《海南岛黎人研究》，获得硕士学位。② 文科研究所还派出研究生江应樑与云南地方政府合作，深入调查研究傣族（旧时通称为“摆夷”）。江应樑通过几个月的调查，写成《云南西部的“摆夷”研究》的调查报告，以此取得硕士学位。③ 该研究所还组织研究生梁

① 参见周叶中、涂上飙：《武汉大学研究生教育发展史》，武汉大学出版社 2006 年版，第 35 页。

② 参见《研究院文科研究所海南岛黎苗考察团定期出发》，《国立中山大学日报》1937 年 1 月 30 日；《海南岛黎苗考察团团员工作结束返校》，《国立中山大学日报》1937 年 6 月 8 日。

③ 参见江应樑：《江应樑自述》，载高增德、丁东编《世纪学人自述》第三卷，北京十月文艺出版社 2000 年版，第 313 页。

钊韬、王启澍到广东乳源乌坑对瑶山进行调查，他们归来后分别撰成《瑶人宗教信仰》《瑶民经济生活》的调查报告，对瑶族民众的经济生活、社会组织和宗教信仰作了较全面的调查和研究。农科研究所的农林植物部，注重通过室内、野外、通信研究三种方式，提高学生的研究能力：室内工作注重应用标本室的蜡叶标本与液浸标本的解剖研究，利用图书馆设备参阅各国植物研究杂志、图书等，利用实验室的设备作各种实验，参与书报讨论；野外工作注重野外采集标本，观察植物的天然环境，远足实地考察各种特殊问题，利用植物标本园的设备作各种试验，开展苗圃实验；通信研究则联合校外专家共同开展，与校外各植物学机构联络而应用其材料。土壤学部则采取课室演讲、阅读参考书、野外考察、实验室实习、盆栽或田间试验、问题讨论等多种形式，每星期举行一次讨论会，报告以上六类教研活动的心得或结果，讨论所遇到的疑难问题，强调在实践中学习和提高。自 1939 年 1 月至 1940 年 3 月，农林植物研究所组织研究生调查了桂、黔交界处的油桐，在华宁、昆明等地调查经济植物，采集植物标本千余号。① 这种理论联系实际的培养方法，扩展了研究生的学术视野，激励了他们的研究兴趣，提高了他们的研究能力。除要求掌握社会调查和社会考察研究方法外，中山大学还非常重视对学生研究方法的训练和培养。例如，师范研究所研究生通过导师的指导和训练，能熟练地将哲学研究法、调查问卷法、测验法、实验法等应用于课题研究中。

通过调查获取研究的第一手资料，成为各高校培养研究生科研能力的重要方法。1942 至 1943 年，中央大学地理研究部研究生曾赴峨眉山、威远矿区、成都平原作实地考察，撰写了《峨眉山之气候》等研究报告。1944 年，该研究所又受行政院水利委员会的委托，赴西北考察，研究战后西北地区水利移垦问题。浙江大学文科研究所史地学部通过对遵义的地形、地质、气候、土壤、人口、土地、交通、产业、民族、史迹等实地考察，编纂成《遵义新志》一书。该书注重地图的测绘，对当地工农业的开发更具有实际意义。1945 年，该校史地学部地形组又派研究生蔡钟瑞赴鄂西调查地形。金陵大学农科研究所要求研究生的毕业论文必须以实际调查作为基础，因而该所学生参与的社会调查相当广泛。仅在抗战后期，他们就调查了 7 个省 2866 户农民家庭的经济状况；调查 22 个省 168 个地区的土地利用情况；调查豫、鄂、

---

① 参见《中山大学农林植物研究所近况》，《科学》第 24 卷（1940 年）第 6 期。

皖、赣四省的农村金融、农产运销、土地分类、农田制度、信用合作、农事特产及农村组织情况等。①

除课程学习、专题研究外，各学校举行学术讲座、讨论会等多种活动，以扩大研究生的学术视野，增强研究生从事学术研究的兴趣。竺可桢说："若是一个大学单从事于零星专门知识的传授，既乏学术研究的空气，又无科学方法的训练，则其学生之思想即难收到融会贯通之效。"② 该校在遵义期间，先后举行过"徐霞客逝世三百周年学术讨论会""伽利略逝世三百周年学术报告会"等学术活动，以活跃学术氛围。例如，1941 年 12 月 20 日，在文科研究所史地学部举行的"徐霞客先生逝世三百周年纪念会"上，出席会议的专家学者计 80 余人，张其昀、竺可桢、叶良辅、任美锷、黄秉维、谭其骧等教授均在会议上报告了自己的科研新论。研究生通过参与如此内涵丰富的学术会议，既丰富了自己的学术新知，也掌握了学术研究的最新动态。浙江大学还将与会者提交的会议论文刊印在《国立浙江大学文科研究所史地学部丛刊》第四号，即"徐霞客先生逝世三百周年纪念刊"。此纪念刊实为一部高水准的学术文集，是故商务印书馆于 1948 年正式出版该刊，并改其名为《地理学家徐霞客》。

北京大学文科研究所也非常重视学术讲座对培养研究生的价值，定期聘请校内外专家，围绕其研究专长和研究兴趣进行学术专题报告。例如，罗常培的《研究工作之性质》、闻一多的《什么是九歌》、罗庸的《九歌解题及其读法》、邵循正的《语言与历史》、陈康的《柏拉图的年龄论研究》、陈国符的《道义源流考》、冯文潜的《美与丑》、冯承植的《德国文学的派别和方法》、许环光的《说入》、徐旭生的《帝后的传说》、冯友兰的《论禅宗》、姚从吾的《匈奴父死妻其后母的风俗之演变》、雷海宗的《西汉皇帝的私生活》等，均为此际为培养研究生而作的讲座。北京大学还将这些学术演讲汇编成册，由出版社公开印行。

中山大学文科研究所每学期都会集中一段时间进行学术讲演。例如，

① 参见南京大学高教研究所校史编写组编：《金陵大学史料集》，南京大学出版社 1989 年版，第 217—218 页。

② 竺可桢：《大学生与抗战建国》，《国立浙江大学校刊》（复刊）第 100 期，1941 年 10 月 10 日。

1942年第一学期，从1942年11月21日至1943年1月28日共举行过八次。其中主讲人有李达、王亚南、洪深、梅龚彬、石兆棠、许幸之、胡世华、卢鹤绂等学者。1943年7月，研究所还聘请陈寅恪来校作专题讲学。陈寅恪分别讲授《清谈问题》《南朝民族与文化》《宇文泰及唐朝种族问题》等专题。①在滇期间，清华大学也举行了丰富的学术活动。农业研究所结合云南农业发展的现状，举行了系列学术演讲会，除了研究所内部教授的演讲外，还邀请校外人士演讲，如1939年3月该所邀请燕京大学胡经甫教授莅校演讲《昆虫研究之困难》。总之，这些学术活动极大地活跃了战时的学术氛围，扩展了研究生的学术视野。

正是因为各校高度重视培养研究生的研究能力，此期各校培养的研究生大多能够切合中国当时的实际，对现实问题深入地探讨和研究，采取理论与实践相结合的方法，达到了学以致用的目的。在毕业论文中，他们往往能对社会的生产、生活提出切实具体且具有建设性的意见。例如，1943至1946年，中央大学农科研究所有9人获得硕士学位，其中有一半的论文与西南地区农林生产实践问题相关。诸如贾健的毕业论文是《四川巴县兴隆乡农场大小与农家生活程度之调查研究》，赵伦彝以“重庆气候下宿植棉之研究”为其毕业论题，斯炜的论文题目为“峨嵋植物组合及生态之研究”。再如，南开大学经济研究所学生侧重于对战时经济的探讨，内容包括战时通货膨胀、中国农业经济、中国战时工业经济以及区域经济的研究等。如在该所第三届毕业的三个学生中，有两人的论文与战时问题相关：龙永桂的论文题目为“吾国战时出口贸易统制之研究”，王正宪的论题是“重庆战时组别物价之研究”。

各高校研究院所将研究生科学研究能力的培养视为研究生教育质量的“生命线”，纷纷采取专题研究、社会调查、野外考察、实验观察、学术讨论、读书报告会等多种途径，扩展研究生的学术视野，训练研究生的研究方法，提高研究生发现和解决问题的能力，使得近代中国研究生教育在战乱时期仍能保持着较高的质量水准，让这些学生的“研究”二字做到名副其实。

---

① 参见黄义祥编著：《中山大学史稿（1924—1949）》，中山大学出版社1999年版，第388—390页。

第五章　新径初辙（1949—1966）

1949 年 10 月 1 日，中华人民共和国成立，古老的华夏大地就此结束了长达百余年的半殖民地半封建社会史，开启了中华民族历史新纪元。伴随中华人民共和国的建立，国家的教育事业也发生了巨大变革，步入重要的历史转折期。为改造旧教育、建设新教育，国家逐步确立了教育改革的大政方针。1949 年 9 月出台的《中国人民政治协商会议共同纲领》提出："中华人民共和国的文化教育为新民主主义的，即民族的、科学的、大众的文化教育……人民政府应有计划有步骤地改革旧的教育制度、教育内容和教学法。"① 随之在 12 月召开的第一次全国教育工作会议上，确定以老解放区新教育经验为基础，吸收旧教育有用的经验，借助苏联教育建设的先进经验，为新中国教育的建设方针。② 在教育事业除旧布新、蓬勃开展的进程中，作为高等教育重要组成部分的研究生教育，也随之开始了新的发展历程，并且随着其时国际环境、中国社会政治经济状况及教育体制的巨变而形成鲜明的时代特征，体现出自己的特殊性或独创性。

第一节　共和国前夕研究生教育的初步尝试

早在新中国成立之前，中国共产党在长期的革命斗争中便十分重视教育工作。从 1927 年在井冈山开辟第一个革命根据地起，中共在进行政权建设的同时，亦注重建设革命根据地的文化教育事业。这一传统一直延续至解放战

① 全国人大常委会办公厅、中共中央文献研究室编：《人民代表大会制度重要文献选编》（一），中国民主法制出版社 2015 年版，第 83—84 页。

② 参见《中国教育年鉴》编辑部编：《中国教育年鉴（1949～1981）》，中国大百科全书出版社 1984 年版，第 684 页。

争时期，从而积累了丰富宝贵的教育经验，形成了富有特色的革命教育传统，同时高等教育体系也渐趋成形。自 1933 年开始，马克思共产主义大学、苏维埃大学和红军大学陆续建立。抗日战争全面爆发后，在继续开办中央党校（原马克思共产主义大学）与红军大学（相继更名为中国抗日红军大学、中国人民抗日军事政治大学）的同时，根据抗日民主斗争形势发展的需要，党中央和中央军委在延安又开办了陕北公学、马列学院、鲁迅艺术学院、中国女子大学、自然科学院、医科大学、延安大学、民族学院、行政学院、俄文学院、泽东青年干部学校等培养干部人才的高级学校。这些高等院校培养了大批优秀的骨干人才，为夺取抗日战争的最后胜利，为全国解放和建设新中国作出了伟大的贡献。[①] 这些高等教育机构的开办及解放区高等教育体系的建立与完善，使研究生教育雏形初现，继而逐步生长和发展。

一、 陕北公学的研究生教育

若寻根探源，新中国研究生教育的起点最早可追溯至延安时期。其时，在延安的各级各类高等院校虽然并未建立完全正规的研究生教育机构和招收研究生的具体制度，但如陕北公学等高校也曾实施过相当于研究生培养水平的高层次教育，其具体表现主要是当时办理的高级研究班（也称为高级队）。

1937 年“七七事变”爆发后，中共中央为满足全民族抗战的需要，培养大量谋求民族解放和国家独立的革命干部，于当年 8 月在延安成立了陕北公学。这是中共中央直接领导创办的第一所革命大学。其创办目的，正如毛泽东在陕北公学开学典礼的演讲词《目前的时局和方针》中所言：

> 我们要造就大批的民族革命干部，他们是有革命理论的，他们是富于牺牲精神的，他们是革命的先锋队。只有依靠成千上万的好干部，革命的方针与办法才能执行，全面的全民族的革命战争才能出现于中国，才能最后战胜敌人。[②]

1938 年，为在艰难的战争环境中克服粮食物资供应紧张的困难，保障根

---

① 参见郑登云编著：《中国高等教育史》（上册），华东师范大学出版社 1994 年版，第 296 页。

② 中共中央文献研究室编：《毛泽东文集》第二卷，人民出版社 1993 年版，第 63—64 页。

据地教育事业的持续发展，中共中央决定继续在延安兴办陕北公学的同时，又在关中分区设立陕北公学的分校。由是，陕北公学步入了新的发展时期。伴随办学规模的不断扩大，学生人数与日俱增，师资力量则日显捉襟见肘的困境。为了解决师资问题，满足办学需求，陕北公学决定采用类似研究生教育的方式着手培养自己的教学力量。其方式之一，是通过考试从普通班选拔出部分文化理论水平较高的学员，组成高级研究班（高级队）；其方式之二，是组织研究室，通过文化理论考试从全校工作人员（除少数领导）中选拔出成绩优秀的青年，分配到各研究室进行研究工作。

高级研究班的创办目的，是“为发展抗日教育事业培养师资”[①]。进入高级研究班的学生，学习时间为一年。比照普通班，高级研究班学习的课程及内容更多更深，主要包括中国革命运动史、马克思主义原著、哲学、政治经济学、世界革命运动史、科学社会主义、三民主义研究、世界政治、战区政治工作和中国问题等。教材既有马克思主义的经典著作，也有教员自己编写的讲义。在教学方法上，课程除由教员进行讲授外，还要组织学习讨论会和学习竞赛活动，定期进行学习检查，以便于了解、总结教学工作的经验与不足。陕北公学先后成立了五个高级研究班，培养出大批优秀学员，其中如廖盖隆、田家英、霍迁吾、徐伟立、胡华等，后来均成为高级党政干部和从事理论教育工作的重要人物。[②]

至于研究室，当时共有三个，分别是何干之领导的中国问题研究室、李凡夫领导的政治经济学研究室和陈唯实领导的哲学研究室。进入研究室的青年，在富有经验的老同志带领下，不仅从事教学工作，还要研究很多实际问题。譬如政治经济学研究室的同志，在驻地附近村镇调查研究陕甘宁边区的经济情况，并将调研结果结合到教材中，以此对比分析根据地和国民党统治区两种制度，说明新民主主义制度的优越性。由是，陕北公学通过在实际工作中培养青年教员，使他们在文化知识、政治觉悟、革命理论等方面均得到显著提升，让他们在边研究边教学的过程中得到迅速成长。

---

① 成仿吾：《战火中的大学——从陕北公学到人民大学的回顾》，人民出版社2014年版，第57页。

② 参见宋荐戈等：《成仿吾教育实践与教育思想》，湖南教育出版社1997年版，第44、56—57页。

二、鲁迅艺术文学院的研究生教育

1938年2月，为培养和训练适合抗战与建设中国新文艺需要的大批艺术人才，毛泽东、周恩来、林伯渠、徐特立、成仿吾、艾思奇、周扬等中共领导和文艺界人士共同发起、成立了鲁迅艺术学院。《创立缘起》对艺术与艺术学校的重要性作了充分肯定。其中强调，艺术（包括戏剧、音乐、美术、文学）是宣传鼓动与组织群众最有利的武器，艺术工作者对于目前抗战是不可缺少的重要力量，因此培养抗战的艺术工作干部也是其时不容稍缓的工作。鉴于边区已建立起不少培养适合于抗战需要的一般政治、军事干部的学校（如中国抗日军政大学、陕北公学等），而专门艺术方面的学校尚付阙如，所以决定创立这所"艺术学院"。该校在1938年8月增设有文学系，因此随后更名为鲁迅艺术文学院。1943年4月，鲁迅艺术文学院并入延安大学，但仍保持学院建制，机构、编制依旧。

建校之后，鲁迅艺术文学院的研究生教育便逐步成形。在研究生教育的管理方面，院长沙可夫在1939年2月18日所作的《鲁迅艺术学院工作检查报告》中明确提出："研究部（室）应包括全院教员，且与各系工作密切联系，不应把它的工作范围局属于少数人的研究。"① 1939年5月，鲁迅艺术学院发布《迅字第13号通告》，宣布对干部的新任命。其中，原秘书处被撤销，新设立研究部作为主管学院研究工作的机构，研究部主任由副院长赵毅敏兼任。1939年7月，因部分教职学员被编入华北联合大学文艺部，所以鲁迅艺术文学院的组织机构与人员发生局部变动，由是，学院发出《迅字第17号通告》，在宣布人事变更的同时决定取消普通科，专修科亦不再设研究班。1939年11月，研究部改为研究室。1940年1月，研究室主任由院长周扬兼任，配备干事一名办理日常事务。研究室的工作不仅在于管理学院的研究工作，还负有培养研究生的职能。

在研究生的培养方面，早在1938年11月第二届学员结业后，学院便为音乐、戏剧、文学、美术四个系留校的部分学员分别办了四个高级班，其学习期限为三个月。如音乐系高级班的学员有李凌、李焕之、梁寒光等。课程

① 谷音、石振铎编：《东北现代音乐史料》第2辑（《鲁迅文艺学院历史文献》），沈阳音乐学院《东北现代音乐史》编委会1982年印行，第35页。

主要是作曲和指挥，均由冼星海负责教授。1938年12月至1939年2月，根据中共六届六中全会精神，鲁迅艺术文学院组成了工作检查委员会，对全院工作展开检查。经过多次会议讨论，院方认为，学校过去所规定的教育计划偏于比较专门的人才的培养，忽视了普通的有多方面才能的干部的培养。鲁迅艺术学院依此拟订并实施了教学工作改进方案，决定设立普通科与专修科（又称普通部与专修部）。其中，普通科不分系，专修科仍分戏剧、音乐、美术与文学四个系，修业时间均为六个月。原有各系学员经考试分别编入普通科与专修科学习。1939年1月，第三届第一学期正式开课。除文学系外，戏剧系、音乐系和美术系均在初级班之外继续设立高级班（研究班）。此外，为了培养更高级的专门人才，学院还从各系的毕业学员中择优留用了一批，作为研究生及教员、研究员。由是，学院的教学质量取得了进一步的提高。①

鲁迅艺术文学院的研究生教育取得了较为突出的成绩，如由指导员罗合如与研究生阿甲、李纶、张东川、徐平、常绍卿、王久晨、卜三、任均、石畅、陶德康等组成的旧剧②研究班，以研究京剧如何为抗战服务及其将来的发展前途为己任，不仅注重学术性问题的研究，还与院内其他部门的人员合作，在各种晚会上演出了《刘家村》《夜袭飞机场》《赵家镇》等京剧剧目。③ 又如学院的音乐研究部培养出了张棣昌、庄映等优秀的作曲家。④

三、 延安大学的研究生教育

如果说陕北公学与鲁迅艺术文学院的研究生教育尚处于雏形状态的话，那么延安大学的研究生教育则显得较为正规化和系统化。其职能及具体教育实施，与当代的研究生教育颇为近似。

---

① 参见谷音、石振铎编：《东北现代音乐史料》第2辑（《鲁迅文艺学院历史文献》），沈阳音乐学院《东北现代音乐史》编委会1982年印行，第34页；《延安大学史》编委会编：《延安大学史》，人民出版社2008年版，第105页。

② 旧剧：又称平剧，即后来的京剧。

③ 参见中国京剧院编：《旧剧革命的划时期的开端——延安平剧研究院纪念文集》，中国戏剧出版社2005年版，第169—172页；任文主编：《永远的鲁艺》（上），陕西师范大学出版社2014年版，第109页。

④ 参见王巨才主编：《延安文艺档案·延安音乐》第十四册（延安音乐史），太白文艺出版社2015年版，第71—72页。

延安大学简称为“延大”，成立于1941年9月，由当时的陕北公学、中国女子大学和泽东青年干部学校合并组成。延安大学是中国共产党“在根据地亲自创立和建设的第一所综合性的、也是带有现代意义的大学”①。该校首任校长吴玉章。成立之初，延安大学设有社会科学院、教育学院、法学院，后增设俄文专修科和英文专修科。1943年，随着鲁迅艺术文学院、自然科学院、民族学院、新文字干校、陕甘宁边区行政学院的相继并入，延安大学的总体规模再度扩大。由是，延安大学对办学体制进行了调整，改设为行政学院（分行政、司法、财经、教育四系）、自然科学院（分机械工程、农业、化学工程三系）、鲁迅艺术文学院（分戏剧音乐、美术、文学三系）及医药系，学生总人数达到1300余人。延安大学的学制为2～3年，教育方针是学与用一致，教育与实际工作相结合，为抗战和边区政治、经济、文化建设服务；在课程设置上，分为共同课和专修课。其中共同课包括边区建设概论、中国革命史、革命人生观、时事政策，专修课有理论政策课、业务知识课和技术课；在教学方面，该校提倡教学民主、研究自由，自学为主、教授为辅。

在延安大学不断发展的进程中，学校的研究生教育亦随之产生。一方面，延大的研究生教育对鲁迅艺术文学院等校的原本基础有所继承。如在1945年8月后，为使文化教育更好地配合和服务于解放战争，延安大学根据中共中央的部署，组织动员大部分师生员工迁离延安，分头奔赴各根据地和解放区。其中，鲁迅艺术文学院东调后在延安设有留守处，共172人，主任为魏良弼、副主任为洛丁。留守处设文艺班，班主任为寇准、副主任为芦肃，有学生39人，研究生3人。另有一个美术组和一个文学组，两组共有5名教员、10名研究生和1名研究员。其后，留守处的人员一部分归延安大学，一部分另外分配工作，留守处自动撤销。②

另一方面，延安大学于1948年结束了战时行军生活并迁回延安，恢复正规办学以及研究室制度的制定与实施，为研究生教育的恢复与完善奠定了坚实基础。

1948年7月15日，回迁不久的延安大学迅疾整理、制定出经校务委员会

---

① 《延安大学报》2005年6月24日第1版，转引自《延安大学史》编委会编：《延安大学史》，人民出版社2008年版，第3页。

② 参见王云风主编：《延安大学校史》，陕西人民教育出版社1994年版，第206页。

研究通过的《延大改进意见》，并呈送陕甘宁边区政府审定。其中指出，延安大学今后的任务与方针为：

> 除继续培养边区知识分子，提高边区干部外，今后应以争取与改造新区及蒋区知识青年为主要任务。在教育方针上，政治教育与业务教育并重，理论与实践结合，训练为新民主主义服务的革命工作干部，以建设边区，解放大西北。①

在具体的改进措施方面，延安大学提出应增设研究室，以接收外来高一级知识分子（大学毕业生、讲师、教授等）。

《延大改进意见》得到了陕甘宁边区政府的审议与批准。继而，延安大学以《延大改进意见》为指导纲领，于同年秋出台了《延大教育方案》，其中对研究室的规定是："大学设研究室，吸收蒋区大学生、助教、讲师、教授等，按各人专长及志趣分编若干研究组，研究期限，视研究成绩与客观需要决定之。"在同年11月发布的《招生广告》中，延安大学又公布了研究室的招生与培养标准："研究室专收专科以上毕业，或学有专长、且志愿从事学术研究者，研究期限无定，生活待遇从优。"②

研究室成立以后，为巩固和提高其教育质量，延安大学制定了《研究室暂行简章》，对研究室的性质、功能等方面作出了详细而具体的规定。就性质而言，延安大学的研究室是与学校的大学部、分校平行的独立教学研究单位，大致相当于今日大学的研究生部。其培养目标为"在新民主主义教育原则下研究一定的专门问题，以培养与提高大学教育工作的干部"③，即以培育大学教师与管理干部为主要目的。研究室主要研究中国革命基本问题、马克思主义基本理论和新民主主义基本政策，编印了《中国革命基本问题》《中国现代史讲稿》《解放区概况》《解放区建设》等著作和资料。④ 著名心理学家和教育家刘泽如曾担任研究室的主任。

研究室培养的学员主要分为两种类型：一种是研究生，其资格为大学专科以上毕业生且有专长者，或具有同等学力并从事专门业务在两年以上者；

---

① 《延大改进意见》（延安大学档案馆馆藏档案），转引自《延安大学史》编委会编：《延安大学史》，人民出版社2008年版，第205—206页。

② 王云风主编：《延安大学学报》（校史资料特辑），1984年印行，第104、109页。

③ 王云风主编：《延安大学校史》，陕西人民教育出版社1994年版，第263页。

④ 参见郭必选主编：《延安学研究》第3辑，中共党史出版社2009年版，第383页。

一种是研究员，其资格为大专以上学校讲师、教授或同等资格的其他高级知识分子。这两种类型的研究室学员均享有较高的待遇：研究生享受学校科员一级待遇，研究员享受学校处一级待遇。

研究室招收学员较为严格，一是必须符合上述入选条件，二是须得本人申请然后参加考试，合格后报请陕甘宁边区政府批准者，方能成为正式学员。第一批招收的学员包括了张斌、雷烽、王涛等 87 名。他们当中绝大多数是大学毕业生，其中以西北大学毕业者最多，共 44 人，占其总数一半以上。还有来自西北农学院、西北工学院、西北师范学院的毕业生或肄业生，以及来自复旦大学、金陵大学、重庆大学、中山大学、中央大学等学校的毕业生，另有部分国民党统治区和新解放区的中学教师。学员当中，年龄最大者 37 岁，最小者 20 岁，包括 7 名中共党员和 29 名新民主主义青年团团员。① 根据各人的志愿，这批学员自由组合成马列主义基本知识小组、中国革命基本问题小组和新民主主义基本政策学习小组。课程内容，除有三门主课外，另加一门思想教育工作课。学习方法，以自学为主，集体讨论为辅，隔一段时间即进行一次测验。学习期限，时间长短并不固定，一般以三个月为一个单位，依据学员学习和研究成绩，随时分配工作。学员在校学习的同时，还可以给各系、班兼课，但不按正式教员对待；正式教员亦不能转入研究室。

1949 年 3 月，合阳中学校长党晴梵及北平私立华北文华学院教授李瘦枝、冯幼龙、亢心哉等著名专家来到延安大学。② 为了充分发挥他们的作用，延安大学将他们编入研究室做研究员。此外，研究员还包括卜丁、陈方、曹世民、唐东离等人。其时研究原则，是坚持面向实际、自由研究。同年 5 月，伴随西安解放后面临的进一步调整，延安大学未再招收新的研究生，而是从数百名毕业生中再度选拔了 56 名研究生，其时计划是培养一批班主任、助教、文书及文艺工作者。至 1949 年 6 月，延安大学正式更名为西北人民革命大学。③ 由是，延安大学的研究生教育就此终止，而已选拔出的这批研究生则成了西北人民革命大学的教师和干部，为西北地区的解放和建设作出了应有的贡献。

---

① 参见《延安大学史》编委会编：《延安大学史》，人民出版社 2008 年版，第 219—220 页。

② 参见张俊南等编：《陕甘宁边区大事记》，三秦出版社 1986 年版，第 309 页。

③ 参见中国人民政治协商会议陕西省委员会文史资料研究委员会编：《陕西文史资料》第二十一辑，陕西人民出版社 1988 年版，第 31 页。

延安大学还有很多毕业生在学术研究领域取得了突出业绩，成为拔尖的科研专家，如著名社会学家田森教授即是其一。①

四、 华北大学的研究生教育

华北大学是中共中央创办的干部学校，由成立于1939年的华北联合大学和成立于1945年的北方大学于1948年8月合并组建而成。该校的创办是为了吸收新解放区和国民党统治区的大、中学生学习马列主义、毛泽东思想和专业知识，为迎接新中国诞生而培养知识人才。正如吴玉章在华北大学成立典礼上讲话时所言：

> 华北大学要学些什么呢？最主要的是学习马恩列斯的理论和中国革命的经验。这里所说的中国革命的经验，具体的说来，就是以毛泽东同志为首的中国共产党人根据马恩列斯理论所写的某些著作及我党中央各项规定路线和政策的文件，我们把这些叫做毛泽东思想。②

华北大学的校长为吴玉章，副校长由范文澜、成仿吾出任，钱俊瑞任教务长。全校共设四个部、两个院，初期有学员2000人。1949年迁至北平，在北平和正定两地建立十余个支队，招生数千人。1949年后，华北大学的四部二院分别发展成为或归并入中国农业大学、北京工业学院、中央戏剧学院、中央美术学院、歌剧院、舞剧院、中国京剧研究院和中国人民大学。

在华北大学设立的四部之中，第一部系政治训练班性质，由钱俊瑞兼主任，陈唯实、李新二人为副主任。第二部为教育学院性质，其任务为专门培养中等学校之师资及其他教育干部。第三部为文艺学院性质，以培养为工农兵服务的文艺干部为目的。第四部即研究部，该部的教学和科研工作包括了研究生的培养：

> 以研究一定的专门问题及培养与提高大学师资为目的。由范文澜同志兼主任，艾思奇同志为副主任。该部同志分研究员及研究生二种：凡教授、讲师、教员皆参加一种研究工作，为研究员；研究生则帮助研究

---

① 参见中国社会科学院社会学研究所编：《中国社会学年鉴（1989～1993）》，中国大百科全书出版社1994年版，第395页。

② 西柏坡纪念馆编：《解读西柏坡》，中央文献出版社2004年版，第137页。

员进行研究工作。①

据上引《人民日报》的记载，其时设有中国历史、哲学、中国语文、国际法、外语、政治、教育及文艺等八个研究室。当时共有研究员 27 名，研究生 50 名。②

五、 中原大学的研究生教育

创办于 1948 年的中原大学，是共和国建立前及建立初期成立的新型革命大学。该校的具体创建工作，由中共中央中原局和中原军区组织实施。其主要目的是为吸收、教育知识分子，使他们经过较为短期的学习和思想改造后能适应革命工作。

1948 年 8 月 2 日，在中原军区召开的“八一”纪念大会上，中国人民解放军中原军区司令员刘伯承宣布中原大学正式成立。1948 年 10 月上旬，中共中央决定派范文澜出任中原大学校长、潘梓年任副校长、孟夫唐任教务长。同年 11 月，中原大学迁往开封，暂借河南大学空置校舍办学。1949 年，中原大学又南迁武汉，并于当年 8 月 16 日举行开学典礼，正式开始教学工作。至 1953 年正式撤销前，中原大学在成立的短短五年时间内培养了数以万计的各类专业技术人才和干部，为中南地区乃至全国各地输送了大批各行各业急需的建设者。不仅如此，中原大学也为共和国建立初期高等教育体系的确立与发展作出了重大贡献。其所属的文艺学院、教育学院、政治学院、政法学院、财经学院，通过合并等方式成了后来的华中师范大学、中南财经政法大学、第三军医大学、武汉音乐学院、湖北美术学院等大学的重要组成部分，为这些新大学的建立奠定了较好的思想和物质基础，提供了优秀的政治理论队伍和党政管理干部。此外，中原大学还大力支持了河南大学的重建工作，并担负了创办广西革命大学和筹建中央民族学院中南分院（今为中南民族大学）的建校任务。

早在建立之初，中原大学在实施思想改造、政治训练等短期教育的同时，就开始着手进行研究生的培养。在正式开学后的一个月，即 1948 年 9 月 12 日，学校便将全校学生编为四个大队和一个研究班。其中，研究班学员要求年龄在中年以上，并具有大学或高中以上教学经历。同年 11 月底，研究班和

---

① 华北大学：《华北三年以来的大学教育》，《人民日报》1948 年 12 月 31 日。

② 参见程文：《吴玉章教育思想与实践》，重庆大学出版社 1992 年版，第 132 页。

一、二两个大队提前毕业，毕业学员共计 189 人，其中研究班学员 24 名。[①]

随着学校干部队伍的充实与加强，中原大学的招生规模在 1948 年 12 月搬迁至开封后又进一步扩大，组织架构也随之进行了调整。在校部之下，设立了第一部（政治部）和第四部（研究部）。第四部（研究部）又下设政治研究室、文艺研究室和一个以公教人员为培训对象的研究班，第四部主任由嵇文甫担任，政治研究室主任为李光灿，文艺研究室主任为崔嵬，研究班主任为贾君知。其中研究室的工作内容主要包括两个方面：一是研究贯彻党在解放战争时期各项方针政策，并承担全校的政治理论授课任务；二是挑选和吸收一些政治思想素质高、文化基础好的学员进入研究室作为研究生来培养，通过两年的学习研究，使之成为合格的教员。[②] 其如政治研究室，从 1948 年底开始从原一、二队及以后各队的毕业学员中择优选拔研究生，参与研究室的学习和工作，首批招收的研究生为 12 人。其后成立的各个学院，亦均采用这一方式组建和扩充教师队伍。而研究班所招收的人员只是经过“短期训练”后即分配工作。

1949 年中原大学迁至武汉后，根据上级决定和形势的需要，原第四部撤销，以文艺研究室为基础组成文艺学院，政治研究室改为直接隶属校部，由教务长领导。当年 11 月中华局决定，中原大学调整原有的短期政治训练方针，学校分设文艺、财经、教育、政治四个学院。以此为基础，中原大学在 12 月举行的第三次校务会议上明确了研究室的任务，“在于为本院培养师资”，决定“由教员、研究生组织之设正副主任领导业务”，并提出财经学院和教育学院的研究室分别招收 50 名和 25 名研究生。[③] 研究生的政治和生活待遇则规定为：“在学习期间仍为学员身份，但物质供给可按干部待遇，参加教联会。”[④] 这一新的建制先后延续了三年半左右，直至中原大学结束。

---

① 参见陶军主编：《中原大学校史》，华中师范大学出版社 1986 年版，第 56—57、第 194 页；《中南财经大学简史（1948—1998）》（内部发行），中南财经大学 1998 年 10 月印行，第 6 页。

② 参见列平：《透视：大学校史文化》，湖北人民出版社 2014 年版，第 170 页。

③ 《中原大学第三次校务会议决议》（1949 年 12 月），转引自陶军主编：《中原大学校史》，华中师范大学出版社 1986 年版，第 259—262 页。

④ 《中原大学第一次院长会议记录》（1949 年 12 月 26 日），转引自陶军主编：《中原大学校史》，华中师范大学出版社 1986 年版，第 266 页。

中原大学对研究生的培养与管理较为系统科学。在具体的培养方式上，一方面学校注重研究生的全程培养，通过理论与实践相结合的方式提高研究生的综合素质，从而使成绩优良的研究生能够尽快承担教学工作。如政治研究室采取“两步走”的方式，对新晋为助教的研究生开展后续培养。第一步是理论为主、实践为辅的研究阶段，着重使新晋助教在已有基础上能够继续提高理论素养。具体的培养方法包括：其一，精读原著。该项工作由指导教员与新晋助教共同参与，借此实现学术交流和同步提高，夯实助教的理论功底。其二，协助教员完成教学工作。在教员授课后，新晋助教主要有两项任务。一是听取和记录大队学员反馈的问题，供教员解答之用。二是有时会代替教员为大队学员解答问题。此时，助教须先进行试讲，并在教员的指导下对解答报告进行修改、定稿，然后再下队进行解答。第二步是以教学实践为主的阶段，即新晋助教在教员的指导下正式登上讲台授课，在实践中磨练。① 另一方面，除留校在各研究室学习外，中原大学在搬迁至武汉后，又连续派遣四批共计近百名研究生赴中国人民大学和北京师范大学各研究室学习。在管理方式上，中原大学特别注意加强对研究生教育的组织领导，实行两步把关制：一是由校长、院长和研究室主任共同把好选拔关，即由研究室主任物色、选拔，呈请院长审核与校长批准，以此保证研究生的质量，使真正有培养前途的学生不至于漏选；二是加强研究生学习的领导，把好业务提高关，即由各研究室聘请教授、教员负责指导研究生的业务学习，扎实开展对研究生的培养。

中原大学对研究生教育的规范管理，一直延续至共和国建立初期。例如，学校1951年3月作出《关于研究生之调整与学习领导的决定》，一方面强调通过考试对研究生进行筛选，“凡考试成绩优良，并能担任一定教学任务者，可提拔为助教；凡考试成绩中等，有培养可能者，则继续留研究室学习；凡考试成绩劣等者，调出研究室另行分配其他工作”②。另一方面，该决定明确了研究生学习的相关事项，具体包括：研究生的学制为两年，第一年学习理论，第二年学习各科业务；研究生的指导工作由研究室主任、教员成立指导小组负责开展。此外，该决定还强调要加强研究生的俄文学习，并配备一定

---

① 参见陶军主编：《中原大学校史》，华中师范大学出版社1986年版，第72—73页。

② 《中原大学关于研究生之调整与学习领导的决定》（湖北省档案馆馆藏档案），转引自列平：《透视：大学校史文化》，湖北人民出版社2014年版，第171页。

数量的图书等。同年6月，中原大学又制定了《各院研究室组织暂行条例》，细致规定了研究室的性质、任务与组织领导。在性质与任务方面，《各院研究室组织暂行条例》规定："研究室是培养研究生之组织机构，其任务是为了给我校补充师资和科学研究工作人才。"① 在组织领导方面，研究室受院长直接领导，另设室主任一人、秘书一人、业务指导员若干人。室主任负责研究生教育的全面管理工作，业务指导员主要负责研究生的日常研究工作。同时，研究室还下设学委会，由研究生选举成立。不仅如此，研究生教育的课程也逐步丰富完善。如政治学院研究班于1950年9月编制的基本课程表，对课程主题、教学内容及教学时间进行了科学规划，其具体情形如下表（见"表5.1.1"）。

表5.1.1　中原大学政治学院研究班基本课程表（1950年9月制）*

项目 课程	教学内容	教学时间
辩证唯物主义 与 历史唯物主义	1. 劳动创造世界 2. 五种生产方式 3. 国家与政党 4. 社会的思想意识	十一周
新民主主义 革命问题	1. 中国近代革命史 2. 中国革命基本问题 3. 共同纲领 4. 学习小结	十三周
中共介绍	1. 党章：中共的性质及其指导思想，建党原理 2. 中共党史简介	二周
学习总结	1. 学习革命人生观 2. 全面复习总结	四周

*资料来源于陶军主编：《中原大学校史》，华中师范大学出版社1986年版，第175页。

由是，在中原大学高质量研究生教育的培养之下，一批批研究生迅速成长起来，走上了教学第一线或其他工作岗位，为学校的教师队伍乃至新中国的干部队伍增添了新生力量。

① 《中原大学各院研究室组织暂行条例》，转引自陶军主编：《中原大学校史》，华中师范大学出版社1986年版，第341页。

总体而言，1949 年前后中国共产党领导下的研究生教育尚处于探索尝试阶段，因而主要体现出以下几方面特征：一是研究生教育的总体形式得以初步确立，研究生的选拔、培养、管理、使用等培养流程渐趋系统，研究生教育的制度体系逐步成形。二是研究生教育的培养目标逐渐明晰，突出强调为中国革命和建设事业培养高素质的管理干部、师资力量和各种专业技术人才。三是研究生教育的教学内容注意理论与实践相结合，注重通过实际锻炼提升研究生的综合素质。当然，因所处时代的局限，这一时期的研究生教育较之于随后的同类型教育显得较为粗放，但依然取得了丰硕成果，不仅获得了宝贵的办学经验，培养了大批人才，还为共和国建立初期研究生教育的快速发展奠定了一定的历史基础，发挥出承上启下的重要衔接作用。

第二节　共和国初期研究生教育的制度变迁

1949 年 10 月 1 日中华人民共和国成立后，研究生教育获得了走上新轨并逐步推进的历史性契机。在承继原有宝贵经验财富的基础上，共和国研究生教育事业步入了新的发展阶段，开始了处于初创时期的组织架构、运行规则和发展方向的探索并奠基的历史行程。在新中国建立初期，研究生教育体制的发展变迁，不仅与教育体系内部的自我革新息息相关，更与其时某些宏观层面的动态有着直接关联。可以说，这些宏观动态基本上决定了其时研究生教育的变迁方向与变演轨迹。即是说，共和国建立初期研究生教育体制的确立，是以其时我国宏观的政治、经济体制为基础，政府在研究生教育体制变迁的进程中体现出鲜明突出的主导性，直接决定着研究生教育的性质与发展方向。

一、研究生教育新制的初期创立（1949—1952）

作为本科后以学术研究为主要特征的高层次的专业教育，研究生教育的本质属性是学习与创造知识。这种特殊性凸显出研究生教育在知识选择、传递、生产等方面具有的独到功用，与大学本科时期的教育形成显著区别。因此，研究生教育制度的设计与确立，应该在遵循教育的外部规律（教育与社会关系）和教育的内部规律（教育内部诸因素关系）的前提下，突出体现学习与创造知识的独特属性。这就需要综合考量高等教育与社会的关系、研究生教育的属性和功能等方面的因素，以此作为研究生教育制度建立的基本依据。在共和国建立初期，研究生教育制度正是伴随着改造旧教育、建设新教育的进程而得以恢复和发展，并由社会制度与高等教育转型所决定而具备了与既往截然不同的属性和功用。

在共和国建立初期，研究生教育制度确立的初步探索最先起步于高等学校的招生工作。1950 年 5 月 26 日，教育部发出《关于高等学校 1950 年度暑期招考新生的规定》，这是中央人民政府成立后第一次有组织、有计划的高等学校招生工作文件。发布该文件，主要是“为了贯彻第一次全国教育工作会议的精神，开始有计划有步骤地培养新中国的各种专门人才和建设干部，逐步纠正过去高等学校在招生上的不合理状态及减少学生的投考困难”①。该文件明确界定了高等学校的组成、报考资格、考试科目、考试日期、录取优惠条件及注意事项等内容，强调有三年以上工龄的产业工人、参加工作三年以上的革命干部及革命军人、兄弟民族学生和华侨学生可以从宽录取，并提出由各大行政区教育部负责组织领导该地区的各地招生委员会进行招生工作。该文件对招考研究生应注意的事项也进行了说明，对于研究生的招考标准，除了应注意规定的基本精神外，尤其应注意“与国家建设之密切联系”，要严格选择思想进步、学业优良、有研究能力及培养前途的青年。至于选拔研究生的具体操作，该文件指示由各大行政区的教育部负责审查，并转呈中央人民政府教育部核准后再举行。其中，华北五省二市的招考工作由中央人民政府教育部负责审查与核准。②

紧随着上述有关招考文件的出台，共和国初期有关研究生教育方面的相关规定也正式产生。是年 7 月 28 日，政务院第四十三次政务会议批准了《关于实施高等学校课程改革的决定》，并于 8 月 2 日由教育部公布施行。《关于实施高等学校课程改革的决定》共计十一条，具体规定了高等学校课程的性质、内容、目标、修业年限、教材等内容，要求“全国高等学校应根据共同纲领第四十一条和四十七条的规定，废除政治上的反动课程，开设新民主主

---

① 《中国教育年鉴》编辑部编：《中国教育年鉴》（1949～1981），中国大百科全书出版社 1984 年版，第 928 页。

② 参见《中央人民政府教育部关于高等学校今年度暑期招考新生的规定》，《山东政报》1950 年第 7 期。

义的革命的政治课程，借以肃清封建的、买办的、法西斯的思想，发展为人民服务的思想”。其中，第八条明确规定：

> 提高师资的质量和培养新的师资是实施课程改革的关键，因此全国高等学校的教师应努力加强自己的政治学习、业务学习及研究工作，应就各项主要课程，组织教学研究指导组，由教师实行互助，改进教学的内容与方法；应有计划有步骤地加强高等学校内研究部或研究所的研究工作，并以此作为培养我们国家的高等学校师资的主要场所；应大大加强对助教及研究生的指导和关心，鼓励其积极学习和研究的精神，培养他们成为新中国高等学校的良好教师。[①]

该项规定直截了当地提出了大学的研究部和研究所负有研究工作的使命，是培养新中国高等学校师资的主要场所，并且要注重对研究生的培养，通过指导和关心来鼓励研究生开展学习和研究。

也是在政务院第四十三次会议上，政务院还批准了《高等学校暂行规程》，后于 8 月 14 日由教育部公布。《高等学校暂行规程》第一章“总纲”第八条规定：“大学及专门学院为培养及提高师资，加强研究工作，经中央教育部批准，得设研究部或研究所，其规程另定之。”[②]《高等学校暂行规程》对于大学及专门学院设立研究部或研究所的规定，不仅再度明确了大学和专门学院是开展研究生教育的主体，研究部、研究所是负责具体实施的机构，而且将研究生教育的基本功能定义为“培养及提高师资”与“加强研究工作”。

1950 年颁布的《关于实施高等学校课程改革的决定》和《高等学校暂行规程》，为共和国建立初期研究生教育体制的确立奠定了前期基础，使共和国的研究生教育制度在一定程度上初现雏形。

就在最初有关研究生教育的文件相继公布的过程中，部分大学已经开始着手研究生的培养工作。除前述中原大学于其时实施的研究生教育与管理活动外，中国人民大学和哈尔滨工业大学的研究生教育也已起步。中国人民大学在学校的研究部之下专设有研究生处，领导研究生的教育工作，并聘请了

---

① 国务院法制办公室编：《中华人民共和国法规汇编》第一卷，中国法制出版社 2005 年版，第 270 页。

② 《中央人民政府教育部颁布高等学校暂行规程》，《人民日报》1950 年 8 月 19 日。

数十名苏联教授为学生授课。① 始建于1920年的哈尔滨工业大学，在1949年2月招收了第一批研究生，由此开始了培养研究生的工作，主要目的是为本校及兄弟院校解决师资问题。自1951年起，以顾林为首的苏联专家应邀到校直接指导研究生的培养，1952年又有第二批苏联专家来校。正是在苏联专家热忱耐心的指导下，哈尔滨工业大学的研究生培养工作逐步改善，建立起培养研究生的制度。②

与此同时，随着研究生教育相关制度的产生与实施，人民政府对于研究生教育体系的运行情况愈发关注。1951年3月，教育部以北京大学为重点，对高等学校中研究生教育的实施情况进行调查。通过调查，发现存在的主要问题是方针任务不明确，组织领导不健全，以及二分之一以上的研究生兼助教而影响研究工作等。③

1951年5月31日，为了进一步落实《高等学校暂行规程》第四章“教学组织”第十八条有关教学研究指导组负有研究工作职责的规定，以及《关于实施高等学校课程改革的决定》第八条“应有计划有步骤地加强高等学校内研究部或研究所的研究工作，并以此作为培养我们国家的高等学校师资的主要场所；应大大加强对助教及研究生的指导和关心，鼓励其积极学习和研究的精神，培养他们成为新中国高等学校的良好教师”④ 的相关要求，加强研究生的教育工作，教育部颁布了《关于华北区高等学校教学研究指导组暂行办法》。根据该文件的规定，教学研究指导组（简称教研组）为高等学校的基本教学组织，担任进行一种或性质相近的几种课目的教学工作及与教学有关的问题的研究工作。教研组由一种课目或性质相近的几种课目之全体教师——包括教授、副教授、讲师、助教组成，设主任一人，领导本组工作。在教研组负有的各项职责中，除涉及教学计划、教学大纲、教学资料、教材、教学

---

① 参见《中国人民大学正式上课　教学研究室增加到三十多个》，《人民日报》1950年9月11日。

② 参见研究部研究生教务行政科：《哈尔滨工业大学关于培养研究生工作总结》，《哈尔滨工业大学学报》1955年第3期。

③ 参见梁桂芝、孟汇丽：《中华人民共和国学位与研究生教育要事志（1949.10—1993.3）》，西安交通大学出版社1994年版，第18页。

④ 国务院法制办公室编：《中华人民共和国法规汇编》第一卷，中国法制出版社2005年版，第270页。

问题、教学经验、教学方法、实验、实习、参观、自习、讨论等内容外，还有“制定研究工作的计划，进行研究工作”“提高本组教师的政治与学术水平，并培养研究生”等。《关于华北区高等学校教学研究指导组暂行办法》还要求：“教研组应定期召开会议，由全体教师出席，讨论教学与研究工作中的各种问题，必要时得有研究生及学生代表列席。”①

1951年6月11日，中国科学院与教育部联合发布了《1951年暑期招收研究实习员、研究生办法》。该文件的公布及实施，无疑标志着共和国初期研究生招生工作开始步入国家统一管理的阶段。该文件的主要内容包括如下几个方面：

> 一、中国科学院所属各研究机构与中央教育部所属高等学校研究部为培养科学研究人才和高等学校的师资，决定招收各研究所研究实习员、各校研究生。
>
> 二、本年暑期全国研究实习员、研究生招收名额共500名，其中中国科学院研究实习员100名、中国人民大学研究生200名、北京大学、清华大学、浙江大学、南京大学、北京农业大学、燕京大学、南开大学、北洋大学、金陵大学、同济大学、东吴大学、武汉大学等校研究生共200名。
>
> 三、研究实习员及研究生的招收由中国科学院、中央教育部、中央人事部及经科学院推荐的研究所代表、经中央教育部推荐的高等学校教务长（或副教务长）或科学研究工作主要负责人组织委员会统一领导进行。
>
> 四、合于第三条条件的应届毕业生，经本人申请及（或）系科主任推荐，学校毕业生分配委员会保送，经招收委员会审查合格后录取为研究实习员或研究生。
>
> 五、研究实习员及研究生之审查推荐，由各校毕业生分配委员会负责进行。②

---

① 高等教育部办公厅编：《高等教育文献法令汇编（1949—1952）》，1958年2月印行，第68—69页。

② 梁桂芝、孟汇丽：《中华人民共和国学位与研究生教育要事志（1949.10—1993.3）》，西安交通大学出版社1994年版，第20—21页。原文缺“四”，疑误。引者按顺序改动。

表 5.2.1　研究实习员、研究生招收委员会各科审查小组委员名单*

学　科	组　长	委　　员
数　学	华罗庚	江泽涵　苏步青　吴大任
物　理	钱三强	陆学善　王竹溪　虞福春
化　学	孙承谔	吴学周　庄长泰　张子高
生　物	张景钺	贝时璋　王家楫　陈　桢　朱弘复　吴弘镒
地质地理测量	竺可桢	孟宪民　张炳熹　黄秉维　张润庆
机械航空	钱伟长	陆士嘉　李酉山　王大珩
电　机	常　迥	胡　筠
土木建筑	夏震寰	梁思成　俞　忽
化　工	张克忠	曹本熹
采矿冶金	张沛霖	
农　科	朱弘复	沈其益　娄成后
文　史	荣孟源	何干之　郭宝钧　傅懋勣
心　理	丁　瓒	沈乃璋　孙国华
政　法	何思敬	艾思奇　何戌双
财　经	宋　涛	马纪孔　崔希默　季陶达　巫宝三

* 资料来源于梁桂芝、孟汇丽：《中华人民共和国学位与研究生教育要事志(1949.10—1993.3)》，西安交通大学出版社 1994 年版，第 21 页。

由于受到其时多种因素影响，本年度实际录取的研究实习员和研究生只有 276 人。现将各单位录取人数列示于下表（见“表 5.2.2”）。

表 5.2.2　1951 年暑期招收研究实习员、研究生人数分布表*

单　位	人　数
中国科学院	95
中国人民大学	101
北京大学	14
清华大学	28

续表

单　位	人　数
南开大学	8
燕京大学	4
北京农业大学	4
北洋大学	2
南京大学	5
复旦大学	1
中山大学	2
厦门大学	2
浙江大学	2
金陵大学	2
武汉大学	1
不详	5
合计	276

* 资料来源于梁桂芝、孟汇丽：《中华人民共和国学位与研究生教育要事志（1949.10—1993.3）》，西安交通大学出版社 1994 年版，第 22 页。

及至 1951 年 10 月 1 日，政务院命令公布、施行《关于改革学制的决定》，进一步确立了研究生教育制度在国民教育体系中的地位和作用。《关于改革学制的决定》的公布与实施，主要目的是改革原有学制存在的种种缺点，诸如“工人、农民的干部学校和各种补习学校和训练班，在学校系统中没有应有的地位；初等学校修业六年并分为初高两级的办法，使广大的劳动人民子女难于受到完全的初等教育；技术学校没有一定的制度，不能适应培养国家建设人才的要求”。为了改正这些缺点，国家决定以新的学制系统取代旧有的学制系统，借以“确定原有的和新创的各类学校的适当地位，改革各种不合理的年限与制度，并使不同程度的学校互相衔接，以利于广大劳动人民文化水平的提高，工农干部的深造和国家建设事业的促进”。与旧学制相比，新的学制系统由幼儿教育、初等教育、中等教育、高等教育以及各级政治学校和政治训练班构成，另包括各级人民政府“为适应广泛的政治学习和业务学习之需要”而设立的各级各类补习学校、函授学校以及实施特殊教育的学校。其中，在有关高等教育的部分，《关于改革学制的决定》将实施高等教育的学校界定为各种高等学校，“即大学、专门学院和专科学校”，并规定了高等学校的任务是“在全面的普通的文化知识教育的基础上给学生以高级的专门教育，为国家培养具有高级专门知识的建设人才”。① 具体到研究生教育，《关于改革学制的决定》则作如是要求：

> 大学和专门学院得设研究部，修业年限为二年以上，招收大学及专门学院毕业生或具有同等学力者，与中国科学院及其他研究机构配合，培养高等学校的师资和科学研究人才。②

这就对研究生教育的入学标准、修业年限、培养目的等提出了明确要求，也进一步强调了研究生教育的功能在于培养高等学校所需师资及科学研究的新生力量。

1952 年 5 月 9 日，教育部公布了《高等学校研究生部的现状及其调整的意见》。该文件指出，其时设有研究生部（所）的高等学校共计 34 所，其中包括华北地区 6 所、华东地区 14 所、中南地区 3 所、东北地区 9 所以及西南地区 2 所。这些高等学校的研究生部（所）可分为三种类型：一是新型的研究生部。其优点是能够适应国家建设的需要，吸取了来自苏联的先进教学经验，研究生的政治质量较高；缺点是设备不足，师资力量不高。二是旧型的研究生部。此类研究生部存在的问题最为复杂，有的已被所在学校取消，有的则陷入停滞状态。三是专供教师研究而不招收研究生的研究部。该文件认为，其时高等学校研究部的主要问题是，“方针不明确，组织领导瘫痪或不健全，研究部工作缺乏计划，研究内容严重地脱离实际”。③ 有鉴于此，该文件提出的调整意见是：

> 今后全国高等学校研究部的设置应经中央教育部审批；现有研究部随院系调整而调整，有的予以加强，有的予以取消或合并；对现有研究生的处理，四年级研究生一律本年暑期毕业，由中央教育部统一分配工

---

①② 《中央人民政府政务院　关于改革学制的决定》，《人民日报》1951 年 10 月 3 日。

③ 梁桂芝、孟汇丽：《中华人民共和国学位与研究生教育要事志（1949.10—1993.3）》，西安交通大学出版社 1994 年版，第 26 页。

作，三年级研究生除个别研究成绩优异而研究工作尚未完毕者外，一律毕业分配工作，一、二年级研究生根据研究部调整结果或继续学习，或转学和分配工作。①

同年6月7日，中央人事部和中央教育部联合发布了《关于从高等学校1952年毕业生中选拔研究实习员、研究生的通知》，明确提出培养研究生的目的，是"为培养国家国防建设、经济建设及文化建设的科学研究人才与高等学校的师资"，并由中央教育部、中央人事部、中国科学院、中国人民大学等单位联合组成选拔工作组，通过审核保送的办法共选拔出364名研究实习员和研究生，其中包括中国科学院研究实习员150名，教育部所属各高等学校研究部研究生214名（内含中国人民大学研究部研究生140名）。②

1952年7月16日，教育部颁布试行《关于高等师范学校的规定（草案）》，共计21条。其中第五条规定："师范院校为加强研究工作，培养和提高高等师范学校的师资，得设研究部。"③ 该文件在1951年《关于改革学制的决定》的基础上，进一步强调高等师范院校通过研究生教育来培养师资力量的工作。

1953年8月7日，教育部发布《关于选拔高中优秀教师至大学研究部学习的通知》，为保证高等师范学校培养中等学校师资的计划得以实现，决定从全国高级中学选拔160名优秀教师，送至大学研究部学习专业课程，毕业后原则上分配至原选拔地区各高等师范学校任教。④ 此项举措，再次强调了研究生教育对于培养高等师范学校师资的作用。

二、研究生教育体制的"苏式"鉴习（1953—1956）

经过初步探索时期的系列建章立制，以及相关教育教学活动的开展，共

---

① 梁桂芝、孟汇丽：《中华人民共和国学位与研究生教育要事志（1949.10—1993.3）》，西安交通大学出版社1994年版，第26页。

② 参见梁桂芝、孟汇丽：《中华人民共和国学位与研究生教育要事志（1949.10—1993.3）》，西安交通大学出版社1994年版，第27页。

③ 《中国教育年鉴》编辑部编：《中国教育年鉴》（1949～1981），中国大百科全书出版社1984年版，第779页。

④ 参见金铁宽主编：《中华人民共和国教育大事记》，山东教育出版社1995年版，第168页。

和国建立初期研究生教育体制的建制逐渐理顺，规章制度的体系化渐趋实现，从而为研究生教育体制的确立，尤其是对苏联模式及其先进经验的学习和借鉴提供了必要条件。于是，自 1952 年起，伴随着全国高等院校普遍兴起的借鉴和学习苏联经验——在专业设置、教育制度、教学计划、教学方法、教学组织、教材建设等方面均采用苏联模式的热潮的到来，中国的研究生教育制度也进入了鉴习“苏式”的历史发展阶段。

（一）研究生教育规章的逐步丰富

1952 年 11 月 15 日，为加强对高等教育领域的领导，中央人民政府委员会第十九次会议决定将教育部的高等教育司升格为高等教育部，主管全国除高等师范学校、民族院校以外的高等学校，师范学校以外的中等专业学校，工农速成中学及有关留学生的派遣、接受和回国等事项。高等教育部设有办公厅、综合大学教育司、工业教育第一司、工业教育第二司、农林卫生教育司、中等技术教育司、留学生管理司、教学指导司、计划财务司、学校人事司和政治教育处、工农速成中学教育处、基本建设处等。有关研究生教育的管理职能，亦同时基本划归高等教育部负责。①

1953 年 10 月 11 日，为使高等教育密切联系实际，有计划地培养各类高级建设人才，以适应国家大规模经济建设的需要，政务院公布了《关于修订高等学校领导关系的决定》。该文件强调：“中央人民政府高等教育部必须与中央人民政府各有关业务部门密切配合，有步骤地对全国高等学校实行统一与集中的领导。”② 即高等教育部根据国家的教育方针政策与学制规定，遵照中央人民政府政务院关于全国高等教育的各项决定与指示，对全国除军事学校外的所有高等学校实施统一的领导。该文件的颁行，进一步理顺了高等教育部领导全国高等学校的体制，明确了相关权责，也为高等教育部统筹管理研究生教育奠定了基础。

1953 年 11 月 27 日，高等教育部发布《高等学校培养研究生暂行办法（草案）》。这是共和国成立以来人民政府颁行的第一部专门针对研究生教育

---

① 参见胡松柏主编：《中华人民共和国教育发展全史（1949—2009）》（下），广西教育出版社 2009 年版，第 1164 页。

② 《关于修订高等学校领导关系的决定》，载国务院法制办公室编：《中华人民共和国法规汇编》第二卷，中国法制出版社 2005 年版，第 146 页。

作出规定的文件，改变了既往有关研究生教育的规章制度分散、零碎的状况，构建起更为系统的研究生教育管理制度。因此，《高等学校培养研究生暂行办法（草案）》的诞生，标志着新中国建立初期研究生教育体制确立的初步探索取得了重大突破。

《高等学校培养研究生暂行办法（草案）》共计 19 条，主要涉及研究生教育的教学目的、师资力量、学习年限、招收条件、毕业要求、培养形式、教学组织、教学计划、学习方式、成绩评定、毕业分配、享受待遇等具体内容。制定该文件所依据的政策基础，是 1951 年政务院颁布的《关于改革学制的决定》所提出的要求，即“大学和专门学院得设研究部，修业年限为二年以上，招收大学及专门学院毕业生或具有同等学力者，与中国科学院及其他研究机构配合，培养高等学校的师资和科学研究人才”①。

根据《高等学校培养研究生暂行办法（草案）》的规定，凡聘有苏联专家（或人民民主国家的专家）或师资条件较好的高等学校，均应负有培养研究生的任务。研究生教育的目的是培养高等学校师资和科学研究人才。研究生毕业后应能讲授所学专业的一、二门课程并具有一定的科学研究能力，学习年限为二至三年。负责培养研究生的学校，应指定领导和专职干部负责研究生教育的各项工作，并设置教研组（室）作为培养研究生的基层组织。研究生的指导教师由苏联专家（或人民民主国家的专家）担任，或由教研组（室）所选定之教授、副教授担任。培养研究生的教学计划由指定教师根据不同专业及修业年限拟订，并经教研组（室）通过、教务长同意、校（院）长核准，报高等教育部备案。在校期间，研究生在指导教师同意的前提下根据教学计划和个人计划进行学习，并参加教研组（室）内有关的教学内容、教学方法的研究和讨论，在教育实习之外，研究生还可在指导教师同意的前提下参加部分教学工作。研究生经毕业考试及格或通过毕业论文答辩者准予毕业，并发给毕业证书。因故未完成教学计划者，经校（院）长核转中央高等教育部批准后可延长毕业期限。毕业生的调动及毕业分配由中央高等教育部统一管理。由各高等学校、机关和厂矿企业调派带职学习者，毕业后仍回原单位工作。②

---

① 《中央人民政府政务院关于改革学制的决定》，《人民日报》1951 年 10 月 3 日。

② 参见《中国教育年鉴》编辑部编：《中国教育年鉴》（1949～1981），中国大百科全书出版社 1984 年版，第 916—917 页。

伴随《高等学校培养研究生暂行办法（草案）》的出台，共和国初期研究生教育体制的发展具有了纲领性文件的指导，由此相关的研究生教育规章制度开始逐步丰富，并以苏联的研究生教育制度为学习对象，进行了制定学位制度的尝试。

1954年2月8日，“为了有计划地培养高等师范学校的师资，以适应今后高等师范学校发展的需要”，教育部发布了《高等师范学校培养研究生暂行办法（草案）》。相对于1953年高等教育部发布的《高等学校培养研究生暂行办法（草案）》而言，《高等师范学校培养研究生暂行办法（草案）》的培养目标更为集中精准，明确培养研究生的主要目的在于：“使研究生在结业后能在高等师范学校独立担任在研究期间所主修科目的教学工作。”① 即是说，高等师范学校的研究生教育，为高等师范学校培养各个课目的专业教师力量，提升高等师范学校的师资水平，以促进高等师范教育的快速发展。根据《高等师范学校培养研究生暂行办法（草案）》的规定，研究生培养计划由教育部统一筹划制订，研究生主要来源于成绩优良、政治进步、身体健康的高等师范学校本科毕业生，以及通过审查、考试的高级中等学校教师和具有高等学校毕业同等学力的机关团体干部等。研究生的学习期限，根据主修科目的性质规定为一至二年，比照《高等学校培养研究生暂行办法（草案）》的规定有所缩短，显然这是为了满足其时高等师范教育的快速发展需要而设计的。其培养方式，以上课为主，以个人研究及参加教研组（室）为辅，并在结业前进行试教。② 至于研究生的教学计划、管理方式、成绩考核等，与《高等学校培养研究生暂行办法（草案）》的规定基本相似。1956年5月26日，教育部又通过发布《高等师范学校研究生班（高师师资训练班）试行办法》，取代了《高等师范学校培养研究生暂行办法（草案）》，后者由是被废止。③

（二）研究生学位制度的初步尝试

在研究生教育规章制度陆续制定和颁行之时，共和国初期的学位制度也

---

① 《高等师范学校培养研究暂行办法（草案）》，载李友芝等编：《中国近现代师范教育史资料》第三册（内部交流版），第953—954页。

② 参见《高等师范学校培养研究生暂行办法（草案）》，载李友芝等编：《中国近现代师范教育史资料》第三册（内部交流版），第953—954页。

③ 参见中央教育科学研究所编：《中华人民共和国教育大事记（1949—1982）》，教育科学出版社1984年版，第167页。

开始孕育萌生，并成为其时研究生教育体制确立的重要推力之一。究其开端，始于1953年11月中国科学院党组向中共中央提交的《关于目前科学院工作的基本情况和今后工作任务给中央的报告》。这份报告在估计其时中国科学院现有的科学基础和力量的同时，分析了团结现有科学家和培养新生力量方面的问题，也提出了在具体贯彻理论联系实际方针上存在的问题。此外，这份报告还依据其时科学工作的方针和任务提出了六项重点工作，其中涉及研究生教育的任务是，“继续团结现有科学家，积极培养新生力量，扩大科学工作的队伍与后备力量”①。其具体改进的措施是：

> 增设研究生处，负责指导全院研究生的培养工作。先组织专门委员会讨论并拟订研究生条例和学术奖励办法，争取在一九五四年第三季度内招收第一期研究生，开始有计划地培养科学干部的工作……②

1954年3月8日，中共中央在对中国科学院党组报告的批示中指出：

> 科学工作对国家建设具有重要的意义。要把我国建设成为生产高度发达、文化高度繁荣的社会主义国家，一定要有自然科学和社会科学的发展……大力培养新生的科学研究力量，扩大科学研究工作的队伍，是发展我国科学研究事业的重要环节。科学院和高等学校应认真进行培养青年科学研究人员的工作，并建立制度加以保证……为开展科学研究工作，学位制和对科学研究的奖励制度是必要的。中央责成科学院和高等教育部提出逐步建立这种制度的办法。③

这是1949年后，在研究生教育体制的确立过程中首次涉及学位制度的提法，并为中国科学院制定研究生教育的规章制度指明了方向。

1954年7月29日，高等教育部发出《1954～1955学年工作计划指导要点》，其中指出：今后高等教育部对各校的指导重点，总起来说，应该是进一步全面地学习苏联，参考苏联经验制定一套学校各方面工作所必要的规章制度，当前迫切需要制定的有15种，其中第五种为正规的研究生制度及教师进

---

①② 中国科学院办公厅编：《中国科学院资料汇编（1949—1954）》，1955年印行，第10页。

③ 中共中央组织部等编：《中国共产党组织史资料》第九卷“文献选编”（下）（1949.10—1966.5），中共党史出版社2000年版，第228—230页。

修制度。① 这就为其后研究生教育体制展示了发展路径。

1955年8月5日，国务院全体会议第十七次会议通过了《中国科学院研究生暂行条例》，并于当月31日由国务院发布。《中国科学院研究生暂行条例》包括总则、研究生的招收、研究生的培养、研究生的待遇与工作分配等四个部分，计有28条细则。《中国科学院研究生暂行条例》明确提出了培养科学干部对于促进科学发展乃至国家建设所具有的重大意义，将研究生教育所要培养的科学研究干部标准确定为："具有一定的马克思列宁主义水平、本门科学方面的坚实的基础、有关国家建设的实际知识，并能独立地进行专业的创造性的科学研究工作。"② 为了实现这一培养目标，《中国科学院研究生暂行条例》严格规定了研究生的招生标准、招生程序与所需资料、培养流程和毕业要求，譬如研究生的修业年限一般暂定为四年，如有特殊情况可适当延长或缩短，但延长期限不得超过一年。研究生入学后，由研究所确定一位研究员担任其学术导师。研究生在学术导师的指导下拟订个人计划并据此进行独立工作，具体包括：（一）一门或两门专业课程及一门与论文有关的专业课程；（二）辩证唯物主义与历史唯物主义；（三）俄文及其他一种外国文（经中国科学院特殊批准的可免修其他一种外国文）；（四）学位论文。研究生在学习年限内完成规定的考试和学位论文，并经学术导师、外审专家、研究所学术委员会审核学位论文和同意答辩后，由研究所学术委员会在研究生学术导师以外的专家中聘定一或两位辩驳人，根据商定的答辩日期，在研究所学术委员会的会议上举行学位论文答辩。会议由所长主持。学位论文答辩后，须经研究所学术委员会委员以无记名投票方式过半数才能通过。投票前，学术委员会应与辩驳人交换意见。研究生在学位论文通过后，即由研究所提请审查并报中国科学院批准其毕业，授予科学副博士的学位。

《中国科学院研究生暂行条例》的颁行，在一定程度上讲，具有划时代的意义，不仅直接促进了共和国初期研究生教育制度的正规化发展，提升了中国科学院的研究生教育质量，而且首次明确规定授予毕业研究生以源自苏联模式的副博士学位，体现出其时研究生教育及处于萌发阶段的共和国学位制

---

① 参见梁桂芝、孟汇丽：《中华人民共和国学位与研究生教育要事志（1949.10—1993.3）》，西安交通大学出版社1994年版，第50页。

② 《中华人民共和国国务院命令》，《人民日报》1955年9月1日。

度对苏联先进经验的学习和借鉴。1955 年 9 月 6 日，《人民日报》发表社论《积极培养科学研究工作的新生力量》，便对《中国科学院研究生暂行条例》给予高度评价，认为“这是我国正规地培养较高级的科学干部，提高我国科学工作水平，适应社会主义建设的一项重大措施”。《积极培养科学研究工作的新生力量》指出：国民经济有计划建设事业的发展向科学工作提出了日益增多的要求，因此必须尽快培养大量的科学工作干部，才能够顺利地担负起国家向科学工作提出的巨大任务。鉴于我国已进入有计划的、大规模建设时期，科学工作已逐渐走上正常轨道，许多科学部门的研究工作已逐步开展起来。在这样的情况下，建立正规的研究生制度，培养较高级的科学干部，完全有必要和有条件。在中国科学院研究生制度建立以后，有条件的高等学校也应当建立正规的研究生制度；其他的高等学校也应当结合科学研究工作的开展，积极创造这样的条件。如果培养研究生的正规制度在全国各科学研究机构、各高等学校逐步建立起来，数年后就能够陆续为国家培养出大批的高级科学干部和师资。该文章还强调，培养研究生的关键在于导师，导师的数量和导师对于研究生的关切，对研究生培养工作有着决定性的意义。中国科学院各学部、各研究机构应加强对研究生培养工作的领导，充分发挥科学家的力量，提供必要的工作条件，以保证这一重大任务的胜利实现。①

1955 年 9 月，为了进一步落实中共中央于 1954 年对中国科学院党组报告的批示，探索学位制度的建立，根据中共中央和国务院的指示，国务院第二办公室主任林枫和张际春、钱俊瑞、范长江、杨秀峰、张稼夫、董纯才、徐运北、孙志远、薛暮桥、毛齐华、李颉伯、曾一凡等 13 人，组成了关于学位、学衔、工程技术专家等级及荣誉称号等条例起草委员会，采取分口负责、集中研究的方式，分别由中国科学院、高等教育部、国务院三办、文化部、卫生部及教育部等单位负责起草各项文件的工作。② 1956 年 6 月，该委员会拟定了《中华人民共和国学位条例（草案）》。根据《中华人民共和国学位条例（草案）》的规定，我国学位分为硕士、博士两级，学位按照哲学、数学、物理学、化学、天文学、地质学、地理学、生物学、工学、建筑学、农学、

① 参见《积极培养科学研究工作的新生力量》，《人民日报》1955 年 9 月 6 日。

② 参见高恒山、刘述庆编著：《中国高等学校学衔史略》，辽宁大学出版社 1990 年版，第 68 页。

林学、医学、药学、兽医学、历史学、经济学、法学、语言学、教育学、心理学、文学、艺术学等学科门类授予。学位的管理和授予由国务院学位和学衔委员会负责。① 其中还规定：

> 没有取得硕士学位的科学工作者，如果是具有教授学衔的，也可以参加博士学位的论文答辩。对于有重要的科学著作、学术成就、发现或发明的科学工作者，可以不经过学位论文答辩，按他的成就大小分别授予硕士或博士学位。当选为中国科学院院士或候补院士（注："院士"名称是暂用的，还未正式决定）的科学工作者，均由国务院学位和学衔委员会授予博士学位。②

这是新中国在学习借鉴苏联模式和经验的基础上，为建立有自身特色的学位制度所作的第一次努力。遗憾的是，由于1957年反右派运动的开展，《中华人民共和国学位条例（草案）》没有也无法付诸实践。

在开始探索制定学位制度的同时，仿照苏联模式尝试对毕业研究生授予副博士学位的实践活动也在进行。1956年4月24日，高等教育部发布了《〈关于1956年进行副博士学位论文答辩的暂行规定〉的通知》，其中指出：

> 目前有部分高等学校的教师和研究生已经完成了相当于副博士水平的学位论文，希望参加学位论文答辩。因此在国家的学位条例还没有颁布以前，我部制订了"关于1956年进行副博士学位论文答辩的暂行规定"。决定先对已完成副博士学位论文的教师和研究生举行学位论文答辩，待国家的学位条例颁布以后，再按照国家的学位条例的规定加以审查和授予学位。③

《〈关于1956年进行副博士学位论文答辩的暂行规定〉的通知》所附的《暂行规定》共计12条，界定了进行副博士学位论文答辩的各方面要求，包括：高等学校申请进行副博士学位论文答辩的教师和研究生，应先通过副博士必修课程的考试；副博士必修课程的考试，由高等学校根据课程内容，组织考试委员会负责进行；经副博士必修课程考试及格的教师和研究生的学位论文，应由教研组进行初审，后送所在学校的学术委员会审查；高等教育部（或教

①② 《中国教育事典》编委会编：《中国教育事典》（高等教育卷），河北教育出版社1994年版，第581页。

③ 高等教育部办公厅：《高等教育文献法令汇编》第四辑，1957年印行，第111页。

育部、卫生部、文化部）收到高等学校提请进行学位论文答辩的文件后，先审查申请人的履历表等有关材料，并将学位论文送交邀请的辩驳人审查；学位论文答辩会议按专业组成，设主席 1 人，委员 8～10 人；学位论文答辩会议以不记名投票进行表决，学位论文答辩会须有三分之二以上的成员出席才能开会，会议的决议在出席人过半数同意后通过；教师和研究生的学位论文经学位论文答辩会议通过者，待《中华人民共和国学位条例》公布后，再按学位条例的规定由有关机关审查和确定是否授予学位。此外，《暂行规定》还强调，"副博士"这一学位名称是暂用名，如果和以后颁布的《中华人民共和国学位条例》规定的名称不一致时，按《学位条例》的规定办理。1956 年上半年的副博士学位论文答辩，暂定于当年 7 月和 8 月间举行。① 《暂行规定》发出后，同济大学等校曾经有所"试行"。②

与《关于 1956 年进行副博士学位论文答辩的暂行规定》相衔接，高等教育部于同年 7 月 11 日发布《颁发"1956 年高等学校招收副博士研究生暂行办法"》，对高等学校招收副博士研究生的工作作出详细规定，共计 12 条，主要规定了报考资格、考试科目、报名日期、报名程序、考试日期、报名材料、资格审查、学习办法、享有待遇等项内容，其中指出：

> 为了培养高等学校师资和科学研究人才，决定部分高等学校从今年开始招收付（副）博士研究生。在国家的研究生条例颁布前，我部制订了"1956 年高等学校招收付（副）博士研究生暂行办法"并已经国务院批准实行。现将这个办法和 1956 年招收付（副）博士研究生的学校、专业和名额发给有关各校，希研究执行。③

与之相应，《颁发"1956 年高等学校招收副博士研究生暂行办法"》再次强调："本办法中的'副博士'名称是暂用名，如果和以后颁布的中华人民共和国研究生条例名称不一致时，按中华人民共和国研究生条例的规定办理。"④

为了提高此时期的研究生教育工作质量，高等教育部于 1956 年 7 月 16

---

① 参见高等教育部办公厅：《高等教育文献法令汇编》第四辑，1957 年印行，第 111—113 页。

② 中央教育科学研究所编：《中华人民共和国教育大事记（1949—1982）》，教育科学出版社 1984 年版，第 163 页。

③ 高等教育部办公厅：《高等教育文献法令汇编》第四辑，1957 年印行，第113 页。

④ 高等教育部办公厅：《高等教育文献法令汇编》第四辑，1957 年印行，第 116 页。

日颁布了《关于现有研究生结业和进一步提高的办法》。高等教育部认为，现在有部分高等学校培养了研究生，这些研究生是今后高等学校师资的新生力量，必须要重视他们的要求以调动他们的学习积极性，从而使他们在今后的工作中可以更好地发挥作用。然而，这些研究生的学习年限、入学水平、培养目标和学习内容很不一致。自从《中国科学院研究生暂行条例》公布后，三年制和二年制研究生中不以副博士为培养目标的，都很关心他们能否争取成为副博士，所学课程能否承认为副博士研究生必修课程。为此，高等教育部经与相关单位协商，决定针对这些研究生的结业和继续提高的问题制定出三项办法：（一）现有的四年制研究生和医学院临床各专业的三年制研究生，已经参照《中国科学院研究生暂行条例》以副博士为培养目标拟订的培养计划，即按原订计划进行学习。（二）原来以培养开课师资为目标的三年制和二年制的研究生，仍按原订计划学习，结业后发给毕业证书并分配工作。这些研究生结业后可以在工作岗位上与其他教师一样继续进修，其中如有在工作岗位上写作副博士学位论文的，在研究生学习时所学过的有些课程如符合副博士必修课程的要求并且考试成绩优良的，在提出论文时，由所在学校将论文题目和要点通知原来学校，经原来学校教研组审查，系学术委员会讨论同意，可以承认为副博士必修课程考试及格。但是，其他应补修的必修课程仍须经过补修和考试。（三）上述一般三年制研究生中，有个别学习成绩特别优良，所学课程基本上合乎副博士研究生的必修课程，同时已完成论文而且论文的质量已达到副博士学位论文水平的，即可以按照《1956年高等学校副博士学位论文答辩的几项规定》，经审查后参加副博士学位论文答辩。现在在校学习尚未结业的一般二年制的研究生，少数学习成绩特别优良，并已在写作论文，论文虽还没有完成而有可能达到副博士论文水平的，如果指导教师也有力量进行指导，而且不急于结业分配工作的，经教研组和系学术委员会审查，校（院）长同意，报高等教育部批准后，可以将其年限延长半年或一年。[①]

总体而论，在中苏“蜜月”时期，共和国的研究生教育制度及其体制的创立和构建，基本上采取“一边倒”的取法路径：就制度演进的路径而言，

---

① 参见高等教育部办公厅：《高等教育文献法令汇编》第四辑，1957年印行，第116—117页。

其时研究生教育体制的确立，与其时我国全面学习、移植苏联教育模式密切相连。正如中共领导人在共和国初期所作出的论断：

> 我们所走的道路就是苏联走过的道路，这在我们是一点疑问也没有的。苏联的道路是按照历史发展规律而为人类社会必然要走的道路。要想避开这条路不走是不可能的。[①]

因此，当相关的顶层制度规则确立之后，处于高等教育领域的研究生教育制度也必然在此基础上循例而行。就制度变迁的动力机制而言，其时研究生教育的设置与推进主要由国家制订的计划来推动发展，成为政府制度的产物，全面服从和服务于其时政治、经济等方面建设的需要。因此，研究生教育的制度变迁几乎完全受制于制度环境的变化。

三、研究生教育体制的自主建构（1957—1965）

自1956年社会主义改造基本完成后，新中国的国民经济得到了基本恢复，由此中国在中国共产党的领导下开始独立探索自己的发展道路，转入大规模的社会主义建设阶段。其时这种社会制度的转型趋势，不仅促使国家的政治、经济等领域发生显著变革，亦使包括研究生教育在内的学校教育制度随之出现转型。加之该时期中国所处的国际环境发生了急剧变化，尤其是中苏关系从和睦走向交恶，其时的研究生教育从“以苏为师”模式过渡到独立自主模式，逐渐摆脱对苏联模式与经验的学习和依赖，逐步弱化既往研究生教育中体现的苏联色彩，开始进入独立自主发展的新阶段。

（一）终止“副博士研究生”制度的尝试

发布于1956年的“副博士研究生”培养制度，实施未几便因复杂因素影响而迅速终止。1957年3月25日，高等教育部向各省高等教育局、全国高等学校发出了《关于研究生的名称问题的通知》。其中明确指出：

> 在1956年高等学校招收研究生时，因国家的学位条例没有公布，研究生的名称尚未确定，而我部对四年制研究生与过去作为教师进修的二、三年制研究生在招生时需要有所区别，所以根据1955年8月5日国务院全体会议通过的《中国科学院研究生暂行条例》第二十一条“研究生在

---

① 中共中央文献研究室：《建国以来毛泽东文稿》第四册，中央文献出版社1990年版，第548页。

学位论文通过后即由研究所提请学部审查并报中国科学院批准其毕业，授予科学副博士学位”的规定，将招收的四年制研究生称为“副博士研究生”。这个名称只表明经过四年学习后一般应达到副博士水平，至于是否授予副博士称号或其他称号尚待研究，我部在通知各校时，曾说明这个名称是暂用的。①

基于上述缘由，《关于研究生的名称问题的通知》特意强调：

暂用这个名称以后，在社会上引起了一些误解，在年制不同的研究生中也有意见，认为对四年制研究生没有必要冠以“副博士”名称。为了避免不必要的误会，我部征求各方面意见并请示国务院后，决定不用“副博士研究生”这个名称，去年招收的副博士研究生一律称为研究生。在不用“副博士”这个名称后，各校所有四年制研究生的研究和学习仍照原定计划进行。至于学位名称和研究生结业后的学位授予问题，俟国家的有关条例颁布后，按规定办理。②

由是，从苏联“引进”并借用的“副博士研究生”名称被放弃。

1957年5月17日，高等教育部向全国高等学校发布了通知，鉴于国家有关的学位条例尚未公布，因此1957年各高等学校仍不举行副博士学位的论文答辩。同年7月6日，高等教育部再度发出补充通知，其中明确规定：“今年暂停学位论文答辩后，已学习期满，必修课程考试及格，并完成论文的研究生，可准予结业，由培养学校发给结业证明书，同时由国家分配工作。”③

（二）“教育大革命”时期体制的变化

1958至1960年间，在其时“鼓足干劲、力争上游、多快好省地建设社会主义”的社会主义建设总路线推动下，声势浩大的“大跃进”运动持续了三年时间。在此过程中，教育战线也开展了“大跃进”，即“教育大革命”。“教育大革命”的实施范围极广，涉及国民教育体系中的各个方面。高等教育领域亦不例外，研究生教育体制受到影响也逐渐发生变化。

1957年“副博士研究生”的名称及学位论文答辩取消后，高等教育部于

①② 何东昌主编：《中华人民共和国重要教育文献（1949～1975）》，海南出版社1998年版，第742页。

③ 吴镇柔等主编：《中华人民共和国研究生教育和学位制度史》，北京理工大学出版社2001年版，第33页。

当年7月31日发布了《关于1957年高等学校招收四年制研究生的规定》。该文件共计14条，内容涵盖研究生的选拔标准、报考资格、考试科目、考试时间、入学日期、学习期限、享有待遇、毕业分配等方面。根据《关于1957年高等学校招收四年制研究生的规定》的要求，为培养高等学校师资和科学研究工作人员，部分高等学校（包括综合大学，工科、农林科和语文校院）在1957年继续招收四年制研究生；负责培养研究生的高等学校，其招生的专业和名额由高等教育部确定。《关于1957年高等学校招收四年制研究生的规定》强调，1957年招收的研究生，必须从政治、学业、健康三方面慎重选择，以保证必要的质量；同时，所招收的研究生，一般应是高等学校本科毕业并有二年以上实际工作经验的在职人员，但少数专业也可招收本届部分优秀的高等学校本科毕业生和工作不满二年的本科毕业生，并且年龄要在40岁以下。至于研究生入学考试的课目，《关于1957年高等学校招收四年制研究生的规定》与《1956年高等学校招收副博士研究生暂行办法》的要求大体相近，只是在政治考试的题目上要求“除选考课程中的基本理论知识以外，还必须着重考试当前反右派斗争的政治上思想上的各种实际问题”。[①] 这也在一定程度上体现出当时的政治氛围对于研究生教育的突出影响。

“大跃进”运动开始后，党和国家对教育的发展提出了新要求。1958年9月19日，《中共中央、国务院关于教育工作的指示》发布。其中指出：“经济战线上的社会主义革命取得了基本胜利，政治战线上和思想战线上的社会主义革命已经取得了决定性的胜利，社会主义建设在工农业生产方面已经出现了大跃进的形势。为了彻底完成社会主义革命，为了适应社会主义建设的需要，为了实现共产主义的远大目标，必须‘在继续进行经济战线、政治战线和思想战线上的社会主义革命的同时，积极地进行技术革命和文化革命’。”这就要求在教育领域正确地领导教育工作，坚持党的教育工作的方针，多快好省地扫除文盲，普及教育，培养出一支数以千万计的又红又专的工人阶级知识分子队伍。为达到上述目的，《中共中央、国务院关于教育工作的指示》强调，党的教育工作方针是教育为无产阶级的政治服务，教育与生产劳动相结合。为了实现这个方针，教育工作必须由党来领导，必须动员一切积极因

① 国务院法制局、中华人民共和国法规汇编编辑委员会编：《中华人民共和国法规汇编（1957年7月—12月）》，法律出版社1958年版，第511—514页。

素，采取统一性与多样性、普及与提高、全面规划与地方分权相结合的原则，对现行的学制进行积极妥当的改革。由是，“各省、市、自治区的党委和政府有权对新的学制积极进行典型试验，并报告中央教育部。经过典型试验取得充分的经验之后，应当规定全国通行的新学制”。① 在具体目标上，《中共中央、国务院关于教育工作的指示》提出：

> 全国应在三年到五年的时间内，基本上完成扫除文盲、普及小学教育、农业合作社社有中学和使学龄前儿童大多数都能入托儿所和幼儿园的任务。应该大力发展中等教育和高等教育，争取在十五年左右的时间内，基本上做到使全国青年和成年，凡是有条件的和自愿的，都可以受到高等教育。我们将以十五年左右的时间来普及高等教育，然后再以十五年左右的时间来从事提高的工作。②

《中共中央、国务院关于教育工作的指示》对高等教育事业发展提出的新要求，也直接影响到研究生教育制度的运行。由于高等学校的数量迅速增加，产生了师资紧缺的问题，大量研究生因此被中途抽调改作助教或其他工作，其余研究生也因参加教学科研革命实践或生产劳动，而难以坚持系统学习。此外，既有的研究生教育体制在其时“大跃进”和“教育大革命”的特殊氛围下显得不太协调，有进行改革的必要。因此，在1958年2月高等教育部与教育部合并后，新组建的教育部于同年10月10日向国务院报请《关于今年暂停招收研究生的请示报告》。其中特别指出：

> 研究生教育缺点严重，没有政治挂帅，没有依靠党的领导和集体力量，单单依靠导师个人培养，片面强调业务水平，忽视对研究生的思想政治教育，有严重的三脱离倾向，学习年限又太长（19年），在数量、质量上不适应国家需要，必须进一步研究改进。③

《关于今年暂停招收研究生的请示报告》还考虑到，从当前“大跃进”形势看，不可能动员在职人员报考研究生，故而提出“今年一般暂不招生，大量采取短训班、教师进修等来培养师资”，“个别有条件的又有可招生生源的高

---

①② 《中国教育年鉴》编辑部编：《中国教育年鉴（1949～1981）》，中国大百科全书出版社1984年版，第688—690页。

③ 吴镇柔等主编：《中华人民共和国研究生教育和学位制度史》，北京理工大学出版社2001年版，第33页。

校，经所在地党委同意，可以招一部分，但教育部不作统一部署”。因此，1958 年全国招收的研究生仅为 275 名。①

（三）研究生教育制度的调整与规范

“教育大革命”的发动，在改变原有学制的同时也造成了较为混乱的局面。为尽快解决问题，恢复正常的教育秩序，中共中央办公厅先于 1959 年 1 月 8 日向教育部党组转达了中央书记处会议有关教育工作的几项决定。其中重点强调，“当前教育方面的任务是在调整的前提下进行巩固和提高”。之后，中共中央于同年 1 月 12 日至 3 月 1 日在北京召开教育工作会议，参加会议的人员有“各省、市委文教书记、宣传部长、教育（高教）厅、局长和部分高等学校党委书记及中央有关部门负责人”。会议讨论了贯彻执行教育方针的主要经验和存在的问题。会议提出，“1959 年教育工作的方针主要是巩固、调整和提高，并在这个基础上有重点的发展”。会议强调，全日制学校应该贯彻教学为主的原则；正确处理学校教育中感性知识和理性知识的关系；在党的领导下坚持教学相长的原则，发挥教师在教学工作中的主导作用，建立正常的师生关系；正确地贯彻执行党的团结、教育、改造知识分子的政策，纠正在学校党员领导干部和部分师生中存在的宁“左”毋右的思想倾向和“资产阶级知识分子是革命对象”等说法。②

1959 年春召开的教育工作会议，为研究生教育制度的调整与规范奠定了基础，指明了方向。同年 5 月 17 日，中共中央转发教育部党组《关于 1959 年教育事业发展计划的意见》，在总结了 1958 年教育事业全面“大跃进”的基本情况的同时，提出了 1959 年教育事业计划应当采取巩固提高、适当发展的方针。《关于 1959 年教育事业发展计划的意见》还提出，1958 年的高等教育发展规模很大，1959 年应以整顿、巩固、提高为主，并要从 1959 年高等学校的毕业生中选留政治、业务水平较高的 1000 人左右，分配到有条件的高等学校作为研究生进行培养。同在 5 月 17 日，中共中央发出了《关于在高等学校中指定一批重点学校的决定》。其中指出，为防止当前高等教育质量的普遍

① 吴镇柔等主编：《中华人民共和国研究生教育和学位制度史》，北京理工大学出版社 2001 年版，第 33 页。

② 参见中央教育科学研究所编：《中华人民共和国教育大事记（1949—1982）》，教育科学出版社 1984 年版，第 239—240 页。

降低及便于将来逐步提高高等教育的质量，从现有的比较有基础的高等学校中，指定北京大学、清华大学、北京工业学院、中国人民大学、天津大学、北京航空学院、复旦大学、上海交通大学、北京农业大学、中国科学技术大学、西安交通大学、北京医学院、上海第一医学院、华东师范大学、北京师范大学、哈尔滨工业大学等 16 所大学为全国重点高校。这些重点高校，必须招收和认真培养研究生，适当地担负高等学校教师进修任务，同其他学校交换教材、交流教学经验等，以这些方式为提高全国高等教育质量服务。①

1959 年 8 月 21 日，国务院批复同意教育部《关于高等学校培养研究生工作的意见及 1959 年全国高等学校招收研究生计划和选拔考试办法》。教育部在文件中提出：高等学校的研究生教育任务是培养又红又专的、在本门学科方面具有系统而坚实的理论基础，能够独立进行教学工作和科学研究工作的高等学校师资，学习期限一般为三年；为保证研究生的质量，政审、业务考核和体检都必须严格；研究生的任务是学习深造，必须有个人的学习计划，保证系统的专业学习和科学研究的时间，参加生产劳动要尽可能结合专业，并可参加适当的教学工作；研究生毕业时，应完成一定质量的科学论文；研究生的培养必须在系和教研组的集体领导下，由一名学有专长、富有经验的教师担任导师；研究生毕业由学校发给毕业证书；为加强研究生工作的领导与管理，应有一名副校长负责主管或兼管该项工作，培养研究生多的学校还应设立专门机构或配备专职干部。国务院在批复中指示教育部：对于研究生的数量和质量问题，应加以切实掌握，如学生来源不足，宁缺毋滥，不要降低标准，以保证研究生必要的质量；希望教育部在总结过去几年培养研究生工作经验的基础上，进一步加以研究，争取在较短的时间内拟定一个比较成熟和具体的暂行规定或条例，经批准后实施。②

根据国务院批复的要求，教育部对此时段的研究生教育体制进行了一定的调整。1959 年 12 月 12 日，教育部发出《关于编制 1960—1962 年高等学校招收和培养研究生计划的通知》，其中指出："为了适应高等教育事业迅速发

① 参见金铁宽主编：《中华人民共和国教育大事记》，山东教育出版社 1995 年版，第 498 页。另，到 1960 年 10 月 22 日，中共中央又决定增加中国医科大学、哈尔滨军事工程学院、第四军医大学和通讯工程学院等 4 所高校为全国重点高校。

② 参见梁桂芝、孟汇丽：《中华人民共和国学位与研究生教育要事志（1949.10—1993.3）》，西安交通大学出版社 1994 年版，第 108—110 页。

展的需要和不断提高高等学校的教学质量和科学水平，全国凡有条件的高等学校必须大力招收和培养研究生，以培养和提高高等学校的师资。”① 为此，教育部要求中央各有关部门，各省、市、自治区高等教育和教育厅、局以及各直属高等学校，编制招收和培养研究生的三年规划。对于规划的编制，《关于编制1960—1962年高等学校招收和培养研究生计划的通知》提出了三项要求：一是编制规划要根据本校指导教师的力量，尽可能挖掘潜力；二是指导教师应由学术上有专长、教学工作和科学研究工作有丰富经验的教师担任；三是由有关高等学校根据国家计划委员会（以下简称“国家计委”）确定的名额，择优选留本科毕业生报考研究生，并保证每年有一定数量的在职教师作研究生培养。② 1960年8月2日，教育部又发出《关于1960年全国高等学校招收研究生工作的通知》，其中提出：根据1960年的全国教育事业计划，全国高等学校招收研究生2000～2500名；至于招生计划，则由各地区的高教（教育）厅（局）和中央各主管业务部门自行确定，教育部不再审批；具体的招收研究生工作，均由各校自行办理；关于是否进行入学考试和选拔考试办法，教育部不作统一规定，“由主管部门自行规定，或由招生学校根据具体情况确定并报请主管部门同意后执行”。③《关于1960年全国高等学校招收研究生工作的通知》还要求：在保证质量的原则下，各招生单位应尽量多招；招生的专业，全国重点高等学校应以新科学技术和基础理论方面专业为重点，文科应以毛泽东思想为指导的政治理论方面专业为重点；其他高等学校则要注意更多地安排适应本地区、本部门需要的专业招生。④

1961年1月，中共八届九中全会在北京举行，会议正式批准对国民经济实行“调整、巩固、充实、提高”的“八字方针”，对新中国的经济调整工作起到了巨大的指导作用。教育领域也依据“八字方针”，对各项工作进行了全

---

① 梁桂芝、孟汇丽：《中华人民共和国学位与研究生教育要事志（1949.10—1993.3）》，西安交通大学出版社1994年版，第112页。

② 参见刘光主编：《新中国高等教育大事记》，东北师范大学出版社1990年版，第156页。

③ 梁桂芝、孟汇丽：《中华人民共和国学位与研究生教育要事志（1949.10—1993.3）》，西安交通大学出版社1994年版，第120—121页。

④ 秦惠民主编：《学位与研究生教育大辞典》，北京理工大学出版社1994年版，第636页。

面调整。由此，又一批与研究生教育相关的规章法令相继颁行。

1961年9月15日，中共中央批准印发《中华人民共和国教育部直属高等学校暂行工作条例（草案）》（又称为《高教六十条》或《高校六十条》），共计10章60项条款。其中，第四章专项规定了研究生培养工作，其具体内容包括：（一）高等学校应该重视培养研究生的工作，根据教师的条件和科学研究的基础，招收研究生，培养科学研究人才和高等学校师资。（二）培养研究生，必须选拔优秀人才，严格保证质量，宁缺毋滥。（三）研究生从当年高等学校的毕业生中，或者从本校的青年教师中选拔，也可以由其他单位选送。研究生应该思想进步、身体健康、大学毕业或具有同等程度，年龄一般在35岁以下，并且要经过审查和入学考试，合格者方得录取。（四）学校还可以选拔在校工作两年以上、成绩优良的教师，为在职研究生。研究生的学习期限，一般为三年，在职研究生一般为五年。研究生在一年半至两年内，在职研究生在三年至四年内，应该通过所学课程的考试。不能如期通过考试又无特殊理由，应该取消研究生或者在职研究生的资格。在职研究生通过规定的课程考试后，学校应该让他脱产一年，从事毕业论文的撰写工作。（五）研究生都要有指导教师和具体的培养计划。指导教师由学术水平较高的教师担任。教学研究室要领导和检查研究生的培养工作。（六）研究生在导师指导下，学习专门课程，掌握某一专题范围内科学的最新成果，并且进行科学研究工作。科学研究时间应该占整个学习时间的一半左右。科学研究成果必须写成论文，并且进行答辩。研究生毕业论文的答辩，由国家考试委员会主持。（七）少数有条件的高等学校，经教育部批准，可以试办研究院，培养较多数量的研究生。①

《高教六十条》的颁行，为专门的研究生教育规章制度的出台创造了必要条件，作出了规范性的指导。1963年1月14日至21日，教育部在北京召开了高等学校研究生工作会议，着重讨论了《高等学校培养研究生工作暂行条例（草案）》《高等学校理工农医各科研究生专业目录（草案）》《关于高等学校制订研究生培养方案的几项原则规定（草案）》等三个文件，并就研究生的经费、待遇、学籍管理、国家考试、外国语及政治课的学习和制订以及今后五年招收研究生规划等问题交换了意见。会议认为，我国高等学校培养

① 参见中共中央文献研究室编：《建国以来重要文献选编》第十四册，中国文献出版社2011年版，第510—511页。

研究生的工作，应以提高质量为中心。根据新中国成立以来的经验，为了切实有效地提高研究生的质量，今后必须抓紧以下五个基本环节：一是保证招收质量优秀的新生，二是严格遴选导师，三是制定必要的规章制度，四是加强研究生的管理工作，五是建立严格的考核制度。在此次会议之后，教育部于当年4月29日发布了《高等学校培养研究生工作暂行条例（草案）》，包括总则、招生工作、培养工作、领导与管理、待遇与工作分配、研究院等6章计30条细则。《高等学校培养研究生工作暂行条例（草案）》以《高教六十条》中对研究生教育的相关规章为基础，详细规定了研究生教育的方方面面。《高等学校培养研究生工作暂行条例（草案）》重点贯彻了《高教六十条》对研究生教育提出的“选拔优秀人才，严格保证质量，宁缺毋滥”的要求，重点关注研究生教育的质量问题。因此，《高等学校培养研究生工作暂行条例（草案）》突出强调，在研究生教育的招生、培养过程中，必须加强领导与管理，通过高标准的招生要求与程序、系统标准的培养流程、严格的导师遴选等手段，不断提升研究生教育的水平，保证研究生在毕业后能够符合培养目标的要求。①

1963年6月，教育部根据当年1月召开的高等学校研究生工作会议的决定，又发布了《关于制订研究生专业培养方案的通知》，作为各个高等学校制订研究生专业培养方案的依据。《关于制订研究生专业培养方案的通知》要求，各校在制订培养方案、专业基础及专门课程的学习大纲时，要总结本校既往培养研究生的经验，并结合有关专业的具体情况；在具体实施时，各校可以根据实际需要，先选择少数有代表性的研究生专业进行试点，取得经验后再全面展开。《关于制订研究生专业培养方案的通知》所附《关于高等学校制订理工农医各专业研究生培养方案的几项原则规定（草案）》，具体规定了制订培养方案的几项原则和脱产研究生培养方案的具体安排：在原则方面，要求研究生的培养方案应该体现《高等学校培养研究生工作暂行条例（草案）》对培养目标的要求，要根据国家建设的需要和科学技术发展的情况确定研究生的专业范围，要坚持正确的政治方向和因材施教的原则，采用系统理论学习和科学研究工作相结合的培养方法；在具体安排方面，明确界定了

---

① 参见《中国教育年鉴》编辑部编：《中国教育年鉴（1949～1981）》，中国大百科全书出版社1984年版，第917—919页。

研究生的学习总时数、学习课程、毕业论文工作、校外实习或调查、实习性教学工作、生产劳动等内容，并指出在职研究生的培养方案可参照这些规定进行具体安排。①

同一时期，制定学位制度的尝试也再度开启。1961 年 11 月 12 日，聂荣臻向中共中央提出《关于建立学位、学衔、工程技术称号等制度的建议》，指出：学位、学衔、工程技术称号等，能给努力从事科学研究、技术工作和教育工作而且确有成就的知识分子以评价和荣誉，鼓励他们在工作中的积极性，促使知识分子向科学文化的高峰进军；学位制度也是衡量一个国家科学文化水平的标准；实行学位制度，也是直接促进我国科学技术发展的一个有效方法；有了学位制度，便于进行国际科学文化活动，因此建议着手起草并尽快实行。② 中共中央立即采纳了这一建议，并于 1962 年 1 月由中央科学小组、国家科学技术委员会（以下简称“国家科委”）党组通知中宣部、教育部、中国科学院、国家经济委员会、国务院文教办公室、文化部着手起草《中华人民共和国学位条例（草案）》。1963 年 10 月，经聂荣臻主持讨论、定稿后，于当月 29 日上报中央。根据中央领导的指示精神，聂荣臻再度主持了讨论修改工作，所完成的定稿于 1963 年 12 月 27 日上报中共中央和国务院。《中华人民共和国学位条例（草案）》共计 15 条，将学位称号定为博士、副博士，并明确规定了各学位的学术水平要求以及学位的申请、审查、批准等程序，提出受理学位的高等学校和科研机构由国务院学位委员会提名，报国务院批准，申请学位者向受理学位的单位提出学位申请，经受理单位的学术委员会审查其提交的学位论文，并组织论文答辩通过后，报国务院学位委员会批准授予。③ 然而遗憾的是，受当时“左”的指导思想影响，认为学位属于资产阶级法权范畴的看法占据优势，因此《中华人民共和国学位条例（草案）》未能完成法律程序便被搁置。

此外，该时期来自发展中国家的赴华留学生人数大量增加，他们逐渐产生了获得学位证书的需求。因此，于 1963 年再度独立设置的高等教育部，根

① 参见中华人民共和国铁道部编：《铁道法规汇编·教育（1956 年—1984 年）》，1985 年印行，第 150—156 页。

② 参见文化部教育司研究室编：《学位问题参考资料》，1979 年印行，第 35—37 页。

③ 参见文化部教育司研究室编：《学位问题参考资料》，1979 年印行，第 50—52 页。

据周恩来总理在1965年7月11日关于“在中国毕业的外国留学生，由高教部直接给予学位证明书”的指示，会同有关部门对这一问题进行了研究，并于1966年1月1日制定了《关于授予外国留学生学位试行办法》。1966年4月8日，高等教育部党委将《关于授予外国留学生学位试行办法》上报国务院。《关于授予外国留学生学位试行办法》将学位名称定为学士、硕士、博士，按学科门类分别授予哲学、经济学、法学、文学、历史学、教育学、理学、工学、农学、医学等学位。① 评定学位的标准是：

> 凡在我国高等学校学完基础理论课或大学三年级课程，以及在高等学校专修科结业的外国留学生，授予学士学位；
>
> 凡在我国高校本科毕业的外国留学生，授予硕士学位，选课大学生一般不授予学位，但确实达到大学毕业水平并通过规定的考试或完成毕业设计（论文）者，也可授予硕士学位。
>
> 凡在我国高等学校和研究单位毕业的外国研究生，授予博士学位。进修生一般不授予学位。但确实达到研究生毕业水平并提出相应的论文或学术报告者，也可授予博士学位。②

由于1966年“文革”的发生，所以《关于授予外国留学生学位试行办法》同样未能付诸实施。

四、研究生教育制度的中途折戟（“文化大革命”时期）

“文革”开始后，随着学生“造反”活动迅速波及全国大、中学校，学校教育的正常秩序受到了严重破坏，研究生教育同样未能幸免。共和国建立初期持续十数年的研究生教育发展进程就此被迫中断。

1966年6月13日，中共中央发出《关于改革高等学校招生考试办法的通知》，其中认为：

> （现行的高等学校招生考试办法）基本上没有跳出资产阶级考试制度的框框，不利于贯彻执行党中央和毛主席提出的教育方针，不利于更多地吸收工农兵革命青年进入高等学校。这种考试制度，必须彻底改革。③

① 参见文化部教育司研究室编：《学位问题参考资料》，1979年印行，第58页。

② 文化部教育司研究室编：《学位问题参考资料》，1979年印行，第58页。

③ 李宇铭主编：《中华人民共和国史词典》，中国国际广播出版社1989年版，第392页。

因此，中共中央和国务院决定，将1966年高等学校招收新生的工作推迟半年。及至7月24日，中共中央、国务院又发出《关于改革高等学校招生工作的通知》，提出从该年起，高等学校招生工作下放到省、市、自治区办理。高等学校招生取消考试，采取推荐与选拔相结合的办法。但因“文革”的影响，各地区并未能开展招生工作，即自当年起全国高等学校停止按计划招生达六年之久。

《关于改革高等学校招生考试办法的通知》及高校招生工作的变化，对其时研究生教育制度的运行产生了巨大影响。1966年6月27日，高等教育部发布《关于暂停1966年、1967年研究生招生工作的通知》。其中指出：

> 根据中共中央、国务院6月13日发出的通知①的精神，研究生制度必须进行彻底改革。目前全国高等学校的文化大革命正在兴起，为了要把这一运动搞深搞透，各单位应将1966年研究生招生录取工作和制订1967年招收研究生计划工作，暂停下来。今后这一工作如何进行，将另行通知。②

由是，自1966年起，全国停止招收研究生的工作。直至1977年10月12日，国务院批转教育部《关于高等学校招收研究生的意见》，随之于当年11月3日，教育部等发出1977年研究生招收的具体办法的通知，研究生教育才得以恢复。

对其时研究生教育事业的最沉重打击，来自1967年1月3日教育部向国务院文教办公室提出的《关于废除研究生制度及研究生分配问题的报告》。其中强调：

> 研究生制度是向西方国家和苏联抄袭来的。这个制度实质上是资本主义、修正主义教育制度，甚至还保存了封建科举制度的影响，与毛主席的教育思想是完全相违背的。实践证明，研究生制度是培养修正主义的苗圃。废除研究生制度的理由有：（1）研究生培养目标打着“培养高一级专业人才”的旗号，干着培养修正主义特权阶层的勾当。（2）放弃党的领导，把资产阶级的“学术权威”捧为“导师”，而他们就以“外行不能领导内行”作为借口反对党的领导，把研究生当作他们的私有财产，与党争夺下一代。（3）按现行的教育制度，从小学到研究生毕业，年限

① 指《关于改革高等学校招生考试办法的通知》。

② 何东昌主编：《中华人民共和国重要教育文献（1949～1975）》，海南出版社1998年版，第1403页。

达21年以上，少慢差费，直接违反毛主席关于“学制要缩短，教育要革命”的指示。(4) 研究生培养方法是脱离政治、脱离劳动、脱离实际的。教学方法是教条主义、本本主义的。培养出来的只能是书呆子。(5) 从招生到毕业的整个培养过程，不仅不突出无产阶级政治，相反鼓吹个人奋斗、知识私有、成名成家，在社会上的流毒甚广。为此，应立即废除现有研究生制度，并立即着手进行研究生分配工作。①

自《关于废除研究生制度及研究生分配问题的报告》发布起，至1968年底，在没有按照规定进行课程考试和毕业论文答辩的情况下，全国在校的研究生分配工作基本完成。随之在“文革”期间，研究生教育工作几乎全面停止，研究生教育事业被迫中断，仅有几所大学曾拟订相关计划或实施过短期的研究生教学试点工作。例如，北京大学于1975年拟订过招收研究生的计划，但并未具体实施。② 又如，复旦大学自1972年起创办了研究生试点班，招生对象为具有五年以上工龄的相当文化水平的人员，学制两年。1974年，上海市教育主管部门发出《关于高等院校积极招收研究生的意见》，复旦大学进一步扩大了招生规模。至1976年，复旦大学累计招收研究生199名。具体招生情况可见下表（“表5.2.3”）。

表5.2.3　1972—1976年复旦大学研究生试点班招生人数统计表*

年　份	招生人数	文　科	理　科
1972	7	7	—
1973	7	—	7
1974	25	—	25
1975	92	64	28
1976	68	36	32
合　计	199	107	92

*资料来源于复旦大学校志编写组编：《复旦大学志》第二卷（1949—1988），复旦大学出版社1995年版，第288页。

① 《关于废除研究生制度及研究生分配问题的报告》，转引自梁桂芝、孟汇丽：《中华人民共和国学位与研究生教育要事志（1949.10—1993.3）》，西安交通大学出版社1994年版，第183—184页。

② 参见周全华著：《“文化大革命”中的“教育革命”》，广东教育出版社1999年版，第252页。

由于1978年起全国开始恢复正式招收研究生，所以上海市教育主管部门在同年3月又发出了《关于本市高校研究生试点班的调整意见》。文件明确提出，这些研究生均属上海市试点性质，并未列入国家计划，加之招生办法、学生基础和培养要求不同，因此允许一部分人参加全国研究生统考，其余则按原计划继续学习或重新分配工作。研究生试点班和全国统招研究生的矛盾，由是得以妥善解决。复旦大学按照该文件的精神，在1979年2月对相关工作进行了妥当处置，直至试点班毕业为止。①

第三节　共和国初期研究生教育的实践推进

选拔出符合标准的优秀知识人才并对其进行适当的培养，是研究生教育工作中最为重要的两个环节，直接决定了研究生教育的规模和质量。1949年后，伴随研究生教育制度的逐渐确立，具体的研究生选拔与培养工作也有条不紊地次第展开，并体现出鲜明的时代特色。与此同时，研究生的毕业分配工作同样受到党和国家的高度重视，统一分配制度由此得以建立，并与选拔、培养共同组成了共和国初期研究生教育体系的核心内容。

一、研究生选拔工作的施行

具体的研究生选拔工作，随着相关招生考试办法的逐步公布而陆续付诸实施。

1950年5月26日，教育部发出《关于高等学校1950年度暑期招考新生的规定》，进行了中央人民政府成立后第一次有组织、有计划的高等学校招生工作，并确定由各大行政区分别在适当地点定期实行全部或局部的联合或统一招生，同时也允许各校自行招生。② 然而在实际工作中，各有关单位对于研究生的招收，1950年基本上是自动自流、各行其是。

及至1951年6月，中国科学院和教育部联合发出《1951年暑期招收研究

① 参见复旦大学校志编写组编：《复旦大学志》第二卷（1949—1988），复旦大学出版社1995年版，第288页。

② 参见《中国教育年鉴》编辑部编：《中国教育年鉴》（1949～1981），中国大百科全书出版社1984年版，第928页。

实习员、研究生办法》，采用联合招生的方式，由中国科学院、教育部、人事部及经中国科学院推荐的研究所代表、经教育部推荐的高等学校教务长（或副教务长）或科学研究工作主要负责人组织委员会，统一领导研究生选拔工作。该年度预定招收研究实习员和研究生500人，最终录取276人，仅为原定名额的55.2%。

1952年6月7日，中央人事部、教育部联合发布《关于从高等学校1952年毕业生中选拔研究实习员、研究生的通知》。当年暑期全国共选拔了364名研究实习员和研究生。研究生名单的公布及接收，与高等学校毕业生分配工作统一办理。①

1953年11月27日，高等教育部发布了《高等学校培养研究生暂行办法（草案）》，其中明确规定了研究生的报考资格和招生方式。根据《高等学校培养研究生暂行办法（草案）》的要求，符合下列条件之一者可以报考研究生：一是高等学校的助教、毕业生（不包括专修科毕业生）经中央高等教育部选派者；二是高等学校毕业（包括任职两年以上的专修科毕业生）或具有同等学力，由中央一级机关、团体调派，经高等教育部同意并经考试及健康检查合格者。研究生的招收，则于每届高等学校毕业生毕业时办理一次，担任培养研究生的学校及每年招收研究生的计划，由中央高等教育部指定与制订。②

1955年，教育部、高等教育部联合颁布了《1955年暑期全国高等师范学校研究生选拔办法》，对研究生的选送条件作出了更为具体的规定：

> 必须历史清楚、成绩优良、思想进步、身体健康（须经学校联系卫生部门进行健康检查合格，附全国高等学校招生健康检查不合格之规定），有培养前途者，经审查考试合格录取后始得为研究生。③

其时考选办法主要包括如下几个方面：（一）建立考试委员会。考试委员会由学校校长（或副校长）、教务长（或副教务长）及各有关教研室（组）主任、

① 参见梁桂芝、孟汇丽：《中华人民共和国学位与研究生教育要事志（1949.10—1993.3）》，西安交通大学出版社1994年版，第27页。

② 参见《中国教育年鉴》编辑部编：《中国教育年鉴》（1949～1981），中国大百科全书出版社1984年版，第916页。

③ 杨学为总主编，陆震分卷主编：《中国考试史文献集成》第八卷（中华人民共和国），高等教育出版社2003年版，第355页。

教授组成，负责命题、评阅工作。考试组织工作由选送学校负责。（二）规定考试科目。考试包括专业科目及政治课（马克思主义基础）。专业科目考试题目，全面由培养学校考试委员会负责拟订。印制好后，直接寄送各选送学校。政治课（马克思主义基础）试题，由教育部委托北京师范大学统一拟订，直接寄送各选送学校。政治课（马克思主义基础）实行统一命题、统一考试、统一评卷。每门课的考试时间为 3 小时。（三）选送学校于考试完毕后，即将试卷及登记表等材料分送培养学校。培养学校应于评卷完毕后，将考生成绩及本校意见填入成绩登记表内，一份报教育部审查录取，一份存培养学校备查。（四）高等教育部和教育部将研究生录取名单，分别通知各有关培养学校、选送学校及各级人事部门、教育部门。《选拔办法》的颁布，标志着共和国的研究生招生工作改变了原有的推荐选拔方式，初步建立起考试选拔制度，建立起正常考选程序，使研究生招生和培养工作开始“走向规范化”。①

1955 年 8 月 31 日，国务院发布了《中国科学院研究生暂行条例》。在招生标准上，《中国科学院研究生暂行条例》要求年龄在 40 岁以下并具有以下条件之一者，可申请攻读研究生：

（一）高等学校本科毕业有两年以上科学工作、教育工作或其它与科学有关的实际工作经验并具有科学研究能力的；

（二）高等学校本科毕业，成绩优异，经原学校或本人工作部门证明推荐的；

（三）未经高等学校本科毕业，但经科学机关、高等学校或国务院各部、各委员会、各直属机构证明其确实具有高等学校毕业的水平和从事研究工作的能力并负责推荐的。②

1956 年，高等教育部颁发了《1956 年高等学校招收副博士研究生暂行办法》。其中规定，在报考资格方面，除应是年龄在 40 岁以下的中华人民共和国公民外，还必须具有下列条件之一：

1. 高等学校本科毕业并有两年以上科学技术工作、教育工作或其他与科学有关的实际工作经验的；报考医学临床各专业的必须有 3 年以上

---

① 余子侠、胡向东主编：《湖北考试史》（下编），湖北人民出版社 2007 年版，第 611 页。

② 《中华人民共和国国务院命令》，《人民日报》1955 年 9 月 1 日。

的工作经验。

2. 高等学校本科毕业，未参加过实际工作或工作经验不满两年，但学业成绩优异，经原学校或本人工作部门证明的（此条不适用于报考医学临床各专业）。

3. 未经高等学校本科毕业，有3年以上工作经验，经科学机关、高等学校或本人工作部门证明确实具有高等学校本科毕业的水平和从事科学研究工作能力的。未经高等学校本科毕业，报考医学临床各专业的必须有5年以上的工作经验。①

入学考试的科目或内容要求包括：

1. 专业学科一般考1至3门，最多4门，由各校根据专业性质来确定；

2. 政治理论：工、农、林、医各专业考中国革命史，文、理各专业考辩证唯物主义和历史唯物主义，政法、财经各专业考政治经济学，未学辩证唯物主义和历史唯物主义或未学政治经济学的考生都考中国革命史；

3. 外国语文：由报考人在俄、英、德、法四种语文中自选一种，但有特殊规定的专业应指定必须考某种外国文者例外。

4. 考试的题目，由招考的学校参照高等学校现行的教学大纲所规定的范围要求选定。报考的学校应在确定各专业考试课程后提出主要参考书和参考资料目录，以备报考人员索取。②

1957年7月31日，高等教育部发布了《关于1957年高等学校招收四年制研究生的规定》，其中详细规定了研究生的报考资格和入学考试科目。在报考资格方面，该文件要求：

凡年龄在40岁以下，在政治上拥护社会主义制度、拥护共产党的领导，愿意全心全意为人民服务，并在当前反右派斗争中表现好的，以及在学业、工作方面具有下列条件之一者，经原在单位同意或推荐，可向招生学校申请报考：（一）高等学校本科毕业，有二年以上科学技术工作、教育工作或其他与科学有关的实际工作经验的；（二）高等学校本科毕业，参加工作不满二年，但学业和工作成绩优异的；（三）高等学校本

①② 高等教育部办公厅：《高等教育文献法令汇编》第四辑，1957年印行，第114页。

> 科本届毕业生，学业成绩优异，本人愿作研究生，经原毕业学校选拔推荐的；（四）未经高等学校本科毕业，有三年以上科学技术工作、教育工作或其他与科学工作有关的实际工作经验，经科学机关、高等学校或本人工作部门证明确实具有高等学校本科毕业水平和从事科学研究工作能力的。[①]

至于研究生入学考试科目的规定，该文件则与《1956年高等学校招收副博士研究生暂行办法》基本一致。此外，该文件还强调：

> 入学考试由招生学校负责办理，学校认为有必要时，可以组织考试委员会进行这项工作。为了减少考生旅途上的往返，招生学校应根据报考人员的地区分布情况委托其他地区的高等学校代办考试工作，受委托的学校应该积极办好被委托的考试工作。报考人员一律要经过入学考试，不得免试入学。[②]

在1960年8月2日教育部发出的《关于1960年全国高等学校招收研究生工作的通知》中，上述有关规定的表述发生了变化。从某种程度上讲，在招考研究生方面有了一些"放权"：具体的招收研究生工作均由各校自行办理。关于是否进行入学考试和选拔考试，教育部不作统一规定，由主管部门自行规定，或由招生学校根据具体情况确定并报请主管部门同意后执行。[③]

1961年9月15日，中共中央批准印发《中华人民共和国教育部直属高等学校暂行工作条例（草案）》。其中第四章明确要求：研究生从当年高等学校的毕业生中，或者从本校的青年教师中选拔，也可以由其他单位选送。研究生应该思想进步、身体健康、大学毕业或具有同等程度，年龄一般在35岁以下，并且要经过审查和入学考试，合格者方得录取。[④]

1962年4月24日，教育部发出《关于1962年招收研究生工作的通知》，

---

① 国务院法制局、中华人民共和国法规汇编编辑委员会编：《中华人民共和国法规汇编（1957年7月—12月）》，法律出版社1958年版，第511—512页。

② 国务院法制局、中华人民共和国法规汇编编辑委员会编：《中华人民共和国法规汇编（1957年7月—12月）》，法律出版社1958年版，第512页。

③ 参见梁桂芝、孟汇丽：《中华人民共和国学位与研究生教育要事志（1949.10—1993.3）》，西安交通大学出版社1994年版，第112—113页、第120—121页。

④ 参见中共中央文献研究室编：《建国以来重要文献选编》第十四册，中国文献出版社2011年版，第510页。

要求各高等学校和中国科学院所属研究所的研究生选拔考试工作统一按照《1962年研究生选拔考试办法》办理。《1962年研究生选拔考试办法》规定，报考方式是：应届大学毕业生采取学生自愿报名、学校推荐的办法；在职干部采取原单位选送，由招生学校决定是否接受报考。选拔方式是：考试科目有政治理论课、外文、基础理论课和专业课（一般为二至三门，其中至少应包括一门基础理论课）；考试方式由招生单位规定。[①] 同年8月2日，教育部发布《关于制订1963年招收研究生计划的通知》，其中提出：各单位具体招生人数暂不作规定，招生来源仍应包括应届的高等学校本科毕业生和在职干部两部分。[②] 此后的研究生考选工作基本上以上述标准为依据，在贯彻“保证质量、宁缺毋滥”精神的前提下，着力挑选政治思想好、学业成绩好、身体健康、有培养前途的考生入学。

1966年，高等教育部发出《关于进一步加强和改进1966年研究生招生工作的通知》，对研究生的考选工作进行了重新调整。其中要求：政治理论课考试活学活用毛主席著作方面的问题，实行开卷考试，由高等教育部统一命题，各招生单位也可以自行命题。录取时应将政治课考试成绩与平时思想政治表现结合起来考虑，以平时表现为主。业务课只考一门，由各招生单位在原定考试科目中确定，并通知考生本人。少部分应届大学毕业生因参加“四清”运动返校较迟，不能参加统一考试者，可采取内部选拔推荐的办法，不再考试。后来由于“文革”爆发，当年的研究生招生工作停止，该文件的要求并未执行。[③]

除了上述国家层面的统一规定外，一些高等学校也根据自身情况制定了本校的研究生招生简章或考选规划。譬如，天津大学在总结培养研究生经验的基础上，于1963年3月出台了《1963—1967年招收研究生规划》。天津大学制定这一规划的主要精神是：在招收数量上，以提高研究生质量为中心；对遴选导师的要求是学术水平较高、具有明确的研究方向和一定的科学研究

① 参见梁桂芝、孟汇丽：《中华人民共和国学位与研究生教育要事志（1949.10—1993.3）》，西安交通大学出版社1994年版，第137页。

② 参见梁桂芝、孟汇丽：《中华人民共和国学位与研究生教育要事志（1949.10—1993.3）》，西安交通大学出版社1994年版，第143—144页。

③ 参见梁桂芝、孟汇丽：《中华人民共和国学位与研究生教育要事志（1949.10—1993.3）》，西安交通大学出版社1994年版，第178—179页。

基础的教授、副教授；对培养研究生的教研室，要求能够在完成教学任务的前提下，有时间安排培养研究生，且有具备基本条件的实验室。经过调整，至 1965 年 7 月，该校全校招收研究生的专业为 28 个，遴选指导教师 37 名。①

总体而言，即 1949 年至“文革”爆发之前，研究生的招生、培养和毕业分配工作基本没有间断。遗憾的是，正当共和国研究生教育事业走向日益规范化的发展道路之时，“史无前例”的“文革”爆发，连同其他各级各类学校教育一样，研究生教育中途歇脚。

二、 研究生培养工作的开展

共和国初期的研究生培养工作，是在相关制度的规范和政策的指引下，主要依托各高等院校、科研院所及有关部委机构而开展，既体现出整齐划一的总体特征，也有因地制宜、百花齐放式的特色培养活动。

（一）研究生培养工作的总体态势

共和国建立初期，党和国家对于研究生的培养工作给予高度重视，通过订立有关规章制度作好顶层设计，为保证培养工作的质量提供政策依据。

高等教育部于 1953 年 11 月 27 日发布的《高等学校培养研究生暂行办法（草案）》，首次系统地提出了高等学校培养研究生应遵循的相关要求，规范了研究生的培养流程、培养计划、培养方式及其应享有的各项权利与应履行的相关义务。教育部于 1954 年 2 月 8 日发布的《高等师范学校培养研究生暂行办法（草案）》，在《高等学校培养研究生暂行办法（草案）》的基础上，进一步强调高等师范院校的研究生培养工作必须遵守的原则，将培养目的精准定位于“培养高等师范学校的师资”。1955 年 8 月 5 日国务院全体会议第十七会议通过的《中国科学院研究生暂行条例》，则在第三章专门规定了研究生培养的相关要求，包括修业年限、学术导师、培养方式、个人计划、论文选题、课程考试、学习报告、学业鉴定、答辩流程等内容。中共中央于 1961 年 9 月 15 日批准印发《中华人民共和国教育部直属高等学校暂行工作条例（草案）》，同样在第四章专项规定了研究生培养工作的各方面要求。

为了对研究生培养工作进行更为全面、系统的指导，教育部于 1963 年 1

① 参见北洋大学—天津大学校史编辑室编：《北洋大学—天津大学校史》第二卷，天津大学出版社 1995 年版，第 187 页。

月14日至21日在北京召开了高等学校研究生工作会议，讨论并通过了《高等学校培养研究生工作暂行条例（草案）》《高等学校理工农医各科研究生专业目录（草案）》《关于高等学校制订研究生培养方案的几项原则规定（草案）》等文件。会议强调，高等学校培养研究生的工作应通过抓紧培养过程中的基本环节，来提高培养质量。此次会议之后，教育部又分别于同年4月和6月相继发布了《高等学校培养研究生工作暂行条例（草案）》与《关于制订研究生专业培养方案的通知》，对研究生的培养工作作出了更加科学细致的规定。

在上述种种文件制定的过程中，教育主管部门还通过座谈会的形式，切实了解高等院校的研究生培养工作状况，并提出改进工作的相关要求。如在1956年9月，教育部召集了北京师范大学、华东师范大学、东北师范大学的校长和教务长及研究部主任等座谈研究生的培养工作。与会者认为，这三所高等师范学校在培养和提高高等师范学校师资工作中负有特别重要的任务，并在近年来于办理二年制研究生班的工作中取得了一定的成绩和经验。

> 大家认为，有培养任务的学校应把培养研究生的工作放到重要的地位，从组织领导、教师配备、图书资料、仪器设备、学习环境以及生活条件等各方面改进和加强工作，以保证研究生的质量。为适应高等师范教育发展中师资的需要，在今后若干年内，二年制研究生班仍应继续举办。①

此外，会议还就培养副博士研究生问题交换了意见：

> 大家认为应充分发挥全国高等师范学校中国专家的力量，为国家培养一定专业一定数量的副博士研究生。各校应积极为明年招收副博士研究生作好准备工作。大家认为，培养副博士研究生和目前二年制的研究生班，虽然在制度上有差别，但不是没有联系的。目前二年制的研究生中将来必有少数成绩优秀的人，可吸收为副博士研究生。同时，高等师范系统副博士研究生的招生对象，应该广泛地吸收学业成绩优异的高等师范学校或一般大学毕业生、助教、优秀中学教员、教育机关干部等参加考试。②

①②　《教育部召集三所高等师范大学校长等　座谈加强培养研究生工作》，《人民日报》1956年9月6日。

在会上，教育部除了责成这三所高等师范学校积极进行有关明年招收副博士研究生的准备工作外，并表示将另外再组织部分高等师范学校的中国专家招收一定专业、一定数量的副博士研究生。

正是在制度体系的引领之下，研究生培养工作得以有条不紊地逐步开展，培养单位不断增加，培养质量得到较为充分的保障。至 1959 年，共有七十多所高等学校招收研究生，专业涉及理、工、文、农、医、师范、体育等类别。在培养过程中，研究生要进行政治学习、专业学习、外国语学习、科学研究和生产劳动。系统的专业理论学习和科学研究工作，在研究生的个人学习计划中占有较大的比重。毕业时，研究生还要完成一定质量的科学论文。各有关高等学校对招收和培养研究生工作都很重视。大多数学校挑选了政治上求进步、学术上有专长、教学和科学研究工作有丰富经验的教师担任指导教师。有的学校还配备了专职行政干部，以加强对研究生工作的管理。① 对此，《人民日报》给予了如下评论：

> 现在，七十多所高等学校正在招考研究生。凡保送报考研究生的各单位，都要认真选拔，以保证招生的质量。如果学生来源不足，宁缺毋滥。凡有培养研究生任务的学校，一定要及早选择政治上进步、学术上有专长、教学工作和科学研究工作有丰富经验的人来作指导教师，鼓励他们勇于负责，认真指导，把自己的真才实学，传授给新的一代。我们相信，教师一定会克服工作中的一些困难，完成培养研究生的任务。自然，有些教师确有教学任务紧、较难兼顾的情况，学校就要适当照顾，安排给他们一定的时间。此外，学校在研究生进校后，要帮助他们订好个人学习计划，妥善安排他们的专业学习、外国语学习、科学研究、政治学习和生产劳动，加强领导，经常检查，并注意创造经验。在党的领导下，高等学校一定会把研究生培养成为又红又专的教学和科学研究人材，以适应社会主义建设事业飞跃发展的需要。②

1959 年以后至“文革”爆发之际，全国培养研究生的单位数量及招收的研究生人数又有大幅增加，其具体情形可见下列诸表（“表 5.3.1”“表

---

① 参见《适应高等教育事业发展的需要　七十多所高等学校招收研究生》，《人民日报》1959 年 9 月 8 日。

② 《努力培养质量更高的研究生》，《人民日报》1959 年 9 月 8 日。

5.3.2”“表 5.3.3”）。

表 5.3.1 1949—1969 年全国研究生招生、在学和毕业人数表*

年份	毕业生人数	招生人数	在学人数
1949	107	242	629
1950	159	874	1261
1951	166	1273	2168
1952	627	1785	2763
1953	1177	2887	4249
1954	660	1155	4753
1955	1730	1751	4822
1956	2349	2235	4841
1957	1723	334	3178
1958	1113	275	1635
1959	727	1345	2171
1960	589	2275	3635
1961	179	2198	6009
1962	1019	1287	6130
1963	1512	781	4938
1964	895	1240	4881
1965	1665	1456	4546
1966	1137	—	3409
1967	852	—	2557
1968	1240	—	1317
1969	1317	—	—

* 资料来源于刘英杰主编：《中国教育大事典》（下），浙江教育出版社 1993 年版，第 1582 页。注："在学人数"中，1961 年以前各年只统计高等学校的研究生数，1962 年及以后各年均包括中国科学院及其他业务部门各研究所培养的研究生数。

表 5.3.2　1962—1965 年全国培养研究生的单位数量表*

年份＼单位	高等学校	中国科学院	中国社会科学院	国务院各部委	合计
1962	114	49	10	—	173
1963	121	60	—	9	190
1964	129	76	—	14	219
1965	134	81	—	19	234

*资料来源于刘晖、侯春山编：《中国研究生教育和学位制度》，教育科学出版社 1988 年版，第 198 页。

表 5.3.3　1962—1965 年全国研究生培养单位的人数分布表*

年份＼单位	高等学校	中国科学院	中国社会科学院	国务院各部委	合计
1962	5711	382	37	—	6130
1963	4309	583	—	46	4938
1964	3973	819	—	89	4881
1965	3528	943	—	75	4546

*资料来源于刘晖、侯春山编：《中国研究生教育和学位制度》，教育科学出版社 1988 年版，第 198 页。

（二）百花齐放式的研究生培养活动

共和国建立初期，对于研究生的培养工作，在前文所述种种从宏观层面制定的制度和订立的规章的引导和规范下，在实践推进过程中，各有关研究生教育机构在具体执行层面上呈现出百花齐放式的培养特征，即研究生教育的实践活动，受所处时段环境、规章规定、自身条件等因素的影响，在不同的高等院校间互有差异、各具特点。因此，以下按照学校类别选择了部分具有一定代表性的高校，展现不同种类或类型的高校在培养研究生方面的具体情形，以管窥其时研究生培养工作的总体实施状况。

1. 综合性高校的研究生培养

在综合性高校的研究生培养工作方面，我们可以北京大学、清华大学、中国人民大学和天津大学为代表。这不仅因为这些高校在中国研究生教育和培养方面或历史悠久或开辟新径，更重要的是它们在共和国建立初期的研究生教育工作中占有重要的地位，对推动其时研究生教育的发展产生了巨大作用。

（1）北京大学

中华人民共和国成立后，在国家有关方针政策的指引下，随着我国高等教育的改造与革新，拥有悠久的研究生培养历史的北京大学，迅即开展了研究生教育的恢复和调整工作。

1949 年 9 月 22 日，北京大学校务委员会常委会讨论、决定：

> 各院系有相关之导师及设备者，得设研究部，招收研究生。各院系研究部主任，分别由院长和系主任兼任。学校设研究部委员会，为全校研究生事宜的总领导机构，直接向校务委员会负责。研究部委员会由各院研究部主任及教授代表每院 1 人，讲助代表 2 人，研究生代表 2 人组成，由校务委员会指定一人为主席。①

同年 10 月 28 日，校务委员会公布了 1949 年第一学期学生人数，其时全校共有研究生 75 人。

1950 年 9 月 13 日，校务委员会发布“为提高业务水平，共同努力把教学和科学研究工作结合起来”的决定，号召全体教员认真学习全国第一次高等教育工作会议的精神，提高业务水平，把教学和科学研究工作结合起来。校务委员会还指示文科研究所总结新中国成立以来研究工作进展情况，并决定重新公布《北京大学研究部委员会组织暂行规定》《北京大学研究部教学通则》。

1951 年 4 月，北京大学发布了新的《研究生招生简章》，共计 7 项条款，具体包括招生目的、报名资格、招收办法等内容。其中明确指出，招收研究生的目的是“为培养高等教育师资”以及“高级建设人才”。报名资格则需满足两项条件：一是“国立或私立大学毕业或独立学院毕业者”，二是“对专门业务有特殊贡献或著作发明者”。②

1952 年院系调整后，北京大学成为以文理科教学和研究为主的综合性大

① 王学珍等主编：《北京大学纪事（1898—1997）》，北京大学出版社 1998 年版，第 490 页。

② 北京大学研究生院编：《继往开来——北京大学研究生教育 90 年》，北京大学出版社 2008 年版，第 47 页。

学，明确了研究生的培养目标是“新中国建设之专门人才、高等院校师资及研究工作者”，教研室（组）成为研究生培养的基本单位。

1954年，北京大学发布《培养研究生暂行条例（草案）》，进一步细化了研究生培养工作的各个环节。譬如，在总则部分，明确规定了招生目的、报考资格、指导方式和修业年限：

一、北京大学研究生的培养目标是在马克思列宁主义理论指导下，具有广泛的系统的巩固的专业知识和独立研究能力的科学研究干部和高等学校师资。

二、凡年满三十五岁、身体健康、思想进步的高等学校毕业生或高等学校的助教讲师，经北京大学考试合格者，得为北京大学研究生。

三、研究生的科学指导是由教研室指定并经系主任批准的科学导师负责。

四、研究生学习年限一般是四年。①

1955年9月20日，北京大学教务处召开系主任联席会议，布置研究生培养工作。学校决定：该年入学的研究生学习期限一般为四年，但由苏联专家培养的研究生，专家聘期满后无法继续培养者，仍暂行二年制。该二年级的研究生，如有需要改四年制者，可经校领导审查，报高等教育部批准，改为四年制；政治理论教研室培养的研究生仍为二年制。全校即将开设研究生俄文、英文、德文各两个班。② 同年，校长顾问、苏联专家诺沃德拉诺夫提出研究生毕业论文答辩的几项规定，其中提出：

一、研究生完成的论文必须在教研室里加以讨论，然后由教研室主任把该论文交给系务委员会主席。

二、由系务委员会主席把研究生的论文交给两位审查人，请求他们在收到委托审查研究生的论文一个月以内给该论文提出书面评论。

三、在收到两位审查人的评论之后，如果审查人给出的是肯定的评论时，系务委员会主席在取得系务委员会的同意后，必须定出论文在系

① 北京大学研究生院编：《继往开来——北京大学研究生教育90年》，北京大学出版社2008年版，第48页。

② 参见王学珍等主编：《北京大学纪事（1898—1997）》，北京大学出版社1998年版，第594页。

务委员会上答辩日期。①

1956 年，北京大学制定了试行副博士研究生制度的招生计划和招生简章。当年，全国高等学校共招收副博士研究生 1015 名，而北京大学所招收的副博士研究生计 157 名，是全国各类高校中招收研究生最多的一所大学，占比达 15%强。② 同年 12 月，校教务处总结了北京大学数年来培养研究生工作的成绩：

> 1952 学年院系调整之初，全校研究生 103 人（理科 35，人文科学 64，语言 4），人文科学的 64 人中有 60 人是苏联专家指导的。1953 学年全校研究生 220 人，1954 学年全校研究生 290 人，1955 学年全校研究生 350 人，1956 学年全校研究生 311 人。研究生的质量逐年提高，有些研究生的学位论文有较高的学术价值。③

1959 年 5 月 17 日，中共中央颁布了《关于在高等学校中指定一批重点学校的决定》，要求北京大学等 16 所高校应把重点放在提高教育质量上，一方面应该招收和认真培养研究生，另一方面也应适当担负高校教师进修的任务。④ 1964 年 9 月，北京大学校长办公会开会，研究《关于改进培养研究生的几点意见（草稿）》。

综上而论，1949 至 1966 年间，北京大学的研究生教育在探索中不断发展，不仅在招生选拔、培养方案、教学计划、教学大纲、毕业答辩等方面实现了建章立制，而且为国家培养了一批高等院校和科研机构的教学、研究人才。据统计，1952 至 1966 年间，北京大学累计录取研究生 1100 余人，是培养研究生数量最多的高校之一。

（2）清华大学

与北京大学相类，同为国内著名学府且拥有悠久的研究生培养历史的清华大学，1949 年后仍然是培养研究生的主力高校之一。

---

① 北京大学研究生院编：《继往开来——北京大学研究生教育 90 年》，北京大学出版社 2008 年版，第 45 页。

② 参见《全国综合大学和部分高等专科学校　招收一千多副博士研究生　擅长各类专业的教授将分别担任导师》，《人民日报》1956 年 7 月 19 日。

③ 王学珍等主编：《北京大学纪事（1898—1997）》，北京大学出版社 1998 年版，第 613 页。

④ 参见顾明远主编：《世界教育大事典》，江苏教育出版社 2000 年版，第 785 页。

清华大学的13个研究所（学科）于1950年暑期参加了华北地区高等学校的联合招收研究生工作，共录取新生24名，后实际到校注册者19名。① 同年，清华大学还制定了《研究生培养方案》，将研究生的培养目标确定为培养高等工业院校的师资，教学计划主要包括政治理论课、俄文、业务课以及生产实习。1952年院系调整后，清华大学定位为多科性的工业大学，研究生教育采用苏联模式。为了加强管理，学校于1956年8月成立了研究生科，并制定了《清华大学培养研究生的暂行办法》，指导教师由苏联专家和校内外有指导能力的教授担任。②

1956年，为了更好地培养高级建设人才，清华大学开始培养不脱离生产的副博士研究生。在当年底举行的一次校务行政会议上，学校通过了一项关于培养不脱离生产的副博士研究生的暂行办法，其中决定：

> 各教研组中凡能胜任业务范围内的各项教学工作，并有一定的成绩，和具有进行研究工作的基础及培养前途的未获得学位的教师，经本人申请，学校行政领导的批准，可在工作岗位上作为不脱离生产的副博士研究生。被批准的副博士研究生在进行研究工作中，同时要完成教学工作。他们在进行学位论文的研究过程中，如某一阶段确因实际需要，而所在教研组又许可时，经系主任批准，可免去全部教学工作，但最长不得超过一年。
>
> 这些副博士研究生的业务教师由苏联专家和校内教授或校外科学家担任。③

1957年，由于国家发展航空航天和火箭技术的需要，清华大学受中国科学院和高等教育部的委托，创办了工程力学研究班。该班由著名科学家、中国科学院力学研究所所长钱学森和清华大学教务长钱伟长担任班主任，招收高等工科学校四年级以上的学生，学制为两年至两年半。工程力学研究班共举办了两期，培养学员396名，为我国培养了第一批高级航空航天技术人才和力学研究人员。1958年，为了培养师资和研究人才，清华大学又举办了自

---

① 参见方惠坚、张思敬主编：《清华大学志》（上册），清华大学出版社2001年版，第249页。

② 参见方惠坚、张思敬主编：《清华大学志》（上册），清华大学出版社2001年版，第245—246页。

③ 《清华大学将培养不脱离生产副博士研究生》，《人民日报》1956年12月8日。

动控制研究班，共一期，计90名学员，后于1960年结业。[①]

随着学校的发展，1959年以后，清华大学开始正式招收三年制研究生，计划大约每年100人。1962年1月，学校又重点制定了几个专业的研究生培养方案，继而还拟订了研究生课程学习大纲。1963年1月，教育部在北京召开了共和国建立以来第一次大规模的全国性研究生工作会议。清华大学根据此次会议和文件的精神，加快了培养研究生的步伐。到当年4月，全校共有8个系51个一般专业和26个机要专业制定了研究生培养方案。不久，清华大学又制定并发布了《研究生工作暂行细则》，使研究生培养工作逐步走上正轨。[②]

从1949至1966年，清华大学的研究生教育逐渐走向完善。在学科设置方面，清华大学在1952年院系调整后设有8个系22个专业。自1955年底起，经中共中央批准，清华大学陆续建立了实验核物理、同位素物理、放射性稀有元素工艺学、电子学、无线电物理、电介质及半导体、热物理、空气动力学、固体物理、自动控制等新技术专业。到1965年，清华大学共有12个系40个专业，其中有40多个学科研究方向招收研究生，研究生导师为168人。"文革"期间，清华大学的学科设置没有变化，但研究生教育事业基本停滞，只是在1973年根据周恩来总理关于加强基础理论研究的指示，试办了研究班，按激光、固体物理、物质结构、有机催化等学科方向共招收了43名学员。[③] 此举也算是"文革"时期研究生教育的特例。

在招生和培养类型方面，作为多科性工业大学的清华大学，研究生教育以培养高等工业院校师资和科学研究人员为目标，修业年限一般为三年。1956年，清华大学又制定了不脱产研究生的培养办法，规定该类型的研究生学制不超过六年，后于1963年修改为四年。20世纪50年代中期至60年代中期，清华大学的研究生招生工作逐步走上稳定发展的轨道，其间不仅制定了工作细则，还提出了"严格保证质量，宁缺毋滥"的原则。这一时期招收研

① 参见江崇廓等编著：《清华大学》，湖南教育出版社1995年版，第35—36页。

② 参见方惠坚、张思敬主编：《清华大学志》（上册），清华大学出版社2001年版，第246页。

③ 参见方惠坚、张思敬主编：《清华大学志》（上册），清华大学出版社2001年版，第249页。

究生的具体人数可见下表（见“表 5.3.4”）。

表 5.3.4　1950—1965 年清华大学招收研究生人数统计表*

入学年份	人数
1950	19
1951	2
1952	7
1953	196
1954	46
1955	29
1956	12
1957	18
1958	2
1959	94
1960	3
1961	258
1962	82
1963	79
1964	56
1965	112
合计	1015

*资料来源于方惠坚、张思敬主编：《清华大学志》（上册），清华大学出版社 2001 年版，第 263—264 页。注：另有 2 人入学年份不详，未统计在内。1957 和 1958 年，先后举办了工程力学研究班和自动控制研究班，共招收学员 486 人，也未统计在内。

在培养和课程设置方面，清华大学于 1953 年 9 月公布实施了《清华大学研究生（师资进修生）培养方案》，规定研究生教学计划由各教研组根据需要及学生原有基础制订，每学期为 1000 小时（平均每周 54 小时），包括政治理论、俄文、业务课、生产实习、毕业设计和教学实习。① 1959 年，清华大学

① 方惠坚、张思敬主编：《清华大学志》（上册），清华大学出版社 2001 年版，第 269—270 页。

在总结已有研究生教育经验的基础上，再次修订并公布、实施了《培养研究生工作试行办法》，将培养目标规定为：

根据教育部指示：高等学校培养研究生的任务主要是培养又红又专的、在本门学科方面具有系统而坚实的理论基础，能够独立进行教学工作和科学研究工作的高等学校师资。学习年限一般定为 3 年，必要时，可适当延长或缩短。①

课程设置则包括马列主义理论课、业务课、生产劳动、教学实习和外国语课程。

在学生管理方面，清华大学于 1959 年公布的《培养研究生工作试行办法》，明确提出学生的考核由指导教师负责，并应每半年向教研组提出书面报告，写出对研究生的评语，每年对研究生全面鉴定一次，并以书面材料提交校、系各一份。1963 年制定的《清华大学研究生工作暂行细则》，进一步详细规定了研究生招生、培养、论文、学籍等事项。

作为中国最负盛名的高等学府之一，共和国建立初期的清华大学研究生教育取得了优异成绩，培养出的 1000 多名研究生，成为推动新中国科学技术发展的一支重要力量。譬如，力学教研组研究生顾璆琳在解答南京某汽车修配厂关于装制载重汽车底板的大梁设计问题中，创造性地解决了螺钉结合复制梁的理论计算问题，把复制梁的理论提高了一步。② 无线电工程系研究生陈仁怀在无线电工程专家孟昭英、张思虬的指导下，试制成自动电子轨迹仪，并以此设计作为毕业论文而得到优等评分。③

（3）中国人民大学

前身为陕北公学、华北联合大学和华北大学的中国人民大学，是共和国成立之初党和国家建设的第一所新型正规的综合性高等院校。中央人民政府政务院于 1949 年 12 月 16 日通过的《关于成立中国人民大学的决定》中指出，开办该校的目的在于："为适应国家建设需要……接受苏联先进的建设经验，并聘请苏联教授，有计划、有步骤地培养新国家的各种建设干部。"④ 根

① 方惠坚、张思敬主编：《清华大学志》（上册），清华大学出版社 2001 年版，第 270 页。

② 钱伟长：《关于高等工业学校的科学研究工作》，《人民日报》1954 年 2 月 25 日。

③ 《清华大学研究生陈仁怀试制成自动电子轨迹仪》，《人民日报》1956 年 6 月 18 日。

④ 何东昌主编：《中华人民共和国重要教育文献（1949～1975）》，海南出版社 1998 年版，第 3 页。

据《关于成立中国人民大学的决定》的精神，教育部于同日公布了《关于中国人民大学实施计划的决定》，其中着重强调：

为使教学与实际联系，苏联经验与中国情况相结合，该校校部设研究部，各系设教学研究组，组织中国教员与苏联教员，经常调查研究各有关业务部门的实际工作情况，收集有关材料以充实教材（教材主要采用苏联各大学及各专科学校的最新课本），并请各有关部门派人参加指导工作。[①]

这就使中国人民大学的研究生培养工作具备了坚实的组织基础。

1950年9月1日正式开学后，中国人民大学的研究生培养工作也有条不紊地逐步开展。在研究生的管理方面，学校在研究部之下专设有研究生处，负责领导研究生教育工作。[②] 在研究生的培养方面，中国人民大学主要依托教学研究室开展相关的教育教学活动。所谓教学研究室，是中国人民大学的教学与研究工作的基本组织，直接进行一门或数门有密切联系的学科的教学方法与科学研究的工作。这种源自苏联教育模式的组织，把担任一门或几门同种类的课程的教师们组织起来，共同进行教学与研究工作。教学研究室的人员与机构，大致有主任（该教研室主要教师）、教研室全体教师、翻译、秘书、干事和其他行政人员、研究生等。就教学研究室的构成与工作职责而言，在其承担的若干项任务之中，研究生的培养工作是其重点之一。在每个学期由教研室会议通过并经系主任签字同意后请校长批准的《教研室工作计划》之内，有关培养研究生的工作是一项重要内容，其中包括研究生学习计划的制订、研究生学习的指导与检查、研究生的思想教育、研究生的考试与鉴定。[③]

至1950年10月，中国人民大学已经成立了36个教学研究室，并组织了250名研究生和200多名教员参加工作，还有35位苏联教授分头担任科学指导。[④] 到1953年9月，学校在教务部及各系领导下分设有43个教研室，在

① 何东昌主编：《中华人民共和国重要教育文献（1949～1975）》，海南出版社1998年版，第4页。

② 参见《中国人民大学正式上课　教学研究室增加到三十多个》，《人民日报》1950年9月11日。

③ 参见成仿吾：《中国人民大学的教研室工作》，《人民日报》1951年3月30日。

④ 参见《新中国的第一个新型正规大学　中国人民大学举行开学典礼　刘副主席朱副主席马叙伦部长等到会讲话》，《人民日报》1950年10月4日。

8000 名学生中有近 2000 名研究生。[①] 在 1950 至 1953 年间，从中国人民大学毕业的研究生有 900 名，他们被分配到全国 42 个高等学校工作，在教学上受到了学生的热烈欢迎以及领导的高度重视。[②]

1954 年 6 月，中国人民大学遵照高等教育部的指示，组织了六个招生工作组，分别在北京、沈阳、上海、武汉、重庆、西安六大城市办理新生报考工作，除招收本科生、专修科生、预科生外，还招收 500 余名研究生，相关选拔工作由各招生组中的专人负责办理。[③] 至 1956 年，仅从中国人民大学马克思列宁主义研究班毕业的政治理论课研究生，便有 1600 多人，其中 80%以上人员已经在各高等学校开始了教学工作，不少人已经成为教学的骨干分子。可以说，当时全国几乎每所高等学校都有由中国人民大学培养出来的政治理论教师。根据其时制订的十二年远景规划，中国人民大学还要为各高等学校培养 10000 多名政治理论教师。[④] 同年，中国人民大学还招收了 15 名马克思列宁主义基础、哲学等专业的副博士研究生。[⑤]

作为新中国的第一所新型正规综合性高等院校，中国人民大学的研究生培养工作，不仅起步早、成效显著，而且形成了鲜明特色。在课程的科目设置上，由于研究生中的大部分人已受过高等教育且经过长期革命斗争的锻炼，因此为了进一步提高他们的政治理论，使他们掌握与精通某一门科学的知识与技能，研究生课程的设置显得比较集中精炼。第一年必修科目为政治经济学、马列主义、俄文和一门有关业务的一般理论科目；第二年为专门业务学习，具体科目随各教研室的不同业务而定，一般是二至四门。在课程内容的容量与深度方面，为了真正造就专业的人才，除业务必修科目之外，其他选修科目对于每一个研究生说来并非齐头并进，而是根据所在专业决定课程的轻重、多寡与先后次序。这样既可精通自己的专业，又兼顾了本专业所必需

① 参见《新学年开始　中国人民大学近八千学生到校上课》，《人民日报》1953 年 9 月 5 日。

② 参见吴玉章：《中国人民大学三年来工作的基本总结》，《人民日报》1953 年 10 月 4 日。

③ 参见《中国人民大学即将办理新生报考工作》，《人民日报》1954 年 6 月 28 日。

④ 参见《为高等学校培养政治理论教师》，《人民日报》1956 年 6 月 9 日。

⑤ 参见《全国综合大学和部分高等专科学校　招收一千多副博士研究生　擅长各类专业的教授将分别担任导师》，《人民日报》1956 年 7 月 19 日。

的各方面知识。与此同时，不同学制的研究生课程，其分量与深度虽有所不同，但在政治理论与专业课程的安排方面都做到了齐头并重，以切实体现学校的办学方针。在教学过程方面，讲授、习明纳尔①、实习、实验、参观、生产实习和辅导等环节一应俱全。其运行的情况大致如下：

> 在进行讲授的时候，主要是对于基本理论给以透彻的发挥。并指定参考书，主要是马列主义的原著，由研究生进行独立的研究。研究时要求注意系统性，不允许无中心和零乱的学习现象。在进行习明纳尔学习时……研究生……在进行讨论之前，必须有上述的文字报告，这种报告并经过教授检查，然后向大家报告。经过广泛深入的讨论与争辩，最后才由教授批判，做结论。关于业务方面，每学期都要有自己独立的研究，并把研究结果和心得作一次论文，这一论文，从内容到文字都要经过自己深入的研究。同时每个研究生每学期在该专业教研室的会议上至少还要做一次关于本业务方面的专题讲演。第二学年要进行科学研究工作，在学校每年举行的科学讨论会中，要有研究生的科学研究报告。关于生产实习，研究生是十分重视的，不但要到企业机关去实习，而且还要进行教学的实习，因为他们将来都是科学教育工作者。生产实习是要把已学习到的科学理论带到实际中去应用，以使自己的理论更巩固、更充实、更丰富。从研究生的全部学习过程看来，主要是发挥独立研究的精神。每个研究生都有自己两年独立的学习计划和研究计划，包括他们全部学习过程中的学习和科学研究的工作。他们每周除讲授与习明纳尔等十二—十五小时外，其他都是独立进行研究的时间。不过他们的研究工作不是由自己摸索，而是要在教授直接指导下，有计划、有组织的研究。所有教授都要为他们指导研究工作所应遵循的方向，并帮助解决在研究过程中所发生的具体的困难。②

不仅如此，在教学过程中，中国人民大学还注意引导研究生随时关注中国的

---

① 习明纳尔：英语 Seminar 的音译，源自拉丁语 Seminarium，意即“种子田”，即今日所说的“课堂讨论”。具体而言，是在教师的引导或指导下，学生们就教学中有关问题在课堂中展开探研式讨论。其方式有全班讨论和小组讨论，有教师参加的讨论和学生们自发的讨论。

② 张腾霄、周铭：《中国人民大学是怎样培养研究生的》，《人民日报》1951 年 2 月 3 日。

实际（特别是习明纳尔的学习），这样既能结合实际，又能充实和巩固理论的学习。

正是依据如此系统科学的教学方法，中国人民大学的研究生培养取得了优异成绩。至“文革”开始前，中国人民大学的研究生培养工作始终保持稳步发展的态势，培养了大批高质量的各类专业人才，为新中国的科学研究及高等学校培养师资工作作出了巨大贡献。曾于1959至1962年间在该校中国近代史研究生班深造的浙江师范大学人文学院历史系教授沈雨梧，回忆其时的学生生活时，就对中国人民大学的研究生培养工作给予高度赞扬：

> 研究生班的教学计划很周密，它的任务是培养本科院校高质量的中国近代史教师。担任我们研究生班专业课讲授的戴逸教授等老师，都是一批中青年骨干教师，且在中国近代史领域某一方面都有相当的研究……①

此外，研究生班的课程内容也很丰富，包括哲学、政治经济学、形式逻辑、英语等，另有很多的学术活动及在导师指导下进行的论文撰写等学术训练活动。这些充实的培养环节与内容，有利于且有效地使研究生打下了坚实的专业基础。即如沈雨梧教授所言：

> 三年的研究生专业知识学习，使我打下了较为扎实的专业知识基础，日后我在高校从事中国近代史教学与科研工作中之所以取得一些成绩，与中国人民大学老师对我的谆谆教导是分不开的，师恩难忘。发扬艰苦奋斗，奋发向上的人民大学精神，是我毕业后工作中的座右铭。②

（4）天津大学

在综合性高等院校之中，天津大学的研究生培养比较具有特色，不仅符合党和国家对于研究生教育的各项政策规定，而且能够根据自身情况制定和实施有关研究生培养的规章制度。

天津大学对研究生的培养起步于其前身——北洋大学时期。1949年天津解放后，北洋大学于同年在原校址正式开学复课，随即着手恢复停顿多年的研究生教育工作。1951年6月，中国科学院与教育部联合发布了《1951年暑期招收研究实习员、研究生办法》，北洋大学与北京大学、清华大学、浙江大

①② 沈雨梧：《在中国人民大学读研究生的学习生活点滴回忆》，《学位与研究生教育》2008年第8期。

学、南京大学等一同成为中华人民共和国成立后首批招收研究生的高校。1951年9月，北洋大学更名为天津大学。此后，学校的研究生教育逐渐步入正轨。1955年起，研究生培养工作由副校长李曙森主管，科研处具体负责实施。1961年，李曙森是《中华人民共和国教育部直属高等学校暂行工作条例（草案）》（又称《高教六十条》）的主要起草人。在《高教六十条》的指导下，至60年代中期，天津大学的研究生教育已然形成规模。①

在此期间，天津大学的研究生招生规模呈逐年递增之势。1955年，天津大学共招收研究生11名，1956和1957年又分别招收了12名和10名研究生。此外，为学习苏联的研究生培养制度，该校于1956和1957年又分别招收了1名和5名副博士研究生——不久之后改为普通研究生。1958年，因“大跃进”而停止招收研究生一年。自1959年起，天津大学在全面开展科研的基础上，逐步扩大了研究生培养规模。1959年招收研究生18名，1960年增至76名，1961年又招收86名。②

此后，受指导教师不多、物资设备条件不够充分、科研基础不足、培养管理制度尚不完善等因素的影响，加之既往招收研究生的数量增长过快，有的研究生未经考试便入学，天津大学在培养研究生过程中产生了不少问题。针对这种情况，天津大学首先着力加强建章立制工作。1961年9月，该校制定和实施了《关于培养研究生的实施办法》，对研究生学习内容、论文要求、时间进度以及对导师的要求等，都作出具体规定。其中，在业务上要求对研究生的培养应是：“具有雄厚的科学理论基础，掌握科学研究的基本能力方法和技能，能独立进行科学研究的科学人才。”研究生分在职研究生和脱产研究生两种：在职研究生是经学校挑选的工作两年以上的教师，学习期限三至五年，学习期间工资照发；脱产研究生学习期限三年，每学年学习及考试共38周、生产实习及劳动4周、假期10周，在三年的学习期间内，前一年半主要学习哲学、外文和基础理论课，后一年半进行科学研究和论文写作。1963年，为贯彻《高教六十条》和《高等学校培养研究生工作暂行条例（草案）》的文件精神，建立和健全研究生培养制度，加强研究生工作管理，养成良好学

① 参见王杰主编：《天津大学志·综合卷》，天津大学出版社2015年版，第221页。

② 参见北洋大学—天津大学校史编辑室编：《北洋大学—天津大学校史》第二卷，天津大学出版社1995年版，第185—186页。

风，以提高培养研究生的工作质量，天津大学又制定了《研究生学则（草案）》和《关于研究生毕业论文和答辩工作的几项暂行规定（草案）》。《研究生学则（草案）》共分入学，学习，成绩考核，休学、复学、延长学习期限、退学，毕业，学习纪律，奖励与处分等 7 个部分 28 条。其中规定：脱产研究生学习期限一般为三年，在职研究生一般为四年。研究生在学习课程的考试、考查上面，凡有一门不及格或不合格者，一律不得补考，责令退学。如有特殊原因，须经所在系同意，上报校长批准，可以补考一次，补考仍不及格或不合格者，责令退学。对于毕业论文不能按期完成或伪造数据或抄袭他人研究成果者，亦责令退学。同时规定，研究生入学后一年，对每个研究生的政治表现、学习情况和健康状况进行一次全面考核，考查其是否宜于继续培养而决定去留。①

为了节省笔墨，现将天津大学关于研究生毕业论文和答辩成绩的评定标准整理列示于下表（见“表 5.3.5”）。

表 5.3.5 天津大学研究生毕业论文和答辩成绩的评定标准*

等级	评定标准
优	论文内容具有实际意义，研究中有突出的创造性，理论与（或）实践的论证较充分，论文书写清楚简练，答辩正确，有说服力。
良	论文内容具有实际意义，研究中有明显的创造性，理论与（或）实践的论证较好，论文书写清楚，答辩正确，概念清楚。
及格	论文内容具有实际意义，研究中有一定创造性，理论与（或）实践的论证基本正确，论文书写清楚，答辩没有原则上错误。
不及格	论文内容虽有一定实际意义，但研究中没有什么创造性，理论与（或）实践的论证不足以说明问题，答辩中错误较多。答辩不及格不得毕业，由学校发给结业证书。

*资料来源于北洋大学—天津大学校史编辑室编：《北洋大学—天津大学校史》第二卷，天津大学出版社 1995 年版，第 188 页。

与此同时，天津大学还进一步严格规范研究生的录取与复查工作。1963 年春，根据教育部关于“加强在校研究生的培养和调整工作”通知的精神，

① 参见北洋大学—天津大学校史编辑室编：《北洋大学—天津大学校史》第二卷，天津大学出版社 1995 年版，第 186—188 页。

按照“严格保证质量，宁缺毋滥”的原则，天津大学对1960年和1961年两年入学的研究生质量进行了审查，将其中50余人进行调整，重新分配了工作。1962年，在申请报考的496人中，仅录取23名；1963年，在申请报考的311人中，仅录取20名；1964年，在申请报考的266人中，仅录取37名。研究生入学质量大为提高。① 1963年3月，学校经过总结培养研究生的经验，制定了《1963～1967年招收研究生规划》。经过调整，到1963年初，天津大学招收研究生的专业达45个，导师也增至82名，其时在校研究生172名。至1965年7月，全校招收研究生的专业为28个，有指导教师37名。② 总体而言，1951至1965年间天津大学共计招收研究生354名，他们中的绝大多数成为我国高校和研究机构的教学科研骨干。在全国恢复正式招收研究生后，有部分研究生成了天津大学的学科带头人或博士生导师，还有的当选为两院院士。③

需要特别指出的是，在天津大学培养研究生的过程中，一些学有专长的老教师发挥了重要作用，典型者如土木建筑工程系教授吉金标、水利工程系教授舒扬棨、动力系教授史昭熙等。他们积极热情地承担培养研究生的工作，指导研究生扎扎实实地学好基础理论、熟练实验操作技术，不断提高独立工作的能力。

> 指导教师们对研究生既热情指导又严格要求，首先要求研究生学好基础理论课程。研究生对所学的基础理论课经过严格的考试以后，才能学习专门课程和进行科学研究工作。担任基础课讲授的老教师，特别注意讲清基本观念，并注意理论的系统性、完整性，有意识地介绍研究自然科学的路线、分析问题的方法和工具的运用等。指导教师对研究生的个人培养计划和年度学习计划都按时进行总结，及时帮助他们解决科学研究中遇到的问题。④

---

① 参见北洋大学—天津大学校史编辑室编：《北洋大学—天津大学校史》第二卷，天津大学出版社1995年版，第186—187页。

② 参见李义丹主编：《天津大学（北洋大学）校史简编》，天津大学出版社2002年版，第62页。

③ 参见王杰主编：《天津大学志·综合卷》，天津大学出版社2015年版，第223页。

④ 《天津大学一些老教师热情培养研究生 帮助他们学好基础理论，熟练实验操作，提高独立工作能力》，《人民日报》1962年5月16日。

可以说，这些老教师为天津大学的研究生培养工作作出了卓越贡献，为教育教学质量的提升提供了有力保障。

2. 专业性高校的研究生培养

作为共和国建立初期高等院校的重要组成部分，一批富有学科特色的专业性大学也肩负起培养研究生的使命，即通过研究生教育培养出各行各业中急需的特殊知识人才，并通过自身的不懈努力而在研究生教育工作中取得了优异成绩。

（1）农林类高等院校——西北畜牧兽医学院

1953 年，今日甘肃农业大学的前身——西北畜牧兽医学院开始招收研究生，开创了共和国初期甘肃省乃至大西北地区研究生教育的先河。① 由此，西北畜牧兽医学院与北京农业大学、北京农业机械化学院、南京农学院、华南农学院、浙江农学院、华中农学院、西南农学院、东北农学院一同成为共和国建立初期招收农科研究生的高校。② 西北畜牧兽医学院当年计有 3 个学科共招收 8 名研究生，其中兽医系家畜传染病学蒋鸿宾教授招收的学生是沈正达、井通海、张文，家畜寄生虫学徐绥泰教授招收的学生是王善志与魏珽，畜牧系牧草学卢德仁副教授则招收了郭博、李逸民、李琪，学制均为三年。1956 年，首届 8 名研究生顺利毕业。到 1958 年迁往武威黄羊镇前，西北畜牧兽医学院共培养研究生 16 名，其中郭博、李逸民、魏珽、沈正达、靳诚、朱学敬等 6 人留校任教。③

自 1953 至 1957 年间，西北畜牧兽医学院的研究生教育主要学习苏联经验，仿照苏联的教学计划和教学大纲，制订了兽医系家畜传染病学、寄生虫学和畜牧系牧草学的研究生培养计划，但在培养方法上，基本上是仿英、美两国的导师负责制。西北畜牧兽医学院的研究生管理工作，最初由教务处负责。1953 年 12 月，学校成立了研究生指导委员会，接替教务处负责研究生管理工作，主任委员朱宣人，委员包括副教务长徐绥泰、畜牧系主任杨诗兴、

---

① 参见甘肃省地方史志编纂委员会、甘肃省志教育志编辑委员会编：《甘肃省志》第 59 卷“教育志”，甘肃人民出版社 1991 年版，第 342 页。

② 参见刘曰仁主编：《中国农科研究生教育（1935—1990）》，辽宁科学技术出版社 1991 年版，第 37 页。

③ 参见胡云安等主编：《图说甘肃农业大学 70 年》，甘肃人民出版社 2016 年版，第 131 页。

兽医系主任蒋次昇及各研究生的指导教师。1963 年，学校设立科研室负责管理研究生培养工作。①

1958 年 5 月，中共八大二次会议后，全国掀起“大跃进”高潮。西北畜牧兽医学院开始从兰州迁至武威黄羊镇，随后改组为甘肃农业大学。因此，1958 年没有招收研究生。在甘肃农业大学成立后，学校于 1959 年又开始招收研究生，当年即招收有草原学专业研究生 2 名。1961 年，甘肃农业大学贯彻《高教六十条》的精神，加强了研究生教育工作，对研究生的招生、培养、学制、课程学习、论文工作等都作了具体规定，纠正了 1958 年以来在教育上出现的失误，稳定了正常的研究生教学秩序，提高了教学质量，使研究生教育进一步健康发展。1959 至 1965 年，学校共计招收研究生 53 名，招收研究生的学科专业也从家畜传染病学、寄生虫学、牧草学及动物饲养学 4 个学科扩大到 12 个学科。新增的学科专业有兽医病理学、兽医产科学、动物解剖学、兽医外科学、兽医微生物学、养羊学、养马学及草原学。“文革”开始后，甘肃农业大学停止研究生的招收工作。其时，尚有 20 多名研究生在校学习。根据 1967 年教育部《关于废除研究生制度及研究生分配问题的报告》的要求，甘肃农业大学于 1965 年招收的研究生在 1968 年全部作毕业分配处理。②

（2）军事类高等院校——中国人民解放军军事学院（现中国人民解放军国防大学）③

实施研究生培养工作，对于军队军事院校是一个崭新的课题。1954 年初，在全国军事系统党的高级干部会议上，刘伯承向军委提出若干项建议中就有一项是在中国人民解放军军事学院增设研究院，从基本系一期毕业的优等生中选调若干名，经顾问直接教授，研究三年，经由国家科学研究会考试及格，授予副博士或硕士学位。这项提议获军委批准，指示在中国人民解放军军事学院试行。中国人民解放军军事学院即从 1954 年 7 月开始建立培养副博士研究生制度。选拔与培训研究生的组织领导工作，由训练部、军事科学研究部

① 参见甘肃农业大学校史编委会编：《甘肃农业大学校史》，甘肃科学技术出版社 2006 年版，第 60 页、第 65 页。

② 参见甘肃农业大学校史编委会编：《甘肃农业大学校史》，甘肃科学技术出版社 2006 年版，第 60—61 页。

③ 此目内容主要取自国防大学编著的《中国人民解放军国防大学史（1950～1985）》（国防大学出版社 2007 年版）第 40—43 页，特此说明并致谢。

和各相关的教授会分工负责：训练部负责安排课目的进度；军事科学研究部负责选拔研究生，并拟订训练计划、组织共同课目实施、组织学位论文答辩和解决有关研究生的共同性问题；各相关的教授会负责拟订专业课目研究大纲，指导研究生的专业课目学习和编写学位论文，以及进行行政、思想领导等工作；具体的组织领导工作由研究生科负责。

1954年6月和9月，中国人民解放军军事学院招收了第一批研究生。他们分别是从基本系第一期和政治系第一期毕业学员中挑选出来的，共计7名，其中上校2名、中校4名、少校1名。这批研究生年龄最大者38岁，最小者33岁。训练期限为三年：前一年半为学科学习，主要内容包括俄文、哲学、战役法以及专业课目等；后一年半为撰写学位论文、准备及进行论文答辩。

1955年12月，中国人民解放军军事学院招收了第二批研究生，共计19名。其中，从基本系和情报系第二期毕业学员中选拔10名，从空军系和海军系第一期毕业学员中分别选拔3名和2名，从地方选调了4名。训练期限，除地方选调来的4名攻读自然科学的研究生为五年外，其余均为三年。4名自然科学研究生，到部队后均被授予上尉军衔，前两年分别安排在基本系的第四、第五期学习军事和政治课程，培养其具有一般的军事知识，具有马列主义的立场、观点和方法，同时体验军营生活；所余三年时间同其他研究生一样，即一年半用于攻读本专业，一年半用于撰写论文并准备答辩等。

为加强研究生工作，中国人民解放军军事学院于1954年10月制定了《军事学院研究生章程》，对研究生之训练与培养、研究生之权利与义务等作出规范。1956年9月，经过修订的《军事学院研究生章程》（以下简称《章程》）得到国防部批准，并引发全军各院校将其作为参考。其开宗明义指出："中国人民解放军军事学院的研究生制度，乃是培养军事科学—教师专门人才的主要方式。"该文件对研究生的招生对象、训练、权利和义务、教授会的职责等内容，均作出了详细规定。

中国人民解放军军事学院选拔培养研究生的工作，因反"教条主义"等多种原因，在招收两批后即停止下来，这是一件十分遗憾的事。不过这两批研究生在苏联顾问和科学指导员的指导下，经过自身的刻苦努力，取得了较好的成绩，有的成为某一方面的高级专家，有的成为我军高级领导干部，在军队和院校建设中发挥了重要作用。同时，研究生的培养是为深入开展军事科学研究工作，培养军事科学教师的专门人才，以适应国防和军队建设需要的重要措施之一。中国人民解放军军事学院培养研究生的实践，为后来相关军事指挥院校培养研究生提供了宝贵的经验。

（3）政法类高等院校——北京政法学院（现中国政法大学）

成立于1952年的北京政法学院，由原北京大学、清华大学、燕京大学、辅仁大学的法学、政治学、社会学等学科组成。北京政法学院的研究生教育，是随着教学与科研逐渐走向正规化而开始起步的，具体时间在1955年。

建校之初，北京政法学院将精力主要集中于配备师资、干部及建章立制方面，教学与科研工作尚未完全纳入议事日程。至1955年，为贯彻党和国家关于提高教学质量的方针，进一步加强对教学和科研的领导，学校决定学习苏联高校的经验，在其时国内尚未有现成经验可资借鉴的情况下开风气之先，首倡成立全院性的学术委员会，以承担起有关教学、科研的重要工作。北京政法学院于当年9月15日呈交高等教育部的《关于成立学术委员会的报告》，在9月20日获得批准。学术委员会的成立，“标志着北京政法学院的教学和科研工作进入了崭新的发展阶段”①，也为学校研究生教育的产生与发展提供了必要条件。根据1955年10月4日学术委员会第二次会议一致通过的《北京政法学院关于学术委员会工作任务的意见》，学术委员会的性质是“本院在教学和科学研究工作上的最高会议，是教学工作及科学研究工作的组织者和推动者”②。学术委员会负有的诸项任务，其中就有审查研究生的教学计划及其执行情况。

与此同时，北京政法学院也着手开展研究生的培养工作。为适应提高教学质量和教师业务水平的迫切需要，北京政法学院于1955年决定在全国招收有一般理论与业务知识、现任政法学院助教或曾系统学习过理论与政法专业课程的大学毕业生为研究生，以培养民法、民事诉讼法、刑法、刑事诉讼法、司法鉴定等专业师资，学制为两年。当年9月，首批招收的75名研究生前往北京政法学院报到入学，他们大多来自全国各大法律院系，如西南政法学院、

① 王改娇主编：《法大记忆——60年变迁档案选编》，中国政法大学出版社2012年版，第82页。

② 王改娇主编：《法大记忆——60年变迁档案选编》，中国政法大学出版社2012年版，第100页。

华东政法学院等，均具有良好的政治背景和专业基础。①

为保证研究生教育工作的水平，学术委员会制订了较为周详的教学计划。在学时与课程设置方面，民法、民事诉讼法专业的学时为734个，刑法、刑事诉讼法专业的学时为754个；课程包括民法民诉、刑法刑诉、中国国家法与法权理论、辩证唯物主义与历史唯物主义等。在毕业论文方面，学术委员会曾一度在教学计划中未作规定，原因是“考虑到研究生的水平不高，怕毕业论文写不起来”，中央司法部对此意见也表示赞同。后经有关专家建言，学院领导重新向司法部提出研究生应撰写毕业论文的建议。②

在具体的培养过程中，北京政法学院严格执行了1955年9月至1956年2月高等教育部修正、批准并下达的《北京政法学院研究生教学计划》。按照修正后的教学计划，民法、民事诉讼法专业研究生开设课程八门，其中包括政治经济学、苏维埃民事诉讼法、苏维埃劳动法、中国民法、中国民事诉讼法等，共计726学时；刑法、刑事诉讼法、犯罪对策专业开设课程七门，总计784学时。研究生教学上则采取专家讲授与个人钻研、集体讨论三者结合的方式。为进一步提升研究生的培养质量，北京政法学院还专门从苏联聘请了两名法学专家——来自罗斯托夫大学的刑法学副教授约·楚贡诺夫和民法学副教授玛·克依里洛娃。两名苏联专家分别带20多名研究生，按不同专业分成不同的组。在两年的时间里，每组研究生均由负责该组的导师讲授所有的课程，导师组织该组研究生进行讨论研究。③

1956年1月，北京政法学院学术委员会对民法民诉教研室和刑法刑诉教研室关于研究生培养工作的初步小结进行了审查，听取了教务处检查小组的检查报告，并形成了《关于研究生培养工作的决议》。其中指出，在苏联专家的辛勤指导和帮助下，半年来的研究生培养工作卓有成效，其主要表现为：

各有关教研室均能按照教学计划完成教学任务，并努力学习苏联先

① 参见中国政法大学校史编写组编：《中国政法大学校史》，中国政法大学出版社2002年版，第20页。

② 参见王改娇主编：《法大记忆——60年变迁档案选编》，中国政法大学出版社2012年版，第88页。

③ 参见刘长敏主编：《甲子华章——中国政法大学校史（1952～2012）》，中国政法大学出版社2012年版，第45页。

进经验不断改进教学，研究生的学习已基本纳入正轨，学习上也有一定的收获。教研室所总结的几点体会，基本上是正确的，应该在会后工作中加以贯彻。[1]

与此同时，《关于研究生培养工作的决议》也总结了其时研究生培养工作尚存在的缺点：

(1) 民法民诉教研室和刑法刑诉教研室主任对研究生的具体领导不够，负责辅导的教师，与研究生联系不够密切，院领导上也缺乏经常的督促检查。

(2) 三门基本理论课程的教学要求不够明确，讲授比较一般化，没有深入地阐述课程中较重要的问题，课堂讨论的质量不高。

(3) 教学活动稍多，容易影响研究生深入钻研专业课程。

(4) 少数研究生的专业思想尚不牢固，也有部分研究生对基本理论课程不够重视，偏重学习业务课程；另外，有个别研究生水平较差，学习上有较大困难。[2]

为克服上述缺点，进一步改进研究生的培养工作，学术委员会决议：

(1) 由教务长负责统一领导研究生培养工作，民法民诉教研室和刑法刑诉教研室主任应加强对研究生的具体领导，深入地了解情况，及时帮助研究生解决困难，指定高潮和陈光中二人分别兼职负责指导民法组及刑法组研究生的学习，加强与研究生的联系和加强辅导工作；此外，教研室应指派若干教师分工具体指导研究生的业务学习和科学研究工作，并帮助学习上困难较大的研究生改进学习。

(2) 三门基本理论课程的教师应进一步改进教学，在系统讲授的基础上深入地阐述较重要的问题，并力求讲授内容能联系专业课程，此外，必须注意提高课堂讨论的质量。

(3) 研究生在两年内只写作一篇科学论文，第一年做准备工作，第二年完成。减免研究生的生产实习，但每位研究生必须与一定的业务机关建立联系，经常到业务机关了解实际工作情况和收集资料，以充实实际知识和便利写作论文，教务实习仍然保留。研究生除按照教学计划参

---

①② 王改娇主编：《法大记忆——60年变迁档案选编》，中国政法大学出版社2012年版，第102—103页。

加基本理论课程的国家考试外，业务课程中只参加本人所学专业课程的国家考试，其他业务课程，只参加考查。《中国刑事诉讼》改在第三学期讲授，《中国刑法》改在第四学期讲授。

（4）本届研究生的培养目标是法律专业课程的师资，而且培养期限较短，因此，研究生在学习中应当首先重视业务课，但也必须注意学好基本理论课程。目前某些研究生忽视基本理论课程的偏向，教研室迅速加以纠正。

（5）民法民诉教研室和刑法刑诉教研室应注意加强研究生的政治思想工作，及时地解决学习方面的思想问题。①

由是，在苏联专家和本校导师的指导下，北京政法学院刚刚起步的研究生教育坚持了“德育第一、严格要求、保证培养质量”的方针，为北京政法学院和其他政法院校补充了各学科的师资力量，也为司法部门输送了一批高层次的法律人才，不仅为此后政法类高层次知识人才培养作出良好的示范，也为北京政法学院自身的正规化办学和多层次人才培养作出成功的尝试。但受其时复杂的因素影响，1957 至 1966 年间，以政治教育替代法学专业教育的倾向日益明显，该时期的法学教育总体发展受到严重制约，全国法学类研究生的培养工作几乎陷于停顿。② 正处于起步阶段的北京政法学院研究生教育也不免受到波及，到 1962 年时，培养研究生的数量仍旧停留在 75 名。

（4）理工类高等院校——中南矿冶学院（现中南大学）③

中南矿冶学院招收研究生的工作始于 1956 年，自 1960 年起开始批量招收。从 1960 至 1965 年，有选矿、有色金属冶金、稀有金属冶金、粉末冶金、探矿工程、大地构造、岩矿、地球物理探矿、矿山测量、地下开采、合金、压力加工、矿山机械、冶金物理化学、矿床勘探、分析化学等 16 个专业（学科），共招收了研究生 106 名，其中 1960 年 34 名、1961 年 28 名、1962 年 6

---

① 王改娇主编：《法大记忆——60 年变迁档案选编》，中国政法大学出版社 2012 年版，第 102—103 页。

② 参见汤能松等编著：《探索的轨迹——中国法学教育发展史略》，法律出版社 1995 年版，第 560 页。

③ 此目内容主要取自刘运明主编的《中南工业大学校史》（中南大学出版社 2012 年版）第 95—99 页，特此说明并致谢。

名、1963年8名、1964年7名、1965年23名。1963年，中南矿冶学院制订了1963至1972年培养研究生的规划，但在1966年“文革”开始后就停止招生。在“文革”之前，从1954年苏联专家为导师招收研究生开始，中南矿冶学院共计招收研究生137名。

1959年10月，中南矿冶学院制定了《培养研究生暂行条例（草案）》，规定了指导教师、教研组和系的职责，以及研究生学习计划的内容、考核、结业方式等。《培养研究生暂行条例（草案）》中强调：指导教师为研究生的直接负责人，应对研究生进行全面的学术领导和政治思想教育；有关教研组应负责审查研究生的学习计划，审查论文题目，组织考试和实习，检查研究生的学习情况等工作；凡招有研究生的系，应负责审核研究生的学习计划，批准论文题目，组织论文审阅及答辩，检查总结研究生工作，等等。

1960年10月，中南矿冶学院又制定了《培养研究生办法》，决定由教务处负责管理研究生工作，并明确其主要职责是：负责提出研究生的招生计划，会同人事部门办理招生工作，组织制订和审查研究生培养计划，安排共同性基础理论课程的教学，督促检查计划执行情况，并总结交流这方面的经验及管理学籍成绩等；至于各有关培养研究生的系的管理工作，由一名系主任兼管，其主要职责为制订培养计划，督促检查计划执行情况和学习情况，并进行考核工作等；同时规定研究生应按系编班（五人以下的则编为小组），设班长一人，由各系任命，并按班建立党团支部或小组，在系党总支领导下进行社会活动或其他活动。

1962年10月19日，中南矿冶学院院务委员会第10次会议讨论通过了《关于加强研究生培养工作的意见》。其中强调指出，学校两年来的研究生教育，坚持了比较正规的培养制度，确定了指导教师，克服了以往无人负责和中途停学等缺点，取得了一定的成绩，但是在过去研究生培养工作中，也还存在一些问题，其主要表现是：

> 没有严格保证招生质量和充分考虑导师力量及科学研究的基础，以往招收的研究生，有一部分质量较差或无力进行培养；对培养工作抓得不紧，存在培养计划不够落实，安排不够恰当，论文题目迟迟不定，指导不够及时等缺点。以往一部分研究生培养计划执行情况不好，甚至难以按期完成。

为加强研究生培养工作，提高研究生培养质量，中南矿冶学院根据研究生各年级的实际情况，制订了具体的研究生培养计划和各专业的培养方案，对马克思主义哲学、外国语、基础理论课程和专业课程、毕业论文工作所占时间及应达到的要求、指导的方式、考核的期限和方法等，作出了具体规定。其中，基础课程一般不超过三门，要求比大学阶段所学内容深广，所学课程必须制订详细的教学大纲；研究生可根据本人情况，如学有余力，尚可选读本科生班的某些课程或部分内容；培养计划中规定的必修课程均必须通过考试，除外国语进行笔试外，其他课程要求以口试方式进行。1964 年 6 月，中南矿冶学院各专业按教育部颁发的《高等学校培养研究生暂行条例》统一规定，制订各专业研究生培养方案。其内容包括：培养目标，研究方向，学习年限与时间分配，学习课程，毕业论文，实习性教学工作，校外实习以及生产劳动。由是，中南矿冶学院研究生培养工作开始正规化，但随着“文革”的爆发，相关培养工作也随之中止。

（5）体育类高等院校——北京体育学院（现北京体育大学）

北京体育学院筹建于 1952 年，1953 年正式开学。校名最初为中央体育学院，1956 年更名为北京体育学院。早在建校之初，北京体育学院的研究生教育即已起步。在共和国初期的十七年间，以 1963 年为界，其研究生教育大致可分为两个历史阶段。

1953 至 1963 年间，可视为北京体育学院探索独立培养研究生路径的摸索期。在此期的前半期，受“一边倒”政策的影响，其时我国的高等教育体系主要学习借鉴苏联模式，体育教育方面亦然。1954 年，贺龙同志率中国体育代表团访问苏联回国后，在向周恩来总理和中央的报告中便指出：“我们在发展体育运动方面，和其他工作一样，必须向苏联学习。”① 由是，在贺龙同志亲切关怀和支持下得以建立的中央体育学院，于 1954 年 2 月成立了研究部，负责研究生的培养及开展科研工作。为确保工作质量，贺龙亲自从志愿军十九兵团政治部抽调赵斌到中央体育学院任副院长兼研究部主任。该校的研究生培养工作就此揭开序幕。②

自 1954 年 2 月起，中央体育学院先后聘请了体育理论、生理学、田径、

① 贺晓明等编著：《共和国体育的奠基人——贺龙》，上海锦绣文章出版社 2014 年版，第 101 页。

② 参见伍绍祖主编：《新中国体育事业奠基人》，人民体育出版社 1996 年版，第 250 页。

足球、体操、游泳、解剖学、卫生学等8个专业的10位苏联专家担任指导教师，并配备中方教师作为助教，开始培养研究生；学制为二至三年。其具体情形如下表（见“表5.3.6”）所示。

表5.3.6 北京体育学院苏联专家培养研究生情况一览表*

专业	导师姓名	任教时间	招生人数
体育理论	伊·格·凯里舍夫	1954.2—1956.6	29
生理	鲍·谢·吉潘莱特尔	1954.10—1955.6	29
生理	伊·彼·柏琴柯	1955.9—1957.7	
田径	鲍·亚·赫鲁晓夫	1954.12—1956.12	24
足球	米·巴·苏施科夫	1955.11—1957.6	22
体操	叶·瓦·柯裴托夫	1955.10—1956.2	27
体操	维·伊·布列诺克	1956.8—1958.6	
游泳	维·维·弗尔日斯涅夫斯基	1956.8—1958.9	29
解剖	尼·米·贝柯夫	1956.9—1959.2	22
卫生	卡玛里特金诺夫	1956.9—1957.7	24

*资料来源于《北京体育学院志》编写组：《北京体育学院志》，北京体育学院出版社1994年版，第176页。

总体来看，这一阶段中央体育学院的研究生教育发展速度较快。为满足共和国建立初期相继创办的中央、华东、东北、西南、西北、中南等体育学院和一大批师范院校体育系（科）对师资的迫切需要，四年间中央体育学院共招收研究生206人。其培养方法主要照搬苏联经验，除学习必要的专业课程外，还要完成毕业论文并通过报告会，合格后方准予毕业。需要指出的是，因苏联专家卡玛里特金诺夫于1957年7月回国度假但期满未归，1956年9月入学的卫生学专业研究生班被迫停办，该专业招收的24名研究生在1957年9至10月间先后分配工作。①

① 参见《北京体育学院志》编写组：《北京体育学院志》，北京体育学院出版社1994年版，第177页。

随着苏联专家因工作期满等原因而陆续撤走，自1959年10月起，更名后的北京体育学院开始了真正独立培养研究生的工作，即由学院教授担任指导教师，并配备中年教师做助教，组成指导小组，发挥集体力量指导研究生。[①] 其时，由于第一届全运会于1959年9月在北京举行，因此同年招收的研究生推迟至1960年2月入学。首批招生的研究生专业分别是田径、体操、篮球、排球、生理、解剖和体育理论。为了加强研究生的培养工作，研究生由研究部（1960年改为研究进修部）统一指导，各系则负责进行直接的业务指导和生活管理。在此时期，根据“八字方针”和《高教六十条》，北京体育学院制定了《研究生工作暂行条例（草案）》，对研究生培养目标、培养方法等主要问题作了相应的规定，使研究生工作逐步走上正轨。[②]

随着研究生教育事业的发展，该校研究生培养工作也暴露出了一些问题：一是有的学科招生人数没有与导师人数及水平协调起来。统计1959至1961年，该校三年间共招收93名研究生，而当时有的学科不具备相应的导师力量。其主要原因是自1956年起就没有再次提升教师的职称，加上自50年代后期起政治运动连续不断，所以有的学科还重视对年轻教师的培养，而有的学科未能抓紧乃至忽视对新生力量的培养，于是出现了有些研究生指导教师的教育教学质量不高的问题。二是课程设置不合理。共修课程过多，且有的课程内容与本科相差不大，而基础理论课程安排又过于分散，影响了专业课和进行科学研究的时间；同时还过早安排研究生外出进行科研，直接影响了基础理论课程的学习。三是导师管理工作薄弱。其间没有制定相应的导师职责要求，造成有的导师职责不明确或社会工作太多，以至于放松了对研究生的指导工作。四是入学标准较低，尤其外语水平不能适应研究工作需要，直接影响了研究生的培养质量。[③]

鉴于上述种种不足，在1963年教育部颁布《高等学校培养研究生工作暂行条例（草案）》后，北京体育学院根据文件的精神，进一步完善和加强了研究生的培养工作：一是加强对研究生的管理，学校专门召开了各系主任和

① 参见《北京体育学院志》编写组：《北京体育学院志》，北京体育学院出版社1994年版，第177页。

②③ 参见《北京体育大学校史》编委会编：《北京体育大学校史（1953～2003）》，北京体育大学出版社2003年版，第57页。

全体导师的工作会议，明确了导师的职责。二是明确研究生的培养目标，提出研究生的政治标准和业务要求，要求逐步树立无产阶级的阶级观点、劳动观点、群众观点、辩证唯物主义观点，掌握本专业所需要的基础理论知识，专业理论、专业技术和技能，教学工作能力、科学研究工作能力和指导能力；了解本专业范围内科学的新发展；同时要具有健全的体魄。三是严格入学考试，坚持录取标准，宁缺毋滥。1963 年后国家实行研究生政治、外语全国统考，这两门课的分数线由教育部统一确定。这一硬性规定，使得一部分报考北京体育学院的考生因这两科特别是外语达不到统一分数线，从而导致学校录取名额空缺的问题。为保证研究生质量，学校坚持原则上不降低分数，以确保质量。四是调整教学安排，将基础理论课集中安排在第一学年，并规定原则上不允许在第一学年外出进行科学研究，以保证研究生基础理论课程的学习质量。五是加强导师工作，规定研究生入学后，导师与研究生必须共同制订培养计划，并按计划定期检查工作。①

经过整顿和调整，北京体育学院的研究生培养工作进入了此期的第二阶段。在“文革”爆发前的数年间，北京体育学院独立培养出的研究生，为我国体育事业的发展起到了积极的推进作用。至 1965 年，招收研究生的专业发展到 11 个，包括人体解剖学、运动生理学、体育理论、篮球、排球、足球、田径、体操、游泳、举重、武术等，共招收研究生 103 人，学制为三年。②

1966 年“文革”开始后，北京体育学院的研究生教育遭到严重破坏，被当作是推行培养“精神贵族”的“修正主义路线”而完全取消。1964 和 1965 年入学的研究生，于 1968 年被分配工作。后根据教育部 1981 年发布的相关文件，北京体育学院在 1982 年为他们补发了研究生毕业证书。③ 时至如今，北京体育学院最初的几届研究生早已成为我国体育界各方面的骨干力量。现将这一时期该校研究生教育的具体招生情况列示于下表（见“表 5.3.7”）。

---

① 参见《北京体育大学校史》编委会编：《北京体育大学校史（1953～2003）》，北京体育大学出版社 2003 年版，第 58 页。

②③ 参见《北京体育学院志》编写组：《北京体育学院志》，北京体育学院出版社 1994 年版，第 177 页。

表 5.3.7 1959—1965 年北京体育学院招收研究生专业及人数统计表*

专业＼年份	1959	1960	1961	1962	1963	1964	1965	合计
体育理论	3	6	—	—	1	—	—	10
人体解剖学	1	2	1	—	—	—	—	4
运动生理学	2	4	—	—	—	—	—	6
田　径	6	10	5	—	—	—	1	22
体　操	3	10	6	—	—	2	2	23
篮　球	3	9	—	—	—	—	—	12
排　球	2	5	—	—	—	—	1	8
足　球	—	—	4	—	—	1	—	5
游　泳	—	3	2	—	—	—	1	6
武　术	—	2	—	—	—	1	—	3
举　重	—	2	2	—	—	—	—	4
合　计	20	53	20	该年未招	1	4	5	103

*资料来源于《北京体育学院志》编写组：《北京体育学院志》，北京体育学院出版社 1994 年版，第 179 页。

3. 师范类高校的研究生培养

在共和国建立初期开展研究生教育的各专业性大学之中，师范类大学肩负着有别于其他大学的特殊使命，即以培养各级各类师资力量为己任。因此，党和政府对师范院校的研究生培养工作给予了高度重视，如教育部曾在 1956 年 9 月召开的重点师范大学研究生培养工作座谈会上着重强调，高师院校“在培养提高高等师范学校师资工作中负有特别重要的任务”①，由是可见其时师范类高校的研究生培养工作所具有的重大意义。

（1）北京师范大学

作为我国最早举办研究生教育的高等师范学府之一，北京师范大学在共

① 《教育部召集三所高等师范大学校长等座谈加强培养研究生工作》，《人民日报》1956 年 9 月 6 日。

和国建立初期开展的研究生培养工作，起步于20世纪50年代之初，并伴随着教学与科研体系的不断成熟而逐步发展。

1950年，北京师范大学有重点地建立起7个教学研究室，作为学校教学与科研工作的基本组织。1952年12月，北京师范大学第5次教务会议通过了《关于建立教学组织的决定》，其中指出“把‘教学研究室’规定为高校教学的基本组织，是苏联先进教育经验的重要部分”，并要求在建立集体教学组织的步骤上“应采取稳步前进的方针”。这就为研究生教育提供了必要的制度与组织保障。与此同时，学校于1951年第一学期招收了20名保育系学龄前教育研究室研究生。1952年2月23日，中国人民大学“教育学教研室、教育专修班全部干部、苏联专家、研究生、学生”，及“教育学教研室附设的资料室”，整体并入北京师范大学，从而为研究生教育提供了有力的智力支撑。[①]由是，北京师范大学的研究生培养工作开始步入正轨。

1952年施行院系调整后，根据全国教育发展和高等师范本身发展的需要，国家确定北京师范大学在第一个五年计划期间，除培养合乎规格的中等学校师资外，还要为高等师范学校培养师资。为此，北京师范大学在招收四年制本科生的同时，还举办了培养高师师资的研究班。[②]

到1954年，北京师范大学的在校研究生已有207人。就在当年3月至4月，该校教务处通过与有关教师开座谈会、听课、参加课堂讨论、抽查学习笔记等方式，对研究生工作进行了检查，并由副教务长方铭向校务委员会提出报告。通过检查，学校更加明确了提高研究生学习质量的关键，在于提高教师的水平和教师的教学质量。为了加强对研究生、进修生的领导工作，学校成立了研究生科，直接受研究部的领导。[③] 同年11月22日，为了更好地贯彻教育部颁布的《高等师范学校培养研究生办法（草案）》，北京师范大学制定了《关于培养研究生工作的若干决定》，指出：

> 研究生的培养目标，在于使研究生经过一至三年的学习后，具有一

---

① 参见北京师范大学党委办公室、校长办公室编：《北京师范大学纪事（1902—2011）》，北京师范大学出版社2012年版，第174—178页。

② 参见北京师范大学校史编写组编：《北京师范大学校史（1902—1982）》，北京师范大学出版社1982年版，第140—141页。

③ 参见北京师范大学党委办公室、校长办公室编：《北京师范大学纪事（1902—2011）》，北京师范大学出版社2012年版，第181页。

定的马克思列宁主义理论基础、必要的专业知识和从事教学与独立研究的能力，能在高等师范学校独立担任所学科目的教学工作。①

这就进一步明确了研究生的培养标准，为继续提高研究生教育的质量奠定了坚实基础。

1955 年是北京师范大学研究生教育发展历程中的又一重要年份。是年 4 月，该校与中国人民大学、北京大学签订了《互助合作合同》，共同商定："在发挥教学人员潜力方面，三校在可能条件下可互相吸收进修生、研究生，代为培养一定课程的师资。" 5 月，北京师范大学又制定了《研究生培养工作暂行办法》，规定培养研究生的目标要达到高师师资水平，要具有马克思列宁主义的理论基础，系统的坚实的专业知识和技能，以及从事独立教学与科学研究的能力。对于研究生的来源和条件，《研究生培养工作暂行办法》也作了具体规定。当年 8 月 3 日，《研究生培养工作暂行办法》获得教育部的批准。此外，1955 年 5 月 31 日，北京师范大学校务委员会会议还讨论并原则通过了《对当前研究生工作的决定》。②

此后，北京师范大学的研究生教育又取得了新进展。1956 年初，研究部拟订了培养候补博士的步骤。至 1959 年，北京师范大学在校的本科生为 5527 人、研究生为 87 人。1960 年，北京师范大学对今后学校的发展规模作出规划，提出每年招生 2000 人，五年内在校学生要达到 10000 人。其中，本科生占 75%至 80%，研究生占 20%至 25%。但实践证明，这种要求是其时对自身条件和力量不切实际的过高估计。③ 1962 年 9 月 1 日，校党委副书记、副校长马建民在开学典礼的报告中再度强调："活跃学术空气，积极开展科研工作，努力培养研究生。"④ 同年 10 月 10 日，校务委员会举行第 39 次扩大会议，通过了 1963—1964 学年度招收和培养研究生的计划。

---

① 北京师范大学党委办公室、校长办公室编：《北京师范大学纪事（1902—2011）》，北京师范大学出版社 2012 年版，第 183 页。

② 参见北京师范大学党委办公室、校长办公室编：《北京师范大学纪事（1902—2011）》，北京师范大学出版社 2012 年版，第 185—187 页。

③ 参见北京师范大学校史编写组编：《北京师范大学校史（1902—1982）》，北京师范大学出版社 1982 年版，第 166—167 页。

④ 北京师范大学党委办公室、校长办公室编：《北京师范大学纪事（1902—2011）》，北京师范大学出版社 2012 年版，第 210 页。

1966年“文革”爆发后，北京师范大学的研究生培养工作被迫中止。直至1978年9月，北京师范大学与吉林大学、山东大学、厦门大学、四川大学、云南大学共同举办量子化学研究生、进修生班，且教育系心理学专业开始招收研究生，北京师范大学的研究生教育才实现再度启航。

据不完全统计，共和国建立初期北京师范大学的历届研究生毕业人数，大致情形有如下表（见“表5.3.8”）所示。

表5.3.8 1956—1963年北京师范大学研究生毕业人数统计表*

年份	人数
1956	120
1957	42
1959	21
1961	53
1962	84
1963	69
合计	389

*资料来源于北京师范大学校史编写组编：《北京师范大学校史（1902—1982）》，北京师范大学出版社1982年版，第215页。

（2）华东师范大学

成立于1951年的华东师范大学，是共和国成立后为发展高等师范教育事业、培养百万人民教师而最早创建的师范高校，是一所新型的、学科齐全的、高水平的大学。华东师范大学的研究生教育是在1952年院系调整后，随着教学、科研实力的不断增强及研究部的建立，而得以起步并发展。

1953年4月，华东师范大学受教育部委托，举办了在当时相当于研究生班的中国革命史师资训练班，为高等师范院校培养中国革命史教师。该训练班修业年限为一年半，共招学生40名，其中本校毕业生37人、华中师范学院3人。[①] 训练班开设了马列主义基础、中国革命史、政治经济学、辩证唯物主义与历史唯物主义、中国革命史教学法等课程。同年10月，教育部指定华

① 参见华东师范大学出版社编：《华东师范大学大事记（1951—1987）》，华东师范大学出版社1991年版，第24—25页。

东师范大学的教育学、普通自然地理、数学分析、普通物理、分析化学、动物学、植物学 7 个专业开设研究生班，共招收研究生 113 人。1954 年 4 月，教育部又委托华东师范大学举办现代文学、中国通史、数学分析、无脊椎动物学专业研究生班，共招收研究生 49 名。[①] 同年 6 月，生物系植物学研究班师生、动物学研究班师生分赴安徽黄山、山东青岛等地进行野外实习。[②]

1955 年 1 月，华东师范大学党委制定了学校第一个五年计划的全面规划（修订稿）。其中确定学校的发展方针是：充分发挥学校潜力，努力提高教育质量，给社会主义建设培养最大数量的中等学校和高等师范院校的师资。发展规模为：大学生 4700 人，研究生 300 人，函授生 1500 人；教师 750 人。[③] 由是，华东师范大学的研究生教育开始进入快速发展时期。当年 10 月，华东师范大学招收教育史、数学分析、普通物理、电工及无线电技术、植物学、普通自然地理专业研究生班，共招生 112 人。到 1958 年，全校 37 个专业曾先后招收五届二年制研究生班学生，共计招生 673 人。1959 至 1963 年间，又有 19 个专业招收五届三年制研究生，共计招生 126 名。至 1966 年，毕业于华东师范大学的研究生总数已近 800 名。他们先后被分配到全国 26 个省（区市）的高等院校和科研单位工作，其中大多数成为各单位的教学、科研工作骨干。[④]

经过十数年间的探索与实践，华东师范大学的研究生教育逐渐形成了富有特色与实效的若干做法：

一是研究生的修业年限。华东师大的研究生班修业年限为一年半，后来改为两年。1959 年又开始招收三年制的研究生，这些研究生在求学的三年时间内，前两年进行课程学习，第三年撰写毕业论文并进行论文答辩。

二是研究生的管理。随着研究生数量的增加，为了加强管理，研究部于

① 参见袁运开、王铁仙主编：《华东师范大学校史（1951～2001）》，华东师范大学出版社 2001 年版，第 34 页。

② 参见华东师范大学出版社编：《华东师范大学大事记（1951—1987）》，华东师范大学出版社 1991 年版，第 37 页。

③ 参见华东师范大学出版社编：《华东师范大学大事记（1951—1987）》，华东师范大学出版社 1991 年版，第 46 页。

④ 参见袁运开、王铁仙主编：《华东师范大学校史（1951～2001）》，华东师范大学出版社 2001 年版，第 34、73 页。

1954年8月31日设置研究生科。1955年4月11日，校行政会议讨论通过了《举办研究生班暂行实施办法》。在对研究生的要求方面，除按教育部规定，通过学习，要能在高等师范学校独立担任所修科目的教学工作外，还要求具有初步进行科学研究的能力。1955年10月30日，校研究部对两年来的研究生培养工作进行了总结，并概括基本做法和经验，认为：

> 研究生结业后应能在高等师范院校独立担任主修课目的教学工作，并初步具有科学研究的能力。课程设置以师范学院教学大纲为依据，凡研究生将来要教的学科，在学习中必须重点提高，要学得少一些，学得好一些。第一年以课堂讲授为主，第二年除必要的讲授外，结合实习、专题研究和论文写作，培养科研兴趣和独立思考、独立研究的能力。①

1956年10月30日，该校研究生处成立。1957年4月11日，校行政会议经研究决定，撤销研究生处，研究生工作并入教务处，改设研究生科。同年4月24日，第二届校务委员会全体会议又讨论通过了《关于改进进修班（研究生）工作的决定》。

三是研究生的培养。自1953年以来，华东师范大学采取措施逐步提高了培养研究生的要求：在培养目标上，最初仅要求能独立开一门课，后来要求具有初步科研能力，能独立担任一门或两门课程的教学；对于1959年后招收的三年制研究生的培养，则统一采用导师制，其培养目标明确为“培养又红又专的能独立担任教学工作的高等学校师资”。在教学计划与课程设置上，政治课设置辩证唯物主义与历史唯物主义，专业基础课与专业课精简了没有直接关系的“高深”课和一般性的基础课，增加了专业授课实践。外语课定为必修课，要求学生在两年内初步掌握一种外语，借助字典能阅读专业参考书，但对于具有阅读外文专业参考书能力者与专业课基础差的学生准予免修。在培养方式上，课堂教学采取系统但有重点的授教，辅以专题讲授，并与研究生自学相结合。教育实习主要是助教工作实习和试教，试教后开评议会，开始还要求研究生指导大学生的教育实习，后来取消这一环节，研究生参加教研组活动。考试采用口试或笔试，有一门主修科目不及格者必须补考，若两门主修科目不及格或一门主修科目补考仍不及格者，则由学校报请教育部另

---

① 华东师范大学出版社编：《华东师范大学大事记（1951—1987）》，华东师范大学出版社1991年版，第55页。

行分配工作。根据1955年4月颁布的《研究生暂行实施办法》规定，研究生要撰写课程论文，因而要培养研究生查阅文献、搜集资料，进行综合分析并撰写论文的初步科学研究能力。最后结业时，研究生还必须撰写结业论文。论文题目，或由研究生提出，经指导教师审定；或由指导教师拟订，供研究生选择。在课外活动上，1956年暑假后，在学生会系统下成立研究生俱乐部，开展课外文体活动及福利工作。①

1965年12月30日，根据高等教育部的通知，华东师范大学拟订了1966年的招收研究生计划，计划招收研究生12名，并做好报考、体检、政审和录取工作，但由于“文革”的爆发，计划被迫中止。直至1978年3月，经华东师大党委研究决定，招收研究生的工作得以恢复。

据不完全统计，共和国初期华东师范大学的历届研究生人数，大致情形见下表（见“表5.3.9”）。

表5.3.9　1951—1966年华东师范大学研究生招生、在校、毕业人数统计表*

人数 / 年份	招生人数	在校人数	毕业人数
1951	—	—	—
1952	—	40	—
1953	153	153	—
1954	95	183	49
1955	114	193	136
1956	340	422	72
1957	—	324	95
1958	12	12	321
1959	31	31	—
1960	37	37	—
1961	28	28	—

① 参见袁运开、王铁仙主编：《华东师范大学校史（1951～2001）》，华东师范大学出版社2001年版，第34—35页。

续表

年份＼人数	招生人数	在校人数	毕业人数
1962	—	—	31
1963	35	35	35
1964	—	—	26
1965	—	—	—
1966	—	—	34

* 资料来源于华东师范大学出版社编：《华东师范大学大事记（1951—1987）》，华东师范大学出版社 1991 年版，第 454—456 页。

三、 研究生毕业分配的落实

作为研究生培养全过程的末端环节，毕业就业工作既是体现研究生教育发展趋势的风向标，也是测算研究生教育水平高低的度量衡，还是反映研究生教育社会需求度与认可度的晴雨表。对于共和国初期的研究生教育而言，其时的研究生是国家有目的、有计划培养的高端专门人才，是社会主义革命与建设事业急需的重要新生力量。因此，做好研究生的毕业就业工作，对宝贵的人力资源进行合理的分配与使用，不仅是切实履行人尽其才的基本人事任用原则，更对促进社会主义全面建设及高等教育事业的快速发展具有重大意义。

共和国初期，国家根据社会主义建设事业的发展需要，立足于行业与社会需求，对研究生的毕业就业工作采取计划分配制度，以满足其时的高等教育与科学研究事业对各类专业技术人才和师资力量的紧急需求。因此，这一时期培养出来的研究生，毕业后统一由政府按照计划分配工作。相关的毕业分配制度，也在此过程中逐步形成、发展并完善，其历程大致可概括为两个阶段，具体概述如次。

（一）毕业研究生统一分配制度的探索（1949—1963）

1949 至 1963 年，是共和国开始大规模经济建设，并着手实施发展国民经济第一个及第二个五年计划的重要起步阶段。在人力资源方面，国家面临着各行各业迫切需要大量专业人才的问题。因此，为尽量满足基本建设需求及加强教育与科研工作，对以研究生为代表的高等学校毕业生实行统一的、有计划的分配，从而使当时数量有限的高端专门人才能够得到最合理的任用，不仅顺理成章，而且势在必行。

毕业研究生统一分配制度的形成与发展，首先源自1950年6月国家对全国公私立高等学校[①]毕业生进行分配的决定。政务院在《关于分配全国公私立高等学校本年暑假毕业生工作的通令》中明确提出："（对于毕业生）应有计划地、合理地分配他们的工作"，"一般地应说服争取他们听从政府的分配，为人民服务"。[②] 这是共和国建立后首次提出对高等学校毕业生实行有计划的分配，从此结束了大学生"毕业即失业"的状况。1951年6月，政务院第九十一次政务会议通过了《关于1951年暑期全国高等学校毕业生统筹分配工作的指示》，要求在统筹分配中进行地区调剂，以适应国家重点建设的需要，并照顾毕业生过少的地区；同时要求贯彻执行使毕业生的学和用尽可能最大限度一致的原则。[③] 为进一步宣传统一分配工作，《人民日报》于同年7月11日刊发了题为《毕业同学们，服从统一分配，参加国家建设！》的社论。文章指出："为了使现有的为数无多的高等学校毕业生，能对国家的需要发挥最大的效能起见，由国家统一领导，对他们作有计划的分配与使用，是完全必要的，有巨大意义的。"[④] 至1951年10月，政务院发布了《关于改革学制的决定》，明确规定"高等学校毕业生之工作由政府分配"[⑤]，这就为毕业研究生统一分配制度的建立定下了基调。由是，伴随国家高等学校毕业生统一分配制度的逐步建立，针对研究生的专项毕业分配制度也以此为基础，在探索中不断发展。

1952年5月9日，教育部发出《高等学校研究生部的现状及其调整意见》，要求："1952年暑期高等学校研究生部主要是随着高等学校的院系调整

---

① 主要指当时的大学、独立学院及专科学校，但人民大学、革命大学、军政大学和各个业务部门领导的高等学校不在其内。

② 国务院法制办公室编：《中华人民共和国法规汇编》第一卷，中国法制出版社2005年版，第267页。

③ 参见刘光主编：《新中国高等教育大事记》，东北师范大学出版社1990年版，第25页。

④ 《毕业同学们，服从统一分配，参加国家建设！》，《人民日报》1951年7月11日。

⑤ 《中央人民政府政务院　关于改革学制的决定》，《人民日报》1951年10月3日。

而调整改造的问题，一律停止招生。”① 因此，对 1952 年暑期行将毕业的 682 名研究生，一律按照大学毕业生分配计划，由教育部进行统一分配。1953 年，高等教育部制定发布《高等学校培养研究生暂行办法（草案）》，首次明确研究生的毕业分配由政府统一负责实施：“研究生的调动及毕业分配由中央高等教育部统一管理之。其由各高等学校、机关和厂矿企业调派带职学习者，毕业后仍回原单位工作。”② 1954 年 7 月 1 日，政务院发布《关于 1954 年暑期全国高等学校毕业生统筹分配工作的指示》，其中强调分配方案是“根据国家过渡时期总任务及第一个五年计划基本任务的要求，以及既定的‘集中使用，重点配备’的分配方针和‘学用一致’原则来制订的”③。这也为毕业研究生的统一分配提供了方向性的指引。

1956 年 7 月 16 日，高等教育部颁布了《关于现有研究生结业和进一步提高的办法》，从学习年限、就读专业、培养目标、学业成绩等方面，对研究生的毕业及深造等问题分别作出细致规定。

1957 年 6 月 20 日，由国务院批转的高等教育部《关于今年招收四年制研究生的几点意见》，重申从大学毕业生中录取的研究生毕业后的出路是“由国家统一分配工作”，同时也规定分配工作时“可以优先考虑研究生所在院校的工作需要”。④ 同年 7 月，国务院又发布了《高等学校 1957 年暑期毕业生分配工作的几项原则规定》，继续强调毕业生的调配计划由国家统一制定执行：

> 国家经济委员会负责拟订毕业生分配计划草案，高等教育部负责根据经委所拟订的计划草案制订具体调配计划草案。调配计划草案拟好一批即下达一批。学校和有关部门接到调配计划草案以后，即应该按照草案进行酝酿动员，作好调配和派遣的准备工作，俟经委和高教部对各项专业毕业生的调配计划全部订出，并且报经本院核准后，再由高教部正

① 《中国教育年鉴》编辑部编：《中国教育年鉴（1949～1981）》，中国大百科全书出版社 1984 年版，第 637 页。

② 《中国教育年鉴》编辑部编：《中国教育年鉴（1949～1981）》，中国大百科全书出版社 1984 年版，第 916 页。

③ 中华人民共和国国家经济贸易委员会编：《中国工业五十年——新中国工业通鉴》第二部“1953—1957”（上），中国经济出版社 2000 年版，第 647 页。

④ 何东昌主编：《中华人民共和国重要教育文献（1949～1975）》，海南出版社 1998 年版，第 769 页。

式通知各学校和用人部门开始派遣和接受。[①]

在随后的1959至1963年间，毕业研究生统一分配制度随着几项重要文件的发布而得以逐渐成型，对合理配置高端专门人才起到了重要作用。

1959年7月21日，教育部颁布了《关于高等学校培养研究生工作的几点意见》，其中强调：

> 研究生按计划学习完成后，由学校发给毕业证明书。原是在职干部的原则上均回原单位工作，原是由国家统一选留的大学毕业生均由国家统一分配工作，并适当照顾培养地区和学校的需要。[②]

1963年4月29日，教育部发布试行的《高等学校培养研究生工作暂行条例（草案）》，其中第五章规定并说明研究生的"待遇与分配工作"，明确了研究生的分配工作由国家统一实施：

> 研究生毕业后，原由高等学校本科毕业生中直接考试录取的，由国家统一分配工作。培养学校可以按国家计划，选留一部分作为师资或专职科学研究人员。原由在职人员中考试录取的，原则上回原单位工作。[③]

1963年8月30日，教育部、内务部、国家计委联合发布了《高等学校毕业生调配、派遣暂行办法》。这是新中国成立以来最为全面而系统的关于高校毕业生毕业派遣工作的文件，对高校学校毕业生调配与派遣的工作程序、部门分工、调配计划、基本原则、分配条件、思想政治教育、组织领导、工作步骤及其他相关事项，均作出了明确要求。较之于此前的文件，《高等学校毕业生调配、派遣暂行办法》更加系统化、规范化，可操作性更强，如将"高等学校毕业生调配、派遣工作中的程序"规定为：

> 首先由教育部按照中共中央和国务院批准的高等学校毕业生统一分配计划，结合各部门提出的毕业生配备计划，会同有关部门制订分学校、分地区、分部门的毕业生调配计划；各省、市、自治区主管毕业生调配

---

① 《国务院关于高等学校1957年暑期毕业生分配工作的几项原则规定》，《人民日报》1957年7月20日。

② 何东昌主编：《中华人民共和国重要教育文献（1949～1975）》，海南出版社1998年版，第915页。

③ 教育部办公厅编：《教育文献法令汇编（1963）》，1965年印行，第115页。

部门（以下简称地方主管调配部门）负责统一领导本地区范围内各高等学校执行教育部制订的毕业生调配计划，并负责本地区直属高等学校毕业生调配计划；各高等学校根据教育部和地方主管调配部门制订的毕业生调配计划，提出毕业生分配名单，报经地方主管调配部门批准后进行派遣；各部门，各省、市、自治区按照教育部制订的分部门、分地区毕业生调配计划接受毕业生。①

《高等学校毕业生调配、派遣暂行办法》不仅是具有普遍指导意义的毕业分配制度，其中还特别强调“毕业研究生和品学特别优秀的本科毕业生由教育部会同国家计委、科委按名分配”②，因此也成为其后研究生毕业派遣工作必须遵循的纲领性指导文件。

1963年10月21日，教育部又颁行《关于高等学校研究生学籍处理问题的几项暂行规定》，其中重申了《高等学校培养研究生工作暂行条例（草案）》中有关分配工作的要求：

经批准取消学籍或退学的研究生，如原系从在职人员中考取的，仍回原单位工作；原系从每年应届大学毕业生中考取的，由学校列入第二年应届大学毕业生报表，上报国家计委，统一分配工作。在国家统一分配之前，如学校或校外部门需要，亦可由学校报经主管部门同意后分配工作。③

就在毕业研究生统一分配程序逐步系统化的同时，有关研究生就业后的工资待遇安排问题也逐渐浮出水面，并成为该时期毕业研究生统一分配制度的重要内容之一。

1961年3月13日，中国科学院干部局在《给劳动部工资局“关于研究生见习期满后定级问题”的函》中提出：

关于研究生见习期满后的定级问题，过去没有明确规定。我们以往是参照国务院1957年10月25日“关于高等学校和中等专业学校毕业生在见习期间的临时工资待遇的规定”第二条，即“评定的正式工资一般应不低于他们的临时工资，但也不应该差别过大”和研究生本人的修业

① 教育部办公厅编：《教育文献法令汇编（1963）》，1965年印行，第158—159页。
② 教育部办公厅编：《教育文献法令汇编（1963）》，1965年印行，第159页。
③ 教育部办公厅编：《教育文献法令汇编（1963）》，1965年印行，第157页。

> 年限以及在见习期间的德才表现，见习期满后分别给他们评定工资级别。①

由是，在考核研究生见习期间表现的基础上，中国科学院依据修业年限对研究生正式工作后的定级与工资标准作出如下规定（见“表 5.3.10”）。

表 5.3.10　中国科学院研究生见习期满后定级工资统计表（1961 年制定）*

修业年限	岗位	级别	工资
研究部修业二年以上不满四年	行政岗	行政 21 级	见习期临时工资 57.50 元 定级后的工资 62 元
	研究岗	研究实习员 12 级	
	技术岗	技术员 11 级	
研究部四年制毕　业	行政岗	行政 20 级	见习期间临时工资 63.50 元 定级后作行政工作的 70 元 作研究、技术工作的 69 元
	研究岗	研究实习员 11 级	
	技术岗	技术员 10 级	

*资料来源于冶金工业部劳动工资司编：《工资福利文件选编》第一册（工资奖励部分），冶金工业出版社 1981 年版，第 319 页。注：本文中工资额系按北京地区工资标准。

劳动部工资局于同月 23 日的回复函中对中国科学院的做法表示赞同，认为“你局来函中所提的关于处理国内高等学校研究部毕业生和由国外研究部毕业的回国留学生见习期满以后的定级问题中所掌握的办法是正确的”②，并同意按来函中所提的办法处理。

1962 年 11 月 20 日，劳动部批复的《吉林省劳动厅关于学习期未满提前分配工作的研究生的工资待遇问题》，又对提前分配工作的研究生所享有的工资待遇作出明确规定：

> 关系学习期未满的研究生提前分配工作的，其工资待遇如何处理的问题，经与有关部门研究，认为研究生学习期未满提前分配工作的，虽然有的学习了一年半或一年半以上，但其学术水平不能达到研究部毕业生的水平，因此，工资待遇应当与毕业的研究生有所区别。即凡是学习

① 冶金工业部劳动工资司编：《工资福利文件选编》第一册（工资奖励部分），冶金工业出版社 1981 年版，第 319 页。

② 冶金工业部劳动工资司编：《工资福利文件选编》第一册（工资奖励部分），冶金工业出版社 1981 年版，第 318 页。

期未满提前分配工作的研究生，他们见习期间的临时工资待遇及见习期满后评定等级时，原则上均应按高等学校修业四年以上毕业生的待遇执行。至于个别表现突出好的，可在定级时定高一级。

对研究部（班）的调干生提前分配工作的，可以按照一九六一年“劳动部、内务部关于高等学校和中等学校调干毕业生工资待遇问题的处理意见”① 的精神办理。②

（二）毕业研究生统一分配制度的改进（1964—1966）

1964 至 1966 年间的研究生毕业分配工作，在第一阶段制定的各项规章制度的基础之上，主要着眼于单独制订全国统一的研究生毕业分配计划，并提出了更为明确的分配原则和办法。其中，1964 和 1965 年度的全国毕业研究生分配计划由教育部主持制订，国务院科级干部局负责协助。

1965 年 5 月 7 日，高等教育部又发出《关于下达给高等学校的 1964 年度自然科学毕业研究生分配方案的通知》，对分配原则及具体的调配、派遣工作作出了详细规定，具体包括：其一，分配原则是“集中使用，重点配备”，根据各单位提出的需要计划和毕业研究生的专长，逐个加以研究进行分配。其二，加强毕业研究生的思想教育工作，“教育他们自觉地服从革命事业的需要，愉快地走上工作岗位”，“为祖国社会主义革命和社会主义建设贡献出自己的力量”。其三，关于不服从分配或因病不能坚持正常工作的毕业研究生的处理、毕业研究生档案材料的寄送、户口和粮油关系的迁移、派遣费开支标准、报到证的制发等方面的工作，“可参照 1963 年 8 月 30 日教育部、内务

① 该文件对调干毕业生分配工作后的工资待遇提出了如下意见：（1）调干毕业生分配工作以后实行的工资标准，与入学前实行的工资标准相同的，一般可以保持原来的工资级别。如果原来的工资级别低于一般毕业生级别水平的，可以按一般毕业生的级别水平评定。（2）调干毕业生分配工作以后实行的工资标准，与入学前实行的工资标准不同的（例如，入学前实行行政人员工资标准，毕业分配工作后实行技术人员工资标准，等等），在评定他们的工资时，除了应该根据他们现任职务和德才外，还应该考虑到他们入学前工资待遇的情况，尽量予以照顾，使大部分调干毕业生不致降低原工资待遇。少数人必须降低的，降的幅度也不要太大。（3）对于已经参加工作的调干毕业生，评定的工资待遇过低的，确实不适当的，可以报经省、市、自治区人民委员会批准，予以适当调整。（详见北京大学法律系经济法教研室编：《劳动法资料选编》（一），1983 年印行，第 150 页。）

② 劳动部工资局编：《工资福利工作文件汇编（1962 年度）》，劳动部劳动杂志社 1964 年版，第 95—96 页。

部、国家计委颁发的《高等学校毕业生调配、派遣暂行办法》① 的有关规定办理”。其四，对毕业研究生要实行劳动实习制度。他们到达工作单位报到后，“用人单位一般应该按照中共中央、国务院发布的《高等学校毕业生劳动实习试行条例》② 的有关规定，先安排他们参加劳动实习”。其五，毕业研究生分配工作后，对于专业不对口或使用不当者要进行必要的调整。“调整工作，同大学毕业生分配后的调整工作一样，统归内务部负责”。③

1966 年“文革”开始后，原定的研究生培养工作被迫中止，分配计划也不得不重新调整，当年度的毕业研究生多数没有来得及做完毕业论文或毕业设计即被陆续分配。1967 年 1 月 3 日教育部向国务院文教办公室提出的《关于废除研究生制度及研究生分配问题的报告》则提出：“应立即废除现有研究

---

① 《高等学校毕业生调配、派遣暂行办法》的相关规定包括：(1) 对不顾国家需要、无理坚持个人要求、经过多次教育不改、拒不服从分配的毕业生，自学校宣布分配名单时起，超过 3 个月仍然不接受分配的，经地方主管调配部门批准，由学校负责人向他宣布，国家不予分配工作，限期离校；属于机、绝密专业的毕业生，学校应收回所发教材、实习报告等资料，并由地方主管调配部门通知当地政府和有关单位不得录用。宣布不予分配工作后，如果在 3 个月内有所悔悟，愿意服从分配的，在给予适当批评后，仍然可以按原计划分配工作。凡宣布不予分配工作后，超过 3 个月如要求工作的，即作一般劳动就业问题由当地劳动部门处理。凡到用人部门报到后，不服从分配的毕业生，经中央各部门、省、市、自治区批准，参照上述精神处理。(2) 对毕业生的档案材料（包括政治、学业和身体健康等情况）要整理齐全，不要分散。档案材料，应当在派遣毕业生以前寄出，至迟也要在派遣毕业生的同时寄出。(3) 要协助毕业生办好户口迁移证及粮食供应关系。(4) 按照教育部、财政部 1958 年 6 月颁发的《高等学校毕业生统一分配工作调遣费开支标准及办法》规定的标准，发给毕业生前往工作单位报到所需的旅费，并向毕业生宣布旅费开支及报销办法。(5) 按照教育部制发的毕业生统一分配工作报到证样式及有关规定，发给毕业生报到证。（详见教育部办公厅编：《教育文献法令汇编（1963）》，1965 年印行，第 162—164 页。）

② 《高等学校毕业生劳动实习试行条例》由中共中央、国务院于 1964 年 8 月 19 日发布，共计 7 章 32 条，内容包括总则、劳动实习的安排、思想政治工作、专业学习、编制与工资生活福利、领导和管理及附则。其中明确提出，高等学校毕业生的劳动实习必须以体力劳动为主，适当组织他们就地参加“四清”“五反”社会主义教育运动，并且妥善地安排他们的专业学习，不要中途抽调他们搞其他工作。在劳动实习过程中，要加强思想政治工作，注意劳逸结合和安全生产，关心他们的生活和身体健康。（详见中共中央文献研究室编：《建国以来重要文献选编》第十九册，中国文献出版社 2011 年版，第 134—143 页。）

③ 《中国教育年鉴》编辑部编：《中国教育年鉴（1949～1981）》，中国大百科全书出版社 1984 年版，第 637 页。

生制度，并立即着手进行研究生分配工作。”① 由是，至1968年底，在校的研究生全部分配完毕。此后，到1980年有恢复招生后的首届二年制研究生计2073名毕业时，研究生的毕业分配工作才得以再度开启而接续“前缘”。

除了毕业研究生统一分配工作的程序与要求发生一定变化外，此时期也出台了一些有关毕业研究生工资待遇的调整性规章文件，对各级各类研究生的工资和其他经费开支均作出了较为详细的规定。

1967年9月7日，中共中央、国务院、中央军委等发布了《关于1966年大专院校毕业生分配问题的通知》，其中指出：

> 现在在校的研究生，随同一九六六年大专毕业生一起分配。分配计划，由国家计委、教育部有关部门制订，报国务院批准。其工资待遇，在整个工资制度未改革之前，一九六四年入学的按结业研究生，一九六五年入学的按大专院校毕业生的临时工资标准执行。②

同月18日，依据《关于1966年大专院校毕业生分配问题的通知》，中国人民解放军财政部军事管制委员会、教育部在《关于高等学校1966年毕业生和1965年及其以前年度入学的研究生有关工资和其它经费开支问题》中，作出如下规定：

> 1. 一九六六年毕业生（包括一九六五年毕业生尚留在学校没有分配的）和一九六五年入学的研究生，暂按国务院关于高等学校毕业生在见习期间的临时工资标准的规定（如修业四年以上毕业的，北京地区为46元）执行，从今年九月份开始发给临时工资。（九月份发了助学金要扣回）
>
> 2. 一九六四年入学的研究生，按结业研究生，即照国务院关于高等学校研究部毕业生在见习期间的临时工资标准的90%发给（如北京地区即按57.5元的90%发给），从今年九月份开始发给临时工资。
>
> 3. 一九六三年及以前年度入学的研究生，按照国务院关于高等学校研究部三年制毕业生在见习期间的临时工资标准的规定（如北京地区为

① 梁桂芝、孟汇丽：《中华人民共和国学位与研究生教育要事志（1949.10—1993.3)》，西安交通大学出版社1994年版，第184页。

② 河南省革命委员会劳动局编：《劳动工资文件选编》（工资福利部分），河南省革命委员会劳动局1974印行，第231页。

57.5元）执行，从今年九月份开始发给临时工资。[①]

该文件对高等学校研究部三年制毕业生见习期间临时工资标准的规定，具体情形见下表（见“表5.3.11”）。

表5.3.11　高等学校研究部三年制毕业生见习期间的临时工资标准*

单位：元

	工资标准								
	3	4	5	6	7	8	9	10	11
研究部三年制毕业生	53.0	54.5	56.0	57.5	59.0	60.5	62.0	63.5	65.0

*资料来源于河南省革命委员会劳动局编：《劳动工资文件选编》（工资福利部分），河南省革命委员会劳动局1974印行，第235页。

1967年10月21日，国家计委、教育部在《关于1964年、1965年入学研究生分配问题的请示报告》中又提出：

根据中共中央、国务院《关于一九六六年大专院校毕业生分配问题的通知》的规定，一九六四年入学研究生的工资待遇按结业研究生执行，工资按毕业研究生临时工资标准的百分之九十发给，一九六五年入学的研究生按大学毕业生临时工资标准发给。由于他们入学后即参加一年劳动实习，因此分配后可不再进行劳动实习。[②]

1968年以后，鉴于其时毕业研究生群体状况的复杂多样性，国家再度发布若干文件，对研究生毕业后的工资待遇问题作出明确规定。如1968年2月3日便有两份相关的重要文件颁布。一是教育部、中国人民解放军财政部军事管制委员会《关于高等学校1966年毕业生和1965年及以前年度入学的研究生有关工资和其他经费开支问题的综合答复》，其中明确提出：

一九六六年有些学校的调干毕业生（包括毕业调干研究生，下同）目前不可能分配或者接收单位目前不可能接收，这些学生暂时留校期间的工资发放标准，如入学前的标准工资低于同等修业年限的毕业生见习

① 河南省革命委员会劳动局编：《劳动工资文件选编》（工资福利部分），河南省革命委员会劳动局1974印行，第232—233页。

② 冶金工业部劳动工资司编：《工资福利文件选编》第一册（工资奖励部分），冶金工业出版社1981年版，第400页。

期间临时工资标准的，暂按临时工资标准发给；如入学前标准工资高于毕业生见习期间临时工资标准的，暂按入学前原标准工资按学校所在地的工资区类别金额数发给。①

二是教育部、财政部军事管制委员会、劳动部《关于随同1966年大专毕业生一起分配工作的研究生工资待遇问题的通知》，对1962至1965年入学的研究生在分配工作后的定级工资作出规定：

一、一九六五年和一九六四年入学的研究生的定级工资，考虑到这些研究生的具体情况，原则上可按照一九六五年高等学校毕业生的工资待遇处理。其定级工资水平，按修业四年以上的高等学校毕业生的定级水平执行。凡是分配到达工资岗位的，可以按照（67）国劳字382号通知的精神进行定级；凡是没有分配到达工作岗位的，现在一律不进行定级，待到达工作岗位后，再按照（67）国劳字382号通知的精神进行定级。新定的工资，一律从批准的月份起执行。

二、一九六三年和一九六二年入学的研究生分配工作后的定级工资，分别按三、四年制研究部毕业生的工资待遇处理，现在还不到定级期限，暂不进行定级。②

综上所述，就共和国建立初期研究生教育的产生与发展史而言，这一时期是中华人民共和国研究生教育制度的确立阶段及其事业的奠基时期，反映出新中国的研究生教育从无到有、除旧布新的艰苦奋斗历程。在这个另辟新径、初印轨辙的历史时期，中国的研究生教育事业取得了值得记取的成绩和贡献。其主要表现有如下数点：其一，通过制定一系列相互联系的规章制度，形成了研究生招生、培养与分配的一套贯通流程，由此初步建立起系统化的研究生培养制度体系，为研究生教育的后续发展奠定了一定的历史基础。其二，通过依靠自身办学积累及学习苏联教育模式所获得的培养工作经验，进一步明确了自力更生培养研究生的意义与原则，强调依靠自身的力量培养又红又专的社会主义革命和建设事业的知识人才，从而为国家和地方输送了大

① 冶金工业部劳动工资司编：《工资福利文件选编》第一册（工资奖励部分），冶金工业出版社1981年版，第401页。

② 冶金工业部劳动工资司编：《工资福利文件选编》第一册（工资奖励部分），冶金工业出版社1981年版，第402—403页。

批急需的管理干部、能够勇攀科学高峰的科研人员以及一大批从事教育教学工作的高素质师资力量。其三，通过培养研究生的具体实践活动，逐步探索出保障和提高研究生教育质量的若干办法，包括把好招生关、严格遴选导师、科学制定与严格遵循培养研究生的工作准则、明确招收研究生的专业划分依据、制订细化的专业培养方案以及做好毕业分配工作等。其四，初步尝试了学位制度的构建与运行，为学位制度的建立作出了有益的探索。概而言之，作为中华人民共和国研究生教育史的重要组成部分，共和国初期的研究生教育，不仅有承前之功，也有启后之效，其历史地位与贡献均应该得到认真的总结和肯定。

第六章　恢复发展（1977—1985）

“文革”结束后，中国教育领域经过全面的拨乱反正，学校教育逐渐恢复正常并有所发展。1977 年 8 月，时任中共中央副主席的邓小平在北京主持召开科学和教育工作座谈会。他在会议期间明确指出：我国要赶上世界先进水平，必须“从科学和教育着手”。其中，在教育领域，“高等院校，特别是重点高等院校，应当是科研的一个重要方面军，这一点要定下来”。因此，高等院校特别是重点大学，“要逐步加重科研的分量，逐步增加科研的任务”。① 在同时期内，他还直接指示教育部“要逐步培养研究生，一面学习一面参加科研工作。15 年或更多一些时间，至少要培养一百万合格的科研人员”。② 由是，中国的研究生教育在随之而来的数年间得到全面恢复，并有了一定程度的发展。

第一节　研究生教育的初步恢复（1977—1980）

1977 年 8 月 12 日至 18 日间，中国共产党第十一次全国代表大会在北京召开，大会宣布“文革”结束。随之于当年 10 月 12 日，国务院批转教育部《关于高等学校招收研究生的意见》。这个中国研究生教育史上标志性文件的颁布，表明中国的研究生教育进入了新的历史时期。在这一历史分期的起步阶段，即 1977 至 1980 年间，我们称其为中国研究生教育的恢复期。这个恢复期又可分为两个时段：第一时段为 1977 至 1978 年，恢复后的首届招考工

---

① 邓小平：《关于科学和教育工作的几点意见》，《邓小平文选》第二卷，人民出版社 1994 年版，第 48—58 页。

② 翟泰丰、鲁平、张维庆主编：《邓小平著作思想生平大事典》，山西人民出版社 1993 年版，第 742 页。

作经过酝酿与准备，得以迅速实施与顺利完成；第二时段为 1979 至 1980 年，在改革开放的时代潮流推动下，招生规模有所扩大，培养机制调整、形成，管理体制得以重建并逐步完善。

一、恢复招生（1977—1978）

先是，经过“文革”和“反击右倾翻案风”的两次打击，1977 年复出工作不久的邓小平，在是年 5 月下旬的一次谈话中，针对中国科技和教育与发达国家相比“整整落后了二十年”的现状，号召全党要“尊重知识，尊重人才”，极力强调中国要实现现代化，必须“抓科技”同时“抓教育”，而且教育要从小学抓起，一直到中学、大学，“要经过严格考试，把最优秀的人集中在重点中学和大学”。[①] 有此思想和理论基础，在当年 8 月主持召开科学和教育工作座谈会上，邓小平讲到改革教育制度和提高教育质量问题时，直接主张废除推荐上大学的做法，要求“高等院校招收应届高中毕业生”：“今年就要下决心恢复从高中毕业生中直接招考学生，不要再搞群众推荐”[②]。8 月 13 日至 9 月 25 日北京举行第二次全国高等学校招生工作会议，废除了推荐读大学的高教入学制度，将行之多年的“自愿报名、群众推荐、领导批准、学校复审”的招生办法，改为“统一考试，择优录取”，从而恢复了统一高考制度，“实现了对 1966 年取消高考的否定之否定”。[③]

随着高考制度的恢复，中断了 11 年之久的高校研究生教育制度也随之得以恢复。1977 年 10 月 12 日，国务院批转教育部《关于 1977 年高等学校招生工作的意见》时，也批转了其附件——《关于高等学校招收研究生的意见》。《关于高等学校招收研究生的意见》中指出，我国社会主义建设“迫切需要培养和造就大批又红又专的建设人材”，因此那些师资条件和科学研究基础较好的高等学校，特别是重点高校，应在办好本科教育的同时积极招收研究生。为了迅速恢复和发展研究生教育，《关于高等学校招收研究生的意见》中强调了培养研究生的紧迫性，并对研究生招收与培养的具体事项给予了如下明确

---

① 邓小平：《尊重知识，尊重人才》，《邓小平文选》第二卷，人民出版社 1994 年版，第 40—41 页。

② 邓小平：《关于科学和教育工作的几点意见》，《邓小平文选》第二卷，人民出版社 1994 年版，第 55 页。

③ 余子侠、胡向东主编：《湖北考试史》（下编），湖北人民出版社 2007 年版，第 566 页。

的规定：

关于培养目标：在马克思列宁主义和毛泽东思想的指导下，遵循党的教育方针，坚持又红又专，坚持理论联系实际，培养具有社会主义觉悟的，熟悉马克思主义，具有系统坚实基础理论、专业知识和科学实验的技能，至少熟练地掌握一门外国语，身体健康，能够独立进行科学研究工作的科学技术和马列主义理论研究人材。研究生毕业后，主要从事科学研究工作和高等学校的教师。

关于专业范围：招收研究生，要从实现我国社会主义现代化的需要出发，重点放在填补国家科学事业的空白和赶超世界科技先进水平的基础科学、边缘科学，和与工业、农业、国防有密切关系的最新科学技术的研究方面。在哲学、社会科学方面，要积极招收研究生，加强马列主义理论队伍的建设。对那些行将断线缺门、后继乏人的学科和专业，应当优先考虑，以尽快解决“青黄不接”现象。

…………

关于报考条件：研究生的条件是政治历史清楚，拥护中国共产党，热爱社会主义，热爱劳动，遵守革命纪律，决心为革命学习，具有大学毕业文化程度，具有一定的研究才能和专业特长。有专业特长和研究才能的工农兵、在职职工不受学历限制，但须具有同等的文化程度。研究生从工厂、农村、学校、部队、机关、企事业单位和科研单位选拔，和从应届大学毕业的学生中选留。成绩特别优良、确实具有研究才能的高中学生和大学生，经学校推荐也可报考。从应届大学毕业生中选留的研究生，一般不超过30岁，从工厂、农村、学校、部队和科研单位选拔的不受此限，最大不得超过35岁。要注意招收1963、1964、1965年入学的大学毕业生，加以培养提高。

关于招考办法：自愿报名，单位推荐，文化考试，择优录取。在省、市、自治区招生委员会统一领导下，由招收的学校进行政治审查，文化考试合格后，报省、市、自治区招生委员会批准录取。

招收研究生，可以跨学校、跨行业、跨地区进行挑选。有关的专家，可以根据招收条件积极推荐有研究才能的青年参加考试。各部门、各单位要从国家需要的全局出发，主动推荐和积极支持选拔工作。

要无产阶级政治挂帅，德、智、体全面衡量，择优录取，严格保证

> 质量，坚决抵制“走后门”等不正之风。入学后，三个月内发现不合格者，要耐心细致地做好思想政治工作，并坚决退回选送单位。
>
> 关于培养方法：研究生的学制一般为三年。
>
> 要组织研究生认真学习马列和毛主席著作，走“五·七”道路。要合理安排时间，至少必须保证研究生有5/6的时间从事学习和研究。
>
> 要根据国家需要、学科特点，确定研究生的学习内容和研究课题，开设必要的基础理论、专业和外语课程，坚持边学习边研究。
>
> 研究生的培养方法，可以采取招收研究生班集体培养，也可个别培养；可以采取指导教师负责制，也可以成立研究生指导小组集体负责制。指导教师名单，都要经过学校主管部门批准。要建立必要的学习制度。研究生毕业时，要经过考试。写出论文、毕业设计或科学技术总结，并经过有关的学术委员会审查。合格者，予以毕业，不合格者，予以结业。
>
> 关于毕业分配：研究生毕业后，根据国家需要和学以致用的原则，应当国家统一分配，由学校主管部门提出分配计划，经国家计委批准后实行。①

除上述各要项外，《关于高等学校招收研究生的意见》还对研究生在校学习期间的工资待遇、生活补助等问题进行了较为详细的规定。总体来说，上述文件虽在某些具体表述上仍带有“文革”时期的残留色彩，但整体目标符合当时我国社会与经济建设发展的迫切需要，有利于快速高效地培养大批高水平的科研人才和高校师资，带动整个高等教育乃至科技文化领域的全面恢复与进步。《关于高等学校招收研究生的意见》中规定的招考条件明确，标准严格，程序公正，为后续的招生与录取工作提供了基本的政策依据。

《关于高等学校招收研究生的意见》颁行后，恢复研究生教育的相关工作迅速启动。1977年10月19日，受中国科学院委托，中国科学技术大学在北京率先成立研究生院，“准备在最近两三年内招收一千名研究生，以后再逐年增加招生人数”；培养周期一般为三年，先用一年多时间在研究生院集中学习马列主义、自然辩证法以及数学、外语等基础课程，再分别到中国科学院北京地区各研究所开展专业理论学习和研究工作实践，在指导教师指导下，“独

① 何东昌主编：《中华人民共和国重要教育文献（1949年～1997年）》，海南出版社1998年版，第1581—1582页。

立地完成一项具有一定水平的科研工作"，最后由研究生院会同有关单位的学术委员会进行毕业考核与鉴定。[①] 11 月 3 日，教育部和中国科学院联合发布《关于 1977 年招收研究生具体办法的通知》，要求各地教育、科技部门大力宣传招收研究生的重要意义与具体政策，督促各有关单位"从全局出发，大力支持符合条件、自愿报名的人员积极报考"[②]。《关于 1977 年招收研究生具体办法的通知》提出了研究生的招收办法，即本人志愿申请报考，经所在单位介绍，向招生单位办理报名手续，经过严格考试后择优录取，并确定招考报名的截止时间为 12 月 10 日。

中国科学院招收研究生的消息在教育与科技领域迅速激起了巨大的反响。自 11 月中旬开始接受报名以来，一个月内就发出了 3.5 万份报考表格，仅沈阳市参加报名者就达到了 3000 人，并先后收到要求报考研究生的来信 6500 多封，其中 200 多封还附有报考人员的科研成果或学术著作。如此高涨的报名热情，大大超出了中国科学院及下属各招生单位的预期，也让很多原本为科研队伍"青黄不接"而忧心忡忡的老科学家深受鼓舞。中国科学院"为了使热心科学，有志报考研究生的广大青年，都能有报考的机会"，对整个招生计划进行了相应调整，将报名时间延长至 12 月 31 日，招生专业由 200 个增加到 302 个，并进一步明确了招考工作的基本程序。考生经初试（政治、外语、基础课、专业课）、复试（外语、基础课、专业知识）、体格检查、政治审查后，各招生单位"根据考生德、智、体的全面情况和钻研精神提出录取名单"，由中国科学院研究生招生领导小组统一批准录取。[③]

尽管中国科学院对招生计划进行了调整，但仍不能满足广大报考者的迫切愿望，不少人直接向有关单位来信、来电或来访，要求延长报考日期，童第周、黄昆、于光远、华罗庚、周培源、苏步青、杨石先、吴作人等大批知名专家学者也纷纷主动要求承担培养任务，多带研究生。于是在当年 12 月于北京召开的研究生工作座谈会收集各方意见的基础上，教育部和中国科学院报请国务院批准，于 1978 年 1 月发布了《关于高等学校 1978 年研究生招生

---

① 参见《中国科技大学研究生院在京成立》，《人民日报》1977 年 10 月 20 日。

② 《科学院和高等学校开始招考研究生》，《人民日报》1977 年 11 月 16 日。

③ 参见《科学院主管单位解答关于招收研究生的具体问题》，《人民日报》1977 年 12 月 2 日；《科学院决定增加招收研究生人数》，《人民日报》1977 年 12 月 23 日。

工作安排意见》，决定：将1977、1978两年度的招生工作合并进行，一次报名，同时考试，一起入学，统称为1978级研究生；将报名截止日期再度延长至3月31日，并将招生范围由中国科学院扩展至各高等学校、国务院各部委直属的研究机构。①

1978年2月，中国社会科学院也决定面向全国招收研究生，"培养又红又专的哲学社会科学专门人才，加速建立一支宏大的马克思主义理论队伍"。参与招生的有哲学、经济、文学、语言、历史、考古、法学、世界宗教、民族等9个研究所，涉及近50个专业。3月，招生单位又增加了外国文学、近代史、世界历史、新闻4个研究所。② 根据五届人大政府工作报告中关于"抓紧研究经济建设中急待解决的科学技术问题"的指示精神，北京航空学院、北京工业学院、上海交通大学、华东工程学院等十多所高校拟订了本校的研究生招生计划，国务院各部委所属研究机构也决定开始招收研究生，"为国家培养又红又专的科学研究人才和高等学校的师资"。③

招生范围逐渐拓宽的同时，整个招生政策又进行了相应的调整。1978年3月，全国科学大会在北京举行，时任国务院副总理方毅在大会报告中强调：

> 要大力加强培养研究生的工作，要积极扩大研究生名额，以便在较短的时间内，培养出一大批基础比较坚实、能独立进行科学研究工作的人才。④

同年是月，教育部即通知各地放宽招考研究生的年龄限制，规定凡40岁以内（1938年3月1日以后出生者）都可报名，"广开才路，早出人才，快出人才"。1964年和1965年录取入学后因故中断学习而已分配工作的研究生，重新报考时可在同等条件下优先录取，经考核合格后可免修基础课，直接进入专业课学习或科学研究工作阶段，学习年限也可适当缩短。⑤ 4月，北京大

---

① 参见《全国将开始统一招收研究生》，《人民日报》1978年1月23日。

② 《中国社会科学院决定今年招收研究生》，《人民日报》1978年2月28日；《中国社会科学院决定增招研究生》，《人民日报》1978年3月15日。

③ 《北京航院等院校和国务院各部委所属研究机构决定招收研究生》，《人民日报》1978年3月25日。

④ 梁桂芝、孟汇丽：《中华人民共和国学位与研究生教育要事志（1949.10—1993.3）》，西安交通大学出版社1994年版，第188—189页。

⑤ 参见《教育部通知各地　决定放宽报考研究生的年龄限制》，《人民日报》1978年3月21日。

学、清华大学、北京师范大学、复旦大学、中山大学、中山医学院、武汉大学、南开大学等 26 个重点高校决定在港澳地区招收研究生，报考条件为“拥护中国共产党，热爱社会主义祖国，具有大学毕业文化程度，有一定的研究才能和专业特长，年龄不超过三十岁”；① 报考者只需参加一次笔试。4 月 3 日，教育部、国家计委联合发布《关于下达 1978 年全国研究生招生计划的通知》，确定全国研究生招生计划总数为 8986 人，其中各高等学校招收 7276 人，有关部、委直属研究单位招收 1710 人。7 月 22 日至 8 月 3 日，教育部在北京召开研究生培养工作会议，指明研究生教育的重要地位与作用。会议讨论并修订了《高等学校研究生培养工作暂行条例（草案）》《关于高等学校制订理工农医各专业研究生培养方案的几项原则规定（草案）》《关于高等学校研究生政治理论课的规定（草案）》《高等学校研究生外国语学习和考试的暂行规定（草案）》《关于高等学校研究生学籍处理问题的几项暂行规定（草案）》及《关于高等学校培养研究生的经费、人员编制和研究生的助学金及其他生活待遇问题的几点规定（草案）》等相关文件，初步完成了研究生教育的制度重建工作。②

1978 年 7 月，恢复招生后的首届研究生初试结束，全国报考者多达 5.72 万余人，是计划招生总数的 6 倍多。经过初试，各招生单位发现了不少成绩突出的优秀人才。如报考北京大学数学系群论专业的郑州铁路专科学校教员唐守文，初试基础课和专业课平均成绩达到 99.5 分（百分制）；报考北京大学中文系现代文学专业的贵州安顺地区师范学校教师钱理群，当时已围绕鲁迅研究撰写了 50 万字的文章，初试成绩也在报考该专业的考生中排名第一。③在参加中国科学院招生初试的 1.4 万多名考生中，有 2444 人取得复试资格，“有的人已写出质量较高的学术论文，不少人能熟练掌握两门以上的外语”。特别是一些年龄较小的考生取得了颇为优秀的成绩，如时年 19 岁的中国科学技术大学一年级新生徐佩、21 岁的北京医药公司化学试剂商店业务员于小康等人，在本专业初试中名列前茅。9 月，中国科学院系统的复试与录取工作全

① 《二十六个重点高校决定在港澳地区招收研究生》，《人民日报》1978 年 4 月 13 日。

② 参见吴镇柔等主编：《中华人民共和国研究生教育和学位制度史》，北京理工大学出版社 2001 年版，第 54—55 页。

③ 参见《全国招收研究生初试结束》，《人民日报》1978 年 7 月 16 日。

部完成。各研究所领导和老科学家分别担任主考，根据考生的政治表现、健康条件和初试、复试成绩，共同研究，择优选拔，“在德智体同样条件下，注意录取青年考生、少数民族和台湾省籍的考生”。中国科学院专门组成由副院长严济慈、副秘书长李苏负责的“录取审查小组”，逐个审批录取名单，最终确定录取1300余人。[①] 10月，中国社会科学院的复试与录取工作也宣告结束，根据“德智体全面衡量、择优录取，既破格发现人才又确保质量”的方针政策，全院106个专业共计录取400多人，并向各兄弟单位推荐调配了约60名考生。[②]

据统计，1978年度全国共有208所高校、162个研究机构招收研究生，共计录取10708人，[③] 超出招生计划指标达1722人。这些研究生的学制以三年为主，也有部分为两年或四年。当时的清华大学、北京钢铁学院、北京医学院、天津大学、南开大学、吉林大学、东北工学院、大连工学院、上海交通大学、华东水利学院、华中工学院、兰州大学、西安交通大学、四川大学、重庆大学等15所高校，同时招收有二年制、四年制研究生；北京工业大学、北京航空学院、北京外国语学院、北京中医学院、中国美术学院、中央工艺美术学院、天津医学院、山东师范学院、东北重型机械学院、东北林学院、哈尔滨工业大学、哈尔滨船舶工程学院、哈尔滨建筑工程学院、哈尔滨电工学院、大庆石油学院、上海师范大学、上海师范学院、浙江美术学院、厦门大学、福州大学、江西共产主义劳动大学、西北电讯工程学院、陕西艺术学院、青海师范学院、重庆建筑工程学院、成都中医学院、广西大学等27所高校，招收有二年制研究生。此外，值得一提的是，当年8月4日，教育部根据中共中央指示，在增派留学生名额的“通知”中，决定从本年录取的研究生中选拔出国研究生，主要学习理、工、农、医的有关专业。[④]

研究生教育制度的恢复，在当时被视为“教育战线上的一件大事”：“它

① 参见《科学院招收研究生初试结束》，《人民日报》1978年7月25日；《中国科学院今年研究生录取工作结束》，《人民日报》1978年9月21日。

② 参见《社会科学院招收研究生工作结束》，《人民日报》1978年10月7日。

③ 参见《我国学位和研究生教育大事记（1977—1983）》，《学位与研究生教育》1984年第1期。

④ 参见梁桂芝、孟汇丽：《中华人民共和国学位与研究生教育要事志（1949.10—1993.3）》，西安交通大学出版社1994年版，第191页。

对加速培养高水平的又红又专的建设人才，在本世纪内把我国建设成为现代化的社会主义强国具有重要意义。”[①] 恢复后的首届招生与录取工作，全程带有颇为鲜明的时代特征。首先，这是对我国教育和科技事业的拨乱反正。经过“文革”十年，我国科技与世界先进水平的差距不断拉大，研究生教育的恢复正是建设社会主义强国战略全局的重要组成部分，能够“繁荣和发展祖国科学事业”，加速培养“改变我国落后状态的骨干力量”。[②] 其次，这也是落实知识分子政策的具体表现。如针对贵州丹寨汞矿党委书记刘某某长期压制、打击助理技术员安裕国的事件，国家科委、冶金部、国家地质总局等单位组成联合调查组，深入该矿进行了认真细致的调查，由贵州省委作出严肃处理，撤销刘某某党内外职务，对安裕国的工作成绩和科研成果给予了充分肯定，破格提拔其为工程师，并选送为贵州工学院研究生。[③] 再如上海交通大学以“重在政治表现　坚持择英举贤”为原则，经深入调查研究和广泛听取意见，最终将一名“出身反动家庭，社会关系复杂，而本人政治表现较好、考试成绩优秀”的考生录取为本校应用数学专业研究生。[④] 最后，在公开、公平、公正的前提下，为“快出人才，早出成果”，并满足广大报考者的迫切要求，相关部门和高校及时调整相关政策和程序，逐步增加招生专业和录取名额，使我国研究生教育得以迅速恢复，招生规模达到了历史上的最好状态，并为改革开放后的继续发展奠定了良好的基础。

二、加速推进（1979—1980）

1978级研究生录取工作结束后，研究生教育顺应改革开放的时代潮流，沿着系统化、制度化的方向继续恢复与发展，主要表现为招生规模的扩大、培养机制的调整、管理体制的建立等方面。

1978年10月，中共中央转发国家科委党组提交的《1978—1985年全国科学技术发展规划纲要（草案）》，要求扩大研究生招生规模，中国科学院、高等学校特别是重点大学要逐步扩大招收研究生的比重，实现全国8年内共

① 梁桂芝、孟汇丽：《中华人民共和国学位与研究生教育要事志（1949.10—1993.3）》，西安交通大学出版社1994年版，第187页。

② 《从全局出发为国家选拔研究生》，《人民日报》1978年1月26日。

③ 参见《贵州省委严肃处理压制打击安裕国事件》，《人民日报》1978年10月10日。

④ 参见《重在政治表现　坚持择英举贤》，《人民日报》1978年10月31日。

培养研究生 8 万人的总目标。1979 年 1 月，教育部在河北省涿县召开 1979 年研究生招生工作座谈会，总结交流 1978 年招生工作的经验，讨论 1979 年招生工作安排。会议强调指出，为了顺利实现党的工作着重点的转移，加速社会主义现代化建设的步伐，“有条件的高等学校和研究机构一定要积极招收研究生，为国家培养数量更多、质量更高的各种专门人才”，同时要做到“确保质量，宁缺勿（毋）滥”。[①] 与上年度相比，招考方案在维持整体稳定的同时，也作了某些具体的调整：一是报考年龄限制在 35 岁以下；个别基础较好、有专业特长和一定科研能力者，可放宽到 38 岁。二是考生可填报相同专业、相近研究方向的两个招生单位。三是考试科目包括政治理论课、外语、基础课、专业基础课、专业课等五门，一律采用闭卷笔试，一般不再进行复试；招生单位如认为确有必要，可在笔试的基础上增加复试。

1979 年 5 月，由教育部、国家计委、国家科委、国务院科级干部局联合提交的《关于 1979 年研究生招生计划的请示报告》，于当月 23 日获得国务院批准，确定该年度全国共有 293 所高校和 200 多所科研机构可以招收研究生，共计划招生 22642 人，其中高校人数为 18947 人，占比达 83.7%。这个计划数字，在 1978 年实际招生数的基础上增加了一倍有余。之所以急剧扩大招生规模，重要的原因即为部分省、市、自治区下属的科研院所，一些军事院校和军事科学研究机构，以及其他部委下属高校，都相继获准招生，使参与招生的单位显著增加。如文化部于 1979 年 3 月决定中央音乐学院、上海音乐学院、中央戏剧学院、上海戏剧学院、中央美术学院、浙江美术学院、中央工艺美术学院等 7 所高等艺术院校开始招收研究生，“培养高水平的各种艺术专门人才”。[②]

根据 1978 年 10 月教育部公布的《全国重点高等学校暂行工作条例（试行草案）》（又称新《高教六十条》）中的相关规定，1979 年招收的研究生，其学制采用二年制、三年制、四年制并行；同时还招收在职研究生，在职研究生只限于招收本单位或本地区的人员。

三年制的研究生，既要完成课程学习任务，又要完成毕业论文；二年制的研究生，主要完成课程学习任务，并进行一定的科学研究能力的

① 《教育部召开研究生招生工作会议》，《人民日报》1979 年 2 月 17 日。

② 《今年七所高等艺术学院招收研究生》，《人民日报》1979 年 3 月 26 日。

> 训练；四年制的研究生，是根据国家需要和学校条件，从二年制毕业的研究生中，择优选拔，再培养两年，着重进行科学研究和写论文的工作。在职研究生的学习期限，一般为 3～5 年……通过规定的课程考试后，学校应该让他脱产一年，从事毕业论文的工作。①

按照中共中央的相关指示，教育部从 1979 年开始正式选派出国留学研究生，主要学习理、工、农、医等自然科学。派出国的研究生，在报考研究生中选拔。

1980 年度的招考方案没有大的变化，但明确规定“为了确保研究生的招生质量”，在校大学生（不含应届毕业生）不得报考，并且政治理论课、外语（英、俄、日语）由全国统一命题，其他外语语种以及基础课、专业基础课、专业课仍由各招生单位自行命题。② 在培养机制方面，也有一项重要的调整，即部分重点高校开始从二年制研究生中选拔四年制研究生。根据 1980 年 2 月教育部发布的相关文件，参与选拔的重点高校共有清华大学等 15 校（即 1978 年同时招收有二年制、四年制研究生的高校），选拔范围包括 42 所高校（即 1978 年招收有二年制研究生的高校）。选拔原则为“高标准、严要求，坚决贯彻德智体全面衡量，择优选拔，保证质量，宁缺毋滥”；选拔办法采取推荐与考试相结合的方式；培养目标主要是“在本门学科掌握坚实而宽广的基础理论、系统而深入的专业知识，具有独立进行科学研究和教学工作的能力，在科学或专门技术上能做出创造性的成果”。③

随着招生规模的扩大与培养机制的调整，相关管理体制也逐渐建立与明晰。1978 年 10 月，中国社会科学院研究生院、中国科学技术大学研究生院先后在北京正式成立。前者分设哲学、经济、工业经济、世界经济、文学、外国文学、历史、语言学、新闻、民族学、法学、世界宗教学等 12 个系，共有 106 个专业；④ 后者实际亦可视为中国科学院直属的研究生院，培养工作也是依托中国科学院下属各研究所合作完成。其培养方式以自学为主，最大限度

---

① 何东昌主编：《中华人民共和国重要教育文献（1949 年～1997 年）》，海南出版社 1998 年版，第 1643 页。

② 参见《今年招收研究生的有关问题》，《人民日报》1980 年 3 月 4 日。

③ 《中国教育年鉴》编辑部编：《中国教育年鉴（1949～1981）》，中国大百科全书出版社 1984 年版，第 919 页。

④ 参见《中国社会科学院研究生院正式成立》，《人民日报》1978 年 10 月 13 日。

地发挥研究生的钻研精神和创造才能："提倡各学科之间和学科内部开展百家争鸣，相互渗透；提倡不同观点、不同学派的科学家和教授自由讲学，以使研究生博学多闻，并有较高的独立思考和判断能力。"①

1979 年 8 月，为使研究生教育的管理体制获得进一步的完善，中共中央、国务院重新修订颁发《关于加强高等学校统一领导、分级管理的决定（试行草案）》——该文件曾于 1963 年 5 月颁发。依此文件精神，教育部负责确定研究生的招生单位名单、专业设置和招生计划，协助国家计委编制毕业研究生的分配计划；中央各相关部委，各省、市、自治区配合进行组织实施与督促检查；各招生单位由校（院、所）长或副校（院、所）长主管研究生工作，并设立相应的机构负责日常事务，主要职责包括研究制订本单位研究生工作的长远规划、年度招生计划，审定本单位各项相关规定，审核和批准本单位各专业培养方案、培养计划、研究生导师名单和研究生录取名单，处理研究生学籍问题等；各招生单位下属的系（所）、教研室乃至指导教师等，分别具有明确的培养职责与任务。以上述框架为基础，教育部及各相关部委，各省、市、自治区的教育厅（局）均先后设置了相应的主管机构或人员，很多招生单位也成立了研究生处（部）、研究生招生办公室等专门的管理机构。这些措施有效地提高了研究生教育的管理效率与水平，保障了招生和培养的质量，直接促进了研究生教育及其管理体制的恢复与重建。

1977 至 1980 年期间，在拨乱反正的历史背景下，研究生教育沿着"解放思想，实事求是"的思想路线，得到迅速恢复。仅就招生规模而言，1978 年突破 1 万人，而 1979 年和 1980 年分别只有 8110 人、3616 人，都没有达到预定的招生计划。这两年之所以持续递减，主要是由于经过 1978 年的报考热潮后，很多符合条件的考生都已被筛选录取，优质生源后继不足，为遵循"确保质量，宁缺毋滥"的选拔原则，招生规模有所减少。尽管如此，这三年内共计招收研究生 22434 人，已接近于 1949 至 1965 年的招生总数。与此同时，培养成效也得以初步展现。至 1980 年 1 月，中国科学院所属各招生单位招收的研究生中"不少人经过刻苦努力，显露了才华"，在各自研究领域中分别完成了高水平的学术论文。② 同年 2 月，中国科学院理论物理研究所任海沧等 4

① 《中国科技大学研究生院开学》，《人民日报》1978 年 10 月 16 日。

② 参见周长年：《科学院一批研究生初露才华》，《人民日报》1980 年 1 月 31 日。

名研究生，考取美国哥伦比亚大学物理系研究生；8 月，中国科学院研究生李克正又以资格考试第一名的成绩考入美国加州大学贝克莱分校，并获得了校方破格提供的奖学金；10 月，经知名旅美科学家李政道的发起倡议，美国哥伦比亚大学、哈佛大学、麻省理工学院等 58 所大学物理系联合在中国招收研究生，我国也相应成立了由严济慈、周培源等 25 位科学家组成的招考委员会，479 名考生参加考试，最终录取 132 人，其中 1978 级、1979 级研究生 40 人，占录取总数的 30.3%。①

第二节 研究生教育的制度重建（1981—1985）

经过三年多的恢复，自 1981 年起始，我国研究生教育事业进入了制度化、体系化、常规化的发展轨道。其中在制度重建方面，尤其是在学位制度、管理制度和分配制度等方面，我国在 1981 至 1985 年间不仅极大程度地进行了恢复和探索，而且结合世界各国研究生教育的经验和中国教育事业的实情进行了规范而系统的建构，从而为研究生教育事业的持续发展打下了坚实的基础。

一、学位制度的构建与完型

“文革”之前，我国曾先后两次尝试构建学位制度，均因政治大环境的影响而功亏一篑。中共十一届三中全会召开以后，邓小平多次提出要建立我国学位制度。1979 年 3 月，教育部、国务院科技干部管理局联合组成以蒋南翔为首的“学位小组”，在总结我国相关历史经验和借鉴国外学位制度的基础上，再次开始研究在我国建立学位制度问题。于是，“学位小组”结合当时高等教育发展现状，广泛征求各方意见，开始着手拟订《学位条例》草案。适值其时，邓小平多次发表讲话，强调并催促“要建立学位制度”。② 在当年 12 月，“学位小组”提出了《中华人民共和国学位条例（草案）》。该草案经全

① 参见《任海沧等考取美国哥大研究生》，《人民日报》1980 年 2 月 3 日；周郁夫：《美国加州大学破例录取的研究生》，《人民日报》1980 年 8 月 26 日；《132 名考生被推荐留学》，《人民日报》1980 年 11 月 28 日。

② 邓小平：《高级干部要带头发扬党的优良传统》，《邓小平文选》第二卷，人民出版社 1994 年版，第 224 页。

国人民代表大会常委会法制委员会全体会议讨论后，又进行了修改，再于1980年2月经国务院常务会议、五届全国人大常委会第十三次会议先后审议通过，并由叶剑英委员长发布命令，从1981年1月1日起正式施行。

按照《中华人民共和国学位条例》的规定，国务院学位委员会于1980年12月先行成立，以负责领导全国学位授予工作。国务院任命方毅为学位委员会主任委员，周扬、蒋南翔、武衡、钱三强为副主任委员，黄辛白为秘书长。学位委员会委员共41人（见“表6.2.1”）：

表6.2.1　国务院学位委员会第一届委员会全体成员名单*
（1980年12月1日国务院批准）

职　任	姓名	任职时间	全体委员名单
主任委员	方毅	1980.12—1983.1	方毅、胡乔木、周扬、蒋南翔、武衡、钱三强、何东昌、张光斗、于光远、王淦昌、石美鑫、冯至、冯康、冯德培、白寿彝、朱云谦、华罗庚、孙俊人、苏步青、李国豪、严济慈、沈元、何康、吕叔湘、张文佑、张文奇、张友渔、张维、季羡林、周培源、周惠久、金善宝、侯祥麟、费孝通、夏鼐、高景德、唐敖庆、钱信忠、钱学森、陶亨咸、黄辛白、黄家驷、黄葳、梅益
主任委员（续）	胡乔木	1983.2—1988.9	
副主任委员	周扬	1980.12—1983.1	
副主任委员	蒋南翔	1980.12—1983.1	
副主任委员	武衡	1980.12—1988.9	
副主任委员	钱三强	1980.12—1988.9	
副主任委员（续）	何东昌	1983.2—1988.9	
副主任委员（续）	张光斗	1983.2—1988.9	
秘书长	黄辛白	1980.12—1988.9	

*资料来源于梁桂芝、孟汇丽：《中华人民共和国学位与研究生教育要事志（1949.10—1993.3）》，西安交通大学出版社1994年版，第434页。注：其中主任委员方毅于1983年2月由胡乔木替下，副主任委员周扬、蒋南翔于1983年2月由何东昌、张光斗替下，委员41人维持总数不变。

1980年12月15至18日，经国务院批准，学位委员会第一次（扩大）会议在北京举行。会议讨论了《中华人民共和国学位条例暂行实施办法》和《国务院学位委员会关于审定学位授予单位的原则和办法》。会议还研究了1981年实施学位条例的工作部署，讨论了1981年学位授予工作的重点是硕士学位的授予。按《中华人民共和国学位条例暂行实施办法》第二条规定，“学位按下列学科的门类授予：哲学、经济学、法学、教育学、文学、历史学、理学、工学、农学、医学。”① 据此按照10个学科设立学科评议组，负责全国学位授予单位的审定工作。会后，学位委员会于1981年2月24日向国务院提交了关于本次会议的报告。与之同时，《中华人民共和国学位条例暂行实施办法》报国务院批准后于1981年公布并施行，《关于审定学位授予单位的原则和办法》亦报国务院备案后下达。由是，系统的学位制度得到了初步构建，并与研究生教育紧密结合起来。现将其时学位制度的构建，择其要点简述于次：

第三条　学位分学士、硕士、博士三级。

…………

第五条　高等学校和科学研究机构的研究生，或具有研究生毕业同等学力的人员，通过硕士学位的课程考试和论文答辩，成绩合格，达到下述学术水平者，授予硕士学位：

（一）在本门学科上掌握坚实的基础理论和系统的专门知识；

（二）具有从事科学研究工作或独立担负专门技术工作的能力。

第六条　高等学校和科学研究机构的研究生，或具有研究生毕业同等学力的人员，通过博士学位的课程考试和论文答辩，成绩合格，达到下述学术水平者，授予博士学位：

（一）在本门学科上掌握坚实宽广的基础理论和系统深入的专门知识；

（二）具有独立从事科学研究工作的能力；

（三）在科学或专门技术上做出创造性的成果。

第七条　国务院设立学位委员会，负责领导全国学位授予工作……

第八条　……硕士学位、博士学位，由国务院授权的高等学校和科学研究机构授予。

授予学位的高等学校和科学研究机构（以下简称学位授予单位）及其可以授予学位的学科名单，由国务院学位委员会提出，经国务院批准

① 国务院法制办公室编：《中华人民共和国法律法规全书》（行政法卷），中国法制出版社2014年版，第872页。

公布。

…………

第十条 学位论文答辩委员会负责审查硕士和博士学位论文、组织答辩，就是否授予硕士学位或博士学位作出决议。决议以不记名投票方式，经全体成员三分之二以上通过，报学位评定委员会。

学位评定委员会负责审查通过学士学位获得者的名单；负责对学位论文答辩委员会报请授予硕士学位或博士学位的决议，作出是否批准的决定。决定以不记名投票方式，经全体成员过半数通过。决定授予硕士学位或博士学位的名单，报国务院学位委员会备案。

…………

第十二条 非学位授予单位应届毕业的研究生，由原单位推荐，可以就近向学位授予单位申请学位。经学位授予单位审查同意，通过论文答辩，达到本条例规定的学术水平者，授予相应的学位。

第十三条 对于在科学或专门技术上有重要的著作、发明、发现或发展者，经有关专家推荐，学位授予单位同意，可以免除考试，直接参加博士学位论文答辩。对于通过论文答辩者，授予博士学位。

第十四条 对于国内外卓越的学者或著名的社会活动家，经学位授予单位提名，国务院学位委员会批准，可以授予名誉博士学位。

第十五条 在我国学习的外国留学生和从事研究工作的外国学者，可以向学位授予单位申请学位。对于具有本条例规定的学术水平者，授予相应的学位。①

此外，《中华人民共和国学位条例》及《中华人民共和国学位条例暂行实施办法》还对硕士和博士学位的课程考试要求、申请条件、学位评定委员会的人员构成和职责权限等事项，分别给予了具体的规定和说明，从而加强了研究生日常培养与学位制度的内在衔接；尤其是学科评议组的设立，有力地推动了学位制度体系的构建与完善，并切实保障和提高了研究生教育的培养成效。作为国务院学位委员会领导下的学术工作组织，经过 1981 年 6 月 12 日在北京举行的国务院学位委员会第二次会议的讨论和研究，首届学科评议

---

① 国务院法制办公室编：《中华人民共和国法律法规全书》（行政法卷），中国法制出版社 2014 年版，第 871—872 页。

组正式成立，并确定了在学位委员会领导下的工作任务。其时按授予学位的10个学科门类共设立44个学科评议分组，主要职责包括评议和审核各学位授予单位及其学科、专业的整体条件；检查和指导各单位学位授予标准、学科专业目录、研究生培养规格与质量，对不能保证培养水平的单位及学科、专业，可建议国务院学位委员会停止或撤销其学位授予资格。这些措施虽以学位制度为中心，实际也贯穿于研究生培养的全程，能够督促和引导各培养单位重视和提高研究生的培养质量。现将首届学科评议组即10大学科门类及其成员人数列示如下（见“表6.2.2”）。

表6.2.2 国务院学位委员会第一届学科评议组各学科门类及成员人数表*

学科组	人数	学科组	人数	学科组	人数	学科组	人数	学科组	人数
哲学	12	法学	17	文学	34	理学	85	农学	47
经济学	14	教育学	11	历史学	14	工学	155	医学	47

*资料来源于梁桂芝、孟汇丽：《中华人民共和国学位与研究生教育要事志（1949.10—1993.3）》，西安交通大学出版社1994年版，第210—211页。值得说明的是，在后来具体的实行过程中，除法学组17人未有变动外，其他各组成员均因某些缘故（如年高病故等）而有改异。

首届学科评议组成立后，随即围绕学位制度建设加紧展开了评议与审核工作。1981年4月以来，按照国务院学位委员会的统一部署，其时国务院50个部委和中国人民解放军学位领导小组，对所属的高校及相关科研机构申报的博士、硕士学位授予单位及其学科、专业进行了初审。在此基础上，当年7月26日至8月2日，国务院学位委员会在北京召开学科评议组第一次会议，讨论并通过了《高等学校和科研机构授予博士和硕士学位的学科、专业目录（草案）》（征求意见稿），其中设置一级学科60个，专业（二级学科）666个。该“征求意见稿”经修改后，于1983年3月15日正式公布实行，调整为一级学科63个，专业638个。1985年4月，国务院学位委员会批准增设军事学门类，下设1个一级学科——军事学，9个专业①。至此，我国学位体系

① 军事学下9个专业，即军事思想、战略学、战役学、战术学、战争动员学、军制学、军队指挥学、军队政治工作学和军事后勤学。（参见梁桂芝、孟汇丽：《中华人民共和国学位与研究生教育要事志（1949.10—1993.3）》，西安交通大学出版社1994年版，第250页。）

已包括11个门类，64个一级学科，647个专业。

首届学科评议组第一次会议期间，还按照《关于审定学位授予单位的原则和办法》，以无记名投票方式，初步评审和拟订了首批博士、硕士学位授予单位（包括高等学校和科研机构）及其学科、专业名单，经1981年10月国务院学位委员会讨论通过，11月3日由国务院正式批准。首批博士学位授予单位为151个，学科、专业点812个，博士生指导教师1155人；硕士学位授予单位为358个，学科、专业点3185个。1983年9月，首届学科评议组召开第二次会议，又审核和制订了第二批博士、硕士学位授予单位及其学科、专业名单，经国务院学位委员会讨论通过后，于1984年1月13日经国务院批准后下发。其时增列有博士学位授予单位45个，学科、专业点316个，指导教师601人；硕士学位授予单位67个，学科、专业点1052个。需要补充说明的是，正是在学科评议组的第二次会议上，决定增设军事学学位，并决定从1984年起开展授予具有研究生毕业同等学力的在职人员硕士、博士学位的试点工作。①

与研究生教育的学位制度建设以及博士、硕士两级学位的学科及专业点审定和增设工作相应，一些用来辅助或配套的工作亦在同步进行。

一是对学位授予单位的要求。在学科评议组第一次会议上，国务院学位委员会办公室（以下简称“国务院学位办”）提交会议讨论的文件中，除了《高等学校和科研机构授予博士学位、硕士学位的学科、专业目录（草案）》外，还有《关于审核首批文科博士学位和硕士学位授予单位工作的几点意见》和《关于审核首批理工农医科博士学位和硕士学位授予单位工作的几点意见》，它们根据不同学科的特点及其人才培养的不同要求，提出了相应的审核原则和条件标准。1981年10月8日，国务院学位委员会在北京举行第三次会议时，通过了《学科评议组试行组织章程》。该章程共10条，规定了学科评议组的主要任务、聘任成员的条件及任期、评议分组的工作方式等。此次会议还确定了我国的博士、硕士学位的证书格式。1982年4月19日，国务院学位委员会即通过发布《关于颁发硕士学位和博士学位证书的通知》，强调并说明了硕士学位和博士学位证书由国务院学位办统一印制、由学位授予单位

① 参见梁桂芝、孟汇丽：《中华人民共和国学位与研究生教育要事志（1949.10—1993.3）》，西安交通大学出版社1994年版，第213页、第233—234页。

颁发。

二是对相关人员授予学位的说明。1981年12月，国务院学位委员会发出《关于无权授予学位的学科、专业应届毕业研究生申请硕士学位问题的通知》，规定高等学校和科研机构可以推荐其无权授予学位的学科、专业中确实具有硕士学位学术水平的应届毕业研究生申请学位，各学位授予单位要把接受这些单位推荐的应届毕业研究生的学位申请，作为自己的一项职责。1982年4月，国务院学位委员会又就教育部、中国科学院关于1978年、1979年招收的研究生中个别人达到博士学位的学术水平可否授予博士学位的问题予以答复，允许这类研究生进行博士学位课程考试和论文答辩，合格者授予博士学位，并指出此项工作带有试点性质，故须经博士学位授予单位的主管部门批准，报国务院学位委员会备案。

三是名誉博士学位授予及博士后问题。1983年3月15日召开的国务院学位委员会第四次会议，除了审议进行第二批博士和硕士学位授予单位审核工作的文件，以及通过学科评议组增补成员及临时约请专家名单外，还决定依据《中华人民共和国学位条例》"对于国内外卓越的学者或著名的社会活动家，经学位授予单位提名，国务院学位委员会批准，可以授予名誉博士学位"① 的规定，正式开展名誉博士学位授予工作。随着博士生的培养及其学位授予工作的深入开展，1985年7月5日，国务院批转国家科委、教育部、中国科学院《关于试办博士后科研流动站的报告》，决定试办博士后科研流动站，试行博士后研究制度。《关于试办博士后科研流动站的报告》还提出，1985年和1986年两年间，我国招收博士后研究人员250人，并决定成立全国博士后科研流动站管理协调委员会，其办事机构设在国家科委（1988年起改设在人事部）。1985年10月18日，该管理组织即批转经专家组评审的我国首批建站单位73个，建立102个博士后科研流动站，其中高校36所、建站66个，其名单随之于11月23日公布。

要言之，学位制度的构建与实施，以及学科专业目录、学位授予单位的审定与增加，为研究生教育的发展提供了明确的制度依据、切实的政策保障和良好的培养平台，从而直接促进了研究生培养体系的充实与发展。

---

① 梁桂芝、孟汇丽：《中华人民共和国学位与研究生教育要事志（1949.10—1993.3）》，西安交通大学出版社1994年版，第213页、第200页。

二、 管理制度的重建与完善

中国研究生教育自 1977 年恢复以来，相关管理体制随之得以重建与完善，主要表现为行政主管机构的明确与职能的健全，学位管理体系的构建与实施，以及研究生院的试点开办。

研究生教育恢复以后，基本沿用了此前的统一领导、分级管理体制。根据 1979 年 9 月重新颁布的中共中央、国务院《关于加强高等学校统一领导、分级管理的决定》（曾于 1963 年 5 月颁行），高等学校实行中央统一领导，中央、省（自治区、直辖市）两级管理的体制。作为中央教育行政部门，教育部负责对全国高等教育包括研究生教育的统一领导，其中有关研究生教育的具体职责包括：确定招收研究生的高等学校名单、专业和招生计划，对高等学校的研究生培养工作实行统一管理，协助国家计委编制高等学校毕业研究生的分配计划，等等。除高等学校外，中国科学院、中国社会科学院、国务院其他部委及地方政府下属科研机构，也可以招收研究生，但所有招生与考试工作均由教育部统一组织，教育部高等教育司下属的研究生处则负责对研究生的培养工作进行具体指导。

1982 年 8 月 16 日，国务院正式批准教育部设立研究生司，负责全国的研究生教育管理工作。研究生司与国务院学位办合署办公。自后，教育部及其研究生司便成为全国研究生教育工作的统一领导与管理部门。中央各相关部门也有各自的管理机构，如司法部教育司、中国人民银行总行教育司、最高人民法院教育厅、最高人民检察院干部教育局等，负责对本系统招收的研究生进行对口管理，并配合教育部研究生司的统一领导。1985 年 6 月 18 日，六届全国人大常委会第十一次会议决定撤销教育部，改设国家教育委员会（以下简称“国家教委”），教育部研究生司相应更名为国家教委研究生司。

我国正式建立与实施学位制度后，学位管理体系相应获得构建与完善。严格地说，学位管理与研究生教育管理的内涵不完全相同，是两套并行的制度体系，但因为学位制度是新时期发展研究生教育的基本依据，因此对于研究生教育来说，学位管理体系实际也有着极为重要的作用与意义。1980 年 12 月，国务院学位委员会宣告成立，“负责领导全国学位授予工作”。① 其日常办

① 梁桂芝、孟汇丽：《中华人民共和国学位与研究生教育要事志（1949.10—1993.3）》，西安交通大学出版社 1994 年版，第 206 页。

事机构为国务院学位办，设于教育部内。教育部研究生司设立后，与国务院学位办合署办公，“两块牌子，一套班子”。国务院学位委员会设主任委员一名，副主任委员、委员各若干名，均由国务院直接任命。作为国务院学位委员会领导下的学术性工作组织，学科评议组按照授予学位的不同学科门类设立，由各学科知名专家组成。学科评议组的主要工作任务为：评议和审核博士、硕士学位授予单位，协助制定贯彻实施《中华人民共和国学位条例》的规章办法，以及审议有关授予博士、硕士学位的争议事项等。为了规范学科评议组的工作职责及其成员聘用，1981 年 10 月 8 日，国务院学位委员会第三次会议还讨论并出台了《学科评议组试行组织章程》（10 条）。学科评议组分设不久，中国科学院、中国社会科学院、中央相关部委也相继成立了本系统的学位管理机构，包括学位委员会、学位领导小组等，并在国务院学位委员会及其办公室的指导下开展管理工作。按照《中华人民共和国学位条例》的规定，各学位授予单位应设立学位评定委员会，“组成人员名单由学位授予单位确定”，报主管部门批准，并由国务院学位委员会“备案”。①

研究生教育制度恢复后，为了加强研究生教育的管理，1978 年 8 月教育部在河北涿县召开的直属重点高校座谈会上，就讨论了在今后若干年内“举办研究生院”的事宜。当年 10 月，经中共中央批准，中国科学技术大学率先在北京成立研究生院，但该院实际直属于中国科学院管理，而且仅为个案性质。1980 年 12 月教育部在天津召开全国教育工作会议，再次强调要求有条件的重点大学，“可以建立研究生院”，“使他们真正成为既是教育中心，又是科学研究中心”。② 有此舆论和工作基础，1982 年 11 月，五届人大五次会议通过的“六五”计划，直接提出了高等学校“要试办研究生院”。经过一年半的研究及准备，教育部于 1984 年 5 月向国务院呈交了《关于在部分全国重点高等院校试办研究生院的请示报告》及其实施意见。同年 8 月，国务院正式批准北京大学、清华大学、中国人民大学、北京航空学院、北京工业学院、北京钢铁学院、北京师范大学、北京农业大学、北京医学院、南开大学、天津

① 国务院法制办公室编：《中华人民共和国法律法规全书》（行政法卷），中国法制出版社 2014 年版，第 871 页。

② 梁桂芝、孟汇丽：《中华人民共和国学位与研究生教育要事志（1949.10—1993.3）》，西安交通大学出版社 1994 年版，第 205 页。

大学、吉林大学、哈尔滨工业大学、复旦大学、上海交通大学、上海第一医学院、南京大学、浙江大学、武汉大学、华中工学院、西安交通大学、国防科技大学等 22 所高校试办研究生院。1986 年 4 月，国务院又批准了中山大学、厦门大学、华东师范大学、同济大学、大连工学院、东北工学院、南京工学院、武汉地质学院、西北工业大学、中国协和医科大学等 10 所高校试办研究生院，加上原有的中国科技大学研究生院，此时我国已办有研究生院 33 所。另外，中国社会科学院亦有自己的研究生院。

作为各相关高校下设的研究生教学和行政管理机构，研究生院具有相对独立的管理职能，试点开办的目的是为了积极探索研究生教育的改革途径，加快改革步伐。1984 年 6 月教育部于北京召开的试办研究生院座谈会议，与会者讨论了研究生院的建院体制、组织机构、发展规划等问题。1985 年 3 月中旬（14—18 日），教育部在杭州召开 22 校研究生院院长座谈会，进一步明确了研究生院的工作“是在校（院）长领导下，具有独立领导职能的教学和行政管理机构”，其工作重点“应放在提高研究生的培养质量上，特别是要着重抓好博士生的培养工作”。① 1986 年 3 月之前，试办研究生院的申请直接由国务院审批，此后由国家教委（教育部）负责审批。1985 年 9 月，国家教委、国务院学位委员会还曾严肃指出：“凡不具备条件和未经规定的审批手续成立的研究生院一概不予承认，其所培养的学生不能取得研究生学籍和学历证明，不能享受研究生待遇。”② 就事业的发展而论，研究生院的成立及其机构建置，“是我国研究生教育的一项重要改革，是我国高等教育发展史上的一件大事”。③

三、 分配制度的制定与实施

关于研究生的毕业分配及其待遇，早在 1977 年 10 月 12 日国务院批转教育部《关于高等学校招收研究生的意见》中，就对研究生的分配和待遇作出了规定。其实，在改革开放初期，研究生分配制度仍带有典型的计划经济色彩，全部由国家统一分配工作岗位。1980 年底，1978 年招收的二年制硕士生

---

① 梁桂芝、孟汇丽：《中华人民共和国学位与研究生教育要事志（1949.10—1993.3）》，西安交通大学出版社 1994 年版，第 249 页。

② 《我国学位和研究生教育大事记（续）》，《学位与研究生教育》1986 年第 2 期。

③ 梁桂芝、孟汇丽：《中华人民共和国学位与研究生教育要事志（1949.10—1993.3）》，西安交通大学出版社 1994 年版，第 241 页。

大部分完成学业，即将面临毕业分配。当时确定的分配办法，即是试行“国家直接分配，业务部门分配和地方分配相结合的体制”[①]。其时国务院批复国家计委、教育部、国家人事局、国务院科技干部局联合提交的《关于1981年度毕业研究生和大专毕业生分配问题的请示报告》，对这种毕业研究生分配工作体制进行了说明。至1981年4月，已有2000余名毕业研究生走上工作岗位，整体的分配原则为“根据国家的需要”及“学以致用、人尽其才”，分配重点则是“充实高等学校的师资和加强承担国家重点任务的科研队伍，同时兼顾其他方面的特殊需要”。[②] 至于其时研究生毕业参加工作后的工资待遇，在1980年5月14日国务院批转民政部、国家劳动总局、财政部、教育部《关于普通高等学校毕业生工资待遇问题的请示报告》中就有所规定，即1977年以后招收的研究生毕业后的工资待遇，“仍按1957年和1958年的两个文件的规定执行”：“以六类工资区为例，研究生见习期临时工资为57.5元，一年见习期满经考核评级”，可定为“行政21级”或“技术12级”。至于恢复研究生教育后国家规定的“四年制研究生”，“其毕业后的工资待遇待研究”。[③]

1982年4月，为了加强研究生毕业分配方面的工作，国务院组织有关部委召开毕业生分配工作会议，决定成立毕业生分配领导小组，具体由国家计委负责制定包括毕业研究生在内的分配计划，教育部负责制定调配计划和对实习期间分配不当的工作进行调整，劳动人事部负责毕业研究生等转正后使用不当的调整和管理工作。同年6月，国务院批准国家计委、教育部等《关于1982年全国毕业研究生和高等学校毕业生分配问题的报告》，要求该年度毕业研究生的分配，要继续加强高等学校师资和承担重点科研任务的单位，并兼顾设计、生产和其他方面的需要；重点安排能源、轻纺、交通、建材、财贸、政法等方面的岗位；对原选送省、市、自治区和部门的需要，也作适当照顾。其具体分配过程，根据研究生所学专业一般比较专深、各业务部门培养的研究生多数专业的针对性又较强的特点，先由培养单位征求有关方面和指导教师的意见，提出分配建议，经主管部门审查汇总后，拟出初步分配

① 国家高级教育行政学院编著：《新中国教育行政管理五十年》，人民教育出版社1999年版，第79页。

② 《两千多研究生陆续走上工作岗位》，《人民日报》1981年4月10日。

③ 梁桂芝、孟汇丽：《中华人民共和国学位与研究生教育要事志（1949.10—1993.3）》，西安交通大学出版社1994年版，第203页。

方案，国家计委、教育部、劳动人事部在此基础上进行综合平衡，编制出全国的分配计划。最终结果是1982年全国共有毕业研究生6200多人，其中分配进中央部门及其所属单位3800多人，分配到地方部门及其所属单位2400多人。由于当时“各方面提出要求分配研究生约两万人”，毕业研究生远远供不应求。①

1982年11月，教育部、劳动人事部、中国科学院、中国社会科学院联合发布《获得硕士、博士学位研究生确定职称暂行办法》，规定：获得硕士学位的研究生经过一定时期的工作实践，按有关职称规定进行考核，可确定讲师、助理研究员、工程师、农艺师等职称；获得博士学位的研究生一般可直接确定讲师、助理研究员、工程师、农艺师等职称。入学前已取得讲师、助理研究员等相应职称的博士学位获得者，经过一定时期的工作实践和考核后，可确定副教授、副研究员、高级工程师、高级农艺师等职称。在国外获得硕士、博士学位和相当于硕士、博士学位的研究生，其中回国工作者可参照前述规定确定职称。

1983年7月14日，国务院批转了国家计委、教育部、劳动人事部《关于1983年全国毕业研究生和高等学校毕业生分配问题的报告》，随之在15日教育部又专门发出《1983年毕业研究生调配派遣注意事项》。这些文件继续强调毕业研究生“由国家统一分配”，“切实执行国务院批准的毕业研究生分配计划”，并要求毕业研究生到达工作岗位后，除有一年以上工龄者外，应实行“见习试用一年”的制度；② 同时强调：“要教育毕业生树立远大的抱负和理想，号召他们服从国家分配。对极少数经过说服教育仍拒不服从分配的毕业生，要执行纪律，按照规定处理。”③

1984年，研究生的毕业分配制度开始有所变化。5月21日教育部、劳动人事部联合发布经国务院批准的《关于攻读硕士、博士学位研究生毕业分配工作后工资待遇问题的通知》，对获得硕士、博士学位的研究生，毕业分配工作后“不实行见习期，直接实行定级工资”：

---

① 参见梁桂芝、孟汇丽：《中华人民共和国学位与研究生教育要事志（1949.10—1993.3）》，西安交通大学出版社1994年版，第221页。

② 中央民族学院科学研究处：《科研工作文件汇编》第二辑，中央民族学院科学研究处1983年印行，第140—143页。

③《大学毕业生要自觉服从国家需要》，《人民日报》1983年7月16日。

二、获得硕士、博士学位的研究生，毕业分配后，无论做什么工作，其工资待遇均按附表所列定级工资标准执行。即：获得硕士学位的定为行政二十一级（六类工资区六十二元），获得博士学位的定为行政十九级（六类工资区七十八元）。

…………

三、攻读硕士、博士学位的研究生，无论是否获得学位，他们毕业分配工作后的工资，都从他们向工作单位报到之日起计算。凡是在上半月报到的，发给全月工资；在下半月报到的，发给半月工资。如果当月已在原单位领取了工资或已在学校领取了助学金的，应将此款扣除。

四、派往国外学习人员获得学位回国分配工作后的工资待遇（含已回国人员），与在国内学习获得同等学位人员同等对待。①

根据1984年度的分配报告，该年度全国共毕业研究生11000多人，“分配给中央部门及其所属企事业单位和解放军系统共八千多人，分配给省、自治区、直辖市二千多人，毕业生中约有70％到高等学校充实师资队伍”，其次是加强重点科研机构的力量并兼顾其他方面的急需。报告还要求，必须“严格按国务院批准的计划调配派遣，有关单位不得以任何借口不执行计划或冲击计划，以确保分配给重点建设单位和边远地区的名额”；并且指出当时的毕业分配“还存在培养单位自留的人数偏多，部门之间、培养单位之间交流毕业生不够，能源、交通等部门和边远省、自治区分配的人数少等不足之处”。所有这些都说明，“分配体制还有缺陷，需要改革”，“还需要加强计划指导”。②

基于上述情形，1985年3月，教育部发布《上海交通大学、清华大学1985年毕业生分配改革试行办法》。其中于毕业研究生的分配确定为在国家分配方针和原则指导下，“试行”“招聘、推荐与考核录用相结合”的办法，所有毕业研究生的分配均采用如是路径：“张榜招贤，学生报名，学校推荐，单位考核”。③ 有此试点工作及其“经验”为基础，当年10月10日，国家教委、国家计委联合发出了《关于高等学校毕业生分配工作统由国家教育委员会主

---

① 上海市高等教育局科研处、上海市高等学校招生委员会办公室编：《研究生工作文件选编》，上海市高等学校招生委员会办公室1988年印行，第300—301页。

② 《研究生调配派遣要按计划保重点》，《人民日报》1984年10月3日。

③ 梁桂芝、孟汇丽：《中华人民共和国学位与研究生教育要事志（1949.10—1993.3）》，西安交通大学出版社1994年版，第249—250页。

管的通知》。该文件说明，经国务院批准，决定从 1986 年起，原由国家计委主管的毕业研究生分配计划的编制工作，“移交国家教委统一主管”。①

第三节　研究生教育的初步发展（1981—1985）

1981 至 1985 年，以《中华人民共和国学位条例》的颁布与实施为指引，我国研究生教育培养体系获得了进一步的发展与充实，其主要表现为培养规模的扩大、培养类型的拓展、培养层次的提升、学位授予的施行等方面。

一、培养规模的扩大

前文已述，研究生教育自恢复招生以来，由于社会对知识人才的急需，是故“行情”一直看好：1978 年，先是教育部于 9 月 19 日发出《关于高等学校理工科教学工作若干问题的意见》，提出允许理工科本科生中优秀者提前毕业或报考研究生；继之中共中央于 10 月 9 日转发国家科委党组提出的《1978—1985 年全国科学技术发展规划纲要（草案）》，提出中国科学院、高等学校尤其重点大学，要逐步扩大研究生的比重，并将研究生培养目标定为 8 年内培养 8 万人。1979 年和 1980 年间，教育部就工科、理科、哲学社会科学以及高等财经院校、艺术院校和高等医学教育等加强研究生的招收和培养工作，分别先后召开或与有关政府机构联合召开会议，进行积极讨论和组织动员。

随着形势的发展，1981 年 5 月，教育部在北京召开全国研究生招生工作座谈会，确定该年度招考国内攻读硕士学位的研究生 10000 人、出国预备研究生 1500 人。招考对象主要是高校本科毕业生（含 1982 年春季毕业者），同等学力的在职人员必须经过严格审核才能报考，而且必须通过复试后再决定是否录取。所有专业的考试要求也更为严格，“对考生的基础理论和专业知识要进行全面考核”，“一律不指定参考书目和考试范围”，各门课程的成绩原则上均要在 60 分以上。招生单位“根据德、智、体全面衡量，择优录取，确保质量，宁缺毋滥”的原则，“既要看业务水平，更要看政治态度；既要考虑政

① 张晋藩、海威、初尊贤主编：《中华人民共和国国史大辞典》，黑龙江人民出版社 1992 年版，第 1050 页。

治、业务，也要注意身体健康；既要以考试成绩为主，也要参照平时成绩和表现……不可偏废”。[①] 尽管1981年度实际录取国内硕士研究生9363人、出国预备研究生1100人，均未达到原定录取计划，但切实体现了“确保质量，宁缺毋滥”的原则。

1981年12月，教育部发出《关于1982年攻读硕士学位研究生招生计划制定的原则》，确定1982年计划招收攻读硕士学位研究生的人数按11000人进行安排[②]，但后来实际录取10778人。1982年9月，教育部在烟台召开1983年度招生工作会，确定招收国内攻读硕士学位的研究生14000人，出国预备研究生1000人。[③] 次月，教育部发布相关通知，指出要从具有实际工作经验，特别是具有专业实际工作经验的在职人员中选拔硕士生，提高招生和培养质量。因为放宽了在职人员的报考限制，生源总量有所增加，故而1983年实际录取硕士生15470人，乃自1979年以来首次超过预定录取计划。

1983年8月，教育部在哈尔滨召开1984年度全国攻读硕士学位研究生招生工作会，确定招收硕士研究生21000名。会议还提出此后的研招工作将进行四方面的改革：一是动员有实践经验的在职人员报考研究生，并逐年提高比例；二是从1984年起招收委托培养硕士研究生，以满足经济建设的需要；三是试办二年制的研究生班，入班者在校只完成硕士生课程学习，学位论文的写作在实际工作中去完成；四是招生考试环节增加“综合考试”和“复试”，“以更好地保证录取质量”。[④] 这些措施都在教育部随后于9月22日发布的《关于做好1984年招收攻读硕士学位研究生工作的通知》中得到了具体的落实，如报考在职研究生的年龄限制可放宽到37岁，“在考试成绩、录取条件相同的情况下，应予优先录取”。该文件还规定从1984年起，各高校可推荐优秀应届毕业生报考，经招生单位审查后，可只参加初试，免于复试。“今后，招收硕士生，将逐步走向考试和推荐相结合的方式”。[⑤] 由于加大了对在职人员报考的鼓励力度，并且新增了委托培养、研究生班两种招生类型，

---

① 《今年招收国内研究生一万名　出国预备研究生一千五百名》；智洁文、杨建业：《今年招收研究生的新规定》，《人民日报》1981年6月16日。

② 《今年招收国内研究生1.1万人》，《人民日报》1982年1月10日。

③ 《我国明年招收一万五千名研究生》，《人民日报》1982年11月1日。

④ 《明年招收博士生一千名硕士生两万名》，《人民日报》1983年9月1日。

⑤ 《做好明年招收硕士研究生工作》，《人民日报》1983年9月29日。

1984年实际录取硕士研究生22921人（含委托培养1901人、研究生班1324人），较上年度增长了48%。其中在职人员为8953人，约占录取总数的39%。①

至于1985年度的招生计划，早在1982年12月五届人大五次会议批准的“六五”计划中就已预定为2万人。随着形势的变化，这一指标已不能满足实际需求，于是1984年9月教育部在成都召开1985年度攻读硕士学位研究生招生工作会议时，确定招收硕士研究生34500人（其中研究生班5000人）。1985年7月，该年度招生录取工作结束，实际录取43416人（含委托培养7880人、研究生班6258人），较上年度激增近90%。其中在职人员为20003人，约占录取总数的46%。该年度还首次实行推荐应届本科毕业生免试制度，有3300多名优秀应届本科毕业生经推荐被免试录取为硕士研究生。②

1981至1985年，硕士研究生录取人数在既有的基础上持续增加，但在培养规模不断扩大的同时，也随之出现了培养条件和培养质量无法充分保障等问题，为此后招生计划的适当控制与压缩埋下了伏笔。

表6.3.1　1978—1985年我国硕士研究生录取人数简表*

年度	1978年	1979年	1980年	1981年	1982年	1983年	1984年	1985年
录取人数	10708	8110	3616	9363	10778	15470	22921	43416

*资料来源：根据《我国学位和研究生教育大事记》（1977—1985年）及吴镇柔等主编的《中华人民共和国研究生教育和学位制度史》（北京理工大学出版社2001年版）第54页相关数据整理。注：梁桂芝、孟汇丽所编《中华人民共和国学位与研究生教育要事志（1949.10—1993.3）》（西安交通大学出版社1994年版）一书“附录一”的“表11”所列1984年和1985年数据分别为22689人和44238人。特此说明以备查。

二、培养类型的拓展

随着改革开放的力度进一步加大，为了较好地适应经济与社会全面发展对各类高层次专门人才的迫切需求，这一阶段研究生教育培养类型得到不断拓展。在硕士生层次，主要表现为先后增加了出国预备研究生、研究生班、

① 《我国学位和研究生教育大事记（续）》，《学位与研究生教育》1985年第1期。
② 《我国学位和研究生教育大事记（续）》，《学位与研究生教育》1986年第2期。

委托培养硕士生、工程类型硕士生、在职人员以同等学力申请学位等类型。

（一）出国预备研究生

1978 年 8 月，教育部根据中共中央指示发出通知，是年选派出国留学生中就包括研究生名额，且出国研究生主要学习理、工、农、医等有关专业。1979 年，同上年度一样，派出国的研究生仍在报考研究生中选拔。从 1981 年起，我国开始系统地选拔和培养出国预备研究生，该年 5 月出台的年度招生方案即列有 1500 人的计划指标。教育部在随后发布的相关规定中表示，出国预备研究生由少数全国重点高校和研究机构代为选拔。其考试科目和试题，与代选单位招考国内研究生相同，但对外语成绩的要求更为严格。此类研究生出国前的预备期为一至两年，主要进行实际的研究工作。预备期满后，一般还要参加留学接受国的相关考试，落选者转为代选单位的硕士研究生。1981 年 12 月 7 日，教育部发出《关于 1982 年出国预备研究生招生计划的通知》，其中提出，经国务院批准，1982 年计划选拔 1300 名研究生赴外深造，攻读学位。同月 24 日，教育部还发出《关于做好 1982 年招收国内攻读硕士学位研究生和出国预备研究生工作的通知》。自是出国预备研究生的选派及其管理工作，进入了常规的运作程序，是故 1982 年 10 月教育部发出《关于 1983 年招收国内攻读硕士学位研究生和出国预备研究生工作的通知》中，明确指出“选派出国研究生是我国培养研究生计划的组成部分”①。统计 1981 至 1985 年间各年度实际录取人数，分别约为 1100 人、1300 人、1000 人、850 人、750 人。

（二）研究生班

关于研究生班，在 1979 年 5 月 16 日教育部等单位向国务院提交的《关于 1979 年研究生招生计划的请示报告》中，即有如是说法：研究生学制分为三年、二年和四年三种，其中二年制可采取“研究生班”的方式培养。1983 年 8 月 15 日教育部下发《关于加强高等学校管理专业教育的意见》中，明确提出“有条件的院校”“经批准可举办研究生班”。9 月 22 日，教育部发出的《关于做好 1984 年招收攻读硕士学位研究生工作的通知》中，明确提出 1984 年在部分高校“试办研究生班”。于是根据教育部的相关规定，1984 年全国有

---

① 梁桂芝、孟汇丽：《中华人民共和国学位与研究生教育要事志（1949.10—1993.3）》，西安交通大学出版社 1994 年版，第 223 页。

45 所高校试办起研究生班，目的是“尽快加强某些对经济建设和社会发展影响较大而目前比较薄弱的学科与专业，以及培养高等学校某些公共课、基础课的师资队伍”。其招考工作与硕士研究生同时进行，学制两年，学习硕士生的课程，但不授予学位。毕业后在实际工作中完成学位论文者，可向原就读的高等学校或有关单位申请硕士学位。个别在学期间“学习成绩优秀，尤其是具有一定实践经验的，也可以直接进入论文阶段”。① 1984 年和 1985 年，全国研究生班招生数分别为 1324 人和 6258 人。

在当时开办的各种研究生班中，我国与欧洲共同体 1985 年 3 月联合举办的经营管理硕士研究生班最值得关注。该班学制三年，主要招收具有大学毕业文化水平、四年以上管理实践经验、年龄 40 岁以下的中青年干部。培养目标是“具有经济理论基础和较高专业知识水平、英语水平，系统掌握国外现代化管理方法并适应我国现代化建设需要的高级经营管理人才”。课程基本参照欧洲同类标准制定，由欧洲共同体聘请和派遣教师，“同时中国方面也将派教师开设社会主义经济理论、中国工业企业管理概论及有关管理和经济体制改革方面的课程”。② 学员学完规定课程，成绩合格者，再到欧洲共同体成员国实习并参加论文答辩，然后由欧洲共同体有关学术部门授予硕士学位。该班的开办，反映了当时我国经济领域加快改革开放的时代趋势，同时也是中外合作办学、联合培养研究生的早期重要成果。

（三）委托培养硕士生

此类硕士生的招收开始于 1984 年。1983 年 9 月 22 日，教育部发出《关于做好 1984 年招收攻读硕士学位研究生工作的通知》，在提出“试办研究生班”的同时，亦提出从 1984 年起招收“委托培养研究生”，以满足经济建设的需要。所谓委托培养，具体包括两种形式——委托单位可选送在职人员参加考试；也可在全国统一招考中预定指标，录取者毕业后直接到委托单位参加工作。与研究生班相比较，研究生班“与同专业的硕士生录取标准大体相当”，而委培研究生的录取标准“与同专业硕士生的录取标准一致”③。1985

① 《四十五所高校明年试办研究生班》，《人民日报》1983 年 11 月 16 日。

② 赵卫：《我国与欧洲共同体合办的经营管理硕士研究生班开学》，《人民日报》1985 年 3 月 5 日。

③ 梁桂芝、孟汇丽：《中华人民共和国学位与研究生教育要事志（1949.10—1993.3）》，西安交通大学出版社 1994 年版，第 237 页。

年11月，国家教委、国家计委、财政部联合发布《关于高等学校招收委托培养硕士生的暂行规定》，指出具有硕士学位授予权的高校及其专业可根据培养力量和条件，按照实事求是、量力而行、确保质量的原则，招收一定数量的委托培养硕士生。在接受委托培养要求时，"应优先满足边远地区、少数民族聚居地区、高等教育和科技力量薄弱地区的需要，适当照顾师资力量紧张的高等学校和科技力量急待加强的单位的需要"。与国家统招相比，委托培养研究生的考试与录取要求相同，培养经费来源、毕业分配办法有所区别，一律采用合同制的方式培养，"委托单位与培养单位之间、委托单位与委托培养的硕士生之间应分别签订委托培养合同"。① 1984年和1985年，全国招收的委托培养硕士生分别为1901人、7880人。

（四）工程类型硕士生

1984年11月，西安交通大学、清华大学等11所理工类高校在西安联合召开工科研究生教育研讨会，讨论应尽快培养大批工矿企业和应用研究所需的高级工程科技人才，以满足国民经济迅速发展的需求。会议通过并向教育部提交《关于培养工程类型硕士生的建议》，次月教育部研究生司转发了该建议，并决定上述11所高校从1985年起开始试点招生。此类硕士生也称工学硕士（工程类型）或工程硕士学位研究生，除掌握本门学科坚实的基础理论和系统的专门知识之外，还要求能够运用现代科技成就和经济管理知识，综合解决工程技术的实际问题，独立进行应用研究和开发新技术；招生对象优先考虑具备实际工作经验、已有大学本科或同等学力的技术干部；课程设置、学位论文或研究设计选题要求密切联系生产实际，加强实践、实验环节和动手能力的培养；培养过程提倡和生产单位联合培养等多种形式。显而易见，工程类型硕士生培养规格已有较明显的职业性、应用性特征，有别于传统的学术型硕士，实为我国专业学位教育之历史渊源或实践起点。

（五）在职人员以同等学力申请学位

1980年公布的《中华人民共和国学位条例》中，即有此规定：

> 第五条　高等学校和科学研究机构的研究生，或具有研究生毕业同等学力的人员，通过硕士学位的课程考试和论文答辩，成绩合格，达到

① 何东昌主编：《中华人民共和国重要教育文献（1949年～1997年）》，海南出版社1998年版，第2332页。

> 下述学术水平者，授予硕士学位……
>
> 第六条　高等学校和科学研究机构的研究生，或具有研究生毕业同等学力的人员，通过博士学位的课程考试和论文答辩，成绩合格，达到下列学术水平者，授予博士学位……①

即是说，无论是硕士学位还是博士学位，按照《中华人民共和国学位条例》的规定，相关“同等学力”者在达到这两级学位所要求的条件下，均可取得相应的学位。这种类型设定之初衷，主要是为了满足当时高等学校内大批仅本科学历的教师，特别是后来经过研究生班结业的教师提高学术水平、提升学位和职称的需要。1983 年教育部提出“有条件的院校”可以试办研究生班后，经过两年多的讨论与准备，国务院学位办于 1985 年 9 月下发《关于在职人员申请硕士、博士学位进行试点工作的通知》，确定在北京钢铁学院、华东师范大学、华东化工学院、同济大学、东北工学院、中南工业大学、西北工业大学等 7 所高校进行硕士层次的试点，北京大学、北京钢铁学院、中国科学院 3 个单位进行博士层次的试点。统计该年度“同等学力”获取相应学位者，经申请共有 158 人获得硕士学位、8 人获得博士学位，均为各试点单位的在职人员。

三、 培养层次的提升

如前文所述，因“文革”而中断了 11 年的研究生教育于 1977 年恢复并重新进行工作。但其时的研招及其培养工作，众所周知，均指硕士研究生的招考与教育。在随后的数年间，无论是国内研究生的招考还是派出国研究生的选拔，无论是研究生的招生考录还是研究生的教育和管理，其时的政策规定、文件发布以及会议召开，均在有意无意间将其工作重心指定在硕士研究生教育方面。直到 1980 年《中华人民共和国学位条例》公布，因其将研究生教育阶段所获学位定作硕士与博士两级，研究生教育工作才正式转归于硕、博两级研究生的培养。

及至 1981 年国务院学位委员会下发《关于做好学位授予单位审定工作的

---

① 国务院法制办公室编:《中华人民共和国法律法规全书》(行政法卷)，中国法制出版社 2014 年版，第 871 页。

通知》，以及不久对学科评议组的讨论、组建和分科定责，有关“研究生”及“研究生教育”的内涵已包括硕、博两级研究生的培养工作了。于是，伴随着1981年《中华人民共和国学位条例》的实施，以及当年11月首批博士学位授予单位（151个）、学科和专业点（812个）以及博士生指导教师（1155人）名单的公布，我国博士研究生教育的正式开创，不仅有了法律依据，而且有了制度规范。当月23日，教育部发布《关于做好1981年攻读博士学位研究生招生工作的通知》，指出“培养博士生是中国教育史上的一件大事，是建国以来的创举”，“标志着我国将主要依靠自己的力量培养社会主义现代化所需要的各类专门人才”；规定报考资格为1980年、1981年毕业的硕士研究生，年龄不超过40岁，“学习年限一般为二至三年”。① 此次招考工作实际直至1982年7月才宣告结束，依照当时教育部制定的《关于招收攻读博士学位研究生的暂行规定》，全国共有54所高校、15个科研机构招收博士研究生420人，其中社会科学类31人，自然科学类389人。② 1983年度，全国计划招收博士研究生约1000人，实际录取仅302人。

1984年度，全国计划招收博士研究生2080人。该年6月，教育部研究生司发布《关于博士生培养工作的几点意见》（征求意见稿），从培养目标、学制年限、培养方案和计划、培养方式、课程考试、学位论文及答辩、学位授予等方面，提出了更为明确的要求，初步建立了我国博士研究生的培养制度体系。同年11月，教育部下发《关于硕士生提前攻读博士学位问题的通知》，提出“政治思想好，硕士学位课程成绩优秀，在科研工作中表现能力强，确有作为博士生培养前途的少数优秀硕士生，可以提前攻读博士学位”。这部分硕士生可参加全国统一的博士生入学考试，也可由博士生培养单位自行考试选拔。③ 1985年3月，1984年度的博士生招录工作结束，实际录取1962人，其中提前攻读博士学位者107人，约占总数的5%。④ 1985年度，全国计划招

① 《我国学位和研究生教育大事记（1977～1983年）》，《学位与研究生教育》1984年第1期。

② 参见《今年招收攻读博士学位研究生四百多》，《人民日报》1982年8月15日。

③ 参见《我国学位和研究生教育大事记（续）》，《学位与研究生教育》1985年第1期。

④ 参见《我国学位和研究生教育大事记（续）》，《学位与研究生教育》1986年第2期。

收博士研究生 3143 人，实际录取 2385 人。[①] 虽然连续几个年度都未完成预定的招生计划，但从纵向上来看，实际录取人数在四年间增长了近 4.7 倍，增速仍相当可观。

尽管在 1983 至 1985 年三年间，博士生招生数均未完成计划指标，但于中国的博士研究生教育事业而言，这三年，尤其是 1984 年，政策、法令制度及教师队伍建设方面取得了极大的进步，可谓奠定了博士生教育或培养的长远发展的事业基础。

有了博士生教育的发展及其人才培养基础，随着社会发展对人才需求的调适和配置，1985 年 7 月，国务院批转国家科委、国家教委、中国科学院联合提交的《关于试办博士后科研流动站的报告》，同意试行博士后培养制度。随后经博士后科研流动站管理协调委员会批准，确定在全国 73 个单位建立 102 个流动站。其中含高等学校 36 所，建站 66 个。我国博士后培养制度亦由此开始起步。

四、 学位授予的施行

所谓“学位授予”，在本书中专指研究生人才培养阶段的硕士学位和博士学位的授予，而不关涉中国学位制度的初级学位——学士学位的授予。研究生毕业后符合获取相关学位条件的硕士生和博士生的学位授予，其工作开启的前提条件，即如 1981 年 9 月 7 日在全国人大常委会第二十次会议上，时任教育部部长、国务院学位委员会副主任委员蒋南翔所言：其时，国家已建立领导学位工作的组织机构；制定实施学位条例的有关文件；建立国务院学位委员会学科评议组，并且完成了我国首批博士学位和硕士学位授予单位的审核工作。[②] 有此工作基础，俟恢复研招后入校攻读学位的首批研究生毕业后，学位授予工作即依照法定程序而适时举行。

1978 年全国恢复正式招收研究生后，首届二年制硕士研究生已于 1980 年毕业，数量更多的三年制硕士研究生也在 1981 年集中毕业。按照《中华人民

---

① 参见《我国学位和研究生教育大事记（1986 年）》，《学位与研究生教育》1987 年第 4 期。

② 参见梁桂芝、孟汇丽：《中华人民共和国学位与研究生教育要事志（1949.10—1993.3）》，西安交通大学出版社 1994 年版，第 212 页。

共和国学位条例》的相关规定，国务院学位委员会于1981年11月24日发布了《关于做好应届毕业研究生授予硕士学位工作的通知》，正式启动首次学位授予工作。《关于做好应届毕业研究生授予硕士学位工作的通知》中强调，授予硕士学位必须贯彻坚持标准、保证质量的原则；同时要求各学位授予单位尽速建立学位评定委员会，从思想上、组织上切实加强对学位授予工作的领导，对应届毕业研究生中申请硕士学位者逐个进行认真审核。经过各学位授予单位从政治表现、课程成绩、外语程度、论文水平等方面的认真审核，至1982年春我国首次学位授予工作全部完成。其时共有8562人获得硕士学位，其中由高校培养者计6992人，由科研机构培养者为1570人；社会科学类约占总数的13%，自然科学类约占87%。①

首次学位授予工作结束前后，国务院学位委员会及时组织召开座谈会，讨论总结工作中取得的经验与存在的问题，于1982年9月发布《关于进一步做好硕士学位授予工作的通知》，要求各学位授予单位坚持标准、保证质量，按照《中华人民共和国学位条例》的规定做好授予工作。自是而降，研究生硕士学位的授予成为各有关学位授予单位每年度及时举行的常规化工作。统计1982至1985年各年度授予的硕士学位，分别为5773人、3548人、7789人、12618人。②

我国首届博士研究生招收于1982年，但在1978、1979年招收的硕士研究生尤其是四年制硕士研究生之中，“个别人员经过几年来的培养，已达到博士学位的学术水平，要求进行博士学位授予工作”。1982年初，中国科学院和部分高校经教育部向国务院学位委员会提出了开展博士学位授予试点的申请，并于4月5日获得批复：“应该允许他们进行博士学位的课程考试和论文答辩，确已达到博士学位学术水平的，可以授予博士学位。”③

① 参见《八千多名研究生荣获硕士学位》，《人民日报》1982年7月4日。

② 参见《我国学位和研究生教育大事记（1984年）》，《学位与研究生教育》1985年第1期；《我国学位和研究生教育大事记（1985年）》，《学位与研究生教育》1986年第2期；吴镇柔等主编：《中华人民共和国研究生教育和学位制度史》，北京理工大学出版社2001年版，第486页。

③ 《我国学位和研究生教育大事记（1977～1983年）》，《学位与研究生教育》1984年第1期。

1982年6月，我国首次举行博士论文答辩，中国科学院培养的5位硕士研究生分别通过答辩，获得理学博士学位；中国科学技术大学的1位硕士生也同时在此次答辩中获得工学博士学位。随后，复旦大学数学研究所的4位硕士生也在该校通过答辩，获得理学博士学位。① 因此，我国首次博士学位授予工作反倒做在首届攻读博士学位研究生的招收、培养工作之前。1983年3月，先后有8个博士生培养单位开展了试点工作，共授予博士学位18人。获得者都是1978年入学的硕士生，其中由高等学校培养的12人、由科研机构培养的6人。

1983年5月27日，国务院学位委员会和北京市人民政府联合在人民大会堂举行我国首批博士和硕士学位授予大会，多位党和国家领导人出席大会，并向18位博士学位获得者以及部分硕士学位获得者分别颁发了学位证书。中共中央政治局委员、国务院学位委员会主任胡乔木和学位委员会副主任何东昌，分别作了《走独立自主培养高级专门人才的道路》的讲话和《学位授予工作情况报告》。会议充分肯定了学位授予工作业已取得的成绩，也提出了新的要求，从而推动了相关工作的进一步开展。

1984年春，我国正式招收和培养的首批博士研究生陆续进入学位课程考试和论文答辩阶段，国务院学位委员会遂于该年7月发布《关于做好博士研究生学位授予工作的通知》，对相关事项给予了明确而具体的规定，并强调指出，为做好博士学位的授予工作，必须坚持政治标准与学术标准，只有学位课程考试成绩合格者方可参加博士学位论文答辩；答辩之前必须搞好同行评议，严格按照国务院批准的有权授予博士学位的学科、专业授予博士学位。② 根据《关于做好博士研究生学位授予工作的通知》精神，各学位授予单位先后为首届博士毕业生进行了论文答辩和学位授予。1984年度，全国共授予博士学位91人，其中教育学1人、文学2人、理学31人、工学39人、农学1

---

① 参见《我国首次举行博士论文答辩》，《人民日报》1982年6月17日；《复旦四研究生获博士学位》，《人民日报》1982年6月27日。注：1982年6月中旬参加我国首次博士生毕业论文答辩并获得博士学位的6位研究生，他们分别为马中骐、谢惠民、李尚志、赵林城、白志东、冯玉琳。

② 参见梁桂芝、孟汇丽：《中华人民共和国学位与研究生教育要事志（1949.10—1993.3）》，西安交通大学出版社1994年版，第242页。

人、医学 17 人。1985 年度，共授予博士学位 234 人。[1]

除上述几点外，1981 至 1985 年期间我国还围绕培养方案制订与修改、思想政治教育与管理、学位课程建设、科研能力培养，以及对研究生导师条件的拟定和学生培养质量水平的要求等，采取了一系列的措施，基本构建了较为完善的研究生培养体系，促进了研究生培养质量的提升，有效推动了研究生教育的持续发展。正因如此，在这一历史时段，即 1977 至 1985 年间，中国的研究生教育事业，无论是法律法规的制定和实施、教育政策的颁布和落实、相关制度的构建和调整、考选过程的规范和调适、教育质量的保障和提升，还是其间招录和培养的知识人才，在推进社会进步和适应时代需求方面，都称得上是进入了最值得关注和肯定的发展时期。

---

① 参见吴镇柔等主编：《中华人民共和国研究生教育和学位制度史》，北京理工大学出版社 2001 年版，第 486 页。

第七章 改革调整（1986—1998）

1985年5月，中共中央发布《关于教育体制改革的决定》，指出我国高等教育发展的战略目标为："到本世纪末，建成科类齐全，层次、比例合理的体系，总规模达到与我国经济实力相当的水平；高级专门人才的培养基本上立足于国内；能为自主地进行科学技术开发和解决社会主义现代化建设中重大理论问题和实际问题作出较大贡献。"为此，"要改进和完善研究生培养制度"，并有计划地建设一批重点学科。高等教育体制改革的关键，"就是改变政府对高等学校统得过多的管理体制"。[①] 根据上述决定，研究生教育从1986年开始进行了较为系统而全面的改革与调整。

第一节 方针政策的调适

1986至1998年间，我国研究生教育经过不断的改革与调整，取得了显著的发展。就整体方针演变而言，大致可分为两个阶段：第一阶段为1986至1992年，以贯彻"三个面向"为指导思想，注重培养服务"四化"建设所需的高层次人才；第二阶段为1993至1998年，适应加快改革开放的时代背景，积极探索并基本形成了具有中国特色的研究生培养机制。

一、贯彻"三个面向"，服务"四化"建设（1986—1992）

1986年8月，国家教委组织、召开全国研究生工作座谈会，总结交流此前培养工作的有效经验，并重点讨论了研究生教育的改革问题。12月10日，国家教委发布《关于改进和加强研究生工作的通知》，高度肯定了我国研究生

① 中共中央文献研究室编：《改革开放三十年重要文献选编》（上），中央文献出版社2008年版，第386—390页。

教育恢复以来所取得的显著成绩：

> 经过这几年的努力，已初步形成了学科门类基本齐全、指导力量比较强、科研基础比较扎实的研究生培养基地，在招生、培养、管理和学位授予等方面积累了不少经验。当前，研究生教育已成为我国高等教育的重要组成部分，硕士生的培养已基本上立足于国内，同时也为博士生的培养逐步做到主要立足于国内打下了基础。①

《关于改进和加强研究生工作的通知》还指出了此前研究生教育中存在的某些具体问题，如部分学科的招生计划与“四化”建设需要的结合不够紧密，招生数量发展过快，招生考试对考生的考核不够全面，培养规格比较单一，思想教育工作较为薄弱，培养条件有待加强，毕业分配缺乏宏观指导，等等。

在总结经验和指出问题的基础上，《关于改进和加强研究生工作的通知》进而明确了研究生教育的整体方针：

> 要贯彻“面向现代化，面向世界，面向未来”这一总的指导思想。研究生发展规划要从我国四化建设的实际出发，密切结合教育、科学与技术、经济建设和社会发展的需要；要逐步做到立足于国内，以国内培养为主；要根据国家对不同岗位高层次人才的不同需要，培养不同规格的研究生；按照德、智、体全面发展和理论联系实际的要求，加强研究生的思想政治教育和业务能力的培养，达到品学兼优，更好地为四化建设服务；要加强领导，积累经验，形成具有中国特色的研究生教育制度。②

就培养目标的设定来看，《关于改进和加强研究生工作的通知》以贯彻“三个面向”和服务“四化”建设为导向，主要突出了三点要求：加强思想政治教育，提高培养质量，拓展培养规格。实际上这三点也成为1986至1992年期间研究生教育改革与发展的重点目标。其中提高培养质量、拓展培养规格两点后文将有详细的分析阐述，这里先对加强思想政治教育的相关情况进行简要介绍。

---

① 教育部高校学生司编：《1977—2003年全国研究生招生工作文件选编》（上），北京航空航天大学出版社2004年版，第216页。

② 教育部高校学生司编：《1977—2003年全国研究生招生工作文件选编》（上），北京航空航天大学出版社2004年版，第217页。

1987 年 5 月，中共中央发布《关于改进和加强高等学校思想政治工作的决定》，除整体强调“要进一步明确办学指导思想，坚持高等教育的社会主义方向”之外，还要求有关院校要创造条件培养思想政治教育方面的硕士生和博士生，“为造就从事思想政治教育的专门人才开辟一条新路”。[①] 同年 6 月，国家教委颁发《关于高等学校研究生马克思主义理论课（公共课）教学的若干规定》，对该类课程的设置、教学任务和方法、考核方式、管理制度等进行了具体的规定，并决定从次年开始全面实施。其中，文科各专业硕士生要开设“马克思列宁主义经典著作选读”课，博士生要开设“马克思主义与当代社会思潮”课；理、工、农、医各专业硕士生要开设“自然辩证法概论”课，博士生要开设“现代科学技术革命与马克思主义”课；所有硕士研究生都要开设“科学社会主义的理论与实践”课。教学方法则采取专题讲授与研究生的自学、社会调查、社会实践相结合。8 月，国家教委党组和中宣部联合发布《关于加强研究生思想政治工作的几点意见》，要求研究生教育要坚持社会主义方向，努力培养德才兼备的高质量人才，同时针对研究生思想政治教育的内容、途径和方法，发挥研究生导师教书育人的作用，加强研究生党支部的建设，健全研究生思想政治工作机构，加强各级党委对相关工作的领导，等等，提出了具体的意见。随后，国家教委在大连召开研究生工作座谈会，会议的主要议题之一，即是讨论如何加强研究生思想政治工作。[②]

1989 年，有关部门和高校组织召开了一系列会议，专门研讨研究生的思想政治教育问题。8 月、10 月和 12 月先后举行的全国工科院校研究生教育管理工作研讨会、国家教委直属综合大学研究生教育管理研究会以及部分高校文科教育座谈会，系统总结了研究生思想政治工作的经验与教训，探讨了改进的途径与方法。1990 年 3 月 8 日，国家教委发布 1990 年工作要点，着重提出要全面加强对研究生的思想政治教育工作。1990 年 4 月，中共湖北省委高校工委、省教委、省研究生教育学会联合召开研究生思想政治工作研讨会，分析讨论了研究生思想政治教育的现状与问题，并决定成立本省专门的研究

---

① 教育部思想政治工作司组编：《加强和改进大学生思想政治教育重要文献选编（1978—2014）》，知识产权出版社 2015 年版，第 70—73 页。

② 参见《我国学位与研究生教育大事记（1987 年）》，《学位与研究生教育》1988 年第 3 期。

生思想政治工作学会。6 月，农业部在秦皇岛市召开所属高等学校及科研机构研究生工作会议，着重研究了如何加强研究生的思想政治工作。8 月，国家教委思想政治工作司、高等教育司在吉林大学召开研究生思想政治工作座谈会，"着重分析了当前研究生思想政治状况"，"探讨了在研究生教育的各个环节加强德育教育、加强管理、严格要求，创造良好的育人环境问题"。① 会后，国家教委印发了详细的会议纪要，并于次年 3 月 5 日刊发。座谈会纪要系统提出了六条改进措施：（一）提高认识，坚持把德育放在研究生工作的首位。（二）抓住两个根本问题——紧紧抓住坚持社会主义道路和树立为人民服务的人生观的教育，用马列主义、毛泽东思想武装研究生头脑。（三）加强研究生中党的建设，充分发挥党支部的战斗堡垒作用与党员的先锋模范作用。（四）建立和健全研究生思想政治教育工作体制和队伍。（五）充分发挥研究生导师教书育人的作用。（六）加强管理，将思想政治教育工作的要求贯穿到研究生工作的各个环节。②

二、加快改革开放，探索中国特色（1993—1998）

1992 年 10 月，党的十四大提出抓住机遇，加快发展，建立社会主义市场经济体制，标志着我国改革开放和现代化建设事业进入了新的发展阶段。1993 年 2 月，中共中央、国务院发布《中国教育改革和发展纲要》，指明新时期教育工作的基本任务是："遵循党的十四大精神，以建设有中国特色的社会主义理论为指导，坚持党的基本路线，全面贯彻教育方针，面向现代化，面向世界，面向未来，加快教育的改革和发展，进一步提高劳动者素质，培养大批人才，建立适应社会主义市场经济体制和政治、科技体制改革需要的教育体制，更好地为社会主义现代化建设服务。"对于研究生教育的改革与发展，《中国教育改革和发展纲要》也提出了两点基本要求："努力扩大研究生的培养数量"，"完善研究生培养和学位制度"。③

---

① 王崇东、范文曜：《我国学位与研究生教育大事记（1990 年）》，《学位与研究生教育》1991 年第 5 期。

② 参见梁桂芝、孟汇丽：《中华人民共和国学位与研究生教育要事志（1949.10—1993.3）》，西安交通大学出版社 1994 年版，第 360 页。

③ 中共中央文献研究室编：《十四大以来重要文献选编》（上），中央文献出版社 2011 年版，第 51—64 页。

同在1993年2月，即在《中国教育改革和发展纲要》颁布前，国家教委、国务院学位委员会还联合下发了《关于学位与研究生教育改革和发展的若干意见》，指出研究生教育改革和发展应“贯彻党的十四大精神，适应加快改革开放和现代化建设的步伐，实现高层次专门人才培养立足于国内”①。为此，《关于学位与研究生教育改革和发展的若干意见》明确提出：

1.……必须解放思想，转变观念，面向现代化、面向世界、面向未来，努力探索适应经济建设、科技进步、国防建设和社会发展需要的，德智体全面发展的社会主义事业建设者和接班人。要努力探索与社会主义市场经济体制相适应的、有中国特色的研究生教育和学位制度。

2. 90年代研究生教育，在保证必要办学条件与质量和效益的前提下要有一个较大的发展。2000年在学研究生规模力争比1992年翻一番，其中博士生数量要有更大的发展。②

上述两个纲领性文件，都重申了前一阶段“三个面向”、服务现代化建设、坚持社会主义方向等既定方针，也与时俱进，特别强调了加快改革开放、探索中国特色两点新的要求，这实际也成为新时期研究生教育改革与发展的核心导向。

1994年9月，国家教委研究生工作办公室印发《关于研究生教育近期工作要点》，表示“今后一个时期研究生教育应坚持走以内涵发展为主的道路，工作的重点是深化改革，调整结构和提高质量，使硕士生和博士生的培养基本立足于国内”。③ 值得注意的是，关于研究生教育的发展规模问题，不再单纯强调扩大数量，而是更为注重“内涵发展”，促进结构的调整与质量的提高：

（1）研究生教育的发展要坚持走内涵发展为主的道路，使硕士生、博士生培养基本立足于国内。研究生的招生规模近期应基本稳定在1994年的招生规模水平，条件较好的培养单位博士生所占比例可适当提高。（2）加强对研究生招生工作的宏观调控，确保研究生的入学质量。……（4）改进和加强研究生、特别是博士生培养工作，全面提高教育质量。

①② 国家教委高等教育司编：《加快改革和积极发展高等教育——1992全国普通高等教育工作会议文件汇编》，兵器工业出版社1993年版，第65页。

③ 《学位与研究生教育1994年大事记》，《学位与研究生教育》1995年第5期。

硕士生培养要多样化，要大力加强适应经济建设需要的应用型、复合型人才的培养（如财经政法等应用文科硕士、工程硕士等），做好专业学位的培养试点工作（如建筑学硕士、工商管理硕士等）。博士生的培养基础要“宽”、“广”，论文要“新”“实”。拓宽基础按一级学科或相关学科群设置课程和制定培养方案。科研工作和论文选题允许在相关的学科范围内选择，鼓励从事新兴交叉学科的工作，但必须达到前沿性和创造性标准。要逐步实行严格的博士生资格考试制度。①

1995年10月，国家教委在武汉召开全国研究生教育工作座谈会，系统总结了此前研究生教育发展的经验和问题。国家教委主任朱开轩在报告中首先指出，我国研究生教育自1978年恢复以来，已逐步形成了比较完整的学位与研究生教育体系，为国家各项事业输送了大批高层次专门人才，有力推动了我国教育与科技事业的发展，培养模式与管理体制改革也已初见成效。与此同时，尚存在诸如经费投入与优秀生源相对不足、学科专业结构不能充分满足实际需求、新兴学科与交叉学科相对匮乏、培养规格和类型较为单一等问题。此次会议还讨论通过了《关于进一步改进和加强研究生工作的若干意见》，次月由国家教委批准印发。《关于进一步改进和加强研究生工作的若干意见》确定“九五”期间研究生教育改革和发展的基本方针是：“立足国内，适度发展，优化结构，相对集中，推进改革，提高质量。”② 主要应做好如下六点工作：

科学规划研究生教育发展的规模与速度，探索合理有效的招生调控机制；优化和调整学科、专业结构；改革研究生培养工作，全面提高培养质量；集中力量，加强研究生培养基地的建设；建立和完善研究生教育质量监督和评估制度，加强和改进评估工作；切实加强对研究生工作的领导。③

总体来说，1993至1998年期间的研究生教育，以加快改革开放、适应现代化建设、探索中国特色、优化培养结构为基调，由强调扩大数量转向注重提高质量，并在学科专业设置、招生考试制度、具体培养模式、领导管理体

① 《中国教育年鉴》编辑部编：《中国教育年鉴（1995年）》，人民教育出版社1995年版，第202页。

②③ 《学位与研究生教育1995年大事记》，《学位与研究生教育》1996年第6期。

制等方面，进行了一系列的改革与调整。仅就规模的发展而言，1992 年全国研究生在学人数为 94164 人（其中博士生 14558 人），1998 年为 198885 人（其中博士生 45246 人）[①]，实际上也已提前完成了 1993 年《关于学位与研究生教育改革和发展的若干意见》中预期的相关目标。

第二节　相关制度的变革

就研究生人才培养而言，考选、教育、毕业是其三大环节。与之相应，从制度层面来看，考选过程中的招生制度、教育教学过程中的管理制度、毕业过程中的分配制度，以及作为人才质量和水平衡定的学位制度，它们的建构与变化，无不直接影响着研究生人才的素质。因此，了解和分析这些制度，是了解一个时期研究生教育事业变化与发展的重要指标和主要内容。

一、 学位制度的变易

我国 1981 年正式实施《中华人民共和国学位条例》，并开始全面构建学位制度体系，为研究生教育的发展提供了明确的制度依据。尤其是学科专业目录的修订、学位授予单位的审核两项要素，直接关系到研究生教育的内部结构与数量规模。1986 年以后，学位制度的改革与调整也主要是围绕这两点进行。

（一）学科专业目录的修订

《高等学校和科研机构授予博士和硕士学位的学科专业目录（试行草案）》自 1983 年 3 月实施以后，有力地推动了研究生教育的发展，但也逐渐出现了一些具体的问题，需要及时地加以调整或修正。1986 年 7 月，国务院学位委员会第七次会议决定对该文件进行修订。同年 10 月，国务院学位委员会、国家教委联合发出通知，指出此次修订的指导思想为：贯彻《中共中央关于教育体制改革的决定》精神，从我国实际情况出发，总结我国历史经验和借鉴国外有益经验，根据我国经济和社会发展的目前和长远需要，体现

① 参见吴镇柔等主编：《中华人民共和国研究生教育和学位制度史》，北京理工大学出版社 2001 年版，第 484 页。

“教育为社会主义现代化建设服务”和“高级专门人才的培养基本立足于国内”的战略目标。修订的基本原则可概括为：（一）以原有《试行草案》为基础。（二）专业的划分以学科为主，适当照顾行业部门的需要。（三）适当归并某些划分过细偏窄的专业，调整个别过宽的专业。（四）增加一些比较成熟的新兴与边缘学科。（五）体现分层分类的培养目标。依此等修订原则，逐步形成更适合我国培养研究生和授予硕士、博士学位需要的，科学性、系统性和适用性都较强的学科专业目录。

学科、专业目录的修订工作随即加紧展开。整个修订过程历时四年，数易其稿，直至1990年10月才宣告完成。10月6、7日，国务院学位委员会第九次会议在北京举行。会议通过《授予博士、硕士学位和培养研究生的学科、专业目录（1990年）》，次月经国务院学位委员会、国家教委正式下发实行。与1983年的学科专业目录（含1985年增设的军事学门类及其学科、专业）相比，1990年的学科专业目录一级学科由64个增加为72个，专业由647个增加为654个，其中包括急需发展但因培养条件暂不成熟，当时尚未实际招生的试办专业34个。

经过上述调整，学科专业目录的整体内涵更为充实，一些新兴与边缘学科、专业也得到了及时的补充。总体来看，仍存在二级学科划分过细、学科面偏窄等问题，尚需继续修订与完善。按照1995年11月国家教委印发的《关于进一步改进和加强研究生工作的若干意见》，“九五”期间研究生教育的改革与发展应“优化结构、相对集中”，“做好修订培养研究生的学科、专业目录的工作”，修订原则为“规范和理顺一级学科、调整并拓宽二级学科”。第二次学科专业目录的修订工作随即全面展开，经过一年多的反复修改与广泛征求意见，于1997年2月形成送审稿，同年4月经国务院学位委员会第十五次会议审议通过，6月由国务院学位委员会、国家教委联合发布。与1990年目录相比，1997年的新目录有了较大的调整与变化。首先，学科门类由11个变为12个，新增了“管理学”。其次，一级学科由72个增加到88个，主要是增加了一些新兴、交叉或急需发展的学科；二级学科（专业）则进行了大幅度的归并整合，由654个减少为381个。为明晰起见，现将1983年、1990年、1997年三次学科专业目录的基本概况以简表（见“表7.2.1”）展示如下（1983年目录中的军事学为1985年增设）。

表 7.2.1 1983 年、1990 年、1997 年学科专业目录概况简表*

学科门类	一级学科			二级学科（专业）		
	1983 年	1990 年	1997 年	1983 年	1990 年	1997 年
哲学	1	1	1	10	9	8
经济学	1	1	2	24	32	16
法学	5	5	4	37	40	27
教育学	3	3	3	34	35	17
文学	3	3	4	51	46	29
历史学	1	1	1	13	14	8
理学	12	13	12	88	86	50
工学	25	25	32	234	234	113
农学	5	5	8	59	51	27
医学	6	6	8	88	78	53
军事学	1	8	8	9	29	19
管理学	0	—	5	—	—	14
合计	63	71	88	647	654	381

*资料来源：根据吴镇柔等主编的《中华人民共和国研究生教育和学位制度史》（北京理工大学出版社 2001 年版）第 103—111 页数据以及谢桂华主编的《20 世纪的中国高等教育》（学位制度与研究生教育卷）（高等教育出版社 2003 年版）第 183 页数据整理。

1997 年版学科专业目录颁行后，于 1998 年 10 月又进行了一次细微的调整，在中医学一级学科中增设“民族医学专业”。至此，我国研究生培养的学科专业目录已设有 12 个学科门类、88 个一级学科、382 个二级学科（专业）。

（二）学位授予单位的审批

1981 年和 1983 年，国务院已先后两次审批博士、硕士学位授予单位，共计批准博士学位授予单位 196 个、硕士学位授予单位 425 个。1986 至 1998 年，我国陆续开展了五批博士、硕士学位授予单位的审批工作，直接推进了整个研究生教育培养机构体系的扩展与完善。现将这五次审批工作的概况简述于次。

第三批：1985年2月，国务院学位委员会在北京召开第六次会议，讨论、通过了《关于做好第三批博士和硕士学位授予单位审批工作的几点意见》。同年11月，国务院学位委员会发布《关于做好第三批博士和硕士学位授予单位审核工作的通知》，针对该批次的审核工作作出了具体安排。① 此后，国家教委及有关部委陆续开展了第三批学位授予单位的初审工作，至1986年1月共组织有2000余名专家、学者参加了初审工作。在初审的基础上，国务院学位委员会于1986年7月召开第七次会议，正式审议、通过新增博士学位授予单位41个、硕士学位授予单位130个。②

第四批：1989年3月，国务院学位委员会发出《关于做好第四批新增博士、硕士授予单位申报工作的通知》，指出“博士、硕士学位授予单位要稳定一个时期，第四批一般不再新增”，确实需要申报的个别单位，需经主管部门组织论证后，经推荐才能申请。次月，国务院学位办重申“第四批学位审核工作要有利于高校办学层次的调整，优化结构，严格控制新增学位授予单位，从严掌握新增博士点”。③ 1990年10月，国务院学位委员会第九次会议审核通过新增博士学位授予单位10个、硕士学位授予单位41个（其中新增我国首批军事学硕士学位授予单位13个）。④

第五批：1993年5月，国务院学位委员会公布《关于认真做好并严格控制新增博士和硕士学位授予单位推荐和审核工作的通知》，明确规定了新增学位授予单位的审核原则和基本条件，并对申报和评审工作提出了具体要求。同年6月，国务院学位委员会及其学位办先后通告各主管部门，“认真贯彻按需授权和分层次办学的原则，严格审核和控制新增学位授予单位”。⑤ 12月，国务院学位委员会第十二次会议审核通过新增博士学位授予单位24个、硕士

---

① 参见《我国学位和研究生教育大事记（续）》，《学位与研究生教育》1986年第2期。

② 参见谢桂华主编：《20世纪的中国高等教育》（学位制度与研究生教育卷），高等教育出版社2003年版，第148页。

③ 《我国学位与研究生教育大事记（1989年）》，《学位与研究生教育》1990年第4期。

④ 参见王崇东、范文曜：《我国学位与研究生教育大事记（1990年）》，《学位与研究生教育》1991年第5期。

⑤ 《我国学位与研究生教育大事记（1993年）》，《学位与研究生教育》1994年第6期。

学位授予单位 35 个。

第六批：1995 年 4 月，国务院学位委员会第十三次会议发布《关于 1995 年博士和硕士学位授权审核工作的几点意见》，指出博士和硕士授予单位近期内应基本保持稳定，该年度原则上不再进行新增单位的审核。5 月，国务院学位委员会下发补充通知，表示属于极个别历史遗留问题或国防建设急需的单位，可作另案处理，开展申报和审核工作。1996 年 4 月，国务院学位委员会第十四会议审核通过新增博士、硕士学位授予单位各 5 个。

第七批：1997 年 4 月，国务院学位委员会第十五会议发布《关于 1997 年博士和硕士学位授权单位审核工作的意见》，提出此次审核工作应以保证和提高质量为基本方针，并有利于推动办学层次调整与高校管理体制改革。9 月，国务院学位委员会下发的相关通知又对申报条件、审核原则等进行了具体的规定。1998 年 6 月，国务院学位委员会第十六次会议审核通过新增博士授予单位 49 个、硕士学位授予单位 55 个。

要言之，1986 至 1998 年间，国务院学位委员会先后开展了五个批次的审核工作，共计批准新增博士学位授予单位 129 个、硕士学位授予单位 266 个。在保证培养质量的同时，培养单位得以稳步增长，这既是学位制度建设的直接成果，也为整个研究生培养体系的改革与发展奠定了坚实的基础。

二、 招考制度的改变

随着计划经济向市场经济的逐步转轨，我国研究生招生考试制度也进行了相应的改革与调整。1985 年中共中央发布的《关于教育体制改革的决定》，明确提出“要改革大学招生的计划制度和毕业生分配制度”，即改变高等学校全部按国家计划统一招生、毕业生全部由国家包下来分配的办法，转而实行以下三种办法：（一）国家计划招生。此类招生结合“高等教育的总体规划和人才需求的中长期预测”，“努力克服招生计划同国家远期和近期需要脱节的状况”，毕业分配“实行在国家计划指导下，由本人选报志愿、学校推荐、用人单位择优录用的制度”。为保证边远地区、艰苦行业、国防事业等方面的需要，按一定比例进行定向招生与分配。（二）用人单位委托招生。此类招生是“国家招生计划的重要补充”，委托单位按合同向培养单位交纳培养费，毕业生按合同规定到委托单位工作。（三）个人自费。“学生应交纳一定数量的培养费，毕业后可以由学校推荐就业，也可以自谋职业”。上述规定打破了“统招统分”的一元化模式，较好地兼顾了国家全局、地方单位、学生个人三方的实际需求，为此后高等教育包括研究生教育招生制度改革指明了总体方向。

（一）国家统筹，按需招生

1985 年 11 月，国家教委发出通知，强调 1986 年研究生招生工作“必须贯彻保证质量、稳步发展的方针”，并决定对硕士生入学考试的政治理论课考试办法试行改革。“改革的目的在于提高入学研究生的政治素质”，考试内容则包括马克思主义基本理论、时事政策两个部分。应届毕业和在职人员考生都需要根据党的最新会议文件，完成学习小结，并提交招生单位审核。外语考试仍由国家教委组织全国统一命题，各招生单位开展的业务课考试内容“应覆盖大学本科主干课程五门或五门以上”，“文科有关专业在进行业务课考试命题时，要增加考查考生马克思主义理论水平的内容”。通知还规定，从 1986 年开始，大学本科毕业的在职人员若报考硕士生（含研究生班），必须要有两年以上的工作实践经验。① 1986 年度，全国共计录取硕士研究生 39328 人，其中国家计划 30504 人、委托培养 4577 人、研究生班 2877 人，“新生中在职人员比例达 43%”。该年度计划招收博士研究生 3143 人，实际录取 2385 人。②

1986 年 8 月，国家教委发出《关于做好 1987 年招收攻读硕士学位研究生工作的通知》，要求继续贯彻“保证质量，稳步发展”的方针，积极改进和完善现行招生办法并积累经验，为进一步改革招生制度创造条件。具体的改进措施包括：提高入学考试科目的科学性，增加统一命题科目；采取措施，扩大有实践经验的在职人员报考和录取的比例；继续进行推荐免试、推荐与考试相结合的试点工作。同时该文件还提出，经国家教委批准的个别招生单位，可以对大学本科毕业后有五年以上实践经验的在职人员进行单独考试的试点。同年 12 月国家教委《关于改进和加强研究生工作的通知》中，关于招考办法的主要改革措施为：（一）在业务考核上实行考试与推荐相结合、以考试为主的办法，积极进行两段考试的改革试点。第一阶段考试，“由国家统一命题，主要考马克思主义理论课、外国语和基础理论”，考试合格后才能参加第二阶

① 参见《部署一九八六年硕士研究生招生工作》，《人民日报》1985 年 11 月 23 日。

② 参见《我国学位和研究生教育大事记（1986 年）》，《学位与研究生教育》1987 年第 4 期。

段的考试。第二阶段，“在国家教委的指导下，由招生单位自行组织，主要考专业理论并进行能力考核”。（二）进一步扩大从具有两年以上实践经验的在职人员中招收研究生的比例，“实践性强的学科和哲学社会科学要逐步做到以招收在职人员和有实践经验的大学毕业生为主”，为此试行两项改革。第一项是部分本科应届毕业生被录取为硕士生后，保留入学资格，先到专业对口单位工作一至三年再返校学习。第二项是大学本科毕业并已在相关专业连续工作年满五年、思想政治表现优秀、工作成绩突出的考生，可经所在单位与两名具有高级专业技术职务的专家推荐，免予第一阶段的考试，“直接由招生单位组织考试委员会逐个考试通过后录取”。1987 年 5 月，国家教委发布《关于做好 1987 年硕士生和研究生班研究生录取工作的通知》，再次强调“努力扩大招收有实践经验的在职人员”。① 该年度全国共计录取硕士生（含研究生班）35726 人，其中具有两年以上实践工作经验的在职人员约占 50%，推荐免试录取的应届本科毕业生约占 10.4%。上述两项相关改革得到了具体的落实：有 600 多名应届本科毕业生被录取后，保留入学资格，先到专业对口单位参加实践工作；另有近 500 名符合条件的在职人员通过单位与专家推荐，免予第一阶段考试并被最终录取。②

1988 年 4 月，国家教委发布《关于做好 1988 年硕士生和研究生班研究生录取工作的通知》，要求录取工作“必须坚持按需招生的原则，在保证质量的基础上，努力提高招收有实践经验的在职人员的比例”。③ 同年 5 月，国家教委、国家计委、财政部、人事部联合发布《关于进一步改进研究生招生工作的几点意见》，提出进一步改进招生工作的目的是：“使研究生教育的发展更好地适应社会主义现代化建设对高级专门人才的需要，有利于选拔德智体全面发展的人才。”具体要求主要有三点：（一）改革招生计划体制，贯彻按需招生的原则，即将招生计划分为国家招生计划和用人单位委托培养招生计划两类。（二）逐步扩大招收有实践经验的优秀在职人员，努力提高研究生的入学素质。（三）招生单位以高等学校为主，招生专业必须要有相应的学位授予

① 梁桂芝、孟汇丽：《中华人民共和国学位与研究生教育要事志（1949.10—1993.3）》，西安交通大学出版社 1994 年版，第 286 页、291 页。

② 参见杨兆波：《今年招研究生在职人员居半》，《人民日报》1987 年 9 月 5 日。

③ 《我国学位与研究生教育大事记（1988 年）》，《学位与研究生教育》1989 年第 3 期。

权。1988年度，全国共计录取硕士生（含研究生班）3.28万名，其中高校录取2.97万名，科研机构录取0.31万名。在被录取者中，具有两年以上实践工作经验的在职人员有1.85万名，占总数的56%左右。①

1988年11月，国家教委公布《高等学校招收定向研究生的暂行规定》，指出“在国家计划内招收定向培养研究生是研究生招生和就业制度的一项重要改革”，并界定了定向研究生的政策内涵：在招生时即通过合同形式明确其毕业后工作单位的研究生，其学习期间的培养费用“由国家提供”给培养单位。② 该暂行规定还对定向培养的范围、对象、录取标准、学习期间待遇等问题，分别给予了具体说明，特别要求“对志愿报考为内蒙古、广西、贵州、云南、西藏、甘肃、宁夏、青海、新疆等九省区用人单位定向培养的考生，应予以鼓励，优先录取”。1989年3月，国家教委、国家计委、人事部联合发布《关于下达1989年全国研究生招生计划的通知》，将该年度全国研究生招生计划定为39296名，其中高等学校34950名、科研机构4224名、中央党校122名；博士生4482名，硕士生33542名，研究生班1272名。③ 是年7月，国家教委先后发出《关于1989年研究生录取工作的补充通知》和《关于安排1989年哲学、经济学等学科、专业录取为硕士生和研究生班研究生的应届本科毕业生到基层锻炼的意见》，决定要求“各招生单位的党组织和行政领导对今年招生的学科、专业和指导教师进行认真复查”。哲学、经济学、法学、教育学、文学、历史学等社科类学科专业，“主要录取有实践经验的优秀在职人员”，被录取者入校后一般均应先安排基层锻炼一年，而后经考核再进入专业学习阶段，也可以保留入学资格，先分配到基层工作一至三年，经考核后再入学。锻炼的主要目的，是通过实践工作，了解中国的国情、民情，和工农群众相结合，增加实践经验，锻炼工作能力，提高抵制资产阶级自由化、坚持四项基本原则和献身社会主义建设事业的自觉性。到基层锻炼“考评不合格者”，“不能进入研究生阶段的学习”，按本科毕业生分配。④ 1989年度，全

① 参见《今年全国录取研究生3.28万名》，《人民日报》1988年11月17日。

② 梁桂芝、孟汇丽：《中华人民共和国学位与研究生教育要事志（1949.10—1993.3）》，西安交通大学出版社1994年版，第321页。

③ 参见《我国学位与研究生教育大事记（1989年）》，《学位与研究生教育》1990年第4期。

④ 参见梁桂芝、孟汇丽：《中华人民共和国学位与研究生教育要事志（1949.10—1993.3）》，西安交通大学出版社1994年版，第339页。

国实际仅录取硕士生（含研究生班）25793 人、博士生 2776 人。

1989 年 10 月，国家教委发出《关于做好 1990 年研究生招生工作的通知》，除继续强调“扩大招收有实践经验的在职人员、招收定向培养和委托培养硕士生”之外，还特别突出了对考生思想政治和道德品质的考核要求。随后，国家教委、国家计委、人事部联合发布《关于编制 1990 年研究生招生计划的通知》，决定 1990 年度研究生招生计划总数为 3 万名，其中硕士生 2.5 万名、博士生 0.5 万名。1989 年 12 月，国家教委发出《关于对 1990 年研究生招生工作进行若干调整的通知》，“从稳定当前政治形势大局出发”，主要作出了四点调整和补充：（一）适当提高从应届本科毕业生中招收硕士生的比例。（二）增加推荐应届本科毕业生报考硕士生的数量。（三）加强对被推荐应届本科毕业生的考核。（四）要求被录取为硕士生的应届本科毕业生参加实践锻炼。1990 年度，全国实际录取硕士生（含研究生班）26312 人、博士生 3337 人。

1990 年 9 月，国家教委发出《关于做好 1991 年攻读硕士学位研究生招生工作的通知》，决定继续贯彻按需招生的原则，扩大招收在职人员，应届本科毕业生则实行“推荐报名与全国统一考试相结合的选拔办法”。1991 年度的招生计划与上年度持平，仍为硕士生 2.5 万名、博士生 0.5 万名，实际录取硕士生（含研究生班）25507 人、博士生 4172 人。

总体来说，1986 至 1991 年的研究生招生工作以“保证质量、稳步发展”为既定方针，以“按需招生”为基本原则，招生计划和指标全部由国家统一制定与分配，既体现了计划经济时代的某些历史遗留特征，也为适应市场经济改革进行了初步的调整与变革。仅就招生规模而言，本阶段历年度均未完成预定招生计划，1986 至 1990 年实际招生总数整体呈下降态势，在“保证质量”的前提下未能实现“稳步发展”。造成这一现象的主要原因，是在市场经济转轨进程中，研究生的就业、待遇等方面出现的问题，使得报考人数大幅减少。同时，当时的“出国热”等因素也在一定程度上造成了这一现象。

（二）调整结构，放开计划

1991 年 12 月，国家教委在长春召开 1992 年文科研究生招生准备工作会议，要求“把好文科研究生的招生关，特别是哲学社会科学中政治性较强学科的研究生，要招收信仰马克思主义的人，坚持把政治标准放在第一位”。此类研究生“应把学习马列主义、毛泽东思想的原著作为必修课，增加马克思主义基础理论学习的分量，并把社会实践列入教学计划”，“培养出思想政治上业务上合格的高层次文科人才”。① 1992年度全国计划招收研究生约3.2万名，其中硕士生约2.7万名、博士生约0.5万名。至1992年3月，全国报考人数已达约11.4万人，比上年度增长约23.3%，“考研”热潮再度涌现。随着改革开放的深入与市场经济体制的确立，社会对高层次人才的需求不断增加，研究生就业形势转变、经济待遇提高，“出国热”相对降温，等等，这些都直接促成了考研人数的骤增。② 该年度实际录取硕士生（含研究生班）28403人、博士生5036人。

1992年9月，国家教委、人事部发出通知，确定1993年度的硕士生招收工作将继续贯彻“按需招生”原则，并实行两项改革措施。一是在招生计划管理层面，国家不再实行全口径计划管理，只是下达国家招生计划，放开委托培养计划。二是在部分高校试点自筹经费招收研究生，“在保证培养条件的前提下，用导师的科研经费、学校创收的经费或集资的自有经费招收、培养研究生”。③ 1993年2月13日，中共中央、国务院颁布《中国教育改革和发展纲要》，指出应“努力扩大研究生的培养数量”，并对高等学校的招生制度改革提出了如下要求：改变全部按国家统一计划招生的体制，实行国家任务计划和调节性计划相结合；通过国家任务计划的宏观调控，保证国家重点建设项目、国防建设、文化教育、基础学科、边远地区和某些艰苦行业所需要的专门人才；调节性计划则由各高校及其主管部门根据社会需求和办学条件确定，逐步扩大招收委托培养生和自费生的比重。在此稍前，即2月8日，国家教委、国务院学位委员会下发《关于学位与研究生教育改革和发展的若干意见》，明确提出：90年代研究生教育，在保证办学条件和质量效益的前提下“要有一个较大的发展”。“2000年在学研究生规模力争比1992年翻一番，其中博士生数量要有更大的发展”。④ 在改进国家招生计划工作的同时，学校

---

① 王淑琴、陈美凤：《招收文科研究生政治标准放首位》，《人民日报》1991年12月29日。

② 参见卢新宁：《今年报考研究生人数骤增》，《人民日报》1992年3月16日。

③ 毕全忠：《明年研究生招生工作有新规定》，《人民日报》1992年9月6日。

④ 梁桂芝、孟汇丽：《中华人民共和国学位与研究生教育要事志（1949.10—1993.3）》，西安交通大学出版社1994年版，第429页。

可以根据社会需求增加委托培养、定向培养和自筹经费招生的数量。受上述改革措施的刺激，1993 年度的研究生招生总数有了明显的增长，录取硕士生（含研究生班）35995 人、博士生 6150 人。

1993 年 8 月，国家教委公布 1994 年度国家招生计划，包括硕士生 3 万名和博士生 0.7 万名，“计划外委托培养和自筹经费研究生招生数由各招生院校自行确定”。招生办法也有四项具体改革：一是放宽了考生的报考年龄限制，硕士为 40 岁以下，博士为 45 岁以下。二是取消了本科学历考生工作年限的要求。三是允许大专毕业两年以上（含两年）并达到与本科毕业同等学力者，以“同等学力”资格报考，“极个别只有大专以下学历，但实践证明确有培养前途的考生”，经招生单位严格审核批准后，也可报考。四是本科毕业后具有四年以上（含四年）工作经历的在职人员，经所在单位推荐报考定向或委托培养硕士生，可由招生单位组织单独考试。[①] 这些措施使得整个招生体制更为开放与灵活，特别是委托培养和自筹经费招生计划的放开，直接促成了招生总量的猛增——1994 年度全国实际招收硕士生（含研究生班）41826 人、博士生 9038 人。

1994 年 9 月，国家教委研究生工作办公室印发《关于研究生教育近期工作要点》，表示“今后一个时期研究生教育应坚持走以内涵发展为主的道路，工作的重点是深化改革，调整结构和提高质量”。[②] 1995 年度的研究生招生工作即以此为重心，招生总数较上年度保持相对稳定，实际招收硕士生（含研究生班）39997 人、博士生 11056 人。

1995 年 11 月，国家教委发布《关于进一步改进和加强研究生工作的若干意见》，提出“科学规划研究生教育发展的规模和速度，探索合理有效的招生调控机制”。具体措施包括：（一）根据综合国力的增长，以及国家经济建设、科技进步和社会发展对高层次人才的需求，使研究生教育保持适当规模和发展速度。“要在 1995 年招生规模的基础上，逐年增加招生数，到 2000 年时在校研究生达到 20 万人左右”。[③]（二）改进和完善研究生招生办法，在确保足

---

① 参见《明年招硕士生三万博士生七千》，《人民日报》1993 年 8 月 18 日。

② 《学位与研究生教育 1994 年大事记》，《学位与研究生教育》1995 年第 5 期。

③ 《中国教育年鉴》编辑部编：《中国教育年鉴（1996）》，人民教育出版社 1997 年版，第 211 页。

够培养条件和生源质量的基础上，建立满足国家和社会各方面人才需求的招生宏观调控机制。国家逐步试行通报当年研究生分配和需求情况，为招生工作提供参考。同时加强对研究生入学水平检查与培养质量评估，监督各培养单位的招生与培养质量。（三）招生政策向研究生培养基地倾斜，高度重视经济建设急需的高层次应用型专业人才的培养，“九五”期间招生数增量部分优先用于培养专业学位和其他各类应用学科的人才；鼓励培养条件好的高等院校自筹经费，招收已经获得硕士学位的本校优秀青年教师在职攻读博士学位，以加强高校教师队伍建设，尽快提高博士在高校专任教师队伍中的比例。

1996 至 1998 年，研究生招生总数按照相关政策的指引，在 1995 年的基础上逐年增加，1996 年为 59398 人，1997 年为 63749 人，1998 年为 72508 人。这主要是受到了三方面因素的共同影响：一是《专业学位设置审批暂行办法》于 1996 年公布，我国专业学位教育制度体系基本建构完成，专业学位种类陆续新设，招生人数由 1996 年的 3859 人猛增至 1998 年的 17649 人；① 二是委托培养和自筹经费招生计划的继续放开，逐渐成为研究生生源的重要组成部分；三是博士研究生的招生数也有一定增长，由 1996 年的 12562 人增加为 1998 年的 14962 人。

表 7.2.2　1986—1998 年我国研究生招生情况简表*

年　度	1986 年	1987 年	1988 年	1989 年	1990 年	1991 年	1992 年
招生总数	41310	39017	35645	28569	29649	29679	33439
硕士生数	39062	35402	32383	25793	26312	25507	28403
博士生数	2248	3615	3262	2776	3337	4172	5036
年　度	1993 年	1994 年	1995 年	1996 年	1997 年	1998 年	
招生总数	42145	50864	51053	59398	63749	72508	
硕士生数	35995	41826	39997	46836	50832	57546	
博士生数	6150	9038	11056	12562	12917	14962	

*资料来源于《我国学位和研究生教育大事记（1986 年）》，《学位与研究生教育》

① 参见吴镇柔等主编：《中华人民共和国研究生教育和学位制度史》，北京理工大学出版社 2001 年版，第 488—489 页。

1987 年第 4 期；《我国学位与研究生教育大事记（1987）》，《学位与研究生教育》1988 年第 3 期；吴镇柔等主编：《中华人民共和国研究生教育和学位制度史》，北京理工大学出版社 2001 年版，第 484 页。需要说明的是，据前二者记载：1986 年研招总数为 41713 人，其中硕士生数 39328 人，博士生数 2385 人；1987 年研招总数为 39341 人，其中硕士生数 35726 人，博士生数 3615 人。录此备查。

三、 管理体制的改革

1989 年 4 月，根据国家教委机构调整方案，研究生司撤销，研究生教育的行政管理工作重新并入高等教育司。高等教育司下设研究生教育一处、二处，分别负责招生和培养管理工作。1991 年 2 月，国家教委设立研究生工作办公室（与国务院学位办合署办公），主要职能是“负责全国研究生教育工作的规划、管理、指导、检查等，并协调各研究生主管部门之间的关系”。① 此外，研究生教育的管理体制的改革与调整主要表现为如下三个方面。

（一）研究生院制度的确立

关于研究生院的设置，早在 1977 年 9 月 10 日，经国务院批准，中国科学院就在北京筹建我国第一个研究生院——中国科学技术大学研究生院。1978 年 10 月，中国科学技术大学研究生院在北京正式成立（2000 年 12 月更名为中国科学院研究生院，2012 年 6 月再改制为中国科学院大学），院长严济慈。1978 年 8 月 8 至 18 日，教育部在河北涿县召开的直属重点高校座谈会上，在讨论加快发展高等教育问题时，又提出了扩大研究生招生和举办研究生院的设想。10 月 11 日，中国社会科学院研究生院获中共中央批准在北京成立，院长由中国社会科学院副院长周扬兼任。1984 年 8 月，国务院正式批准北京大学、清华大学等 22 所重点高校“试办”研究生院。1986 年 4 月，国务院又批准中山大学、厦门大学、华东师范大学等 10 所高校试办研究生院。至此，已有 33 所高校获准开办研究生院。

1993 年 8 月，研究生院的试办工作已历时 9 年，国家教委开始筹备对此进行全面检查与总结。经过多次会议研讨，国家教委研究生工作办公室于 1995 年 2 月下发《关于开展研究生院评估工作的通知》，正式启动了对全国 33 所研究生院的评估工作。评估内容包括：“研究生培养及质量”“学科建设

① 《我国学位与研究生教育大事记 1991 年》，《学位与研究生教育》1992 年第 4 期。

及成果”和“研究生院机构建设”①。1995年10月，评估结果公布，清华大学、北京大学、南京大学、复旦大学、西安交通大学、浙江大学、哈尔滨工业大学、上海交通大学、华中理工大学、中国科学技术大学等高校的研究生院获得前十名。随后，国家教委发布《关于表彰清华大学等十所普通高等学校试办研究生院的决定》，并高度肯定了所有试办研究生院的整体成效：

> 十多年来，我国高等学校研究生院在试办期间，全面贯彻党和国家的教育方针、政策，培养出了大批素质好、质量高的高层次专门人才。试办研究生院，促进了学校的学科建设以及教学、科研水平的不断提高，推动了学校的全面发展。在研究生教育改革和发展中，这些试办的研究生院起到了骨干和示范作用，显示出较高的管理水平，已经初步建设成为我国高层次人才培养的重要基地，为我国社会主义现代化建设做出了重要贡献。事实证明，在我国试办研究生院是完全必要的，是十分成功的，为正式建立研究生院打下了坚实的基础。②

随后，国家教委批准33所研究生院分批结束试办，开始正式设置。

1995年10月，国家教委印发《研究生院设置暂行规定》，指出研究生院“主要是指在承担研究生培养任务的高等学校中组织实施研究生教育工作的管理机构”，设置目的为“提高研究生教育质量和办学效益，促进研究生教育基地建设”。设置原则为“符合国家经济建设、社会发展和科技进步对高层次专门人才的需求，以及研究生教育的发展规划”。国家教委直接负责研究生院的规划与审批，申请设置研究生院的高校应“具有较高的办学水平和良好的办学基础，其整体实力和本科教育水平在全国同类高等学校中居于前列，在国内外具有一定的影响”，并在本科和研究生教育质量、师资队伍结构、主干学科专业水平、科研水平和条件、管理制度和机构等方面达到相应的标准。新设研究生院一般需经过三年的试办期，期满后由国家教委组织进行考核评估，“试办合格的”“批准其正式建院”。③ 该暂行规定还对研究生院的职责任务、

---

① 《中国教育年鉴》编辑部编：《中国教育年鉴（1996）》，人民教育出版社1997年版，第216—217页。

② 《关于表彰清华大学等十所普通高等学校试办研究生院的决定》，《学位与研究生教育》1995年第6期。

③ 参见国务院法制办公室编：《中华人民共和国教育法典》，中国法制出版社2016年版，第276—277页。

机构与人员编制等给予了较为具体的说明，使研究生院的设置与建设有了明确的制度依据，标志着我国研究生院制度的正式确立。

（二）学位管理体系的构建

我国现行的学位管理体系可分为三个层级，第一层级为国家级，主管机构为国务院学位委员会；第二层级为省部级，主管机构为国务院各相关部委、各省（市、区）学位委员会；第三层级为各学位授予单位的学位委员会。就具体构建历程来说，国务院学位委员会成立于 1980 年 12 月 1 日，其时“根据《中华人民共和国学位条例》规定，国务院设立学位委员会，负责领导全国学位授予工作”。[①] 国务院各相关部委以及各学位授予单位的学位委员会也已在 1986 年之前普遍设立。相关情况前文已作介绍，只需简单补充一点：1989 年 8 月，国家教委设立学位办公室，主要担负教委系统及委属高校有关学位的工作任务，“其机构不另设，与国务院学位委员会办公室联合办公”。[②] 下文主要对各省（市、区）学位委员会的设置情况进行简略说明。

《中华人民共和国学位条例》实施以后，各省、市、区的学位管理工作主要由本地高等教育主管机构负责。随着学位与研究生教育工作的快速发展，部分省（市、区）在 1987 年前后陆续提出了建立学位委员会的要求。1988 年 10 月，国务院学位委员会第八次会议就此形成原则性意见，即“同意有条件的省（市、区）成立省（市、区）一级的学位工作领导机构”。[③] 1990 年 7 月，国务院学位办、人事部地方机构编制司经过协商，“在地方学位委员会的性质、工作职责、审批办法等问题上取得基本一致的意见，为我国学位工作逐步建立起国家、地方和部委以及学校这样一个三级管理体制奠定了基础”。[④]

1991 年 3 月，国务院学位委员会分别发出通知，同意江苏、陕西、四川等省建立省学位委员会，并下发《关于试行建立地方学位委员会的几点意

---

① 梁桂芝、孟汇丽：《中华人民共和国学位与研究生教育要事志（1949.10—1993.3）》，西安交通大学出版社 1994 年版，第 206 页。

② 《我国学位与研究生教育大事记（1989 年）》，《学位与研究生教育》1990 年第 4 期。

③ 梁桂芝、孟汇丽：《中华人民共和国学位与研究生教育要事志（1949.10—1993.3）》，西安交通大学出版社 1994 年版，第 319 页。

④ 王崇东、范文曜：《我国学位与研究生教育大事记（1990 年）》，《学位与研究生教育》1991 年第 5 期。

见》，指出省级学位委员会是“主管本地区学位工作的非常设机构”，接受本级人民政府的行政领导，同时接受国务院学位委员会的业务指导，并初步规定了省级学位委员会的具体职责。10月，国务院学位委员会同意上海市、湖北省等省（市）成立学位委员会。11月18日，江苏省学位委员会作为我国第一个地方学位委员会，正式宣告成立。1992年3月至1993年4月间，四川、上海、陕西、湖北也先后正式成立了省（市）学位委员会。

1993年7月，国务院学位委员会拟订《关于地方学位委员会职责的暂行规定（征求意见稿）》，给予了地方学位委员会更多的职责与权限。同月，广东省学位委员会获准建立，并于1994年4月正式成立。1995年4月，国务院学位委员会第十三次会议决定要扎实推进学位管理体制改革，加强省级学位委员会建设。同年5月，国务院学位委员会同意北京、辽宁、吉林、黑龙江、山东、湖南、浙江、天津、福建等9省（市）建立省级学位委员会，并下发《关于加强省级学位委员会建设的几点意见》，进一步明确了省级学位委员会的性质与职责。1996年3月，安徽省获准建立学位委员会。至此，已有16个省（市）成立或筹建了学位委员会。

1996年5月，国务院学位办在南京师范大学组织召开省级学位委员会工作座谈会，就继续加强省级学位委员会建设，促进地方学位与研究生教育工作的发展进行了探讨与交流。① 1997年3月，国家教委、国务院学位委员会联合下发《关于加强省级人民政府对学位与研究生教育统筹权的意见》，表示除16个已建立的省级学位委员会之外，其余各省、直辖市、自治区可根据需要，自行建立省级学位委员会或其他形式的学位与研究生教育管理机构，“其章程、议事规则应报国务院学位委员会”。此后，其他省、市、区都按照规定，陆续报请批准或自行成立了学位委员会。

（三）评估与学术机构的建置

除研究生院制度的确立、三级学位管理体系的构建外，这一时期研究生教育管理体制改革，还表现为相关评估与学术机构的建立与发展。

关于研究生教育工作的评估，最初的起动，应是1992年4月3日国务院学位办在北京召开的学位与研究生教育质量检查与评估工作通气协商会。此

---

① 参见《我国学位与研究生教育大事记（1996年）》，《学位与研究生教育》1997年第5期。

次会议上，受邀38个部委教育司（局）负责人，通过讨论协商，决定启动学位和研究生教育质量的检查和评估工作。按照国务院学位委员会和国家教委的统一部署，在1992年10月至1993年10月间，国务院学位办和国家教委研究生工作办公室联合组织了对物理学、动力工程及工程热物理同时委托原航空航天部组织了对航空与宇航技术这3个一级学科的部分博士、硕士学位授权专业点（1990年及以前获得学位授权专业点）的学位与研究生教育质量的检查和评估工作；另外，委托陕、川、苏、沪、鄂5省（市）学位委员会对中文、历史、生物、力学等4个一级学科的西北、华东、西南、中南（广东除外）4个地区的部分硕士学位授权专业点进行检查和评估；此外，还会同农业部、林业部、卫生部、中医药管理局、解放军总后勤部卫生部，对农、林、医、药等学科的部分博士、硕士学位授权专业点的学位与研究生教育质量进行检查和评估。这次质检和评估工作，采取专家评议和抽样实地考察相结合，对各专业点培养两级研究生及科研工作的能力、水平等方面质量进行定量评分并排序，将评估结果通过传媒公布于社会，因此引起了热烈的反响。

建立评估制度是保证我国学位与研究生教育质量的一项重要举措，是转变国家对学位与研究生教育工作管理职能的重要内容。为使评估工作逐步规范化、制度化，以保障评估工作的正常而有效开展，1994年7月，“高等学校与科研院所学位与研究生教育评估所”在北京理工大学成立。该所受国务院学位委员会、国家教委委托，承担开展学位与研究生教育评估及有关咨询服务工作，“标志着由政府承担的评估工作职能向民间事业性机构的转变，是实现机关工作职能转变的重要步骤”。[①] 1998年11月，国务院学位委员会、教育部联合发布通知，决定成立“中国学位与研究生教育发展中心”。该中心属于事业单位性质，挂靠清华大学，业务上受国务院学位办、教育部研究生工作办公室的指导。原“高等学校与科研院所学位与研究生教育评估所”成建制并入中心。[②]

随着研究生教育事业的发展和研究生人才培养队伍的壮大，为了加强学

---

① 《学位与研究生教育1994年大事记》，《学位与研究生教育》1995年第5期。

② 《中国学位与研究生教育大事记（一九九八年）》，《学位与研究生教育》2000年第2期。

术研究、人才培养以及管理经验等方面的交流，1986年1月，地方性的研究生教育组织“北京市高等学校研究生教育学会”率先成立，随后数年间，上海、浙江、广东、天津、黑龙江、湖北、陕西等地“研究生教育学会”或“高校研究生教育学会”先后成立。在此基础上，1994年7月，“中国学位与研究生教育学会”在北京正式成立。该会作为学位与研究生教育领域的全国性、学术性、非营利性社会组织，接受国家教委（1998年3月更名为教育部）、民政部的业务指导和监督管理，旨在开展学位与研究生教育理论和实际问题的研究，进行学术交流、调研、咨询和培训等活动，不断总结经验、探索规律、推动改革、提高质量，促进我国学位与研究生教育事业的可持续发展，更好地服从、服务于国家发展战略目标。

毫无疑问，相关评估、学术机构的建立与发展，为研究生教育的发展提供了重要的决策依据与咨询建议，加强了各培养单位之间的交流与合作，从而有力地推动了我国学位与研究生教育管理体制的深化改革。

四、分配制度的变化

1985年中共中央发布的《关于教育体制改革的决定》提出要改变高等学校毕业生全部由国家包分配的办法，根据招生计划的不同，对应实行三种分配方式：（一）是国家计划招生的，“在国家计划指导下，由本人选报志愿、学校推荐、用人单位择优录用”。（二）是用人单位委托招生的，“按合同规定到委托单位工作”。（三）是个人自费的，“毕业后可以由学校推荐就业，也可以自谋职业”。研究生分配制度的改革亦以此为基本依据，“统招统分”的一元化模式被逐步打破，分配制度渐趋开放与灵活。

（一）“计划分配”模式的延续与调整

随着社会变革的不断深入和经济建设的快速发展，到20世纪80年代中期，国家各行各业对知识人才尤其研究生层次的高知人才需求量日渐扩大，人才的流动性也日益加强，于是计划之外争抢和截留人才的现象屡屡发生。针对当时部分地区和用人单位通过“五不要”（不要户口、粮食关系、档案材料、报到证、党团关系）任意截留包括研究生在内的高校毕业生的现象，国家教委、公安部、商业部曾于1986年6月17日联合下发《关于制止截留按计划分配的毕业生的通知》，严肃指出：

> 高等学校毕业生是国家有计划培养的专门人才，目前对毕业生仍然

> 实行计划分配制度。无论是国家教委制订的分配计划，中央业务部门和地方制订的分配计划，还是由学校自下而上提出并得到学校主管部门批准的分配计划，都属于国家计划分配的范围。任何部门、任何单位，都不准以任何借口截留按计划分配的毕业生。否则，以违纪论处，追究有关人员的责任。所截留的毕业生，必须退回原计划分配的单位。①

然而，社会的发展和形势的变化太快，传统的“计划分配”模式已越来越不适应时代的需求，于是在1986年12月上旬，国家教委于8日和10日连续发布了《毕业研究生分配工作暂行办法》和《关于改进和加强研究生工作的通知》，对当前研究生毕业分配问题进行了相应的规定和阐释。《关于改进和加强研究生工作的通知》中表示当前对研究生毕业分配的宏观指导还有待提高，并提出了分配工作的总体方针：

> 在国家分配计划指导下，实行供需见面、上下结合制订分配方案的办法，并要不断改进和完善，加强宏观指导。既要保证国家重点部门与单位的需要，又要考虑社会各方面的需求。在分配工作时既要适当考虑毕业研究生的志愿，也要根据学用一致的原则向他们提出服从国家需要的要求。②

《关于改进和加强研究生工作的通知》还将具体的分配原则大致分为五项：（一）博士毕业生“主要是充实高等学校师资和科研单位研究人员以及技术开发部门等”。（二）硕士毕业生“除了继续补充高等学校师资和科研单位研究人员外，应有计划地充实国家重点建设单位，逐步提高分配到生产部门、专业技术部门和管理部门”的比例。（三）高等师范院校本科应届毕业生考取的研究生，“毕业后原则上分配到师范院校任教”，其他院校毕业研究生也要有一定比例分配到师范院校。（四）从边远地区录取的研究生“毕业后应尽可能分配回去”，招收研究生比较多的高等学校也要分配一定数量的毕业研究生支援边疆地区。（五）逐步扩大培养单位之间横向交流的比例，“限制毕业研究生留本单位工作的人数”。③

---

① 国家教育委员会编：《中华人民共和国现行教育法规汇编（1949—1989）》，人民教育出版社1991年版，第344页。

②③ 何东昌主编：《中华人民共和国重要教育文献（1949～1997）》，海南出版社1998年版，第2545页。

《毕业研究生分配工作暂行办法》中，关于分配原则的表述与《关于改进和加强研究生工作的通知》的内容基本相同，并特别强调“根据国家计划招生，取得毕业资格者，由国家分配工作”。此外，《毕业研究生分配工作暂行办法》也对分配计划的制定与分工、毕业教育与鉴定、派遣、接收等环节进行了更为明确的规定或说明。

整体而言，这套方案仍带有高度的计划性色彩，如在分配计划的制定环节，规定国家教委所属院校毕业研究生由国家教委直接制定分配计划；中央其他部委所属院校、科研单位毕业生“由主管部门提出分配建议计划，并按国家教委提出的比例进行横向交流”；各省、直辖市、自治区对下属院校、科研单位毕业生分别提出分配建议计划。直至各个具体培养单位，也要按专业提出分配建议计划，报上级主管部门审核汇总后，送交国家教委。这些分配建议计划最终由国家教委集中进行审核、调整，再编制出全国毕业研究生分配计划，报国务院备案并下达执行，“不得随意变动，任何单位不得截留按计划分配的毕业研究生”。①

在整体沿用计划分配模式的同时，1987 年前后已有部分研究生培养单位率先试行了毕业分配改革。如中国社会科学院研究生院在保证国家需要的前提下，依据“个人志愿、单位需要、学校推荐”的原则，实行供需见面，允许毕业生在一定范围内选择工作单位。该院 1987 届 229 名毕业生中，“约有 40%自找工作单位，以便更好地将组织分配和个人志愿结合起来”。② 1988 年 7 月，国家教委发布《关于改进 1989 年毕业研究生分配工作的通知》，决定国家教委直属高校 1989 年毕业研究生普遍实行学校推荐、学生选择、用人单位择优录用的“双向选择”办法。“双向选择”应在国家方针和学校指导下进行，并在学校规定时间内落实工作单位，未落实者应服从学校统一分配。既不参加“双向选择”，也不接受分配的自谋职业或自愿个体开业者，均应向学校交纳培养费。师范院校毕业研究生，“一般应在教育系统范围内选择工作单位”；来自边远省区的毕业研究生，“原则上应回原地区选择工作单位”；定向、委托培养或在职研究生班毕业生，“均应回既定单位工作”。该文件还规

① 国务院学位委员会办公室、国家教育委员会研究生司编：《中华人民共和国学位与研究生工作文件选编》，北京航空航天大学出版社 1988 年版，第 261—263 页。

② 《中国社科院研究生毕业分配试行改革》，《人民日报》1987 年 7 月 12 日。

定，在分配工作中应继续注重高等院校、科研机构、生产和技术部门、党政领导机关和经济管理部门的需要，并强调“双向选择是一项严肃的工作，毕业研究生和用人单位双方都要加强信用观念，在形成分配计划后不得随意变动”。为保证派遣工作的顺利进行，有条件的学校可试行签订协议的办法，明确毕业研究生和用人单位双方的权利、义务和执行协议的保证措施。同时切实防止不正之风的干扰，为研究生在国家分配方针政策指导下，通过公开、平等的竞争选择职业创造有利条件。除国家教委直属高校外，其他部委及各省、自治区、直辖市所属培养单位分配办法，可由主管部门结合实际情况，自行参照上述规定执行。①

1989 年 11 月 30 日，国家教委发出《关于做好 1990 年毕业研究生分配工作的通知》，表示 1990 年毕业研究生仍实行国家负责、按计划分配的制度，“继续贯彻面向教学、科研和技术应用第一线及坚持学用一致、人尽其才的方针和原则”，重点加强高等院校、科研机构、国家和地方重点建设项目所需人员的配备。国家教委直属院校毕业研究生，面向全国分配，学校在制订分配建议计划时，应优先考虑生源所在省、自治区、直辖市的需要。国务院其他部委培养的毕业研究生，主要面向本系统、本行业分配。各省、自治区、直辖市培养的毕业研究生，面向本地区分配。凡具备条件，并经主管部门批准的培养单位，可采用“双向选择”办法，但必须在主管部门规定的时间和分配范围内进行。研究生自行联系、落实的工作单位，必须经培养单位审核、推荐。“对不符合国家分配方针、政策的，培养单位不予推荐和报批。”②

1991 年 12 月，国家教委《关于 1991 年高等学校毕业生和毕业研究生分配问题的报告》经国务院办公厅批转，表示凡纳入国家统一招生计划的毕业研究生，“只要服从国家需要，国家都给予安排工作”。培养单位和用人单位可通过各种形式的“供需见面”办法落实分配计划，也可在一定范围内，由毕业生与用人单位实行“双向选择”。

总体言之，1986 至 1992 年毕业研究生的分配制度仍以计划分配为主，注重国家的宏观调控与指导，同时开始结合个人志愿与用人单位需求，初步地进行了“双向选择”改革。由于这段时期毕业研究生的数量相对较少，而且

---

① 参见《明年研究生分配实行双向选择》，《人民日报》1988 年 9 月 17 日。

② 赵卫、毕全忠：《统筹安排　加强重点　面向基层》，《人民日报》1989 年 12 月 9 日。

相当多数已是在职人员或定向培养，所以就业难的问题并不突出。在既有的“包分配”模式下，也存在个别无法顺利就业的现象，如1989年3月11日《人民日报》第5版即以《按需培养研究生迫在眉睫》为题，报道了某位古代汉语专业毕业的硕士生，被分配到上海市，该市高教局多次与有关单位联系，无一单位愿意接收。他本人也向十余家专业对口的单位毛遂自荐，但得到的答复均是“编制已满，爱莫能助”，只能跟随母亲在街头摆摊卖烟。

（二）“自主择业”模式的确立与实施

1993年2月，中共中央、国务院印发的《中国教育改革和发展纲要》提出“改革学生上大学由国家包下来的做法，逐步实行收费制度”。与之相对应，国家开始打破高校毕业生“统包统分”和“包当干部”模式，实行少数毕业生由国家安排就业、多数由学生“自主择业”的就业制度。“师范学科和某些艰苦行业、边远地区的毕业生，实行在一定范围内定向就业”，委托和定向培养的毕业生按合同就业，其余大部分毕业生实行在国家方针政策指导下，通过人才劳务市场，采取“自主择业”的就业办法。1993年11月30日，国家教委发出了《关于做好1994年全国普通高等学校毕业生就业工作的通知》和《关于做好1994年全国毕业研究生就业工作的通知》，提出1994年毕业生就业工作的方针政策。其中规定国家任务招生计划的毕业生，原则上仍由国家负责在一定范围内安排就业，实行“供需见面”和一定范围内“双向选择”。①

1994年4月，国家教委发布《关于进一步改革普通高等学校招生和毕业生就业制度的试点意见》，表示根据《中国教育改革和发展纲要》精神，推进以收费制度为核心的招生和毕业生就业制度改革，“引导学生毕业后参与劳动力市场的竞争，国家不再以行政分配而是以方针政策指导、奖学金制度和社会就业需求信息来引导毕业生自主择业”，逐步建立“学生上学自己缴纳部分培养费用、毕业后多数人自主择业”的机制。在试点期间，实行“老生老办法，新生新办法”，原来按国家任务计划招生的学生毕业时原则上仍由国家负责安排就业，实行“供需见面”和一定范围内“双向选择”。值得注意的是，《关于进一步改革普通高等学校招生和毕业生就业制度的试点意见》在表述上

① 《中国教育年鉴》编辑部编：《中国教育年鉴（1995年）》，人民教育出版社1995年版，第212页。

不再沿用“分配工作”的提法，而是改为“就业制度”，标志着传统的分配制度正式向开放的就业制度转变。

1995年3月，国家教委下发《关于1995年深入进行普通高等学校招生和毕业生就业制度改革的意见》，表示“1997年招生时，全国大多数高等学校都应按改革后的新体制运作；到2000年时，基本实现招生和毕业生就业制度的新旧体制转轨”。1996年1月，人事部颁行《国家不包分配大专以上毕业生择业暂行办法》。1997年3月，“为做好普通高等学校（含研究生培养单位）毕业生（含毕业研究生）就业工作”，国家教委发布《普通高等学校毕业生就业工作暂行规定》，进一步明确了落实毕业生就业计划的重要方式是“供需见面”和“双向选择”。该文件规定：

> 第二十二条　供需见面和双向选择活动是落实毕业生就业计划的重要方式。各部委、各地方主管毕业生就业工作部门负责管理和举办本部门、本地区的毕业生就业供需见面和双向选择活动，其他部门不得举办以毕业生就业为主的洽谈或招聘会……
>
> 第二十三条　……高等学校在毕业生供需见面和双向选择活动中起主导作用。
>
> 第二十四条　经供需见面和双向选择后，毕业生、用人单位和高等学校应当签订毕业生就业协议书，作为制定就业计划和派遣的依据。未经学校同意，毕业生擅自签订的协议无效。
>
> …………
>
> 第二十六条　供需见面和双向选择活动，不得以赢利为目的向学生收费，不得影响学校正常的教学秩序和学生的学习。[①]

同时，该文件还明确了政府主管部门、高等学校、用人单位、毕业生等在“双向选择”中的责任与权限。至此，除定向与委托培养招生外，普通高校其余毕业生不再统一分配，“自主择业”体制全面确立，促进了研究生就业改革的平稳开展。

概而言之，以上各项纲领或文件，虽并非专门针对毕业研究生而制定，但对研究生分配制度的改革有着普遍的指导意义，为研究生分配制度改革提

---

① 国务院法制办公室编：《中华人民共和国教育法典》，中国法制出版社2016年版，第260页。

供了基本的制度依据。可以说，1993 年以后，在研究生毕业分配（择业）方面，其改革经历了三大步：一是 1993 年 2 月《关于学位与研究生教育改革和发展的若干意见》，表示进一步改革毕业研究生的就业制度，完善自主择业和用人单位择优录用的“双向选择”办法，通过政策导向、思想工作、经济手段等，引导毕业生到国家急需、能发挥所长的工作岗位上去。二是 1995 年 11 月出台《关于进一步改进和加强研究生工作的若干意见》，提出加强对毕业研究生的就业指导和咨询服务工作，进一步完善国家宏观调控下一定范围内“双向选择”的办法，引导毕业研究生到国家急需的工作岗位上去就业。三是从 1996 年开始，所有毕业研究生全部采用国家统一制定的就业协议。由是 1997 年以后，毕业研究生“双向选择”制度全面实施，其整体模式一直沿用下来，政府主管部门对此也采取了一系列的宏观调控手段。不过，受招生规模、培养质量、社会需求等因素的影响，就业形势随着时代的发展逐渐有了很大的变化。

第三节　培养体系的改进

1978 至 1985 年，我国已初步形成了多元化的研究生培养结构。大致来说，培养层次包括硕士、博士两级；培养类型则以国家计划内“统招统分”为主，陆续新增了出国预备研究生、委托培养、研究生班、工程类型硕士生、在职人员以同等学力申请学位等模式。1986 至 1998 年，整个培养体系经过持续的改革与调整，更好地适应了新形势下经济与社会各项事业发展的现实需求。其主要体现为如下三点：一是以提高培养质量为导向，逐步加强了对在职研究生教育的规范管理。二是以加快改革开放为背景，国际交流合作的形式与内容更为丰富。三是以培养高层次应用型人才为目标，初步建构了专业学位及其教育体系。

一、两级培养方式的规范

当研究生培养工作和研究生教育事业走上正常发展的轨道之后，1985 年 5 月，中共中央发布《关于教育体制改革的决定》中提出，为了增强科学研究能力，培养高质量的专门人才，要改进和完善研究生培养制度。同时提出，根据同行评议、择优扶植的原则，有计划地建设一批重点学科，重点学科比较集中的学校，将自然形成教育中心和科学研究中心。

1986年1月28日和4月21日，国家教委先后发出《关于发给研究生班毕业证书的通知》和《关于研究生班毕业生申请做论文等问题的通知》。这两件文件，使得1984年开始问世的“研究生班”的课程安排、论文撰写、毕业证书乃至学位问题的解决有了政策的依据。

到1988年3月，国务院学位办又发出《关于研究生班毕业生申请学位等问题的通知》，要求研究生班毕业生申请学位，从1988年起，均按在职人员以同等学力申请学位办理，并对申请学位的基本程序、毕业年限、课程成绩的时效等作出了明确的规定。[①] 与之同时，国务院学位办还发出通知，对继续进行在职人员以同等学力申请学位的试点工作的有关事项作了安排，并批准少数进行试点工作较好的单位免予验收，可以自行审批授予在职人员硕士或博士学位。[②] 当年12月，国务院学位办在昆明召开了在职人员以同等学力申请学位试点工作汇报会，检查和讨论了各试点单位的相关工作情况，并审议通过了可授予硕士、博士学位的人员名单。截至当年年底，经批准全国共有16个单位可以自行审批授予在职人员博士、硕士学位，有57个单位可以自行审批授予在职人员硕士学位。

1991年3月，国务院学位委员会发布《关于授予具有研究生毕业同等学力的在职人员硕士、博士学位的暂行规定》及其实施细则。按照该文件的要求，凡能坚持四项基本原则，热爱祖国，遵纪守法，品行端正，较好地完成本职工作，在教学、科研或专门技术上作出成绩，业务和学术水平已达到硕士或博士研究生毕业同等学力水平的在职人员，“经所在单位同意，均可向学位授予单位申请硕士或博士学位”。就其来源而言，实际包括两种。第一种是已获得学士或硕士学位，并在本专业或相近专业工作有了一定年限者，可申请更高层次的硕士或博士学位。第二种是在国家教委批准举办的研究生班毕业后工作两年以上者，可申请硕士学位。该文件还特别要求申请各级学位应达到的学术水平，以及资格审查、课程考试、论文答辩等有关事项，均按照

① 参见《我国学位与研究生教育大事记（1988年）》，《学位与研究生教育》1989年第3期。

② 参见梁桂芝、孟汇丽：《中华人民共和国学位与研究生教育要事志（1949.10—1993.3）》，西安交通大学出版社1994年版，第307页。

《中华人民共和国学位条例》及其暂行实施办法和有关文件的规定执行。“向在职人员授予学位，同向应届毕业研究生授予学位一样，做到坚持标准，保证质量”。①

此后，国务院学位委员会及国务院学位办采取措施，进一步提高了在职人员以同等学力申请学位的质量要求。1994 年 12 月，国务院学位办决定从 1995 年起，非外语专业的在职人员以同等学力申请硕士学位，均需参加外国语水平全国统一考试；1997 年 9 月，下发《关于调整在职人员以研究生毕业同等学力申请学位工作有关政策的通知》，规定实行逐级申请学位的政策，即申请硕士学位人员必须已获得学士学位，申请博士学位人员必须已获得硕士学位。②

另一方面，国家持续加强了对研究生班的规范管理，并正式明确其非学历教育的性质。1991 年 7 月，《关于做好 1988、1989 级研究生班毕业生按在职人员授予硕士学位工作的通知》出台。该《通知》强调“必须是国家教委批准招生计划内的研究生班才可按有关文件申请并授予硕士学位”。③ 1993 年 12 月，国家教委学位办发出《关于对举办研究生课程进修班加强管理的通知》，要求有关单位严格执行国家有关法规，加强对各类研究生课程进修班的学习管理，保证我国学位的授予质量和良好声誉，并对一些单位违反有关规定的问题进行了查处。④ 1994 年 12 月，国务院学位办又发出《关于重申在职人员申请学位工作有关政策的通知》，“指出地方党校举办的研究生班不符合有关规定，不能按研究生班人员申请学位，其所学课程不予认可”。⑤

从 1994 年开始，国务院学位办对研究生班实行登记备案制度。1997 年 1 月，国务院学位办下发《关于委托省级学位与研究生教育主管部门对举办研

---

① 梁桂芝、孟汇丽：《中华人民共和国学位与研究生教育要事志（1949.10—1993.3）》，西安交通大学出版社 1994 年版，第 376 页。

② 参见《我国学位与研究生教育大事记（1997 年）》，《学位与研究生教育》2000 年第 1 期。

③ 《我国学位与研究生教育大事记（1991 年）》，《学位与研究生教育》1992 年第 4 期。

④ 参见《我国学位与研究生教育大事记（1993 年）》，《学位与研究生教育》1994 年第 6 期。

⑤ 《学位与研究生教育 1994 年大事记》，《学位与研究生教育》1995 年第 5 期。

究生课程进修班进行登记备案的通知》，规定办班名称统一定为“研究生课程进修班”，只是“适应当前社会上在职人员要求提高自身业务水平的一种教学形式”。符合条件的办班单位，必须上报省级学位与研究生教育主管部门，经审查备案后方可开办。课程成绩合格者只能获得“研究生课程结业证书”，不得冠以“硕士学位”或“毕业”等名称。若提出申请学位，必须严格按照国务院学位委员会相关规定执行。

1998年7月，国务院学位委员会发布《关于授予具有研究生毕业同等学力人员硕士、博士学位的规定》。该文件规定申请资格审查的条件为：申请硕士学位者必须已获得学士学位，并在获得学士学位后工作三年以上，在申请学位的专业或相近专业作出成绩；申请博士学位者必须已获得硕士学位，并在获得硕士学位后工作五年以上，在教学、科研、专门技术领域作出突出成绩，在申请学位的学科领域独立发表过高水平的学术论文，或出版过高水平的专著，科研成果获得国家级或省部级以上奖励。同时规定，申请者通过资格审查后，还要完成同等学力水平认定。以申请硕士学位为例，水平认定包括三项内容：一是教学、科研、专门技术、管理等方面成绩的认定；二是专业知识结构及水平的认定，需要在通过资格审查后四年内全部通过学位授予单位组织的课程考试、国家组织的水平考试（外国语水平考试、学科综合水平考试两项）；三是学位论文水平的认定，申请者应在通过上述全部考试后一年内提交学位论文。

二、国际交流合作的推进

1986年以后，我国高等教育领域的国际交流合作不断深入拓展。其主要的途径包括派遣出国留学生、接受来华留学生、开展中外联合培养或合作办学、互派访问学者或进修考察人员、举行国际学术活动等，其中前三种与研究生教育直接相关。下文即依次对这三方面的相关情况加以概要的分析与说明。

（一）派遣出国研究生

1981年，我国即开始系统地选派出国预备研究生，至1985年已共计录取约5000人。1986年5月，国家教委组织召开留学生工作会议，表示“自1978年7月以来，我国先后派出公派出国留学人员三万余人，自费留学生八千余人”，其中研究生约占派出总数的18%。鉴于“国内高等教育事业已有较大发展，教学与科研水平都有较大的提高”，会议还特别强调：“今后培养研究生应立足于国内，以国内培养为主。要适当减少攻读硕士学位的出国研究生，增加攻读博士学位的出国研究生”。① 按照此次会议确定的“按需派遣，保证质量”方针，国务院于 1986 年 12 月批转了国家教委的《关于出国留学人员工作的若干暂行规定》，将公派出国留学人员分为大学生、研究生、进修人员和访问学者三类，其中“出国研究生应是具有大学毕业及以上水平的成绩优秀的人员，并应根据不同学科的特点，规定出国前参加实际工作的年限”。1987 年，国家教委发布《关于进一步贯彻中央出国留学人员工作方针的通知》，明确要求“出国访问学者和进修人员要占国家公派出国留学人员总数的 70%”，研究生层次的比重则限定为 25%。同年，国家教委制定《单位公派出国留学人员选派工作和经费的管理细则》，要求单位公派以派遣在职人员出国进修为主，只能有少数在职人员可以出国攻读学位。至于自费留学，1986 年 12 月的《关于出国留学人员工作的若干暂行规定》也设置了较为严格的限制条件，规定高等学校应届毕业生“应服从分配，为国家服务”，不能直接申请自费出国留学。国内在学研究生，应按学籍规定努力完成学习和研究计划，“一般不得中断学习自费出国留学”。专业技术骨干人员“申请自费出国留学，应尽量纳入公派范围”，在国外留学期间的管理、国内待遇，按公派出国留学办法办理。②

自 1992 年开始，以邓小平南方谈话为指导，我国留学派遣的整体政策更为开放与灵活。是年 10 月，中共十四大报告宣示：“我们坚定不移地实行对外开放，愿意不断加强和扩大同世界各国在平等互利基础上的经济、科技合作，加强在文化、教育、卫生、体育等各个领域的交流。”1993 年 2 月，中共中央和国务院制定的《中国教育改革和发展纲要》提出进一步扩大教育对外开放，加强国际教育交流与合作，“根据‘支持留学，鼓励回国，来去自由’方针，继续扩大派遣留学生”。此后，国家公派留学人员规模基本呈上升趋势，其中研究生阶段的留学生也随之有所增加。在自费留学方面，国家也逐步放宽或取消了原有的各项限制。1993 年 7 月，国家教委印发《关于自费出

① 蒋涵箴：《通过各种形式派遣留学人员》，《人民日报》1986 年 5 月 14 日。

② 参见梁桂芝、孟汇丽：《中华人民共和国学位与研究生教育要事志（1949.10—1993.3）》，西安交通大学出版社 1994 年版，第 286 页。

国留学有关问题的通知》，允许中等学校毕业生、在校自费大学生和毕业生直接自费出国留学，“大专以上的公费在校学生和公费培养的具有大专以上学历人员”偿还高等教育培养费后，也可申请自费留学。由是，“出国读研”逐渐成为出国留学的重要组成部分，且队伍日渐壮大。

（二）接受来华研究生

改革开放之后，来华留学人员不断增加，相关政策和制度也随之渐趋完善，如 1981 至 1983 年先后颁行的《接受外国研究学者入中国高等院校进行研究工作的有关规定》《为外国人举办短期学习班的有关规定》《关于外国留学生入中国高等院校学习的规定》等。[①] 但直至 1988 年，才正式发布了针对来华研究生教育的首个专门文件。该年 9 月 23 日，国家教委发布《关于招收和培养外国来华留学研究生的暂行规定》，表示招收和培养外国来华留学研究生是开展对外教育交流与合作，为友好国家培养高层次人才的重要途径之一。因此，该文件对招生、录取、培养、学习年限和授予学位等均作了说明：

> 经国家教委批准能够接受外国学生的高等学校中，有权授予硕士、博士学位的学科、专业，可以招收和培养外国来华留学研究生。录取来华留学研究生需通过考试录取，对其中品学兼优者，可采取免试推荐办法录取。凡通过学位课程考试和论文答辩，达到我国学位条例规定的硕士学位、博士学位的基本要求者，由所在高等学校授予硕士、博士学位。[②]

与之同时，该文件还特地强调：招收外国来华留学研究生既要坚持标准、保证质量；又要兼顾派遣国和外国留学生的实际情况，适当放宽要求。依照上述规定，凡是经国家教委批准能够接受来华留学生的高等学校中，有权授予硕士、博士学位的学科、专业，都可以招收外国留学生，实施研究生阶段教育。

随着来华留学人员日渐增添，1989 年，国家教委决定对来华留学生的培养结构进行适当调整，扩大进修生、研究生的招生比例。1990 年 7 月上、中旬，国务院学位办和国家教委国际合作司还专门为普通高校授予来华留学生

---

① 参见田正平主编：《中外教育交流史》，广东教育出版社 2004 年版，第 1025 页。

② 梁桂芝、孟汇丽：《中华人民共和国学位与研究生教育要事志（1949.10—1993.3）》，西安交通大学出版社 1994 年版，第 317 页。

我国学位的问题，联合在天津召开了这方面工作的研讨会。会议主要讨论了《关于普通高校授予来华留学生我国学位暂行规定（讨论稿）》。在此基础上，1991年，国务院学位委员会制定《关于普通高等学校授予来华留学生我国学位试行办法》，进一步加强了对来华留学研究生教育的规范管理。1995年12月，国家教委发布《关于外国留学生凭〈汉语水平证书〉注册入学的规定》，对外国来华读研的留学生相应地提出了汉语水平的要求："对于申请入普通高等学校攻读硕士和博士学位的外国人的汉语水平要求"，其教学语言为汉语的，可"参照本办法"，即参照一般来华生的汉语要求执行；其教学语言为外语的"不作统一规定"，"但学位论文一般使用汉语，其中论文摘要必须使用汉语"。①

（三）开展中外合作培养

首先应当指明，中外合作培养，包括中外联合培养与合作办学，而两者既有内在联系，又有一定区别。按照现有的政策解释，合作办学的内涵要广泛一些，指经过我国教育行政部门正式审批公布的合作办学机构或合作办学项目，办学形式可分为学历教育和非学历教育，培养过程可包括国内、国外两个阶段，也可只限于国内。联合培养则以学历教育为主，一般通过合作办学项目的方式开展。从实际发展历程来看，我国1981至1985年选派的出国预备研究生即具备联合培养的性质，与部分国外或国际组织开展的某些教育交流项目也带有研究生教育的成分。1986年以后，中外联合培养与合作办学逐步朝向制度化与规模化方向发展，层次、形式和内容也得到了不断的拓展与创新。

20世纪80年代中期至90年代初期，中外联合培养研究生的层次主要为博士生。1986年3月22日，时任国务院副总理兼国家教委主任李鹏，在会见联邦德国科学文化中心主席舒尔特时，就两国联合培养中方博士研究生问题进行了探讨。随之在5、6月间，中国教育国际交流协会副会长李滔应邀访德时，即代表国家教委签订了两国联合培养中国博士研究生的协议。当年10月，国家教委发布《关于1986～1987年度资助部分高等学校选派博士生与国外合作培养的通知》，指出：

① 国务院法制办公室编：《中华人民共和国教育法典》，中国法制出版社2016年版，第492页。

高等学校要积极开辟中外合作进行科学研究和培养博士生的途径。合作方式可以是双方导师联合培养，也可以是只根据我方需要派遣。派出的博士生应是品学兼优，已完成学位课程，到对方进行1至2年的结合其论文工作的科学研究，论文选题应结合我国实际。博士生应回国进行论文答辩，由派遣学校授予学位。①

同时决定“先在部分培养博士生多、国际学术交流基础好的高等学校进行试点”，选派100名博士生与国外合作培养。随后，1987年12月，国家教委发出《关于1988年度部分高等学校选派博士生与国外合作培养的通知》，要求有关高校根据需要，“以国家急需发展的应用学科为重点”，结合国外的可能，制订出1988年度与国外合作培养博士生的计划。1989年，国家教委又下发《关于下达1989年度国家公费与国外合作培养博士生计划的通知》，将选派名额定为200名，选派学科、专业“以国家急需发展的应用学科为重点”，在国外学习期限一般为一年至一年半。②

1990年4月，国家教委根据中日政府间达成的相关协议，发布《关于下达1991年国家公费与日本合作培养博士生名额的通知》。5月，国家教委又下发《关于1990年与国外合作培养博士生工作的通知》。这两份文件强调，与外国合作培养博士生的工作已进行三年多，取得了一定成绩。国家教委将继续提供必要的条件，对少数重点高校研究生政治思想工作比较得力、确需与国外合作培养博士生的学科、专业，“特别是应用学科”，予以重点支持；除选派40名博士生赴日本联合培养外，还资助50名左右的博士生赴德、英、法等国培养；同时决定该年度与国外合作培养的博士生，“选派的单位主要限于设立研究生院的高等学校”。③

此期中外联合培养博士生的实况，可以中加联合培养为例加以说明。1988年9月3日，中加联合培养博士生开学典礼在西安交通大学举行。来自清华大学、上海交通大学等9校22名博士生进入设在西安交通大学的西安中心学习，学制三年半：第一学年主要强化英语和学习学位课程；第二年赴加

① 梁桂芝、孟汇丽：《中华人民共和国学位与研究生教育要事志（1949.10—1993.3）》，西安交通大学出版社1994年版，第282页。

② 《我国学位与研究生教育大事记（1989年）》，《学位与研究生教育》1990年第4期。

③ 王崇东、范文曜：《我国学位与研究生教育大事记（1990年）》，《学位与研究生教育》1991年第5期。

拿大有关高校选修五门课程，并从事一定的研究工作；第三年回国完成全部学位课程和论文工作，通过答辩者，由所在高校授予博士学位。①

从 1995 年开始，我国政府对中外合作办学整体加强了制度化的规范管理。1995 年 1 月，国家教委发布《中外合作办学暂行规定》，指出“中外合作办学是中国教育对外交流与合作的重要形式，是对中国教育事业的补充”。关于“中外合作办学”的政策内涵，则界定为：“外国法人组织、个人以及有关国际组织同中国具有法人资格的教育机构及其他社会组织，在中国境内合作举办以招收中国公民为主要对象的教育机构（以下称合作办学机构），实施教育、教学的活动。”合作办学的范围为各级各类教育（除义务教育以及我国有特殊规定的教育、培训），其中申请举办高等学历教育的合作办学机构，中方合作者必须为实施高等学历教育的高等学校，并按中方合作者的隶属关系，由省、自治区、直辖市人民政府或国务院业务主管部门审批，报国务院教育行政部门备案。《中外合作办学暂行规定》还要求，举办高等学历教育的合作办学机构，“招生按中国有关规定，纳入国家招生计划统一管理”；“依照中国的有关规定，可颁发学历证书”，“经国务院学位主管部门批准，可以颁发相应的中国学位证书”。“合作办学机构颁发外国学历、学位证书的，应由中国国家学历、学位主管部门核准”。② 上述规定为中外合作举办研究生教育提供了充分的制度依据，并初步将之与我国学历、学位制度相衔接。1996 年 1 月，国务院学位办下发《关于加强中外合作办学活动中学位授予管理的通知》，进一步加强了对于中外合作举办高等学历教育的管理，规定相关合作办学机构必须经国务院学位委员会审核批准后，方可授予相应的中国学位。除因特殊需要并经国务院学位委员会批准，合作办学机构不得向中国境内学生授予境外学位。

三、 专业学位体系的发展

我国专业学位教育自 1985 年开始试点探索，1990 年正式进入制度化发展

---

① 参见梁桂芝、孟汇丽：《中华人民共和国学位与研究生教育要事志（1949.10—1993.3）》，西安交通大学出版社 1994 年版，第 316 页。

② 《中国教育年鉴》编辑部编：《中国教育年鉴（1996）》，人民教育出版社 1997 年版，第 882—886 页。

阶段，至1998年已基本建构形成制度体系。下面先介绍专业学位教育的整体发展概况，再以其中的教育硕士为例，展开具体的分析与探讨。

（一）专业学位教育的发展概况

随着改革开放进程不断加快，经济和社会建设飞速发展，研究生教育培养体系“类型单一”与“流向单一”的弊端逐渐凸显，难以适应现代化事业对高层次人才的多样化需求。一方面，高校教学、科研人员已得到补充，人才短缺的问题已基本缓解；另一方面，工程、医学、财经等领域都急需大批应用型、复合型专业技术人才。为解决供求失衡的尖锐矛盾，我国开始对研究生培养类型加以调整和补充，至1998年初步建构形成了专业学位教育体系，其发展过程大致可分为以下两个阶段。

1. 试点探索阶段（1986—1988）

1984年11月12至14日间，西安交通大学、清华大学等11所理工类高校在西安召开培养工程类型硕士生研讨会。为改变其时研究生培养规格“单一的现状”，建议培养应用型的“工程型硕士生”。当年12月31日，教育部研究生司转发了这一建议，同意这11所高校进行培养工程类型硕士生（可称“工学硕士生”或“工程硕士生”）的试点工作。此建议得到教育部批准，上述11所高校于1985年开始试点招收工学硕士（工程类型）学位研究生，成为我国专业学位教育之起点。（相关内容详见第六章第三节）

1986年11月，国务院学位委员会、国家教委、卫生部联合下发《培养医学博士（临床医学）研究生的试行办法》，决定将医学博士研究生的培养规格分为两类：一类授予医学博士学位，以培养科学研究能力为主；一类授予医学博士学位（临床医学），以培养临床实际工作能力为主。第二类博士生在专业方面的培养要求，主要是“以临床实际工作能力的训练为主”：掌握本学科坚实宽广的基础理论和系统深入的专门知识，具有从事临床科学研究和教学工作的能力。在临床工作上，“具有独立处理本学科常见病及某些疑难病症的能力，达到初年主治医师水平”。[①] 培养年限四至五年，其过程分为两个阶段：第一阶段一般为两年，以本学科临床医疗工作训练为主，同时参加学位课程学习；第二阶段一般为二至三年，需要完成全部学位课程，进一步深入学习

① 梁桂芝、孟汇丽：《中华人民共和国学位与研究生教育要事志（1949.10—1993.3）》，西安交通大学出版社1994年版，第284—285页。

和掌握本专业临床技能和理论知识，逐步学会独立处理本学科常见病及某些疑难病症，结合临床教学和科研工作，完成有一定水平的学位论文。在进行学位授予时，需组成业务能力考核和论文答辩委员会，只有其临床能力考核和学位论文答辩都通过者，方可获取医学博士（临床医学）学位。此类专业学位人才培养发展较快，到1987年底，全国即有33所高等医学院校共计招收1600名研究生。

1988年9月下旬，国务院学位办、国家教委研究生司在北京召开财经、政法等专业应用类硕士生培养方案研讨会，相关部委和培养单位也派员参加了研讨。会议“在明确财经、政法类研究生教育必须适应国民经济和社会发展的需要，积极为实际部门培养应用类人才这一任务的基础上”，分别拟订了5个专业硕士生（应用类）参考性培养方案，并于会后正式公布。[①] 其中《“货币银行学”、“国际金融”两专业硕士生（应用类）参考性培养方案》，由国务院学位办、国家教委研究生司、中国人民银行总行教育司联合发布，提出试点培养能胜任金融部门中级业务经营与管理工作并具备将来从事高级经营、管理工作基础的人才，以利于提高和改善金融部门的中、高级管理干部的素质；《“刑法”、“民法”、“国际经济法”三专业硕士生（应用类）参考性培养方案》，由国务院学位办、国家教委研究生司、最高人民法院教育厅、最高人民检察院干部教育局、司法部教育司联合发布，要求培养能胜任政法部门中级专业技术职务、具备将来担任高级专业技术职务基础的人才，提高和改善我国法律专门人才的素质。

1985至1988年间，我国已先后在工程、医学、财经、法律等领域开展了应用型的研究生培养试点。从培养目标来看，重在强调培养各类专业技术人才的实际工作能力和业务素质，从而形成了专业学位教育体系的雏形。因为尚处于试点探索阶段，这些培养类型尚未形成相对独立的体系，具体名称都是先以原有学术型学位为基础，再加注括号和文字说明，以表区别，如工学硕士（工程类型）、医学博士（临床医学）、货币银行学硕士（应用类）、刑法硕士（应用类）等。尽管概念和制度尚存在一些模糊之处，但这毕竟为专业学位研究生教育的后续发展奠定了良好的基础。

① 《我国学位与研究生教育大事记（1988年）》，《学位与研究生教育》1989年第3期。

2. 制度形成阶段（1989—1998）

随着应用型研究生教育在我国的创设与发展，为进一步明确培养目标和完善培养方式，国家必须提供相应的制度保障，将培养类型与传统的学术型学位教育加以严格的区分。1989 年 5 月 6 日，根据国务院学位委员会第八次会议的精神，国务院学位委员会批复卫生部，同意组建“医学职业学位研究小组”。这是我国首次提出“职业学位”的制度概念，并正式展开了职业学位的系统调查、研究和论证工作。国务院学位委员会第八次会议就此曾有解释：

> （职业学位）与一般的学术性学位在培养目标、课程设置、论文要求和培养方式上都有所不同。其最大特点是，获得这种学位的人，主要不是从事学术研究的，而是带有明显的职业目标，如医生、工程师、企业家等。我们考虑应该在试点的基础上，对我国是否需要建立职业学位问题进行研究。①

同年 6 月，国家教委下发《关于加强培养工程类型工学硕士研究生工作的通知》，说明面向厂矿企业、工程建设等单位培养此类硕士研究生，是高等工科院校研究生教育的一项重要改革；同时要求在总结已有试点经验的基础上积极、有步骤地全面开展培养工作，并具体规定了培养的指导思想、规格与方式、招生、学制等。②

1990 年 3 月，国务院学位办、国家教委高等教育司、卫生部、建设部等先后召开多次会议，分别研讨了工商管理硕士学位、医学专业学位、建筑学专业学位的设置与培养问题。同年 10 月 6、7 日，国务院学位委员会在北京举行的第九次会议讨论通过了《关于设置专业学位调研工作的情况汇报》《关于设置医学专业学位的初步设想》《关于设置和试办工商管理硕士学位的几点意见》和《关于开展建筑学专业学位研究工作的意见》等文件。在我国专业学位制度的构建历程中，此次会议具有标志性的意义：第一，将“职业学位”的表述修正为“专业学位”，使概念更为明晰和准确。第二，指出专业学位的设置目的，是为了促进我国应用学科的建设和发展，加速培养应用学科的高

---

① 黄宝印：《我国专业学位教育发展的回顾与思考（上）》，《学位与研究生教育》2007 年第 6 期。

② 参见《我国学位与研究生教育大事记（1989 年）》，《学位与研究生教育》1990 年第 4 期。

层次人才，改变我国学位规格单一的现状，使我国的学位向多规格的方向发展。培养标准应反映该专业领域的特点，侧重于专门技术工作能力的培养。这就使得专业学位教育的培养定位更为合理，也更能满足经济与社会建设对人才的多样化需求。第三，决定在原货币银行学硕士（应用类）、国际金融硕士（应用类）的基础上，增加设置工商管理硕士学位。这是我国第一个正式批准设立的专业学位，专业学位教育也由此进入制度化发展阶段。

1992 年 11 月上旬末，国务院学位委员会第十一次会议批准了《关于按专业授予专业学位证书的建议》，决定专业学位的具体名称不再按照学科门类划分，而是根据专业领域确定，从而进一步将专业学位与学术型学位明确区分开来。按照这一规定，原则通过《建筑学专业学位设置方案》，增设建筑学专业学位，包括建筑学学士、硕士两个层次。1995 年 4 月，又以原刑法、民法、国际经济法三个应用类硕士为基础，设置了法律硕士专业学位。1996 年，又增设了教育硕士专业学位。

1996 年 4 月 29、30 日，国务院学位委员会第十四次会议审议并原则通过了《专业学位设置审批暂行办法》，就专业学位的定义、分级、学位授予标准和授予对象、培养模式、学位授予单位和证书管理以及质量评估等，作出了原则性的规定，由是在制度层面对专业学位进行了更为具体完善的说明。其要点包括：（一）设置目的。专业学位作为具有职业背景的一种学位类型，是为完善我国学位制度，加速培养经济建设和社会发展所需要的高层次应用型专业人才。（二）培养层次。专业学位分为学士、硕士和博士三级，但一般只设置硕士一级。各级专业学位对应各级学术型学位，处于同一层次。（三）学位名称表述为“某某（职业领域）”硕士（学士、博士）专业学位。至此，我国专业学位教育制度体系基本建构完成，积极支撑与促进了专业学位教育的后续深入发展。

（二）教育硕士专业学位教育的发展

在我国专业学位教育体系之中，教育硕士的设置时间虽然不算最早，但从制度构建、招生规模、培养结构、社会影响等方面来看，有着较为典型的示范意义。其定制与发展，既丰富了专业学位教育的类型结构，同时也是研究生教育改革与发展的重要代表。

1. 设置确立（1996 年）

1995 年，国务院学位办组织部分教育专家、中学校长和地方教育行政部门负责人，系统地论证了教育硕士专业学位的设置问题。据参加此次论证的顾明远教授回忆，当时社会上很多人对此持保留态度，甚至部分教育工作者也表示不理解。一种意见认为："教中学，大学本科毕业生的知识足够了，没有必要再读研究生"。另一种意见认为："提高教师的业务水平主要靠学科知识的学习，已有的学术性研究生教育就可以解决，教育硕士专业学位学那么多教育专业知识没有用。"同时，"质量问题也是人们质难的一个方面"。[①] 专家组经过充分论证和广泛征求意见，从我国教育事业的现实需求和发展趋势着眼，认为设置教育硕士专业学位确有必要，并就此提交了肯定性的意见。

1996 年 4 月，国务院学位委员会第十四次会议通过《关于设置和试办教育硕士专业学位的报告》，正式批准设置教育硕士专业学位，并决定以北京师范大学、华东师范大学、东北师范大学、华中师范大学、陕西师范大学、西南师范大学（现西南大学）、天津师范大学、哈尔滨师范大学、辽宁师范大学、南京师范大学、广西师范大学、福建师范大学、湖南师范大学、华南师范大学、山东师范大学、西北师范大学等 16 所师范类高校为首批试点培养单位。[②] 会议还决定成立全国教育硕士专业学位教育专家指导小组，由顾明远任组长，叶澜、何艳茹、沈德立任副组长，指导小组秘书处设于北京师范大学研究生院。围绕教育硕士专业学位的制度架构，此次会议还给予了如下明确的规定。（一）设置目的：贯彻落实《中国教育改革和发展纲要》，加快教育师资和管理队伍的建设，提高教育教师和管理人员的素质，促进我国基础教育教学及其管理水平的提高。（二）层次类型：作为具有特定教育职业背景的专业性学位，分设学科教学和教育管理两个培养方向，主要培养面向基础教育及其管理工作需要的高层次人才。与现行的教育学硕士在学位上处于同一层次，但规格不同，各有侧重。（三）培养目标：该学位获得者应具有良好的职业道德，要掌握某门学科坚实的基础理论和系统的专门知识，同时还要懂教育的基本理论和学科教学或教育管理的理论方法；具有运用所学理论和方法解决学科教学或管理实践中实际问题的能力；能比较熟练地阅读本专业的外文资料。（四）招生对象：大学本科毕业，具有三年以上第一线教学经历的

---

① 顾明远：《教育硕士专业学位十年的思考与建议》，《教师教育研究》2008 年第 3 期。

② 参见《中国教育年鉴》编辑部编：《中国教育年鉴（1997）》，人民教育出版社 1997 年版，第 205 页。

基础教育的专任教师和管理人员。招生采取计划内委托、定向培养与单位自筹经费培养相结合的办法。（五）培养过程：以课程学习为主。教学安排上既有培养规格的统一要求，又应针对不同学科人员的特点，加强分类指导，重在加强基础理论和专业知识的学习，提高解决实际问题的能力。论文选题要密切联系实际，结合本职工作，对学科教学或教育管理中存在的问题进行分析、研究和提出解决办法。对论文的评价着重于考查学生综合运用所学理论和知识，解决学科教学或教育管理实际问题的能力。（六）培养单位：由具备条件的高等师范院校招生培养和授予学位。

1996年5月，国务院学位办负责人在接受记者采访时，又对教育硕士专业学位的试点发展原则进行了几点说明：（一）根据高层次人才的培养规律，在总结现有教育学科研究生教育经验的基础上，按照基础教育教学、管理岗位的需要，确定培养目标，加强能力培养，探索一个适合国情的、规范的、能成批培养合格的应用型高层次教育基础人才的新型教育学研究生教育模式。（二）拓展培养渠道，促进结构调整。根据师范院校自身的特点和培养任务，在招生中加大结构调整的力度，逐步实现师范院校的研究生教育以培养教育硕士专业学位为主的目标。（三）既要立足于我国的实际情况，又要借鉴世界各国开展教育硕士专业学位研究生教育方面的有益经验，注意使我国的教育硕士专业学位具有一定的国际可比性和通用性。（四）处理好质量与数量、速度的关系。在正确理解教育硕士质量标准的前提下，既应本着改革的精神积极探索，形成一定的规模效益，又应精心组织和管理，保证健康发展。

1996年6月，国务院学位办、国家教委研究生工作办公室联合下发《关于开展教育硕士专业学位试点工作的通知》，正式公布了教育硕士专业学位的试点计划、教学大纲和培养方案。同年9月14至16日，全国教育硕士专业学位第一次试点工作会议在东北师范大学召开。16所试点院校主管研究生工作的领导和学科教学方面的专家，3所全国重点中学校长，国务院学位办及国家教委人事司、高校学生司、师范教育司、基础教育司等有关部门的负责同志参加了会议。此次会议深入讨论了试点工作的具体方案，就试点工作中的招生学科方向、招生对象以及各学科方向教学大纲编写工作等方面作出具体安排，决定将教育硕士专业学位的招生对象暂定为普通高中的专任教师和中小学教育管理人员，采取推荐和考试相结合的形式。招生计划以高质量、小规模为原则，学习方式为脱产、半脱产和在职兼读等。[①] 这次会议进一步明确了教育硕士专业学位教育发展的指导思想和基本方向，为此后试点工作的进行勾画了蓝图并提供了依据。

2. 初步试点（1997—1998）

我国教育硕士专业学位在 1996 年获准设置后，从 1997 年开始进入试点发展阶段。在最初两年的实施与推进中，培养对象、培养单位都分别获得了初步的充实。

1997 年教育硕士专业招收首届学生时，是采取计划内学历教育方式。报考者参加全国研究生统一入学考试或培养单位单独考试，毕业后获得硕士学位和研究生学历。由于考试难度较大，加之招生对象又以普通高中的专任教师和中小学教育管理人员为限，首届总共只录取到 191 名学员。针对这种情况，国务院学位委员会、国家教委及时调整政策，决定转向以计划外非学历教育为主，即学生毕业后只能获得硕士学位，没有研究生学历。与计划内的学历教育相比，计划外的报考资格同样要求具有大学本科学历、三年以上第一线教学经验，但对工作单位的限制明显放宽，扩大为所有普通中学的在职专任教师或教育管理人员、中等师范学校的专任教师。[②] 1998 年第二届录取人数随即迅速增长，达到了 1390 名。

1997 年首批获准试办教育硕士专业学位的单位共有 16 所，全部为高等师范院校，其中除 6 所教育部直属师范大学外，另外 10 所省属师范大学也多数位于沿海及东部各省市。“选取首批试点单位主要考虑两个方面的因素：一方面要考虑培养能力，试点单位教育学及相关学科研究生培养力量较强，经验较丰富；另一方面要考虑地区布局，试点单位所在省份，基础教育工作开展较好，能提供较充足的生源。”[③]

1998 年 7 月，国务院学位办发出《关于申报教育硕士专业学位试点单位的通知》，表示拟新增少量教育硕士专业学位试点单位，以更好地为基础教育服务，适应基础教育师资队伍建设的需要，同时明确要求，新增单位的范围

---

① 参见孙平：《全国教育硕士专业学位试点工作会议在东北师范大学召开》，《中小学教师培训（中学版）》1996 年第 6 期。

② 参见唐继卫：《中国教育硕士专业学位简介》，《学科教育》1998 年第 1 期。

③ 《国务院学位委员会办公室有关负责同志就设置和试办教育硕士专业学位答记者问》，《学位与研究生教育》1996 年第 5 期。

仅限于具有硕士学位授予权的师范院校。申报单位一般应在教育学门类至少有二个以上的硕士学位授权点，并具有较成熟的研究生培养经验。经过申请与审批，该年度有 13 所师范院校增列为试点单位，分别为首都师范大学、河北师范大学、山西师范大学、内蒙古师范大学、沈阳师范学院（现沈阳师范大学）、上海师范大学、浙江师范大学、安徽师范大学、江西师范大学、曲阜师范大学、河南师范大学、四川师范大学、云南师范大学。同时，国务院学位办启动了教育硕士专业、学位科研工作，进行了科研课题的申报、审批和立项，“着重对教育硕士专业学位的性质、功能、评估指标体系、课程体系、教师队伍建设、国际比较以及管理等问题进行研究”。①

---

① 《中国教育年鉴》编辑部编：《中国教育年鉴（1999）》，人民教育出版社 1999 年版，第 239 页。

第八章　提速推进（1999—　　）

1999年以来，中国研究生教育体系以持续的深化改革为动力，全面调整与优化培养结构，并注重提高以创新素质为中心的培养质量。学位制度、招考制度、就业制度、管理体制和培养体系等方面都在深化改革进程中得以不断创新，整体培养规模日渐扩大的同时，我国开始由研究生教育大国转变为研究生教育强国。

第一节　方针政策的变化

以1999年先后颁布、实行的《面向21世纪教育振兴行动计划》和《关于深化教育改革，全面推进素质教育的决定》两个纲领性文件为标志，我国教育领域全面进入深化改革时期。仅就研究生教育改革重心的演变而言，大致可分为两个阶段。1999至2005年，主要是为了配合素质教育的全面推进，对研究生教育的培养结构实施调整，同时强调提高培养质量，尤其是注重研究生综合素质与创新能力的培养。2006年以后，进一步以培养机制的创新为驱动，以服务需求、提高质量为主线，全面实施培养类型、培养模式、管理体制等方面的综合改革，稳中求进，进中有新，持续推进研究生教育的内涵式发展。

一、推进素质教育，实施结构调整（1999—2005）

1999年1月，国务院批转教育部《面向21世纪教育振兴行动计划》，决定全面落实科教兴国战略，实施“跨世纪素质教育工程”。在高等教育阶段，《面向21世纪教育振兴行动计划》提出的主要目标包括：“积极稳步发展”，“培养造就一批高水平的具有创新能力的人才”，“若干所高校和一批重点学科进入或接近世界一流水平”，使高等学校“成为知识创新和高层次创造性人才培养的基地”。对于研究生教育，《面向21世纪教育振兴行动计划》还特别要求“进一步提高高等学校博士生培养质量”，增设博士专项奖学金，“每年评选百篇具有创新水平的优秀博士论文”。①

1999年6月，中共中央、国务院召开了改革开放以来的第三次全国教育工作会议，并颁发了《关于深化教育改革，全面推进素质教育的决定》。其中指出，素质教育“以提高国民素质为根本宗旨，以培养学生的创新精神和实践能力为重点”，“要坚持面向全体学生”，应当贯穿于各级各类教育。

上述两个纲领性文件突出了“推进素质教育”与“培养创新能力”两个核心概念，为新世纪研究生教育的改革与发展指明了基本方向。1999年11月，教育部在北京召开全国研究生培养工作会议。教育部长陈至立在讲话中表示，“研究生教育是我国教育结构中最高层次的教育，肩负着为国家现代化建设培养高素质、高层次创造性人才的重任，是我国增强综合国力、国际竞争力的重要支撑力量”。新形势下的研究生工作应“结合研究生教育的特点”，实施素质教育，“要突出研究生创新能力、实践能力和创业精神的培养”，“并以此作为研究生教学领域改革的突破口”。创新应当是“研究生教育的核心内容”。在研究生培养工作改革过程中，“要特别强调提高质量”。②

在北京的培养工作会议的基础上，2000年1月，教育部正式颁布《关于加强和改进研究生培养工作的几点意见》，强调指出应“建立有一定先导性的、结构合理的，有利于高层次创新人才脱颖而出、提高研究生全面素质和培养质量的研究生教育体系”。关于研究生工作的基本方针，则体现为“深化改革，积极发展；分类指导，按需建设；注重创新，提高质量”。③

“深化改革，积极发展”，是指“研究生教育的改革与发展必须紧密结合国家现代化建设的实际”。根据社会对不同学科、不同类型研究生的要求，在培养模式和学制等方面进行积极改革和新的探索，加大应用性人才培养的比重。

---

① 教育部法制办公室编：《学前教育政策法规规章汇编》，首都师范大学出版社2014年版，第132—134页。

② 陈至立：《在全国研究生培养工作会议上的讲话》，《学位与研究生教育》2000年第1期。

③ 《关于加强和改进研究生培养工作的几点意见》，载教育部研究生工作办公室、国务院学位委员会办公室编：《高层次人才培养的研究与探索》，高等教育出版社2000年版，第27页。

“分类指导，按需建设”，是指“根据区域、行业和学科的发展水平及其对高层次人才数量、质量和类型的要求，对研究生工作进行分类规划与指导”。采取多种措施扶持中西部地区研究生教育的发展；重视改善研究生培养条件，加强研究生培养基地的建设，适时新增一批研究生院。通过应用型人才，特别是专业学位研究生的培养，逐步培育一批产学研基地。

“注重创新，提高质量”，是指“推进素质教育，突出对研究生创新能力、实践能力、创业精神的培养，增进研究生的人文素养和科学素质”。强化全面质量观，建立健全质量保障体系，确保并进一步提高培养质量。

上述基本方针实质可概括为两个目标。一是对整个研究生教育体系进行持续的深化改革，在培养结构、模式、类型、条件等方面实施规划与调整。二是以培养创新能力为核心，全面推进素质教育，提高培养质量。两个目标相互渗透、互相关联，共同指向都是为了满足国家现代化建设的实际需要。作为对整体方针和目标的细化，《关于加强和改进研究生培养工作的几点意见》还提出了如下几项具体要求：（一）改革研究生教育培养制度和培养模式，完善有利于高层次人才成长的培养机制。（二）深化研究生教学和科研环节的改革，突出创新能力的培养。（三）加强导师队伍建设，完善研究生指导教师选聘制度。（四）推进专业学位研究生教育的改革与发展。（五）建立健全研究生教育评估制度，不断完善质量保证体系，形成有效的激励机制。（六）采取切实措施，加强和改进研究生德育工作。（七）规范研究生管理工作。①

进入 21 世纪后，研究生教育以持续深化改革、提高培养质量为基调，尤为注重创新能力的培养。2004 年 11 月，国务院学位办、教育部学位管理与研究生教育司在北京召开研究生教育创新计划研讨会，各有关高校研究生院交流研讨了研究生教育创新计划及其实施方案；② 以后数年间，都组织召开了此项会议，及时地部署工作、总结成效、交流经验与探讨问题。2005 年 1 月，教育部下发《关于实施研究生教育创新计划，加强研究生创新能力培养，进一步提高培养质量的若干意见》，围绕研究生教育创新计划的指导思想、任务

---

① 参见《中国教育年鉴》编辑部编：《中国教育年鉴（2000）》，人民教育出版社 2000 年版，第 206—208 页。

② 参见《中国学位与研究生教育大事记（2004 年）》，《学位与研究生教育》2005 年第 10 期。

目标、组织实施等提出了13点意见。随后，教育部学位管理与研究生教育司、国务院学位办又发出《关于加强研究生教育创新计划项目管理的通知》，“将项目管理纳入规范化、制度化轨道”，同时成立专家工作组，“作为全国性开展研究生教育创新计划活动的学术指导组织和项目管理专家组织”。教育部学位管理与研究生教育司还在2005年1月委托华中科技大学承建“中国研究生教育创新网”，该网于当年6月建设并开通，“全面介绍研究生教育创新计划实施情况，为项目实施、交流借鉴、研究生参与等提供了便利的信息服务平台”。①

二、改革培养机制，加快培养步伐（2006—　　）

为切实提高培养质量，国务院于2005年8月批准了教育部、国家发改委、财政部联合提交的《关于进行研究生培养机制改革试点的通知》，决定从2006年起在北京大学、清华大学、哈尔滨工业大学、复旦大学、同济大学、上海交通大学、武汉大学、华中科技大学、西安交通大学等9所高校开展试点工作。2006年4月，教育部学位管理与研究生教育司印发了相关的情况报告，提请各试点高校总结经验，互相学习，共同推进研究生培养机制改革工作。2006年5月，教育部学位管理与研究生教育司再次下发《关于加强研究生教育创新计划区域合作的意见》，对此提出了七点明确的意见：在新的历史发展阶段，研究生教育必须积极适应加快建设创新国家的战略需要，切实抓紧抓好全面提高研究生培养质量和创新能力的重要任务；加强研究生教育创新计划区域合作，更好地营造创新环境，切实推动研究生创新能力和培养质量的不断提高；加强区域内研究生培养单位间的课程互选、学分互认、导师互聘、联合培养、资源共享；采取多种形式，吸收社会资源，与企业、科研院所联合建设培养基地，联合培养研究生；省级研究生教育部门要加强产学研结合；部（委）直属高校和培养单位要积极参加区域研究生教育创新计划活动；教育部对研究生教育创新计划区域合作进行指导与支持，以及立项资助等。②

---

① 《中国教育年鉴》编辑部编：《中国教育年鉴（2006）》，人民教育出版社2006年版，第253—254页。

② 参见教育部学位管理与研究生教育司编：《2006—2007研究生教育创新计划实施报告》，北京理工大学出版社2008年版，第29—30页。

2009年9月，教育部办公厅发出《关于进一步做好研究生培养机制改革试点工作的通知》，将培养机制改革试点范围扩大到所有中央部委所属高校，同时鼓励各省、自治区、直辖市选择下属高校进行试点改革。《关于进一步做好研究生培养机制改革试点工作的通知》还具体阐述了培养机制改革的目的与意义，并对贯彻研究生培养的科学研究导向原则、加强指导教师队伍建设与管理、充分调动与培养研究生创新积极性、调整研究生培养类型与结构等，“提出明确要求”。①

2006年以来，我国研究生教育的中心工作始终定位于深化机制改革，提高培养质量。例如，2007年8月，国务院学位委员会召开第二十四次会议，要求“应加快推进研究生培养机制改革进程；要积极推进研究生教育创新计划，形成多层次、多类型、全方位的研究生教育创新体系”。② 在2008年1月召开的国务院学位委员会第二十五次会议上，国务委员、学位委员会主任陈至立讲话指出：我国研究生教育事业已经进入了一个新的历史阶段，作为教育的最高层次，在培养创新人才中具有决定意义。因此，“今后的工作重点”，“以增强创新能力为核心，采取措施提高研究生教育质量”。③

2010年7月，中共中央、国务院印发的《国家中长期教育改革和发展规划纲要（2010—2020年）》，其中对研究生教育提出如下要求：大力推进研究生培养机制改革；实施“研究生教育创新计划”；加强管理，不断提高研究生特别是博士生培养质量；充分发挥研究生在科学研究中的作用；完善以创新和质量为导向的科研评价机制。

2011年3月，国务院学位委员会发布该年度工作要点，以“完善制度、提高质量，科教结合、支撑创新，适应需求、引领未来”为基本思路，重点推进研究生培养机制改革、建设学位与研究生教育质量保障与监督体系等工作。④ 2012年6月，全国学位与研究生教育改革和发展工作座谈会在济南召开，会议主题即为“交流各地区、各培养单位深入推进研究生培养机制改革

① 《中国教育年鉴》编辑部编：《中国教育年鉴（2010）》，人民教育出版社2011年版，第367—368页。

② 《中国学位与研究生教育大事记（2007年）》，《学位与研究生教育》2008年第10期。

③ 《中国学位与研究生教育大事记（2008年）》，《学位与研究生教育》2009年第9期。

④ 参见《中国学位与研究生教育大事记（2011年）》，《学位与研究生教育》2012年第6期。

工作中的思路、成功做法和经验，交流教改项目成果”。①

2013年3月，教育部、国家发改委、财政部联合发布《关于深化研究生教育改革的意见》，以“进一步提高研究生教育质量”，“深化研究生教育改革”为核心目标。改革的指导思想为：高举中国特色社会主义伟大旗帜，以邓小平理论、“三个代表”重要思想、科学发展观为指导，全面贯彻党的教育方针，把立德树人作为研究生教育的根本任务。深入实施教育、科技和人才规划纲要，坚持走内涵式发展道路，以服务需求、提高质量为主线，以分类推进培养模式改革、统筹构建质量保障体系为着力点，更加突出服务经济社会发展，更加突出创新精神和实践能力培养，更加突出科教结合和产学结合，更加突出对外开放，为提高国家创新力和国际竞争力提供有力支撑，为建设人才强国和人力资源强国提供坚强保证。② 同时，《关于深化研究生教育改革的意见》对改革的总体任务进行概括性说明：

> 优化类型结构，建立与培养目标相适应的招生选拔制度；鼓励特色发展，构建以研究生成长成才为中心的培养机制；提升指导能力，健全以导师为第一责任人的责权机制；改革评价机制，建立以培养单位为主体的质量保证体系；扩大对外开放，实施合作共赢的发展战略；加大支持力度，健全以政府投入为主的多渠道投入机制。通过改革，实现发展方式、类型结构、培养模式和评价机制的根本转变。到2020年，基本建成规模结构适应需要、培养模式各具特色、整体质量不断提升、拔尖创新人才不断涌现的研究生教育体系。③

2014年1月，国务院学位委员会、教育部下发《关于加强学位与研究生教育质量保证和监督体系建设的意见》，要求着力构建以学位授予单位质量保证为基础，教育行政部门监管为引导，学术组织、行业部门和社会机构积极参与的内部质量保证和外部质量监督体系。④ 2016年1月，国务院学位委员会在北京召开第三十二次会议，中共中央政治局委员、国务院副总理、学位

---

① 《中国学位与研究生教育大事记（2012年）》，《学位与研究生教育》2013年第8期。

②③ 教育部思想政治工作司组编：《加强和改进大学生思想政治教育重要文献选编（1978—2014）》，知识产权出版社2015年版，第586页。

④ 参见《中国学位与研究生教育大事记（2014年）》，《学位与研究生教育》2015年第8期。

委员会主任委员刘延东在会上继续强调，“以提高质量为中心，突出结构调整优化和培养模式转变”，“深化综合改革”，“提高研究生社会责任感、创新能力和实践能力”。①

2017年1月20日，教育部、国务院学位委员会印发《学位与研究生教育发展“十三五”规划》，提出“十三五”期间我国研究生教育发展的整体目标为：到2020年，实现研究生教育向服务需求、提高质量的内涵式发展转型，基本形成结构优化、满足需求、立足国内、各方资源充分参与的高素质高水平人才培养体系，国际影响力显著增强，建成亚太区域研究生教育中心，为建设研究生教育强国奠定更加坚实的基础。“十三五”期间研究生教育发展的总体思路为：把服务需求、提高质量作为发展主线；把寓教于研、激励创新作为根本要求；把分类改革、机制创新作为主要驱动。为实现目标，《学位与研究生教育发展“十三五”规划》提出了学位与研究生教育改革发展的六大任务：（一）“主动适应需求，动态调整优化结构”。（二）“改革培养模式，提升创新和实践能力”。（三）“健全质量评价，完善监督保障体系”。（四）“扩大国际合作，提升国际影响力”。（五）“统筹推进‘双一流’建设，提升研究生教育整体实力”。（六）“拓展育人途径，推动培养单位体制机制创新”。② 当月23日，国务院学位委员会召开第三十三次会议，中共中央政治局委员、国务院副总理、国务院学位委员会主任委员刘延东在会上指出，实现中华民族伟大复兴的中国梦，对今后的研究生教育提出了新的更高要求。因此，应以立德树人为根本，以“服务需求、提高质量”为主线，推动研究生教育“稳中求进、进中有新”，为全面建成小康社会培养高素质人才。其具体的改革与创新目标有：（一）坚持立德树人，培养中国特色社会主义事业高端人才。在这个根本问题上，要把理想信念教育作为第一任务，发挥好课堂教学主渠道作用和导师的引路人作用，切实加强学风建设，旗帜鲜明做好意识形态工作，加强和改进研究生思想政治教育。（二）强化法制保障，进一步完善我国学位制度。这就要着眼全面依法治国大局，处理好学位条例与相关法律法规关系；立足我国教育事业改革发展大局，处理好继承与创新的关系；适应研究生教

① 董洪亮：《全面提升我国学位与研究生教育水平》，《人民日报》2016年1月10日。

② 高靓：《学位与研究生教育发展“十三五”规划正式发布》《把发展重点引导到提高质量上》，《中国教育报》2017年1月21日。

育发展现状，处理好质量标准和特色发展的关系。（三）服从国家需求，不断完善学位授权审核机制。为了保证研究生教育质量的“第一关”，就要坚持需求导向、强化质量主导、推进简政放权和加强授权监管。（四）深化综合改革，推动研究生教育内涵发展、质量提升。为此要深入推进研究生培养模式改革，着力提高博士培养质量，深化国际交流合作。（五）统筹推进世界一流大学和一流学科建设，全面提高人才培养能力。这就要求以学科为基础，以改革为动力，坚持示范引领，建立动态调整机制，全面提高我国高等教育整体水平。①

“十三五”规划凸显了“服务需求、提高质量”的内涵式发展目标，可见适应社会实际需求、持续深化改革、提高培养质量，仍是当前乃至今后相当长一个时期内我国研究生教育发展的基本方向和主要任务。

第二节　制度层面的变化

在教育领域，制度的好坏往往决定着教育质量的优劣。教育制度的创立、实施与变革，是整个教育事业进步的关键环节：对于教育的物质层次变化而言，制度层次的变革，不仅是既往教育实践的升华，而且反过来又促进教育事业在实践层面产生飞跃，促使教育事业进入一个崭新的发展阶段；对于教育的精神层次变化而言，制度层次的变革，既是思想理论变化的实践反映，使思想层次的变化取得阶段性的凝聚成型，又能以此为新的起点而将人们思想认识推进到一个更高的理性认知领域或层面，进而求得教育事业迈出更新的一步。缘此，分析世纪之交以来的研究生教育事业的变革和发展，本章仍然着力分析或阐述制度层面的改革或变衍。

一、学位制度的改变

1999 年以来，我国学位制度的改革与发展仍是以学科专业目录的修订、学位授予单位的审批两项要素为核心。这一时期，这两方面都体现出显著的机制创新。国务院学位委员会作为全国学位制度建设的统一领导机构，在加

① 参见刘延东：《在国务院学位委员会第三十三次会议上的讲话》（2017 年 1 月 23 日），《中国教育报》2017 年 3 月 12 日。

强宏观规划与监督调控的同时，实施分权与授权相结合，给予各省级学位委员会和学位授予单位更多的自主权限，促进全国研究生教育结构的优化布局，从而更好地适应经济与社会全面发展对高层次人才的培养需求。

（一）学科专业目录的修订

1997 年版学科专业目录共设有 12 个学科门类，88 个一级学科，381 个二级学科（专业）。1998 年 10 月，在中医学一级学科中增设“民族医学”专业。此后又进行过两次局部调整：一是 2005 年 12 月，在法学门类中增设“马克思主义理论”一级学科，下设 5 个专业，同时撤销原政治学一级学科中的“马克思主义理论与思想政治教育”专业；二是 2008 年 4 月，在“马克思主义理论”一级学科中增设“中国近现代史基本问题研究”专业。至此，我国学科专业目录已设有 12 个学科门类、89 个一级学科、387 个二级学科（专业）。

2006 年 1 月，国务院学位委员会在该年度工作要点中提出，将继续研究和修订学科专业目录。2007 年 10 月，受国务院学位办委托，中国学位与研究生教育学会开始具体承担学科专业目录设置与管理的研究工作，其中的主要任务之一即是起草《学位授予和人才培养学科目录设置与管理办法》。[①] 该文件经 2008 年 12 月国务院学位委员会第二十六次会议审批通过，于次年 2 月正式印发。2009 年 6 月，国务院学位委员会、教育部下发通知，决定以《学位授予和人才培养学科目录设置与管理办法》为根据，正式启动学科专业目录的修订工作。经反复论证，2011 年国务院学位委员会和教育部印发了《学位授予和人才培养学科目录（2011 年）》。

与 1997 年目录修订相比，此次修订的重点，“是改革学科目录管理模式，对学科门类和一级学科进行修订”。[②] 修订后的目录，主要有三大变化：（一）学科门类新增“艺术学”，使之变为 13 个。（二）一级学科增添 21 个，使之变为 110 个，具体包括哲学 1 个、经济学 2 个、法学 6 个、教育学 3 个、文学 3 个，历史学 3 个、理学 14 个、工学 38 个、农学 9 个、医学 11 个、军事学

---

① 参见《中国学位和研究生教育大事记（2007 年）》，《学位与研究生教育》2008 年第 10 期。

② 《中国教育年鉴》编辑部编：《中国教育年鉴（2011）》，人民教育出版社 2012 年版，第 269 页。

10个、管理学5个、艺术学5个。（三）不再制定和发布全国统一的二级学科（专业）目录。按照2010年11月教育部办公厅印发的《授予博士、硕士学位和培养研究生的二级学科自主设置实施细则》，各学位授予单位可自主设置与调整二级学科；自主设置与调整的原则为“遵循学科发展规律，要有利于人才培养，有利于学科特色的形成，与国家经济建设和社会发展对高层次人才的需求相适应”。教育部根据各二级学科的人才培养、社会需求和学科发展情况，不定期地向有关培养单位提出调整（包括增设、更名、撤销）二级学科的建议。在完成修订工作后，2011年12月国务院学位办经商教育部高教司，研究提出《学位授予和人才培养学科目录（送审稿）》提交国务院学位委员会第二十八次会议审核并批准。

（二）学位授予单位的审核

1981至1998年，国务院及其学位委员会先后七次审批博士、硕士学位授予单位，共计批准博士学位授予单位325个、硕士学位授予单位661个。1998至2006年，我国又陆续开展了三个批次的审核工作，直接推进了整个研究生教育培养机构体系的扩展与完善。其中第八批（2000年）批准新增博士学位授予单位7个（本批次无新增硕士学位授予单位），第九批（2003年）批准新增博士学位授予单位31个、硕士学位授予单位59个，第十批（2006年）批准新增博士学位授予单位19个、硕士学位授予单位36个。

2006年第十批审核工作结束后，我国博士、硕士学位授权审核体制发生了重大变化，不再沿用“单位定期申报，全国统一评审”的传统模式。2008年1月，国务院学位委员会第二十五次会议通过《博士、硕士学位授权审核办法改革方案》，提出改革的指导思想为：在科学发展观指导下，以“创新机制、分类管理、提高质量、协调发展”为方针，构筑“加强规划、重在建设、自主自律、规范管理”的学位授权审核体制与运行机制，促进人才培养质量和学科水平不断提高，促进学位和研究生教育与经济、社会、科技、文化协调发展。关于新增博士、硕士学位授予单位的审核，《博士、硕士学位授权审核办法改革方案》中规定的措施要点为：（一）国家对各省（自治区、直辖市）新增博士、硕士学位授予单位工作实施分类管理。（二）充分发挥省级政府和有关部门的统筹规划作用，减少学校和学科建设的盲目性。（三）拟新增学位授予单位的立项建设工作，主要由省级学位委员会负责组织实施；部委属单位由其主管部委进行立项建设，省级学位委员会负责协调。

2008 年 10 月，国务院学位委员会下发《关于做好新增博士、硕士学位授予单位工作的指导意见》，指出工作的基本原则为“国家分类管理、加强省级统筹、重在规划建设、优化结构布局”。实施要点包括：国务院学位委员会综合分析各省（自治区、直辖市）学位授权体系、研究生教育的规模结构及其与经济社会发展的协调程度，将各省划分为四类，再确定本规划周期内各省新增单位的数量限额。省级人民政府及学位委员会根据分类指导意见、本地实际情况与需要，制定本省《新增博士、硕士学位授予单位立项建设规划》，并负责对批准立项的单位进行建设、管理和指导。批准立项的单位则与省级学位委员会签订项目任务书，接受省级学位委员会的中期检查、国务院学位委员会组织（或委托省级学位委员会组织）的结项验收，报请国务院学位委员会审批授权。超过一个规划周期仍未通过验收的单位，必须根据新的规划周期要求，重新进行立项论证。

2008 年全国共批准有 53 个立项建设博士学位授予单位、30 个立项建设硕士学位授予单位。各立项单位经过五年的建设，先后通过中期检查和结项验收，于 2013 年 7 月经国务院学位委员会第三十次会议批准，全部正式增列为博士学位或硕士学位授予单位。国务院学位委员会第三十三次会议公布的相关数据表明，截至 2017 年 3 月，我国已有博士学位授予单位 402 个、硕士授予单位 730 个，基本建成了覆盖全国各地、学科门类齐全、学术学位与专业学位并重的学位授权体系。

顺便提及的是，其时学位证书的印发也发生了变化：2015 年 6 月 26 日，国务院学位委员会、教育部印发《学位证书和学位授予信息管理办法》，规定自 2016 年 1 月 1 日起，学位证书由各学位授予单位自行印制，国务院学位办印制的学位证书不再使用。自是而后，全国各高校的学位证书再也不是“千人一面”而是“百花齐放”了。

2017 年 3 月，为进一步规范学位授权审核标准和程序、保证学位授权质量，国务院学位委员会印发《博士硕士学位授权审核办法》。《博士硕士学位授权审核办法》将学位授权审核正式区分为新增学位授权审核、学位授权点动态调整两种方式：前者侧重于增量结构调整，每三年实施一次；后者侧重于存量结构优化，每年开展一次。授权审核的整体方针可概括为两点：（一）围绕国家区域发展战略和经济社会发展，以服务需求、提高质量、推动研究生教育内涵发展为目的，依法依规进行。（二）保证学位授予质量、服务社会发展需求、支撑研究生教育发展、激发培养单位活力，构建责权分明、统筹规划、分层实施、公正规范的制度体系。改革的具体思路与方向则包括如下四个方面：（一）坚持服务需求、提高质量。以优化学科结构为重点，突出按需授权，严把质量关，引导学位授予单位走内涵式发展道路，主动服务国家、区域经济社会发展需求，形成特色和优势。（二）突出质量标准主导作用。根据建设研究生教育强国的目标，提高申请标准，加强与研究生培养的衔接，制定起点更高、标准更严、针对性更强的申请基本条件，依法依规实施授权审核。（三）扩大省级统筹和高校办学自主权。明确省级学位委员会职责，科学规划本区域学位授予单位和学位点的发展与建设，分批分期有序开展授权审核。放权部分学位授予单位自主开展新增博士、硕士学位点评审，探索设置新兴交叉学科学位点。（四）加强授权审核监管。强化学位授权审核与研究生教育质量评价、资源配置、研究生培养和学位授权点评估的有效衔接，加强授权审核工作过程管理，加大信息公开和违规行为处罚力度，主动接受社会监督。该《办法》的出台，确立了以省级学位委员会为主的审核模式，进一步明确了国家学位委员会、省级学位委员会以及学位授予单位的职责：

> 各省级学位委员会负责本区域学位授权审核工作的规划、建设和申报指南编制，受国务院学位委员会委托接受单位申请，组织实施新增博士学位授予单位和新增博士学位点的初审，新增硕士学位授予单位和新增硕士学位点的审核在此基础上择优推荐。国务院学位委员会工作的重点转移到授权审核政策和各类授权审核条件的制定，以及最终授权审核结果的批准。①

依照《博士硕士授权审核办法》，2018 年 5 月间，通过学校申请、省级学位委员会核查材料并确定申请资格、省级学位委员会组织评议、国务院学位委员会组织复审、公示、正式审批等 6 大环节，国务院学位委员会公布了 2017 年审核增列的博士、硕士学位授予单位及其学位授权点名单。其中北京工商大学等 7 个博士学位授予单位、北京石油化工学院等 4 个硕士学位授予单位，自批准之日起可开展招生、培养、学位授予工作。另有中国民航大学等 21 个博士学位授予单位、山西大同大学等 25 个硕士学位授予单位，亦在加强建设，俟其办学水平和研究生培养能力达到要求并通过国务院学位委员

① 万玉凤：《部分学位授予单位可自主新增学位点》，《中国教育报》2017 年 3 月 31 日。

会核查，再开展招生、培养及授予学位工作。①

几乎与之同时，随着高校“双一流”建设步伐的加快，为了进一步深化学位授权制度改革，促进实现研究生教育内涵式发展，国务院学位委员会决定开展学位授权自主审核。于是在 2018 年 4 月 27 日，教育部公布国务院学位委员会印发的《关于印发自主审核单位名单的通知》，清华大学、北京大学等 20 所高校被确立为“首批学位授权自主审核高校”。这就意味着高校办学自主权进一步扩大，从而为高校开展科学研究和培养创新人才“提供了更大的发展空间”。②

二、招考制度的变化

1992 年前后，我国研究生招考方针由“国家统筹，按需招生”逐步转向“调整结构，放开计划”，历年度招生总数呈逐步上升趋势，由 1992 年的 33439 人递增至 1998 年的 72508 人，1999 年再度激增至 86778 人。培养规模不断扩大的同时，也暴露出了诸如培养质量下降、培养类型不能满足社会实际需求等问题，急需进行相应的改革与创新。

（一）扩大规模，分类指导（2000—2006）

2000 年 1 月，教育部发布《关于加强和改进研究生培养工作的几点意见》，指出当时的研究生培养工作还存在某些难点问题，诸如“适应社会主义市场经济体制的研究生教育发展的调节机制尚未完全建立”，“研究生培养规模还不能很好满足社会发展对高层次人才的需要”，“能够适合于培养高水平博士生的生源不足”，等等。《关于加强和改进研究生培养工作的几点意见》进而明确研究生工作的基本方针为：“深化改革，积极发展；分类指导，按需建设；注重创新，提高质量。”（相关内容详见本章第一节）在招生工作环节，主要是“根据区域、行业和学科的发展水平及其对高层次人才数量、质量和类型的要求”，进行分类规划与指导。换言之，招生制度改革的重点是以保证和提高培养质量为前提，以满足社会实际需求为依据，积极扩大培养规模，并给予有效分类指导。

2000 年度全国研究生计划招生总额为 12 万名，比 1999 年增加 30%，

① 参见《推动新增学位授予单位高质量发展》，《中国教育报》2018 年 5 月 11 日。

② 李玉兰：《高校学位授权自主审核意味着什么》，《光明日报》2018 年 4 月 28 日。

“是近十几年来研究生招生规模增幅最大的一次”。该年度硕士生报考人数则达到 39.2 万人，“再创历史记录”，比上年度增长 22.8%。为配合研究生教育整体结构的调整，加快专业学位教育的发展，招考办法也进行了某些具体的改革。例如，规定试办法律硕士专业学位的高等学校举行全国联考，不再招收法学专业的毕业生，只招收符合报考条件的非法学专业的应届和往届本科毕业生，借以“培养复合型、应用型高层次法律专业人才和管理人才”。与之类似，工商管理硕士专业同样通过联考的方式招生，“其他学科、专业的单考生、上线统考生也不得转到该专业录取”。① 2000 年度研究生实际录取约 12.8 万余人，其中硕士生约 10.3 万人、博士生约 2.5 万人。

2001 年度，全国研究生计划招收 15.6 万人，“总规模比 2000 年增加 30%”。教育部发出通知，要求在较大幅度扩招情况下，“各地要更加合理地调整招生专业结构，对新兴学科、交叉学科，特别是与生命科学和新兴产业相关的学科要重点给予支持，要加快为中西部地区培养高层次人才”。② 该年度实际招生约 16.5 万人，其中硕士生约 13.3 万人、博士生约 3.2 万人。

2001 年 11 月，教育部表示“2002 年我国将继续扩大研究生招生规模，同时将加大招生专业结构的调整力度，支持高层次人才强军和培养高校师资的工作，适当加快西部地区研究生教育的发展”。该年度招考办法改革的主要措施为：（一）不再限制报考委托培养和自筹经费硕士生和博士生的年龄。（二）在硕士生入学考试的外语科目（非外语专业）笔试中，增加听说能力的测试。（三）在 4 所中医药大学试点招收非医学专业本科毕业生，进行中医学硕博连读培养。（四）在硕士生中设置专项计划，招收高校基础课、公共课师资进行委托或定向培养，并在录取阶段“给予倾斜政策”。③ 2002 年度实际录取研究生约 20.2 万人，其中硕士生约 16.4 万人、博士生约 3.8 万人。

2003 年正值高校扩招后的第一批本科生毕业，考研人数猛增，该年度研究生招生考试改革相应加大力度，计划招生总数达到 27 万名左右，较上年度增长约 35%。招考制度实施的改革有：（一）硕士生入学考试初试科目由五门

---

① 乔聿：《研究生明年招生十二万　招生工作开始　报考条件放宽》，《人民日报》1999 年 10 月 28 日；《全国研究生招生规模今年增长 30%》，《人民日报》2000 年 4 月 3 日。

② 《明年研究生招生 15.6 万人》，《人民日报》2000 年 9 月 26 日。

③ 曾庆香：《明年继续扩大研究生招生规模》，《人民日报》2001 年 11 月 6 日。

调整为四门，专业课考试安排到复试阶段进行。（二）扩大高校招收硕士生的自主权，在设有研究生院的高校中增加推荐免试生名额，鼓励招生单位跨专业招收推免生，并在北京大学等34所高校进行自定复试分数线的试点改革。[①]该年度实际录取研究生约26.9万人，其中硕士生约22万人、博士生4.9万人。

2004年研究生招生政策的最大变化，即为报考硕士生不必再出示所在单位同意报考的证明，报名登记表也不再要求考生所在单位签署意见和加盖公章。此外，在划定复试最低分数线、确定体检标准等方面，政策也给予了招生单位更多的自主权，并在部分招生单位进行网上报名工作试点。[②]该年度共有约94.5万人报考硕士研究生，比上年度增加18.4%，其中应届本科毕业考生约47.4万人。[③]2004年度实际录取研究生约32.6万人，其中硕士生约27.3万人、博士生约5.3万人；国家计划招生约18.3万人，委托培养和自筹经费招生约14.3万人。

2005年度全国硕士生招生考试首次在全国范围内试行网上报名，研究生招生计划总数则为37万名，包括硕士生31.6万人、博士生5.4万人。[④]实际录取研究生约36.4万人，其中硕士生约31万人、博士生约5.4万人。2006年度研究生招生计划总数为40万人，包括硕士生34.4万人、博士生5.6万人。[⑤]教育部在相关通知中要求招生工作“要更加重视提高质量，突出体现选拔拔尖人才，鼓励创新精神，注重素质能力的导向”。[⑥]该年度实际录取研究生约39.8万人，其中硕士生约34.2万人、博士生约5.6万人。

总体来看，2000至2006年间，由于高校本科扩招、专业学位教育体系拓展等因素的刺激，我国研究生教育整体规模持续扩大，年度招生总数由2000年的约12.85万人逐步递增至2006年的约39.8万人，总人数增加两倍。

---

① 参见《明年我国将招收二十七万研究生》，《人民日报》2002年11月9日。

② 参见温红彦：《明年硕士研究生招生政策有变化》，《人民日报》2003年10月23日。

③ 参见王黎：《今年94万人报考硕士研究生》，《人民日报》2003年12月9日。

④ 参见丁伟：《硕士研究生招生8日起网上报名》，《人民日报》2004年10月2日；温红彦、丁伟：《本专科生475万研究生37万》，《人民日报》2004年12月20日。

⑤ 参见董洪亮：《本专科招530万人 研究生招40万人》，《人民日报》2006年1月7日。

⑥ 施芳、文尧：《120多万考生明天考研》，《人民日报》2006年1月13日。

2006 年，我国在学研究生总数、累计授予硕士和博士学位总数，双双突破百万，业已成为研究生教育大国；但与此同时，也出现了培养条件不足、师生比失衡、培养质量下滑等较为普遍的问题，加之毕业生就业形势日趋紧张，引起了社会的广泛关注乃至一些非议。由是，教育部连续下发通知，要求在招生工作中重视提高质量，因此 2005 和 2006 两年度实际招生总数都未达到预定计划。与之相应，在招考的具体程序、科目等方面，也存在着不够完善或合理之处，尚待进一步改革与调整。

（二）变易重点，改变机制（2007— ）

2007 年，硕士生招生考试进行改革，新特点是“优化初试，强化复试，进一步增加高校的招生自主权，进一步提高招生的科学、安全、公平、公正”。初试阶段采用题库命题的办法，提高了命题的科学性和安全性，并在教育学、历史学、医学 3 个学科门类启动初试科目改革，实施专业基础综合科考试。“改革使初试功能定位更加明确，更加侧重考生基本素质、一般能力和学科基本素养的考查，更加适合本科‘宽专业，厚基础’的教学改革方向”。复试阶段则较为注重考查创新精神和创新能力，涉及的范围包括专业素质、思想政治素质、发展潜力等，考试形式也更加多样化，包括笔试、面试、实践或实验能力考核、心理测试等，“体现了复试对高等教育全面实施素质教育的导向作用”，并首次全面使用“全国硕士研究生调剂复试服务系统”，使调剂工作更为便捷与公平。在录取标准中，提高复试成绩占总成绩的权重，加强对具有特殊才能特别是拔尖创新人才的选拔力度。确有学术专长或培养潜质者，可经专家推荐与严格审查，进入“绿色通道”，不受综合排名限制。[①] 2007 年度，全国实际录取研究生约 41.9 万人，其中硕士生约 36.1 万人、博士生约 5.8 万人。

2008 年，全国研究生报考人数再度出现下降，较上年度减少 8 万人。“研究生就业市场行情看跌是主要原因”，“考研不是出于科研兴趣”，“培养质量下降是内因”[②]。尽管如此，实际录取总数仍保持继续上升，总计约 44.6 万人，包括硕士生约 38.7 万人、博士生约 5.9 万人。该年 9 月，教育部表示

① 参见袁新文：《考研，复试越来越重要》，《人民日报》2007 年 1 月 22 日。
② 倪光辉等：《考研热“拐点”初现》，《人民日报》2008 年 1 月 21 日。

"研究生招考将全面提高质量"，2009 年的研招工作将"在初试、复试、推免生、单独考试等方面继续推进改革，突出拔尖创新人才选拔"。具体而言，主要实施以下三项改革：（一）推进初试科目调整与命题形式改革，按一级学科（群）设置考试科目，科学确定考试内容，提高命题水平与质量。同时加大复试力度，适度扩大差额复试比例，进一步提高复试的有效性。（二）实施推免生工作的机制创新，名额分配与政策重心向拔尖创新人才、高水平学科和特色专业倾斜，加强对考生创新精神、实践能力和学术专长等方面的考查，避免单独强调学业成绩。（三）适度减少单独考试招生的数量，同时调整招生专业结构，扩大应用性学科招生比例。①

2009 年 3 月，教育部下发通知，要求该年度研究生招生工作"应以经济社会发展需求为导向，加大招生学科和专业结构调整力度"，重点支持前沿技术、应用学科和基础学科相关专业招生，"坚决限制毕业生就业压力大、社会需求不足的学科和专业的招生规模"。通知还要求各招生单位，尽可能扩大招收中西部地区、民族地区、边疆地区以及东北地区老工业基地定向或委托培养研究生的规模，"为促进区域经济社会的协调发展服务"。② 需要说明的是，受本科应届毕业生就业压力的影响，2009 年硕士研究生报考人数又出现增长势头，较 2008 年增加了 4.6 万人。③ 该年度实际录取研究生约 51.1 万人，其中硕士生约 44.9 万人、博士生约 6.2 万人。

2010 年，研究生招生工作的改革重点是"积极稳妥地推动我国硕士研究生教育从以培养学术型人才为主，向以培养应用型人才为主的战略性转变"。教育部要求各高校鼓励和引导优秀生源攻读专业学位研究生，同时实行推荐优秀本科毕业生攻读专业学位研究生的制度，提高专业学位研究生录取质量。2010 年学术型和专业学位"分列招生计划、分类报名考试、分别确定录取标准"，专业学位研究生招考按照"科目对应、分值相等、内容区别"的要求，突出考查运用基础知识和基本理论分析与解决实际问题的能力。学术型研究生则在 2009 年的基础上减少 5％至 10％的招生人数，"调减出的部分全部用

---

① 参见倪光辉：《研究生招考将全面提高质量》，《人民日报》2008 年 9 月 26 日。

② 赵婀娜：《今年将招收 47.5 万研究生》，《人民日报》2009 年 3 月 23 日。

③ 参见伍修琼：《硕士研究生考试十日开考》，《人民日报》2009 年 1 月 8 日。

于增加专业学位研究生招生”。[①] 2010年报考硕士研究生人数达到140万人，较2009年猛增16万，“创下了2001年以来的最高纪录”。[②] 该年度实际录取研究生约53.8万人，其中硕士生约47.4万人、博士生约6.4万人。

2011年，研究生招生工作的重点仍为“继续扩大专业学位研究生招生类别和规模”。招生计划总共为49.5万人，其中专业学位14.9万人。教育部要求各招生单位遵照“按需招生、德智体全面衡量、择优录取、宁缺毋滥”的原则，在复试环节体现三点需求：一是统筹学术型和专业学位两个类型的实际情况，二是兼顾东、中、西三个区域实际需要，三是适当照顾部分特殊专业和少数民族考生。[③] 该年度实际录取研究生约56万人，其中硕士生约49.5万人、博士生约6.5万人。2012年，实际录取研究生约58.9万人，其中硕士生约52.1人、博士生约6.8万人。2013年，实际录取研究生约61.1万人，其中硕士生约54.1万人、博士生约7万人。

2013年2月，财政部、国家发改委、教育部联合发布《关于完善研究生教育投入机制的意见》，提出完善研究生教育投入机制“三位一体”的政策体系，包括完善“财政拨款制度”、完善“奖励政策体系”、建立健全“收费制度”。其具体表述为：

> 立足基本国情，遵循教育规律，以人才培养为根本，以提高质量为核心，以改革创新为动力，建立健全以政府投入为主、受教育者合理分担培养成本、高等学校等研究生培养机构多渠道筹集经费的研究生教育投入机制，全面激发研究生教育的活力，促进研究生教育持续健康发展。[④]

据此文件精神，同年5月，国家发改委、财政部、教育部发布《关于加强研究生教育学费标准管理及有关问题的通知》，决定从2014年秋季学期起，“高等学校向所有纳入全国研究生招生计划的新入学研究生收取学费”，具体标准“根据年生均教育培养成本的一定比例，综合考虑培养层次、学习方式、学科

---

① 《明年起学术型研究生招生人数减少5%至10%》，《人民日报》2009年11月11日。

② 贺林平等：《140万考研大军创下10年新高》，《人民日报》2010年1月11日。

③ 参见董洪亮：《硕士研究生录取将全面启动》，《人民日报》2011年3月30日。

④ 教育部思想政治工作司编：《加强和改进大学生思想政治教育重要文献选编（1978—2014）》，知识产权出版社2015年版，第583页。

特点、专业属性、办学质量、当地物价水平及受教育者的经济承受能力等因素确定”。① 随之在当年 7 月 29 日，财政部、教育部联合同日出台了《研究生国家助学金管理暂行办法》和《研究生学业奖学金管理暂行办法》。前者决定，在研究生教育全面收费后，面向全国普通高校纳入国家招生计划的所有全日制研究生（有固定工资收入者除外）发放国家助学金；后者决定，在研究生教育全面收费后，中央高校按规定统筹利用财政拨款、学费收入、社会捐助等设立学业奖学金、奖励支持表现良好的研究生更好地完成学业。同时于地方高校，要求各地财、教部门根据本办法的精神，确定地方财政对地方高校研究生学业奖学金的支持力度，“制定地方所属高校研究生学业奖学金管理办法”，报财、教两部备案。② 2014 年，研究生招生制度的最大变革即为正式全面实行收费制。该年度实际录取研究生约 62.1 万人，其中硕士生约 54.8 万人、博士生约 7.3 万人。2015 年度，实际录取研究生约 64.5 万人，其中硕士生约 57.1 万人、博士生约 7.4 万人。现将进入 21 世纪后最初 15 年研究生招生变化情形列表（见“表 8.2.1”）示下。

表 8.2.1　2000—2015 年我国研究生招生情况简表*

年　度	2000 年	2001 年	2002 年	2003 年	2004 年	2005 年	2006 年	2007 年
招生总数	128484	165197	202611	268925	326286	364831	397925	418612
硕士生数	103342	133104	164269	220185	273002	310037	341970	360590
博士生数	25142	32093	38342	48740	53284	54794	55955	58022
年　度	2008 年	2009 年	2010 年	2011 年	2012 年	2013 年	2014 年	2015 年
招生总数	446422	510953	538177	560168	589673	611381	621323	645055
硕士生数	386658	449042	474415	494609	521303	540919	548689	570639
博士生数	59764	61911	63762	65559	68370	70462	72634	74416

*资料来源：根据教育部 2000 至 2015 年教育统计数据整理。其中 2000—2004 年硕士生数包括研究生班招生数。

① 中华人民共和国财政部制定：《高等学校会计制度》，立信会计出版社 2014 年版，第 246 页。

② 国务院法制办公室编：《中华人民共和国教育法典》，中国法制出版社 2016 年版，第 349—350 页、第 356—357 页。

2007年以降，我国研究生教育经过持续改革，始终以提高培养质量为中心任务，招生工作的整体机制不断创新，培养规模持续扩大，历年度招生总数由2007年的418612人增加至2017年的806103人，[①] 十年间几乎翻了一倍；与此同时，也逐渐加大了对培养类型结构、区域结构、学科专业结构的调整。2013年以来，扩招幅度明显放缓，但整体的就业形势仍不容乐观，培养结构与质量无法充分适应社会对各类高层次人才的实际需求，仍需进一步的深化改革。2016年9月，教育部办公厅印发《关于统筹全日制和非全日制研究生管理工作的通知》，决定将此后录取的研究生从培养方式上分为全日制、非全日制两类。2017年1月，教育部、国务院学位委员会联合印发《学位与研究生教育发展“十三五”规划》，针对招生环节主要提出了两点目标：一是“保持研究生培养规模适度增长”。至2020年，在学研究生总规模达到290万人，专业学位硕士招生占比达到60%左右。二是“深化研究生考试招生改革，完善多元化招生选拔机制”。在硕士生招考中推进分类考试，优化初试科目和内容，强化复试考核，加强能力考查，注重综合评价，建立健全更加科学有效、公平公正的考核选拔体系；在博士生招考中建立完善“申请—考核”选拔机制，强化对科研创新能力的考查。此外，还要构建科学、规范、严密的研究生考试安全工作体系，强化招生单位的招生录取主体责任，发挥和规范导师作用，加强信息公开和社会监督。[②]

值得提及的是，《学位与研究生教育发展“十三五”规划》中学术型研究生与专业型研究生的比例问题，在2017年报名和招生人数同时持续上涨之时，当年度专业型硕士研究生的招生人数首次超过了学术型研究生，“成为研

① 根据教育部办公厅《关于统筹全日制和非全日制研究生管理工作的通知》有关要求，2017年研究生招生、在校生指标口径发生变化：招生包含全日制和非全日制研究生，在校生包含全日制、非全日制研究生和在职人员攻读硕士学位学生。2017年研究生招生80.61万人，其中全日制69.19万人，招收博士生8.39万人、硕士生72.22万人。在学研究生263.96万人，其中在学博士生36.2万人、在学硕士生227.76万人。毕业研究生57.80万人，其中毕业博士生5.8万人、毕业硕士生52.0万人。仅就招生数量而言，1978年研究生招生数量为10708人，2017年的总数为806103人，40年间增加了大约74倍。（参见教育部：《2017年全国教育事业发展统计公报》，《中国教育报》2018年7月21日；《我国研究生招生规模40年增加74倍》，《中国教育报》2018年12月22日。）

② 参见高靓：《学位与研究生教育发展“十三五”规划正式发布》，《中国教育报》2017年1月21日。

究生教育主体”，“这也反映了社会对应用型高层次人才的迫切需求”。[①]

三、 管理体制的变迁

1999 年以来，我国研究生教育的管理体制的改革与创新体现为四个方面：一是政府主管机构的名称及职能的变迁；二是研究生院制度进一步发展，不仅数量显著增加，设置程序也有重大变革；三是三级学位管理制度继续完善，尤其是省级学位委员会的作用得到了有效的加强；四是相关评估联络体系的机构与职能也获得了相应的拓展。

（一）行政主管机构的改变

2004 年 1 月，经中央机构编制委员会批准，教育部正式设立学位管理与研究生教育司，“履行教育部学位与研究生教育行政管理职责”。[②] 该司仍与国务院学位办合署办公，实行“两块牌子，一套班子”。其主要职能包括：组织实施《中华人民共和国学位条例》，拟订全国学位与研究生教育工作的改革与发展规划，指导与管理研究生培养工作，指导学科建设与管理工作，承担“世界一流大学和一流学科建设”等项目的实施和协调工作，承办国务院学位委员会的日常工作。就其机构内部构建而言，下设综合处、学位管理处、研究生培养处、质量与学科建设处。

各省、直辖市、自治区现有行政主管机构的设置情况不尽相同。例如，北京市教委设有科学技术与研究生工作处，重庆市教委设有学位管理与研究生教育处，四川省教育厅设有科技与研究生教育处，上海市教委仍由高等教育处主管研究生工作，等等。

（二）研究生院制度的发展

前文已揭，1995 年 10 月间，国家教委研究生工作办公室对当年启动的研究生院工作的评估结果进行公示，并在此基础上高度肯定了所有试办研究生院的整体成效，认为为了加强研究生培养的管理和事业的推进，有正式设立研究生院的必要，于是研究生院制度正式确立。在此基础上，2000 年 6 月，教育部又批准以下 22 所高校试办研究生院：北京邮电大学、北方交通大学、

---

① 《我国研究生招生规模 40 年增加 74 倍》，《中国教育报》2018 年 12 月 22 日。

② 《中国学位与研究生教育大事记（2004 年）》，《学位与研究生教育》2005 年第 10 期。

北京林业大学、东北师范大学、华东理工大学、南京航空航天大学、南京理工大学、中国矿业大学、南京农业大学、山东大学、中国石油大学、湖南大学、中南大学、华南理工大学、四川大学、重庆大学、西南交通大学、电子科技大学、西安电子科技大学、兰州大学、解放军第二军医大学、解放军第四军医大学。至此，我国已有53所高校设有研究生院（北京医科大学、上海医科大学已于此前分别并入北京大学、复旦大学，原研究生院相应裁撤合并）。

随之在2002年5月和2003年8月，教育部先后批准哈尔滨工程大学、河海大学、西北农林科技大学试办研究生院，全国高校研究生院总数达到56所。到2011年，研究生院设置程序发生重大变革，由“报批”改为“报备”，可招收研究生的高等学校原则上可自行设置研究生院，不再需要预先经过教育部的批准。至2016年，我国设有研究生院的高校已达到200所，研究生院业已成为研究生教育管理的主要阵地和重要机构。

（三）学位管理体系的完善

我国从1991年开始系统构建了国家、省（直辖市、自治区）、培养单位三级学位管理体系，至1996年，已有16个省市建立了学位委员会。1999年前后，其余省、市、区也先后按照《关于加强省级人民政府对学位与研究生教育工作统筹权的意见》，陆续报请批准或自行成立了省级学位委员会。此后，省级学位委员会的建设与管理工作得到了持续的加强。

就国家学位管理工作而言，1999年以后有两件事情值得注意。一是在教育部和国务院学位委员会的直接领导下，组织开展了“全国优秀博士学位论文评选”工作。该项评选工作“从1998年5月开始启动，分为学位授予单位推荐、省级学位与研究生教育主管部门初选、全国同行专家通讯评议、专家会议复审四个阶段”。[①] 该项工作历时一年多，参评论文范围涉及1995至1997年博士学位获得者的论文16700余篇，800余名专家参加评选，共计评出1999年优秀博士学位论文100篇。这就是时人所称的“全国百优”。此项评选“全国百优”的工作，一直持续十五年之久，2013年以后不再开展。其间每年预定评出优秀博士学位论文100篇，但有的年份并未达及此数，如2009年评出优秀论文为98篇，而2012年仅有90篇。二是努力将《中华人民

① 《中国教育年鉴》编辑部编：《中国教育年鉴（2000）》，人民教育出版社2000年版，第209页。

共和国学位条例》修改升格为《中华人民共和国学位法》。现行的《中华人民共和国学位条例》，是 1980 年 2 月 12 日由五届全国人大常委会第十三次会议通过的法律。当初采用“条例”这一名称是改革开放初期立法技术不完善的产物，随着研究生教育的不断发展以及学位授予与管理工作的深入推进，为了彰显《中华人民共和国学位条例》作为法律的严肃性和权威性，1994 年召开的国务院学位委员会第十二次会议即提出起草《中华人民共和国学位法》的要求。1999 年 5 月，时任教育部部长陈至立在国务院学位委员会第十七次会议上的工作报告中，明确提出 1999 至 2000 年的主要工作之一，即是“做好将《中华人民共和国学位条例》修订为《中华人民共和国学位法》的工作”。[①] 2003 年 7 月国务院学位委员会第二十次会议上，陈至立再次提出“尽快制定出《学位法》”。到 2008 年时，研究起草《中华人民共和国学位法》（草案）在国务院学位委员会第二十五次会议上已作为过去五年的工作成绩之一见之于工作报告之中。延至 2010 年，时任中共中央政治局委员、国务委员刘延东在纪念《中华人民共和国学位条例》实施三十周年纪念大会上的讲话中，再次提出要加快推进修订《中华人民共和国学位条例》、制订《中华人民共和国学位法》的进程。随之，国务院学位委员会 2011 年工作要点中，也进一步明确要求推动《中华人民共和国学位条例》修改为《中华人民共和国学位法》。由是，将《中华人民共和国学位条例》修改为《中华人民共和国学位法》已渐成为一种共识。

就省级学位管理工作而言，在 1999 年 6 月，国务院学位委员会公布该年度工作要点时即强调“进一步发挥省级学位委员会作用”。[②] 2002 年 4 月，在江西南昌召开的省级学位委员会工作会议，交流了学科建设、质量监督、学位审核等方面的工作经验，并研讨了进一步转变职能，加强机构与制度建设，提高管理水平等问题。[③] 之后，国务院学位办又组织召开多次会议，在加强省级学位与研究生教育管理、推进区域规划与协调发展等方面，发挥重要的作

---

① 《中国教育年鉴》编辑部编：《中国教育年鉴（2000）》，人民教育出版社 2000 年版，第 205—206 页。

② 《中国学位与研究生教育大事记（1999 年）》，《学位与研究生教育》2001 年第 Z2 期。

③ 参见《中国学位与研究生教育大事记（2002 年）》，《学位与研究生教育》2003 年第 5 期。

用。在此背景下，各省级相关管理机构在获得更多权责的同时，其工作力度、深度以及范围也得到进一步扩充或加大。现仅以山东省学位办的一份通知示其一斑："近日，山东省学位办下发通知，要求研究生培养单位及时公开学位与研究生教育相关信息，定期发布学位与研究生教育质量报告"。质量报告"应全面反映研究生培养单位研究生教育的理念和目标、招生、培养过程、学位授予、研究生毕业及就业、质量保障体系建设、国际化等情况"，以利及时掌握和了解各培养单位研究生教育质量真实状况，并据此作出"科学的分析和评价"。①

（四）评估联络机构的拓展

2003 年 12 月，根据中央机构编制委员会办公室的批复，教育部党组决定将挂靠在清华大学的"中国学位与研究生教育发展中心"改设为"教育部学位与研究生教育发展中心"，并于当月 21 日举行了揭牌仪式。该中心为教育部直属事业单位，受国务院学位委员会、教育部领导，仍由国务院学位办、教育部研究生工作办进行政策与业务指导，具体职责与功能也有一定的拓展。其主要职责是：

> 就我国学位与研究生教育的发展开展科研，为教育部和国务院学位委员会制定相关政策提供参考意见；受上级主管部门委托或根据需要面向社会自主开展学位与研究生教育有关评估、评审工作；承担有关学位考试的命题与考务工作；承担境内外学位对等研究、互相承认学位协议的咨询、评估与签约，以及承担学位证书、相关材料的认证工作；负责相关信息系统建设与服务；开展相关对外合作与交流工作；主办《中国研究生》杂志，承担《学位与研究生教育》杂志的编辑、出版和发行等工作。②

该中心设有办公室、评估处、考试处、认证处、综合处、编辑部等 6 个处（室），实行人员聘用制度和专业技术职务评聘制度。

作为全国学位与研究生教育领域的学术性社会组织，1994 成立的"中国学位与研究生教育学会"的机构与职能同样有所拓展。学会设有秘书处作为

---

① 《定期发研究生教育质量报告》，《中国教育报》2016 年 4 月 21 日。

② 《中国教育年鉴》编辑部编：《中国教育年鉴（2004）》，人民教育出版社 2004 年版，第 205 页。

日常办事机构，学术委员会负责学会课题的立项与评审，另有45个分支机构，包括文理科、工科、农林学科、医药科、师范类、地方研究生教育管理6个工作委员会，信息管理、评估、德育、人才选拔与评价4个专门委员会，以及35个专业学位工作委员会。

除上述两个评估与学术机构的拓展外，教育部还于1999年11月批准成立全国性的“研究生院院长联席会”。该会成立的目的，是为“更好地加强对研究生教育的管理，加强各研究生院之间的联系与交流，推动全国学位与研究生教育的发展，发挥典型示范和行业自律作用”①。其秘书处作为日常办事机构，挂靠于北京大学研究生院。联席会接受教育部和国务院学位委员会工作的指导，其主要任务是：

> 对全国学位与研究生教育发展规划和重大问题进行研究，为国家决策提供咨询意见；推动研究生院制度的发展与完善，并对全国研究生培养单位起示范指导作用；积极推进研究生院之间和全国各研究生培养单位之间以及国际间的交流合作。②

四、 就业制度的变易

1997年以来，我国研究生就业制度一直没有发生大的变化，毕业生自主择业、用人单位择优录用的“双向选择”模式延续实施。受招生规模、培养质量、社会需求等因素的影响，毕业研究生的就业形势渐趋紧张。尽管政府主管部门采取了一些宏观的调控手段与政策引导，但此方面整体的制度建设尚有待进一步强化与创新。

（一）研究生就业的实际概况

1997年，全国毕业研究生约4.7万人，其中6640人为委托培养，再排除定向培养以及回原单位工作的在职人员，实际需要通过“双向选择”就业的人数相对较少，其时的调查报道亦显示“研究生供不应求”。③ 1998年，全国

① 《中国学位与研究生教育大事记（1999年）》，《学位与研究生教育》2001年第Z2期。

② 《中国教育年鉴》编辑部编：《中国教育年鉴（2000）》，人民教育出版社2000年版，第213—214页。

③ 李宏伟：《今年高校毕业生就业形势平稳 研究生供不应求 本科生总量持平 专科生供大于求》，《人民日报》1997年3月9日。

毕业研究生约5.1万人，“需求态势总体上稳中有升，多数专业供不应求”。国家教委提出，“要采取重点宣传、积极引导和适当鼓励的方法，优先补充高等学校师资、高层次的科研单位和高新技术国有企业的科技队伍的急需”，要求各培养单位“认真贯彻学以致用、发挥专长的原则，防止人才安排使用浪费，使有限的高层次人才资源得以充分合理利用”，“要兼顾不同地区的协调发展和高层次人才的合理配置，贯彻党的十五大提出的加快中西部改革开放和开发的精神，积极鼓励毕业研究生到中西部地区工作。对志愿到国防军工部门就业的，要给予奖励”。①

2000年12月，教育部发布《关于做好2001年全国毕业研究生就业工作的通知》，提出以“加强重点、兼顾一般、学以致用、人尽其才”为原则，继续采取国家宏观调控、各级政府和学校推荐、学生和用人单位“双向选择”的模式。该文件还指出，要继续采取多种措施调整毕业研究生的就业结构和地区流向，保证国家重点用人单位和西部地区的人才急需，各培养单位要积极采取措施，鼓励毕业研究生到西部地区工作，西部地区要制定相应的优惠政策吸引毕业研究生就业。②

上述政策发布以后，实际执行的最终效果并不乐观。2001年，全国毕业研究生约6.8万人，较1997年增长约46%。随着培养规模的扩大，整体培养质量也有所下降，尤其是毕业生素质能力难以满足社会实际需求的问题愈加突出。其时一些生产与技术领域的用人单位不由发出了“找好钳工比研究生还难”的感叹。③ 当年7月，深圳劳动力市场的工资指导价位即表明，“工具钳工高级技师的身价已高过应届毕业的硕士研究生”。④

2004年，全国毕业研究生约15.1万人，不少高校毕业研究生就业率与本科生不相上下，甚至低于本科生，研究生“就业难”已成为全国性的普遍问题。一方面，研究生招生规模的持续扩大，在一定程度上暂时缓解了本科阶

---

① 温红彦、李宏伟：《全国五万研究生明年毕业 总体需求稳中有升 多数专业供不应求》，《人民日报》1997年12月4日。

② 参见晓兵：《教育部出台2001年毕业研究生就业政策》，《中国大学生就业》2000年第12期。

③ 张洪清：《“找好钳工比找研究生还难”有感》，《人民日报》2001年11月15日。

④ 张一：《紧迫的政经课题：提高产业工人的素质和地位》，《企业文明》2003年第5期。

段的就业压力，却使研究生阶段就业竞争不断加剧。另一方面，毕业研究生就业意向相对单一，“以东南沿海和北京、上海等大城市及教科研等‘吃皇粮’单位为主，客观上造成了‘千军万马过独木桥’的现象”。①

2007年，全国毕业研究生约31.2万人，部分省市已出现“就业率倒挂”现象，“研究生就业大不如前”，“学历高，就业率反而低”。截至该年9月，吉林省2007届研究生就业率为78%，本科生就业率为83%，“研究生一次性就业率较去年同期下降了近16%，下降趋势明显”。广东省“研究生就业率首次低于本科生，甚至专科生”。调查表明，除培养规模大幅增加外，研究生“就业期望与社会实际需求难以有效对接”也是导致就业率下降的重要原因。研究生普遍对就业地域、职位、薪资有较高要求，“不过，事实上，很多研究生并没有显示出比本科生更明显的优势”，由是造成在就业中“高不成低不就”的尴尬境况。与此同时，研究生就业的传统主渠道不断萎缩，“多年来作为研究生主要就业领域的高校、科研院所、国有大中型企业等用人单位需求增长速度，与研究生数量增长不匹配”。2007年，研究生在高校和科研单位就业比例仅占总数的31%，国有企业占10%，就业渠道日渐多元化。② 此外，用人单位在招聘中的态度更为务实，不再盲目追求引进人才的“高学历”，而是更加看重实际能力与经验。凡此种种，都使得研究生就业率大不如前。

表 8.2.2 1997—2014年历年度我国研究生毕业数简表*

年度	1997年	1998年	1999年	2000年	2001年	2002年	2003年	2004年	2005年
毕业研究生数	46539	47077	50753	58767	67809	80841	111091	150777	189728
委培毕业生数	6640	5545	7895	7839	11268	12805	16486	19567	20345
年度	2006年	2007年	2008年	2009年	2010年	2011年	2012年	2013年	2014年
毕业研究生数	255902	311839	344825	371273	383600	429994	476019	513626	535863
委培毕业生数	23645	24032	22593	23007	21514	22541	22866	25001	26688

*资料来源：根据教育部1997至2014年教育统计数据整理。

① 刘云伶、晏国政：《研究生遭遇就业“寒冬”》，《人民日报》2005年1月31日。

② 孔祥武、国新：《就业率与学历“倒挂”，为什么？》，《人民日报》2007年11月26日。

（二）研究生就业的问题

客观地讲，随着改革开放的深入与社会主义市场经济的发展，毕业研究生“双向选择”就业模式的实施与延续已是大势所趋。“就业难”现象之所以长期存在，是社会就业结构变化、人才培养机制滞后、毕业生自身素质与就业观念偏差等多种因素共同造成的结果。在政府相关政策、制度的制定与实施方面，也还存在一些明确的缺陷，有待改进与创新。

首先，针对研究生就业的专项政策明显匮乏与滞后。自 1998 年全面推行“双向选择”模式以来，国家层面颁行的专项政策中有涉及研究生就业的，仅有前文提及的教育部发布的《关于做好 2001 年全国毕业研究生就业工作的通知》。其他如 2000 年的《关于加强和改进研究生培养工作的几点意见》、2005 年的《关于实施研究生教育创新计划，加强研究生创新能力培养，进一步提高培养质量的若干意见》《关于进行研究生培养机制改革试点的通知》、2013 年的《关于深化研究生教育改革的意见》等文件中，未具体涉及研究生就业问题。

其次，现有高校毕业生就业政策对研究生缺乏实际吸引力。由于缺乏专项制度，当前研究生实际通用于本科生的就业政策。进入 21 世纪以来，国家为优化高校毕业生就业的区域与行业结构，出台了一系列的优惠与帮扶政策，诸如 2003 年开始实施的“大学生志愿服务西部计划”、2006 年开始实施的“三支一扶计划”（组织开展高校毕业生到农村基层从事支教、支农、支医和扶贫工作）、“农村义务教育阶段学校教师特设岗位计划”等；但因为毕业研究生具有较高的学历层次与就业期望，这些计划对他们明显缺乏实际的吸引力，也难以充分适应毕业研究生在科研、创新方面的特点与优势。

最后，就业政策难以在研究生群体得到有效的传播与执行。相对本科生来说，研究生获取就业政策与信息的渠道甚至更为狭窄，很多培养单位仅仅停留于被动地接收与发布就业信息，缺少系统的挖掘、分析与整理，研究生在培养过程中也普遍缺乏职业规划、就业形势、社会需求的教育。这些都使得本就相当有限的就业政策难以得到有效的传播，执行效果自然就大打折扣。

总而言之，近年来的研究生教育经过不断的深化改革，培养类型结构、学科专业结构、区域分布结构等，都已有明显的调整与改善，尤其是专业学位教育的发展有力地迎合了社会对高层次复合型、应用型人才的实际需求。然而，随着研究生整体培养规模的持续扩大，其就业形势相当不容乐观。

2015 年时，全国毕业研究生已达到空前的 55.2 万人，而到 2018 年时，毕业研究生已达 60.4 万人，其中毕业博士生 6.1 万人、毕业硕士生 54.3 万人。可见研究生人才培养和成材规模日益增大，与之相较，毕业研究生“就业难”问题，并未出现根本性好转，就业制度改革仍是任重而道远。

第三节　培养体系的变化

1999 年以降我国研究生培养体系的变化发展，仍主要表现为培养方式的规范与明确、国际交流合作的深入和拓展、专业学位及其教育体系的建构与完善等方面。在前一时段的基础上，这三个方面均有所改革与创新，尤其是专业学位教育在整个研究生培养体系的地位与比例获得了进一步的提升。

一、培养方式的变革

1988 至 1998 年国务院委员会及其办公室先后发出多项通知或规定，逐步加强了对研究生班、同等学力在职人士申请学位的管理与督导，并最终明确限定了研究生班的非学历教育的性质。（相关内容详见第七章第三节）1999 年以来，除继续加强对上述事项的规范管理外，培养方式改革的最大创新，即为正式确立了全日制与非全日制的双轨培养模式，并采取了一系列的配套措施。

2011 年 8 月，国务院学位办下发《关于进一步完善授予具有研究生毕业同等学力人员硕士学位有关规定的通知》。相比 1998 年的相关规定，其变化主要有两点：一是允许“虽无学士学位，但已获得硕士或博士学位者，在教学、科研、专门技术、管理等方面做出成绩，学术水平或专门技术水平已达到所申请学科的硕士学位授予标准，可按现行办法，向有关学位授予单位申请硕士学位”。之所以如此调整，目的是“进一步贯彻终身教育理念，为我国建设学习型社会和构建终身教育体系提供有力支撑”。二是申请者“自通过资格审查之日起，通过学位授予单位组织的全部课程考试和国家组织的水平考试的年限，由学位授予单位自行规定”。①

① 《关于进一步完善授予具有研究生毕业同等学力人员硕士学位有关规定的通知》（学位办〔2011〕57 号），2014 年 3 月 18 日，见 http://www.yjs.sdnu.edu.cn/info/1069/2642.htm。

2013年9月，国务院学位委员会、教育部、国家发改委联合发布《关于进一步加强在职人员攻读硕士专业学位和授予同等学力人员硕士、博士学位管理工作的意见》，明确规定“研究生培养单位不得以‘研究生’和‘硕士、博士学位’等名义举办课程进修班”。凡已按1997年相关通知举办的课程进修班，不得再行招收新学员，待已招收学员完成全部课程学习后，即行停办终止。

同在2013年，教育部、国家发改委、财政部下发《关于深化研究生教育改革的意见》，其中要求“加强和改进招生计划管理，对全日制和非全日制研究生招生计划实行统一管理”，国务院学位办会同教育部发展规划司、学生司、财务司等部门，就在职人员攻读硕士学位改革事宜进行调研，启动在职人员攻读硕士专业学位招生改革。在此基础上，2016年9月，教育部办公厅印发《关于统筹全日制和非全日制研究生管理工作的通知》，表示此后录取的研究生从培养方式上按全日制和非全日制形式区分。从内涵界定而言，两者的共同点在于，“符合国家研究生招生规定，通过研究生入学考试或者国家承认的其他入学方式，被具有实施研究生教育资格的高等学校或其他高等教育机构录取”；两者的主要区别在于，是否为全脱产学习，全日制研究生“在基本修业年限或者学校规定年限内，全脱产在校学习”，非全日制研究生则“在基本修业年限或者学校规定的修业年限（一般应适当延长基本修业年限）内，在从事其他职业或者社会实践的同时，采取多种方式和灵活时间安排进行非脱产学习”。《通知》特别强调，研究生培养单位应根据社会需求，自主确定不同学科、类别研究生教育形式，统筹全日制与非全日制研究生教育协调发展，“坚持同一标准，保证同等质量”。两类研究生实行相同的招生考试政策，“其学历学位证书具有同等法律地位和相同效力”。①

与上述调整相适应，相关部门还采取了一系列的配套措施：其一，国务院学位办宣布从2016年起，不再组织举办在职人员攻读硕士专业学位全国联考。除高级管理人员工商管理硕士外，其他类别的在职人员攻读硕士专业学位招生工作，将以非全日制研究生教育形式纳入国家招生计划和全国硕士研究生统一入学考试。其二，教育部、国家发改委决定从2017年起，按全日制

① 钟伟、刘亦凡：《坚持同一标准 保证同等培养质量——关于统筹全日制和非全日制研究生管理有关工作答记者问》，《中国教育报》2016年9月15日。

和非全日制两类分别编制和下达全国博士、硕士研究生招生计划。其三，财政部将对两类研究生的投入机制，以及收费、拨款、奖助等工作进行区分管理。

全日制与非全日制双轨培养方式的正式确立，可谓新世纪以来我国研究生教育发展中的重大改革，具有多方面的现实意义。首先，有利于各级教育行政部门与研究生培养单位的统筹与规范管理，促进研究生教育整体的良性可持续发展。其次，有利于满足社会对高层次人才的多样化需求，推动学习型社会的建设。再则，有利于学习者个人灵活地选择学习方式，促进终身教育理念的实现。

二、交流合作的深入

1999年以降，我国研究生教育领域的国际交流合作持续深化发展，派遣出国研究生、接受来华研究生的规模都获得了显著增加，同时研究生教育阶段涉及中外合作办学的学科领域、机构与项目也不断拓展或扩增。

（一）派遣出国研究生

根据“支持留学，鼓励回国，来去自由”的既定方针，1999年以来国家公派留学人员的数量规模整体呈上升趋势，其中研究生阶段的出国留学生也随之有所增加。进入21世纪以来，教育部确定了“扩大规模、提高层次、保证重点、增强效益”的国家公派留学工作方针。尤其是自2007年起，教育部、财政部开始持续实施“国家建设高水平大学公派研究生项目”。该项目以选派出国攻读博士学位研究生、联合培养博士研究生为主，当年仅国家公派联合培养博士研究生录取人数即达3549人。2014年以后，公派留学研究生方面又增设了少量硕士生层次的指标。仅以最新公布的2020年选派计划为例，“国家建设高水平大学公派研究生项目”（包括赴国外攻读博士学位研究生、联合培养博士生）计划选派博士生10500人。此外，“国际组织后备人才培养项目”“国际区域问题研究及外语高层次人才培养项目”“艺术类人才培养特别项目”“乡村振兴人才培养专项计划”等专项派遣项目中，也有部分名额属于出国攻读或联合培养研究生的性质。

较之公费派遣，自费留学的规模增加更为明显。2002年，遵照国务院废除某些行政审批项目的指示，以往针对部分自费留学人员征收的高等教育培养费全部予以取消。2003年，教育部发布《关于简化大专以上学历人员自费出国留学审批手续的通知》，表示此类自费留学人员不必再经教育行政部门进行资格审查，可直接申请办理护照。这些措施都直接推动了自费留学教育包括研究生教育的迅速发展。21 世纪以来，自费出国留学人数由 2000 年的约 3.2 万人增长到了 2015 年的约 48.18 万人。需要说明的是，由于出国留学途径多样化与年龄低龄化等因素的影响，研究生阶段留学生在总数中所占比重呈逐步下降趋势。以留学美国为例，本科阶段的人数由 2005 至 2006 学年的 9309 人，激增至 2013 至 2014 学年的 110550 人。同一时段内，研究生阶段留学人数虽有所增长，但在总数中占比已由 76.1％下降到了 42.17％。

（二）接受来华研究生

在接受来华留学研究生方面，情况则体现为数量与质量并重的发展态势。有关部门先后颁行《高等学校接受外国留学生管理规定》（2000 年）、《关于改革外国留学生学历证书管理办法的通知》（2001 年）、《关于规范我高等学校接受外国留学生有关工作的通知》（2009 年）等法规文件，逐步加强了制度建设与规范管理，推动了来华留学教育包括研究生教育的持续发展。根据教育部公布的部分年度相关数据显示（见“表 8.3.1”），2003 至 2014 年在华留学人员总数增长了约 3.8 倍，而同期在华研究生人数增长了约 8.5 倍。2003 年，在华接受研究生教育者仅占留学人员总数的约 6.5％，2014 年则为约 12.7％。

表 8.3.1　2003—2014 年部分年度来华研究生教育概况简表*

年　度	2003 年	2004 年	2005 年	2006 年	2014 年
在华留学人员总数	77715	110844	141087	162695	377054
研究生人数	5034	5815	7111	8643	47990
硕士研究生数	3397	3883	4807	5966	35876
博士研究生数	1637	1932	2304	2677	12114

*资料来源：根据教育部国际合作与交流司发布的《2003 年全国来华留学统计年鉴》《2004 年全国来华留学统计年鉴》《2005 年全国来华留学统计年鉴》《2006 年全国来华留学统计年鉴》《2014 年全国来华留学生数据统计》等数据整理。

为落实《国家中长期教育改革和发展规划纲要（2010—2020 年）》，加强中外教育交流与合作，推动来华留学事业持续健康发展，提高我国教育国际化水平，教育部于 2010 年 9 月发布了《留学中国计划》，提出 2020 年左右要使我国成为亚洲最大的留学目的地国家，建立与我国国际地位、教育规模和水平相适应的来华留学工作和服务体系。其整体指导思想为“统筹规模、结构、质量和效益，推进来华留学事业全面协调可持续发展，打造中国教育的国际品牌”；工作方针为“扩大规模，优化结构，规范管理，保证质量”。[①] 在具体发展思路和任务方面，与研究生教育直接相关者包括使来华留学人员层次类型更加均衡合理，继续增加接受高等学历教育的人数及其比例；创新培养模式，进行学历教育弹性试点等。2017 年初，教育部、国务院学位委员会印发的《学位与研究生教育发展“十三五”规划》中也提出要使我国成为吸引海外研究生的区域中心，至 2020 年来华留学研究生占在学研究生的比例应达到 3%。其实，在本时期内，来华留学研究生人数一直在持续上升。尤其进入新世纪以来，我国对来华留学研究生的管理和服务体系，已日趋法制化、规范化、人性化，推动着来华留学研究生规模不断扩大。截至 2016 年，来华留学研究生已达 6.39 万人，其中硕士生 4.58 万人、博士生 1.81 万人。1986 至 2016 年二十年间，来华留学研究生增长 2456.42 倍[②]。

（三）开展中外合作办学

我国 2001 年加入世界贸易组织后，教育领域对外开放的力度进一步加大。国务院于 2003 年 3 月颁布《中外合作办学条例》，提出对中外合作办学实行“扩大开放、规范办学、依法管理、促进发展”的基本方针，并将中外合作办学的内涵重新界定为：外国教育机构同中国教育机构在中国境内合作举办以中国公民为主要招生对象的教育机构的活动。与 1995 年《中外合作办学暂行规定》相比，中方参与合作的办学者仅限于“教育机构”，不再包括“其他社会组织”，规范性明显增强。此外，在高等学历教育领域也有一项重大政策变化，即允许合作办学机构授予境外学历、学位证书。中外合作办学机构颁发的外国教育机构的学历、学位证书，“应当与该教育机构在所属国颁发的学历、学位证书相同，并在该国获得承认”[③]。

---

① 国务院法制办公室编：《中华人民共和国教育法典》，中国法制出版社 2011 年版，第 647 页。

② 参见王战军、乔刚：《改革开放 40 年中国研究生教育的成就与展望》，《学位与研究生教育》2018 年第 12 期。

③ 辽宁省教育厅编：《现行教育法律法规规章汇编》（上），吉林人民出版社 2013 年版，第 437 页。

2004年6月，教育部发布《中外合作办学条例实施办法》，增加了关于“中外合作办学项目”的政策解释：“中国教育机构与外国教育机构以不设立教育机构的方式，在学科、专业、课程等方面，合作开展的以中国公民为主要招生对象的教育教学活动。”[①] 此后，中外合作办学开始在制度上明确地分为合作机构、合作项目两种形式。2012年3月，教育部办公厅下发《关于加强涉外办学规范管理的通知》，强调了如下七点要求：高度重视对涉外办学的规范管理工作，提高校际交流学生培养项目的管理水平，准确把握中外合作办学的政策界限，严格对境外学位证书的认证程序和标准，坚持涉外办学的公益性原则，加强对校舍的使用管理和教师的教育管理，加强对涉外办学的监管。

据教育部中外合作监管信息平台公布的数据显示，截至2020年4月，我国现有15个省、4个直辖市（见表8.3.2）举办或开展有研究生教育阶段的中外合作［含内地（大陆）与港台地区合作］办学机构或项目，涵盖了学术型、专业型两大类型，硕士生、博士生两个层次，涉及的学科领域也颇为广泛。仅以北京为例，参与举办合作机构的中方高校有北京航空航天大学、中国科学院大学、中国传媒大学、中国政法大学、汕头大学（汕头大学参与合办的长江商学院位于北京）等5所，参与合作项目的有北京大学、清华大学、中国人民大学、中国科学院研究生院、中国社会科学院研究生院、中央财经大学、中国政法大学、北京理工大学、北京工业大学、北京交通大学、北京科技大学、首都经济贸易大学、北京航空航天大学、北京邮电大学、中国传媒大学、北京外国语大学、对外经济贸易大学、北京体育大学、首都师范大学、北京建筑大学、北京城市学院、北京化工大学、北京语言大学、北京国家会计学院等24所高等教育机构。参与合作的外方机构（含港台地区机构）既有美国、英国、法国、德国、比利时、丹麦、瑞典、加拿大、澳大利亚、新加坡等国的高等学校，也有香港地区的香港大学、香港理工大学、香港中文大学、香港城市大学，还有李嘉诚（海外）基金会这样的国际教育组织。

---

① 中共中央党校理论研究室编：《历史的丰碑——中华人民共和国国史全鉴》第9卷（教育卷），中共中央文献出版社2005年版，第618页。

表 8.3.2　我国中外合作办学机构与项目地域分布简表*

所在省、市	北京	上海	天津	重庆	江苏	浙江	广东
合作机构数	5	7	4	0	9	7	7
合作项目数	45	23	10	3	12	10	10
所在省、市	江西	四川	安徽	河北	湖北	陕西	吉林
合作机构数	0	1	0	0	3	2	0
合作项目数	3	6	2	2	5	7	1
所在省、市	云南	贵州	山东	黑龙江	辽宁		
合作机构数	0	0	2	2	2		
合作项目数	3	1	2	2	5		

*资料来源：根据教育部中外合作办学监管工作信息平台发布的《硕士及以上教育中外合作办学机构与项目（含内地与港台地区合作办学机构与项目）名单》数据整理。以上不包括曾经开办，但现已停办的合作办学机构与项目。

此外，需要提及的是在此时期学历、学位互认方面的推进举措。在 1983 年 12 月我国政府批准加入《亚太地区高等教育学历、文凭和学位相互承认地区公约》，中国正式成为缔约国。此后，确定国务院学位委员会及其办公室为该公约的国家级执行机构①。自 1988 年我国与斯里兰卡签署学历、学位互认协议以降，我国的学历、学位逐渐得到世界各国认可。尤其进入 21 世纪后，中国与越来越多的发达国家建立了学历、学位互认关系。1988 至 2018 年，我国先后与 46 个国家（或地区）签订了学历、学位互认协议，其中仅 2016 年《推进共建"一带一路"教育行动》印发以来，就与"一带一路"沿线的 24 个国家签署了学历、学位互认协议。

三、专业学位的扩展

我国研究生专业学位教育自 1985 年开始试点探索，1990 年正式进入制度化发展，至 1998 年已基本形成培养体系。1999 年以来，研究生专业学位教育

① 参见梁桂芝、孟汇丽：《中华人民共和国学位与研究生教育要事志（1949.10—1993.3）》，西安交通大学出版社 1994 年版，第 234 页。

的制度与机构体系都获得了进一步的发展与完善，除培养规模持续扩大、学位类别不断增加外，改革的重点更多地定位于培养模式的创新、培养定位的明晰、培养结构的调整。下文即先就这一时段研究生专业学位教育的整体发展情况与基本特征加以简介，再以教育硕士专业学位教育为例，进行具体的分析和探讨。

（一）专业学位教育的发展概况

自1999年开始，我国研究生专业学位教育进入定制后的深入发展阶段，新的培养类型不断增加，涉及的职业领域也更为丰富。1999年，增设兽医专业学位，包括硕士（VMM）、博士（DVM）两个层次，以及农业推广硕士（MAE）、公共管理硕士（MPA）。2000年，增设口腔医学专业学位，包括硕士（S. M. M）、博士（S. M. D）两个层次。2001年，增设公共卫生硕士（MPH）。除上述新设类型外，原有的某些应用类硕士学位也被正式归入专业学位序列：1997年，原“工学硕士（工程类型）”改设为工程硕士（ME）；“医学博士（临床医学）”改设为临床医学专业学位，包括硕士（M. M）、博士（M. D）两个层次。截至2000年底，前后攻读已设置的11种专业学位的研究生，累计已达10.6万人。[①]

为总结和交流既往专业学位教育工作的经验，探讨这类研究生教育的特色和规律，2001年11月，教育部、国务院学位委员会联合召开首次全国专业学位教育工作会议。时任教育部副部长袁贵仁在开幕式讲话中，高度肯定了我国专业学位建设已取得的成效，认为专业学位的设置，不仅完善了高等教育体系，符合国际高等教育发展趋势，更重要的是做到了教育要适应和服务于国家经济建设和社会发展的需要。经过十年的努力和建设，专业学位已成为与学术性学位并行的一种新的学位类型，专业学位教育特色逐步显现、种类逐步增加、规模不断扩大、制度不断完善，已经成为我国学位与研究生教育工作的重要组成部分，为我国经济建设和社会发展发挥着越来越重要的作用。会后，国务院学位委员会和教育部印发了《关于加强和改进专业学位教育的若干意见》，指出专业学位教育制度适合我国国情和教育实际，是培养应用型高层次专门人才的重要途径。为全面贯彻和落实党中央、国务院确定的

① 《中国教育年鉴》编辑部编：《中国教育年鉴（2002）》，人民教育出版社2002年版，第206页。

科教兴国战略，适应国家经济建设、科技进步和社会发展需要，必须不断改革和完善我国学位与研究生教育制度，促进专业学位教育的健康发展，为社会主义现代化建设培养大批应用型高层次专门人才。该文件还明确表示："国家统筹规划专业学位教育的发展，研究专业学位教育发展规律，制定专业学位教育发展的政策、法规，指导、协调与专业学位教育有关的活动。"① 这就在政策层面突出强调了专业学位教育的重要地位和作用，明确了专业学位发展的指导思想，从而更有力地促进了专业学位教育的持续深入发展。

2002至2008年，我国又先后增设8类专业学位，分别为：军事硕士（Master of Military，2002年）、会计硕士（MPAcc，2003年）、体育硕士（MSPE，2005年）、艺术硕士（MFA，2005年）、风景园林硕士（MLA，2005年）、汉语国际教育硕士（MTCSOL，2007年）、翻译硕士（MTI，2007年）、社会工作硕士（MSW，2008年）。截至2008年上半年，我国专业学位教育已累计招生86.5万人，初步建立了具有中国特色的专业学位教育体系。但在研究生教育的总体格局中，仍是以学术型研究生为主，专业学位研究生比例相对偏低，难以很好地适应新时期经济社会发展对高层次应用型人才的迫切需求。

2009年2月召开的全国专业学位教育指导委员会联席会年度工作会议上，与会专家普遍认为：我国硕士研究生教育培养目标比较单一，人才培养的适应性不强，学术型硕士研究生规模过大，专业学位研究生培养规模过小，仅占硕士学位的10%。同时，专业学位类型和涉及职业领域还比较少，在职攻读专业学位比例较大、全日制攻读比例过小，与社会经济发展需要之间存在一定的脱节现象，严重影响了研究生教育的可持续发展。因此，应该抓住机遇，尽快地、坚决地予以扭转。要坚持"以人为本"，高度关注研究生就业去向，培养经济社会发展急需的应用型人才；按照"全面、协调、可持续"的要求，实现研究生教育的分类培养，结构优化；运用"统筹兼顾"的方法，实现应用型与学术型高层次人才培养的共同发展。优化硕士研究生招生结构，调整硕士研究生培养目标，积极推进硕士研究生培养模式改革，加强应用型高层次人才的培养力度，促进人才培养与社会需求的有效衔接。根据会议提

① 南京美术学院：《南京艺术学院研究生培养方案》，南京美术学院2007印行，第554页。

出的上述问题和解决建议，相关管理部门及时调整发展战略，从以下三个层面进行了结构性调整。

第一，在整个研究生教育体系中，调整学术型教育和专业学位教育的结构。2009 年 3 月，国务院学位办正式宣告：我国将大力培养工程师、医师、教师、律师、会计师等专业学位研究生。与此同时，教育部也表示在当年度研究生招生整体计划中，特别增加 5 万名专业硕士研究生招生指标。同年 9 月，教育部办公厅发布《进一步做好研究生培养机制改革试点工作的通知》，专门强调："调整硕士研究生培养的类型结构，加大应用型人才的培养力度，是满足国家经济社会发展对应用型人才需求的重要举措。通过培养机制改革，建立起实现分类型培养和合理调控学术型、应用型研究生比例的新机制，是实现这一结构调整的重要基础。"[①] 2014 年 5 月，在教育部、国家发改委联合发布的《关于下达 2014 年全国研究生招生计划的通知》中，再次提出要重点支持专业学位研究生教育发展，扩大应用型、复合型高层次人才培养规模。在此基础上，2015 年时，先是在 7 月 28 日，国务院学位办公布了教育硕士（职业技术教育）专业学位研究生教育试点单位的确认结果，北京理工大学等 45 所院校获准开展教育硕士（职业技术教育）专业学位研究生教育试点工作；继之于 10 月 16 日，教育部下发《关于做好深化专业学位研究生教育综合改革试点工作的通知》，批准北京大学等 18 个单位开展深化专业学位研究生教育综合改革试点工作。后者"试点工作周期为 2015 年 10 月—2020 年 9 月"。[②]

第二，在专业学位教育体系内部，调整在职攻读和全日制培养的结构。2009 年 3 月，教育部决定从当年度开始，除工商管理硕士、公共管理硕士、公共卫生硕士、工程硕士的项目管理方向、体育硕士的竞赛组织方向、艺术硕士的管理方向等少数目前不适宜应届毕业生就读的专业学位外，其他专业学位均面向应届本科毕业生招考。该年度增加的 5 万名专业硕士研究生招生指标，即主要用于招收应届毕业生，并采取全日制的培养方式。2010 年 4 月，教育部对研究生招生政策进行调整，允许达到国家标准分数线，报考学术型硕士的考生改读专业硕士学位。这种跨学位类型的大规模调剂活动在我国研

① 罗尧成：《研究生教育课程体系研究》，广东高等教育出版社 2010 年版，第 337 页。

② 《中国学位与研究生教育大事记（2015 年）》，《学位与研究生教育》2016 年第 9 期。

究生招生工作中尚属首次，既提高了专业学位的吸引力度，也有利于保障专业学位的生源质量。为了推进工作，加强领导，2017 年 7 月，国务院学位委员会、教育部、人力资源社会保障部联合发文，对法律、公共管理、教育、农业、审计、金融、工程、工商管理以及中医、中药学等 9 个专业学位研究生教育指导委员会组成人员进行了调整。2018 年 5 月，国务院学位委员会、教育部印发《关于进一步发挥国务院学位委员会学科评议组和专业学位研究生教育指导委员会作用的意见》，对进一步发挥学科评议组和专业学位研究生教育指导委员会的作用，在把握政治方向、强化职责作用、完善工作机制、严守纪律规矩、加强支持力度等 5 个方面，提出了多达 18 条的指导性意见。

第三，增加专业学位的培养类别，拓展层次结构。2008 年 12 月，国务院学位委员会第二十六次会议决定在我国增设教育博士专业学位。2010 年 1 月，第二十七次会议决定增设金融、应用统计、税务、国际商务、保险、资产评估、警务、应用心理、新闻与传播、出版、文物与博物馆、城市规划、林业、护理、药学、中药学、旅游管理、图书情报、工程管理等 19 类专业硕士学位。仅从这些专业学位的名称即可看出，涉及的职业领域更为具体和细化，实践性和应用性也更加明显。这也是自 1990 年我国正式设置专业硕士学位以来增设数量最多的一次。2011 年，增设审计硕士专业学位。2011 年，增设工程博士专业学位。2014 年，增设中医硕士、中医博士专业学位。至此，我国专业学位体系已有专业博士 6 类、专业硕士 40 类、专业学士 1 类。除建筑学学士之外，其余都属于研究生教育的范畴。为了巩固基础、提高质量，在 2018 年 5 月间，国务院学位办先后于当月 4 日和 10 日印发文件或发出通知，委托国务院学位委员会学科评议组和全国专业学位研究生教育指导委员会编写《研究生核心课程指南》以及《一级学科发展报告》《专业学位类别发展报告》。

表 8.3.3　我国专业学位设置情况简表*

培养层次	设置类型及设置时间
专业博士	临床医学博士（1997 年），兽医博士（1999 年），口腔医学博士（2000 年），教育博士（2008 年），工程博士（2011 年），中医博士（2014 年）

续表

培养层次	设置类型及设置时间
专业硕士	工商管理硕士（1990年），建筑学硕士（1992年），法律硕士（1995年），教育硕士（1996年），工程硕士、临床医学硕士（1997年），兽医硕士、农业推广（2014年12月更名为“农业”）硕士、公共管理硕士（1999年），口腔医学硕士（2000年），公共卫生硕士（2001年），军事硕士（2002年），会计硕士（2003年），体育硕士、艺术硕士、风景园林硕士（2005年），汉语国际教育硕士、翻译硕士（2007年），社会工作硕士（2008年），金融硕士、应用统计硕士、税务硕士、国际商务硕士、保险硕士、资产评估硕士、警务硕士、应用心理硕士、新闻与传播硕士、出版硕士、文物与博物馆硕士、城市规划硕士、林业硕士、护理硕士、药学硕士、中药学硕士、旅游管理硕士、图书情报硕士、工程管理硕士（2010年），审计硕士（2011年），中医硕士（2014年）
专业学士	建筑学学士（1992年）

* 资料来源：根据中国学位与研究生教育信息网“专业学位一览”中相关资料整理。

除上述几项重大的结构性调整外，近年来我国还在招生考试、课程教学、质量保障、就业指导等方面，对专业学位教育体系进行了全方位的改革。2009至2015年，专业学位研究生招生人数分别为72239人、119299人、159942人、198883人、226578人、240762人、263642人，六年间增加了约2.65倍。2015年，专业学位招生人数已占该年度研究生招生总数的40%强。在近二十年来研究生报名和招生人数持续上涨的同时，到2017年时，专业型研究生的招生人数首次超过了学术型研究生，而成为研究生教育主体。这种研究生培养类型的情况变化，“也反映了社会对应用型高层次人才的迫切需求”。[①] 与研究生教育整体发展所面临的问题一样，规模快速发展的同时，培养质量下降的问题也随之逐渐凸显。有鉴于此，2013年11月，教育部、人力资源和社会保障部联合发布《关于深入推进专业学位研究生培养模式改革的意见》，提出以职业需求为导向，以实践能力培养为重点，以产学结合为途径，建立与经济社会发展相适应、具有中国特色的专业学位研究生培养模式。

① 刘博智：《我国研究生招生规模40年增加74倍》，《中国教育报》2018年12月22日。

即是说，既要保持数量增长和规模扩大，又要保证质量与提高水平的内涵式发展，仍是我国专业学位研究生教育持续深化改革的基本方向。

（二）专业学位教育的特征分析

专业学位与学术型学位都是现代学位与研究生教育体系的重要组成部分。按照1996年《专业学位设置审批暂行办法》的规定，专业学位作为具有职业背景的一种学位类型，“是为完善我国学位制度，加速培养经济建设和社会发展所需要的高层次应用型专业人才”而设置的。各级专业学位对应各级学术型学位，处于同一层次。两者之间既有紧密的联系，又有明显的区别。其联系之处表现为：都建立在一定的学科基础之上，攻读两类学位者都需要接受相应的学科基础教育，掌握学科基本理论、基础知识与能力。在不同的教育阶段，两类学位获得者可通过进一步深造达到交叉发展，如学术型硕士学位获得者可以攻读专业博士学位，专业硕士学位获得者也可以攻读学术型博士学位。从本质上来讲，“专业学位研究生教育是一种从学术学位研究生教育中生发出来的相对独立的教育类型”，“它并非另起炉灶自建体系，而是与学术学位研究生教育和谐共生”，“它将学术学位研究生教育的适切要素吸收进来，并使之成为自身的有机组成部分”。①

专业学位和学术型学位的区别，突出体现在需求导向与培养定位的不同。首先，学术型学位主要面向学科专业需求，以学术研究为导向，偏重理论研究，强调学术创新，主要培养在高校、科研机构从事教学和科研工作的研究型人才，学位获得者需要掌握本学科领域较高深的知识与理论。专业学位则主要面向社会职业需求，以专业实践为导向，偏重实践研究，强调应用能力，主要培养社会特定职业或岗位需要的应用型高层次专门人才，学位获得者需要具备特定职业所要求的专业能力和素养，能够运用专业领域已有的理论、知识和技术有效地从事专业工作，合理有效地解决专业问题。对此，2002年《关于加强和改进专业学位教育工作的若干意见》有此解释：“专业学位，或称职业学位，是相对于学术性学位而言的学位类型，培养适应社会特定职业或岗位的实际工作需要的应用型高层次专门人才。专业学位与相应的学术性学位处于同一层次，培养规格各有侧重。”② 结合相关政策规定，通过专业学

① 别敦荣：《专业学位研究生教育的特性及其质量标准的学理探析》，《研究生教育研究》2013年第3期。

② 石中英：《论专业学位教育的专业性》，《学位与研究生教育》2007年第1期。

位与学术型学位的内涵比较，可总结出专业学位教育所具有的如下基本特征。

1. 职业性

职业性是专业学位教育的首要特征，也是其区别于学术型学位教育的本质属性。其一，从历史渊源来看，专业学位首先产生于西方中世纪，最初只是一种职业资格证书或从业执照。其二，从国际通例来看，专业学位一般也称为职业学位，培养目标都定位于社会特定职业实际需要的应用型高层次专业人才。其三，就我国相关政策规定而言，也始终肯定和强调了专业学位的职业背景和职业属性。例如，1996 年《专业学位设置审批暂行办法》表示，专业学位是“具有职业背景的一种学位类型”。2002 年《关于加强和改进专业学位教育工作的若干意见》则将“专业学位”直接称为“职业学位”。2006 年 3 月，在全国公共管理硕士和教育硕士专业学位教育指导委员会换届会议上，时任国务院学位委员会副主任、教育部副部长吴启迪的讲话也指出：“专业学位教育是规范的职业教育，必须以质量为保证。”①

2. 学术性

学术性或称研究性，与专业学位教育的职业性特征并不排斥。首先，专业学位本身是一种学位类型。按照《中华人民共和国学位条例的立法宗旨和基本内容》，“学位是建立在高等教育阶段严格的科学训练和考核的基础之上，主要是反映高等教育各个阶段所达到的不同学术水平的称号，它是评价学术水平的一个尺度”。无可否认，任何学位类型都是对学术水平的一种鉴定与认可，只不过学术型学位侧重于理论研究，专业学位更注重应用研究，其职业性特征并不是对研究性的排斥与对立。其次，专业学位教育定位于培养应用型高层次专业人才，不同于一般的职业技能培训，学位获得者必须具备一定的学术素养，才能进而掌握较高的实践研究和应用能力。最后，专业学位教育属于研究生教育的组成部分，其培养过程和评价体系都必须符合研究生教育的基本学术要求，体现学术研究的维度与标准。因此，专业学位教育是职业性与学术性的有机统一，也可称为“内含学术性的职业性研究生教育”。②

---

① 吴启迪：《抓住机遇　深化改革　提高质量　积极促进专业学位教育较快发展》，《学位与研究生教育》2006 年第 5 期。

② 参见周频：《我国专业学位研究生教育发展对策研究》，兰州大学硕士学位论文，2008 年，第 13 页。

3. 应用性

应用性或称实践性，也是专业学位教育的重要特征之一。首先，专业学位教育的培养目标为“应用型高层次专门人才”，足以说明其应用性特质。所谓应用型人才，就必须掌握实践性的知识，具备较高的实践应用能力。其次，专业学位教育培养过程的各个环节都必须始终贯穿实践应用性的需要。例如，在2002年《关于加强和改进专业学位教育工作的若干意见》中，就有如下明确规定：（一）培养方案和课程设计要体现实践性，教学内容要紧密联系实际需要。着重培养学生的思维能力、逻辑推理能力和操作能力以及观察问题和创造性解决问题的能力。（二）教学方式要将课堂讲授与研讨、模拟、案例教学、实践等形式有机结合，加强实践环节，创造条件建立较稳定的实践基地，把理论学习与实际应用紧密结合。（三）论文选题应有现实针对性、应用性，论文内容强调理论在实践中的应用，论文要综合反映学生运用知识分析问题和解决问题的能力及调查研究的能力。（四）教师必须要紧密接触实际，具有实践经验，积极吸收实际部门有丰富实践经验和较高理论水平的人员参与教学活动。

需要特别解释说明的是，虽然专业学位教育具有实践性特征，但并非意味着学习者必须预先具备相关的职业背景、工作经历和实践经验。实践经验与专业学位教育之间，可以说是一种相辅相成的关系。已经具备或逐步获取实践经验，可以促进专业学位教育培养目标的达成，而在专业学位教育的培养过程中，学习者又能够弥补或掌握实践经验。因此，专业学位教育对工作经历要求的本意是为了保证在教学中实现理论与实际的统一，更好地体现其特定的职业指向性，但不能将这种要求绝对化地设定为攻读专业学位的必要条件。“也就是说，只要能够在教学中实现理论与实际的统一，就能够达到专业学位的要求。”“从这个意义上讲，是否拥有实际工作经历不能成为专业学位教育的招生标准。”[①] 全日制专业硕士的生源以应届本科毕业生为主，就充分地说明了这一点。

（三）教育硕士专业学位教育的发展

我国教育硕士专业学位教育创设于1996年4月，1997至1998年进入初

① 别敦荣、赵映川、闫建璋：《专业学位概念释义及其定位》，《高等教育研究》2009年第6期。

步试点阶段。1999 年以来的改革与发展可分为两个阶段。其中 1999 至 2006 年为继续试点发展，设置了专门的指导机构，招生对象、招生领域、培养单位逐步扩增，培养模式也随之有所创新。2007 年以后为规范发展阶段，培养体系更为充实，培养过程和管理制度更为完善，更加注重培养标准的严格和培养质量的提高。

1. 继续试点（1999—2006）

1999 至 2006 年，是我国教育硕士专业学位教育的继续试点发展阶段。在此期间，试点工作遇到了很多困难与问题，但在实践中不断改革调整，基本形成了较为完善的培养制度和机构体系，主要表现为以下几个方面。

（1）设立指导机构

1999 年 7 月，国务院学位委员会、教育部为适应教育硕士专业学位教育发展的需要，进一步加强对试点工作的指导，决定在全国教育硕士专业学位教育专家指导小组的基础上，成立全国教育硕士专业学位教育指导委员会（以下简称“全国教指委”）。其主要职责是指导、协调全国教育硕士专业学位教育工作，监督教育硕士专业学位教育质量，推进基础教育师资队伍和管理干部队伍的建设，加强教育硕士专业学位教育的国际交流与合作，促进我国教育硕士专业学位教育制度不断完善和发展，以不断提高我国基础教育和管理队伍整体素质以及教学和管理水平，促进我国基础教育事业的发展。第一届全国教指委以顾明远为主任委员，叶澜、何艳茹、沈德立为副主任委员，裴娣娜为秘书长，秘书处设于北京师范大学研究生院。2006 年 2 月，指导委员会任满换届后，第二届以钟秉林为主任委员，叶澜、朱慕菊、宋永刚为副主任委员，张斌贤为秘书长。

根据 1999 年 11 月通过的《全国教育硕士专业学位教育指导委员会章程》，全国教指委直接接受国务院学位委员会、教育部领导，是全国性教育硕士专业学位教育的专家指导和咨询机构。“作为业务指导组织，履行相关管理职能，教育行政部门则从直接管理转向间接管理”。此后的实践也充分证明，“这种管理机制的创新对于推进教育硕士专业学位教育事业的发展发挥了重要的作用”。[①] 尤其是全国教指委成立后，每年定期举行工作会议，召集所有试

① 张斌贤、翟东升：《我国教育硕士专业学位教育发展历程的回顾与前瞻》，《教师教育研究》2008 年第 3 期。

点院校研究生院（处、部）的主要负责领导和相关教育专家，总结和交流经验，促进试点工作的良好开展，并部署后续的工作计划和任务。例如，2000年在福州召开的首届第二次会议，重点讨论了教学大纲、教材建设、案例教学、师资培训等问题。2001年在武汉召开的首届第三次会议，确定了招生工作的基本原则，并对报考条件、招生对象、招生领域、招生计划等进行了调整。2006年在西安召开的第二届第二次会议，回顾教育硕士专业学位设立以来的发展与改革历程，交流各培养单位的招生和培养经验，也指出以往工作中存在的某些不足，提出改进的建议与意见。围绕教育硕士专业教育的结构与内涵发展问题，与会代表一致认为应拓展专业方向，拓宽教育渠道，完善规章制度，注重质量和数量的协调发展，将教育硕士教育打造成师范院校培养应用型人才的品牌。①

（2）扩大招生对象

如前文所述，1997年教育硕士专业招收首届学生时，招生对象仅以普通高中的专任教师和中小学教育管理人员为限，录取191人。1998年，招生对象扩大为所有普通中学的在职专任教师或教育管理人员、中等师范学校的专任教师，录取1390人。1999年招生范围又扩大到中等教育其他类型学校的文化基础课专任教师和具有中学专业技术职务的教研员，录取人数增长为1943名。

2003年，首届全国教指委召开第五次会议，再次将招生对象扩展为基础教育各级各类学校的专任教师和教育管理人员、各级教育行政部门中具有（或相当于）中小学、幼儿园专业技术职务的管理干部，从而形成了服务于基础教育领域的全方位、多层次招生体系。2003年度录取人数为9043名；2006年更是人数过万，达到11289名。招生规模之所以逐年持续增加，除因报考资格的不断放宽外，也直接表明试点工作取得了良好成效。如2001年10月，《光明日报》就登载了题为《教育硕士专业越来越火》的新闻报道，高度评价教育硕士在专业学位教育中是“柳暗花明又一村”。② 据相关统计，1997至2006年全国教育硕士累计招生约5.3万人，其中有3万人陆续毕业并获得硕

① 参见《全国教育硕士专业学位第二届教育指导委员会第二次会议暨第一次教育工作扩大会议在陕西召开》，《学位与研究生教育》2006年第8期。

② 赵群：《教育硕士专业越来越火》，《光明日报》2001年10月4日。

士学位，教育硕士已逐渐成为我国专业学位教育类型之培养规模最大户。

（3）拓宽招生领域

1997年首届教育硕士的招生范围仅限于普通高中的专任教师和中小学教育管理人员，设置的招生领域只有教育管理、学科教学2个专业，其中学科教学专业又包括数学、语文、政治、物理、化学、生物等6个方向。此后随着招生范围的逐步扩大，招生领域和方向也有相应的增加。至2006年，先后增加了现代教育技术、小学教育2个专业，学科教学专业中也增设了英语、历史、地理、体育、音乐、美术6个方向，总计达到4个专业，15个方向。

（4）增加培养单位

1997年首批获准试办教育硕士专业学位的单位共有16校，全部为高等师范院校。1998年，又有13所师范院校增列为试点单位。

2003年，又有12所高校获准试点培养教育硕士，分别为贵州师范大学、青海师范大学、新疆师范大学、徐州师范大学、西华师范大学、杭州师范大学、宁夏大学、浙江大学、苏州大学、扬州大学、河南大学、渤海大学。值得注意的是，这批高校中有6所为综合性大学，突破了仅限于师范院校的既有限制，体现着我国教育硕士专业教育乃至整个教师教育体系的逐步开放。2005年，重庆师范大学、烟台师范学院（现鲁东大学）、聊城大学、延边大学、山西大学、湖北大学、广州大学、湖南科技大学等8所高校也增列进来。至此，十年间，教育硕士的培养单位从最初的16所增至49所。这些院校地理位置的分布逐渐由沿海向中西部地区延展，基本形成了布设于全国多数省市区的以点带面的培养网络。

（5）创新培养模式

在我国教育事业的整体发展进程中，广大农村尤其是中西部贫困乡村的教育相对落后。在这些农村地区，师资数量匮乏和素质偏低又是制约当地教育进步的重要因素。为全面加快发展农村教育并提高教育质量，教育部师范教育司于2004年4月发布《关于做好为农村高中培养教育硕士师资工作的通知》，决定实施“农村高中教育硕士师资培养计划”（以下简称“硕师计划”），在具有推荐免试研究生资格的大学选拔优秀应届本科毕业生，为中西部地区“国家扶贫开发工作重点县”（简称“国贫县”）高中培养师资。具体选拔标准为：政治思想素质好，热爱教育工作；获得学士学位；志愿到扶贫县高中任教，且服从省级教育行政部门安排。学制则采用“1＋1＋1＋2”的五年制：第一年，由省级教育行政部门安排到指定的国贫县高中任教。第二年，到培养单位注册研究生学籍，脱产学习学位课程。第三年，在任教学校工作岗位上，一边工作，一边通过现代远程教育等方式完成后续课程的学习，并撰写学位论文。毕业通过论文答辩后，获得硕士研究生学历证书和教育硕士专业学位证书。第四、第五年继续在任教的学校承担教学任务。

为贯彻落实党的十六届五中全会提出的“切实提高师资特别是农村师资水平”精神，切实解决农村教师匮乏、结构性失衡和整体素质偏低问题，教育部办公厅又于2006年3月发布《关于做好2006年为农村学校培养教育硕士师资工作的通知》，对“硕师计划”进行相应的政策调整，将服务范围由“国贫县”扩大到“省扶贫开发工作重点县”（简称“省贫县”）的农村学校，以初中为主，借此进一步加强农村学校教师队伍整体建设，促进基础教育的均衡发展。学习方式也改为“3＋1＋1”：头三年，由省级教育行政部门安排到签约的农村学校任教。第四年，到培养单位注册研究生学籍，脱产学习教育硕士专业学位研究生课程。第五年，在任教学校工作岗位上，完成后续课程学习，并撰写学位论文、通过论文答辩。

“硕师计划”的制定与实施，既是创新农村教师培养和补充机制，吸引优秀高校毕业生到农村学校任教，提高农村师资水平的重要举措，也是教师教育、研究生教育、专业学位教育人才培养模式的重大创新。对于加强农村教师队伍建设，推进基础教育均衡发展，促进社会主义新农村建设，都具有重要的战略意义。与以往的在职人员攻读模式相比，其显著区别在于：招生对象为应届本科毕业生，招生方式为推荐免试，培养经费主要由国家统一负担，毕业后同时取得硕士研究生学历证书、教育硕士专业学位证书。

总体而言，我国教育硕士专业教育自试点招生以来，经过多次改革、调整与完善，培养体系和管理制度都不断走向成熟。各试点院校在培养与管理工作实践中积累经验，探索规律，取得了显著的办学业绩，同时也出现一些迫切需要解决的问题。为保证教育硕士专业学位教育的质量，促进其持续健康地发展，各级相关管理部门从2004年开始对试点工作的成效与不足进行深入总结与反思，准备将教育硕士专业学位教育逐步引入规范化发展阶段。该年2月，全国教指委下发《关于加强教育硕士的培养与管理工作的意见》，针对办学指导思想、学位性质与培养目标、招生与录取、培养方式与学习年限、课程与教学、学位论文与学位授予、教师队伍建设、学员管理、校内管理体制、保障机制等十个方面，向各试点院校进行了详细的重申和说明，其中特别强调了发展教育硕士专业学位教育的重要意义，要求必须“坚持严格的质量标准，保证培养质量”。

2006年3月，在全国教指委的换届会议上，时任国务院学位委员会副主任委员、教育部副部长吴启迪宣布：“我国将结束教育硕士专业学位的试点工作，走上正式规范发展的道路。”同年9月，国务院学位办发布《关于开展中国高校教育硕士（Ed. M）专业学位教育合格评估工作的通知》，开始对教育硕士专业学位教育第一、二批试办院校进行评估，借以了解试办工作情况，总结教育硕士专业学位培养工作经验，积极探讨教育硕士专业学位教育的培养规律，进一步优化培养方案，促进教育硕士专业学位教育由试办向正常工作的及时转化。

2. 规范发展（2007— ）

2007年12月，全国教育硕士专业学位教育十周年庆祝大会暨教育硕士专业学位教育改革发展论坛在北京举办，全国教指委的全体成员，全国教育硕士各培养单位的管理干部、教师代表、教育硕士代表，以及艺术硕士、公共管理硕士等兄弟专业学位教育指导委员会的代表共200余人出席了会议。会议期间，与会人员深入介绍、交流了各培养单位的工作经验，表彰了十年来对教育硕士专业学位教育作出较大贡献的人员，还评选出了30篇教育硕士优秀学位论文。[①] 在我国教育硕士专业学位教育的发展进程中，此次会议具有标志性的意义，不仅是对过去十年培养成效的集中总结，实质上也意味着规范发展的正式展开：“教育硕士专业学位教育已经走过了第一个十年。这十年留下了大量宝贵的精神财富，为今后十年乃至更长时期的发展奠定了坚实的基础。”[②] 随之教育硕士专业学位教育进入了人们所言的“战略机遇期”。在此期间，“规范”与“发展”两个关键词始终贯穿其中并相互交织，即在发展中加强规范，同时以规范促进发展：所谓“发展”，主要体现在培养体系的拓展与充实，培养模式的改革与创新；所谓“规范”，则反映为培养过程和管理制度

---

① 参见《全国教育硕士专业学位教育十周年庆祝大会暨教育硕士专业学位教育改革发展论坛在京举行》，《学位与研究生教育》2008年第3期。

② 顾明远：《教育硕士专业学位十年的思考与建议》，《学位与研究生教育》2008年第3期。

的完善，培养标准的严格和质量的提高。

（1）培养体系的拓展与充实

先就专业领域的增设而言，教育硕士专业学位教育已逐步形成了较为完备的结构体系。2007 年 4 月，全国教指委在成都召开专项工作会议，从我国基础教育改革与发展的实际需要出发，根据《国家基础教育课程改革纲要》精神，决定增设心理健康教育、科学与技术教育 2 个专业，加强心理健康教育师资队伍建设，提高学校心理健康教育工作的专业性和实效性，并培养科学与技术教育的高层次人才。2010 年，又增设了学前教育、特殊教育 2 个专业。2015 年 4 月，国务院学位委员会印发《教育硕士专业学位设置方案（2015 年修订）》，决定将培养目标扩展到中等职业技术教育教学及管理人员。同年 6 月，国务院学位办发布《关于做好开展教育硕士（职业技术教育）专业学位研究生教育试点单位确认工作的通知》，决定从 2016 年起增设职业技术教育专业，为中等职业学校造就素质全面、基础扎实、技能娴熟、能够胜任理论和实践一体化教学的高层次"双师型"师资。同年 7 月，全国教育专业学位研究生教育指导委员会下发《关于做好开展教育硕士（职业技术教育）专业学位研究生教育试点单位确认工作的通知》，又将这种培养类型的名称确定为"教育硕士（职业技术教育领域）专业学位"。至此，我国教育硕士专业学位教育已有 9 个专业，形成全面覆盖基础教育不同层次和学科以及中等职业技术教育不同专业的优师培养专业体系，基本能够满足基础教育和中等职业技术教育领域各级各类学校专任教师、管理人员以及教育行政部门管理干部的培养需要。

值得一提的是，2008 年 12 月国务院学位委员会第二十六次会议审议通过《教育博士专业学位设置方案》，批准北京大学、清华大学、北京师范大学等 15 所高校首批试办教育博士专业学位，在教育领导与管理、学校课程与教学、学生发展与教育 3 个专业招生。2010 年，该 15 所试点院校开始招收教育博士专业学位研究生。教育博士专业学位的设置，进一步调整和优化了教育学科研究生培养类型、结构和层次，造就了学校教育实践领域高层次专门人才，不仅丰富了我国教育专业学位教育的层次，也为教育硕士的后续培养提供了上升的渠道。其招生对象，为具有硕士学位、五年以上教育及相关领域全职工作经历、具有相当成就的中小学教师和各级各类学校管理人员。截至 2017

年，已招生1300多人，已有280名中小学师职人员获得教育博士学位。①

再从培养单位的增加来看，数量规模和结构类型都有显著的充实。2007年，吉林师范大学、河北大学、宁波大学、湖南大学、深圳大学、中山大学、西藏大学、华中科技大学等8所高校获准培养教育硕士。2009年，北华大学、黑龙江大学、淮北师范大学、厦门大学、漳州师范学院（现闽南师范大学）、南昌大学、赣南师范学院、信阳师范学院、武汉大学、广西师范学院、四川大学、云南大学、延安大学、石河子大学、青岛大学、海南师范大学等16所高校增补为培养单位。2010年，又增加了北京航空航天大学、北京理工大学、中央民族大学、吉林大学、复旦大学、东南大学、中南民族大学、中南大学、华南理工大学、西北大学等10所高校。不同于以往全国统一的评审模式，这10所高校都是先通过学校自审或省级学位办审核，再报请国务院学位委员会复审获得培养资格。

2011年8月，国务院学位委员会第二十八次会议决定开展"服务国家特殊需求人才培养项目"试点工作，安排少数"确属服务国家特殊需求，但尚无博士或硕士学位授予权和没有列入国家批准的新增学位授予单位立项建设规划的高等学校"，"在一定时期内招收培养研究生并授予学位，并根据国家特殊需求的变化对人才培养项目实行动态管理"。根据这一决定，教育部随后启动了学士学位授予单位培养硕士专业学位研究生的试点工作，并将洛阳师范学院、黔南民族师范学院、合肥师范学院、鞍山师范学院、黄冈师范学院、宁夏师范学院和天水师范学院等7所高校设为试点单位。2014年5月，北京工业大学、中国音乐学院、北京联合大学、重庆大学、重庆三峡学院等50所高校也通过自审或省审的方式，获得了教育硕士培养资格，这也是自确定培养单位以来增加最多的一批院校。"中国学位与研究生教育信息网"2020年4月最新信息显示，我国现有135所高校招收教育硕士。招生单位数量逐渐增加的同时，结构类型也随之不断拓展。既有部属重点高校，也有省属一般高校；既有师范类高校，也有综合类、理工类、艺术类高校。地域分布更是由中心城市、省会城市向三、四线城市逐渐延伸，从而形成了培养单位的多元

① 参见顾明远：《教育硕士专业学位的建立和发展》，《中国教育报》2018年10月25日。

格局与规模效应。二十年间，累计招生25万余人，授予学位超过15万人之数。[①]

（2）培养模式的改革与创新

前文已述，我国在2007年之前已先后确立了教育硕士的两种培养模式。第一种是从1997年开始实施的在职人员攻读模式，通过考试招录，只能获得硕士学位。第二种是从2004年开始实施的农村学校教育硕士培养模式（“硕师计划”），通过推荐免试，招收应届本科毕业生，可同时取得硕士研究生学历、教育硕士专业学位。

2009年9月，教育部师范教育司发出《关于做好2010年“农村学校教育硕士师资培养计划”实施工作的通知》，对相关政策从四个方面进行了较大的改革与调整：（一）服务范围由“国贫县”和“省贫县”扩大到所有县镇及以下农村学校，由中西部21个省区扩大到全国31个省（市、区）。（二）学习方式由“3＋1＋1”五年制改为“3＋1”四年制。（三）参加推荐免试的高校由58所增加至86所，承担培养任务的高校由30所增加至73所。（四）结合“农村义务教育阶段学校教师特设岗位计划”（简称“特岗计划”），具体采取两类录取和培养方式。其一，应届本科毕业生类：录取为“硕师计划”研究生并同时应聘为特岗教师，先到设岗县的农村义务教育阶段学校任教服务三年，并在职学习研究生课程，第四年到培养单位集中脱产学习，毕业时获得硕士研究生毕业证书和教育硕士专业学位证书。其二，已在任特岗教师类：具备普通高校本科学历、近三年聘期内年度（或绩效）考核至少一年优秀并继续留在当地学校任教，表现突出，经任教学校和县级教育行政部门推荐、培养单位考核，可推荐免试在职攻读教育硕士。[②]

在完善既有培养模式的同时，2009年以来我国又先后设置了全日制教育硕士、免费师范生教育硕士两种新的培养模式。是年3月，教育部下发《关于做好全日制硕士专业学位研究生培养工作的若干意见》，决定大力发展以应届本科毕业生为主的全日制硕士专业学位研究生教育，以加快培养高层次应

---

① 参见柴葳：《教育专业学位研究生20年累计招生25万人》，《中国教育报》2016年10月31日。

② 参见《为农村造就更多高素质骨干教师——教育部有关负责人就2010年农村学校教育硕士师资培养计划实施答记者问》，《中国教育报》2009年10月17日。

用型专门人才，满足社会多样化需求，进一步调整和优化硕士研究生的类型结构，增强专业学位研究生的培养能力，逐渐将硕士研究生教育从以培养学术型人才为主向以培养应用型人才为主转变。同年5月，国务院学位办发布《全日制硕士专业学位（分类别）研究生指导性培养方案》，其中对全日制教育硕士专业学位的培养方案进行了详细的指导说明。（一）培养目标：掌握现代教育理论、具有较强的教育教学实践和研究能力的高素质的中小学教师。（二）招生对象：具有大学本科学历（或本科同等学力）人员，以应届本科毕业生为主，也包括其他符合相应报考条件的社会人员（教育管理专业必须要求工作经验，不招收应届本科毕业生）。（三）招考方式：参加全国统一考试，应届本科毕业生可推荐免试。（四）学习方式：全日制，学习年限一般为两年。（五）就业方式：实行双向选择，可同时获得教育硕士专业学位、硕士研究生学历证书。全日制教育硕士的设置与实施，可以说是我国研究生教育和教师教育体系的重大制度创新，不仅拓宽了教育硕士的培养模式与招生对象，也有利于提高基础教育师资的整体学历层次和专业水平，从长远促进教育硕士与教师资格准入制度的相互衔接，加快我国教师专业化进程。

免费师范生教育硕士的政策设想，早在2007年计划招收首届免费师范生时就已提出，但具体实施办法的制定要晚于全日制教育硕士。2007年5月，国务院办公厅转发了教育部、财政部、人事部、中央编办等联合制定的《教育部直属师范大学师范生免费教育实施办法（试行）》。其中第七条规定："免费师范生毕业前及在协议规定服务期内，一般不得报考脱产研究生。经考核符合要求的，可录取为教育硕士专业学位研究生，在职学习专业课程，任教考核合格并通过论文答辩的，颁发硕士研究生毕业证书和教育硕士专业学位证书。"① 这就将免费师范生预先纳入了教育硕士的培养轨道，但对于如何具体实施，当时尚未给予详细说明。直至2010年5月，教育部发布《教育部直属师范大学免费师范毕业生在职攻读教育硕士专业学位实施办法（暂行）》，才明确提出自2012年起，北京师范大学、华东师范大学、东北师范大学、华中师范大学、陕西师范大学和西南大学"从到中小学任教的免费师范毕业生中招收教育硕士专业学位研究生，支持师范毕业生结合中小学教育

① 山东教育厅学生处编：《高校学生工作文件选编》（下册），山东人民出版社2013年版，第796页。

教学工作实际继续深造和专业发展”。在具体的培养模式方面，该实施办法还有如下规定。（一）培养目标：使免费师范毕业生具备先进的教育理念、良好的职业道德和创新意识、扎实的专业知识基础、较强的教育教学实践反思能力，为将来成长为优秀教师和教育家奠定坚实基础。（二）招生方式：免费师范毕业生到中小学任教满一学期后，均可申请免试在职攻读教育硕士专业学位，经任教学校推荐，部属师范大学根据工作考核结果、本科学习成绩和综合表现考核录取。招生指标在国家计划之内单列。（三）学习方式：在职学习，学习年限一般为二至三年，实行学分制。课程学习主要通过远程教育和寒暑假集中面授方式进行。（四）毕业通过论文答辩，经学校学位评定委员会审核批准，授予教育硕士专业学位，并颁发硕士研究生毕业证书。至此，我国教育硕士专业学位教育已设有在职人员攻读、农村学校教育硕士、全日制教育硕士、免费师范生教育硕士四种模式，培养模式更具多样化与针对性。

（3）培养质量的保障与提高

我国教育硕士专业学位教育进入规范发展阶段以来，培养规模日渐扩大，培养单位、专业领域、培养模式都有不同程度的增加，相关管理部门也采取了种种措施，加强了对培养过程的具体指导与监督，力求切实保障和提高培养质量。

2007年前后，国务院学位办根据《关于开展全国教育硕士专业学位教育合格评估工作的若干意见》，对第一、二批教育硕士专业学位试点单位进行了统一的教学合格评估，北京师范大学等29所培养单位先后提交了工作总结报告和评估申请。受国务院学位办委托，在参评单位自评的基础上，教育部学位与研究生教育发展中心组织专家分别进行了实地考评。经过认真严格的评估，结果于2008年1月公布，29所培养单位全部合格。本次评估表明：在这些较早试点的培养单位中，虽然不同程度地存在一些具体的教学和管理问题，但总体办学思想明确，办学条件较好，师资队伍建设效果明显，教学管理规范严谨，办学特色鲜明，教学水平与培养质量不断提高，整体的培养成效值得充分肯定。此后，指导和监管的重点，更多放在各新增的培养单位或培养模式上面。

2009年3月，教育部下发《关于做好全日制硕士专业学位研究生培养工作的若干意见》，围绕科学定位、课程教学、专业实践、学位论文等几个方面，反复强调要“以质量为核心”，“确保全日制硕士专业学位研究生的培养质量”。如在课程教学方面，要求“课程设置以实际应用为导向，以职业需求为目标，以综合素养和应用知识与能力的提高为核心”；教学内容强调“理论性与应用性课程的有机结合，突出案例分析和实践研究”；教学过程要“注重培养学生研究实践问题的意识和能力”，“建立健全校内外双导师制”，“吸收不同学科领域的专家、学者和实践领域有丰富经验的专业人员”，共同承担培养工作等。在专业实践方面，要求“应届本科毕业生的实践教学时间原则上不少于1年”；“建立多种形式的实践基地，加大实践环节的学时数和学分比例”；“注重吸纳和使用社会资源，合作建立联合培养基地，改革创新实践性教学模式”；“推进专业学位研究生培养与用人单位实际需求的紧密联系，积极探索人才培养的供需互动机制”等。这些都使全日制教育硕士的培养过程更为规范和严格，更有利于保障与提高培养质量。

免费师范生教育硕士培养模式尚在计划实施阶段，教育部即针对培养质量问题，从各具体环节进行详细而明确的规定。其要点包括：（一）采取部属师范大学与地方政府、中小学校合作培养的新机制。选择具备条件的中小学校建立培养基地，共同研究和实施教育硕士研究生培养方案。（二）课程设置突出实践性，密切结合中小学教育教学实践，并与本科阶段所学课程相互衔接，注重整体设计。各培养单位根据指导性培养方案，结合本校实际，制订教学计划，认真组织远程教育课程学习和教育实践活动，制定严格的考核标准，采取科学有效的考核方法。（三）加强教师职业道德教育，树立长期从教的职业理想和信念。注重教师专业素质养成、教育教学能力训练、教育实践问题研究能力培养。（四）加强导师队伍建设，选择责任心强、熟悉中小学教育、教学经验丰富的高校优秀教师和培养基地的中小学优秀教师，实行双导师制。

2011年，教育部启动学士学位授予单位培养专业硕士学位研究生试点工作，并将洛阳师范学院、黔南民族师范学院、合肥师范学院、鞍山师范学院、黄冈师范学院、宁夏师范学院、天水师范学院等7所高校定为培养教育硕士的试点院校。自试点工作开展以来，根据国务院学位办的部署，全国教指委积极指导试点工作，于2012年暑期先后组织7个专家工作组赴上述院校开展政策解读、管理咨询和培训等。从2013年起，每年组织试点院校召开工作交流研讨会，并邀请相关专家和院校代表进行现场指导。自2014年开始，为试点院校设立专项科研基金，鼓励开展实践研究，以进一步推动试点工作朝着规范化和科学化方向顺利进行，不断提高教育硕士专业学位研究生的培养质量。①

至2016年底，我国教育硕士专业学位研究生教育已走过近二十年的发展历程。近二十年来，招生领域由最初的2个专业、7个方向逐步增加到9个专业、20个方向，培养单位由16所增加至142所，累计招生25万余人，其中授予学位人数超过15万人，培养并输送出大批优秀的基础教育师资和教育管理人员，业已成为我国专业学位类型中之规模最大户。在培养模式方面，也由最初单一的在职人员攻读扩展到全日制教育硕士、农村学校教育硕士、免费师范生教育硕士等多种类型，并衍生或升级到教育博士层次，从而形成了开放、立体、多元化的培养体系。2016年10月，全国教育专业学位研究生教育改革与发展研讨会在北京召开。教育部有关负责人表示，持续做好"四个转变"：一是进一步转变教育理念，树立立德树人、服务需求、开放办学的思想；二是进一步转变培养模式，加强课程建设，注重实践能力提升，引导实践部门参与；三是进一步转变评价方式，转变授权审核评价方式，转变学位论文评价方式，转变高校教师评价方式；四是进一步提高教育质量，增强品牌意识，强化特色办学，敢于争创一流。2018年1月20日，中共中央、国务院印发了《关于全面深化新时代教师队伍建设改革的意见》。这份中华人民共和国成立以来党中央第一份专门针对教师队伍建设的政策文件，明确提出全面深化新时期教师队伍建设改革，以利培养或造就出社会需要的高素质、专业化、创新型教师队伍，无疑为今后教育硕士、博士专业学位的事业建设，指明了前行和发展的方向。②

---

①　参见张斌贤、吴刚、周险峰：《"服务国家特殊需求人才培养项目"教育硕士专业学位研究生试点工作的进展与趋势》，《学位与研究生教育》2014年第8期。

②　参见顾明远：《教育硕士专业学位的建立和发展》，《中国教育报》2018年10月25日。

主要参考文献

一、档案类

《国立北京大学文科研究所招考研究生办法》，北京大学档案馆馆藏档案：全宗号二，案卷号10。

《国立北京大学研究院暂行规程》（1935年6月修订），北京大学档案馆馆藏档案：全宗号二，案卷号310。

《燕京大学招收国学研究生专修生简章》（1926—1927年），北京大学档案馆馆藏档案："燕京大学档案"第24006号。

《燕京大学国学研究所所章》（1929.10），北京大学档案馆馆藏档案："燕京大学档案"第30025号。

《关于研究所成立的来往函电·组织章程·导师名单》，北京师范大学档案馆馆藏档案："辅仁大学档案"，案卷号84。

［美］卜舫济：《圣约翰大学四十年成绩志略》，上海档案馆馆藏档案：档案号Q243-1-7。

圣约翰大学教务处注册组：《圣约翰大学一九一四至一九三〇年毕业典礼、给奖、授予学位及毕业生名单》，上海档案馆馆藏档案：档案号Q243-1-1018。

《圣约翰大学1901—1952年毕业生名册及通讯录》，上海档案馆馆藏档案：档案号Q243-1-1033。

《震旦大学二十五年小史：学制沿革》，上海档案馆馆藏档案：档案号Y-1-181-21。

《国立武汉大学校务会议记录》第七册，武汉大学档案馆馆藏档案："国立武汉大学档案"，案卷编号L7-1938-114。

《本校呈请设立研究院》，浙江大学档案馆馆藏档案："国立浙江大学档案"，案卷编号L053-001-1545。

《关于本校增设各科研究学部》，浙江大学档案馆馆藏档案："国立浙江大学档案"，案卷编号L053-001-1550。

《国立浙江大学文科研究所史地部招考研究生简章》，浙江大学档案馆馆藏档案："国立浙江大学档案"，案卷编号L053-001-3756。

《〈博士学位评定会组织法〉草案》《〈博士学位考试细则修正〉草案》，中国第二历史档案馆馆藏档案："国民政府教育部档案"，全宗号五，案卷号1349（2）。

《请审议博士学位评定会组织法及考试细则两项修正草案》，中国第二历史档案馆馆藏档案："国民政府教育部档案"，全宗号五，案卷号1349（2）。

二、报刊类

《北大日刊》（1929年11月9日—1930年8月2日）

《北京大学日刊》（1917年11月16日—1932年7月16日）

《北京大学周刊》（1932年第8号—1936年第217号）

《北平晨报》（1933年8月25日—1935年11月11日）

《东方杂志》（1935年第32卷第1号—1946第42卷第17号）

《大公报》（1934年12月23日—1937年12月5日）

《独立评论》（1932年第14号—1935年第136号）

《高等教育季刊》（1941年第1卷第1期—1942年第2卷第4期）

《国立清华大学校刊》（1929年7月4—5日）

《国立武汉大学周刊》（1929年第13期—1946年第357期）

《光明日报》（2001年10月4日—2018年4月28日）

《国学季刊》（1923年第1卷第1号—1923年第1卷第2号）

《京报》（1934年6月14日—1937年7月4日）

《教育杂志》（1909年第1年第1期—1938年第28卷第9号）

《教育通讯》（1938年第1期—1948年第5卷第9期）

《教育部公报》（1929年第1卷第12期—1942年第21—22期）

《教育丛刊》（1921年第2卷第1期—第4期）

《立法院公报》（1929年第7期—1935年第69期）

《清华周刊》（1925年第339期—1936年第45卷第9期）

《人民日报》(1948 年 12 月 31 日—2011 年 3 月 30 日)
《申报》(1917 年 12 月 8 日—1939 年 8 月 15 日)
《厦大周刊》(1926 年第 134 期—1927 年第 170 期)
《现代评论》(1925 年第 1 卷第 23 期—1927 年第 5 卷第 129 期)
《新教育》(1922 年第 4 卷第 2 期—1922 年第 4 卷第 5 期)
《学位与研究生教育》(1984 年第 1 期—2019 年第 1 期)
《中国教育报》(2009 年 10 月 17 日—2018 年 12 月 22 日)
《中华教育界》(1912 年第 1 卷第 1 期—1947 年第 1 卷第 1 期)
《中华基督教教育季刊》(1925 年第 1 卷第 1 期—第 5 期)

三、 年鉴类

教育部年鉴编纂委员会编：《第二次中国教育年鉴》第五编，商务印书馆 1948 年版。

教育部年鉴编纂委员会编：《第二次中国教育年鉴》第六编，商务印书馆 1948 年版。

蒋致远主编：《第三次中华民国教育年鉴》第一册，(台中) 宗青图书公司 1991 年版。

《中国教育年鉴》编辑部编：《中国教育年鉴 (1949～1981)》，中国大百科全书出版社 1984 年版。

《中国教育年鉴》编辑部编：《中国教育年鉴 (1995)》，人民教育出版社 1995 年版。

《中国教育年鉴》编辑部编：《中国教育年鉴 (1996)》，人民教育出版社 1997 年版。

《中国教育年鉴》编辑部编：《中国教育年鉴 (1997)》，人民教育出版社 1997 年版。

《中国教育年鉴》编辑部编：《中国教育年鉴 (1999)》，人民教育出版社 1999 年版。

《中国教育年鉴》编辑部编：《中国教育年鉴 (2000)》，人民教育出版社 2000 年版。

《中国教育年鉴》编辑部编：《中国教育年鉴 (2002)》，人民教育出版社 2002 年版。

《中国教育年鉴》编辑部编：《中国教育年鉴（2004）》，人民教育出版社2004年版。

《中国教育年鉴》编辑部编：《中国教育年鉴（2006）》，人民教育出版社2006年版。

《中国教育年鉴》编辑部编：《中国教育年鉴（2010）》，人民教育出版社2011年版。

《中国教育年鉴》编辑部编：《中国教育年鉴（2011）》，人民教育出版社2012年版。

《中国教育年鉴》编辑部编：《中国教育年鉴（2014）》，人民教育出版社2015年版。

中央教育科学研究所编：《中国现代教育大事记（1919—1949）》，教育科学出版社1988年版。

四、 史料汇编类

北京大学等编：《国立西南联合大学史料》，云南教育出版社1998年版。

北京师范大学党委办公室、校长办公室编：《北京师范大学纪事（1902—2011）》，北京师范大学出版社2012年版。

陈学恂主编：《中国近代教育史教学参考资料》（上册），人民教育出版社1986年版。

陈学恂主编：《中国近代教育史教学参考资料》（下册），人民教育出版社1987年版。

杜元载主编：《革命文献》第56辑，（台北）中国国民党中央委员会党史史料编纂委员会1971年版。

国务院法制办公室编：《中华人民共和国法规汇编》第一卷，中国法制出版社2005年版。

国务院法制办公室编：《中华人民共和国法规汇编》第二卷，中国法制出版社2005年版。

国务院法制办公室编：《中华人民共和国法律法规全书》（行政法卷），中国法制出版社2014年版。

国务院法制办公室编：《中华人民共和国教育法典》，中国法制出版社2011年版。

国务院法制办公室编：《中华人民共和国教育法典》，中国法制出版社2016年版。

国家教委高等教育司编：《加快改革和积极发展高等教育——1992全国普通高等教育工作会议文件汇编》，兵器工业出版社1993年版。

国家教育委员会编：《中华人民共和国现行教育法规汇编（1949—1989）》，人民教育出版社1991年版。

国务院学位委员会办公室、国家教育委员会研究生司编：《中华人民共和国学位与研究生工作文件选编》，北京航空航天大学出版社1988年版。

华东师范大学出版社编：《华东师范大学大事记（1951—1987）》，华东师范大学出版社1991年版。

何东昌主编：《中华人民共和国重要教育文献（1949年～1997年）》，海南出版社1998年版。

黄季陆编：《革命文献》第55辑，（台北）“中央”文物供应社1971年版。

何明清主编：《最新教育法百科全书》第一卷，吉林电子出版社2004年版。

璩鑫圭、唐良炎编：《中国近代教育史资料汇编·学制演变》，上海教育出版社2007年版。

璩鑫圭、童富勇编：《中国近代教育史资料汇编·教育思想》，上海教育出版社2007年版。

璩鑫圭、童富勇、张守智编：《中国近代教育史资料汇编·实业教育　师范教育》，上海教育出版社2007年版。

金铁宽主编：《中华人民共和国教育大事记》，山东教育出版社1995年版。

教育部高校学生司编：《1977—2003年全国研究生招生工作文件选编》（上），北京航空航天大学出版社2004年版。

教育部思想政治工作司组编：《加强和改进大学生思想政治教育重要文献选编（1978—2014）》，知识产权出版社2015年版。

教育部法制办公室编：《学前教育政策法规规章汇编》，首都师范大学出版社2014年版。

教育部学位管理与研究生教育司编：《2006—2007研究生教育创新计划实施报告》，北京理工大学出版社2008年版。

梁桂芝、孟汇丽：《中华人民共和国学位与研究生教育要事志（1949.10—1993.3）》，西安交通大学出版社1994年版。

辽宁省教育厅编：《现行教育法律法规规章汇编》（上），吉林人民出版社2013年版。

李友芝等编：《中国近现代教育史参考资料》第二册，1983年铅印本。

刘真主编，王焕琛编著：《留学教育——中国留学教育史料》第四册，（台北）“国立”编译馆1980年版。

刘真主编，王焕琛编著：《留学教育——中国留学教育史料》第五册，（台北）“国立”编译馆1980年版。

《南大百年实录》编辑组编：《南大百年实录》（上卷），南京大学出版社2002年版。

《南大百年实录》编辑组编：《南大百年实录》（中卷），南京大学出版社2002年版。

南京大学高教研究所编：《南京大学大事记（1902—1988）》，南京大学出版社1989年版。

南京大学高教研究所校史编写组编：《金陵大学史料集》，南京大学出版社1989年版。

潘懋元、刘海峰编：《中国近代教育史资料汇编·高等教育》，上海教育出版社2007年版。

清华大学校史研究室编：《清华大学史料选编》第一卷，清华大学出版社1991年版。

清华大学校史研究室编：《清华大学史料选编》第二卷（上），清华大学出版社1991年版。

清华大学校史研究室编：《清华大学史料选编》第二卷（下），清华大学出版社1991年版。

清华大学校史研究室编：《清华大学史料选编》第三卷（上），清华大学出版社1994年版。

清华大学校史研究室编：《清华大学史料选编》第三卷（下），清华大学出版社1994年版。

阮华国编：《教育法规》，大东书局1947年版。

舒新城编：《中国近代教育史资料》（中册），人民教育出版社1981年版。

圣约翰大学编：《圣约翰大学章程汇录》，上海美华书馆1941年版。

山东教育厅学生处编：《高校学生工作文件选编》（下册），山东人民出版社 2013 年版。

上海市高等教育局科研处、上海市高等学校招生委员会办公室编：《研究生工作文件选编》，上海市高等学校招生委员会办公室 1988 年版。

汤志钧、陈祖恩、汤仁泽编：《中国近代教育史资料汇编·戊戌时期教育》，上海教育出版社 2007 年版。

王文俊等选编：《南开大学校史资料选（1919—1949）》，南开大学出版社 1989 年版。

王学珍、张万仓编：《北京高等教育文献资料选编（1861～1948）》，首都师范大学出版社 2004 年版。

王改娇主编：《法大记忆——60 年变迁档案选编》，中国政法大学出版社 2012 年版。

西北大学西北联大研究所编：《西北联大史料汇编》，西北大学出版社 2012 年版。

行政院教育部编：《专科以上学校行政人员手册》，青年书店 1941 年版。

燕大文史资料编委会编：《燕大文史资料》第六辑，北京大学出版社 1992 年版。

中国第二历史档案馆编：《中华民国史档案资料汇编》第五辑第二编“教育”(一)，江苏古籍出版社 1997 年版。

中国第二历史档案馆编：《中华民国史档案资料汇编》第五辑第一编“教育”(二)，江苏古籍出版社 1994 年版。

中国第二历史档案馆编：《中华民国史档案资料汇编》第五辑第二编“政治”(三)，江苏古籍出版社 1998 年版。

中华民国教育部编：《教育法令汇编》第一辑，商务印书馆 1936 年版。

总办公厅编印：《国立中山大学法规集》，1937 年印行。

中共中央党校理论研究室编：《历史的丰碑——中华人民共和国国史全鉴》第 9 卷（教育卷），中共中央文献出版社 2005 年版。

中共中央文献研究室编：《改革开放三十年重要文献选编》（上），中央文献出版社 2008 年版。

中共中央文献研究室编：《十四大以来重要文献选编》（上），中央文献出版社 2011 年版。

朱有瓛主编：《中国近代学制史料》第二辑（上册），华东师范大学出版社 1987 年版。

朱有瓛主编：《中国近代学制史料》第一辑（下册），华东师范大学出版社 1986 年版。

朱有瓛主编：《中国近代学制史料》第三辑（上册），华东师范大学出版社 1990 年版。

朱有瓛主编：《中国近代学制史料》第三辑（下册），华东师范大学出版社 1992 年版。

朱有瓛、高时良主编：《中国近代学制史料》第四辑，华东师范大学出版社 1993 年版。

朱有瓛、戚名琇、钱曼倩等编：《中国近代教育史资料汇编·教育行政机构及教育团体》，上海教育出版社 2007 年版。

庄泽宣：《中大教育研究所一览·引言》，国立中山大学教育研究所 1930 年编印。

五、 文集类

蔡尚思：《蔡尚思文集》，上海人民出版社 2001 年版。

陈学恂主编：《中国近代教育文选》，人民教育出版社 1983 年版。

高平叔编：《蔡元培论科学与技术》，河北科学技术出版社 1985 年版。

高平叔编：《蔡元培全集》第三卷，中华书局 1984 年版。

高平叔编：《蔡元培全集》第四卷，中华书局 1984 年版。

高平叔编：《蔡元培全集》第五卷，中华书局 1988 年版。

高平叔编：《蔡元培全集》第六卷，中华书局 1988 年版。

高平叔编：《蔡元培全集》第七卷，中华书局 1989 年版。

耿云志、欧阳哲生编：《胡适书信集》（上），北京大学出版社 1996 年版。

胡适：《胡适全集》第 20 卷，安徽教育出版社 2003 年版。

姜义华主编：《胡适学术文集·教育》，中华书局 1998 年版。

汤志钧编：《康有为政论集》，中华书局 1981 年版。

罗家伦先生文存编辑委员会编：《罗家伦先生文存》第五册，（台北）“国史馆”、中国国民党中央委员会党史委员会 1988 年版。

罗家伦先生文存编辑委员会编：《罗家伦先生文存》第八册，（台北）“国史馆”、中国国民党中央委员会党史委员会 1989 年印行。

逯钦立：《逯钦立文存》，中华书局2010年版。

李尚德主编：《凝聚中大精神——“中大精神与校园文化建设”大讨论文集》，中山大学出版社2001年版。

刘述礼、黄延复编：《梅贻琦教育论著选》，人民教育出版社1993年版。

吴廷璆等编：《郑天挺纪念论文集》，中华书局1990年版。

徐寿凯、施培毅校点：《吴汝纶尺牍》，黄山书社1990年版。

中国蔡元培研究会编：《蔡元培全集》第十八卷，浙江教育出版社1998年版。

中共中央文献研究室编：《毛泽东文集》第二卷，人民出版社1983年版。

中共中央文献研究室编：《邓小平文选》第二卷，人民出版社1994年版。

六、专著类

［美］丁韪良：《西学考略》，岳麓书社2016年版。

［法］费赖之：《在华耶稣会士列传及书目》（上册），冯承钧译，中华书局1995年版。

［美］艾德敷：《燕京大学》，刘天路译，珠海出版社2005年版。

［美］芳卫廉：《基督教高等教育在变革中的中国（1880—1950）》，刘家峰译，珠海出版社2005年版。

［美］郭查理：《齐鲁大学》，陶飞亚、鲁娜译，珠海出版社1999年版。

［美］吴小新：《北京辅仁大学》，张晓明译，珠海出版社2005年版。

［德］花之安：《德国学校论略》，［日］东京求志楼1874年（明治七年）翻刊。

北京高等教育志编纂委员会编：《北京高等教育志》（上），北京华艺出版社2004年版。

北京师范大学校史编写组编：《北京师范大学校史（1902—1982）》，北京师范大学出版社1982年版。

北京体育大学校史编委会编：《北京体育大学校史（1953—2003）》，北京体育大学出版社2003年版。

北京图书馆《文献》丛刊编辑部、吉林省图书馆学会会刊编辑部编：《中国当代社会科学家》第三辑，书目文献出版社1983年版。

北洋大学—天津大学校史编辑室编：《北洋大学—天津大学校史》第一

卷，天津大学出版社1990年版。

北洋大学—天津大学校史编辑室编：《北洋大学—天津大学校史》第二卷，天津大学出版社1995年版。

陈诚：《抗战建国与青年责任》，军事委员会政治部1938年印。

陈其昌等编：《各国教育谈》，商务印书馆1924年版。

常导之编著：《增订教育行政大纲》，中华书局1935年版。

程民德主编：《中国现代数学家传》第一卷，江苏教育出版社1994年版。

陈平原、王枫编：《追忆王国维》，中国广播电视出版社1997年版。

成仿吾：《战火中的大学——从陕北公学到人民大学的回顾》，人民出版社2014年版。

蔡尚思：《蔡元培学术思想传记》，棠棣出版社1950年版。

陈以爱：《中国现代学术研究机构的兴起——以北大研究所国学门为中心的探讨》，江西教育出版社2002年版。

丁文江、赵丰田编：《梁启超年谱长编》，上海人民出版社1983年版。

董鼐：《学府纪闻·私立辅仁大学》，南京出版有限公司1982年版。

方惠坚、张思敬主编：《清华大学志》(上册)，清华大学出版社2001年版。

方惠坚、张思敬主编：《清华大学志》(下册)，清华大学出版社2001年版。

樊洪业、张久春选编：《科学救国之梦——任鸿隽文存》，上海科技教育出版社、上海科学技术出版社2002年版。

高增德、丁东编：《世纪学人自述》第三卷，北京十月文艺出版社2000年版。

郭秉文：《中国教育制度沿革史》，商务印书馆1922年版。

顾长声：《传教士与近代中国》，上海人民出版社1981年版。

《国立北京大学廿周年纪念册·规程一览》，北京大学1917年印行。

国联教育考察团：《中国教育之改进》，国立编译馆1932年版。

国立中山大学研究院教育研究所编：《本所研究事业十年》，国立中山大学研究院教育研究所1937年编印。

《国立中山大学研究院年报》，国立中山大学1937年版。

郭玉贵：《美国和苏联学位制度比较研究——兼论中国学位制度》，复旦大学出版社1991年版。

何炳松：《美国教育制度》，商务印书馆1920年版。

华存才等编著：《数学应用工程研究》，科学出版社 2010 年版。

黄菊艳主编：《近代广东教育与岭南大学》，（香港）商务印书馆 1995 年版。

胡颂平编著：《胡适之先生年谱长编初稿》第六册，联经出版事业公司 1984 年版。

胡守为主编：《陈寅恪与二十世纪中国学术》，浙江人民出版社 2000 年版。

黄义祥编著：《中山大学史稿（1924—1949）》，中山大学出版社 1999 年版。

蒋廷黻：《蒋廷黻回忆录》，岳麓书社 2003 年版。

金耀基：《大学之理念》，生活·读书·新知三联书店 2001 年版。

罗家伦：《文化教育与青年》，商务印书馆 1947 年版。

林文庆：《孔教大纲》，中华书局 1914 年版。

李向玉：《澳门圣保禄学院研究》，澳门日报出版社 2001 年版。

罗尧成：《研究生教育课程体系研究》，广东高等教育出版社 2010 年版。

南京美术学院：《南京艺术学院研究生培养方案》，南京美术学院 2007 印行。

南京师范大学校史编写组编：《南京师范大学志》，南京大学出版社 1994 年版。

《南开大学经济研究所一览（1940 年 6 月）》，南开大学经济研究所印行。

《南开大学经济研究所一览（1941 年 6 月）》，南开大学经济研究所印行。

《南开大学经济研究所一览（1945 年 5 月）》，南开大学经济研究所印行。

庞朴主编：《20 世纪儒学通志·纪事卷》，浙江大学出版社 2012 年版。

彭泽平、姚琳主编：《实践能力指向的专业学位研究生教育创新研究——以教育硕士为中心》，西南师范大学出版社 2016 年版。

清华大学校史编写组编著：《清华大学校史稿》，中华书局出版社 1981 年版。

清华大学校史研究室编：《清华大学九十年》，清华大学出版社 2001 年版。

《浙江省教育志》编纂委员会编：《浙江省教育志》，浙江大学出版社 2004 年版。

孙邦华：《身等国宝 志存辅仁——辅仁大学校长陈垣》，山东教育出版社 2004 年版。

孙培青主编：《中国教育史》，华东师范大学出版社 2000 年版。

苏云峰：《从清华学堂到清华大学（1928—1937）》，生活·读书·新知三联书店 2001 年版。

涂上飙主编：《乐山时期的武汉大学（1938—1946）》，长江文艺出版社

2009 年版。

田文丰、贺军主编：《仙桃文化》，南京大学出版社 2015 年版。

田正平主编：《中外教育交流史》，广东教育出版社 2004 年版。

谭志云编著：《南京教育小史》，东南大学出版社 2011 年版。

陶军主编：《中原大学校史》，华中师范大学出版社 1986 年版。

吴定宇主编：《中山大学校史（1924—2004）》，中山大学出版社 2006 年版。

王德滋主编：《南京大学百年史》，南京大学出版社 2002 年版。

王国平：《博习天赐庄——东吴大学》，河北教育出版社 2003 年版。

吴家镇：《世界各国学制考》，商务印书馆 1924 年版。

吴宓著、吴学昭整理：《吴宓日记》（第 3 册：1925—1927），生活·读书·新知三联书店 1998 年版。

吴镇柔等主编：《中华人民共和国研究生教育和学位制度史》，北京理工大学出版社 2001 年版。

王伟：《中国近代博士教育史：以震旦大学法学博士教育为中心》，复旦大学出版社 2015 年版。

吴骁、程斯辉：《功盖珞嘉　“一代完人”——武汉大学校长王星拱》，山东教育出版社 2011 年版。

王学珍主编：《北京高等教育纪事（1861—1949）》，中国广播电视出版社 2006 年版。

王云风主编：《延安大学校史》，陕西人民教育出版社 1994 年版。

王忠欣：《基督教与中国近现代教育》，湖北教育出版社 2000 年版。

伍振鷟：《中国大学教育发展史》，（台北）“国立”教育资料馆 1985 年版。

夏本戎主编：《五华教育史话》，云南大学出版社 2004 年版。

谢长法：《借鉴与融合——留美学生抗战前教育活动研究》，河北教育出版社 2001 年版。

萧超然等编著：《北京大学校史（1898—1949）》（增订本），北京大学出版社 1988 年版。

薛光前：《八年对日抗战中之国民政府》，（台北）商务印书馆 1978 年版。

西南联大北京校友会编：《国立西南联合大学校史——1937 至 1946 年的北大、清华、南开》，北京大学出版社 1996 年版。

徐以骅、韩信昌：《海上梵王渡——圣约翰大学》，河北教育出版社 2003 年版。

熊月之、周武主编：《圣约翰大学史》，上海人民出版社 2007 年版。

王栻主编：《严复集》，中华书局 1986 年版。

张玮瑛、王百强、钱辛波主编，燕京大学校友校史编写委员会编：《燕京大学史稿》，人民中国出版社 1999 年版。

杨敬年：《期颐述怀》，南开大学出版社 2007 年版。

余家菊：《英国教育要览》，中华书局 1925 年版。

余子侠、胡向东主编：《湖北考试史》，湖北人民出版社 2007 年版。

袁运开、王铁仙主编：《华东师范大学校史（1951～2001）》，华东师范大学出版社 2001 年版。

张彬：《倡言求是　培育英才——浙江大学校长竺可桢》，山东教育出版社 2004 年版。

张陈：《我国当代学位制度的传统与变革》，重庆大学出版社 2014 年版。

张奠宙：《中国近现代数学的发展》，河北科学技术出版社 2000 年版。

中国第二历史档案馆编：《国民政府立法院会议录》（四），广西师范大学出版社 2004 年版。

中华民国大学院编：《全国教育会议报告》，商务印书馆 1928 年版。

中华人民共和国财政部制定：《高等学校会计制度》，立信会计出版社 2014 年版。

周洪宇主编：《学位与研究生教育史》，高等教育出版社 2004 年版。

张晋藩、海威、初尊贤主编：《中华人民共和国国史大辞典》，黑龙江人民出版社 1992 年版。

赵匡华主编：《中国化学史》（近现代卷），广西教育出版社 2003 年版。

翟泰丰、鲁平、张维庆主编：《邓小平著作思想生平大事典》，山西人民出版社 1993 年版。

张晞初编著：《中国研究生教育史略》，湖南师范大学出版社 1994 年版。

左玉河：《移植与转化：中国现代学术机构的建立》，大象出版社 2008 年版。

周叶中、涂上飙：《武汉大学研究生教育发展史》，武汉大学出版社 2006 年版。

庄泽宣：《如何使新教育中国化》，中华书局 1938 年版。

周日升编著：《集美学校八十年校史》，鹭江出版社1993年版。

周予同：《中国现代教育史》，良友图书印刷公司1934年版。

七、论文类

别敦荣：《专业学位研究生教育的特性及其质量标准的学理探析》，《研究生教育研究》2013年第3期。

别敦荣、赵映川、闫建璋：《专业学位概念释义及其定位》，《高等教育研究》2009年第6期。

邓光平：《国外专业博士学位的历史发展及启示》，《比较教育研究》2004年第10期。

黄启臣：《澳门第一所大学——圣保禄学院》，《岭南文史》1995年第1期。

胡颂华：《我国研究生教育的起源》，《教育评论》1986年第6期。

金富军：《曹云祥在清华的教育思想与实践》，《清华大学教育研究》2013年第3期。

孙平：《全国教育硕士专业学位试点工作会议在东北师范大学召开》，《中小学教师培训（中学版）》1996年第6期。

桑兵：《厦门大学国学院风波——鲁迅与现代评论派冲突的余波》，《近代史研究》2000年第5期。

王国平：《中国最早的研究生教育》，《江海学刊》2007年第1期。

吴梓明、陶飞亚：《晚清传教士对中国文化的研究》，《文史哲》1997年第2期。

游玉华：《近代我国研究生教育的发展轨迹》，《大学教育科学》2005年第2期。

余子侠、牛君霞：《战后台湾地区研究生教育发展的历史审视——以“大学法”的修正为视角》，《高教探索》2019年第5期。

余子侠、王海凤：《南京国民政府时期三级学位制度形成考实》，《高等教育研究》2020年第1期。

张斌贤、翟东升：《我国教育硕士专业学位教育发展历程的回顾与前瞻》，《教师教育研究》2008年第3期。

周谷平、应方淦：《近代中国教会大学的学位制度》，《浙江大学学报》

(人文社会科学版) 2004年第1期。

周频:《我国专业学位研究生教育发展对策研究》,兰州大学硕士学位论文,2008年。

后　　记

遵从当今学界的“良俗公序”，一部书稿完成后，要写一篇后记。

借用时下一个光鲜的名词，撰写本部书稿的初心，乃在于纪念国人自办研究生教育100年，即定于2017年对我国研究生教育进行“百年回眸”。质是之故，2016年与福建人民出版社签订出版合同时，出版时间也是定在2017年秋。然而，从最初计划拟纲迄今已越五个春秋，不仅书稿尚未付梓，而且一些亟待完善的工作尚在尽力进行。2017年中国自办研究生教育100年纪念未能赶上，2018年改革开放研究生教育顺利正常发展40周年的纪念也未能赶上，2019年新中国成立以来研究生教育发展70年纪念还是未能赶上；聊作自我安慰的是，此书的出版发行可以视作《中华人民共和国学位条例》正式施行40周年之纪念了！

或言，出版合同已签，而且本人自从事教育史研究以来就开始关注研究生教育史料的收录，应该说早就可以也应该成书，缘何失信于出版方、愧对于百年祭？不言才疏学浅的假客套，不言遇事拖延的真借口，实在是忙不过来！先是与出版社相商撰研此部文稿之时，即约定本书的撰研者之一——郑刚副教授与本人合著，然则郑刚在动笔不久接受公派赴澳洲游学一年。在他搁笔后，只好再找人接续。于是，沈阳师范大学刘振宇和西南大学冉春两位副教授“上场”，接手新中国成立以来近70年研究生教育发展的历史叙说与总结：以“文化大革命”时期为界，二氏分别完成前后两部分的文字撰研。同时，硕士生沈杰接手郑刚交上的部分初稿，继续其前四章资料的补充和文稿的完工；博士生王海凤在我修改文稿之时，一直帮助查核史料和打印文稿工作。这样，在失约两年后（原订合同时约定“2017年3月底将齐、清、定文稿交付出版社”），书稿已近尾声，完工已是在望。然而，事有突然：为庆祝新中国七十华诞，本人牵头接到教育部相关部门直接指派的两个项目，本书稿只得暂时搁置，直到2019年国庆佳节过后，本部书稿才真正进入官子阶段。在这个阶段中，幸得王海凤在身边不时地为我复查撰研者们所用史料的原文及出处，并将我反复修改的文稿逐字逐句地在电脑上打印出来。

搁笔长吁之际，不仅心中怀着对上文提及的各位撰研者们辛苦努力的感念，而且十分感谢华中师范大学社科处的大力支持。正是华中师大“中央高校基本科研业务费专项基金（人文社科类）”项目（CCNU19HQ018）立项的鼓励与鞭策，使得我们这支撰研队伍能够尽出“最后一把力”将书稿完工，并使以即将面世的成书作为该项目的最终成果来结题成为可能。当然最应该感谢的是福建人民出版社，其中责任编辑赵玮、郑艺芳女士更是劳心费神地尽力于周旋和编核工作之间。至于本书所引用的前人留下的史料、他人撰研的成果，更是“大恩不言谢”——没有这些既有的材料，“巧妇”哪能完成“无米之炊”?!

蕲阳　余子侠

搁笔于己亥年腊月廿一日